红罐之争

谁是凉茶领导者

温旭／主编

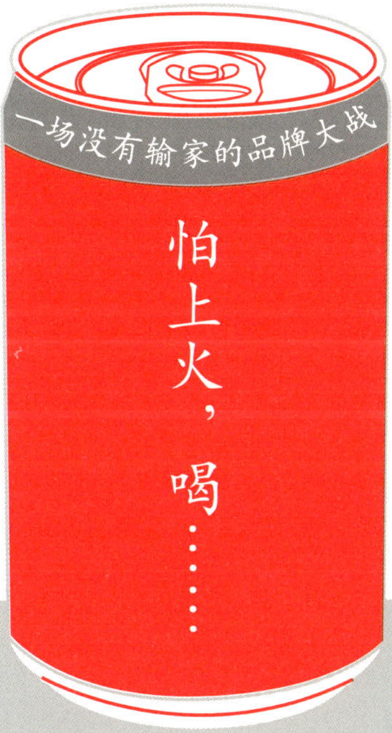

知识产权出版社
全国百佳图书出版单位

图书在版编目（CIP）数据

红罐之争：谁是凉茶领导者/温旭主编. —北京：知识产权出版社，2016.11
ISBN 978-7-5130-3954-3

Ⅰ.①红… Ⅱ.①温… Ⅲ.①茶—饮料—食品企业—专利侵权—民事纠纷—研究—中国 Ⅳ.①F426.82 ②D923.404

中国版本图书馆 CIP 数据核字（2016）第 281192 号

内容提要

本书学习借鉴了章回小说的结构形式，以广药集团和鸿道加多宝两家企业对红罐包装装潢的争夺为切入点，仔细梳理了“王老吉”凉茶品牌的历史及成长历程，详细介绍了引发争议的王老吉品牌的前世今生，还原了一个王老吉与加多宝由欢喜冤家到双雄对决的全过程。本书分析了双方在红罐装潢之争、商标许可之争、广告语之争及凉茶口味之争中的争议焦点及法院判决，同时不限于对法律问题的梳理讲解，在企业品牌建设、品牌保护等方面也提出了独到的见解。

广药集团和鸿道加多宝的争夺不仅仅在法庭上，在舆论引导、营销广告等方面，二者都进行了一系列看不见硝烟的争斗。这种争斗把王老吉与加多宝两个品牌成功地推向了消费者市场，这是一场没有输家的品牌战争。

责任编辑：崔　玲　　**责任校对**：董志英
封面设计：棋　锋　　**责任出版**：刘译文

红罐之争：谁是凉茶领导者
温旭　主编

出版发行：知识产权出版社有限责任公司	**网　　址**：http://www.ipph.cn
社　　址：北京市海淀区西外太平庄 55 号	**邮　　编**：100081
责编电话：010-82000860 转 8121	**责编邮箱**：cuiling@cnipr.com
发行电话：010-82000860 转 8101/8102	**发行传真**：010-82000893/82005070/82000270
印　　刷：北京科信印刷有限公司	**经　　销**：各大网上书店、新华书店及相关专业书店
开　　本：720mm×1000mm　1/16	**印　　张**：37
版　　次：2016 年 11 月第 1 版	**印　　次**：2016 年 11 月第 1 次印刷
字　　数：550 千字	**定　　价**：96.00 元

ISBN 978-7-5130-3954-3

本书全体作者合影

智慧之星 点石成金

温旭为中国资深律师，从事知识产权领域法律服务超过30年，是我国知识产权领域的先行者，为我国知识产权事业的发展作出了杰出贡献，曾被国务院授予“有突出贡献的中青年专家”，曾荣获“广东省优秀青年”“广东省优秀代理人”“广州市人民满意的十佳律师”等众多荣誉。温旭现任广东三环汇华律师事务所首席合伙人，三环知识产权（集团）总裁，并担任中国人民大学律师学院客座教授，北京大学国际知识产权研究中心客座研究员，暨南大学知识产权学院兼职研究员，台湾政治大学科技法律研究中心客座研究员，中国高校知识产权研究会副理事长，中国科技法学会常务理事，广东法学会知识产权研究会副会长，广东广告协会法专委主任，广州市知识产权研究会副理事长，广州律协版权专委会副主任，广州市仲裁委员会仲裁员，国家知识产权局专家库成员等职务。

温旭曾就读于中山医科大学、华南师范大学、中山大学、中国人民大学、北京大学、美国西雅图华盛顿大学等著名高等学府，涉猎知识范围极广。同时，他也是北京大学培养的中国大陆第一个知识产权专业法律硕士。温旭是一位具有理工科背景的技术型法律专家。此外，温旭不仅是一名律师，还是一名老师：一是他曾为中山大学教授，二是他带出不少弟子，大家很少称呼他为温总或温律师，更多称呼他温老师或温教授。温旭教授几十年来不仅办案上千，还应邀做专题演讲上千场次，在北京大学、中国人民大学、中国科学院、中山大学、暨南大学、华南理工大学、华为、腾讯、美的等著名学府与名企都留下了深入浅出、形象生动的演讲，演讲现场常常座无虚席，掌声不断。

作为一名学者型的律师，温旭教授结合实际的办案经验，著书立作，笔耕不辍，写出过不少受到企业欢迎、含金量极高的专著及论文。温教授的主要著作有：《捍卫智慧——没有硝烟的战场》《共有知识产权》《技术秘密的秘密》《知识产权的保护策略与技巧》《医药知识产权基础教程》《知识产权业务律师基础实务》《企业专利保护》及最新专著《红罐之争：谁是凉茶领导者》等。

温旭教授从业30年，其经办的上千件案件中，囊括了专利、商标、版权、商业秘密、反不正当竞争、网络、电子商务等各类知识产权经典疑难案件。可以说，广东重大知识产权方面的案件近半与他有关，不是原告请就是被告请；有时甚至是原告请了他，被告在不知情的情况下也想请他作诉讼代理人。温旭教授曾为华为、腾讯、广药集团、王老吉、微软、本田、迈瑞、罗浮宫、格兰仕、美的、科龙、康佳、康宝、佛陶所、东鹏陶瓷、阿迪达斯、马可波罗、香港荣华、比亚迪、中科院、诸葛酿、道道通、华润涂料、台湾四维、TCL、酷派、4399、9377、大疆无人机等国内外著名高新技术企业提供法律服务，受到广泛好评。

温旭教授近期经办的案件中，最引人瞩目的莫过于王老吉与加多宝之间关于商标、装潢、广告语等系列知识产权纠纷。在广药集团与王老吉公司面对加多宝公司的改名广告诉争遭遇瓶颈、难于推进之时，温旭教授敏锐提出“禁令申请”，正是这道“禁令先行”，为广药集团和王老吉公司挽回了不可预知的损失。在随后的“改名案”等系列诉讼中，温旭教授思当事人之所思，急当事人之所急，代理王老吉连胜多场。王老吉与加多宝系列广告语不正当竞争案引发了上千件新闻报道，被誉为“中国第一品牌案”，其中广州中院的“改名案”禁令，也被誉为“中国第一禁”，更是广药王老吉品牌诉争的重大转折点，是广药王老吉再创二百亿销售的里程碑的新起点。

温旭教授积30年从业经验，办理了大量经典案件，其中影响深远的有：

（1）佛山陶瓷辊棒案：登上最高人民法院公报，并在中美知识产权谈判中作为经典案例加以介绍。此案连“封”三家侵权厂家，被誉为中国重大商业秘密第一案。

（2）康宝消毒碗柜22个系列专利案：这是20世纪90年代初中期国内最具影响的外观专利案，对推动珠三角的专利进程起了很大宣传作用，也是中美知识产权谈判中方介绍的两个案件之一。

（3）美国微软与广州七喜电脑软件侵权案：这是微软公司在中国大陆众多诉讼中第一个知识产权胜诉案。

（4）华为通信与美国通信巨头思科专利、版权、不正当竞争系列诉争案：在该案中，作为国内主办律师之一，温旭教授成功协助华为全面制定诉讼策略，并成功和解，达到预期诉讼目标。该案的成功是华为知识产权保护的重大转折点，也是华为走向国际的新起点。

（5）王老吉与加多宝系列广告语不正当竞争案：温旭教授在该案中代理王老吉连胜多场，引发上千件新闻报道，被誉为中国第一品牌案，其中广州中院的“改名案”禁令，也被誉为“中国第一禁”，更是广药王老吉品牌诉争的重大转折点。

（6）香港荣华与顺德荣华“荣华”商标之争及侵权系列案：此案从1997年至今近二十年诉争不断，案情错综复杂、跌宕起伏，是国内罕见且历时最久的疑难案件之一。该案被评为广东律师十大知识产权案。

（7）道道通与凯立德电子导航地图著作权案：此案广东高院二审开庭时间长达近半个月。开庭资料半卡车，最终判决全额支持90多万元律师费，是当年最高人民法院及广东高院十大案件之一。

（8）诸葛酿酒商标与不正当竞争系列案：此案连胜26场，一场未败。客户出书记载案件全程，是全国及广东省十大经典案例。

（9）立白与纳爱斯关于“奥妮”商标拍卖有效无效诉争案：官司一直打到最高人民法院，立白最终胜诉，为全国律协十佳案例。

（10）东鹏洞石专利系列维权案：此案历经三次专利无效，专利仍然稳定有效并多次维权并许可使用成功，被评为广州十大知产案之一，被业界誉为“中国建陶行业有史以来影响最大的第一案”。温旭教授同时成功代理东鹏洁具、东鹏卫浴互诉案，双双胜诉并再次认定“东鹏”为驰名商标，给予跨类别保护。

（11）汕头铜冷却壁专利案：此案成功维持专利有效，并告倒外国强企，专利维权成功后，该专利获全国专利金奖，也是广东省汕头市第一件及唯一的全国专利金奖。

（12）星群夏桑菊不正当竞争案：此案成功撤销被告字号，获全国律协知产委十佳案例。

（13）TCL与吴某专利权属及使用费诉争案：此案为2006年广东高院十大案之一。

（14）晶艺诉白云、西安、深圳机场案：此案原告为维护公众场所利益只起诉支付专利使用费不要求停止侵权，成为全国经典案例，法院系统对该案作了广泛宣讲。

（15）杭蕉与广蕉“蕉叶”商标确认不侵权之诉：此案二审成功改判，为全国律协十大知产案之一。

（16）佛山日丰与上海日丰不正当竞争及企业名称诉讼案：此案成功让“上海日丰”改名并赔偿损失。

（17）无锡电池专利案：在此案中，温旭教授代理被告让证据“开口”说话，广东高院在同样产品被控侵权成立的前提下，对此案却判不侵权，原告还因此倒赔偿被告损失。

（18）代理茅台酒厂、朱德荣与《九月九的酒》词作者的酒名与歌名纠纷案，并获好评。

（19）代理中国著名建筑大师何院士南京大屠杀纪念馆设计纠纷案，并成功调解结案。

（20）酷派手机与海尔防火墙版权纠纷案：以专利另诉方式代理，促使双方握手言和相互撤诉。

（21）台湾企业组合眼镜专利案：以多点结合是对一点结合的否定的抗辩成功，二审成功改判，转败为胜。

（22）温旭教授中途获转代理佛山一企业特种心导管技术秘密案，临危受命，扭转乾坤，当事人赠“依旭知匠心独运，铸庭剑峰回路转”锦旗一面。

（23）代理步步高被索尼诉专利侵权一案，依法维护步步高权益抗辩成功，步步高题词赠匾“三步如诸葛，环球唯汉高”。

（24）代理深圳合信小企业与西门子专利诉讼案，成功无效了对方的专利权。

（25）代理康佳手机与 LG 专利侵权诉讼案，通过反复检索在先公知技术，抗辩成功。

（26）在日本松下与科龙冰箱专利纠纷案中，温旭教授代理被告科龙一方，依法抗辩，受到好评。

（27）在广东康宝与江苏康宝不正当竞争诉争中，成功撤销对方抢注的康宝商标。

（28）代理阿迪达斯与阿迪王的专利纠纷，成功打赢了阿迪达斯在中国的第一个专利侵权诉讼。

（29）代理香港马哥波罗酒店成功维护再先使用权，并撤销了他人三年不使用的注册商标，依法挽回香港马哥波罗酒店的商标权益。

（30）中国家具第一品牌“罗浮宫”商标维权案：在最高人民法院发回重审后，重新组织证据进入重审，河北高院重审后再次判被告侵权。

现正代理 4399、9377 网络游戏及杰博斯跨国电子网购商标侵权案、简木京东、阿里网购等新技术案件并取得相应成效，并有自己独到见解。

尽管专业知识过硬，30 年从业经历硕果累累，温旭教授依然保持不断学习的好学本色，精力充沛，与时俱进，活跃在知识产权领域第一线。正如温旭教授的座右铭所言，“愿智慧之星闪烁，让天才之火燎原”，知识产权作为一种无形资产，若能够被重视并发挥得当，其价值及所拥有的力量是不容忽视的。愿知识产权的事业如温旭教授之名“旭”——旭日东升，蒸蒸日上。

专家评荐

一、商标权益　注重保护

近来，自家兄弟王老吉与加多宝的诉争不少，谁是谁非最终法院说了算，谁胜谁负也并不是我所关注的。我更关注的是曾经牵手合作17年并将红罐“王老吉”凉茶打造成中国饮料第一品牌的双方，在分手之后可否再度携手合作，将中华老字号王老吉推向全球，媲美可口可乐。由于历史的原因，“王老吉”商标在中国大陆归广药集团，而在香港则为王老吉的另一后人所有并授权许可加多宝使用，国际上“王老吉”商标注册也因国家而异分属不同主体。唯有合作才能共赢。当今中国，很少人讲商标使用许可制度。但要讲商标战略，讲做大做强商标，一定要讲互利共赢、合作共赢。我一直认为，王老吉与加多宝案打到今天，双方各有损失，是“双输”，没有赢家。

温旭律师从事知识产权业务三十余年，经办不少知识产权的大案、要案，其中不乏经典之作。更难得的是他三十多年来一直坚持一边办案，一边著书，出版了不少专业论著。

据悉有关王老吉与加多宝诉争的作品，温旭主编的《红罐之争：谁是凉茶领导者》一书并非首作，但我欣赏作者“两强相决、没有输家”的评点，更赞同作者“牵手合作、共进共赢”的期待。作为一方主办代理律师撰写的作品，《红罐之争：谁是凉茶领导者》有点倾向性也在所难免，但能以“没有输家”“携手共赢”为基点已实属不易。该书各章节的八字标题，结构工整，层次分明，且论点清晰，论理透彻，引人入胜，比较系统、完整地再现了双方合作及之后诉争的历史由来。将来有可能成为人们进一步研究王老吉与加多宝这一典型案件的不可多得的知识产权法律史料。也希望有更多的业界人士关注中国的品牌建设，注重保护商标权益，让品牌成为最环保的生产力。

董葆霖*

二、有合有分　分久必合

本书主编温旭教授1999年曾随我国台湾地区几十名学员一块到美国西雅图华盛大学学习访问，是我带教的这个知识产权留学班里唯一的一位中国大陆学生，后来也曾多次应邀到台湾地区学习考察。他和北大知识产权学院张平教授都是陈美章、郑胜利老师的学生。

王老吉与加多宝两大品牌诉讼战火弥漫，我隔岸观火，看不准、吃不透，学生温旭主编的《红罐之争：谁是凉茶领导者》一书，分二十一章系统分析了两强合作与分手相争的始末及因缘，给关注中国大陆这场饮料史上第一品牌大战的海内外学者、律师、法官等，多了一个了解及探究的途径。尽管国

---

* 董葆霖，最高人民法院知识产权司法保护研究中心学术委员会委员；上海知识产权法院司法保护咨询专家；知识产权保护企业联盟专家委员会委员。原国家工商行政管理总局高级经济师，原商标局助理巡视员，中华商标协会原专家委员会主任，《中华商标》杂志社高级顾问，中国法学会知识产权法研究会顾问；北京市、上海市、广东省、福建省法院系统知识产权审判咨询专家；北京市人民检察院民事行政检察专家咨询委员会委员；中国政法大学兼职教授、研究员；华东政法大学兼职教授、研究员；北京大学法学院知识产权硕士研究生导师。曾参加我国1982年《商标法》及其实施条例（细则）的起草、论证工作，负责牵头1993年、2001年《商标法》的论证、修改工作；是中美知识产权谈判代表团成员。

内学术界对两大品牌的诉争，学术纷争激烈，但谁胜谁负并不是大家所关注的焦点，聚焦的是两强互争给双方带来了意想不到的、树立各自品牌的、奇特的市场效果，短短几年两大品牌销量均突破200亿元，在中国大陆双超可乐。更可喜的是，这大大增强了人们的品牌意识。有合有分，分久必合，合则共赢，期待王老吉与加多宝有朝一日能再度牵手合作，充分融合各自手中的国内、国际“王老吉”注册商标，将祖传品牌王老吉做成世界级的大品牌。正如本书作者所言“携手共赢为最佳”，为华人增光添彩。

刘江彬*

三、有口皆碑　创新为本

有口皆碑的品牌大厦不是短期就可以完成的，品牌的构建除了需要广告宣传与营销的努力，更为重要的是品牌背后所代表的高品质商品及高品质服务，这才是品牌的核心与灵魂。它在很大程度上凝聚了企业的综合竞争能力，构成了企业最重要的无形资产，可以说品牌就是企业生产力。

1997年我开始认识温旭律师，他担任华为公司知识产权法律顾问，我们有过许多案件的合作经历。我特别敬佩温律师的认真思考、敬业精神和雄辩技巧，《红罐之争：谁是凉茶领导者》一书，是他继以往许多专著以后的最新之作。我们不必去评判官司的输赢，更应关注这本书对广告语的规范使用以及对企业品牌建设的作用所在。中国企业的创新与品牌建设之路任重道远，广而告之有助于品牌升值，但如果离开创新、技术、产品和品质的支撑，也难免会被他人的颠覆式创新推倒。希望不久的将来，我们能够继续欣赏到温

---

* 刘江彬教授现为盘安智慧财产教育基金会董事长，（台北）政治大学名誉教授，（北京）清华大学国际知识产权法学硕士班共同主任及西雅图华盛顿大学兼任教授。2006年创立国际技术授权主管总会中国台北分会，担任第一届、第二届理事长，并于2008年接任美国大学技术经理人协会国际事务副会长。刘教授是台湾地区及中国大陆许多知识产权相关议题及政策的先驱者。他是台湾地区“科技基本法”的催生者，推动了台湾地区“智慧财产专责法院”的成立，为台湾地区规划了许多长期科技政策，对台湾地区及中国大陆在知识产权领域的发展，产生了深远影响。

律师结合自己办案实际经历为公众奉献的更多好书。

宋柳平*

四、唇枪舌剑 有根有据

温旭律师是中国人民大学律师学院的客座教授，曾多次应我院邀请讲授知识产权课程，并受到好评，前年还为律师学院主编了《知识产权业务律师基础实务》一书，现又结合王老吉与加多宝诉争案例主编了本书。我特别欣赏温律师不仅在法庭上能言善辩，在课堂上深入浅出、妙趣横生，而且在法庭下还时常著书立说，不断总结经验以案说法。据悉王老吉与加多宝诉争双方的律师都以案件为背景著书立说，这是很值得提倡的。律师在法庭上唇枪舌剑，应当依法有据。律师双方你争我辩，主观上是为自己的客户依法争取合法利益，客观上体现了司法的公平与公正。案件总有胜负，但不能以胜负评价律师的成败，而更应注重律师在案件中所起的作用。律师是依法办案之师，任何时候都应遵循以法律为准绳、以事实为根据的办案代理原则，依法维护当事人的正当合法权益。双方律师为中国品牌第一案所写的书，都值得律师们好好去读一读。我们也期望有更多的律师结合办案实践，写出更多的好书。

徐　建**

---

* 宋柳平，华为技术有限公司高级副总裁，首席法务官。1983 年入读国防科技大学，先后获得电子学与通信专业学士、博士学位，1994—1996 年在北京理工大学从事电子学与通信专业博士后研究工作。1996 年加入华为公司，先后从事产品战略规划、对外合作、知识产权、标准、信息安全和法务等业务的管理工作。20 年来，领导完成了 70000 余件全球专利申请。担任国家知识产权战略咨询委员会专家、上海市政府和广东省政府知识产权咨询委员会专家，中国专利保护协会副会长、中国知识产权研究会副会长、深圳市专利协会会长等。于 2009 年、2010 年和 2013 年三次入选英国《知识产权管理》杂志的《全球知识产权界 50 位最具影响人物》名录，2010 年被评选为“首届中国知识产权保护十大最具影响力人物”。

** 徐建，中国人民大学律师学院院长，中国人民大学校董，广东融关律师事务所主任，中国社科院兼职研究员，中国国际经济贸易仲裁委员会仲裁员，全国律协战略发展委员会委员，曾任司法部驻香港中国法律服务公司董事副总，深圳市司法局副局长，深圳市第四届律师协会会长。

五、各抒己见　精彩有加

我与本书主编温旭是老同学，尽管在“红罐”问题上的观点颇有不同，但他宽宏大度，力邀并许我自由表达对此书的读后感，我也就诚惶诚恐冒昧写上几句。广药与加多宝集团从“王老吉”商标的“联姻”到“离婚”，原应两相情愿，好聚好散，分道扬镳，各走各道。孰料双方不仅有一系列商标侵权和虚假宣传的诉争，连当初约定作区别生产者的“红罐”也让双方争得你死我活。双方都认为“红罐”作为知名商品特有的包装装潢应受法律保护，但对“罐属谁家”却各执一词，各言自有。学界与业界也见仁见智，两说相悖。依笔者一孔之见：王老吉凉茶对应的是巨量的“红罐”和少量的“绿盒”两种包装的产品，没有唯一性，“王老吉红罐凉茶”才是特有的知名商品，“红罐”才是其特有的包装装潢；“红罐”的权益归属，依法依理依情都应遵循“谁的设计谁拥有，谁先使用谁拥有”原则；至于说“红罐包装装潢与‘王老吉’商标不可分割，故在商标收回后要一并返还给广药集团之说”显于理于法不合，当初广药集团不是在生产绿盒凉茶同时将“王老吉”商标分享给加多宝生产红罐凉茶使用吗？在还没有涉及和使用红罐的 20 世纪 90 年代，双方在许可合同中约定加多宝凉茶使用红色包装，只是一种预先安排的合意约定，当时既无红罐之实，也无红罐之名，更无红罐之权，皮之不存，权将焉附？

笔者注意到本书将红罐之争展现给大家讨论的设定目标是“共赢”，就像本书封底温旭自题诗句的最后一句：“携手共赢为最佳”。为此，我给温旭点赞，也希望读者能够从书中看到双赢的期许与共识。

张平*

---

* 张平，自 1991 年在北京大学法学院任教至今，2004 年被聘为北京大学法学院雅虎-方正讲席教授及北京大学互联网法律中心主任，2009 年起兼任北京大学知识产权学院常务副院长。中国科技法学会副会长兼秘书长，中国知识产权研究会副会长，中国知识产权法研究会副秘书长，最高人民法院特邀咨询员等。

重点研究领域：知识产权法、互联网法。曾参加和主持国家中长期科技发展规划研究、国家知识产权战略研究、信息社会知识产权保护与应用研究、中国高校专利成果转化模式及政策研究、互联网基础立法研究等多项国家重点研究项目。近年重点关注互联网开放创新中的知识产权保护与应用、标准必要专利的司法救济及反垄断规制以及大数据应用中个人信息的法律保护问题。

六、轻松诙谐　独特体验

过去一段时间以来，广药集团和加多宝公司围绕凉茶产品的包装和广告行为所产生的一系列争议，在全国范围引发了广泛的关注。从法律专业的角度看，这些争议涉及商标法和反不正当竞争法领域的一些重要问题，法院的判决对于中国法治建设有着深远的影响。比如，商标许可的被许可人有哪些附随义务？在没有明确约定时，如何确定未注册的知名商品特有的名称、包装和装潢的权利归属？被许可人在许可合同终止后，在产品广告中直接或间接地提及被许可商标或商品，是否合法？这些问题大致处在现有法律的模糊地带，因此毫不奇怪，它们引发了无尽的社会争议。温旭律师亲历这些案件，以生动活泼的笔触描绘出跌宕起伏的案情，以抽丝剥茧式手法剖析了纷繁复杂的法律争议。对读者而言，阅读此书将是充满轻松诙谐而又不失深刻的独特体验。

崔国斌*

七、深入浅出　见解独到

我退休前曾任中山医科大学主管科研与外事的副校长、法医学教授及博士生导师。1986 年温旭同志就创始并担任中山医科大学专利所所长，1988 年在深圳的一次会议上，他有幸认识了北京大学的陈美章教授，得悉北京大学将要招收知识产权法律的硕士研究生，小温有兴趣报考。当时科研处的张庆荣处长也积极支持他去报考。我就在校长书记办公会上提出讨论此事。但有

* 崔国斌，清华大学法学院副教授，清华大学知识产权法研究中心主任。北京大学理学学士（化学）、法学硕士和博士；耶鲁大学法学硕士。

的校领导认为："一个中层行政干部，读什么研究生呀?"也有的领导认为北大标准很高，温旭不大可能考上。但我认为知识产权当时在中国是个新概念，我们学校亟待发展，应该跟上世界潮流，故极力支持他去报考。后来这个问题又被提到校务委员会上讨论，终获通过。温旭备考十分努力，得以被录取，在读期间又因成绩优异，破格提前一年进行毕业论文答辩，成为北京大学培养的中国第一个知识产权硕士学位毕业生。

温旭曾连任三届中华全国律师协会知识产权专业委员会副主任，并曾连任多届广东及广州市律师协会知识产权委员会主任。转眼间他已经成为中国著名的知识产权律师，具有丰富的诉讼实践经验，出版多部在业界具有影响力的专著，并破格晋升为研究员，享受国务院特殊贡献津贴；同时还对知识产权培训教育作出了许多贡献。

最近，温旭又出版了新作《红罐之争：谁是凉茶领导者》。该书以案说法，以法论品，见解独到，为中国品牌的保护从法律层面及市场高度进行深入浅出的论述，并学习借鉴了章回小说的结构形式，文字通俗易懂，书名新颖独特，标题工整有序。非常值得一读。温旭律师能站在公正立场上尽可能客观地评价诉讼双方各自对"王老吉"凉茶品牌所作出的贡献，实属难能可贵。

祝家镇*

八、市场博弈　遵循法治

《红罐之争：谁是凉茶领导者》是解读王老吉与加多宝案的一本好书。

---

* 祝家镇，我国当代著名的法医学家和法医学教育家，原中山医科大学副校长。他是中华人民共和国新中国成立后培养出的第一代法医学教授，国务院学位委员会学科评议组成员、全国法医学会副理事长、全国法医学专业教育指导委员会副主任。曾受英国女皇及日本皇太子接见。曾在芬兰给八个国家的法医和病理学学者授课。他是我国当代高等法医学专业教育体系的核心力量，为我国乃至世界法医学科及法医学教育事业的发展作出了卓越贡献。

市场经济是法治经济，任何企业进入市场博弈，均需按法律规则来出牌，否则容易招致竞争对手以诉讼为手段的打压。企业之间的纠纷发生后，向社会公众介绍企业之间发生纠纷的原因与经验教训，从而传递符合法治理念的游戏规则，这是促进社会进步的重要方式。王老吉与加多宝这对凉茶领域的著名企业之间发生了数十场官司，消耗了双方大量的人力、物力、财力，他们之间为什么会发生纠纷？发生纠纷后该如何运用诉讼策略来积极应对？法院是如何裁判它们之间的纠纷的？人们应该如何从他们的纠纷中吸取经验、教训？这是业界和相关企业比较关心的话题。知识产权领域的先行者、专家型律师温旭先生作为王老吉一方（广药集团）的诉讼代理人，其将王老吉与加多宝之间发生这些官司的来龙去脉著成一本书出版，从而回答了业界关心的上述话题。这是一本非常值得阅读的好书，向业界朋友隆重推荐。

祝建军*

九、跌宕起伏　法意阑珊

王老吉与加多宝案之争跌宕起伏、法意阑珊，但迄今为止能够全景展示系列案件背后的深厚法理与道理的唯有本书。本书体例独特、视野广阔、观点鲜明、分析透彻，是广东知识产权资深律师在创新驱动发展时代的又一力透纸背的佳作。广东律师研究分析知识产权典型案件、讲述广东知识产权商战中的法律故事、展现广东法律人风采，本书值得法律人、企业家、创业者

---

* 祝建军，法学博士、博士后，深圳大学法学院副院长，特聘教授，硕士研究生导师，广东省深圳市中级人民法院知识产权庭副庭长。同时担任最高人民法院司法人才库法官，国家法官学院师资库法官，广东省法院审判业务专家库专家，深圳市市场监督管理局知识产权专家委员会专家，深圳市委党校创新思想库研究员，北京中关村知识产权保护研究会研究员，广东省法学会知识产权法学会理事。全国知识产权领军人才，国家知识产权专家库专家，国家“双千计划”人选，是实务界难得一见的理论基础深厚的学者型法官。

细细思、慢慢品。

关永宏*

十、金戈铮铮　再续传奇

金戈铮铮，益显老帅风采；翰墨飘香，江湖再续传奇。温旭老师是我在知识产权领域十分仰仗和敬重的长者。多年来，他在知识产权这个“没有硝烟的战场”上，身先士卒，战功显赫。他创立的“三环系”，堪称广东知识产权业界的黄埔军校。更为难得的是，他在处理众多疑难、典型案件的同时，不忘著书立说，将经验和心得传授他人。“王老吉”商标及包装装潢等系列案，令社会公众眼花缭乱，不明就里，作者在本书中全面解析案件缘由和法理，给人以深深启迪，其“没有输家”的独特结论，更是发人深省，意味深长。在此感谢温旭老师多年给予的指导和支持，希望继续合作，携手共同为促进知识产权事业发展作出更大贡献。

顾奇志**

---

* 关永宏，华南理工大学知识产权学院教授、博导，知识产权研究所所长，全国百名知识产权人才，国家知识产权领军人才，广东省法学会知识产权法学研究会会长，广州市知识产权研究会理事长，广东省知识产权局专家委员会委员，广州市人民政府法律专家顾问。多次参与国家及广东省、广州市立法项目论证工作，参与主持知识产权科研课题40余项。

** 顾奇志，现任广东省知识经济发展促进会会长。曾任中国市场经济报广州办事处负责人，中国知识产权报广东记者站负责人，广东知识产权保护协会秘书长，《中国知识产权报》（广东专刊）主编，《广东知识产权》杂志执行主编等。从事新闻工作20余年，累计发表了2000多篇新闻作品和诗歌、散文等文学作品，先后出版了《商海金戈——广东知识产权名案新闻实录》《知识产权经济新引擎正在轰鸣》《法眼看新闻——知识产权案件报道之法理解读》《智慧的角逐与裁决——最新知识产权典型疑难案例判解》（已出版第1辑、第2辑）等作品。

十一、红罐之争　营销奇葩

我与本书作者温旭教授相识于广药集团的“王老吉”凉茶战略研讨会，温教授是王老吉相关案件的律师，我是王老吉的营销顾问。我们共同见证了红罐王老吉回归广药集团由零达到年销售额突破200亿的奇迹，同时我们也是创造奇迹的参与者。这个奇迹离不开王老吉与加多宝多次在法律上的交锋，王老吉在凉茶商战中的法律战胜利，产生了奇迹并奠定了基础，在其中的关键官司中，温教授与他的团队为王老吉方的最终胜诉，作出了巨大贡献。本书是“王老吉”凉茶商战中法律战最好的纪录，也是知识产权官司最好的实战案例与教材。与我的《中国红》一样，可以给企业的经营者有益的启迪。

杨　洪*

十二、依法广告　成功之道

我国史上最严的《广告法》已于2015年9月1日正式开始实施。温旭教授主编的《红罐之争：谁是凉茶领导者》一书，涉及不少王老吉与加多宝的经典广告之诉。该书以案说法，方便让读者结合案例更好地深入解读和领悟新《广告法》的精髓与实质。广告可以兴企，亦可败企，“怕上火，喝王老吉”这句经典广告，可谓中国饮料界第一广告，其深入百姓，家喻户晓，成

* 杨洪，广州市黄埔区政协委员，广州金蟾（易博士）集团总裁，“易博士”电子阅读器品牌创始人，华南理工大学杰出校友，广东民建省委企业委员会副主委，广东省社科联委员，广东营销学会会长，广州市工商联执委，广州开发区、黄埔区工商联（总商会）常委，全国新闻出版标准化技术委员会（SAC/TC527）委员，广东省版权保护联合会副会长，广州市版权协会副会长，广州市民营企业商会副会长等。现任首都师范大学国学传播中心研究员，南方医科大学客座教授，广州大学现代产业学院客座教授，华南理工大学本科生校外导师，暨南大学管理学院研究生校外导师。

就了中国饮料第一品牌，估值1080多亿元，国内销售远超可口可乐，乃中国民族之骄傲，很值得企业借鉴。企业做广告应依法广而告之，力避虚假及不正当竞争。好的广告创造品牌价值，差的广告败坏企业名声。规范广告用语有利于建设健康有序的市场竞争环境，进而维护并保障广大消费者的合法权益，利国利企又利民。本书涉及的广告语之争，客观上也起到了很好的广告效应，王老吉、加多宝双方官司胜负是由法院依法下判，而市场的成败才是企业最关注的，两家企业国内年销售双破百亿、齐超可口可乐的骄人业绩，在某种程度上不得不归功于双方的诉讼所带来的不是广告却胜于广告的客观效果。温教授主编的这本书，虽然也不是广告，但无疑也会起到不是广告远胜广告的作用。我们深切期望企业一定要依法广告、合法经营，此乃为企业真正的成功之道。

庞玉娟*

十三、经典一判　广获盛赞

“怕上火，喝王老吉！”这一家喻户晓、耳熟能详的广告语对“王老吉”品牌彰显具有不可替代的推动作用，因此，当加多宝和王老吉分道扬镳时，双方不约而同地展开对“怕上火”广告语的争夺。此前，双方之间的法律纠纷错综复杂，引起了全社会的空前关注，也引发了知识产权专家们的激烈争论，各地受案法院都受到前所未有的压力，难免观望和彷徨。

---

* 庞玉娟，广东省广告协会会长，中国广告协会副会长，中国广告协会学术专业委员会委员，中国公路学会高速公路广告联盟副秘书长，中山大学EDP班长联合会理事。庞会长自担任广东省广告协会会长以来，引导成立了以华南理工、中山大学、暨南大学等全省七所知名高校为主的广告学术专业委员会，以网络、大数据、前沿技术为依托的新媒体专业委员会，以法律界领军律师聚合的法律专业委员会和以学者、金融、基金、投资机构组成的金融专业委员会，实现了产学研和项目孵化的战略布局，为广东省广告行业迎来了新起点，迈向了新征程，实现了新跨越。

2013年12月16日，重庆市第一中级人民法院果敢作出一审判决，驳回了加多宝公司起诉王老吉公司使用“怕上火就喝王老吉”广告语构成不正当竞争一案的全部诉讼请求，形成了双方系列诉讼的第一个精彩判决。

首先，对于特有的广告语是否属于反不正当竞争法调整的对象，判决给予了肯定的回答，并认为知名且特有的广告语因具有识别性和显著性，能够为使用人带来利益和竞争优势，应该受到反不正当竞争法的保护。其次，加多宝主张谁创设归谁所有的观点获得了不少人的同情，判决指出多数情形下标识利益归属于该标识的创设者，但应限于自创标识与所附属标识可分离的情况，该案中“怕上火，喝×××”是产品功能定位，“王老吉”是产品指向，二者不可分隔，判决指出为谁设计和创作成为决定其成果归属的重要因素，涉案广告语是为“王老吉”品牌量身定做的，通过大量的使用成为“王老吉”品牌不可分割的部分，归属于“王老吉”商标所有人符合消费者利益。最后，加多宝公司一再强调该广告语指向的是其生产的特定配方的凉茶，若广告语归属王老吉公司会引起消费者混淆，判决一针见血指出这种产品特性的混淆不属于反不正当竞争法调整的对象，反不正当竞争法规制的是商品来源混淆的问题，加多宝试图鱼目混珠的企图没有得逞。

该一审判决的公布得到法律界的一致好评，树立了说理判决的典范；客观上该判决起到了对双方相关诉讼一锤定音的效果。2015年年底，该一审判决得到重庆市高级人民法院二审判决的维持。

张　利*

---

* 张利，重庆索通律师事务所高级合伙人，长期专注于知识产权法律实务，是中国最早一批专利代理人之一。曾担任中华全国律师协会知识产权专业委员会执行委员，现任重庆市律协知识产权专业委员会副主任，重庆市知识产权研究会常务理事，重庆仲裁委员会仲裁员，重庆市渝中区政协委员。曾办理过大量知识产权前沿案件，得到业界同行的一致好评与认可。

三言两语　微信点评

知识产权事业之树，需要有温旭教授这样的有识之士长期的心血浇灌，方能茁壮成长为参天大树。

朱启超　北京大学法学院教授

北京大学法学院校友会副会长

北京大学法学院校友会知识产权分会会长

温旭律师是我国著名知识产权大律师，且文武双全。其文能著书立说，四处讲学，弟子遍地；武能主张正义，出庭雄辩，机智应对。这次担纲“王老吉”与“加多宝”知识产权系列案，并将其载入史册，主编成《红罐之争：谁是凉茶领导者》一书，晓喻世人，意义非凡，可喜可贺！愿温旭律师续办惊世大案，再铸事业辉煌！

朱妙春　上海朱妙春律师事务所主任

中华全国律师协会知识产权专业委员会副主任

温旭律师主编的《红罐之争：谁是凉茶领导者》一书讲述的“王老吉”与“加多宝”系列案件，既是中国品牌大战的巅峰对决，也是知识产权诉讼的世纪名案。知识产权律师很有必要了解《红罐之争：谁是凉茶领导者》，从中汲取丰富的营养。证而有据，庭辩有力，以理服人，依法断案，系列案件中律师的代理词，法官的判决书也很值得业界认真借鉴与参考。

庞正忠　北京金诚同达律师事务所主任
曾连任两届中华全国律师协会知识产权专业委员会主任

《红罐之争：谁是凉茶领导者》一书，追踪热点，论析透彻，值得一读。温旭律师是第一届、第二届全国律协知识产权专业委员会副主任，从1996年以来一直热心参加知识产权委员会的活动，从业三十多年来，经办不少经典案件，结合实践出了不少知识产权专著，并为从事知识产权的专业律师讲过不少课，获得广泛好评。期望有更多律师加入知识产权专业领域，共同为知识产权事业作出应有之贡献。

李德成　北京金诚同达律师事务所高级合伙人、律师
中华全国律师协会知识产权专业委员会副主任兼秘书长

《红罐之争：谁是凉茶领导者》一书给国人上了一堂生动的普法课，在课堂里学习的不但有普通百姓、企业家，还有律师、法学家等法律人，更有知识产权领域的专家、学者。王老吉与加多宝系列诉争让人们深刻领会到在“权利归属”基础上法律的尊严和无情，更让业界看到了“贡献理论”有时是多么的不堪一击。当然如此精彩的大戏离不开律师，尤其离不开大师级的律师，这位律师就是本书主编温旭。

马翔　北京天驰君泰律师事务所高级合伙人
中华全国律师协会知识产权专业委员会副主任

序一

品牌之誉　魅力无限

李顺德[*]

近年来，“品牌”二字是中国企业家提及频率最高的词汇之一。为获得一个成功的品牌，企业需要倾注大量心血进行培育，就如同将一株脆弱的小苗呵护成一棵能经风雨的参天大树。一旦品牌成长为参天大树，就能够为企业遮阳纳凉、避风挡雨。于企业而言，品牌是一种无形生产力，通过虏获消费者芳心实现对市场份额的占有，为企业产生商品的附加价值，品牌作为一个企业的无形资产，可以分摊、体现在其具体商品上；于国家而言，品牌是一种软实力，一个世界性品牌能够获取全球范围内的市场利润，也是一个国家的名片。

---

* 李顺德，中国社会科学院法学研究所研究员、教授、博士生导师、高级工程师，曾任中国社会科学院法学研究所知识产权法研究室主任、中国社会科学院知识产权中心副主任，现兼任中国科学院大学（原中国科学院研究生院）公共政策与管理学院法律与知识产权系主任、国家知识产权专家咨询委员会委员、中国知识产权研究会副理事长、中国知识产权研究会学术顾问委员会委员、中国知识产权研究会专利委员会委员、中国知识产权研究会网络知识产权委员会委员、中国知识产权法学研究会副会长等。1985 年成为我国首批专利代理人，多年来从事专利代理和知识产权研究，参加了我国专利法、商标法、著作权法、对外贸易法、促进科技成果转化法、计算机软件保护条例、著作权集体管理条例、集成电路布图设计保护条例、专利代理条例、信息网络传播权保护条例、民间文学艺术作品保护条例等法律、法规的制订和修改工作。主要著作有《计算机软件和集成电路的知识产权保护》《知识产权价值评估中的法律问题》（合著）、《知识产权法律基础》《中华人民共和国著作权法修改导读》（合著）、《WTO 法律文库——与贸易有关的知识产权协定》等。

与品牌联系最为紧密的常被认为是商标、商号、商誉等知识产权，但品牌的成长同样离不开专利，离不开技术创新，也离不开经营管理。对消费者而言，对于品牌的最终追求在于产品质量和服务，产品质量和服务的保障离不开技术，通过技术的创新与发展，能够使产品的性能、质量和服务得以提升，再通过带给消费者更好的使用体验，进一步提高品牌在消费者心中的地位，促进品牌增值、发展。

品牌价值可以无限增长，一个成功品牌足以引得各家企业为其竞相折腰。广药集团与鸿道集团两家企业之间旷日持久的多个诉讼大战，其导火索就是“王老吉”这一凉茶品牌。2011 年，广药集团与鸿道集团两家凉茶企业就“王老吉”商标的使用权归属问题，在法庭上针锋相对，从此拉开了双方“诉讼大战”的序幕。系列案件可以依争议对象的不同，分为商标之争、红罐装潢之争、广告语之争及凉茶口味之争。两家企业之间诉讼数量之多、持续时间之长、社会关注度之高，都使“王老吉”系列案件足以被称为中国品牌第一案。

与此同时，两家企业之间的战火不仅局限于法庭之上，在舆论引导、营销广告、销售渠道、生产过程等各个环节之中，两家企业也在不断地进行较量。

广药集团与鸿道集团两家企业之间的过招，是足以被载入教科书供后来者参考学习的经典案例。双方五年间近 20 场的官司，其中的经验教训可以为中国所有企业学习和吸收。

本书主编温旭，为北京大学知识产权法陈美章教授门下最早的得意门生之一，二三十年前还在学校读书时已初显天资，后又从事知识产权服务业务数十年，对案件的见解更为独到。同时，以温旭为首的律师团队也是这场旷日持久的官司大战广药集团一方的代表律师，对该案件的理解与研究更加深入。更加难能可贵的是，虽作为该案件中一方当事人的代表律师，但作者在分析该案时力求做到不偏不倚，努力在读者面前还原整个事实经过，介绍、阐述各方观点，这将有助于读者全面理解整个案件。

在本书中，作者以广药集团与鸿道集团两家企业对红罐包装装潢的争夺为切入点，仔细梳理了“王老吉”凉茶品牌的历史及成长历程，详细介绍了引发争议的“王老吉”品牌的前世今生，在此基础上分析了双方在案件中的争议焦点及法院判决，同时不局限于对法律问题的梳理讲解，在品牌建设方面也提出了独到的见解。

本书另一个出彩之处，就是在大众对这场官司赢家输家议论纷纷的时候，提出了这是一场没有输家的战役，双方都可谓赢家的观点。鸿道集团看似在法院庭审过程中接连败诉，丢掉了“王老吉”这一品牌、红罐装潢、相关广告语的使用权，还要承担侵权赔偿损失，似乎是板上钉钉的大输家，但随着案件的推进，鸿道集团推出“加多宝”这一新品牌，通过一系列营销手段利用引导舆论，将原本属于“王老吉”的商誉已经部分搬移至“加多宝”之上，迅速获得公众的认可。同时，广药集团也依托原有的“王老吉”品牌，成为凉茶市场中的佼佼者。

品牌不是一个法律术语，而被认为是商标、商号、商誉等知识产权的综合俗称，无形却可能价值不菲。“王老吉”系列案件，足以引起我国企业对于品牌的重视，加深认识品牌所具有的重要意义。此书是解读“王老吉”系列案件的优秀作品，值得细读品味。

2016 年 9 月 3 日

序二

双雄争霸　没有输家

陈美章*

我的学生温旭，是北大培养的第一位知识产权硕士研究生。回首二三十年前，该学生还在北大学习时，因天资聪颖、勤奋刻苦，以优秀成绩破格一年通过硕士论文答辩并提前获得硕士学位，时近39岁，可谓“大器晚成”。后从事知识产权专业律师三十余年，持续著书立说，诉讼业务也做得有声有色，是一名实务经验丰富的知识产权律师。

今喜闻学生温旭新作《红罐之争：谁是凉茶领导者》一书即将付梓，感慨万千。中国两大凉茶品牌，王老吉和加多宝的纷争，无论是在政界、商界，还是在法律界、新闻界，都是瞩目的焦点，对于他们谁才是真正的凉茶界的领导者，以及纷争之后的市场逻辑，温旭团队的这本书的观点，与我不谋而合——双雄争霸，没有输家，这就是一场没有输家的品牌大战。

---

* 陈美章，北京大学教授。原北京大学知识产权教学研究中心主任，北京大学专利所所长，北京大学知识产权学院创办人董事会成员。曾连任三届中国知识产权研究会副会长，北京市法院系统咨询专家及国家工商行政管理总局商标局商评委专家咨询组顾问。作为中国首届专利代理人，陈老师首创知识产权教育专业人才，培养造就了不少优秀的知识产权人才，为我国知识产权制度作出了突出贡献，并在本领域享有国内外好评与声望。

“王老吉”是中国南方，特别是广东人家喻户晓的品牌，“王老吉”凉茶，也是每年夏季南方人必备的解暑圣品。后来加多宝“租赁”王老吉品牌，把王老吉推向了全国各地，让原来的老字号更加熠熠生辉，成为广东一代人的骄傲。

但王老吉和加多宝最终还是避免不了合久必分、分久必合的定律，二者最终还是分了家。这场纷争中，看似在官司上，王老吉节节胜诉，成为这场战役的赢家，实则两者不分伯仲。

王老吉，有它的老字号、老口碑，在法律上相对占有优势，也有社会舆论对其的声援和支持，与加多宝“分手”之后，在生产设备、原材料等几乎为零，近乎是重起炉灶的情况下，凭借其踏实务业的精神，重整旗鼓，再显神威，在竞争中完成了渠道再建，实现了销量井喷，评估 1080 亿元的王老吉，成为名副其实的中国饮料第一品牌。

加多宝，其品牌能在中国大陆打响并迅速和王老吉品牌相互制衡，除去其在“借用”王老吉的品牌价值方面占据了一定的优势，也离不开其出色的营销手段和多年积累的商业经验和商业资源，试问哪一家企业能够复制加多宝的成功？其成功之路，可谓是：前无古人，后无来者。

正如《红罐之争：谁是凉茶领导者》中提到的，如果没有当年百年老字号王老吉的品牌基础以及前期加多宝经营有方，加上后来双方在商标、包装装潢、广告语、商誉方面的诉讼带来的广泛影响，同样也没有今天成百上千亿元的凉茶市场。加多宝与王老吉的较量和竞争推动了凉茶品类的发展，同时也把两大品牌成功地推向了消费者市场。

可口可乐与百事可乐两强相争上百年，越争越强。竞争不是坏事，正当的市场竞争会促进经济的健康发展，良性的竞争也符合广大消费者的利益，更有利于避免垄断经营。中国需要王老吉这样的能够媲美可乐型饮料的快消品。我们期待王老吉、加多宝在未来的竞争中越战越勇，成为中国式的可口可乐与百事可乐，驰名中外，享誉全球。但也期盼两强能再次牵手合作，为中华民族品牌增光添彩。

我的学生温旭读书时破格提前答辩，工作时破格晋升研究员，并获得国务院特殊津贴，被评为国家级有突出贡献的中青年专家，是一名少有的学术型、专家型律师。温旭是王老吉的代理律师，也是对这场战役了解最深入、最透彻的人物。他带领团队所著的这本《红罐之争：谁是凉茶领导者》，内容深入浅出，同时兼具了法律人思维的逻辑性和严谨性。看罢此书，很多不为人知的事情跃然纸上，一目了然。整本书内容客观、具实，观点不偏不倚，立足于双雄争霸的事实，乃逐层分析，给出了企业品牌建设、品牌保护发展方向的建议。这本书不仅仅是法律界经典案例的教材，也是一本商界营销策略的孙子兵法，为整个凉茶市场乃至整个产品行业，提供了切实可靠的发展建议。王老吉和加多宝的双赢，为中国企业营销和品牌提供了一个良好的借鉴，衷心希望这本书能够为我国企业发展提供良好的建议，祝福我国企业品牌的发展更创辉煌。

2016 年 9 月 10 日

序三

以案说法　宣传法制

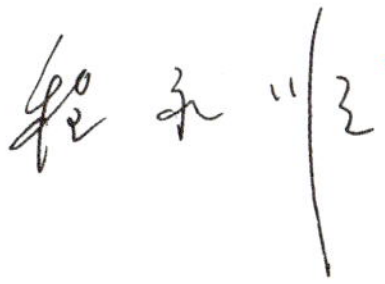
[*]

温旭律师主编的《红罐之争：谁是凉茶领导者》一书即将出版了，他希望我为此书写一个序。由于多年的交往，我对温旭律师在知识产权方法律方面的钻研精神、知识产权诉讼案件业务代理水平有一些了解，因此，对他的盛情邀请不便推辞。

我知道，温旭律师是王老吉与加多宝系列案件的代理人之一，由他主编的这本介绍王老吉与加多宝系列案件的书，我虽然尚未阅读其内容，但我想这本书一定会在业界畅销，并值得业界同行阅读。原因在于：近年来，王老吉与加多宝系列纠纷案件早已引起社会广泛关注，该系列纠纷案件时间之长，每个案件涉及事实之复杂，涉及的法律问题之广泛，运用法律程序之多，参与审理案件的法院之多、层级之高，

＊ 程永顺，北京务实知识产权发展中心生任，原为北京市高级人民法院民三庭（知识产权庭）副庭长、高级法官。2003 年被英国《知识产权管理》杂志评为当今世界 50 位最有影响的知识产权人士之一。中国知识产权法学研究会副会长，中国科学技术法学会常务理事、副秘书长，中华商标协会常务理事。在知识产权界享有较高声望。程永顺先生在多年审判工作中，注重理论联系实际，出版了多部专著及合著。在理论界及实务界产生了极大影响；其中 2005 年出版的《中国专利诉讼》一书，总结二十多年来中国专利司法保护的经验，成为法官、律师及代理人办理相关案件的重要参考书。

专家学者学术观点争论之大，争议标的额之高，媒体对该系列案件报道之频繁，都是前所未有的。对一个在全社会知名度如此之高的系列案件，由一方代理律师将其归纳整理，作为公开出版物，其内容一定十分精彩可读。

当今社会越来越多的消费者会依据品牌选购自己喜爱的商品，消费者对品牌的青睐，就是我们常说的心智资源，品牌是最佳的导购员和推销员，所以保护品牌就是保护生产力，同时也是保护消费者的合法权益不受损害。王老吉与加多宝之间的系列诉争，实际是品牌商誉的无形财产之争，谁是谁非不仅法院会有判决，消费者心中也自有公断。无论诉讼结果如何，这场中国第一品牌大战无疑大大提高了国民的品牌意识。

《红罐之争：谁是凉茶领导者》一书较系统完整地描述了诉争双方及诉争焦点的来龙去脉；采用以案说法的方式，深入浅出、层次分明，有助于读者全面了解案情及诉争全过程，值得企业及法律界人士借鉴和参考。

我认为温旭律师称得上是知识产权方面的学术型专业律师。这次，他能将代理的王老吉与加多宝系列案件经过整理编辑成书，供业界同行了解阅读，其精神可嘉，行动可贵。希望有更多的专业律师像他一样，结合自己所办案件著书立说，研究并探讨法律问题，以案说法，宣传法制，为我国的司法实践与普法宣传作出贡献。

2016 年 9 月 28 日

开门大吉　喝王老吉

“开门大吉，喝王老吉”，这是今天不少人心中念念有词的吉祥喜庆之祝福语。“王老吉”凉茶，创始于 1828 年，广东话对 1828 这一吉祥数谐音解读为“一发易发”。这一巧合似乎也昭示“王老吉”凉茶将流传百年，风靡至今。

凉茶始祖，广东鹤山，王氏人家，正名泽邦，乳名阿吉，行医救人，医术高明，施医赠药，积德行善，广得人心，虎门销烟，则徐染病，久治不愈，阿吉诊治，药到病除，则徐赠壶，刻三大字，即王老吉，阿吉老时，称王老吉，正宗凉茶，消暑解渴，防病治病，百年字号，大陆一脉，广药传承，香港一脉，传其后人，祖传凉茶，由此而来。阿吉凉茶，商标品名，王老吉也，中国大陆，归属广药，香港辖区，归其后羽。广药集团，授权鸿道，鸿道集团，经营有方，年破百亿，媲美可乐，功不可没。分久有合，合久必分，鸿道行贿，续签合同，被裁无效。分道扬镳，各树一品。广药建厂，收标自用，产王老吉，鸿道无奈，启用新标，推加多宝，从此开始，双方互斗，诉争不断，一比高下。

“王老吉”凉茶经过百年传承，逐渐分为两支，一支留在中国大陆，归属广药集团所有；另一支则流于香港，由王泽邦在香港的后人所有。加多宝自称获得王泽邦香港后人授权许可，使用“王老吉”凉茶配方生产销售“王老吉”凉茶，但由于中国大陆的“王老吉”商标归属广药集团，而加多宝方与广药集团签订的商标许可合同因是贿赂续签，商标许可合同无效，导致加多宝方不得不改用“加多宝”作为其凉茶品牌。从此，市场上出现了由广药集团生产的“王老吉”凉茶和由加多宝集团生产的“加多宝”凉茶，两强相决的市场竞争二元法则开始上演，犹如可口可乐与百事可乐的二元强强相争，王老吉与加多宝的二元争强的好戏也登台表演了。通常，二虎相斗，要么一死一伤，要么两败俱伤，而坐山观虎斗者，往往渔翁得利。但是市场竞争中的两强相决却往往不让渔翁得利，两强的各方往往在相互竞争中，不断从对方处获得压力与动力，在竞争中不断进步，两强的市场份额通常占七成以上，其结果是两强相决，愈战愈勇，越战越强，老三、老四往往渐渐消失，除非变成一匹黑马将老大或老二拉下马，形成新的强强相争二元格局，否则永远难以翻身，只能做市场份额很小的老三、老四或老五。王老吉与加多宝之争，没有两败俱伤，也没有一死一伤，因而没给老三、老四甚至老五任何机会，老三、老四和老五广告促销攻势虽然猛烈，但业绩却不断下滑。王老吉与加多宝，在短短的两三年中，各自发挥优势，产销双双突破 200 亿元，创造了在中国大陆双超可乐的傲人业绩。这不得不说是中国饮料史上的一大奇迹，从这一意义上讲，这的确是一场没有输家的中国品牌大战。

王老吉 2013 年曾冠名央视三台《开门大吉》栏目，自此，不仅怕上火要喝王老吉，而今“开门大吉，喝王老吉”也渐成时尚。红罐凉茶王老吉，不仅迎合中国人逢喜必红的心智资源，更在于王老吉三字有一“吉”字，红颜喜庆，吉祥如意，“王”——王者冠军也，“老”——长长久久也，“吉”——大吉大利也。正如广东人过年家家户户摆桔图吉，“王老吉”加红罐装潢，加上喝酒禁驾，碳酸饮料失宠，红装吉庆的天然植物饮料“王老吉”凉茶逐渐登上大雅时尚之堂，不仅怕上火喝王老吉，开门大吉、喜庆宴席也喝王老吉。

红罐装潢长期与王老吉相伴使用，久而久之，人们一看到红罐凉茶，必然联想到王老吉，“王老吉”商标、红罐装潢、“怕上火，喝王老吉”广告语被喻为广药三宝，也是这场中国第一品牌商誉之争的聚焦点。

加多宝在2015年“红罐装潢案”一审败诉后，未等二审结果出炉，即行改推金罐，并打出“金罐更精彩”的宣传语。加多宝此举可谓及时与王老吉进行切割。因为加多宝也深知，此时若是再生产与王老吉相同的红罐凉茶，反倒可能存在反宣传效果，使推广的努力反流至王老吉。同时，如果加多宝二审再败诉，其继续使用红罐装潢的行为则不堪设想。加多宝此举虽属无奈，但也是“识时务者为俊杰”。

王老吉与加多宝的品牌之战，实乃商誉之争，专家的意见分为两大派，各支持一方。但本书观点认为，王老吉与加多宝都在许可与被许可的17年中获得了巨大的商誉：广药集团品牌市场估值过千亿，且在此基础上三年再创新的年销200亿元的傲人业绩；加多宝则凭寓含于原料基地、人才队伍、市场渠道、原王老吉生产运营商中的无形资产，也在三年内新创年破200亿元销售额。没有上述无形商誉，无论加多宝之后如何做广告，如何宣传，都绝不可能在三年内突破200亿元。那种简单认为商誉都归广药王老吉，加多宝没有获得商誉的观点是值得商榷的。

作为王老吉一方系列案的代理律师，本书中一些观点与论述，或多或少屁股会更多坐在授权委托一方，这也是情理之中，有时在所难免。不过我们也试图尽力跳出圈外，以更公平、更客观的法律思维方式，努力还原诉争的客观真相，有些观点则完全跳开律师的角色并以第三方的口吻加以叙论。在法院的诉争观点与庭下并站从市场竞争的角度看问题，必有不尽相同之处，但不应以此否定或代替律师在庭上之辩论观点。作为王老吉的系列案主办律师之一，我们最值得自夸的莫过于被业界誉为中国品牌第一禁令的“改名案”诉中禁令的成功代理，这一禁令，禁出了法律的威严，禁出了王老吉诉案的重大转折，禁出了王老吉再创辉煌突破200亿元销售的新起点，诉中禁令一案不愧为王老吉这场诉战中的里程碑之役。本书的风格也力求通俗易懂，有趣有味，有情有理，有法有据，有章有节，题目新颖，工整有序。本书参考借鉴他人文章及插图尽量列出出处，但个别文图，实在找不到出处来源而又不得不引用的，在此一并向所有被引用的无名作者表示深深的歉意并致谢！同时欢迎读者批评指正书中的不足与欠缺之处。

怕上火时喝王老吉，吉庆时分也喝王老吉！

目　录

CONTENTS

第一章
CHAPTER

中国凉茶　红冠之争

01

“怕上火，就喝王老吉”，这句深深打动亿万消费者的凉茶广告，在中国大地早已成为家喻户晓、人人皆知甚至连三五岁小儿都能朗朗上口、脱口而出的经典广告，并成了饮料史上最广传、最贴心、最经典、最红火、最著名、最成功的广告用语；也使得原本就有非常深厚历史底蕴和较高知名度的凉茶王老吉，几乎成了现代凉茶的代名词。

凉茶本为祛湿降火之物，但正当王老吉红罐凉茶如日中天、红红火火、红遍大江南北、火透五湖四海、冲向国际、媲美可口可乐之际，红罐凉茶却火热过度“中暑了”。

众所周知，今日之“王老吉”凉茶，有红罐、绿盒之分，红罐由广药医药集团（以下简称“广药”）独占许可鸿道加多宝❶生产营销，绿盒王老吉则由双方关联的合资工厂生产经销，也许由于方形盒装饮料较易携带、配送，我们在飞机上获赠而饮的通常是绿盒王老吉，而少见红罐圆装王老吉；也许绿色本就代表和平，加之双方联姻合资，相对相安无事，但红罐王老吉或许先天“属火”，在其红透至极时，稍有不慎，一丁半点火星就会引发本为降火之凉茶“上火”“发火”并最终导致一场“大火”，并爆发成“战火”。物极必反，红极必紫，“紫极必燃”，燃极必战，广药与鸿道加多宝双方的这场知识产权大战，既是先天的，也是后天的，更是不可避免的。欢喜冤家，因利合作恩爱一场；最终也因利分道扬镳、对簿公堂、怒目相视。

---

❶ 加多宝集团为鸿道集团旗下国内公司，本书中鸿道加多宝也指加多宝集团。

一、凉茶上火　剑拔弩张

凉茶也上火，似乎是件不可理喻之事，这里只是比喻和形容罢了，真正上火的不是凉茶本物，而是授权许可和获权被许可生产王老吉红罐凉茶的两家大企业“上火了”，“怕上火，喝王老吉”这句广告语，可降消费者的心火，却降不了许可与被许可双方久隐的怒火，双方最终“怒火中烧、激战‘法场’”。广药被誉为中国第一药企生产商，实力雄厚，拥有陈李济、潘高寿、星群、白云山、王老吉等众多老字号及现代品牌，品牌就是货币，品牌也是生产力，王老吉既是广药的药品注册商标，亦是其饮品类注册商标，是广药不可多得的一笔重要无形资产，随着我国知识产权制度的建立、发展与完善，品牌价值在市场中的作用愈显重要，拥有好品牌，就意味着拥有广阔市场。鸿道加多宝是专注凉茶生产的“民营”企业，通过被许可生产经营“王老吉”凉茶被誉为“凉茶生产第一企”，甚至号称“凉茶大王”。

王琳绘制

图 1-1　都上火了

在全国各地乃至全球相关市场上销售得红红火火、超市货架上堆成红红一片的红罐凉茶，是如何最终演变成一场中国饮料史上最具影响的红罐之争、知识产权大战——中国第一商标品牌战，这还需从双方的牵手合作始末细细说起。

商标作为知识产权的重要成员，和专利等知识产权一样具有地域性，由于历史承继等原因，“王老吉”商标在不同的法制区域分属于不同的主体所有。在中国大陆，几经传承之后，“王老吉”凉茶品牌最终归广药所有，而在香港、澳门等地却归迁徙于该地的王老吉即人称“阿吉”的后代所有。商标在不同区域分属于不同的主体，根据知识产权地域归属之保护原则，中国大陆生产之“王老吉”凉茶，未经香港王老吉所有人许可，不得销往香港等地；反过来香港一方生产的“王老吉”凉茶也不得擅自进入中国大陆市场销售。鸿道加多宝虽然在香港获得授权生产王老吉牌正宗凉茶，但香港弹丸之地，区区几百万人的市场，无论如何也不可能满足鸿道加多宝生产发展的市场空间，而泱泱大国的大陆 13 多亿人口，假设每人平均每年只饮三罐王老吉，一罐凉茶卖三元，就是 100 多亿的庞大市场。鸿道加多宝深知进入大陆这块巨大的凉茶市场只有两条路，一是花巨资向广药买断王老吉在中国大陆凉茶饮料注册商标，二是通过与广药达成授权许可进而进军中国大陆市场。

鉴于广药当时不会轻易出让“王老吉”商标，即使万一肯出让也许是个高不可攀的天价，几经考量，深思熟虑并老谋深算的鸿道加多宝掌门人，最终还是选择了授权许可这条路，但其想有朝一日伺机将广药王老吉装入怀中的“雄心”或“野心”从未熄灭过。陈鸿道深知授权许可是替别人的品牌做嫁衣裳，他经营得再好，品牌的升值都不是自己的，而且商标权十年一续的规定，决定了商标授权许可最长也是十年，到期后必须重新签许可合同。由于每隔十年，市场在变、销量在变、领导在变，利益平衡在变，续签合同的变数无限，难于掌控，难免会产生分歧而不能获得重新续签。而且续签许可协议的主动权始终掌握在商标持有人一方，因为被许可人的软肋在于市场做得越大越舍不得放开，对品牌的依赖性也越强，续约时难免处于下风。

更为关键的是：当初双方谈“王老吉”商标许可协议时，“王老吉”凉茶虽然已具有较高知名度，但与今时、今日知名度相比，客观而言不可相提并论。如果当时是以今日之王老吉的知名度及无形价值作为起始点谈授权许可，当然不可能只支付每年几百万的许可费，而且双方也较易达成一致。问题在于鸿道加多宝并不是在今天的王老吉品牌商誉价值基础上与广药携手合作的，而是在20世纪90年代中期开始合作的，那时的王老吉的确不如今日的王老吉，而今日王老吉之品牌升值，除了王老吉原有的基本价值，加多宝的营销贡献是不可否认的。续签合同时双方能否客观公正、历史地看待这点，并从中找到利益平衡点至关重要。从商标权人一方而言，不可一味强调以今日之营销额，并简单地参考国际商标许可提成的比例计算被许可费，而应适当考虑加多宝在品牌升值中的贡献；而另一方加多宝也不可过分强调自己营销的贡献而不愿相应调高许可费用，当商品销售额达几十亿甚至上百亿时，仍是一年几百万许可费，也必将会显失公平。

如果双方在续约时都能换位思考，客观定位、定价达成一致固然好，但万一达不成则必然导致协议终止。如果在一开始的许可起点，王老吉的品牌价值就有了可媲美可口可乐或百事可乐之知名度，被授权的鸿道加多宝在实际经营中主要是依赖于王老吉品牌自身的魅力就可较易地占领市场，无须投入巨额广告费去经营、培育和开拓市场，鸿道加多宝一方在是否续约的心理欲望上肯定没那么强；但当王老吉在自己手上做大、做强并成为中国第一饮料品牌时，鸿道加多宝的心态就不一样了。当仍然无机会从广药手中受让“王老吉”商标时，退而求其次的就是尽量延长授权期限并以最低的被许可费去换取利益最大化。鸿道加多宝的领头人深知正常的协商许可谈判是很难实现上述意图的，进而铤而走险走上了贿签之路。

贿签的补充合约将双方合作期限大大延长了，而支付给广药的“王老吉”商标许可费却仍停留在每年几百万元的数量级别上。陈鸿道以300万港元贿签成功的补充协议，虽然最终因违法而无效，但我们也不得不承认陈鸿道是一个善于经营并时时捕捉商业先机的人。广药与鸿道加多宝在2000年时重新核签的合同，合同期从2000年5月2日至2010年5月1日止。第一年的商标许可使用费为450万元，第十年逐年增加到491.4万元。可是该份合同刚刚实行了才不到两年，距合同到期还有八年之久，陈鸿道就迫不及待地要补签 2010 年至 2020 年的双方许可与被许可合同。陈鸿道以他个人敏锐的商业眼光，瞭望到了十年八年之后“王老吉”凉茶的美好远景，其深知若等到合同期满时的 2010 年再来谈下一个十年的合作协议，商标的许可使用费绝不是区区每年几百万，至少也是千万元乃至上亿元。

因为，在 2001 年至 2003 年，“王老吉”凉茶年销售额虽然与后来的上百亿远无法相比，但也呈现了逐年明显上升势头。从 2001 年销售额近亿到 2003 年销售额六亿元，王老吉的品牌估价也从原来的不到一点五亿元增至三亿多元。另外，之前的所有许可合同，之所以许可费较低，也有广药对加多宝开拓市场给予扶持的考虑，但到了 2010 年再续签许可合同时，就未必仍有这样的优惠许可价格。“王老吉”商标除了授权鸿道加多宝使用外，广药还授权给子公司王老吉药业股份公司生产绿盒“王老吉”凉茶，并按销售额的 2. 1 %计收商标使用费，二者对比，同样是 2011 年至 2020 年的 10 年商标许可使用费，鸿道加多宝总共只需交5 200多万元，而广药自己的子公司王老吉药业 10 年却共要交 2. 2 亿元人民币，而且绿盒王老吉的市场份额还不到红罐的 1/10。通过付出贿款 300 万港元，换来可能要少付数亿乃至十几亿的商标使用费，在陈鸿道的商业算盘中当然是早就盘算得一清二楚，他不愧为商业界的精算子，不仅早早预测到红罐“王老吉”凉茶未来五到十年的商机必火，还善于提前八年贿签许可合同，以谋取最大的商业回报。虽然合同如其所愿提前八年将合同延长到 2020 年，但正是这份贿签并显失公平的合同，最终点燃了战火，双方剑拔弩张，走上了仲裁庭。

古人云：分久必合，合久必分。战场上没有永远的朋友，今天是在一条战壕里的朋友，明天可能就变成了对面壕沟里的敌人。20 世纪的美国总统下令在日本广岛丢下原子弹，今天的美国总统却到日本广岛献花；越南战争中美国用尽各种武器轰炸、扫射越南军民，今天却又出售各种武器给越南，越南用以对抗当年同志加兄弟的中国。商场如战场，昨日之合作伙伴，明日很可能成为你死我活的竞争对手。

虽然，广药在矛盾出现之初，特别是在证实陈鸿道贿签合同一事后，并未马上与鸿道加多宝摊牌分手：一是原来双方合法所签合同仍未到期，二是期盼可以协商的方式解决。无奈广药三番五次主动求谈，鸿道加多宝都以种种理由避而不见。在许多不明真相的人眼里，都以为广药国企欺负鸿道“民企”，过河拆桥，借加多宝将“王老吉”凉茶市场做红做火了，就不再让加多宝再做红罐“王老吉”凉茶，收回来自己独占市场，真相其实恰好相反。

其实广药是以药为主业，并不想将太多的财力、人力、物力和精力投入到凉茶饮料业。广药既缺乏凉茶原料基地，又无专门生产线，更缺少成熟的饮料市场营销渠道，从某种意义上讲，广药重整旗鼓，收回使用权，再行办厂，自营“王老吉”凉茶，是被加多宝逼上“凉”山的。要不是鸿道加多宝贿签合同，要不是鸿道加多宝多次拒见，要不是仲裁之中鸿道加多宝一方多次失约弃谈，广药的领导们或许还没有勇气和决心自己办厂经营，坏事变好事，压力变动力，广药上下一致，在如此之短时间内办起王老吉大健康公司，这其中有一份鸿道加多宝的“逼功”。

反过来，鸿道加多宝在明知自己理亏时，不仅不认错，在广药频抛橄榄枝之时，为何缩手不接呢？其时，精明老道的陈鸿道早有了新的盘算与应对之策。根据国家相关文件规定，凡是获得中华老字号称号的品牌，例如，王老吉，未经批准不得随意转让，陈鸿道从心底也并不想毫无期限地替他人做嫁衣裳，他深深懂得如果“王老吉”商标最终不能如愿转至自己企业名下，自己迟早都是要分出来另树品牌的，何况这次低价贿签东窗事发，如意算盘又被打破，诚信尽失，继续合作前景堪忧，不如趁机自创品牌，从长计议。于是避见、拒谈是自然而然的，拒签文书、拖延诉讼也是必然的，因为鸿道加多宝需要时间移花接木、另起炉灶，需要时间转移商誉，继而有一面加多宝一面王老吉的红罐推出，紧接着王老吉改名广告的全面铺开，都是其早有市场预谋的。鸿道加多宝首先亮剑；广药不可能束手待毙，当然也必须马上拔剑出鞘，一场“红冠之争”就此上演。

二、红罐之争 拉开战幕

王琳绘制

图 1-2 红罐对垒

红罐之争实乃广药王老吉与鸿道加多宝之间的“红冠之争”，人们心中的红红火火的红罐凉茶的“红冠”到底应戴在谁的头上，是广药王老吉，还是鸿道加多宝，双方就此几乎同时亮剑，诉至法院。

在中国，红色代表喜庆，新婚之喜需红色双喜、红绸红缎、红衣红轿；喜得贵子，吃红鸡蛋、红糖姜醋，封红利是；逢年过节，红色对联，红色鞭炮，红色礼包；香烟是红双喜或红色中华。红色总是与人们的热闹喜庆之事、之时密切相连。而凉茶是清热、解暑、降火之物，通常不会想到用红色作为其包装与装潢，更多的是选择绿色，绿色包装清心养目、平心静气、舒脑松体，与凉茶之功效结合，可谓相得益彰、堪称绝配，所以广州王老吉药业的包装，选用与大自然美景融为一体的清新浅绿盒。各位读者，有谁见过喜庆之日，宴请嘉宾，好友相聚，举杯同贺时饮用绿盒王老吉吗？有也恐怕是极为罕见的，甚至有人会觉得绿盒包装是降温冲喜，不合时宜。凉茶本为寒性之饮，确实与热闹喜庆之时在表面上有些冲突，加之绿色的包装就更加不合中国民俗。但凡事总是随着时代的变化而变，随着人们观念的改变、生活的改变、饮食的改变，凉茶配绿装，聚餐忌凉茶的世代传统习俗终于被打破。凉茶披红装，桌上摆凉茶，不再被人们忌讳，而且渐渐被人们接受，甚至成了必饮之品：一种非碳酸饮料的，同是类似红罐，但不是可乐却又胜于可乐的传统性现代饮品。红罐装潢凉茶的诞生有其必然也有其偶然，偶然之中有必然，它是历史的产物，也是现代的新宠，更是具有传统观念加现代意识的广药人敢为人先的一种独特创举。

广药之所以许可鸿道加多宝使用红罐包装，除了基于上述创意考虑外，另一方面也是希望由鸿道加多宝生产的凉茶，与广州王老吉药业生产的绿盒凉茶之间有明显的区别：虽然同是王老吉，但消费者可区别出二者同出一源既有关联又有不同，一个是纸盒一个是铝罐，一个呈绿颜一个现红色，一个稍偏苦一个有点甜，一个药味浓一个药味淡。笔者分析，红罐和绿盒在很大程度上是为区别两个厂家生产的王老吉，同时又可满足不同消费群体及不同场合的饮用需求，并引导广药最终决定许可并限定鸿道加多宝使用红色易拉罐王老吉凉茶包装。然而红罐“王老吉”凉茶的面市，也并非一帆风顺，更没有一炮走红。客观而论，红罐“王老吉”凉茶最终火爆热销超百亿，并在国内超越可口可乐成为中国凉茶甚至中国饮料第一品牌，鸿道加多宝功不可没。广药从合作到分手，从法庭上到法庭下，从始至终也从未否定过鸿道加多宝对王老吉品牌的历史贡献及功劳。但反过来将所有功劳都归结于加多宝，广药只是坐收商标许可费，别无贡献，这也是极端偏见并与客观完全不符的。

首先，广药有远见，愿意许可鸿道加多宝使用“王老吉”商标生产红罐王老吉，这本身就是最基础的贡献，没有这一授权许可，就不可能成就鸿道加多宝的今天。正是广药许可出让 13 亿元的大陆市场，才有陈鸿道施展才华的凉茶天地。

其次，“王老吉”凉茶不仅是中华老字号、国家非物质文化遗产，而且在授权许可之时已具有较高的知名度，已获得了众多奖项与荣誉，否则陈鸿道如此精明的商人，为何不看上别的凉茶品牌，却偏偏相中王老吉。

最后，广药及其下属的羊城药厂，攻克了药品凉茶向饮料型凉茶转换的种种技术难关，成功地解决了罐装、盒装凉茶的保存、保效等系列难题，为红罐凉茶成为消费者喜饮的快消品，打下夯实的基础。

没有广药上述三点的基本贡献，没有广药在合作过程中的配合与支持，没有广药一开始给予扶持的超低价许可，鸿道加多宝也不可能有今日之成功与辉煌，凡事一分为二，才能更为客观并顺耳中听。

红罐“王老吉”凉茶的成功，同样经历了市场适应期及营销拓展的艰难过程。今天风靡全球的网购也不是一年两年就火起来的，电信网络的发展，物流快递业的兴起，金融支付方式的改变以及人们消费观念的转变，等等，成就了网购的蓬勃发展。同样，红罐王老吉的今天，既有客观自然之因素，也有人为主观之努力。一是环境气候的全球变暖扩大了凉茶的市场区域；二是生活习惯的变化，例如，加班熬夜易上火，扩大了消费人群；三是饮食餐品的肉食化也增加了对凉茶的消费量，例如，涮羊肉、麻辣火锅、烧烤肉串等易上火，“怕上火，喝王老吉”，正好迎合了不少消费者的食饮需求；四是红罐的喜庆符合民俗，这使王老吉上了餐桌酒席，喝王老吉，开门大吉、大吉大利，逐渐成为人们的一种消费时尚。加上鸿道加多宝的大力宣传、广而告之，红罐王老吉在 2008 年汶川大地震及北京奥运会之后，红红火火一片繁荣。然而火极必盛、盛极必火，广药与鸿道加多宝的红罐之争也终于由暗火变成难于扑灭的熊熊大火，红罐之战终于无法避免地打响了。

广药与鸿道加多宝关于贿赂补签的“王老吉”商标许可协议被仲裁庭一锤定音裁定为无效后，本以为双方从此各走各的“阳关道”，您新推加多宝，我自产王老吉，互不相干。但事情并没有像人们预料和期待的这样简单。一纸仲裁决定并不能解决双方的所有恩怨与纷争，王老吉作为广药的注册商标由广药集团依法收回自用，当然没有问题，但除注册商标外的其他无形资产的归属问题马上凸显，双方几乎都同时想到红罐王老吉装潢的归属问题。因为红罐“王老吉”凉茶经过十几年的宣传、推广、经销，销量已达 200 亿元，其蕴含的无形商誉价值仅次于“王老吉”商标，在这生死关头，可谓得红罐者得天下。王老吉配红罐比翼双飞，失去红罐则失去半壁江山市场。加多宝若同时失去王老吉品牌和红罐装潢，将一时深深陷入困境，折双羽而难飞。双方都深知，得红罐者得市场，进而夺得一顶红冠戴顶可再创或重创辉煌。正是基于对红罐装潢价值的如此看好，广药抢先半步诉至广州中院维护自己的红罐装潢权，加多宝反应也很快，只差两天就在北京第一中级人民法院提起同样的诉求，只不过诉请完全相反，主张红罐装潢归加多宝所有。为争取更有利的诉讼环境，双方都提出了管辖异议，最终由最高人民法院裁定由双方共同的所在地上一级法院广东省高级人民法院（以下简称“广东高院”）一审，双方这才无奈接受，一是最高人民法院的裁定，二是双方都归广东高院管辖，已无可选择并再也无异议可提。

庭上双方互诉，互为原告被告，各自信心满满，抱有必胜信念，并双双同意由法院委托审计各自经营的获利以计算对方应赔之额。庭上双方针锋相对，唇枪舌剑。庭下专家也兵分两派，专家意见截然相反，相当一部分专家支持红罐装潢应归于生产经销方鸿道加多宝，认为种瓜得瓜，种豆得豆，谁种归谁；不少专家持完全相反意见，支持红罐归商标权人广药所有，认为土地是谁的，种出的瓜和豆就是谁的，经营生产者可与装潢权分离，但“王老吉”商标与红罐装潢是不可分割的整体性无形财产。广大消费者也非常关注这一中国历史上最为轰动的包装装潢案，人民网曾在法院庭审后做了个网上民意调查，出乎意料竟有近 60 万人参与投票，投票的结果却与专家的相反，有近六成二的网民认为应归广药王老吉，不到四成的网民支持鸿道加多宝。巧合的是广东高院的一审判决没有采纳多数专家的背书意见，反倒顺了多数民意，判红罐装潢归广药所有，并依审计获利全额支持广药 1.5 亿元的索赔额，成就了中国装潢第一案。这一结果令为鸿道加多宝背书的法律专家大跌眼镜，评论与不同观点四起。鸿道加多宝也毫不犹豫地向最高人民法院提起了上诉。

然而令人费解的是，鸿道加多宝一边上诉，一边又在广东高院作出一审判决后不久，随即推出金罐的全新包装装潢，难道是其对二审毫无信心吗？其实不然，鸿道加多宝此时择机推出全新的包装是早有打算的，并非一时冲动而为。一方面对于二审，鸿道加多宝虽然提起了上诉，但未必有足够的必胜信心与把握，因为红罐装潢二审改判归鸿道加多宝的可能性极小，相对而言维持原判的可能性较大。二审一旦维持一审判决，鸿道加多宝不仅要被动停止使用红罐、赔偿损失，而且在一审判决后继续生产销售红罐凉茶的行为还面临着被广药再次起诉索赔的巨大风险。另一方面，鸿道加多宝也出于市场本身的考量，主动换装。鸿道加多宝为了从一开始转移王老吉的无形资产，采取了双品牌、改名广告、“全国销量领先的红罐凉茶”宣传语等方式，尽管输了官司，却早已达到其基本意图。鸿道加多宝虽然失去了王老吉品牌，但却通过上述虚假宣传，加上自身的努力经营，到 2015 年已基本恢复到“分手”前的最高销量。由于鸿道加多宝这几年的宣传，实际上不少消费者在购买红罐凉茶时已将王老吉与加多宝混为一体；加多宝投入的巨额广告费，或多或少起到了一定的反促销王老吉的作用，如果罐体颜色依旧是红色，始终难让消费者真正分清谁是谁，在鸿道加多宝后期做大的情况下，换装反而成为内在必须。否则，随着鸿道加多宝的广告投入，广药王老吉的销售也会从中获益不少。这才是鸿道加多宝换装的内在需求与动力。

鸿道加多宝这次为什么要选择金黄色作为“加多宝”凉茶的装潢色呢？许多人以为这是其为了应对二审可能再输、仓促间临时推出的过渡性包装。笔者的意见恰好相反：鸿道加多宝推出金罐一定经过了深思熟虑，应是其在一审判决前构思设计并在一审判决结果出来后借机推出的；如果在一审判决前就推出，肯定对一审不利，未判先改输了信心与底气，万一红罐判归鸿道加多宝所有，损失就大了。一审判决出来后，鸿道加多宝审时度势改红罐为金罐，是找到了一个最佳时机，当广药王老吉与鸿道加多宝两家公司的生产销售旗鼓相当时，需要的不是混同而是区别，择机切割才是鸿道加多宝的高明之处。加多宝的包装选金色也并非失策，金代表高贵，黄袍加身、金碧辉煌、金字招牌、金榜题名、夺金领先，金罐虽不及红罐显得吉祥喜气，但舍红则必选金，白色不行，黑色更不好，绿色已有，只有金黄相对好些，而且就国际市场而言，“土豪金”也许是国际化的流行色。一开始改金罐，肯定对销量有影响，但当鸿道加多宝利用其庞大、完善的市场营销体系，加上巨额的广告投入及博取的消费者的同情与支持，最多也只影响一两年，不到三年就可元气尽复，消费者接受金罐凉茶只是需要一个过程。择机变红改金，会有一个分娩式的阵痛，但也正可谓十月怀胎，瓜熟蒂落，顺产金贵，喜得贵子，一旦长大成人，金光闪闪，光彩夺目，同样是英俊帅哥一个。广药王老吉趁加多宝改金罐受挫之机，销量赶上，平分秋色，有时甚至有超前之势，但如果还认为加多宝不用红罐就必死无疑或半身不遂，就太过轻敌了。因为鸿道加多宝择机切割，选择了一个对他影响最小的时机变装改色，不需太多时日，红罐、金罐两大凉茶体系垄断中国市场的格局将持续下去，虽然会出现此消彼长、你追我赶的竞销场面与较量，但谁要灭谁都不是件容易的事。竞争中共同成长的可能性则更大，但加多宝能否最后跨过“变装改色”这道坎，对其今后的发展是至关重要的。

红罐装潢之争，最高人民法院的终审结果会是怎样呢？人们有各种各样的猜测与期待，但归结起来，最高人民法院若不是发回一审法院重审而是自行下判的话，其结果不外乎三种：一是维持一审原判，驳回鸿道加多宝的全部上诉请求，鸿道加多宝不仅不能继续使用红罐，而且需赔付广药王老吉1.5亿元，由于是最高人民法院的二审判决，几乎没有任何再审翻盘的机会与可能。二是侵权成立，加多宝不可继续使用红罐凉茶包装装潢，但赔偿额度有所调整，酌情减少。因为有人认为：鸿道加多宝毕竟是王老吉红罐凉茶的经营者，为红罐知名度与无形资产的提升，立下了汗马功劳，虽然红罐包装装潢与王老吉品牌的商誉不可分割，但判红罐归广药王老吉，广药王老吉得红罐装潢已是最大受益者，若还要为红罐作出贡献的鸿道加多宝付出高额赔偿，有失法律的公正平衡原则。历史地分析，此案确实有别于一个同行竞争者为获取不当利益去模仿另一企业的知名商品的包装装潢，更多的是在红色罐装归属不明、有争议的前提下的一种使用，而且一审后鸿道加多宝又主动改了包装。因而二审判定装潢归属于王老吉，并认定加多宝侵权但不判赔或判少赔的可能性也是有的。三是改判不侵权，双方都可使用，这样的判决虽然可能性极少，但也未必一点机会都没有。因为这个案子最大的一个法律问题是，一种单一颜色为主色的饮料装潢色可否归一家企业所垄断，不同饮料的商品使用相同色的装潢当然没问题，罐体造型不同、颜色相同也没问题，问题在于同是凉茶并在通用的罐体上使用相同主基色的装潢是否可以。笔者认为不可一刀切，要看具有在先装潢的知名度以及最终是否会造成消费者的混淆。当和其正、邓老凉茶也选用相同之红罐作为其包装时就不一定构成侵权，这时品牌区分占了很重要的作用，消费者不会将其混同误认为是红罐王老吉；而加多宝原来就是红罐王老吉的生产经销者，还发布虚假广告说王老吉改名加多宝了，并使用类似的“怕上火，喝×××”的广告语，这就必然会造成消费者对红罐的误认与混淆。基于此，二审法院维持一审的定性是完全可能的，不会轻易作出都可使用的共有共用之判决。

一审判决出来后，大家包括双方对红罐装潢案的关注度都略有下降，无论是重要性还是影响力都大不如初。在双方互诉的2012年情势大不相同，无论是广药要重整旗鼓自行产销，还是鸿道加多宝要另起炉灶重树品牌，红罐对双方休戚相关、极为重要，起步之时谁失去红罐将是致命一击。三年之后局势已大变，加多宝对红罐无形价值的依存性已大为降低，加之为了使二者有明显之别，避免宣传效应反流，加多宝改红罐为金罐实乃识时务者为俊杰之举。红罐之争拉开了战幕，虽还未落下帷幕，但这场诉讼却给大家上了极为生动的一课。它不但极大提高了全民的知识产权意识，而且将王老吉与加多宝两个凉茶品牌双双推到了全民皆知、无人不晓的高度。

三、硝烟弥漫　互诉不断

广药在贿签的商标许可协议被仲裁无效后，本想依法收回商标使用权，自己好好办厂经营，从来没想到会卷入一场又一场的诉讼当中，这些诉讼有些是作为被告被动应诉的，有的是权利受到侵害不得不起诉的。广药这五年来的知识产权诉讼，或许超过了以往几十年的总和。双方通过仲裁解决了“王老吉”商标的使用权期限与回归使用问题，但在商标使用权回归后，与品牌相关的商誉归属、装潢归属、广告语归属等系列无形财产之争一件一件诉至法庭，您诉我反诉，您在北诉我在南诉，一时间双方短兵相接、硝烟弥漫，互诉战火不断，打完一审打二审，二审终判打再审。据不完全统计，大大小小、东西南北、各种各样的诉讼及投诉不下一百场，也许创造了国内两个企业间互诉的最高纪录。虽然这场无形的知识产权大战并无真正的枪声炮声，也看不见硝烟弥漫，但在媒体网络、超市商场、专家学者、双方粉丝、饭店酒吧等场景、场合，人们却闻到了浓浓的火药味。这是一场连一场，自双方开战以来几乎从未间断过的知识产权大战；是一场仿效可口可乐与百事可乐饮料大战的知识产权竞争大战；是一场可能延绵十年、二十年、更长远甚至经久不息的、看不见硝烟的无形之战。竞争不止、战火难断，双方在互诉中不断规范，在竞争中不断成长与壮大。没有竞争、没有互攻就没有企业的压力和动力。我们的企业需要公平竞争，企业是在市场竞争中求进步与生存的，商场如战场，现代的商战几乎都与知识产权相关，知识产权是现代商企最重要的制胜之剑。三星、华为、苹果、腾讯、微软、可口可乐、百事可乐、肯德基、麦当劳、丰田、索尼这些世界强企，无一例外地拥有众多智慧财产——知识产权。同行的竞争就是知识产权实力的竞争，用知识产权进攻与防卫在同业中越来越常见。王老吉与加多宝连串的知识产权诉争，正是可口可乐与百事可乐百年诉争不断在中国的复制与翻版。

广药王老吉与鸿道加多宝这五年来关于知识产权的诉争，归纳起来主要有如下六类：一是红罐装潢归属之争，二是王老吉改名案之诉，三是“怕上火”广告语互争，四是“十罐占七罐”连环诉，五是加多宝销量领先之诉讼，六是谁是正宗凉茶之战，但万变不离其宗，前述六类都可喻为“商誉”争夺战。这些大大小小的知识产权战事频频成为媒体关注的焦点，相关报道少则几百多则上千，牵动不少消费者的心。下面简单介绍一下上述六类诉争，具体的将在后面各个章节中详细介绍。

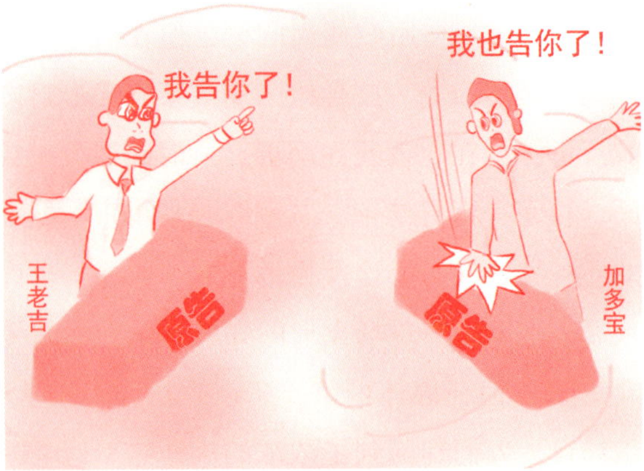

王琳绘制

图 1–3　互诉

- 第一，红罐装潢归属案。

广药集团与鸿道加多宝互诉对方侵犯红罐装潢权不正当竞争一案，实际上是红罐装潢权益的归属之争。关于这场诉争最为有趣的是双方邀请的法律专家与教授各自背书的法律意见，同样的事实，专家意见却完全相左。鸿道加多宝一方有 30 多位专家背书签署了四点支持加多宝的意见；广药王老吉动作慢了一步，只邀请到 11 位专家出具法律意见，也签署了四点支持王老吉的法律意见。法院尚未开庭，专家的论战却先开打了。

支持红罐装潢权归鸿道加多宝的四点专家意见如下：[1]

根据加多宝提供的证据材料，经认真研究和论证，专家就该案涉及的知名商品特有的包装、装潢的性质、权利归属以及广药使用与之相近似的包装、装潢是否违法问题形成以下四条法律意见：

一、商品知名是其特有包装、装潢受法律保护的前提。鸿道加多宝根据王老吉在香港的传人授权的配方生产经营的凉茶是该案的知名商品。加多宝

[1] 转引自：杨红．中国红［M］．广州：南方日报出版社，2014：138.

与广药生产经营不同的凉茶，却共有一个商标，因此，鸿道加多宝在其凉茶上独家使用的红罐包装、装潢就成为与广药凉茶相区别的显著标志，这是市场早已认可的事实。

二、该案涉及的包装、装潢是鸿道加多宝的主要财产，受《反不正当竞争法》的保护，并在2003年就被我国司法判决认定。

三、“王老吉”商标权与知名商品的特有包装、装潢分别属于广药和鸿道加多宝所有，合同无效或解除后，广药只能拿回商标，包装、装潢仍属于鸿道加多宝所有。

四、根据我国法律和大量司法判例的一贯精神，广药擅自使用与加多宝知名商品包装、装潢近似的包装、装潢之行为，构成不正当竞争。

支持红罐装潢权应归广药王老吉的专家意见如下：❶

第一，王老吉在双方签订许可使用合同之前就已经是广州市和广东省著名商标，因此，可以判断“王老吉”凉茶自那时起在广东省已经是知名商品。根据广药集团和鸿道集团之间的三份商标许可协议，在前者进行商标授权并指定产品包装特点、颜色的事实背景下，后者作为商标被授权人进行了一个时期的市场运营并取得了令人瞩目的商业成功。在这一过程中，“王老吉”凉茶既有的知名度得以发扬光大，“王老吉”凉茶是知名商品并无争议，王老吉则是该知名商品的特有名称。该产品使用的包装、装潢是一贯的，因此成为该产品的特有包装、装潢。同时，“王老吉”商标本身就具有一定的知名度，因此作为知名商品，“王老吉”凉茶以及特有的包装、装潢，更容易通过该商标在消费渠道内、在消费中，建立辨识度及商誉。包装、装潢作为一种可识别标志，根据TRIPS协议和我国《反不正当竞争法》的规定，只要具有特有性就可以受到保护；包装、装潢同时具有显著性的，也可以作为商标受到保护。根据既定事实，作为“王老吉”凉茶商品的包装、装潢，红罐包装的显著性是建立在“王老吉”商标的许可使用基础上的，在长期的使用过程中与“王老吉”凉茶无法分离。具体来说，王老吉红罐凉茶包装、装

❶ 转引自：杨红．中国红［M］．广州：南方日报出版社，2014：141-142.

潢的主体部分由红底色和黄色、特定字体的王老吉三个字组成，其中，给消费者留下深刻印象、具有识别作用的，主要是王老吉三个字。作为装潢组成部分的王老吉三个字无论颜色还是字体，与作为注册商标的王老吉完全一致。该装潢的知名度和区别商品来源的功能是通过将红罐与黄色王老吉结合使用产生和积累起来的，如果没有王老吉，单红色罐由于缺乏显著性，又不好呼叫，很难在消费者中建立知名度。综上，在广药与鸿道加多宝之间商标授权协议终止，“王老吉”商标回归广药之后，鸿道加多宝方面无权继续使用原王老吉红罐凉茶商品特有的包装、装潢，因为这可能会使被许可方继续免费使用许可方的商标权益，违背《反不正当竞争法》有关商品特有包装、装潢保护的法律规定，同时也会造成消费者对商品或服务来源产生混淆误认，违背商标法相关规定。

第二，作为凉茶商品中的知名商品，“王老吉”凉茶特有的红罐包装、装潢具有较高的显著性与可识别性。根据客观事实，在时间跨度至少超过八年以来，在凉茶行业中，“红罐”“红罐凉茶”等文字称谓已与“王老吉”凉茶这一知名商品建立了唯一对应关系。因此，他人将“红罐”“红罐凉茶”等文字作为凉茶产品宣传文字进行商业化使用，涉嫌构成对“王老吉”凉茶这一知名商品商誉的攀附，涉嫌不正当竞争。

第三，知名商品的特有包装、装潢作为一种事实上的非注册商标存在，应视为商誉的载体之一，其信誉应归于商标所有人或商标许可人。知名商品特有包装、装潢产生的商誉附属于该知名商品所有，一般不能由他人去分享；除非该商标所有人许可，该商誉自然也无法被他人分享，否则将受到《商标法》《反不正当竞争法》的规制。因为《商标法》《反不正当竞争法》不仅仅要保护市场竞争者，它的终极目的是保护消费者免于对商品或服务来源产生混淆误认。

第四，专家们认为，广药和鸿道加多宝目前所存纠纷的属性应当属于《反不正当竞争法》下的问题，所适用的法律应为《反不正当竞争法》。在这起争议中，双方通过对“王老吉”商标的授权许可使用，鸿道加多宝获取了包括利润、销售渠道、客户群等多重商誉内容的分享，而广药因许可而获得商誉以及对知名商品特有装潢的权益。

最终广东高院一审判决广药王老吉一方胜诉。一审的天平没有偏向多数专家的背书，反而支持了少数专家意见。真理有时是否真的在少数人手中，还有待二审最高人民法院的终审判决揭开分晓、给出答案，但二审在 2015 年 6 月 16 日开庭后至今还未给出答案，看来对于该案难免有些争议，需谨慎研判。

- 第二，王老吉改名禁令。

王老吉改名案中，最值得一提的当属被誉为“中国第一禁”的改名诉中禁令案。

广药虽然通过仲裁，如愿拿到一纸与加多宝分道扬镳的“离异”证书，但一开始并不情愿的广药，当多方努力挽救“婚姻”无效、不得不分手时，却事先几乎没有做好分手后的任何准备。除了手捧评估价值 1080 亿的金字招牌王老吉外，相对有工厂、有原料、有人才、有销渠、有资金的鸿道加多宝，广药十多年来除绿盒王老吉有合资生产外，几乎是两手空空，一无所有，因此收回红罐“王老吉”商标使用权后，重新起步困难重重。反观鸿道加多宝在仲裁结果未有分晓之前，早做好了分家后的所有准备，因为其深知：双方“婚前”归广药所有的“王老吉”三字“离婚”后必然要归还广药，当务之急是在占尽另起炉灶的所有优势下，趁广药尚未重整旗鼓的空档期，赶紧移花接木式改名。于是，鸿道加多宝首先推出了一面“王老吉”、一面“加多宝”的双品牌红罐凉茶，紧接着“王老吉改名加多宝”的广告风声四起，在商场超市到处可见类似的各种改名的广告宣传。当广药投诉、工商干预后，鸿道加多宝则稍微收敛地推出“全国销量领先的红罐凉茶改名加多宝了”，报纸及电视、网络等媒体的改名广告一时铺天盖地，市场上也是清一色地只销售标有加多宝的红罐凉茶。鸿道加多宝原本生产的印有王老吉的原装红罐凉茶，也被加套一层新包装变为红罐加多宝上市，这一招可谓一箭双雕、立见成效。广大消费者一时间听到的是王老吉改名加多宝了，看到的是多如牛毛的改名广告，饭店里点的是王老吉，上来的是加多宝，服务员还训练有素地说王老吉改名加多宝了，放心喝吧，加多宝就是原来的王老吉。甚至在超市里购“加多宝”凉茶，打出的发票却是“王老吉”凉茶，收款员还会告诉消费者王老吉改加多宝了，但电脑系统还没及时修改。

面对这突如其来的改名风浪，广药一时措手不及，虽然及时向工商部门举报，向法院起诉，但鸿道加多宝早有预案在身，故技重施，使用了拒收法律文书、提管辖权异议、反复补充证据等穷尽一切可延缓开庭及判决的手段和措施，千方百计拖延法律诉讼进程。鸿道加多宝深知：就算官司最终必输无疑，加多宝要的是市场，输官司并不可怕，丢市场才可怕，赔钱挣市场也值得。从起诉到执行快则两三年，慢则三五年，最多赔1 000万元，以此换上百亿市场，反倒是吃小亏占了大便宜，这样的生意绝对值得冒险去做。广药面对鸿道加多宝的拖延诉讼策略，在广东三环汇华律师事务所资深律师温旭的建议下，及时起动诉中禁令申请，要求法院先禁后判。广州中院于 2013 年 1 月 31 日下达了一纸禁令，禁止加多宝继续做改名一类广告并撤销所有改名广告，广药王老吉也及时发布声明及广告，澄清王老吉从未改名，并在市场上及时推出了自产的红罐王老吉，迅速填补了市场空缺，及时阻止了王老吉商誉及无形资产的流失及转移。禁令的下达不仅提升了士气，挽回了消费者，夺回了相当多的市场，更重要的是保住了民族品牌——中华老字号王老吉。禁令之后的 2013 年春节，“王老吉”凉茶供不应求，生产工厂马上电招工人节日回厂加班生产，以满足节日市场之需。诉中禁令最终也获得了一审法院、二审法院的全部支持，加多宝有点心服口不服地支付了千万判赔额给广药。尽管广药在诉讼中完胜，但真正如愿的是鸿道加多宝，1 000万元的代价对加多宝的收益而言微不足道。然而这场改名官司，尤其是诉中禁令被业界及媒体誉为“中国第一禁”，无论是对广药维权，还是对中国知识产权的保护，这一禁都具有里程碑的典型意义。

- 第三，“怕上火”广告之诉。

红罐案中双方异地互诉，最后由广东高院一审统一审理；改名案是广药单方起诉鸿道加多宝；而“怕上火”广告案则是鸿道加多宝在异地重庆先发制人起诉广药。“王老吉”凉茶的无形价值最值钱的一是品牌商标，二是红罐装潢，三是“怕上火，喝王老吉”这句广告语。虽然鸿道加多宝不可能在日后直接使用这句广告语，但由于“怕上火，喝××凉茶”形象、直接，这句广告语伴随王老吉发展壮大，可谓功不可没，对“王老吉”凉茶的推销起到至关重要的作用，若能禁止广药使用，并改为“怕上火，更多人喝加多宝”，这一正一反，一禁一用，同样可给广药致命一击。加多宝的剑术非同一般，剑剑见血封喉，刺中要害。红罐装潢案输给广药，鸿道加多宝是心服口不服，不然就不会一审输了马上改为金罐包装，毕竟授权许可协议中白纸黑字写着许可加多宝用红罐包装，而红罐包装与“王老吉”三字形式上合为一体，不可分割。改名案中鸿道加多宝是明知故犯，被判后主动兑现赔偿金，以小赔换得大市场，心甘情愿。而对“怕上火，喝王老吉”广告语一案，鸿道加多宝可是理直气壮、志在必得，因为这句广告语是其委托他人创作的，且双方在协议中又没有约定著作权归属，于是鸿道加多宝带着必胜之心向重庆市中级人民法院提起诉讼，要求判广药立即停用并赔其损失1 000万元。

面对这一仗，广药丝毫不敢掉以轻心，委托重庆著名知识产权律师张利披袍出庭应战，张利律师是全国律协知识产权专业委员会的副主任。这一仗打得非常漂亮，一审判决驳回了鸿道加多宝的诉请，广药可继续使用该广告语。一审法院的判决，分析论理精湛至极，广受好评。广药反过来乘势出击，在广州中院起诉鸿道加多宝的“怕上火，更多人喝加多宝”广告语构成对广药“怕上火，喝王老吉”广告语构成侵权和不正当竞争。广州中院的评判同样论理透彻、精彩绝伦，是不可多得的经典判决文书。广州中院认为：该句广告语已起到识别商品来源的标识作用，“怕上火，喝……”很容易与王老吉关联起来。原告广药王老吉主张的500万元赔偿得到了全额支持，法院支持的理由之一是鸿道加多宝在重庆起诉广药要求赔1 000万元，换言之鸿道加多宝认为该广告语至少值1 000万元，故反判500万元赔偿有理有据。当然这少不了广东三环律师们的庭上辩功。鸿道加多宝告广药广告语侵权不成，反被广药起诉并被法院判决停用怕上火广告语，如意算盘彻底落空。如果鸿道加多宝不到异地重庆告广药使用“怕上火喝王老吉”广告语侵权，也许广药还想不到起诉“怕上火，更多人喝加多宝”构成不正当竞争，从某种意义上讲这或许是鸿道加多宝自点导火索，引火烧身。

• 第四，“十罐七罐”连环案。

鸿道加多宝为了能将以往累积经营王老吉的成果及商誉成功嫁接到加多宝身上，把红罐凉茶的红冠戴在自己的头上，在改名广告被禁后，2013 年春节后立马推出“中国每卖十罐凉茶，七罐加多宝”的全新广告语，以树立加多宝作为凉茶生产厂商盟主的形象及地位。这种相对隐匿的广告语是否构成侵权呢？是否也有损王老吉的商誉呢？广药这次并没有贸然起诉，而是与律师反复研究后才制订了缜密的全方位维权诉讼方案。

根据以往与加多宝在法庭上的交锋，加多宝在诉讼被告主体的资格认定上，时常采用告广东加多宝时就推辞不是广东加多宝所为，推给中国其他地区的加多宝，在其他地方告时又推回广东加多宝，这成了加多宝除拒签文书、管辖权异议后企图拖延诉讼的又一高招。鉴于鸿道加多宝在全国各地设立了多个具有独立法人资格的加多宝公司，如广东、北京、湖北、浙江、重庆、福建等；同时，又鉴于这些公司的销售区域也有一个基本的划分，一般不允许串货销售，而且虽然广告语相同，但委托发布广告的主体及受委托制作广告的广告公司和媒体也不尽相同。所以这次针对鸿道加多宝的“中国每卖十罐凉茶，七罐加多宝”广告语的起诉，广药王老吉采取了在广州、长沙、重庆先后连环起诉。针对广药王老吉的连环诉，鸿道加多宝见招拆招，答辩前先提管辖权异议，被一审、二审都驳回后，庭审中又抛出一事不再理原则对抗连环诉。尽管最终未被法院采纳，但拖延诉讼之目的鸿道加多宝还是如愿以偿。

这场诉讼最考验广药王老吉领导决策与律师智慧的亮点在于要不要告涉嫌广告发布的媒体，因为鸿道加多宝吸取了以往的教训，这句广告语只在电视、报纸媒体上出现，在超市、商场几乎找不到，而且从媒体广告中找不出广告主及广告发布者是谁，加多宝算计广药王老吉不会得罪媒体“公主”与“皇后”，将电视台或报社列为共同被告，因为没有最基本的侵权事实与相关主体证据，法院是不会立案的。加多宝的这一招又狠又毒，可谓高明至极。但广药王老吉的法务与承办律师也见招拆招，破解了这一难局，出人意料地直接将媒体，如长沙潇湘晨报，与负责该区域的武汉加多宝共同诉上法庭，但在诉求中又明确表明只要媒体协助提供广告主，广药王老吉则撤回对媒体的诉讼，只追究广告主的侵权责任。这一招见了奇效，真正的广告主最终被一一揪了出来并依法受到制裁。

“中国每卖十罐凉茶，七罐加多宝”最终被广州、重庆、长沙三地法院分别判不同主体的加多宝构成侵权，并赔偿广药王老吉数额不等的损失。法院认定该广告语构成虚假广告有损王老吉商誉的最重要的事实在于：鸿道加多宝将原来其生产的王老吉销量与新出品的“加多宝”凉茶销量加在一起，把销售冠军的头衔张冠李戴，因为加多宝 2011 年当年销售的主要还是红罐王老吉，依当时之客观统计数据，这句广告语应改为“中国每卖十罐凉茶，七罐王老吉”才对。倘若鸿道加多宝再高明一点，在其广告语中加“产自”二字，变为“中国每卖十罐凉茶，七罐产自加多宝”，或许可起到通过广告宣传，提高加多宝品牌价值的作用，同时又不至于被扣上虚假广告帽子构成不正当竞争。

在诉讼过程中，一开始广药王老吉也向法院提起了诉前或诉中禁令的申请，希望法院也能像改名案一样下道禁令，未判先禁，但法院可能基于这个案子的侵权事实的认定相对改名案有一定难度，侵权表现相对没那么直接，最终没有采纳广药王老吉的禁令申请；加之鸿道加多宝在广药连环起诉后，觉得大事不妙，也很知趣地不再使用这句广告语，进而也失去了再下禁令之必要。众所周知王老吉没改名，您硬说别人改名了，而且说改成加多宝了，不管哪个法官审，哪个法院判，定性侵权都是成立的，先下禁令是有理有据、完全正确的，但“十罐七罐”案法院没下禁令，其执法尺度还是把握得比较准和公允的。

• 第五，销量遥遥领先案。

一波未平，一波又起，鸿道加多宝像变戏法似的不断变化广告语：改名广告被禁，马上推出“十罐占七罐”广告；“十罐占七罐”广告连环败诉后，立即又推出“加多宝凉茶连续七年领先”“加多宝凉茶全国销量遥遥领先”等领先句式广告语。从占七成到连续七年领先，再到遥遥领先，无非都是一个宣传功效，强调和突出加多宝是凉茶领导者，是凉企的领头羊乃至凉茶之王。无非都是抬高自己、贬低竞争对手，且指向性也十分明确，意指加多宝的销量远超王老吉。广药王老吉的诉讼似乎是被鸿道加多宝牵着鼻子走，加多宝出一个打一个。加多宝的虚假广告一个接一个，上一广告语之诉尚未平息，接着又出一句新的广告语引你来诉，接着又故技重施激怒广药起诉。加多宝的聪明之处在于宁可吃小亏也要广而虚假告之，既转移了王老吉的商誉，又创造了一个又一个新闻的热点，通过人们关注热点新闻的受众心理，迅速提升加多宝的品牌知名度。

输官司得市场是加多宝的底线，官司胜也可、败也行，“成也萧何，败也萧何”，加多宝是胜败都有招数。“全国销量连续七年荣获中国饮料第一罐”广告语从一审到二审再到最高人民法院，不到两年鸿道加多宝就以三连败而彻底告终，一个刚诞生不到两岁的婴儿，怎么可能七连冠呢？怎么能荣获中国饮料第一罐呢？加多宝加上“十月怀胎”也不足三岁，这句广告语虚得离奇、假得离谱，也难怪三级法院判得如此神速。

而全国销量遥遥领先广告语，法院要判侵权就相对不易。因为少了时间定语的限定，一要看加多宝是否领先，而且是大幅度至少是两位数的领先，才可谓之遥遥领先；二要看在没有时间限定的遥遥领先的广告发布时是否真正仍然遥遥领先，否则也会被认定为虚假不实广告，构成不正当竞争。

• 第六，谁是正宗凉茶案。

谁正宗谁不正宗是广药王老吉与鸿道加多宝双方争夺的又一制高点。广义的涉及正宗与否的争议焦点或案件，不单是凉茶秘方或配方的正宗与否的问题，还包括口感、口味谁正宗地道，以及谁是凉茶非物质文化遗产代表等三个方面的问题。本章一开头就讲过，由于承继及法律体制的原因，“王老吉”凉茶分出多支派系：一支为王老吉在大陆的后人，最终传给广药承继；一支由迁居香港的王泽邦即俗称阿吉的王老吉后人承继。同一凉茶始祖传承下来的东西，客观而论，这两支承继者在各自的区域内宣传自己是正宗凉茶都是合法的。问题在于如果鸿道加多宝通过香港的承继人在大陆或香港媒体上发表声明说只有其是正宗的，隐晦影射广药王老吉是不正宗的，就会构成不正当竞争，侵犯广药王老吉的合法权益。鸿道加多宝在宣传自己正宗、质疑他人正宗性问题上，犯了一个极为严重的法律性逻辑错误：第一，如果鸿道加多宝在中国大陆是正宗的，十多年前为何还需要在获得广药许可并交纳许可使用费后，才可生产王老吉？第二，您是正宗的王老吉还是正宗的加多宝，名字叫加多宝又说是正宗王老吉，连名字都改了还有什么正宗可言，正宗的加多宝始祖是谁，连凉茶老祖宗的姓和名都改了，何来正宗。正宗与否不仅单指秘方或配方是否正宗，更应看其是否是正宗合法品牌，正宗的中华老字号的评定，一定是传承数代人不变的百年字号，刚上市才几年的婴幼儿品牌，怎配正宗这一老字号的尊称呢？

在双方谁是正宗的诉争过程中，在全国各地还发生过多起莫名其妙的消费者起诉广药王老吉口味不正、有变的“口味”之诉，虽然不是以鸿道加多宝为原告起诉，但大家都心知肚明是怎么一回事。实际上这是换了一种方式或途径间接挑战广药王老吉的正宗性。但所有这些口味之诉都以败诉而告终，无一胜诉。口味即使有变，也不能据此否定产品的正宗性或侵害了消费者的什么权益，法律也不保护对味道的口感权。随着时代的变迁与发展，凉茶的味道也在不断变化，今天的凉茶口感、味道较之几十年前，无论是加多宝还是王老吉早就变了许多，如果不变就不可能有今日之巨大消费群体与市场。另外，同一品牌、品质完全相同的凉茶，不同味感的人饮用后会有不同的口感，而不同的两种饮料，如可口可乐与百事可乐，当去掉品牌与包装让消费者盲品裸饮时，相信有不少人不能区分出所饮的是可口可乐还是百事可乐。若用“王老吉”凉茶与“加多宝”凉茶做上述测饮，相信会有更多人无法区别。所以，这种离奇的口味之诉根本不可能有任何胜算。反过来王老吉诉加多宝质疑王老吉配方是否正宗一案，王老吉取得了完胜，依法捍卫了王老吉不可动摇的正宗性。

与正宗与否有点关联的另一类案件是谁是凉茶非物质文化遗产的代表作。被列为非物质文化遗产的品名与配方有好几十个，但从未指定谁是“代表作”，更没有谁同意谁代表谁，加多宝在凉茶罐体上打上其是非物质文化遗产代表作毫无依据，其意图强调加多宝比别的凉茶品牌更正宗。加多宝的这一广告语也四处遭到围追堵击，加多宝最后不得不逐渐弃用。

广药王老吉与鸿道加多宝的上述诉争，硝烟弥漫，互诉不断，争来争去实质上争的就是“商誉”二字，商誉越有价值，企业就能获得越多超额利润，没有商誉的企业也是没有持续竞争力的企业。商誉实质上属于无形资产的范畴，没有商誉的企业就没有企业整体价值，是失去灵魂的企业。商誉就是信誉，“红罐之争”实为“商誉”之争，得商誉者得天下，拥有最高商誉的企业就是市场上真正的“无冕之王”。

王老吉与加多宝这场看不见硝烟的马拉松式互诉互争，看来有可能成中式凉茶版的可口可乐与百事可乐经久不息的百年相争。我们期待着两位凉茶巨头之间的“斗法”，在中国能争出两个驰名世界、享誉全球的国际品牌，为中华民族添光增彩。

第二章
CHAPTER

著名品牌　药食两用

02

现在一提起凉茶，大家第一反应都是王老吉，一种源于岭南特别是广东的饮料。广东人爱喝凉茶，这与自然天气及水土有关，“秋冬防肺燥，春夏去暑湿”，不同的药材、不同的配比、不同的熬制方法就会产出不同的凉茶，配合不同的时节、不同的需要饮用，久而久之凉茶成了广东人生活中经常饮用的饮料，广东人饮凉茶的历史至少好几百年。而具有几百年历史的凉茶又是如何逐渐演变成现在带包装、即开即喝的快消品饮料的呢？这就说来话长了。

一、正宗凉茶　广药承继

到底什么叫凉茶，为什么要喝凉茶，首先还是从那里的水土说起。广东地处岭南地区，岭南是指我国南方五岭之南，五岭由大庾岭、骑田岭、都庞岭、萌渚岭、越城岭组成，分布在广西东部至广东东部和湖南、江西地区交界处，是中国江南最大的横向山脉，也是长江和珠江两大流域的分水岭。岭南地处亚热带、热带，本来就高温多雨，而五岭作为岭南地区与中原的天然屏障，南中国海和印度洋的暖湿气流又被五岭阻隔，使岭南一带形成炎热潮湿的气候环境。以至于《黄帝内经·阴阳应象大论》也曰：“南方生热，热生火。”《太平圣惠方》又曰：“夫江东岭南，土地卑湿，春夏之间，风毒弥盛。又山水湿蒸，致多瘴毒。风湿之气，从地而起，易伤于人。”潮湿高热的天气，蚊虫长、病菌生，常见病与流行病多发，“瘴毒”横行，自古以来，这里的人们对防病治病就有迫切的需求。

为了防治上火热病，人们用一些常见中草药煎水服用。晋代道家、医药家葛洪在广东时编著了一本方剂书《金匮药方》，后撷取其中精要编成了《肘后方》（又名《肘后救卒方》或《肘后备急方》），上面就有治疗岭南热毒上火的各种汤药的记载。到了宋代，政府通过刻石在岭南推广常服药物汤方——《养气汤方》，以预防瘴气、保健强身。元代释继洪在《岭南卫生方》提到：“其年余染瘴疾特甚，继而全家卧疾……二仆皆病。胸中痞闷烦躁，一则昏不知人，一则云，愿得凉药清利膈脘。余辨其病，皆上热下寒。皆以生姜附子汤一剂，放冷服之。即日皆醒，自言胸膈清凉。得良药而然。”这里的凉药与今天的凉茶并无二致。清代所出的广东地区本草《生草药性备要》中记载生草药“煲水饮”“煲茶”和“作茶饮”，可以“清暑”“退热”“去食积”等，说明清朝前期人们煮草药以防病、治病的习惯已经形成，广泛应用生草药材正是凉茶的重要特色。

凉茶的主要原料是各种中草药，在百度百科里，凉茶是汉族中草药植物性饮料的通称，其中广东凉茶是汉族传统凉茶文化的代表。凉茶是将药性寒凉和能消解人体内热的中草药煎水做饮料喝，以消除夏季人体内的暑气，或治疗冬日干燥引起的喉咙疼痛等疾患。

而现代意义的凉茶，当由始祖王老吉开启。王老吉大名王泽邦，乳名“阿吉”，是广东鹤山的一名草医，相传在清代道光年间，其于1828年在广州十三行靖远街开设了第一家药店，诊病兼卖药。那时，广州是中国唯一的对外通商口岸，每天巨量的进出口货物从这里进出。当时进出口货物不是什么人都可以做，而是由清政府指定的专营对外贸易的牙行来处理，牙行又称“洋行”或“洋货行”，广州最多牙行的集中地被称为“十三行”。清初诗人屈大均在《广州竹枝词》云：“洋船争出是官商，十字门开向三洋；五丝八丝广缎好，银钱堆满十三行。”十三行每天都人来人往，十分热闹与繁华。

图 2-1　王泽邦

图 2-2　清代外销画：十三行靖远街

十三行的商贩们来自全国甚至世界各地，他们对广东湿热的天气非常不习惯；那些围绕商贩讨生活的搬运工、黄包车车夫每天都在大太阳底下进行繁重的体力劳动，很容易中暑热病。为此，王泽邦以菊花、甘草等为主要材料，调制了一款祛湿、消暑、解渴功效显著的凉茶。凉茶除了以茶包形式出售外，还每天新鲜熬制，盛在一个大铜葫芦中，一两文钱就能买一碗，马上能喝，便宜有效，好产品、好口碑，一传时，十传百，王泽邦成为当地名医，民众也尊称其为王老吉。

刚开始，王老吉只是在小范围内小有名气，让王老吉名声大噪得益于林则徐。相传 1839 年夏，南下禁烟的林则徐因不适应南方湿热天气，积劳之下而病倒，多方寻医也没能治好，后经人介绍找到了王老吉。林则徐在服用王老吉开的药方后病愈。为感谢王老吉，林则徐派人送去一个刻有王老吉三字的大铜壶赠予王泽邦，寓意“悬壶济世”，从此，王泽邦以王老吉为号，使用在凉茶铺上，为普罗百姓清热解毒、消暑解渴提供药茶饮品，而大铜壶、大葫芦则从此成为广东凉茶铺的标志，王老吉也被尊为凉茶始祖。

1842 年，第一次鸦片战争结束，中国作为战败国，清政府被迫与英政府签订了丧权辱国的《南京条约》。条约规定清政府必须开放广州、福州、厦门、宁波、上海等五个对外通商口岸；进行赔款；将香港岛割让给英国；准许英商与华商自由贸易；并且中英两国各自释放对方军民，允许中国劳工出洋谋生等。虽然《南京条约》使清政府政治主权受到侵犯，国家经济受到损害，但民间经济、中国的对外贸易却迎来了春天。王老吉也顺应时代的发展，对内北上发展，在江都（清政府时期江都隶属于扬州府，约在现在的江苏省扬州市）开店，对外“王老吉”凉茶也开始外销。

《南京条约》后，大量国民，特别是广东、福建地区的农民，漂洋过海到南洋地区、美洲地区等地谋生。南洋地区的气候比广东更湿热，人们更容易生热病；美洲地区虽然气候干爽一些，但到当地谋生的都是生活在底层的农民，在他们的观念中，用于防病治病的，还是他们从小接触的“王老吉”凉茶。当时“王老吉”凉茶主要以茶包的形式销售，各地商客纷纷上门大量抢购，“王老吉”凉茶一时供不应求。

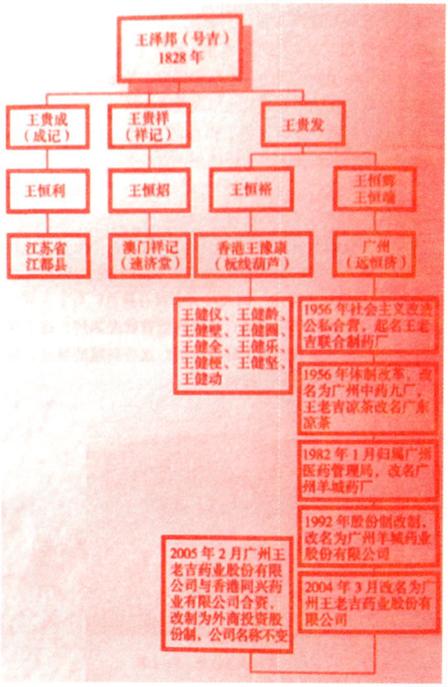

图 2-3　王老吉传承谱系

随着经营规模的不断扩大以及王老吉先生的年老、王老吉儿子的成长，“王老吉”凉茶铺增设了“王老吉成记”“王老吉祥记”“王老吉远恒济”

三个分店，分别由王老吉之子王贵成、王贵祥、王贵发经营。1883 年王泽邦辞世，三家分店独立经营。其后“王老吉远恒济”经营者王贵发的儿子（即王家第三代）又分家，其中王恒裕迁往香港定居，繁衍后代，经营榄线葫芦图样的王老吉，现其代表是第五代传人王健仪；而留在广东的王恒辉、王瑞恒兄弟则继续经营“王老吉远恒济”，后经过 20 世纪 50 年代的公私合营及改制等，王老吉现为广药经营。1914 年广州的《时敏日报》刊登了一份王老吉后人于 1912 年 12 月 24 日订立的分产家约，该协议在 1913 年正式生效，将香港的生意和广州祖铺的生意进行了划分，并约定之后“彼此不得侵越范围”。

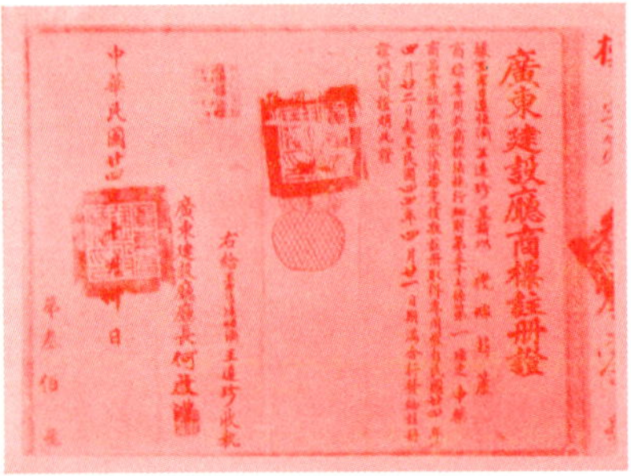
廣東建設廳商標註冊證

图 2-4　1935 年广东省建设厅颁发给王远珍的“王老吉榄线葫芦图案”商标注册证

廣東建設廳商標註冊證

图 2-5　1936 年广东省建设厅颁发给王远珍的“王老吉公孙父子图”商标注册证

商標局商標註冊證

图 2-6　1939 年中华民国商标局颁发给王远珍的“王老吉榄线葫芦图案”商标注册证

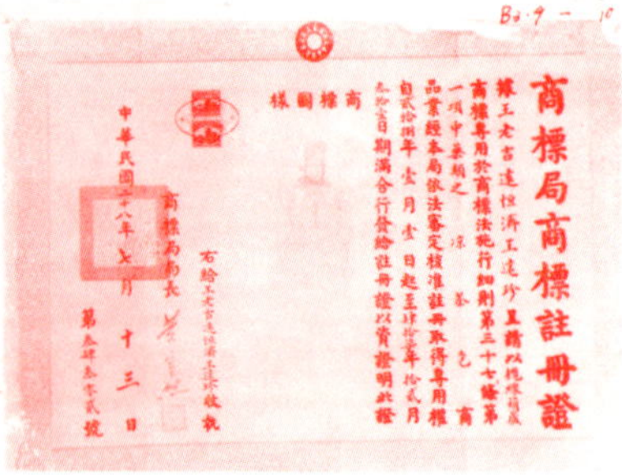
商標局商標註冊證

图 2-7　1939 年广东省建设厅颁发给王远珍的“王老吉公孙父子图”商标注册证

图 2-8　左为“王老吉公孙父子图”，右为“王老吉榄线葫芦图案”

图 2-9　王老吉远恒济的凉茶包图样

随着民国时代的开启，在法律上，中国开始引入西方现代商标制度、商业登记制度，广州王老吉远恒济王远珍（即王泽邦的第四代曾孙，王氏第三代王恒辉之子）顺应时代的发展，于 1935 年以“王老吉榄线葫芦图案”在广东省获得商标注册证。1936 年王远珍又在广东省注册了“王老吉公孙父子图”商标。1939 年王远珍就“王老吉榄线葫芦图案”与“王老吉公孙父子图”均在中华民国商标局获得了商标注册证，当时商标权人的名义即为“王老吉远恒济王远珍”，商品为“凉茶包”。另外，1936 年，“王老吉远恒济王远珍”获得了中华民国广州市卫生局颁发的“特种药品营业执照”及民国政府西南政务委员会颁发的“商业注册执照”，当时的经营地址仍为 1828 年王老吉先生开设的第一家“王老吉”凉茶店的“靖远路”。

1949 年新中国成立，随着国家的稳定及经济的发展，由广州王老吉远恒济经营的王老吉药厂从战时被迫停产逃难中恢复过来，产量陆续恢复并有所增长，还新开发出“王老吉”凉茶粉、袖珍凉茶等新品种。

从 1828 年始的 128 年间，虽经不少风雨，但“王老吉”凉茶一直由王老吉先生及其后人经营。从 1956 年开始，“王老吉”凉茶的发展迎来新篇章。1954 年 9 月 2 日政务院通过的《公私合营工业企业暂行条例》规定，应当根据国家的需要、企业改造的可能和资本家的自愿，对资本主义企业实行公私合营，合营企业中，社会主义成分居领导地位，私人股份的合法权益受到保护。1956 年 1 月 16 日中共广州市委召开会议，根据资本主义工商业社会主义改造的形势，要把全市的私营工商业全部按行业实行公私合营。正是在这个背景下，以王老吉药厂为基础，合并了生产神曲茶的何天福、嘉宝栈、存仁堂、康寿堂，生产外感平安茶、平安散的陈燃氏，生产午时茶的卢薛昌和生产快应茶的常炯堂等七间制药茶类的厂，组成公私合营的“王老吉联合制药厂”，其正式成立日期为 1956 年 2 月 1 日，企业类型为大型工场，所属行业是制药，归广州市第三工业局医药专业工业公司管理。

王老吉药厂从王氏后人私人所有转为公私合营最后变成全民所有制，其中有一个国家资金对私人股权赎买的定息制度，1956 年 7 月国务院颁布的《关于对私营工商业、手工业、私营运输业的社会主义改造中若干问题的提示》规定：全国公私合营企业的定息户，统一规定年息五厘，生产资料由国家统一调配使用，私人代表除定息外，不再以资本家身份行使职权，并在劳动中逐步改造为自食其力的劳动者。王氏后人也依照公私合营政策得到了相应的定息，到了 1966 年，定息年限期满，王老吉联合制药厂也跟广大公私合营企业一样最后转变为社会主义全民所有制企业。1965 年，广州中药总厂成立，王老吉联合制药厂成为其分厂。1966 年，广州中药总厂更名为“广州中药九厂”。1971 年广州中药九厂搬迁到广州市郊区（现白云区）江村桥头(广州王老吉药业股份有限公司现址)。

合营后的王老吉联合制药厂生产力大大提高，厂地、环境、设备都得到了广泛的改善，产能跳跃式增长，1960 年的年产量比 1950 年增加三倍多。但好景不长，在“文化大革命”期间，王老吉一度被认为是替资本家树碑立传，为此，“王老吉”凉茶被迫改名为“广东凉茶”，此可谓王老吉遭遇的最黑暗的日子。但当时广州中药九厂的员工并没有放弃，在保王老吉这块金漆招牌上，他们在“广东凉茶”下面标注“原名王老吉”字样。

1982 年，广州中药九厂更名为“广州羊城药厂”，1983 年注册成立分公司广州羊城滋补品厂，1992 年广州羊城药厂转制为股份制企业，更名为“广州羊城药业股份有限公司”，2004 年更名为“广州王老吉药业股份有限公司”，母公司为广州医药集团有限公司（即前述广药）。

2005年香港同兴药业有限公司用增资扩股的方式投资进入王老吉药业，与广药集团各占48.0465%股份，剩下部分为职工持股。由于香港同兴药业有限公司由王泽邦在香港的后人王健仪所持有，这次合资为日后的王老吉品牌之争留下了伏笔。

1986年10月7日，羊城药厂将王老吉在第5类药品类向国家工商行政管理总局商标局（以下简称“商标局”）申请注册商标，1987年7月20日商标局核准了王老吉的注册，注册号为第293930号，核准使用商品为“药茶药、中成药”。1987年8月16日，王老吉冲剂新闻发布会、推广会、订货会在广州远洋宾馆隆重召开，王老吉得以重见天日，迎来其第一个春天。

1987年11月30日，羊城药厂将同年投入使用的“弧形牌坊型王老吉”商标在第30类“茶饮料”类申请注册，1988年10月30日商标局核准了该商标的注册，注册号为第328241号，核准使用商品为“凉茶”，该商标一直使用至今。其后，羊城药厂于1992年1月28日，将“弧形牌坊型王老吉”商标在第32类“无酒精饮料”类申请注册，1993年1月20日商标局核准了该商标的注册，注册号为第626155号，核准使用商品为“无酒精饮料、固体饮料”。上述举动，即使“王老吉”商标有了一个全新的形象，又在饮料类获得保护，为“王老吉”凉茶饮料的面世打下坚实的权利基础。1997年所有“王老吉”商标全部移交广药管理。

图2-10　第293930号注册商标

图2-11　第328241、626155号注册商标

图2-12　“王老吉”商标使用图样

1988年王老吉冲服凉茶经过《广州日报》等报纸刊登问卷、再由群众评选，荣获第四届“羊城杯”质量奖。1991年王老吉冲服凉茶（颗粒）获第

七届“羊城杯”质量奖及被评为国家中医药管理局优质产品。1992年“王老吉”凉茶获得了广东省食品新产品批文，在我国率先使凉茶完成了从药品类到食品类的转变。1992年和1998年“王老吉牌”成为广东省著名商标。1993年和1998年“王老吉牌”成为广州市著名商标。1995年王老吉清凉茶荣获“广东省首届最受欢迎十佳饮料”称号……

由此可见，在1995年羊城药业将“王老吉”商标许可给香港鸿道（集团）有限公司（以下简称“鸿道集团”）前，“王老吉”凉茶已是“胸前挂满了荣誉勋章”。而不是相当一部分人甚至一些知名学者所误认的，“王老吉”凉茶的知名度完全是后来的“加多宝”凉茶经营者鸿道加多宝的功劳，这里明显存在重大误解。

从来没有无缘无故的爱，也没有无缘无故的恨。“加多宝”凉茶的经营者鸿道集团的老板陈鸿道在明知通过被许可的方式使用“王老吉”商标存在替他人作嫁衣的风险，仍然千方百计与广州羊城药业股份有限公司搭上关系，最终于1995年双方签订了第一份商标授权使用合同。陈鸿道除了看中“王老吉”商标悠久的文化历史与底蕴外，也看中了王老吉在当时所获得的辉煌成绩以及现代化的建设，更是因为陈鸿道自己经营多年的自有品牌鸿道八宝粥、加多宝各种茶饮料等始终没有搞出大的名堂来，极其需要一个响亮的品牌来打开市场。很多不明过程的民众以为是鸿道加多宝成就了后来红遍全国的第一凉茶品牌王老吉，事实上他们只是相互成就而已，没有当年羊城药业打下的坚实基础，没有广药一直以来的保驾护航，不会有后来“王老吉”凉茶的成就，鸿道集团也不可能轻易地完成“加多宝”凉茶的华丽转身。

谈完了王老吉的前世今生，下文接着谈是谁首创了罐装凉茶。

二、罐装凉茶　羊城首创

王老吉品牌、凉茶罐装化、“怕上火，喝王老吉”的广告，可谓是“王老吉”凉茶有今天成绩的三大法宝。前文讲述了“王老吉”凉茶的历史，此处详述传统凉茶是如何一步步成为快消品罐装凉茶的。现在满街都是各种品牌的罐装凉茶，让不明历史的人以为这个是正常的，事实上罐装凉茶出现仅有 14 年的历史。

在广药与鸿道集团的关联企业加多宝公司（即鸿道加多宝）关于“红罐”之争的诉讼打得沸沸扬扬的同时，鸿道加多宝一直宣称自己首创红罐凉茶，广药旗下只有绿盒凉茶。这让不少人认为，鸿道加多宝生产的“王老吉”凉茶与广药生产的“王老吉”凉茶，不但是红色包装与绿色包装的区别，还有罐装与盒装的区别，甚至认为是鸿道加多宝第一个使用了罐装凉茶，现实又是如何呢？我们来看看，“王老吉”凉茶的载体从 1828 年到今天到底经历了哪些变化。

1828 年王老吉在广州靖远街成立第一间“王老吉”凉茶铺时，“王老吉”凉茶以两种形式呈现在大众面前：一种是大茶包，就是将王老吉配方中的药材按比例配合用纸包好，民众拿回家再慢慢熬制后服用；另一种是王老吉将凉茶熬制好，放入大铜壶内，现倒现喝，又叫水碗茶。这两种方式一直是凉茶的传统存在方式，现在也还有，前者如石岐凉茶，后者如黄振龙凉茶，但它们的弊端也是非常明显的，大茶包要回家拿炊具慢慢熬制，费时费力，不能马上饮用，现喝凉茶通常需要到凉茶铺买，而且都要现喝，不方便携带，更不能第二天才喝，每喝一次就要购买一次。为了适应民众消费习惯的改变，“王老吉”凉茶的形态也经历了多种形式的变化。

从中华民国后期到解放初期，“王老吉”凉茶在原有基础上增加了茶粉和袖珍茶，其中茶粉就是将凉茶原料磨成粉，服用时用白开水冲服即可，这样不用每次服用都要熬制，而且包装体积也大大缩小了，方便运输。这时的凉茶粉可以算是后来凉茶精、凉茶颗粒的雏形。

茶粉与大茶包相比，虽然已经是一项不小的进步，但其本身的弱点也是明显的：一是茶粉是原料磨成粉冲服，因为没有经过文武火熬制，药效还是没有办法全部释放出来；二是会有大量粉末药渣，影响口感；三是包装体积还是比较大。为了改善上述问题，已经变成国有经济的王老吉人（广州中药九厂）在20世纪70年代首次运用现代工艺研制出新的凉茶粉剂，其制作工艺大概是：提取原料，熬制、浓缩、干燥制成中药干浸膏，再磨成粉末，三克一包，即冲即喝，由于经过了熬制，药效较好地被释放出来，药渣更少，而且体积更小。最后，这种凉茶粉剂被命名为“冲服凉茶”，出口时叫“凉茶精”。1971年这款冲服凉茶由广州市卫生局批准投入生产，国家药品标准也叫冲服凉茶。

改革开放后，全国各地的老字号开始恢复使用，百年品牌王老吉也不例外，羊城药厂在1986年重新注册“王老吉”商标，同时研发出使用至今的颗粒产品。冲服凉茶虽然跟以前相比已经有很大的进步，但仍然有三个缺陷：容易吸潮、口味偏苦、粉末流动性差，分装时容易造成总量偏差。羊城药厂为了解决上述问题，经过多次研发，想到了制成浸膏后加入适量乳糖和糖粉制成颗粒冲服剂，并将原来的三克每包改为七克每包。为了制作新产品，羊城药厂专门购置了大型颗粒冲服剂设备，做出来的颗粒产品味道好，相溶性得到明显提高，而且防潮、定量准确。这款被命名为王老吉牌的广东凉茶颗粒冲剂销量一下子就打开了，1987年羊城药厂的年利润是381万元，到了1988年就翻倍到779万元，1990年利润达到1 081万元，“王老吉”凉茶站到了新的高度。

如果说“王老吉”凉茶的上述改变还停留在“药”的层面上，那么从1990年开始，“王老吉”凉茶则逐步迈入了“食用饮料”世界。

颗粒冲剂虽然好，但仍然要用热水冲服，有没有一种随时随地可以喝的方法？美国可口可乐进口到中国，东方神水“健力宝”的畅销，给羊城药厂的王老吉人一种新的启示，能否将“王老吉”凉茶饮料化？1990年羊城药厂新品投产会议时，当时的厂长梁志坚提出开发王老吉饮料。

有想法就马上有行动，经过羊城药厂努力，1990年广东省卫生厅同意把王老吉列入加药食品名单，这使得王老吉做饮料有了尚方宝剑。接下来开始技术研发，羊城药厂是传统的药厂，要研发饮料，单靠自己的力量还是有些单薄，为此，他们联合了当时广州科研力量较强的广州市轻工研究所。广州市轻工研究所主要从事食品与日用化工新产品、新材料和添加剂的开发研究，是当时广州食品行业研发的主要力量，影响力遍及全国。双方于1991年签订了合作协议，由羊城药厂提供“王老吉”凉茶浸膏及资金，由广州市轻工研究所研发出饮料产品的工艺技术生产流程，并提供设备清单、质量技术指标、产品储存条件要求等技术文件，双方还达成了利益分成的内容。

技术力量靠山找到了，羊城药厂与广州市轻工研究所一起攻克饮料沉淀物及澄清度及口味品相选择的问题。喝过中药的人都知道，药多少都会有一些沉淀物，而且通常都是浑浊不清的，对于中药而言，民众是可以接受的，但对于饮料来说，这是必须解决的问题。为了解决难题，羊城药厂的技术人员与广州市轻工研究所的研究员翻阅了众多的中外文献，不断试验，终于找到了有效的提取方法，并形成了一套工艺。在进行了无数次口味调试后，最终选择了浅棕色，保留了一些药味，但又带有清甜的味道。

技术问题解决了，羊城药厂开始制定王老吉饮料的企业标准，而当年制定的标准成为世界上第一份凉茶饮料的企业标准。在确定标准的同时，还要考虑产品名称与包装装潢，由于饮料的销售旺季是夏季，在夏季，人们都喜欢凉爽的绿色世界。经过多方思索与设计，最后命名为“清凉茶”，包装以绿色为主调，包装正面写上“秋冬防肺燥，春夏去暑湿”的广告语，产品在1991年完成试生产，在1992年3月完成政府部门的检查、审核，拿到了（1992）粤食卫准字33号的食品许可证，王老吉清凉茶正式面向市场。

1992年，一个值得纪念的年份，不是因为广州羊城药厂被评为全市唯一一家荣获全国“五一劳动奖状”殊荣的先进集体，也不是改组完毕成为“广州羊城药业股份有限公司”，而是其利用传承了一百多年的凉茶配方开创性地生产出利乐盒装王老吉和易拉罐装“王老吉”凉茶，此可谓国内最早的凉茶植物饮料，产业升级，花开两枝，王老吉不再只是药，还同时是食用饮料。王老吉迎来了第二个春天。为了准备罐装饮料的生产，早在1992年1月，羊城药厂就从意大利进口液体罐封机，并请意大利专家来厂指导液体罐装试车。喝凉茶，不再需要自己用火慢慢去煲，也不再限于到街边凉茶铺买，每次喝都要去买，隔天就不能喝了；而是在超市、小卖店、机场、火车站、酒店、茶楼等常见场所，只要你想喝，就可以买到，而且即开即喝，也可以放着等想喝时再喝，无菌包装干净卫生，这绝对是凉茶行业的一项革新，使消费者在喝凉茶上多了一个更便利省事的选择。更重要的是，包装化的凉茶解决了传统大碗凉茶运输储存等区域发展局限，让凉茶具备了走向全国、进行大规模产业化的基础，使同一厂家同样质量的凉茶可以在全国各地均能买到，实现了凉茶跨地域经营。

图 2-13　盒装、罐装王老吉清凉茶

王老吉盒装、灌装凉茶饮料推出后，受到消费者的强烈好评，1992 年和 1998 年“王老吉牌”成为广东省著名商标。1993 年和 1998 年“王老吉牌”成为广州市著名商标。1995 年，王老吉清凉茶荣获“广东首届最受欢迎十佳饮料”称号。1997 年，广州羊城药业股份有限公司参加广州医药集团有限公司资产重组上市，成为广州药业股份有限公司下属子公司之一。2002 年 4 月 10 日王老吉清凉茶被国家体育总局体育器材装备中心授予在其形象宣传、广告、品牌推广和其产品包装上使用“中国体育代表团专用标志”“第十四届亚运会中国体育代表团合作伙伴”称号、“第十四届亚运会中国体育代表团唯一专用茶饮料”称号。2004 年，广州羊城药业股份有限公司更名为广州王老吉药业股份有限公司，这也是王老吉有时也被称为“广药王老吉”的原因。2006 年，国务院将“凉茶”列入第一批国家非物质文化遗产，著名品牌王老吉位列其中。同年，商务部公示了全国首批“中华老字号”名单，王老吉药业名列广东企业榜首。2009年王老吉被国家工商总局认定为全国“驰名商标”。这些成绩都与1992年将“王老吉”凉茶饮料化生产直接相关。

罐装技术等现代饮料包装的发展为王老吉从药品变为食品饮料奠定了基础，羊城药业在原有药品生产基础上运用现代提纯精炼技术并加以改良，使得王老吉从原来只能现煲、现冲改为能够长期没有沉淀物、可以长期保存、即开即喝、冷暖热皆宜且保持功效的包装化王老吉清凉茶，为王老吉的大工业化生产提供了基础。羊城药业依靠罐装技术及提炼技术使得“王老吉”凉茶饮料化，为“王老吉”凉茶能从地方市场走向全国市场提供了坚实的保障，并获得了空前的成功。

从1到2虽然不容易，但从0到1更难，没有羊城药厂前面的努力，加多宝公司后来的路也不会走得这么顺利、这么快。鸿道加多宝是第一个使用红罐生产“王老吉”凉茶的企业没错，但其是建立在羊城药厂已经将王老吉饮料化并解决所有技术难题基础上的，当鸿道加多宝1997年首次推出红罐“王老吉”凉茶时，羊城药厂的罐装凉茶已经销售整整五年了。

在2003年前，鸿道加多宝生产的“王老吉”凉茶虽然销量一直稳步提升，但主要集中在南方市场，2003年春的“非典”事件改变了很多人与事，“王老吉”凉茶就是其中之一。当年的“非典”事件从春节前开始零星出现，春节后突然全面爆发，席卷全球，我国更是重灾区，当时人人自危。不论药效如何，至少起到安慰作用的广药旗下白云山板蓝根凉茶一夜爆红，一茶难求，白云山药厂每天24小时加班加点生产依然满足不了市场的需求，每生产一批，还没来得及入库就被运往全国各地。广药及加多宝公司看中这次契机，加强宣传同为广药旗下、同为凉茶产品的“王老吉”凉茶，使得“王老吉”凉茶迅速打开全国市场。做营销的都知道，一个产品要走红，宣传是必不可少的，但仅有宣传是不够的，如果不是有非典这次契机，不是广药的推动及背书，不是王老吉人一直的努力，“王老吉”凉茶能否有今天的成就还是一个未知数。当然，“王老吉”凉茶能推广到全国市场还有其他客观原因，例如，天气变暖、生活饮食结构的改变、肉食增多、工作节奏加快、夜班增多、压力增大、人员流动变迁居住等因素都扩大了凉茶的需求，使得原来主要适用于岭南的凉茶能更快地推广到全国乃至国外的市场。因此，“王老吉”凉茶的走红是天时地利人和之合力，将其仅归功于广药或鸿道加多宝的其中任何一家都是不客观的。

前面说了商标，说了包装，最后要谈谈，为什么王老吉可以既是药也是食用饮料。

三、药食两用　如何保护

可能有人会问，凉茶到底是药还是饮料，怎么能从药变成饮料呢？这就要从岭南的水土讲到饮食文化了。岭南炎热潮湿的气候，使得人们很容易积热上火从而引起各种疾病，有点小毛病找大夫费时、费力、费钱，因此，当地人在日常饮食上，非常注意祛湿降火，“煲汤”就是岭南饮食上的一项特色，随便举几个平常百姓家常煲的汤，例如，南北杏煲猪肺汤、白果腐竹猪肚汤、川芎白芷鱼头汤、薏米冬瓜水鸭汤、枸杞猪肝汤、土茯苓龟汤、清补凉煲鸡汤（材料有淮山、莲子、芡实、薏米、沙参、玉竹、红枣等）……就会发现南北杏、白果、川芎、白芷、薏米、枸杞、土茯苓、龟板、淮山、莲子、芡实、沙参、玉竹、红枣等都是可以在中药店买到的药材。又如夏天的消暑“糖水”：木瓜银耳糖水、莲子百合糖水、红枣桂圆鸡蛋糖水等，其中的银耳、莲子、百合、红枣、桂圆也同样是药材。由此可见，“药食同源”在这里有深厚的群众基础，老百姓非常懂得在日常饮食中调理自己的身体，达到“上医治未病”的目的。

那“凉茶”到底是药品还是食品？如果是药，通常需要医生根据病人的病症开药，而饮料作为食品完全脱离药的本质，人人皆可随意食用，药变为饮料有一个严谨的研发过程，要有广泛的适应症，没有毒副作用，使人人可以服用。现在市面上除了“王老吉”凉茶外，“星群夏桑菊”“菊花茶”“和其正”等众多饮料都既是药也是饮料。为此，1997年，中华人民共和国国家标准《保健（功能）食品通用标准》（GB16740-1997）颁布，该标准规定了保健（功能）食品的定义、产品分类、基本原则、技术要求、试验方法和标签要求，根据这个国家标准的表述，凉茶属于保健品类食品，同年，广东出台了地方性的《凉茶销售卫生管理办法》。这样，凉茶被归入保健品类，有了一个相对明确的身份，为凉茶走向功能性饮料、饮料奠定了基础。而2002年卫生部公布的《关于进一步规范保健食品原料管理的通知》中，对药食同源物品、可用于保健食品的物品和保健食品禁用物品作出具体规定，金银花、菊花、甘草等常见的凉茶原料就被明确为“药食同源”物品，解决了凉茶的身份之疑。

身份解决后又出现了新的问题，双重身份如何保护权利？作为药需要给出治疗的对象、适用症、效果等，还需要国家严格的审批，从研发到临床到推出市场有一个漫长的过程。而食品饮料的推出相对简单很多，正因此，食品饮料按法律规定不能在说明书上给出治疗效果，更不能宣传功效，为此往往通过老字号、商标、包装装潢、广告语等方式来增加产品的知名度来进行保护，才能防止不正当竞争并抵制虚假广告，而且除了原来的药品商标，还要及时注册饮料类商标，扩大其保护范围，药品上的商标是不能直接扩大保护到饮料产品的。同时从药演变成为食品饮料，本身就有专利意义上的用途改变，如果当初意识更到位一些，甚至可以申请用途专利发明进行保护，同时因为药品跟食品饮料的包装会有明显区别，也可以通过外观设计专利或进行版权登记用著作权加以保护，而一些形象生动的广告语，例如，“怕上火喝王老吉”，也可能通过著作权进行保护，在经过长期使用产生显著性的情况下，还可能申请为注册商标。

药品跟饮料本身不是同一类商品，商标局颁布的《类似商品和服务区分表》将商品和服务区分为45类，其中第5类“药品、中药药材”，第30类“茶饮料”，第32类“不含酒精饮料”，这些类别均与“凉茶”密切相关。在这些方面，王老吉做得还是不错的，民国时期的王远珍就懂得通过申请商标对其权利予以保护。新中国成立后，虽然由于各种原因没有及时将“王老吉”注册，但总算在有纠纷前，在相应类别均注册了“王老吉”商标，特别是在饮料类的注册，为“王老吉”凉茶饮料的面世及以后的商标许可建立了坚实的权利基础。王老吉是商标、商品名称、企业字号三位一体，为推广提供了很大便利。

原始商标权利基础打好了，在商标或品牌许可时也要在各个方面多加注意，比如使用何种许可方式，普通许可、排他许可、还是独占许可？许可后如何保证被许可人将商标或品牌做强做大，同为广药下属同胞兄弟的“星群夏桑菊”在这方面就吃了大亏。广州星群于1980年研发出“夏桑菊”药品，在1991年研究药品饮料化，在1992年“星群夏桑菊”饮料正式推出市场，当年“星群夏桑菊”饮料知名度并不亚于“王老吉”凉茶。在2004年引来了与广东星华保健饮料有限公司（以下简称“星华公司”）的合作，由广州星群提供商标、饮料固体膏，由星华公司生产、销售，合作初期“星群夏桑菊”饮料做得不错，产销量都有了明显提高，但是好景不长，星华公司借着消费者已经熟悉其生产的夏桑菊饮料，推出了自己的品牌“健琪（原星群）夏桑菊饮料”，到最后干脆弃用星群商标，也不再向广州星群购买饮料固体膏，直接推出“健琪夏桑菊饮料”。经过这一系列操作，星华公司活生生地将广州星群夏桑菊饮料辛苦建立的商誉转嫁到自己的品牌“健琪”上来。当后来广州星群通过诉讼解决了双方的纠纷时，广州星群的夏桑菊饮料已经错过了最好的发展时期。

其实广东星华公司这种移花接木的方法鸿道集团及鸿道加多宝不是没有想过，例如，他们在2012年就推出了包装上一面是王老吉、一面是加多宝的红罐凉茶，只是随着广药与鸿道加多宝的最后一份商标许可合同被仲裁无效而无法继续。因此在商标许可的同时，一定要对被许可方的使用方式进行相应的约定，以免商标价值被转到其他品牌上面。

除了商标或品牌的许可使用要注意以外，产品的包装、装潢如何保护也是一个重点。是使用原有的包装，还是推出新的包装？原有的包装在推出之前是否申请了外观设计专利或者是否做过版权登记？被许可人能否随意改变包装？如果可以，改变后的包装的权利归谁所有，是一方所有，还是双方共有？还有如何有效保护产品的配方、生产工艺技术等？这些在签订合同前都是需要通盘考虑的。

同时，商标许可后不是就可以坐等收钱，虽然付出与收获不一定成正比，但没有付出是肯定不会有收获的。羊城药厂为了继续扩大王老吉的影响力，努力经营，使得王老吉于 2000 年被广州市政府授予“广州老字号”称号，于 2004 年更名为广州王老吉药业股份有限公司，实现了王老吉在商标、产品名称以及字号的三合一。2006 年王老吉还被商务部公示为全国首批“中华老字号”，为“王老吉”凉茶品牌的推广增加了一笔宝贵的无形资产。

在羊城药业公司、广药的努力经营下，2003 年王老吉广东凉茶（颗粒）被认定为“广州名牌产品”，2003 年王老吉广东凉茶（颗粒）被广东省医药行业名牌产品审定委员会评为“广东省名牌产品”。广州羊城药业股份有限公司被评为“广东省医药行业抗击非典”模范单位。王老吉于 2009 年被国家工商局认定为“驰名商标”。

为了扩大全国影响，由中央电视台文艺中心影视部、中视传媒股份有限公司、总后勤部电视艺术中心联合摄制的、讲述王老吉传奇故事的古装电视剧《岭南药侠》于 2004 年在中央电视台八套播出。2013 年“王老吉”凉茶博物馆在白云山中药厂“神农草堂”博物馆内落成，为民众普及及宣传凉茶文化。

在广药的积极推动下，由广东省文化厅、香港特别行政区民政事务局、澳门特别行政区文化局共同申报，并经国务院批准公布，凉茶为我国第一批国家非物质文化遗产，广州王老吉药业股份有限公司获得证书，拥有国家级非物质文化遗产代表作“凉茶 10、11、12、13、14、15 号”秘方及专用术语。

虽然上面这些荣誉的获奖主体都是羊城（王老吉）药业公司或广药，表面是政府部门及消费者对广药王老吉的嘉奖及认可，实际上鸿道集团作为“王老吉”商标的被许可使用人，也从中受益匪浅。广药与鸿道集团分手后，鸿道集团一直将自己打扮成“弱小”的民营企业，在“强大”的国有企业广药面前总是受尽“委屈”，实际上这是典型的“得了便宜还卖乖”，从 1995 年双方走到一起，到 2012 年分手，鸿道集团经营的王老吉能红红火火成为当时的凉茶第一品牌与广药一直为其背书不无关系。

中医中药历史悠久，我们期待着更多有历史的中草药与现代科技相结合，最终成为药食两用的饮料与食品，为造福人类、为人们健康而多做贡献。

回顾历史，让历史开口说话，让事实证明真相，只有将历史的昨天与今天有机串联、结合起来，才能对王老吉和加多宝的贡献作出一个符合客观的评价，鸿道加多宝掌门人陈鸿道当年之所以相中王老吉这个百年老字号，正是因为他充分了解了广药在研究开发“药食两用”凉茶中的成就与贡献。没有广药昨日之贡献，就没有后来王老吉的腾飞基础平台；没有鸿道加多宝后来十几年的市场经营，也难成就王老吉超越今日可乐之业绩。今日的成就，离不开前人的历史贡献，不能以历史否定今朝，更不能以今日否定历史，传承近两百年的中华老字号王老吉既是民族的骄傲，也是国家的瑰宝，其魅力昨日存在，在今日仍然魅力无限，明天更是灿烂无比，药食两用的王老吉作为凉茶饮品销量超越可乐被世人所称赞，这将被永久载入史册。

第三章

CHAPTER

独占许可　鸿道经营

03

广东凉茶是汉族传统凉茶文化的代表。一说起广东这个地方，不得不提广东的凉茶，广东凉茶品牌琳琅满目，主要的凉茶品牌有“王老吉”凉茶（创于1828年）、“潘高寿”凉茶（创于1890年）、“徐其修”凉茶（创于1895年）、“清心堂”凉茶（创于1906年）、“黄振龙”凉茶（创于1945年）、“黄志强平安堂”凉茶（创于1951年）、“邓老”凉茶等，但历史最为悠久、最为出名的莫过于“王老吉”凉茶，那王老吉是如何得名的呢？

王老吉为何由广药承继并由广药独占授权给鸿道集团经营的呢？独占许可是相对而言的，即将红罐王老吉的生产、销售权许可给鸿道经营，而绿盒王老吉仍然归广药使用经营。

另外，鸿道集团得到广药独占许可红罐王老吉后，又是如何大展拳脚、推出各种营销手段将广药王老吉推向更高层次，成为无人不晓的具有预防上火功能的饮料的呢？

一、阿吉凉茶　历史悠久

王泽邦是广东鹤山桃源镇钱塘人，当时的鹤山地区经济非常落后，人们生活很困苦。道光初年，王泽邦为了生计，便迁居广州谋生。王泽邦将自己做出的药茶命名为“吉叔凉茶”。每天清早，王泽邦和其妻子都将煲好的凉茶推车出城售卖。

道光年间因广州爆发瘴疠，疫症蔓延。王泽邦的凉茶配方不仅解除了广州乡民的病痛，也帮助广州乡民躲过了天花、疫症等灾难。阿吉的大名也传遍了岭南地区，深受乡民敬仰。王泽邦的配方凉茶出名之后，一度惊动了朝廷。王泽邦被道光皇帝召入皇宫，封为太医院院令，专门为皇家和文武百官煲制凉茶，以预防时疫蔓延。半年后，时疫威胁解除，王泽邦获赏白银五百两，并由内务府总管大臣（正二品的官职）亲自送回家，可见王泽邦的成就非一般人能相比。

王泽邦因为自己配制的独特凉茶获得可观的财富，衣锦还乡后，开始在广州做起凉茶生意。道光八年（1828 年），王泽邦在广州商贸中心十三行靖远街开设了一间凉茶铺，一边行医救人，一边售卖其配制的凉茶。由于他医术高、医德好，看病不计酬金，对穷人施医赠药，街坊都当王泽邦是自己人，习惯叫王泽邦的乳名“阿吉”，王泽邦年纪也大了，街坊百姓自然而然就称他王老吉，这也是“王老吉”的由来。于是王泽邦也把自己熬制的凉茶命名为“王老吉”凉茶，其商铺也因此命名为“王老吉”凉茶铺，并且王泽邦所熬制的凉茶是公认的“凉茶始祖”。虽然早在 1828 年前已有“阿吉”凉茶，但正式命名为“王老吉”凉茶主要从 1828 年开始，所以后来称“王老吉”凉茶创始于 1828 年。

另外，王泽邦所熬制出来的“王老吉”凉茶，在经历了慈禧太后借助“王老吉”凉茶益智清神、把持朝政；洪秀全广州赴考，“王老吉”凉茶救命；太平军天京保卫战，“王老吉”凉茶劳军；林则徐虎门销烟，“王老吉”凉茶清热解毒等惊天动地的大事后，“王老吉”已深入民心，牢牢地扎根民间。其中不得不提的是林则徐与王老吉之间的渊源，因笔者觉得该事特有趣，为何有趣？回顾历史，历史人物林则徐虎门销烟，其要除害的物品是“鸦片”，鸦片是害人之物；而王泽邦是有名郎中，所配制的物品“王老吉”凉茶是救人之物。由此，“鸦片”与“王老吉”凉茶形成有意思的对立：前者使人上瘾，毒害身体和心灵，破坏家庭及民族，让人憎恨，因此林则徐背负各种压力都要坚决销烟；后者良药苦口，治病救人，深受南粤乡民高度认可及爱戴，因此王老吉制药坚持以质为本；所以林则徐及王老吉都是正义的代表，都通过自己的行为来传达正能量，由此，该事件特有意义。而且“王老吉”凉茶名扬四海与清代的禁烟大臣林则徐有密切关联。为何这么说？据《广州西关古仔》记载，1839 年，林则徐在广东禁烟，整日奔波劳累，不幸中暑困热、咽痛咳嗽。随从人员请来名医开方，服药不见效果，病况日渐加重，上下十分焦急。后来有人慕名找到王泽邦先生。林则徐服用王泽邦所开药方后，药到病除。于是，林则徐登门答谢，并问及姓名与所用之药。王泽邦如实回答：“大家叫我王老吉，为你治病的是几味不值钱的草药。”林则徐不禁感叹：“药无分贵贱，不值钱的草药，贫苦百姓更能受益。如果能将药煮成茶，让人随到随饮，有病治病，无病防病，那就更是为大众造福无量啊。”王泽邦听后，茅塞顿开。1840 年，王老吉首创凉茶包，以“前店后坊”的形式，同时出售凉茶粉和凉茶包，方便消费者出门远行时携带，为其后扩大销售市场提供了条件。这使得“王老吉”凉茶风靡一时，供不应求，深受市场欢迎。林则徐命人送来一个大铜葫芦壶，上刻王老吉三个大金字。赠铜葫芦是赞扬王泽邦悬壶济世、普救众生，这也给王泽邦所创的“王老吉”凉茶做了一个免费的广告宣传。同时，林则徐大人授予刻着王老吉字样铜葫芦的行为，相当于今天官方对品牌是否知名的一种行政认可，类似今天通过行政方式认定王老吉为“驰名商标”。由此可见，在古代，“王老吉”凉茶已具有极高知名度，连官家都成为王老吉的忠实粉丝。这也是为什么在众多老字号凉茶当中，“王老吉”凉茶最为著名，给后人留下这么深刻印象的原因。

王泽邦也因此很快成为当地医生的标杆，其配制的“王老吉”凉茶在岭南地区深受乡民追捧，一度掀起“王老吉”凉茶的热潮。在乡间甚至还传出这样的民谣：“王老吉，称第一，解热气，去暑湿，清虚火，防百疾，身子不妥快快吃，不良症状一碗甩”，“王老吉，王老吉，四时感冒最使得，饮一茶啦最止咳”。

图 3-1　林则徐赠王老吉铜壶

图片来源：《王老吉历代画册》第二章“从中国到世界”，第 16 页。

王泽邦先生于 1883 年辞世，共经营了“王老吉”凉茶 55 年。其凉茶铺业务由王家第二代三个儿子（大儿子王贵成、次子王贵祥、幼子王贵发）承继，并共同管理，共负盈亏，成为“王老吉”凉茶合伙人。

随着王泽邦先生辞世，“王老吉”凉茶如何经营，新的管理人是否能胜任，是否能继续保证“王老吉”凉茶的质量，同时更好扩大市场的份额，让“王老吉”凉茶走向另一个辉煌境界呢？我相信这是读者们非常关注的一个话题，让我们继续关注王贵成、王贵祥和王贵发是如何管理“王老吉”凉茶事业的。

由于王老吉之名家喻户晓，生意日趋兴隆，每日所煲凉茶供不应求，于是长子王贵成广招人手，多开了几家店铺，都是采取前店后厂的模式（既前面店铺买卖，后面生产产品，该经营策略可以减少运输费用，同时保证供求平衡），除了卖水碗凉茶，还采用了初期的工业化生产方式——用纸袋包装凉茶配料出售。此外，他们三兄弟为了纪念王泽邦，也为了经营的方便，将“王老吉”凉茶更易与其他品牌的凉茶进行区分，能让消费者一眼认出凉茶出自王老吉，便设计了“王老吉”商标并进行推广，这是“王老吉”商标的萌芽，给“王老吉”凉茶此后的发展提供了扎实根基。

新的管理人，在多开分店的情况下，仍然保证了“王老吉”凉茶的品质，因而深受皇亲贵族和老百姓的欢迎及认可，其信誉品质是承继王泽邦的经营理念，以质为本，以顾客的认可为“王老吉”凉茶事业的命，所以，“王老吉”凉茶除了在省城内风行外，在新大陆（现在美国）也十分畅销，其原因与省港澳华人出洋密切相关。例如，那时在太平洋彼岸的美国，由于新大陆的开发需大量劳工，广东、福建等沿海的农民为了生活，一批一批地被卖到美洲做苦力。在当时，“王老吉”凉茶包物美价廉，治疗效果佳，质量有保证，已成为他们必备的家庭用药。因此，“王老吉”凉茶开始了大规模畅销海外，这也与王泽邦将凉茶工业化生产有莫大关系。

后来南洋一带发生大规模流行性感冒，新管理人看好时机，将“王老吉”凉茶远销南洋，既可救治当地华人，又能打响王老吉品牌，更能打破地域局限性，拓展凉茶销售市场。初时凉茶包在广州市销售，渐渐地许多外地客亦慕名而来，而且每次购买量不少，于是王家第二代管理人王贵成三兄弟商量将大量凉茶包外销各地，但由于药材需由江都运来，颇为费时、费力、费资金。为解决经营中遇到的重重困难，新的管理人经过商讨，遂决定各司其职，让两房人去江都开店，开拓市场，兼做茶包，留一房人在省城继续店铺业务。新管理人的经营策略使“王老吉”凉茶的销售范围不被局限于一处，而是将凉茶销售拓展到了省外和国外。据闻，当时“王老吉”凉茶不仅在两广地区畅销，还延伸到湖南、湖北、江西、上海、北京、哈尔滨。可见，新管理人的经营理念，使“王老吉”凉茶不仅在岭南地区出名，还闻名于全国多省及海外，这也为王老吉日后成为中华民族品牌打下深厚基底。

再后来，随着“王老吉”凉茶销售如火如荼，为避免利益冲突，王家所有资产亦平分三份，三房人分工发展，实行松散结合。王贵发创立的远恒济最终继承了祖铺和凉茶秘方，并传给三个儿子王恒裕、王恒瑞和王恒辉，其中王恒瑞和王恒辉留在广州继续发展，也就是今天王老吉药业的前身。此外，另外一个儿子王恒裕则于1897年迁往香港定居，正式与广州王老吉分道扬镳。王恒裕一支于香港文武庙直街（即现在的荷李活道）设店，开始在香港发展，而王健仪就是王恒裕的孙女。这意味着，早在1897年王健仪一脉就已经到香港单独发展。之后的100多年来，王老吉皆以广州远恒济为传承实体。俗话常说，富不过三代，创业难，守业更难，但“王老吉”凉茶产业可不是这样，在王家第三代的经营下，造就了王老吉最辉煌时代，特别是外销生意更是首屈一指，遍及欧洲、美国和南洋各处。中国近代思想家、政治家、教育家、史学家、文学家梁启超在1898年至1903年间前往美国旅游，其间著有《新大陆游记》，文中记载：“……有所谓‘王老吉凉茶’者，在广东每贴铜钱二文，售诸西人，或五元十元美金不等云，他可类推。”据了解，1900年前后，一美元相当于1.3两白银。而在当时的美国，普通工人的年收入也才大约三四百美元。可以想象，“王老吉”凉茶当时在国外被当成了一种奢侈品。该文献记载也实实在在反映出“王老吉”凉茶畅销国外，在国外不仅深受欢迎，还是一种奢侈品。

分家后，王泽邦后人王恒瑞和王恒辉于1911年，将广州王老吉远恒济以葫芦招牌为标记申请政府注册，并被中华民国政府获准。1935年，广州王老吉远恒济王远珍，即王泽邦的第四代曾孙，以王老吉“榄线葫芦图案”在广东省进行商标注册。笔者认为王远珍以葫芦图作为商标有其深远意义，葫芦自古以来就是“福禄吉祥”“健康长寿”的象征，也是保宅护家的良品。葫芦在民间传统喻义中认为可保体泰健康，“王老吉”凉茶就具有此功能，喝了“王老吉”凉茶能消除病灶，使人健康快乐。另外，在中国古代，葫芦常与神仙联系在一起，因此，这也寓意着王老吉就是上天派来解除凡间百姓痛苦、保老百姓健康的神仙，而且前面也提及王泽邦先生在世时，林则徐大人送了铜葫芦给王泽邦，以此赞扬王泽邦悬壶济世精神，所以管理人以此图及王老吉文字组成了一个图文商标，向广东建设厅进行注册，足以彰显王老吉品牌价值。（注册商标的图片详见本书第二章图2-4）

1936年王远珍再注册了“王老吉公孙父子图”商标（详见本书第二章图2-5），而后至1956年社会主义改造公私合营，“王老吉”商标注册证和特种药品营业执照注册人均为王远珍。从前面的注册过程，可见管理人在1935年后陆续向当时民国政府有关商标注册部门申请注册了商标，这说明民国政府出现了商标法雏形，使王远珍有法可依，可依据商标法来保护自己的品牌。王远珍通过注册多个商标、使用联合商标的方式来保护自身品牌不受他人侵犯及剽窃，使王老吉品牌不落于别人手中，壮大了“王老吉”凉茶事业。

经过几十年的发展，王老吉水碗凉茶点档遍及广东城乡，凡卖油条、煎饼、咸香花生的地方，都有“王老吉”凉茶、凉茶粉出售，王老吉也因此逐渐成为广东凉茶的代名词。

介绍到现在，笔者相信读者们对王泽邦先生及其后代管理人经营“王老吉”凉茶的历史有所了解，从中也可看出“王老吉”凉茶并非浪得虚名，而是经过历史的考验所沉淀出来的民族品牌。这也是为何广东凉茶品牌居多，而“王老吉”凉茶却最为有名的原因。同时，正因为王老吉显赫有名，才吸引了有双慧眼的商才陈鸿道，而商才又是如何与王老吉结上商缘，且见下文分析。

二、鸿道慧眼　经营有道

从王老吉远恒济到王老吉联合制药厂，再到羊城药业和今天的广药，王老吉在广州的发展可谓一脉相承、薪火相传。一代又一代王老吉人凭借着独有的凉茶秘方，创制出了一代又一代的凉茶产品。因此，“王老吉”凉茶从古到今驰名国内外，提起凉茶人们往往马上就想起凉茶始祖王老吉，传承百年的正宗凉茶王老吉，实实在在的王老吉。由此，鸿道集团的创办者陈鸿道从中看到了商机。

陈鸿道出生于广东东莞，早年从事批发生意，后到香港寻求发展，创立了鸿道集团。他当时想发展凉茶事业，并且熟知王老吉是拥有百年历史的民族品牌。1990 年，陈鸿道前往位于香港的王老吉“百年祖铺”洽谈秘方和商标使用事宜，与拥有香港王老吉注册商标的所有人王健仪达成合作协议，王老吉（国际）有限公司授权鸿道集团使用留守香港一脉所配制的“王老吉”

凉茶的秘方与商标在香港生产饮料。

提到香港王老吉，笔者想回顾香港王老吉的部分历史，让读者们更深入了解为何香港也有一个王老吉，这也点出为何陈鸿道要与广州王老吉合作的缘故。在前面第一节“阿吉凉茶，历史悠久”中已提及王家第三代管理人进行了分家。王恒瑞和王恒辉留守在广州继续发展并且将广州王老吉发展得如火如荼，而 1897 年远赴香港发展的王家第三代王恒裕一支，却非常的坎坷。从 20 世纪 50 年代末至 70 年代初，因经营不善，香港“王老吉”凉茶经历了一段低潮期，凉茶店被迫关闭，连王老吉的招牌也被逼出让筹钱还债。直到 1984 年，王家第四代王豫康病逝，经过三年完成领取遗产手续，直至 1988 年末才重新经营王老吉业务。王健仪就是王豫康之女，但据悉其无心管理，对业务也不熟，因此，多年来“王老吉”凉茶在香港的业务一直不温不火，根本无法与广州王老吉的名气相比。

1992 年，陈鸿道开始在广东东莞设厂生产凉茶并在大陆销售。但由于早在我国《商标法》正式实施的 1983 年，广药前身羊城制药厂就已注册文字商标王老吉用于所生产的药品，其后又扩注了饮料类商标，即王老吉注册商标在大陆依法属于羊城药厂。根据商标的地域性保护原则，陈鸿道对香港“王老吉”商标的使用只能局限在香港地区，而无法在中国大陆使用，所以陈鸿道生产的凉茶无奈只能以“清凉茶”命名在中国销售。

1992 年时广州王老吉已开创性地生产出盒装“王老吉”凉茶和罐装“王老吉”凉茶，可谓国内最早的凉茶植物饮料，在华南市场上广受消费者追捧，并且在中国大陆具有相当高的知名度及品牌效应；而陈鸿道生产的“清凉茶”与广药生产的“王老吉”凉茶对比，名气没有广州王老吉大，口感也没有广州王老吉的好，销量自然而然也不如广州王老吉。因此，以“清凉茶”为名在大陆市场进行销售，给鸿道集团的凉茶事业发展带来重大阻碍，甚至可能使其凉茶产品在大陆的销售夭折。陈鸿道深知，大陆是一个庞大的凉茶销售市场，只有占据大陆这个市场，才拥有无限商机，有商机就有巨大的收益；因此，要想发展好凉茶事业，眼前只有一个办法，那就是必须借助广药“王老吉”商标，就如《论语·子路》里说：“名不正则言不顺，言不顺则事不利。”所以，羊城药厂的注册商标王老吉成了陈鸿道在中国大陆发展凉茶事业的救命草。这也说明鸿道集团拥有了广药的“王老吉”商标，就等于为其在大陆开创凉茶事业打开了一条绿色通道，为以后将鸿道加多宝做大做强提供了很好的商业平台。

所以，陈鸿道急切渴望拥有广州王老吉这个注册商标，只有拥有了广州“王老吉”商标才能打开中国市场，才能创造无限商机与巨大利益。陈鸿道多次来到广州与羊城药业磋商，请求达成合作。1995 年 3 月 28 日，双方签订了商标独占许可协议，陈鸿道为能顺利签署商标许可协议支付了一笔不小的款项。1995 年 9 月 14 日，双方经过协商后签订补充协议二，约定鸿道集团可以独占使用王老吉和“红罐体”，而羊城药厂不再使用红罐王老吉；绿盒王老吉由羊城药厂自己使用经营。可见陈鸿道非一般商人，其眼光是长远的，他深知要发展其凉茶事业，必须借助沉淀百年历史的老品牌王老吉。

至此，陈鸿道便踏上独占使用红罐王老吉之路。1997 年 2 月 13 日，鉴于对以往合作非常满意，羊城药厂与鸿道集团在双方于 1996 年所达成共识的基础上，决定进一步扩大合作范围，签订了 1997 年《商标许可使用合同》。根据该合同，鸿道集团依然独占使用王老吉和“红罐体”。在此基础上，鸿道集团授权其国内子公司生产销售红罐王老吉。1997 年《商标许可使用合同》还明确了争议的解决方式：对双方不能及时和平解决的争议，由位于北京的中国国际经济仲裁委员会依其规定仲裁解决。

2000 年 5 月 2 日，广药与鸿道集团签订了《商标许可协议》，授权许可鸿道集团在红色罐装凉茶饮料上使用注册证号为 626155 号的“王老吉”商标，期限从 2000 年 5 月至 2010 年 5 月共 10 年。

2002 年 11 月 27 日，广药与鸿道集团基于 2000 年 5 月 2 日签订的《商标许可协议》签订《补充协议》，《补充协议》将《商标许可协议》约定的履行期限，由 10 年变更为 20 年。尽管这份协议由于陈鸿道行贿、广药当时主管经理李某受贿而最终被仲裁无效，但陈鸿道想长期经营王老吉的意图本身还是很有战略眼光的。

可见，陈鸿道的凉茶事业已离不开王老吉。王老吉在陈鸿道的经营下，十几年来也给他带来了巨大收益，红罐“王老吉”凉茶的销售额超过100亿元人民币，成为超越了可口可乐和百事可乐的中国罐装饮料市场第一品牌。陈鸿道带领“王老吉”凉茶成为“中华第一罐”。❶

鸿道集团之所以看重百年老品牌王老吉，是因为陈鸿道深知王老吉三个字不单单是药典中中药代名词，还蕴含了老百姓对这个品牌的感情，就如相伴已久的老朋友、老伙伴、老伴一样，相互离不开。王老吉几乎给每个广东人都带来了很多美好的回忆。记得儿时，父亲常买“王老吉”凉茶回来，每当笔者吃了上火食品后，父亲总会让喝王老吉。因此，无论是冲剂、盒装凉茶，还是红罐装，笔者都深刻认准王老吉这三个字，因为它代表了质量，是清热去火效果的保证。

因此，鸿道集团投入了大量资金、人才对王老吉品牌开展了大型推广、营销活动，其表现形式如下：

2003年的大事莫过于“非典”的发生，2003年广东凉茶被列为防治“非典”用药目录。陈鸿道把握这一机遇，开始跨出岭南，将“王老吉”凉茶向全国推广，王老吉（红罐和绿盒）的销售收入迅速从2002年的1.8亿元跃升到2003年的六亿元，这使王老吉品牌实现了量的飞跃。

“非典”事件后，2007年9月，人民大会堂管理局颁发了《王老吉荣获“人民大会堂宴会用凉茶饮品”称号》的证书，王老吉正式成为中国首个且是唯一进入国宴饮品行列的凉茶。❷ 罐装王老吉之所以能作为“国饮”，是因为它走的是自身特色路线，作为一个拥有超过180年历史的中华民族饮料品牌，王老吉纯中草药配方、预防上火的特性已深入人心，已成为中国饮料行业发展潮流的探索者和佼佼者。王老吉成为“中国饮料第一罐”，正是悠久

---

❶ ［EB/OL］.［216-06-13］. http://baike.baidu.com/link?url=k2YCH3rqEWS9EVFQRFULImNsKjWYY7HAi7ZPFdxE0eqgCOrvBvPhUrGuzpFKmli_ acKuGfVJGDJo43bNdGqEVK.

❷ 中国饮料第一罐 王老吉荣登人民大会堂国宴［EB/OL］.（2008-04-17）. http://www.dzwww.com/xinwen/guoneixinwen/200804/t20080417_ 3400765.htm.

的历史文化与现代商业创新的完美结合。“王老吉”凉茶的品牌化和潮流化，对传统养生文化的传承及发展起到了不可磨灭的作用。鸿道集团的营销策略，在使罐装王老吉在文化上与商业上的成功融合方面，功不可没。

2008年5月18日，央视一号演播大厅举办的“爱的奉献2008年抗震救灾募捐晚会”总共筹资逾15亿元。其中，中国饮料业巨子灌装王老吉以一亿元的国内单笔最高捐款，诠释了这个时代最值得树立的民族企业精神。❶ 鸿道集团此次巨额捐款，除了为鸿道加多宝赢得了企业荣誉感，更给红罐王老吉这个品牌打下了深厚根基，这比在各大卫视与央视一台黄金时间播放广告更有效力，给鸿道集团将来牢牢占据凉茶饮料市场第一名打下了基础。

2008年7月20日，由国家体育总局社会体育指导中心和中国少数民族体育协会联合主办、加多宝集团（王老吉）独家赞助的“王老吉56个民族祝福北京祈福盛会”活动在北京隆重举行。鸿道加多宝将红罐“王老吉”凉茶与运动事业联系上，使“王老吉”凉茶不再是传统凉茶饮料。❷ 此营销策略，说明鸿道加多宝有意让“王老吉”凉茶的定位逐渐转型为功能饮料。

2008年11月，鸿道加多宝生产的红罐“王老吉”凉茶饮料喜获2008年“中国元素”国际创意大赛最高荣誉——文献奖。❸ 这份这荣誉也意味着由鸿道加多宝经营的“王老吉”凉茶，已经不是单纯的传统凉茶。

2009年，在“5·12”汶川地震一周年之际，鸿道加多宝协同某公司一起组织了“与爱同行”活动，联合北京50余所中学，让北京的学生给灾区的学生写一封信及励志性寄语，并由鸿道加多宝提供凉茶进行义卖，义卖的钱给灾区学生买一些学习、生活用品，送往四川重灾区，带给他们心灵的抚

---

❶ 王老吉心系灾区人民　1亿元善款助赈灾重建［EB/OL］．（2008-05-19）．http://business.sohu.com/20080519/n256948658.shtml.

❷ “祝福北京·祈福盛典”盛大举行［EB/OL］．（2008-07-21）．http://news.sohu.com/20080721/n258276169.shtml.

❸ 加多宝生产的凉茶饮料喜获2008“中国元素”国际创意大赛——最高荣誉文献奖［EB/OL］．（2008-11-13）．http://www.jdbchina.com/cn/new/jdb_ news.asp?id=258.

慰，点亮他们心中的希望与梦想！❶鸿道加多宝通过善行将王老吉品牌深深烙印在每个人心中。

2009年2月18日，鸿道加多宝与广州2010年亚运会组委会赞助签约仪式在北京人民大会堂中央大厅隆重举行。鸿道加多宝斥巨资鼎力支持广州亚运，正式成为广州2010年亚运会高级合作伙伴（红罐王老吉成为广州亚运会高级合作伙伴），赞助饮料类别为除运动饮料以外的所有非酒精类饮品。❷

2010年4月20日晚，《情系玉树 大爱无疆——抗震救灾大型募捐活动特别节目》在中央电视台举行。加多宝集团再次向灾区捐款1.1亿元人民币。会后，加多宝集团相关负责人在接受采访时表示，加多宝集团作为中国民族企业的一分子，旗下品牌王老吉、昆仑山的迅速发展，离不开广大人民的支持。对于灾区人民的苦难感同身受，此次捐款，只是尽了自己的一份责任而已。同时他也表示，能力不分大小，捐款不分多少，善举不分先后，再小的力量对灾区来说也是一种支持，希望社会各界共同行动起来，关注灾情、奉献爱心，帮助灾区群众尽快渡过难关，重建家园。加多宝集团再次巨额捐款，无形中将旗下王老吉品牌推上更高峰。❸ 鸿道集团及其旗下加多宝集团一系列对贫困地区、地震灾区的大额捐赠，以及高额赞助亚运会等营销策略初见奇效，不少消费者在购买凉茶产品时，都会倾向于红色罐装王老吉。此营销策略彰显了民营企业不单单是营利，还需要有社会责任感，往往更让消费者易于接受及印象深刻、难忘。

与其说陈鸿道是“凉茶大王”，不如说他是“营销奇才”更为贴切。陈鸿道除拥有一双“慧眼”外，还有营销才能，他将拥有188年历史的王老吉推上了商业化运作的巅峰。王老吉能有今天成就，除了其自身魅力外，离不

---

❶ 加多宝“与爱同行”与四川的孩子们共建信心［EB/OL］.（2009-06-08）. http://www.jdbchina.com/cn/new/jdb_ news.asp?id=286.

❷ 红罐王老吉成为广州亚运会高级合作伙伴［EB/OL］. http://sports.qq.com/a/20090218/000614.htm.

❸ 情系玉树——加多宝集团再捐1.1亿［EB/OL］.（2009-02-18）. http://www.jdbchina.com/cn/new/jdb_ news.asp?id=382.

开陈鸿道经营有道。笔者将王老吉的发展历程简单地总结为从无到有、从有到优、从优到精。从无到有，由王泽邦先生造就；从有到优，由王泽邦后人及羊城药厂所造就；那从优到精又由谁造就呢？客观上，其中离不开陈鸿道及其企业后期的贡献。

三、善做广告　家喻户晓

鸿道集团在独占经营红罐“王老吉”凉茶这十几年，旗下加多宝集团在大陆为王老吉品牌的推广起到了举足轻重的作用。

2002年以前，从表面上看，红罐王老吉是一个活得不错的品牌，在广东、浙南地区销量稳定，营利情况良好，有较固定的消费群，红罐“王老吉”凉茶的销量连续几年维持在一亿多元人民币，仿佛已进入瓶颈状态。加多宝集团管理层经过研究分析发现：若要将王老吉做大，突破瓶颈，首先要善于做广告，要给王老吉品牌重新定位，要明确是将红罐王老吉当“凉茶”销售，还是当“饮料”销售。因此，加多宝集团在为王老吉重新定位时需要突破三大问题：

第一，消费群体观念问题。大多数群众都认为红罐王老吉是“药”，既然是“药”就不能乱喝，消费群体因此被限制。

第二，销售地域问题。2002年以前，王老吉产品的销售局限于广东、浙南地区。市场被局限，自然无法增加收益。

第三，早期推广概念模糊。广告语是“健康家庭，永远相伴”。该广告语显然与“药”脱离不了干系，也不足以显示红罐王老吉的独特价值。

红罐王老吉的独特价值在于边喝预防上火饮料边生活，例如，一边吃火锅、烧烤、煎炸美食以及通宵达旦看世界杯等，一边喝王老吉预防上火。加多宝集团在将红罐王老吉重新定位为“预防上火的饮料”后，其竞争对手不仅仅限于凉茶行业，还包括其他“饮料”行业。加多宝集团实施了多项营销方式，其中一项就是广告推销，通过各种形式的广告来推广王老吉品牌。首先，明确新广告语，突出“预防上火的饮料”，即“怕上火，喝王老吉”；其次，配合投放了大量广告。在加多宝集团播放的广告中，都有一群人围绕美食的片段：吃易上火的美食时，配上一罐红罐王老吉，生活变得如此轻松；通宵达旦看足球或者熬夜工作，喝上一罐红罐王老吉，让烦躁远离我们；过年过节，送礼当然要送鸿运当头的红罐王老吉，等等。不得不说，加多宝集团使用的“怕上火，喝王老吉”广告语，简明扼要，朗朗上口，强调了“上火”概念，淡化了“凉茶”概念，对王老吉在大陆市场上的推广作出了很大贡献。最后，明确了广告语并认准定位后，加多宝集团将广告铺天盖地在全国各卫视台、央视各台等电视台的黄金时段重复播放。正是这种疾风暴雨般的广告投放方式保证了红罐王老吉在短期内能迅速进入人们的头脑中，并迅速红透全国大江南北。在地面推广上，加多宝集团在各大餐厅、酒楼和酒店张贴了广告语，除传统的 POP 广告外，还配合餐饮新渠道的开拓，为餐饮渠道设计布置了大量终端物料，如设计制作电子显示屏、装饰灯笼等餐饮场所乐于接受的物品并免费赠送；在小卖部、超市中张贴广告和播放广告视频，给小卖部赞助店招，店招上打着“怕上火，喝王老吉”广告语，给小卖部与超市免费提供标有“怕上火，喝王老吉”广告语的价格牌。

图 3-2　“怕上火，喝王老吉”广告

图片来源：王老吉广告截图。

加多宝集团在2003年投入一亿多元广告费用后，红罐王老吉销量激增，年销售额增长近400%，从一亿多元猛增至六亿元，2004年则突破十亿元，同年广药所拥有的绿盒装销售额仅为8 000万元。在红罐王老吉拉动之下，2007年绿盒王老吉销售额达到7.1亿（此时已为合资公司）。

2008年，红罐王老吉销售额突破100亿元。2002年至2009年连续8年间，“王老吉”凉茶的年均增长率达到96%。2007年至2009年，红罐王老吉连续三年在中国大陆罐装饮料市场销量第一。2010年王老吉销售额150亿元，几乎是2002年的100倍。随着红罐王老吉年销量跳跃式增长，绿盒王老吉借着加多宝集团重金铺就的美誉和渠道轻松取得不少市场份额。2011年绿盒王老吉的销售额已接近20亿元。

王老吉在2006年“中华老字号品牌价值百强榜”中排名第五，品牌价值达22.44亿元人民币。同年，包括王老吉在内的18个凉茶品牌被列为国家级非物质文化遗产。

由上述客观数据可知，加多宝集团擅于做广告，对推进王老吉品牌的建设和发展起着举足轻重的作用，对扩大市场功不可没。从商业上来说，真不容低估营销定位的价值。“老老实实王老吉，清热解毒确使得”是“王老吉”凉茶一直沿用下来的广告语，已深深地烙在岭南地区老百姓的心里，但时代在变，广告语也需要与时俱进。陈鸿道经营王老吉初期曾推出“健康家庭，永远相伴”这一广告语，由于其缺乏个性，且并未改变消费者将王老吉当作药物的认知，是药三分毒，药不能多喝，因此，产品销售并没有多大起色。后来，加多宝集团在重视质量的同时，使用了“怕上火，喝王老吉”的新广告词，将王老吉定位于消火型饮料，销量因而大增。随着铺天盖地的王老吉广告在全国播出，“王老吉”凉茶家喻户晓。

笔者在此举一个生活中的真实例子：笔者有个高中同学是北京人，小时候来了佛山生活，每隔两年回北京一次。有次笔者跟她聚餐时点了一瓶王老吉，随口提及凉茶这东西估计只有南方人才需要喝，没想到她脱口而出：“才不是，我回北京吃饭的时候，北京的亲戚都会叫上一瓶王老吉来喝。”笔者好奇问道："北方人也爱好喝凉茶？"她回答："我们没当它是凉茶，只当它是一瓶饮料，喝下去感觉口感不错，还有就是铺天盖地的'怕上火，喝王老吉'广告，吸引了我们，感觉喝王老吉就是特有范儿！"笔者听后，顿觉这就是好的广告带来的效果。因此，一句看似简单却蕴含王老吉特征、功效及定位的广告语"怕上火，喝王老吉"，除了使红罐王老吉成为"中华饮料第一罐"外，还使王老吉几乎无处不在、无人不知。喝王老吉，能预防上火；上火了，更要喝王老吉；吃火锅，口味重，来罐王老吉降降火；天气炎热喝罐冰凉王老吉，防中暑；熬夜世界杯，来罐王老吉；感冒了，加生姜煮罐王老吉，有减轻感冒功效；唱歌时也可以来罐王老吉润润喉咙……王老吉与老百姓的生活密切相关，家家户户的人们只要感觉自己"上火了"，就会想起王老吉，就会购买王老吉！

此外，笔者认为：王老吉品牌之所以家喻户晓，除了陈鸿道的营销策划居功至伟外，还因为王老吉是由多种中药熬制而成的产品。在中国，古往至今，中国人最为了解的就是白酒和中药，白酒和中药源于中国，是中华民族的瑰宝，消费者提起王老吉就想起多种药材熬制而出的清热解火的凉茶，并且随着工业化的改革及升级，凉茶不再是药用定位，而是功能饮料定位，因此，王老吉是中药食用现代化的最为经典的案例，这也是让老百姓家喻户晓的原因之一。因此，鸿道集团独占经营红罐王老吉这十几年，将红罐王老吉进行了成功的品牌定位和传播，这无形中给这个有百年历史的、带有浓厚岭南特色的产品带来了巨大效益。[1]

虽然百年品牌王老吉在鸿道集团的独占经营下，搞得有声有色，但是王老吉品牌所沉淀的历史底蕴，不是鸿道集团简简单单靠营销方式就能积累出来的，这也是鸿道集团当时为何要向广药租用"王老吉"商标的缘故。鸿道集团深知立竿见影独创一个百年品牌是不可能的，因此，通过签订合同获得了王老吉红罐包装的独占使用权。王老吉这个百年老字号在加多宝集团的经

---

[1] 加多宝引领凉茶进入品牌大时代［EB/OL］.（2006-06-26）. http://www.jdbchina.com/cn/new/jdb_ news.asp?id=183.

营下，越做越“红”。加多宝集团也因此获得了巨大利润，成为中国饮料行业的领头羊。陈鸿道将红罐王老吉经营得如此出色，不甘心只是简单地短期租用王老吉，想以低价长期占用红罐王老吉。所以，陈鸿道在 2002 年至 2003 年，通过行贿手段与广药签订了两份补充协议，将商标许可期限延长到 2020 年。“王老吉”商标使用费 2000 年为 450 万元，到 2010 年为 491.4 万元，即便到 2020 年也只有 537 万元。而鸿道集团经营王老吉早在 2010 年销售收入就达 160 多亿元。按照国际惯例，商标使用费以销售额约 5%收取，而陈鸿道所付商标使用费只占销售额的 0.03%，还不足国际惯例的百分之一，被媒体称为“史上最廉价商标租赁”。2004 年，陈鸿道行贿案东窗事发，相关证据证明，其行贿是为了签订商标补充协议，以低廉价格延长使用时间。广药领导班子调整后，认识到严重偏低的“王老吉”商标使用费将造成国有资产巨额流失，一直寻求各种方式予以纠正。

王老吉有今天这样辉煌的成绩，并非王泽邦先生一人之力所能创造。王泽邦先生像一头勤勤恳恳的开荒牛，开创了王老吉品牌；后人经过辛勤播种和施肥、精心呵护和照顾，才生长出了一个价值千亿的品牌。在这漫长的培育和发展过程中，我们不能抹杀每一个有功之人。所以，对历史应有一个客观的评价，否认王老吉原有的历史及品牌价值对后来的贡献是不可取的，不加区别地一概否认陈鸿道在将“王老吉”凉茶做大做强、成为媲美可口可乐的中国第一饮过程中所做的贡献也是不客观的，二者是相辅相成、缺一不可的，双方都应理性看待和包容对方。

第四章
CHAPTER

虽非可乐　却胜可乐

04

21 世纪初，世界软饮料市场风起云涌，在碳酸饮料可口可乐、百事可乐两大巨头垄断市场并进行激烈角逐的同时，世界饮料消费市场却已开始悄然变化，至少从中国市场上看，这种饮料市场的风云变幻是相当明显的。在健康消费理念的冲击下，不含二氧化碳的非气体果汁及非果汁饮料迅速发展，碳酸饮料市场份额逐渐受到侵蚀。而在同时期的中国市场，随着消费者对健康消费的追求趋势，健康茶饮料异军突起，其中尤以凉茶为代表的健康饮料，因其绿色安全、功能独特而技高一筹。

凉茶是典型的广东特色茶饮。南方水土湿热多瘴，凉茶具有清热下火之保健养生功效。凉茶无需医生开方，大众可以自行购买，而且没有药物副作用，南方地区对其保健功效普遍认同度较高。但因中草药的药性及受气候、地域的限制，凉茶在中国南方地区广受推崇，在其他地区则较鲜为人知。

自 2003 年“非典”以来，王老吉这一凉茶领军品牌凭借其优质的内部资源与外部态势，带领凉茶行业逐步突破药剂性及区域性的限制，成功跨越长江甚至跨越国界，以迅雷不及掩耳之势遍地开花。在中国竞争激烈的饮料市场上，碳酸饮料的市场份额被新兴的凉茶行业“日益蚕食”，“王老吉”凉茶的销售额甚至超越了可口可乐、百事可乐，成为中国饮料第一品牌。

一、健康凉茶　颇受欢迎

1. 起步艰难　突出重围

新中国成立之前，“王老吉”凉茶已经走过121年历史，大陆王老吉品牌的发展史就是近代民族工业的一个缩影，王老吉这个百年老字号从王氏后人的个人资本，几经公私合营、社会主义改造被调整归入全民所有的广药，其无形、有形资产也最终归于全体中国人民。1995年，广州羊城药业王老吉食品饮料分公司（王老吉药业股份有限公司前身）与东莞商人陈鸿道成立的鸿道集团签订商标许可使用合同，鸿道集团取得“王老吉”商标的独占许可使用权，被许可生产红罐凉茶。2012年商标被收回后鸿道集团成立香港加多宝股份有限公司，负责大陆“加多宝”凉茶的生产及销售。

加多宝集团的发家历程可谓曲折。陈鸿道在大陆获得了“王老吉”商标的独占使用许可权后，最初的生产重心在其自创品牌“鸿道八宝粥”和“加多宝”传统红茶、绿茶饮料上。自创八宝粥品牌在诸多低价八宝粥的竞争下，自创饮料在与康师傅、统一等传统茶饮料巨头正面交锋后，发展日益艰难。

虽说自创品牌起步艰难，百年老字号“王老吉”凉茶的发展也并非顺风顺水。在凉茶消费核心的两广地区，传统的凉茶消费方式多为店铺散装售卖，凉茶要喝热的，且不加糖，罐装且具较大甜味的红罐“王老吉”凉茶并未迅速得到市场热捧。而在粤、桂、闽等以外的其他地区，“凉茶”的概念甚至还不为人知，更难谈得上接受甚至喜爱了。在20世纪90年代中期，加多宝集团曾试图吹响进军全国市场的号角，但是由于凉茶市场根基薄弱，开拓难度大，红罐王老吉在很短的时间内便被迫退出全国大部分地区，仅留下广州、温州、成都等零星城市。后来加多宝集团转变战略，采取根据地发展的模式，才逐渐在温州打开市场。温州市场良好的发展态势使得加多宝集团有些得意忘形，1999年，加多宝集团在经营王老吉凉茶的同时，陆续推出了红茶、绿茶、乌龙茶等加多宝茶饮料，在华南市场与“康师傅”“统一”“娃哈哈”

交锋，当时在很多小店都能看到加多宝饮料。可是好景不长，2003 年“非典”来袭，健康保健的功能型饮料开始流行，加多宝传统茶饮开始逐渐淡出市场。对前景有明确认知之后，陈鸿道决定彻底削减传统茶饮料业务，集中精力专心经营“王老吉”凉茶。

2. 健康凉茶 创新口感

随着生活及消费水平的提高，新一代的消费者越来越关注饮料的健康养生，而天然的“食尚”草本养生理念也越来越受欢迎。媒体的广泛报道让人们意识到长期饮用高糖、高热量碳酸饮料，容易引发肥胖、骨钙流失等多种疾病，含糖的碳酸饮料正面临着消费观念转变所带来的冲击。可口可乐等碳酸饮料在欧美市场逐渐失守，不得不推出“零度”无糖可乐等改良产品以期挽回颓势，但是效果却不甚乐观，甚至有外国媒体曝出，零度可乐采用阿巴斯甜使其无糖却有甜味，而阿巴斯甜是一种神经毒素，会导致偏头疼甚至致癌。事后虽然可口可乐公司力证零度可乐是无毒的，但却扭转不了碳酸饮料全球销售额几乎逐年下降的趋势，中国的碳酸饮料市场也不例外。在碳酸饮料独霸市场的局面被逐渐瓦解的市场大环境下，植物性、功能性饮料等出现了较好的发展态势。

观乎当时的饮料市场，碳酸饮料、茶饮料、瓶装矿泉水、果汁饮料、乳制饮品各据一方，饮料市场基本已被传统饮料巨头可口可乐、统一、娃哈哈等瓜分完毕，想要从各传统饮料巨头手上分一杯羹几乎不可能，想要开辟新市场就必须在饮料的功能定位上有所突破。基于这方面的认识，红罐王老吉以其传承百年的古方为底牌，将功能定位在健康绿色的配方、预防上火的功效，从而形成了相对果汁更清凉、相对碳酸饮料更健康的区别度。

清晰的市场定位还需要内在品质做保障，王老吉红罐凉茶由多味草本植物精炼而成，经过一百多年的持续经营，经过了从药用到保健饮料的配方改革和口味创新，适应了不同人群的口感需要。“王老吉”凉茶创新地推出了既有碳酸饮料的解渴功能，又有其独特的淡淡草药味的甘甜口感，凭此优势，在茶饮料市场中独树一帜、异军突起。

此外，凉茶背后还有深厚的中国文化底蕴，无危害的下火功效的凉茶诠释了中华传统养生之道。以健康理念及预防上火为功能性诉求的王老吉，极好地顺应了这一市场发展趋势。虽然“王老吉”凉茶具有一定的功能性饮料的特质，但是“王老吉”凉茶有其独特的产品特征和文化底蕴，将其定位为“草本植物饮料”更为契合不同层次消费者的健康需求。所谓的“好风凭借力，送我上青云”，“王老吉”凉茶乘着健康消费理念的东风，自然成为消费者与主流媒体的追捧对象。

加多宝集团专注红罐王老吉品牌建设之后，红罐王老吉的发展比较顺畅，并逐渐走向辉煌。罗马不是一天建成的，红罐王老吉的发展“神话”也是多年精心打造的结果。红罐凉茶王老吉在内外因素的共同作用下，走向了“中国饮料第一罐”。

3. 优质凉茶　依托广药

红罐王老吉的发展历程中折射出了加多宝集团的诸多闪光点，特别是其营销及公关体系的卓越性。但是，也有很多品牌在营销方面、定位方面都很出色，却未取得王老吉式的成功，则又是为何？归根结底，品牌发展的原动力在于其背后蕴含的深层文化，王老吉品牌历史悠久，蕴含中华传统养生文化。以文化底蕴为依托，是王老吉得以快速发展的根本原因。

红罐王老吉在全国范围的迅猛发展，其早期的确得益于加多宝集团精准的定位、巧妙的营销策略、成熟的公关体系以及完善的销售渠道。加多宝集团在汶川地震和玉树地震中的公益捐助以及夏枯草事件的危机公关中，做足了王老吉品牌的产品精神，使得王老吉这一品牌全国闻名甚至走向世界。此外，广药所取得的诸多荣誉，例如，中华老字号、申遗成功等，也在无形之中给了红罐凉茶新的发展跳板。红罐王老吉能够持续发扬光大，以至于成为饮料第一品牌问鼎中国，在很多层面上都离不开广药的持续经营。

据尼尔森 2015 年数据显示，在整体饮料市场增长缓慢的情况下，王老吉引领凉茶行业逆势增长，继续保持两位数的增长。王老吉大健康董事长在中国商业联合会中华老字号工作会上透露，王老吉终端销售网点已达 600 万，其中商超、批发、小店等渠道铺货率均达 85%，餐饮渠道达到 60%。[1] 就在去年，王老吉北方总部正式运营，获母公司广药集团 24 亿元投资，雅安、泰州等多个凉茶生产基地投产，并涉水“互联网+”，与阿里巴巴集团联手推出超吉+战略。2015 年圣诞节，广药集团带领王老吉强势登陆纽约时代广场，迈出了开拓国际市场的坚实步伐，向全世界推介中国凉茶。随着广药集团法律维权案件连胜、市场营销、渠道建设、产能布局等方面的全面推进，未来的王老吉发展依托广药必将如虎添翼，势不可挡，不断巩固行业领先地位。

总之，在红罐王老吉成为“中国饮料第一罐”远超可乐的发展历程中，准确的定位、合适的广告推广以及强大的渠道网络是其成功的基础设施。但“机遇只光临有准备的头脑”，在各方面逐步趋于完善的同时，广药集团的红罐王老吉开始借力外部的促成因素，实现跨越式发展，其发展壮大的成果最终仍离不开王老吉品牌的价值及广药的贡献。

二、时来境变　萌发商机

1. 环境变化　引导消费

随着人们生活水平的提高，消费者已不再满足于传统、常见的普通饮料，在食品、饮品的选择上，健康、养生成为首先考虑的因素。2003 年，由于受“非典”影响，有一定预防疾病的功能性饮料开始受到人们的广泛关注，同时人们开始意识到环境污染的日益严峻，城市热岛效应，高温纪录屡屡刷新，而大多数人已经无法逃避地生活在空气污浊、生态环境恶化的大城市中，同时快节奏、高压力的工作方式和多元化饮食结构、静态网络社交的生活方式的兴起迫使人们熬夜上火，出现“口唇干裂、口舌生疮、鼻腔热气、咽喉肿痛、全身燥热、牙龈红肿、食欲不佳”类似准“感冒”的症状。这些症状似一场流行病，遍及天南海北。以此为契机，红罐王老吉在营销上下足了工夫，

---

[1] 加多宝被判虚假宣传销量谎言破灭　王老吉官司获 20 连胜［EB/OL］.（2016-03-08）［2016-11-10］http://www.1caixin.com.cn/article-327057.html.

为迎合年轻的消费者，推出了“不用害怕什么，尽情享受生活，怕上火喝王老吉”；为引导消费者四季皆可饮用，推出了“春暖乍寒，怕上火，喝王老吉”“炎夏消暑，怕上火，喝王老吉”“秋高气燥，怕上火，喝王老吉”“干冷冬季，怕上火，喝王老吉”。而且，中草药的养生疗效在中国有着广泛的群众基础，据数据统计，我国80%以上的城市居民自行购买过中草药。“王老吉”凉茶正好是植物性饮料，有188年的食用历史，无毒副作用，其“预防上火”的健康功效逐渐被消费者广泛接受，受到不同年龄层次的消费者的热捧。

随着环境变化，消费者的消费理念在变化，正宗凉茶的口味也不能总是一成不变。广药深知为维持王老吉品牌的活力和持久竞争力，凉茶配方也需要不断创新。2016年6月27日，在第十届夏季达沃斯开幕式上，188年凉茶始祖王老吉正式推出了无糖、低糖两款凉茶新品，以正宗配方精心调配，贴近消费者追求健康的多元需求，创新性地进行了凉茶口味延伸，以代糖取代蔗糖，既保持了下火功效，又不损失口感，产品升级和单品多元化已经并成为王老吉企业发展的核心战略。[1]

2. 红罐凉茶　一炮走红

1963年，易拉罐在美国俄亥俄州得以发明，它继承了以往罐形的造型设计特点，在顶部设计了易拉环。这是开启方式的革命，使得笨重的金属容器演变成20克左右的罐体，给人们带来了极大的方便和享受。到了1980年，中国饮料市场开始引进这种铝罐作为啤酒和碳酸饮料的包装形式。比较成功的是广东的“健力宝”运动饮料，据健力宝的创始人李经纬所述：在1983年，健力宝是国内首创的罐装饮料，在当时罐装饮料就代表着“高档”。由于国内还没有能够生产罐装饮料的企业，只能托关系由深圳的百事可乐公司用易拉罐罐装生产线代加工“健力宝”。可见，从1983年罐装“健力宝”开始，罐装逐步具有了“良好的群众基础”。

与此同时，随着工业设计的发展、生产技术的进步，时尚的金属罐的优

[1] 王老吉联手百年老字号　向世界讲述中国品牌的故事［N］. 人民日报，2016-06-28.

点日益凸显：一是具有优良的阻隔性能及良好的保香性能。阻隔性能可以使其阻隔气体（包括氧气、二氧化碳、水蒸气等），阻隔光特别是阻隔紫外光；保香性能可使它的内装物（如食品、饮料等）有较长的货架寿命。二是具有优秀的机械强度，传统凉茶的纸盒包装在运输过程中容易被挤压，皱巴巴的外观容易降低消费者的购买欲望，而使用金属罐包装的商品便于运输和贮存，使该种商品的销售范围大为增加。三是废弃处理性好，金属罐可以回炉再生，循环使用，是最好的绿色包装。

同时，消费者对新包装的猎奇，对产品外观美感的追求也在不断提高。更重要的是，在授权加多宝使用“王老吉”商标之前，广药已经在生产传统的纸盒王老吉。为了避免商标许可方与被许可方在市场上正面冲突，广药与加多宝集团在1995年签订的《商标许可合同》中明确约定加多宝集团独占使用红罐王老吉，这个授权的特别条款也为广药在以后的诉讼中顺利夺回红罐包装起到了至关重要的作用。而最初的红罐“王老吉”凉茶正是掌握了大众的这种猎奇和美观消费心理，进行了技术革新，引进了金属罐体包装，在市场一炮而红。

走红的红罐凉茶承载了巨大商誉，其中也包含了知识产权。王老吉红罐凉茶罐体上的三个竖排的黄色字体王老吉等文字、红色底色等色彩、图案及其排列组合在内的整体内容就是王老吉作为知名商品的特有包装装潢。在红罐之争的诉讼中，广东高院在判决书中认为，红罐包装不能脱离“王老吉”商标而单独存在，涉案知名商品的特有包装装潢就应属于王老吉。但也不可否认，加多宝集团对王老吉红罐凉茶知名度的提高作出了贡献。

3. 老字招牌　申遗成功

民族的崛起首先是文化的崛起。近年来，传统文化日益受到重视。中华老字号是中国重要的传统文化现象，但是近年来却频繁遭受“抢注”等困扰。2006年4月14日，商务部发布《商务部关于实施振兴“老字号工程”的通知》，并制定了《“中华老字号”认定规范》，将“中华老字号”定义为：“历史悠久，拥有世代传承的产品、技艺或服务，具有鲜明的中华民族传统文化背景和深厚的文化底蕴，取得社会广泛认同，形成良好信誉的品牌”。2006年9

月 29 日，商务部商业改革司公示了第一批“中华老字号”名单，广州王老吉药业股份有限公司光荣上榜，其认定的字号及商标为王老吉，所属行业为“医药”[1]。广州王老吉药业股份有限公司及其字号、商标的老字号头衔，无疑又给“王老吉”凉茶增添了光环，助力其迈向全国市场。

2004 年中国签约加入《保护非物质文化遗产公约》，2006 年国家设立文化遗产日。同年 5 月 25 日，国务院正式宣布将凉茶列入第一批国家级非物质文化遗产名录。这意味着凉茶作为非物质文化遗产，其配方以及术语不仅可以得到国家文物保护法的保护，还可以借联合国《保护非物质文化遗产公约》在世界范围内得到保护。凉茶的成功申遗不仅给了凉茶行业强有力的保护，更为其提供了一个传承发展的跳板。作为凉茶行业的始祖，王老吉既是申遗的主要推动者，也是最大的受益者。

三、国内销售　远超可乐

可口可乐 1886 年诞生于美国，全球每天有 17 亿人次的消费者在畅饮可口可乐公司的产品。可口可乐公司大约每秒钟售出19 400瓶饮料，为全球最大的饮料厂商。可口可乐想在中国市场继续独占鳌头，不仅需要在传统碳酸饮料方面拥有强大的市场占有率，同时也需积极开拓其他健康饮料品类的市场。在相对新兴的中国饮料市场上，碳酸饮料竞争同样激烈。改革开放以来，可口可乐、百事可乐等国际可乐品牌长驱直入，抢滩中国市场。在健康饮品竞争上可口可乐的主要竞争对手百事可乐也不甘示弱，加紧在 2000 年年初推出低热量保健可乐，试图打破可口可乐在低热量饮料的“垄断”态势。为了与国外企业分一杯羹，国产可乐也纷纷亮相，由于种种原因终是难逃“昙花一现”的命运。连娃哈哈这一中国饮料巨头推出的“非常可乐”在与“两乐”一番激烈角逐之后，现在市场上已难寻踪迹。

---

[1] 第一批“中华老字号”认定名单公示［EB/OL］.（2014-04-26）. http://www.mofcom.gov.cn/aarticle/h/redht/200609/20060903302586.html.

在风生水起的中国饮料市场上，比可口可乐还早诞生半个多世纪的王老吉毋庸置疑地成为凉茶的领军品牌，甚至成为凉茶的代名词。历经十几年的推广，红罐王老吉的销售额从2002年约1.8亿元上升至2015年230亿元，超越了可口可乐在华销售额，成为中国饮料第一品牌，它的成长历程在外界看来充满着传奇魔幻色彩。但是褪去各种褒扬与光环，我们不禁想问，王老吉到底是一个什么样的品牌？它的发展历程是否一路平坦？它凭什么在短时间内快速成长甚至在国内超越可乐巨头？一罐小小的凉茶，又为什么会有如此大的魔力？

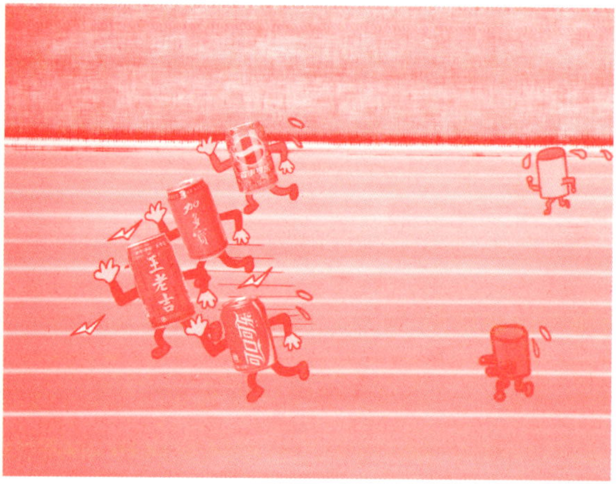

王琳绘制

图4-1　角逐

1. 精确定位　预防上火

定位理论发端于20世纪60年代的美国，代表人物为杰克·特劳特。特劳特认为定位就是要针对敌人（竞争对手）确立最具优势的位置。邓德隆则认为定位就是要使得“品牌成主体”，要“夺取心智资源”。

红罐王老吉在推出市场之初，存在严重的定位不明确问题。不解决品牌定位不清问题，无论拍什么样的广告，对品牌宣传都不会起多大作用。在作为凉茶消费核心的两广及浙南地区，消费者对红罐王老吉的认知严重混乱。传统凉茶因“药性”及“是药三分毒”的俗语等，被认为不能经常饮用，更不能作为普通饮料随意饮用。红罐“王老吉”凉茶虽标示为凉茶，但不需热饮，且甜味较大，与传统的“良药苦口”等认知有一定的差别，其降火的药性也受到一定的质疑。王老吉号称凉茶始祖，但却具有饮料包装的外观，让消费者觉得它既像是饮料又像是凉茶，但是既不能像饮料一样随便饮用，降火能力也不如传统凉茶，在消费者认知里，倒显得有点儿“四不像”。此外，加多宝自身对其生产的红罐王老吉也缺乏准确的认知，既不愿意以纯粹的中草药“凉茶”进行推广，避免因此限制其销量；作为“饮料”推广，又没有找到合理的区隔。

红罐王老吉的行业市场是饮料，而当时的饮料市场却早已被康师傅、统一、可口可乐等品牌占据。据中国经济信息网的数据显示：2000年在中国的饮料市场上居首位的是瓶装饮用水，占37%；其次为碳酸饮料，占31%。碳酸饮料市场属于典型的寡头垄断市场，可口可乐和百事可乐处于绝对的优势地位；对于瓶装水市场，虽然其市场占有率也有不少品牌超过了50%，但品牌数量非常多未见绝对寡头，尤其是地方性小企业占到绝大多数，瓶装水市场属于“垄断竞争”的市场结构；果汁饮料市场则是消费果蔬饮料而非纯浓缩果汁的市场的主体，品牌数量非常多未见绝对寡头，也属于“垄断竞争”的市场结构。在当时的中国饮料市场上，茶饮料发展态势良好，从2003年至2005年，茶饮料在中国的发展稳步提升，2003年茶饮料的“市场渗透率”为39%，2005年增长至46.8%，茶饮料市场主要被“统一”和“康师傅”所占据，二者合计占有近60%的份额。

正如《大学》所言：“知止而后有定，定而后能静，静而后能安，安而后能虑，虑而后能得”，在准确把握自身定位之后，红罐王老吉开始了全国性的扩张。准确的定位使得王老吉这个品牌在日后硝烟渐起的凉茶行业傲视群芳。王老吉品牌向消费者表明其是一款预防上火的饮料，其功能诉求也就敲定在“怕上火，喝王老吉”这个简单的诉求点上了。后起品牌诸如邓老凉茶、春和堂、和其正、霸王凉茶等，都难以跳出王老吉“预防上火”的品牌定位。2005年饮料巨头可口可乐花巨资收购香港传统凉茶馆“同治堂”旗下品牌“健康工房”，希望续写碳酸饮料的神话，“健康工房”包装规格除了类同王老吉热卖的易拉罐外，还增加了凉茶市场所罕见的PET塑料瓶包装。虽然有可口可乐强大的市场推广和优势的渠道，“健康工房”在凉茶市场上也鲜有人知，难以成为凉茶行业的“可乐”，甚至最终走向没落。

2. 多维广告　擅解危机

自2002年对王老吉红罐进行精准定位之后，加多宝集团进行了巨额的广告投入：2003年4 000万元，2004年一亿，2005年一亿多。营销投入与市场占有存在一定的相关性，“给品牌注入势能最直接和基本的方式，就是加大广告投入”。精准的定位加之铺天盖地的广告宣传，使红罐王老吉迅速红遍大江南北。

在传播手段上，王老吉学习可口可乐，通过广播、电视、网络、平面媒体、活动现场等多元化手段传播信息，同时注重面向年轻人的网络渠道。在迎合年轻人的喜好上，紧跟时代瞄准“90后”。随着可口可乐推出了“台词瓶”——“给你32个赞”“如果爱，请深爱”“喜欢就是放肆，但爱就是克制”，这些网络常见用语被巧妙地用在了瓶身上，吸引了不少年轻人的关注，市场反响不错。一向走厚重传统路线的王老吉也借机推出了“态度罐”，态度罐共有8款“造型”，在经典的红色罐身包装下，罐身分别印有“越热越爱火锅”“广场舞”“夜猫子”“出去玩”“抱抱”等时下流行点的个性标签，针对8个核心人群进行情感沟通营销。新包装更为符合互联网生态语境的吐槽与自黑，以更轻松趣味的形态展示在社会化媒体上。

图4-2　越热越爱广告

图片来源：王老吉官方微博http://weibo.com/u/2789871777。

同时，红罐王老吉积极进行线下促销以拉近与消费者的距离，特别在重大体育赛事的投入上花费巨大。2006年世界杯期间，红罐王老吉开展了“不怕上火的世界杯”活动，使得熬夜喝王老吉、看世界杯成为时尚。2008年北京奥运会期间，红罐王老吉赞助国家体育总局的“王老吉56个民族祝福北京祈福盛会”成为赛事营销的经典范例。2010年，红罐王老吉又赞助广州亚运会。红罐王老吉的品牌认知度随着体育赛事的热潮不断提升。

公关活动意在打造品牌，赢得民心。加多宝集团通过一系列的社会公益活动提升了公众对王老吉品牌认知度，也获得了多方面的支持与认可，进一步巩固了红罐“王老吉”凉茶领导品牌的地位。自2001年，红罐王老吉名下的“王老吉·学子情”活动的投入逐年增长，在青少年中树立了良好的企业形象。2008年汶川地震，红罐王老吉捐出一亿元的善举更是引发了“封杀王老吉”的购买狂潮。红罐王老吉多年来一直关注教育，每年认领186个贫困儿童，并资助近百个孩子一年的助学金，将公益力量的影响持续放大。红罐王老吉所塑造的敢于承担企业社会责任的形象极大地提升了其公共形象，也使得其销量猛增。

王老吉品牌的发展也不是一直以来都顺风顺水，夏枯草这把药草在2005—2009年让王老吉“尴尬”了不下三次，下面我们来回忆一下夏枯草“添加门”事情的始终。

2005年2月4日，职业打假人刘殿林在东安市场买了一罐“王老吉”凉茶，后发现王老吉包装盒配料中有一味中药材“夏枯草”，夏枯草仅可用于药品生产，普通食品饮料中不得加入。刘殿林认为“王老吉”凉茶擅自添加《食品卫生法》所禁止的药品，构成对消费者的欺诈，并依此为由状告北京王府井百货（集团）公司东安市场及广东加多宝饮料食品公司。在该危机公关中，加多宝以出色的辩护理由、专家的安全性论证等，获得胜诉，法院以原告未能提供证据证明夏枯草有毒副作用为由驳回其诉讼请求。

2007年3月30日，重庆市法律工作者况力彬自称喝了“王老吉”凉茶后出现头晕等症状，将永辉超市及广州王老吉药业股份有限公司告上法庭。

在该事件中，加多宝管理层迅速出面向媒体澄清事实，与相关部门进行沟通，并组织中医药专家对“夏枯草”撰写专家意见，广州王老吉药业股份有限公司最终胜诉。

2009年4月13日，杭州品牌策划人叶征潮认为饮用王老吉导致其胃溃疡，并向加多宝公司发去律师函，要求对方立即停止生产销售未注明“不适宜饮用人群”的王老吉饮品。5月11日，国家疾控中心营养与食品安全所认为王老吉中有些原料不在食品安全法已经规定的既是食品又是药品的名列之内。添加门事件引发了媒体极大的关注，各种谣言也随之而来，王老吉品牌一时间面临巨大压力。

在生死时速阶段，加多宝集团与广药表面上先对“添加门”事件采取沉默态度，危机公关却在紧密进行。在随后的几天内，广东食品协会召开记者招待会，称“王老吉”凉茶配方中含有夏枯草是合法的，不存在违法添加物的问题。卫生部也发表声明，确认“王老吉”凉茶中的夏枯草在2005年已备案，并确认其安全性。直至2010年3月15日，卫生部公布2010年第三批新资源食品目录，其中包括夏枯草、鸡蛋花等原料，添加门事件才最终落下帷幕。❶

在夏枯草事件中，加多宝集团面临着巨大的舆论压力，但是其及时应对、巧用媒体及政府资源等，使得王老吉品牌挺过了公众及媒体的打压，成为危机公关的一个典型案例。品牌成长的历程不可能总是一帆风顺的，王老吉品牌的成长过程经历了诸多挑战。加多宝成熟的危机公关机制在王老吉品牌的成长过程中可谓起着保驾护航的作用。

3. 渠道强势　业绩傲人

销售渠道是连接企业与消费者的通道，企业的产品或服务最终都通过销售渠道到达消费者，完美的销售渠道是市场能否取得成功的决定性因素。加多宝的销售渠道建设起源于温州市场，开拓于江西市场，江西市场加多宝推

---

❶ 一棵夏枯草，坏了一罐王老吉［EB/OL］.［2016-10-20］. http://news.ifeng.com/opinion/topic/wanglaoji/.

出了产品的全国新定位，并形成了全国市场的运作思路，在“以江西模式指导全国市场建设之后，红罐王老吉走上了高速发展阶段”。

在大卖场及超级市场等较为现代的销售渠道，红罐王老吉采取了由经销商直接供货，将产品直接铺货到大超市、大卖场并承担过程中的入场费、堆头费等的方式。红罐王老吉通过分区域、分渠道的方式，覆盖了小店、餐饮店、便利店等，形成较为完整的销售网络。王老吉坚持“不放过一个网点”，对销售网点进行强力布控，使得其销售网络具有很强的统一性。

红罐王老吉把消费终端场所变成广告宣传的重要战场，将眼光瞄准了湘菜馆、川菜馆、火锅店、烧烤店上，与其签订定向合作协议，在销售活动中主动承担主要费用。红罐王老吉也特别注重特殊销售渠道的开拓，王老吉在夜场及网吧也进行了一定的销售渠道拓宽的尝试。多渠道、多方位的销售网络使得王老吉的品牌形象、品牌价值、市场渠道等方面都得到了很大的提升，其销售量更是以迅猛的方式增长。江西模式的全国化推广成为加多宝产王老吉在终端控制上的撒手锏，无所不在的覆盖范围使其战胜了诸多竞争品牌，但也给分家后的广药王老吉铺货带来了较多障碍。

精确的定位使红罐王老吉找到了饮料市场的突破口；生动而高质量的广告使王老吉这一品牌逐渐深入人心；遍地开花的促销活动增进了王老吉品牌在终端的消费者认知；强大的公关给王老吉这一品牌附加了公益情感诉求，并为其发展破除风浪；完善的营销渠道则保障了红罐王老吉在各个渠道上的“可得性”。经过几年的发展，加多宝经营的王老吉在各方面逐步趋于完备，短短几年内就实现了跨越式发展。2002 年，红罐“王老吉”凉茶销售额仅有 1.8 亿元，2003 年增长到 6 亿元，2007 年已经超过 50 亿元，借着差异化产品定位超越可口可乐、百事可乐成为“中国饮料第一罐”[1]。2008 年红罐王老吉的销售额超过 120 亿元，据 AC 尼尔森的数据显示，2008 年红罐王老吉在

[1] 一罐凉茶冲击两可乐　加多宝让市场“上火”［EB/OL］.（2008-05-23）. http://finance.qq.com/a/20080523/022451_ 2.htm.

全国增长幅度是同期可口可乐的近三倍[1]，2008年获得“红罐王老吉凉茶中华民族凉茶行业第一品牌”的称号，也就是凭借优异的市场表现，由加多宝集团生产的罐装王老吉获得“2009－2012年度全国罐装饮料市场销量第一名”的称号，以无可争议的实力续写了“中国饮料第一罐”的销量奇迹。不幸的是加多宝断章取义引用该分析报告的数据发布了“中国每卖十罐凉茶、七罐加多宝”，“加多宝凉茶全国销量遥遥领先”等领先广告，这份数据反映的是加多宝生产的红罐“王老吉”凉茶的市场份额，但加多宝公司却鱼目混珠、偷换概念让消费者误以为是加多宝品牌凉茶的市场份额。而发布广告的特殊时期恰好在2012年下半年，王老吉收回品牌需重建市场，加多宝新建自己的凉茶品牌的特殊时期，加多宝在这一特殊时期发布这类广告，显然是对其有利对王老吉不利，事实上最终相关法院都认定其构成不正当竞争。

王琳绘制

图4-3　经典总是惊人的相似

1997年鸿道集团取得以“王老吉”商标生产销售红色罐装凉茶饮料的使用权。2005年王老吉药业借力红罐王老吉在市场上一路高歌的态势，改进配

[1] 民族饮料异军突起　王老吉有望“弯道超越”［EB/OL］.（2009-08-13）. http://news.dayoo.com/guangzhou/200908/13/73463_ 10412920.htm.

方，主推绿色利乐包装王老吉。2008年汶川大地震加多宝经营的王老吉捐款一亿元，使红罐王老吉一夜成名，网友甚至热捧说“中国人，只喝王老吉”。当生态环境恶化，快节奏、高压力的工作方式和多元化饮食结构使人们开始关注健康消费时，王老吉这种带去火功效的健康、绿色、安全的凉茶饮料走向了全国。在夏枯草等危机事件中，加多宝集团与王老吉药业团结合作并最终挺过难关，可谓兄弟同心其利断金。红绿两种产品，既有竞争亦有合作，为共同做大王老吉品牌及凉茶共同努力。

借助王老吉百年老字号的光环，加多宝集团可谓获益良多。但是，加多宝集团在为王老吉品牌发展殚精竭虑的同时，其自身在经营管理策略方面却存在法律风险。加多宝集团租用广药的“王老吉”商标，却未能在“王老吉”商标之外建立自己的综合商标体系。此外，加多宝集团在对无形资产管理上也存在缺位。加多宝集团在王老吉品牌宣传过程中做过大量的广告，却未申请著作权等知识产权方面的保护，使得其发展壮大几乎完全依托于广药品牌。

1997年羊城药业与鸿道集团签订了商标许可使用合同，约定有效期至2011年12月31日。2000年，广药又与鸿道集团签署正式合同，约定许可期限到2010年。但是在利益驱动下，2002年及2003年，加多宝董事长陈鸿道利用行贿的方式与广药副董事长李某签订两份补充协议，将王老吉的商标使用许可期限延长至2020年。“从2000年至2011年，商标使用费年租金仅从450万元增加到506万元。即使到2020年，也只有537万元。而按照国际惯例，商标使用费应缴销售额的5%，以红罐王老吉年销售160亿元来计，其该支付8亿元/年。[1]”在加多宝集团的不正当操作下，“王老吉”商标严重被“贱租”，双方的品牌合作终将演变为品牌的攻守大战。

出于品牌运营考虑或者其他原因，受贿案2005年判决后，广药并未马上中止商标许可，而是默默在背后支持加多宝集团的发展，特别是在2008年，加多宝集团年销售额突破百亿，以锐不可当之势远超可乐。加多宝集团依托

[1] 广药独饮“王老吉”[N]. 国际金融时报，2012-05-14（08）.

着广药王老吉强大的文化内涵及品牌力，以星火燎原之势，燃遍神州大地。但不合理的许可费用、不正当的黑幕交易背后隐藏着“王老吉”商标价值被严重贱估的事实，广药与加多宝协商多次都无法达成许可价格落差的问题，为防止巨额国有资产的继续流失，事隔六年后，2011 年广药才迫于无奈提出仲裁申请收回商标。加多宝集团的行为不仅严重损害了广药的利益，还导致了巨大的国有资产巨大的流失。在加多宝集团的违法操作下，与广药多年合作的兄弟情谊也逐渐走到了尽头。

红罐“王老吉”凉茶在 2003 年到 2012 近十年间的发展历程颇为称道，甚至充满传奇色彩。但褪去传奇与光环，揭开王老吉品牌的发展历史及红罐王老吉的发展史，我们可以看到许多心酸血泪。一路走来，几经风雨，屹然不倒，再创辉煌。我们不得不惊叹于王老吉这一民族品牌强大的生命力与创造力。

加多宝集团对王老吉这一品牌的发展壮大所做的贡献无疑是巨大的。在得到商标使用许可之后，红罐王老吉的发展曾遭受诸多挫折，痛定思痛的加多宝集团最终凭借着精准的定位、巧妙的营销策略、成熟的公关体系以及完善的销售渠道等内在的因素，借力外在消费理念及国家政策的变化，带领凉茶行业走向辉煌。借着健康理念的东风与内在的革新，红罐王老吉在短短的十年内实现销量的飞跃，实在是“虽非可乐，却胜可乐”。但是红罐王老吉的发展，无论是从品牌文化或是知识产权层面，都对广药存在较大的依赖性。一次违法操作，延长了商标许可期限，却贱估了“王老吉”商标价值，造成了广药极大的利益损失及国有资产的巨大流失。当违法操作被揭露之时，广药与加多宝的决裂也就不可避免了。

第五章
CHAPTER

贿签合同　被裁无效

05

“王老吉”凉茶于1828年在广州十三行创立后，借着五口通商的良机拓展了商机。王家后人于1912年分家时，除广州祖铺外，“王老吉”凉茶在江都、香港的生意日隆。虽然江都分店在抗日战争期间断了音讯，但广州、香港两地的店铺却一直存续下来。其中香港一脉于1911年在香港注册了榄线葫芦的图形商标，并于1941年在该商标上加注了王老吉字样。香港一脉在此期间借助英联邦国家之间的通商便利，在华人较为集中的东南亚地区，打开了海外的销售通道，并先后在东南亚、美国注册了商标，主导了“王老吉”凉茶的港澳地区及国外的销售。广州一脉在战乱时期则颠沛流离，战争结束后又因为政治、改制、文革等众多原因，“王老吉”凉茶在新中国成立后并未重现辉煌。国家赎买王老吉的全部有形及无形资产后，直至1986年才由广州王老吉药业股份有限公司的前身广州羊城药业股份有限公司在国内重新注册了商标，并凭借广东消费者对王老吉这百年老字号的信赖，再度打响了王老吉品牌。“王老吉”凉茶由广州、香港两脉各自经营的客观事实，为“王老吉”凉茶日后的商标纷争埋下了伏笔。“王老吉”凉茶的广州一脉经国家赎买后，资产包括“王老吉”商标都被并入了广药。大陆是一个过十亿人口的消费市场，也是凉茶文化的发源地，销售前景及市场潜力远远高于港澳地区及海外市场。鸿道集团要想在“王老吉”凉茶的国内市场分得一杯羹，怎么也无法绕开国内“王老吉”商标这一道法律门槛。鸿道集团在协商购买无果的情况下，只能寻求被许可使用一途。在这种特定背景之下的联手，必然会面临将来因“王老吉”商标的增值而带来的商誉归属等利益问题。随着国内“王老吉”商标的许可与被许可纷争的日益白热化，粤、港两地“王老吉”商标权利人之间的情谊基础已荡然无存，联手将“王老吉”商标整合发展、做大做强，几乎成为一个永远的难圆之梦。

一、先贿后签　恶意串通

“王老吉”凉茶的重新振兴，有着多方面的因素：百年老字号的底蕴及其在广东老百姓心目中的号召力，羊城药业老职工们为凉茶改良及重振品牌而付出的汗水，国家及地方政府的政策扶持，当然也少不了商标租用方鸿道加多宝的苦心经营。无论是“王老吉”商标国内的持有人广药，还是租用人鸿道加多宝，对于“王老吉”凉茶销量在2002年后的火箭式增长，应该都是喜闻乐见的。但与此同时，鸿道加多宝董事长陈鸿道又不得不考虑“王老吉”商标的增值归属问题。陈鸿道不是没有想过直接收购“王老吉”商标的途径，也曾经费尽苦心地通过多个渠道企图将“王老吉”凉茶彻底收入囊中。但是关于“老字号”的保护，广州名城办公室拟定了几点措施：被列入老字号名单的经营企业，无论企业性质、产权如何变更，其著名字号、商标、名优产品等应在广州这个城市中永久保留；即使经营企业破产、关闭、兼并、转制，老字号也不得“销号”，应交由上级主管部门收回管理，让有条件的企业继续发扬光大，要避免外商或外地同行的驰名企业对广州本地老字号的恶意兼并或收购❶。这一保护性政策使得陈鸿道无法直接将“王老吉”商标纳入囊中，“王老吉”商标作为受保护的“老字号”，其所有权要么继续保留在广药集团手里，要么交上级主管部门收回管理。鸿道集团只能通过商标租

❶ “老字号”真的“老”了吗［EB/OL］.（2000-08-16）. http://www.people.com.cn/GB/channel1/13/20000 816/188342.html.

赁的方式使用“王老吉”商标，并谋求尽可能延长“王老吉”商标国内使用权的期限。而陈鸿道恰恰是在这一环节上铤而走险，通过行贿李某（广药集团原副董事长、总经理）以谋求“王老吉”商标使用期限延期，从而引发了后续的纷争。

在广药与鸿道加多宝之间就“王老吉”商标使用期限所引发的争端中，双方均投入了大量广告宣传争取获得舆论支持。广药强调其是“王老吉”商标的“主人”身份，鸿道加多宝则打造其劳心劳力最后却被逼放手的“保姆”形象，这吸引了众多的媒体进行报道。最终，中国国际经济贸易仲裁委依法组成仲裁庭，并在2012年5月9日作出裁决。仲裁庭认为，广药与鸿道加多宝签订的《王老吉商标许可补充协议》和《关于王老吉商标使用许可合同的补充协议》（以下统一简称“补充协议”），属于《合同法》第52条第（2）项所规定的“恶意串通，损害国家、集体或者第三人利益”的情形，补充协议应当被认定为无效。

仲裁裁决引起了极大的意见反弹和社会关注，但究其法律本质，却是先贿后签的合同效力问题，这其实在以往的司法实践中也时有发生，如温州市房地产公司诉温州市鹿城区东阿外楼大酒店合同无效纠纷案❶。该案例与“王老吉”商标仲裁案具有共同的特征：在合同订立过程中都存在商业贿赂行为；合同最后都被法院宣告无效；判决（裁决）的依据均是《合同法》第52条第（2）项。但两者的区别在于，在温州市房地产公司起诉的合同无效案例中，公诉机关此前已经对行贿、受贿双方均提起了公诉，起诉指控的内容相互佐证。因此，对于双方在贿赂行为发生前后是否存在恶意串通，是否造成了国有资产的流失，已经有生效刑事判决予以直接认定。法院认定贿赂双方为牟取私利而恶意串通，共同订立的损害国家和第三人利益的合同，并最终据此判决合同无效，是有充足的事实依据的。

但是，在“王老吉”商标仲裁案中，由于相关行贿人陈鸿道在取保候审期间潜逃，检察机关仍在侦办，因此，有人质疑仲裁庭认定陈鸿道在续签补

---

❶ “东阿外楼”鲍翅馆房产惹官司［EB/OL］.（2008-11-07）. http://www.wzrb.com.cn/system/2008/11/07/100898879.shtml.

充协议过程中与李某存在恶意串通，证据不足，而广药也有凭借国资背景“欺负”民企背景的鸿道加多宝之嫌。在仲裁过程中，鸿道加多宝也曾提出，根据李某在其受审过程中的辩解，李某认为收受陈鸿道的款项，是朋友对于他女儿看病的捐助；而陈鸿道在承认为签订补充协议而行贿李某后，在取保候审期间潜逃，至今没有归案，因此，受贿人的受贿动机与行贿人供述的行贿目的不一致，仅行贿人的单方供述，不能证实双方具备串通的合意。但如果仔细分析判处李某犯受贿罪的（2005）粤高法刑终字第370号刑事判决书（以下简称“370号判决”）所查明的事实，结合双方在仲裁过程中所提交的其他证据，便能发现这些质疑其实并无依据，有些甚至是对370号判决的断章取义。370号判决反映出来的焦点事实是：2001－2003年间，李某累计三次收取了陈鸿道300万港元贿赂；广药与鸿道加多宝签订了涉案的补充协议，约定将“王老吉”商标的使用期延长至2020年。（1）从贿赂行为发生的时间上来分析。李某与陈鸿道之间的三次贿赂行为，分别发生在2001年8月、2002年8月与2003年6月，而补充协议分别签订于2002年11月与2003年6月，行贿受贿的时间段与利益谋取的时间段基本吻合，符合一般贿赂犯罪的客观表现。（2）从双方收送数额的合理性来分析。李某与陈鸿道在签订补充协议所处的时间段，先后累计收送的款项高达300万港币。即使如李某在其刑事诉讼的庭审过程中表示，陈鸿道送给他的100万元，是出于朋友对其女儿因车祸受伤的捐助，但如果双方此前仅存在普通的业务往来或正常的人际交往，如此巨额金钱馈赠的合理性，实在令人难以信服。而且，李某在庭审过程中的辩解，不但与其此前的供述不一致，本身也存在减低自身受贿危害甚至索贿恶意的可能。最终，370号判决结合各项证据，已经对这种辩解予以否定。（3）从贿赂行为内在的动机上来分析。检察机关在侦办案件过程中，曾就此对受贿、行贿双方分别进行了讯问。李某在其讯问笔录中承认，陈鸿道是出于对鸿道加多宝能继续特许使用“王老吉”商标的感激，以及日后能继续得到李某的支持而送钱。李某还承认了如果没有特许鸿道加多宝使用“王老吉”商标的前提和谋求今后更大利益的目的，陈鸿道是不可能送钱给他的。可见，李某对其受贿后需要给予的回报，是十分清楚并且也是积极配合的，就是利用自己的职务之便，在签订补充协议的过程中为鸿道加多宝谋取利益。陈鸿道则在其讯问笔录中承认其行贿动机，就是从长远利益考虑，要求将王老吉的商标使用权期限追加十年，并就此向李某提出要求。对于陈鸿道的行贿动机，还可以在同案人蔡某（原广药董事长、党委书记）的供述中得到相关佐证。蔡某在其供述中交代了陈鸿道在签署补充协议的过程中送钱的目的，就是希望继续使用“王老吉”商标。至于鸿道加多宝一方曾提到，李某受贿是为女儿治病，并非为鸿道加多宝谋取利益的说法。首先，这与李某之前的供述并不一致，其在回答检察院讯问的时候，承认其受贿所得是用于理财。其次，李某与陈鸿道均对贿赂行为的内在动机作出了一致的供述，即在补充协议的签订过程中为鸿道加多宝谋取利益。更何况无论基于何种动机，都不能否认其在签订补充协议的过程中为鸿道加多宝谋取了利益这一事实，不能否定双方存在恶意串通这一实质。因此，仲裁庭结合贿赂行为发生的时间段、受贿后实施的行为、行贿后获得的利益等进行分析，认定双方存在恶意串通，是有充分的事实与理由的。

二、侵占国资　合同无效

无须讳言，在现实生活中确实存在各种贿赂行为，中央一再强调反腐斗争的必要性，也说明了贿赂现象的严重性。但在商业贿赂中，行贿人和受贿人的恶意串通是否必然引起合同的无效，不能一概而论。如果对贿签合同一律作无效处理，大量的民事合同，甚至包括一些关乎国计民生的基础建设合同，都面临无法继续履行的局面。因此起码在现阶段，无论是考虑到市场交易的稳定性，还是实际操作的可行性，均是无法对贿签合同的效力进行一刀切的。过往司法实践对贿签合同效力的判定，出于“私法自治”的理念，对于民事主体之间的合同行为，一般并不应轻易地否定其效力，以维护市场交易的稳定性。类似的案例有大唐华银株洲发电有限公司与株洲天和科技自动化系统有限公司试用买卖合同纠纷。[1]在该案例中，虽然大唐华银株洲发电有限公司认为天和公司是采用商业贿赂的手段买通其公司员工，涉案的买卖合同属于双方的恶意串通，但一、二审法院均没有适用《合同法》第 52 条的规定来认定合同无效。一审法院认为试用买卖合同系双方真实意思表示，合同内容不违反法律规定，采取不正当竞争手段而获得商业机会，已由工商行政部门依法处理，不直接导致合同无效。二审法院则进一步指出，不能因为存在商业贿赂而否认签约行为在民商法上的效力。上述案例说明，存在商业贿赂并非是判定合同效力的绝对标准。如果贿赂行为双方所达成的恶意串通，仅仅是违反了缔约程序的公正性，侵犯了其他人的公平竞争权，但其结果尚不足以影响到合同当事人的实体权益，或者该合同的订立仍然是体现了合同当事人真实的意思表示，商业贿赂所违反的也并非是效力性强制规范，那么所签订的合同仍应认定为有效合同，对行贿人和受贿人可依法追究刑事责任或者行政责任，但不影响合同的效力及履行。在“王老吉”商标仲裁案中，仲裁庭在认定涉案合同存在恶意串通的情况下，对合同效力以及鸿道加多宝相关的抗辩理由进行了详尽的分析与回应。

（1）对于补充协议的签订是否为广药真实的意思表示，仲裁庭是根据补充协议的订立谈判参与人员的组成、与过往同类谈判的研讨程序、许可费用调整的方式及标准等情况，得出结论：补充协议的订立是蔡某、李某利用其职务之便，为鸿道加多宝谋取的不当利益。

首先，补充协议的订立、谈判过程，并不符合广药过往正常的签约审核程序。在“王老吉”商标第一个十年期许可合同的谈判过程中，广药是由夏姓副总经理作为负责人，由项姓部长参与和鸿道加多宝方面进行具体谈判，谈判意见要交专责组研究，还要对许可费用的确定进行测算，并召开专题会议最终确定。但是在补充协议（即第二个十年期许可合同）的签订过程中，是由李某负责，直接向时任广药董事长的蔡某汇报，并无专责组参与研究，也没有经过测算或召开专题会议确定。鸿道加多宝在仲裁过程中曾引用 370

[1] 株洲市中级人民法院（2009）株中法民二终字第 43 号民事判决书。

号判决中关于夏姓副总经理牵头成立专责组的证言，但该部分事实结合李某的讯问笔录，证实夏姓副总经理参与的是第一个十年期许可合同谈判的专责组。项姓部长在笔录中证实，其实质上只参与了第一个十年期许可合同的谈判，而且补充协议的费用没有重新进行测算。

其次，补充协议约定的许可费调整，实质上是作出了明显对广药不利的调整。诚然，在市场经济的条件下，任何民事主体均应对其商业决策负责，我们也不应该以事后诸葛亮的方式来否定补充协议的签订不是广药的集体决策失误。但是，在鸿道加多宝是通过贿签合同、恶意串通的不正当手段订立补充协议的情况下，有理由质疑补充协议是否体现了广药的真实意思表示。对此，除了对补充协议的订立、谈判过程进行分析，还有必要进一步对“王老吉”商标使用许可费的变更过程、许可使用双方对相关产品市场前景的判断是否合理进行分析。“王老吉”商标最早由广州羊城滋补品厂申请注册，该厂后更名为羊城药业王老吉分公司。在补充协议签订之前，鸿道加多宝就其独占使用“王老吉”商标生产及销售红色罐装及红色瓶装凉茶的事宜，总共存在三次签约记录。第一次是在 1995 年，与羊城药业王老吉分公司签订了《商标许可使用合同》，许可使用期至 2003 年 1 月（以下简称“1995 年合同”）；第二次是在 1997 年，与羊城药业王老吉分公司签订了《商标使用许可合同补充协议二》，许可使用期至 2011 年 12 月 31 日（以下简称“1997 年合同”）；第三次是在 2000 年，即“王老吉”商标 1997 年转让给羊城药业王老吉分公司的母公司广药后，与广药签订了《商标许可协议》，许可使用期至 2010 年 5 月 1 日（以下简称“2000 年合同”）。按 1995 年合同最早约定的许可费标准，1997 年的许可费是 10 万元/年，但 1997 年合同将许可费变更为 200 万元，增加了 19 倍；同样，按 1997 年合同的许可费标准，2000 年的许可费是 250 万元，但 2000 年合同将许可费变更为 450 万元，增加了 0.8 倍。1997 年合同和 2000 年合同都是在前一份合同的履行期届满前，商标权利人广药与鸿道加多宝就商标许可使用费的标准主动进行了调整，并且每次变更均是根据鸿道加多宝的销售额大幅向上调整。许可使用的双方之所以能够在原许可期限尚未届满前就大幅提高许可费标准，说明双方一直是在利益平衡的前提下，谋求长期合作的双赢局面，随着相关产品市场的日益扩大，不断通过谈判与测算，同步对许可费的标准进行合理调整。在2000年合同签订后，“王老吉”商标的估值更是直线飙升。根据鸿道加多宝在仲裁过程中的自认，红罐王老吉凉茶的年销售额由2000年的不到1 000万元，激增到2001年的9 730万元，增幅近十倍。2002年蔡某、李某任广药掌舵人，他们作为上市公司的领导人，无论是在本行业市场信息的掌握上，还是在基本的商业决策经验上，都应有一定的优势；但他们却在“王老吉”商标的相关产品正在急速增长、原约定的许可使用期远未届满的情况下，对许可费的标准作出了不利于广药的调整。这种不利表现在：其一，补充协议并没有和过往的两次调整方式那样，根据市场销售急速增长的现实情况对许可费进行同步的调整，原许可使用期内的许可费标准没有作任何变更，而在市场销售增幅近十倍，2000年合同履行不足两年的情况下，提前八年进行续期，而且没有增加广药在原许可使用期内的总收益；其二，提前约定了第一个十年使用期届满后的许可费标准，相当于放弃了在2000年合同到期后，通过市场公平竞争获得许可费调高的可能性，这同样与广药此前积极调整许可费标准的做法背道而驰；其三，补充协议所约定的第二个十年期的许可费增长比例（分别是第四年增长3%、第八年增长3%，总体增长6%），甚至还低于第一个十年期的许可费增长比例（分别是第三年增长5%、第七年增长4%，总体增长9%），这种调整条件对于广药而言，缺乏促使其提前续期及协商调整的推动力，很难让人信服这是一个合情合理的商业判断。

由此可得出的合理解释是：在补充协议的订立过程中，陈鸿道通过行贿，串通了时任广药董事长的蔡某以及时任广药副董事长、总经理的李某，利用了他们在审批过程中的职务便利，为鸿道加多宝谋取了不当利益，而这种利益并非是广药在正常审批程序下可以得到的结果，也不应视为是广药真实的意思表示。

（2）对于贿赂行为导致的恶意串通，是否会导致合同无效，还在于这种恶意串通是否导致了国家或第三人利益的受损。广药作为国有企业，其利益是否等于国家利益以及国有企业的经营损失是否可视为国家利益损失这一观点，社会舆论有不同的观点。仲裁庭最终的观点是："广药集团是国有独资性质，由于其所有者权益统归国家所享有，所以广药集团的利益损失一定会导致国家利益的损失"；"在该案中的情况并非正常的商业活动，身为'国家工作人员'的国企负责人与他人为了各自不正当利益，通过受贿和贿送等非法手段损害国企利益，从而损害国家应有的收益，法律应当严厉禁止"。

首先，国家代表全体人民充当国有资产的所有者，为防止国有资产流失，保障其保值增值，制定了多方面的国有资产监管制度，因此，对国有资产进行的特殊保护是客观存在的事实，这无需否认。对于国有资产的损失，在特定情况下可以视为国家利益损失进行追究刑责。如我国《刑法》第 169 条的徇私舞弊低价折股、出售国有资产罪，"国有公司、企业或者其上级主管部门直接负责的主管人员，徇私舞弊，将国有资产低价折股或者低价出售，致使国家利益遭受重大损失的，处三年以下有期徒刑或者拘役；致使国家利益遭受特别重大损失的，处三年以上七年以下有期徒刑"。可见，将国有资产流失视为国家利益损失，是符合现阶段我国实际情况，也是有法可依的。

其次，广药的利益损失属于陈鸿道与李某恶意串通而导致的国有资产流失，并非是因正常的市场经营行为而导致的经营损失。如果造成国有资产的流失，责任在于国有资产的管理方存在决策失误、失察失职或徇私舞弊等因素，从保证民事主体间的平等竞争，维护市场行为的稳定性，保障合同相对方的合法权利等方面出发，合同的效力应予维持。但是，就"王老吉"商标仲裁案而言，"王老吉"商标属于广药的国有资产，在李某、陈鸿道在订立补充协议的合意过程中存在恶意串通的情况下，补充协议的效力应根据该份协议的履行是否造成了国有资产的流失进行考量。

最后，广药提出的利益损失是必然存在的。广药在仲裁过程中，曾提交了中都国脉（北京）资产评估有限公司出具的《资产评估报告》，用于证明补充协议约定的许可费极低，造成了国家利益的巨大损失。虽然该份报告并未得到鸿道加多宝的认可，但从该报告中，可以发现广药许可自己子公司使用"王老吉"商标的许可费标准是销售收入的 2.1%。参照此前曾被部分媒体报道推测或引用的王老吉（红罐及瓶装产品）年销售额（2002年为1.8亿元、2003年为6亿元、2004年为15亿元、2005年25亿元、2006年超35亿元）、广告投入（2007年央视广告4.2亿元中标）、捐款（2008年汶川地震1亿元）、自2007年起获得全国罐装饮料市场销售第一等数据信息，鸿道加多宝在补充协议中仅以最高537万元/年的许可费标准获得“王老吉”商标在2020年5月1日前的相关独占使用权，代价明显低于广药对自己子公司所收取的许可费标准。而在正常情况下，广药对自己子公司所收取的许可费标准，应低于或起码不会高于一般的商业惯例。因此，补充协议所约定的“王老吉”商标使用许可费远低于其真实的市场价值是毋庸置疑的，广药提出的国有资产流失是符合事实的。

由此可见，陈鸿道行贿时的动机与李某受贿后的行为存在密切相关的因果关系，起码从民事诉讼证据的角度，推断双方存在恶意串通，并无超出自由裁量的合理范围；“王老吉”商标的持有人是广药，该资产也属于国有资产，由于补充协议中约定的许可费明显低于合理的标准，双方之间的恶意串通行为已造成国有资产的严重流失，仲裁庭认定国家利益已受到损失并无不妥。

作为贿签合同、导致国有资产损失的结果，蔡某、李某作为受贿一方被判刑，而陈鸿道因涉嫌行贿罪，广州市人民检察院在2004年12月27日对其涉嫌行贿犯罪立案侦查并对其采取边控追捕措施。广东省公安边防部门将陈鸿道抓捕归案后，广州市人民检察院在2005年10月2日对陈鸿道采取刑事拘留措施，随后采取取保候审强制措施，但此后陈鸿道弃保潜逃回香港。在“王老吉”商标案仲裁裁决之后，曾发生了戏剧性的插曲。广州市人民检察院在2012年6月20日出具给鸿道加多宝的《广州市人民检察院答复信访人通知书》中显示，该院已终止审查陈鸿道案件。这份通知书一度被认为是鸿道加多宝在“王老吉”商标仲裁案仲裁裁决出来后实现翻盘的关键。因为根据最高人民检察院、反贪总局、渎职侵权检察厅联合下发的《关于检察机关职务犯罪侦查部门以犯罪事实立案的暂行规定》解释，“经过侦查，没有发现犯罪嫌疑人的，应当终止侦查”，若检察机关对陈鸿道行贿案件“终止侦查”，意味着在案件中没有应当追究刑事责任的嫌疑对象，那么仲裁裁决认定恶意串通的依据也就不存在。但随后，广州市人民检察院却随即对各大媒体表示，上述文件出现笔误，将“中止侦查”写成了“终止侦查”。广州市人民检察院在2013年5月29日出席政府相关的新闻发布会时重申，该院对陈鸿道涉嫌行贿犯罪立案后，曾因陈鸿道长期潜逃在外，该院在2008年12月15日决定对此案中止侦查，但已在2012年6月25日恢复侦查，并依法追捕陈鸿道，表示一旦追捕到案，将依法执行相关司法程序。这表明虽然陈鸿道至今仍未被绳之以法，但国家利益是不容侵犯的，案件未能办结并不意味着对陈鸿道的行贿行为会停止追究。在2016年6月7日，陈鸿道作为加多宝集团的董事长与北京控股集团有限公司在香港签署合作框架协议，这是他在潜逃回港十余年后首次高调重现在公众面前。广州市人民检察院对此表态将继续追捕，再次强调从未放弃对陈鸿道涉嫌行贿李某的案件侦办，在逃人员尚未追捕归案，也没有追诉时效的限制，一旦陈鸿道到案，案件将恢复审理。

图5-1　追捕陈鸿道报告

图片来源：广州检察院：仍在追捕加多宝董事长陈鸿道［EB/OL］.［2016-09-06］. http://tv.sohu.com/20160612/n454040748.shtml.

（3）仲裁委认定合同无效后，鸿道加多宝在仲裁案件中最后的一道抗辩理由也失去了意义。鸿道加多宝在仲裁过程中，曾以广药的请求已超过两年的诉讼时效为由，要求驳回广药的请求。其理由首先是补充协议签订在2002年及2003年，即使该补充协议是通过贿赂达成，但随着李某被司法机关侦办并在

2005年9月26日被终审判决，广药对于其合法权利被侵犯的事实也已经清楚，但广药直至2010年8月30日才申请仲裁认定补充协议无效，超出了《民法通则》第135条“向人民法院请求保护民事权利的诉讼时效期间为二年”的法律规定，不应予以保护。鸿道加多宝还举出了广药在李某终审判决后仍配合出具相关证明证实鸿道加多宝是“王老吉”商标的授权使用人、仍致函鸿道加多宝协商规范“王老吉”商标在2010年5月（即第一份使用合同的到期期限）之后的使用问题等行为，企图以此证实广药在明知补充协议涉嫌商业贿赂的情况下，并没有提出任何异议，广药集团对鸿道加多宝因补充协议而拥有“王老吉”商标的合法使用权是认可的，广药持续履行并确认了补充协议的内容，因而不得反悔。这是鸿道加多宝试图抓住广药在涉案商业贿赂案发终审近六年之后才提出补充协议无效的期限问题，在程序上击退广药。广药之所以迟迟没有借助法律解决双方的纠纷，很大程度上是因为其初衷是通过协商、沟通的方式解决，而且广药作为上市国企，无论是整体决策、资金投入等方面都有掣肘，没有在案件初现端倪的时候就下定决心打官司，甚至在申请仲裁之初，也是打算以此促进双方务实洽谈日后的合作。只是鸿道加多宝一直避而不谈，广药实在别无他法，才在多番斟酌之下，按合同约定提请仲裁，并在双方关系彻底破裂之时仓促重新接手“王老吉”凉茶的整体运营。

关于诉讼时效的问题，广药在启动仲裁之前应该已有预判，毕竟这是一个常识性的法律问题，而相关事实也一早通过生效判决等进行了公开。或许在某些程度上，广药也是基于这个原因，在仲裁时主张合同无效而并非是主张侵权或效力待定合同的撤销权。如果案件只是停留在当事人是否是在应知或明知合法权利被侵害的层面上进行审理，那么广药显无胜算。刑事案件对陈鸿道追诉时效的延续，不等于涉及补充协议的民事案件的诉讼时效也一并延续。广药能选择的唯有直接否定补充协议的合法性。仲裁裁决最终认为，“无效合同具有违法性，违法行为不受法律保护，不能因为时间因素或者任何形式的履行行为使自始无效的合同成为合法有效的合同”。[1]

[1] 中国国际经济贸易仲裁委员会〔2012〕中国贸仲京裁字第0240号裁决书。

补充协议在2012年5月9日被裁定无效之后，鸿道加多宝也曾试图通过申请撤销仲裁裁决之诉来挽回败局。其理由主要集中在三个方面：一是仲裁程序违反了仲裁规则，二是仲裁裁决违背了社会公共利益，三是裁决内容违反了合同法的基本原则。北京市第一中级人民法院在2012年5月17日受理鸿道加多宝的起诉后，鸿道加多宝曾以此大做文章，一方面力图在舆论上造势，另一方面也试图为其败诉后的经营布局争取更多的时间。但根据我国《仲裁法》的规定，鸿道加多宝的起诉理由中只有第一点理由属于撤销仲裁的法定理由，第二、第三点实质上属于对仲裁裁决事实认定、法律适用等实体问题提出异议，这已超出了人民法院的审查范围。因此，北京市第一中级人民法院经审理后在2012年7月13日作出（2012）一中民特字第7160号民事裁定书，裁定鸿道加多宝申请撤销仲裁的理由均不成立，对其申请撤销仲裁裁决的请求不予支持。至此，关于补充协议无效的仲裁案件告一段落。

三、因小失大　得不偿失

从红罐王老吉发展史可看出，陈鸿道在“王老吉”商标还未广为人知的时候，以相对低廉的许可使用费为代价获得了“王老吉”商标在相关产品上的许可使用权。在租借的十多年里，特别是红罐王老吉在2002年后的飞速发展期，鸿道加多宝获得了红罐王老吉绝大部分的利润。虽然鸿道加多宝对“王老吉”商标的推广功不可没，但其作为商标被许可使用人，在使用期限内不仅享受到了“王老吉”商标这百年字号的原有价值，同时也享受到了“王老吉”商标增值所带来的丰厚利润。鸿道加多宝既然最初选择了谋求商标许可使用方式而没有去选择自创品牌，那么就不应再谋求许可使用期限外的“增值分享”，更不该为了谋求商业利益的最大化铤而走险。在贿赂内幕被发现后，鸿道加多宝没有选择合理的合作方式，重新寻求合作双方的利益平衡，即使在最后的仲裁调解阶段，鸿道加多宝仍企图以拖延而非解决的态度进行协商，以至于双方彻底闹翻。这也推动了广药收回“王老吉”商标自营的转型步伐。简而言之，对鸿道加多宝而言，此举是因小失大、得不偿失。

（1）失误之一：鸿道加多宝在合作初期未全面考虑到“王老吉”商标许可使用的隐患与风险控制。鸿道加多宝在签订商标许可使用合同的时候，就应该清醒地认识到，无论被许可使用人对商标升值作出多大的贡献，商标本身仍然归属于商标权利人。鸿道加多宝作为商标的被许可使用人，应充分衡量商标许可使用有效期与自身企业发展战略之间的平衡。鸿道加多宝自 1995 年开始苦心经营“王老吉”商标的相关产品，成绩斐然，当时即使不考虑第二个十年期合同，也起码有长达 15 年的合法使用期间。但鸿道加多宝可能是为了强调“王老吉”凉茶“正宗”的品牌形象和产品口味，长期以来都完全依靠王老吉一款凉茶产品占领市场，并没有考虑到扶持自己的产品品牌或突出自身的企业形象。由红罐王老吉当时的市场销售情况及增长速度可看出，鸿道加多宝在宣传、渠道及营销方面应该是具有足够的能力及资源去逐步树立属于自己的品牌形象的。一个明显的例子是，在汶川地震巨额捐献中被传颂中华的是红罐王老吉，鸿道加多宝并没有趁此机会推广其企业形象，直至“王老吉”凉茶仲裁纠纷被广泛报道时，很多消费者才知道红罐王老吉此前的实际经营者是鸿道加多宝。

（2）失误之二：鸿道加多宝过分着眼于短期的商业利益，贿签合同，因小失大。鸿道加多宝在签订商标使用许可合同时，并没有事先对商标增值返还的问题进行约定，因此其更需注重如何保证商标许可使用期届满后延续使用的合法性问题。陈鸿道作为鸿道加多宝的掌舵人，能够发现“王老吉”商标的潜在价值，并将其逐步打造成全国饮料市场的驰名品牌，证明其有一个精明的生意头脑。但如果鸿道加多宝当初在补充协议的谈判过程中，是按照此前的 1995 年合同、1997 年合同及 2000 年合同那样的正常谈判程序完成续期，而不是通过贿签合同的不正当手段来解决延续使用问题，完全可以避免现在的局面。在合法租用期内协商延续租用“王老吉”商标，鸿道加多宝能用于谈判的筹码和战略回转空间会更大。首先，虽然广药会不可避免地提高许可使用费，但广药在合法租用期内的谈判很有可能只会着眼于续期使用费的调整，而不是整个商标的收回。因为广药不但需要考虑自己是否有能力承接鸿道加多宝退出后的市场，还需要考虑一旦谈判破裂，鸿道加多宝在合法租用期内对于红罐王老吉及“王老吉”商标的使用是有极大的话语权的，稍有不慎极有可能玉石俱焚，这种压力对于国企体制的广药决策层而言，不可小觑。与冒险争夺市场的不确定性相比，广药很有可能选择协商一个满意的续期使用费来继续原有的合作。如果鸿道加多宝当时能充分利用广药的企业体制以及市场经验上的不足，有机会争取一个相对划算的续期费用。其次，无论续期使用费会如何调整，都是一个固定的数额，一旦确定下来，鸿道加多宝即可以全心投入下一阶段的经营。从凉茶市场的发展速度以及“王老吉”凉茶在市场中的领导地位来看，续期投入必然能带来不菲的回报。而且事实上，鸿道加多宝在仲裁后为了争夺市场所投入的广告、营销等费用远超此前，再加上鸿道加多宝在后续多个系列案件，特别是虚假宣传等直接影响企业形象的案件中被判败诉，不但直接导致了数额不菲的判赔损失，更重要的是由此造成了不可低估的商誉损失，这笔账显得并不划算。另外，站在陈鸿道本人的角度而言，从一个头戴光环的企业精英沦为一个潜逃出境的犯罪嫌疑人，亲手打造了一个凉茶帝国，却无从进入自己的大陆企业、工厂，如同国王无法进入代表自己身份的宫殿，这种落差无疑也是很难坦然面对的。

（3）失误之三：鸿道加多宝采取不正当手段在先，案发后未予充分警醒或补救。2004 年陈鸿道案发后，在鸿道加多宝与广药的矛盾激化之前，如果事前鸿道加多宝能对双方合作破裂的可能性稍作预估，仍然是有足够的时间在 2010 年第一个十年使用期届满前做长远规划。起码在鸿道加多宝为“王老吉”商标宣传投入大量的财力、物力的时候，应不忘找准时机扶持自创的品牌。比如在红罐王老吉一骑绝尘于全国凉茶饮料市场的时候，利用王老吉的营销及渠道带动自创品牌产品的发展。甚至可以假设，如果在 2008 年汶川地震捐款时，鸿道加多宝是力推自己的品牌“加多宝”，同样有可能是“加多宝”一鸣惊人的机会。即便鸿道加多宝不以彻底雪藏“王老吉”商标的方式为“加多宝”让出销售市场，仅需要在铺货渠道及营销投入上加大对“加多宝”的资源倾斜，那么即使在2010年就由广药收回“王老吉”商标，鸿道加多宝也有足够的时间去争取战略空间，甚至在一定程度上弱化“王老吉”商标，完成自身的战略调整，而不会是出现王老吉一枝独秀的局面。

（4）失误之四：鸿道加多宝未利用调解达成双赢的合作局面，付出成本更高。当“王老吉”商标纠纷浮出水面、广药提交仲裁之时，鸿道加多宝通过各种手段拖延仲裁进程，同时推出新包装的红罐凉茶弱化“王老吉”商标，比如将罐体上“凉茶始祖王老吉”改成了“加多宝出品正宗凉茶”，同时在罐体上增加多处“加多宝”标识等。只不过当时能争取的时间毕竟有限，而且鸿道加多宝越是采取不合作的态度，越是增强了广药终止合作的决心，鸿道加多宝在争取以时间替换产品的同时，也给了广药集团足够的时间去部署如何接手，缩短了商标收回后的产品真空期。实际上，广药此前并没有关闭谈判的大门，在仲裁阶段也准备了调解预案，但鸿道加多宝方面却在仲裁调解前两天突然通知仲裁委决定不参加仲裁庭之前安排好的调解会议。虽然此后鸿道加多宝也曾重新表示愿意继续展开和解，但此时距离仲裁立案已近一年，案件审理即将终结，结合鸿道加多宝此前的态度及市场部署，广药拒绝了鸿道加多宝的调解请求。在健康产业急速发展的背景下，广药提出了振兴“大南药”、发展“大健康”、打造战略性新兴产业龙头企业的发展战略。鸿道加多宝的不合作态度实质上是推动了广药以王老吉带动的大健康产业发展战略。如果说广药在2011年5月仲裁立案要求收回“王老吉”商标的使用权是一个试探，又或是最后一次催促鸿道加多宝重新协商许可费标准的手段，那么2012年3月广药王老吉大健康产业有限公司的正式成立，则表明了广药已彻底放弃了与鸿道加多宝以合理方式重启合作的想法。广药本身已有较高的知名度及品牌优势，旗下商标除王老吉外，“白云山”“潘高寿”“陈李济”“敬修堂”等老字号，也不缺乏社会知名度。广药试图在健康产业中转型，“王老吉”商标的市场影响力无疑是一大助力，鸿道加多宝为了芝麻丢了西瓜，却成就了广药的转型良机。虽然鸿道加多宝强力的营销能力使得“加多宝”迅速夺取了相当一部分的市场，但这种转型却是最后关头的仓促之举。为了在短期内实现产品的更替，鸿道加多宝不得不投入更多的资源在营销、渠道甚至诉讼方面与广药抗衡，付出了更大的成本，却没能获得更多的收益。

总而言之，鸿道加多宝在危机时刻未能及时作出应对，不能遮掩其战略目光的失当。如果鸿道加多宝对放弃“王老吉”商标早有打算，则应在其独占使用期内提前布局，甚至可以在推出加多宝的时候，用逐步雪藏“王老吉”商标的手段来实现产品的更替，这一手段在众多外资品牌进入国内市场时屡见不鲜。事实上，鸿道加多宝在仲裁案接近尾声时，也悍然发动了一系列手段在经销渠道、生产渠道等方面设置障碍，企图断绝广药继续经营红罐王老吉的意图，并先后推出“王老吉更名为加多宝”等多套宣传广告以达到产品更替的目的。但如果鸿道加多宝早些下定决心，在原有的独占使用期内从容布局，广药受限于合同期限尚未到期，可能会更加被动。另一方面，如果鸿道加多宝是有意延续使用“王老吉”商标，则应切实寻求双赢的合作局面，而不应以不正当的手段去谋求廉租使用。即使在最后的机会面前，鸿道加多宝仍企图以不合理的合作方式去逼迫广药作出让步，过度追求短期商业利益的最大化，在长远的企业发展战略上则显得过于短视。

陈鸿道贿签合同有错在先，继而弃保潜逃更是错上加错。贿签合同导致严重的法律后果，双方不得不终止合作，而此时却正是王老吉开始攀登顶峰之时，终止合作对鸿道加多宝而言，其损失是极其惨重的。一方面，鸿道加多宝自立门户时不得不面对王老吉这个强大的竞争对手；另一方面，虽然鸿道加多宝成功树立了自有品牌“加多宝”，并对外宣称销售迅速飙升到二百亿，但其投入的广告及其他费用却不计其数，实际获利必然大大减少。而且，双方最后的不欢而散也断送了有朝一日双方统一合作国内外“王老吉”商标的大好机缘。陈鸿道东窗事发后，结合当年对于行贿人的司法处理及双方仍存在紧密合作等因素，争取缓刑的可能性极大，免予起诉也并非绝无可能。但一旦弃保潜逃，案件则没有回旋的余地，免于羁押的可能性几乎不存在。因此，陈鸿道只能潜匿于香港的弹丸之地，鸿道加多宝在大陆的经营虽然蒸蒸日上，作为掌门人的陈鸿道却不能与员工举杯同庆，这不能不说是人生的一大憾事，正可谓因小失大、得不偿失。

第六章
CHAPTER

移花接木　另起炉灶

06

何为移花接木，另起炉灶呢？是谁在移花接木、瞒天过海，转移他人商誉呢？许多人认为是加多宝集团精心移走王老吉的品牌商誉之花，嫁接到“加多宝”之木上，再有步骤着手“去王老吉”，另起“加多宝”新品炉灶。

2011年12月底，“王老吉”商标许可一案正式进入仲裁程序。透过种种迹象，加多宝集团高层大概已经预测到“王老吉”商标将要被收回的结局。加多宝集团生产凉茶十几年，具有强大的营销能力和渠道优势，但其深谙“王老吉”商标背后巨大的商业价值及红罐凉茶对商标的依赖性，也清楚认识到失去“王老吉”商标必将给“加多宝”带来巨大的危机。

我国法律在“商誉”及“商誉转移”方面的规定不足，加多宝集团认为即使输了商标许可仲裁案，也可以通过各种正当及不正当的手段将“王老吉”商标利益背书到自有品牌加多宝上，以求快速占领市场。即使商业操作过程中因损害“王老吉”商标利益而被诉，最终赔偿额相比侵权收益也可以忽略不计。在这种侥幸心理的作用下，加多宝集团采取了一面“王老吉”商标、一面加多宝商标的双品牌凉茶，发布了自称领先、自称领导的虚假广告，沿用红罐包装，试图混淆消费者视听。加多宝集团比任何人都清楚王老吉的品牌价值和市场效益，不采取这种转移商誉的方式，消费者很难接受崭新的加多宝。因此，加多宝集团不惜挥金如土大砸广告费，铤而走险发布非真实言论、移花接木，以提高自有品牌在消费者心理中的地位及市场认知度，达到混淆视听、品牌商誉转移的目的，蚕食王老吉的品牌价值与市场地位。

一、双品凉茶　借鸡生蛋

2012 年 7 月 13 日，北京市第一中级人民法院驳回加多宝集团撤销原仲裁停止使用王老吉的申请。至此，“王老吉”商标争夺战在司法层面落下帷幕，但是加多宝集团的王老吉商誉转移工作却早已开始并仍在继续。加多宝集团为另起炉灶所做的商业行为本也无可厚非，但是其在过程中使用的部分手段却明显有违商业道德甚至法律，严重侵害了王老吉的商标利益。拨开舆论迷雾，我们期待凉茶市场竞争者能够摒弃不正当竞争行为，共同推进凉茶市场更加健康有序发展。

1. 借王老吉　推加多宝

2011 年 12 月 29 日，鸿道集团与广药在中国国际经济贸易仲裁委展开了第一次交锋，原定于 2012 年 2 月 4 日作出的裁决，因加多宝集团要求和解又取消和解延迟了三个月，最终于 2012 年 5 月 9 日作出。在仲裁裁决延迟推出的几个月里，加多宝集团似乎嗅到了潜在的危机，紧锣密鼓地推出了双品包装的红罐凉茶，在王老吉的旁边“绑着加多宝的商标”。甚至在 2012 年春节期间播放的广告中开始宣传“正宗凉茶，加多宝出品”。值得注意的是，2012 年 2 月，加多宝新版包装的红罐凉茶在全国各地上架。2012 年年初市面上在售的生产日期为 2011 年 12 月 25 日的红罐凉茶，罐身最大的字体本来是双品的王老吉字样，但当时加多宝将其换成一面“王老吉”，一面“加多宝”。与旧包装相比，新包装上位于“王老吉”及“加多宝”左右两侧的两排黑色字的内容有较为明显的更改。旧包装左右两边的内容分别是“‘王老吉’凉茶，采用本草植物材料配制”“凉茶始祖王老吉，创业于清朝道光年，已逾百年历史”。新装左右两边的内容则为“加多宝出品正宗凉茶，采用本草植物材料配制”“加多宝出品正宗凉茶，获准为国家级非物质文化遗产”。

除此之外，旧包装罐身靠近罐盖的地方，原本印有一圈不断重复“凉茶始祖王老吉”的黄色字体，而新装则将内容改成了“加多宝出品正宗凉茶”❶。原包装上“加多宝”字样仅有三处，换装后的双品红罐凉茶上“加多宝”字样多达11处，由此加多宝集团开始了去王老吉化步伐。

2012年3月29日，加多宝集团官方网站发布声明，称“加多宝出品的红罐王老吉凉茶产品已经全面启用新包装，目的是使广大消费者能够正确识别加多宝出品的正宗凉茶，保护正宗凉茶的品牌单一性与纯正性，从而保护和推动凉茶文化的健康发展”。但是加多宝为使凉茶保持“单一性”与“纯正性”的说法只是一种表象说辞，其只是想在商标使用协议仲裁结果出来之前给自己创造更多的铺路机会。加多宝集团口口声声说自己是为了保护民族品牌，但其实是想借着王老吉打自己的“小算盘”，企图在最后的时间内最大限度弱化“王老吉”商标，让消费者把红罐王老吉等同于“加多宝”凉茶，将王老吉的品牌价值“背书”到加多宝品牌上。仲裁结果延迟三个月，给了加多宝集团很大的去王老吉操作空间，却给广药王老吉的商标价值带来了巨大损失。仲裁结果出来之后，加多宝集团也没有立即停止双品罐的生产，加多宝转移王老吉的价值已获得初步成效，消费者已经开始认识并接受加多宝就是原来的王老吉，加多宝凭着双品王老吉使新品加多宝快速占领了不少凉茶市场份额，直至2012年5月28日，加多宝集团才正式在北京举行产品新装亮相，开始推出单品牌加多宝的红罐凉茶。

从表面上看，加多宝一方面是急于去王老吉化，割裂王老吉与自己新品牌加多宝的联系；另一方面又多维度去傍王老吉，试图把王老吉这个品牌的商誉价值转移到新的加多宝商标上。这一去一转，商誉就此改名换姓，加多宝对王老吉的商誉的转移就是市场地位、市场利润的转移。如果王老吉没有维权成功，法院没有及时制止这个违法行为，商誉转移持续下去的后果，有多严重我们可想而知。

---

❶ “王老吉”商标案裁决被延期 红罐换装强化“加多宝”［EB/OL］.（2012-03-09）. http://www.yicai.com/news/1506219.html.

2. 以红代王　偷梁换柱

所谓“以红代王”指的是加多宝以“红罐凉茶”作为凉茶名称取代“王老吉”凉茶。在2013年年初广州中院改名案开庭时，加多宝律师称：“全国销量领先的红罐凉茶改名加多宝”广告语中红罐凉茶就是指加多宝生产的凉茶，红罐凉茶不是指“王老吉”凉茶。而法官追问加多宝生产的凉茶在市面上是什么凉茶，具体叫什么名字，加多宝律师只能回答：“王老吉”凉茶。不难看出这巧妙的法庭调查环节的一问一答，已经暴露了加多宝集团试图通过将红罐凉茶等同于“加多宝”凉茶，以混淆“加多宝”凉茶与“王老吉”凉茶，“以红代王”来嫁接王老吉的“商誉”。

为什么说加多宝集团是“偷梁换柱”，在重庆法院的判决书中有段精彩的论述：“改名”的表述并非指“更改商标”，且“全国销量领先的红罐凉茶”具有唯一指向“王老吉”凉茶的指向性，更容易得出“王老吉红罐凉茶”名称更改为“加多宝凉茶”的含义，进而让消费者得出原告目前生产或销售的“王老吉”凉茶为假冒品牌的错误认识，影响其购买决策，被告因此而获得竞争优势，进而构成虚假宣传。

事实上，“以红代王、偷梁换柱”不仅仅在改名广告中，退回到四年前，2012年5月9日仲裁结果出来后，“王老吉”商标使用权顺利回归广药。2012年5月28日，加多宝集团高调发布产品新装，广药也于同年6月3日推出自产红罐凉茶。两个不同品牌的红罐凉茶，在包装及口味上都有极大的相似性，引发了一场红色包装装潢之争。换装的加多宝红罐凉茶，与之前加多宝集团生产的“王老吉”凉茶，都采取了以红黄两色为主色调的金属易拉罐包装，不一样的是红罐加多宝在罐体正面用三个黄色字体“加多宝”取代之前的王老吉，如果不认真看罐体上的黄色字，难于区别谁是谁。普通消费者在购买类似凉茶这样的快销品时，一般习惯性靠包装装潢的颜色、形状来辨识，而加多宝的红罐就是在混淆消费者心中红罐与王老吉的对应关系。加多宝集团自辩道：其有理由继续使用之前的王老吉包装装潢，因为加多宝集团于1997年获得了国家知识产权局对王老吉红罐的外观设计专利。而遗憾的是，加多宝忘记了当初被许可使用“王老吉”商标时，在商标许可协议中早已明确广药授权其生产红罐罐体的凉茶。

加多宝在过去生产“王老吉”凉茶时，曾使用过“红罐王老吉凉茶”，“由加多宝生产的使用王泽邦配方的红罐凉茶”，“加多宝公司多年来生产销售的红色罐装凉茶商品”，“加多宝公司多年经营的使用王泽邦后人秘方的红色罐装凉茶”等广告，而这些广告语均可以体现出“红罐凉茶”对应的就是王老吉品牌凉茶。以消费者的角度看，“喝了这么多年凉茶，感觉凉茶就应该是红罐的”。“红罐+怕上火”已经成为凉茶品类在消费者心智中最大的认知之一。而红色对于中国人而言，有着非凡的意义，除了代表传统的吉祥、喜庆外，在长期的使用过程中还被王老吉赋予了青春、活力、正能量等含义，“红罐”成为王老吉最核心、最直观的品牌资产。红罐王老吉不仅是一罐送健康的凉茶饮料，更传递了一种精神、一种启示、一种力量。❶

加多宝使用红罐，说到底还是在搭王老吉的商誉便车，看到了红罐后面可以短时间内攀附的巨大利益。到底这个红罐包装装潢是与商标商誉密不可分的，还是可以分离的；是属于广药王老吉还是加多宝公司？其中的法律问题非常复杂。具体内容留待后章说明。

加多宝在红罐之争中，无奈最终脱去王老吉的“红罐”，穿上了自己的新“金罐”。凉茶市场上的装潢第一案警示了：企业之间的激烈竞争在所难免，但是违法终究会受到法律制裁，违法收益越高，其付出的赔偿越大。一审 1.5 亿元的赔偿金额，估计整个社会包括加多宝集团自己都万万没想到。因此红罐之争被称为“中国包装装潢第一案”，高额的赔偿数额足以成为社会主义法治进步的里程碑式判决，我们也期待二审的最终结果。

3. 双品包装　淘金转誉

2011 年年底，加多宝开始在红罐凉茶包装上去王老吉，企图在仲裁裁决作出之前尽快将王老吉的商标商誉转移到加多宝身上。加多宝对王老吉红罐

---

❶ “红罐案”二审开庭，或维持原判［N/OL］.（2015-06-18）. http://scjjrb.newssc.org/html/2015-06/18/content_2213530.htm.

凉茶进行的仓促换标，使得一个产品上出现王老吉与加多宝两个品牌。其中王老吉为其许可使用的商标，加多宝为自有商标。从单面加多宝到双品加多宝，涉及多方面的法律问题。

图 6-1　加多宝销售的双品凉茶的正面

图 6-2　加多宝销售的双品凉茶的背面

首先，加多宝双品红罐凉茶本身就涉嫌侵犯消费者权益。根据 2014 年《消费者权益保护法》第 9 条，“消费者享有自主选择商品或者服务的权利。消费者有权自主选择提供商品或者服务的经营者，自主选择商品品种或者服务方式，自主决定购买或者不购买任何一种商品、接受或者不接受任何一项服务。消费者在自主选择商品或者服务时，有权进行比较、鉴别和挑选。”双品红罐凉茶是加多宝集团为了宣传自己的加多宝品牌而推出的过渡产品，双品罐的做法会对消费者造成一定的误解，使其产生“王老吉就是加多宝”“加多宝就是王老吉”的认知，侵害消费者在自主选择时比较、鉴别及挑选的权利。此外，根据 2009 年《消费者权益保护法》第 19 条，经营者应当向消费者提供有关商品或者服务的真实信息，不得作引人误解的虚假宣传。双品加多宝装潢具有明显的欺骗性和误导性。

其次，单看加多宝集团使用双品罐的做法，这种混淆视听的行为其实就是在弱化原来王老吉的商誉，主观上具有搭王老吉名誉便车的意图，让消费者把红罐王老吉等同于加多宝红罐凉茶。加多宝以移花接木的形式侵犯王老吉商誉，构成不正当竞争。

最后，根据广药与鸿道集团 1997 年签订的《商标许可使用合同》，鸿道集团可以在 2010 年 5 月 2 日前使用“王老吉”商标生产和销售凉茶产品，随着补充协议被仲裁无效，鸿道集团应停止使用“王老吉”商标。这也就意味着，从2010年5月2日之后，再使用王老吉注册商标就涉嫌侵犯王老吉注册商标权。

但是对于商标的使用期限问题，加多宝在2012年7月抛出了一份从未公布过的《商标许可协议》，意图证明其合法使用“王老吉”商标尚在有效期，但其至今尚未有法律层面的操作。该协议据称是加多宝与广药于2003年5月签订的。协议规定，广药授权加多宝集团的母公司鸿道集团独家使用生产和销售王老吉红色罐装及瓶装凉茶的权利，使用期限从2003年1月20日到2013年1月19日。加多宝方面强调，目前市场上流通销售的带有“王老吉”商标的“加多宝”凉茶产品是在裁决生效之前生产、并且按双方约定的标准支付过商标使用费的，是完全合法的。对此说法，广药不予认可，广药认为加多宝所出示的合同是上述两份补充协议的附属备案合同，用于工商备案。2012年5月9日仲裁委已经裁决这两份补充协议无效，那么附属备案合同亦无效。退一万步讲，就算加多宝出示的有效期到2013年1月19日的协议有效，广药从未授权鸿道集团或任何其他第三方将“王老吉”商标与其他商标一起并列使用于同一种产品的包装之上，加多宝从2011年年底到2012年生产及销售的双品红罐凉茶，已经超出了商标使用授权范围，涉嫌滥用授权商标，已经严重侵犯了商标授权方“王老吉”商标的合法权益。

图 6-3

图 6-4

图6-3、图6-4为撕下外层加多宝，露出里面王老吉、双品凉茶、加多宝生产字样。

图片来源：任润波．加多宝撕开外包装露出王老吉［N/OL］.（2013-05-09）. http://d.youth.cn/tpxw_ 35291/201305/t20130509_ 3206883.htm.

2012年7月4日，广药召开有关商标维权的媒体沟通会，广药代理律师认为，按照中国国际经济贸易仲裁委员会5月9日的仲裁结果，从2010年5月2日起，鸿道集团就不能够再使用“王老吉”商标。但是市面上仍存在的鸿道集团子公司加多宝生产的红罐和红瓶王老吉，严重侵犯了“王老吉”商标所有者广药的权益。仲裁结果一出就具有法律效力，广药即可依据仲裁结果，对市面上存在的侵权产品报请工商局进行查处。在沟通会上，广药声明：将针对市面上存在的大量有王老吉字样的、非广药授权生产的凉茶，全面启动法律诉讼程序，进行维权。事实上，在2014年10月广东高院已经就加多宝采用双品王老吉进行销售的商标侵权案进行了立案，加多宝广东公司在商标许可协议到期后，仍然使用广药的“王老吉”商标，鉴于加多宝的侵权行为给广药造成了巨大的伤害且加多宝获得高额的利润，因此广药起诉索赔十亿元，后又增加到29亿元。索赔额虽高，但对于年销售额200亿元的加多宝集团，这或许是必须付出的非法侵权成本。通过采用一面加多宝品牌、一面王老吉品牌的红罐凉茶包装，加多宝从王老吉身上掏走了不少“金”，并转移了不少“誉”，否则加多宝也不太可能短时间内重新树立年过百亿的新品牌。

二、改名广告　铺天盖地

1. 改名广告　强转商誉

早在仲裁结果出来前，加多宝集团已预测到“王老吉”商标可能会被收回，双品包装也只是权宜之计。为了彻底让消费者把红罐王老吉等同于“加多宝”凉茶，必须继续移花接木。于是，加多宝集团紧锣密鼓地做好了“更名”准备。

2012年5月仲裁结果出来后，加多宝以电视为主要媒体，采用狂轰滥炸式的广告告诉消费者：“怕上火，喝加多宝”，“正宗凉茶，加多宝出品”，

“全国销量领先的红罐凉茶现在改名为加多宝，还是原来的配方，还是熟悉的味道”，等等。2012 年下半年，加多宝大规模的商业运作使得其“改名”广告大有排山倒海之势，铺天盖地的广告在给消费者带来一定“审美疲劳”同时，也给消费者认知造成了误导。

“怕上火，喝加多宝”与消费者耳熟能详的“怕上火，喝王老吉”有着极高的契合度，容易使消费者将加多宝与王老吉进行等同化看待。“全国销量领先的红罐凉茶现在改名为加多宝，还是原来的配方，还是熟悉的味道”这则广告则以“全国销量领先”做背书，让消费者相信其只是由原来的王老吉改了个名字而已，不是什么二三流的品牌。此外，这则广告还特别强调了“加多宝”凉茶配方的“正宗性”。几则“改名”广告都试图在加多宝红罐凉茶与王老吉红罐凉茶间画上等号，告诉消费者“原来的红罐王老吉已经改名加多宝了，以后再见到红罐王老吉就是另一种产品了”。[1] 广药在 2012 年 6 月推出自产的红罐“王老吉”凉茶，加多宝的这些“改名”广告无疑给广药红罐王老吉进入市场造成很大障碍，王老吉的社会关注度和知名度已经逐渐被加多宝这一新品牌吸收。

一时间消费者认为加多宝就是原来的“王老吉”凉茶，红罐凉茶只是改了名字，加多宝完全“承接”了王老吉的商誉和品牌价值。加多宝短短三年就做到了 200 亿元的销售额，和改名广告有巨大关系。事实上，商誉混淆广告效果很好，很多销售终端如超市、酒店，消费者叫上王老吉，服务员上加多宝，还说这个就是之前的王老吉。如果不是律师申请法院马上下达改名广告禁令，制止这种负面效应，可能“商誉移植”还将继续扩撒和放大，当然现在混淆还是存在。从一面加多宝、一面王老吉的双品牌红罐凉茶，过渡到单面加多宝，同时又说“王老吉”凉茶改名加多宝了。加多宝这一系列行动给消费者对“王老吉”凉茶造成的错误认识起到了至关重要的作用，对王老吉商誉带来了最大也是最致命的伤害。所以法院对加多宝这种有违商业道德、

---

[1] 陈玮．“上火”的凉茶：解密加多宝和王老吉的营销之战［M］．杭州：浙江大学出版社，2013．

触犯法律底线的侵权行为，大幅提高其违法成本，判其赔偿上亿元也是合情合理的，否则企业都去肆无忌惮乱打广告，侵权违法行为愈演愈烈，后果不堪设想。

2. 全额支持　赔偿千万

对于加多宝有关红罐凉茶改名的虚假广告，王老吉则选择诉诸法律。2012年11月30日，广药以加多宝公司涉嫌虚假宣传、构成不正当竞争为由向广州中院提起索赔千万元的诉讼。2013年1月31日，广州中院下达诉中禁令裁定书，裁定广东加多宝饮料食品有限公司等被申请人立即停止使用“王老吉改名为加多宝”“全国销量领先的红罐凉茶改名为加多宝”或与之意思相同、相近似的广告语进行广告宣传的行为。

2013年12月20日，广州中院公开宣判：被告广东加多宝饮料食品有限公司立即停止使用“全国销量领先的红罐凉茶改名为加多宝”，“红罐王老吉凉茶改名为加多宝凉茶了”广告语，并立即销毁使用了上述广告语的宣传物品；广东加多宝饮料食品有限公司赔偿原告广药经济损失人民币1 000万元，并支付广药合理的维权费用81万元，在主流媒体上公开赔礼道歉。随后，广东加多宝饮料食品有限公司上诉，广东高院二审维持原判。该案经历了“诉中禁令”后终于有了结果，且加多宝已经履行赔偿义务，向广药支付了1 081万元的赔偿款和合理维权费用。虽然终审判决严肃惩罚了广东加多宝饮料食品有限公司的虚假宣传行为，使其付出一定的侵权代价，但是这同加多宝通过商誉转移获得的违法收益比起来，侵权代价远远不够弥补王老吉的损失，尽管赔偿额全额支持，但以相同版本、等同的时长作出更正虚假广告的消除广告这一个请求并未得到法院支持，也许法院考虑到被告加多宝执行困难或者出于其他考量，无论如何，对于加多宝狂砸上亿去做虚假广告转移王老吉商誉来说，这个处罚力度实在太轻。也许加多宝事先就预估到侵权收益远远大于侵权代价，才能在不顾法律和商业道德的情况下，明知故犯，并在短时间内迅速崛起。加多宝以转移王老吉商誉的方式获得“成功”也是社会诚信和法律的悲哀。

商业广告是企业占领市场、推销产品、打造声誉的重要方式。利用广告语进行企业宣传，以求扩大经济效益本无可厚非；但是在广告语中掺杂虚假信息，误导消费者的行为则不仅有违商德，更有违法律。在双方的舆论大战中，加多宝导演了一系列的虚假广告，试图通过“改名”“销量”“秘方”等一系列宣传主题，搭王老吉商誉的便车，攫取王老吉的品牌价值，帮助自己的新品牌占领市场。这种做法不仅扰乱了社会经济秩序，违反了诚实信用原则，更触碰了法律的底线，构成不正当竞争，是完全不可取的。相较加多宝的大量发布虚假广告以占领市场的行为，王老吉大健康的表现则可圈可点，选择诉诸法律途径来维护自身合法权益的做法使得其企业形象得到较大提升。

3. 擅用舆论　网络人心

在王老吉与加多宝旷日持久的仲裁、诉讼案件中，双方都综合运用新闻发布、公关等一系列手段，大打媒体公关战，以求获得舆论主导权。在加多宝与王老吉品牌仲裁与诉讼过程中，广药擅用人民日报、南方日报、中央电视台等传统媒体，展示自身的诉求。而加多宝则在网络、微信、地方媒体等新型传媒上如鱼得水，赢得了更多公众，特别是赢得了饮料消费主力年轻群体的广泛关注。

作为一个传统饮料巨头，加多宝在公关方面的造诣显然要比作为药企的广药来得强大。在广药与加多宝集团“王老吉”商标争夺战之初，加多宝就十分娴熟地引导了当时的舆论导向。加多宝在2012年5月9日仲裁结果出来之时，并没有急于召开败诉说明会，而是任由媒体掀起第一波关于王老吉与加多宝商标之争的舆论狂潮。直至当年的5月16日，加多宝才召开败诉说明会，引发第二波媒体关注和公众报道。两波强大的媒体报道，正好给加多宝提供了一个宣传平台，帮助其解决定位问题，使得王老吉这一品牌的消费者心智在一定程度上被加多宝侵蚀。[1] 在舆论导向方面，加多宝可谓一开始就占了上风，这为其后续制造舆论话题提供了先天优势。

---

[1] 参阅：刘松涛. “王老吉”PK“加多宝”（连载二）——一场以品牌为基本作战单位的消费者认知争夺战［EB/OL］.［2016-10-08］. http://www.doc86.com/p-0189354443351.html.

加多宝的主要作战阵地在微信、微博等新媒体上，相对于广药所使用的传统媒体而言，新媒体无疑更加靠近年轻一代，通俗的、轻松的说词更加容易快速占领凉茶饮料消费者的心智。2012 年 5 月仲裁失利之后，加多宝开始有意无意地传递苦情情绪，制造舆论话题，以求赢得媒体及公众的支持。当时网上流传了一则帖子，被众多论坛、微博、QQ 群疯狂地转载，“一个被亲爸亲妈没好好养的孩子，被后爸后妈养大、养出名了，亲爸亲妈马上就跳出来说这个孩子是我的，你不能再养他了。”[1] 加多宝借助此“养父、养子论”，迅速激发了各路媒体及消费者对广药“不劳而获”等行为的反感，使加多宝获得许多支持与同情。

2013 年 1 月 31 日，广州中院下达诉中禁令裁定书，要求加多宝停止“改名”广告。同年 2 月 4 日，加多宝官方微博开始“泪流满面”。四条微博的内容分别是：“对不起，是我们太笨，用了 17 年的时间才把中国的凉茶做成唯一可以比肩可口可乐的品牌”；“对不起，是我们太自私，连续 6 年全国销量领先，没有帮助竞争队友修建工厂、完善渠道、快速成长”；“对不起，是我们无能，卖凉茶可以，打官司不行”；“对不起，是我们出身草根，彻彻底底是民企的基因”。配以幼儿的哭泣照，加多宝的“对不起”广告语堪称“卖萌”。在微博发布后的短短不到两个小时，这四条如鲠在喉、不吐不快的哭诉式微博总计博得四万余次转发，评论超过一万余次，“对不起”迅速成为刷屏王。在广泛的转发与评论中，加多宝获得了舆论同情与免费营销。许多网友甚至将焦点指向了国企与民企之争，认为民企受到多方面的压力，处于弱势地位，值得同情。

2013 年 3 月 12 日，加多宝又在其官网发布致两会代表委员的一封信，称广药十亿元索赔要求系赶尽杀绝的行为，突出因自身非公企业身份而遭受不公正的打压，大打悲情牌，力求吸引社会各界的关注及广大消费者的同情，赢得消费者正面心理，力争为自己争取舆论优势。

---

[1] “对不起”：加多宝为何泪流满面？[EB/OL].（2013-02-06）. http://www.adquan.com/post-8-15877.html.

加多宝利用前期抢占的舆论先机，继续借用微博、微信等新媒体，制造养子论、国企与民企之争等舆论话题，赢得不少同情之声。加多宝制造了自身“弱势地位”的外观，甚至将其放大到民企弱势地位这一层面上进行宣传，利用公共心理攻击国有企业。殊不知，加多宝实为英属维京群岛注册的外资企业，在这一连串的口水战中，加多宝“民企弱势地位”的论据也是站不住脚的。2013 年 3 月 12 日，广州王老吉大健康产业有限公司发表《王老吉五问加多宝》，提问针针见血，使得加多宝所伪装的弱势者面目被逐渐揭开。

加多宝作为一个饮料巨头，其公关系统向来为人称道。在仲裁失利之后，加多宝利用其已有的媒体优势，紧抓原王老吉怕上火的品牌定位，引领舆论导向。加多宝在媒体舆论交涉中罔顾事实、大打悲情牌的行为，无论在道德层次上，还是在法律方面都是有待商榷的。

通过一系列的虚假广告与娴熟的媒体炒作，加多宝成功地将“王老吉”商标的部分价值“移花接木”到自有商标上，实现了“加多宝”品牌从零开始的快速发展。在舆论层面上，加多宝或许暂时占据了优势地位，但是从长久来说，其终将为自身的不正当商业操作付出沉重的代价，赔偿千万元也许只是一个开始。

三、择机切割　自称领导

从 2012 年仲裁案开始，加多宝从推出一面王老吉、一面加多宝的双品牌，到“王老吉改名加多宝”“十罐七罐加多宝”广告，都是实质上攀附王老吉。当时加多宝仍然沿用红罐包装，而消费者心中的红罐凉茶就是王老吉，随着加多宝不断扩大广告宣传，其不得不担心红罐加多宝反而给王老吉做了营销，就连“怕上火喝……”“正宗凉茶……”广告语都是一样的。加多宝深知随着自己品牌迅速崛起，搭他人商誉便车的同时也容易使消费者模糊自己的品牌，于是急切希望与王老吉划清界限，2014 年，全球华人都深深记住了“由中国凉茶领导者加多宝冠名的中国好声音”这个冠名广告，加多宝再次借助“中国好声音”的平台自诩为凉茶领导者，甚至在没有领导与被领导的竞争市场关系中自称凉茶领导，试图抬高自己的社会美誉度来诋毁竞争对手。其广告语总是语出惊人，这次自称“凉茶领导者”是否还是涉及虚假宣传，我们会在接下来的内容中详述，但不难看出其试图转移商誉的广告方式给广药红罐王老吉的发展造成了很大障碍，其危害不亚于之前涉嫌不正当竞争的“改名广告”“十罐七罐”“遥遥领先”等广告。

1. 切而不舍　张冠李戴

加多宝“十罐七罐”广告语，在2013年发布之初就因其数据来源具有一定的争议性而受到业内人士的质疑。加多宝声称该广告的统计数据来自国家统计局下属的中国行业企业信息发布中心及全球权威数据调研机构尼尔森，而且其广告语通过了中国广告协会的审查，在央视和各大卫视播放前又通过了二次审核，不涉及违法问题。

对于加多宝新一轮的销量领先虚假广告，广药王老吉仍然选择诉诸法律途径：2013年在广州中院、长沙中院、重庆三地分别对“十罐七罐”“遥遥领先”的销量领先广告，向加多宝提起诉讼。案件还在审理中就曝出，央视《经济半小时》的一则报道，把“中国行业企业信息发布中心”推向了大众视野。加多宝“十罐凉茶七罐加多宝”销量领先广告语中的依据并非来自权威的国家统计局，而是来自假冒国家统计局名义进行售假排名的中介机构，纪检监察部门立即就“中国行业企业信息发布中心”展开调查。并在2015年4月30日，公布了调查结果：“我社下属的中国行业企业信息发布中心（以下简称‘中心’），每年以部分重点行业的商品销售市场占有率调查结果为依据，开展数据分析及研究成果发布活动，有关企业自愿参加数据资讯服务和品牌宣传服务，包括广告服务。在2015年活动筹备过程中，中心个别工作人员严重违反中心和发布活动的规定，无视工作纪律要求，不核实企业信息，不依据调查结果，擅自承诺进行虚假品牌宣传，严重影响了活动的正常开展，给社会和中心带来了不良影响。”此声明一出，经办律师立即制作新证据证明销量数据来源是造假的事实，并提供给法院，各地的判决也是一致判定加多宝的销量领先广告构成虚假宣传。2013 年 4 月，国家统计局统计资料管理中心的一份《政府信息部分公开告知书》显示，当时开展的国家统计调查项目只对“软饮料”类别进行了统计，没有对凉茶品牌及销量进行统计。换言之，加多宝“十罐凉茶七罐加多宝”广告语中的依据并非来自权威的国家统计局，而且在数据引用的时间 2012 年 1－9 月，市场上出现的也是加多宝销售的“王老吉”凉茶，而不是加多宝品牌凉茶的销量。

2014 年加多宝使用“国家权威机构发布：加多宝连续七年荣获中国饮料第一罐”“‘加多宝’凉茶荣获中国罐装饮料市场七连冠”等广告语，在各个权威媒体上发布广告。从最初 2012 年的“王老吉改名加多宝”到“怕上火喝加多宝”，到复制使用红罐装潢，再到将仅运营不到一年的品牌直接喊出“凉茶领导者”“中国饮料第一罐”“市场七连冠”，加多宝刻意制造与王老吉的关联，并用尽所有的营销创意进行比附定位，实现了一个知名品牌向一个陌生品牌之间的移花接木，但这样的移花接木却几乎可以用“强盗”行为描述。加多宝竭尽所有招数嫁接他人商誉，成功完成了从王老吉到“加多宝”品牌的完美蜕变。加多宝一方面要与王老吉切割，另一方面又不舍得王老吉的商誉，最后是切而不舍，张冠李戴。

2016 年 5 月 10 日，最高人民法院对加多宝自称“中国饮料第一罐”“市场七连冠”广告案的终审裁定算是“盖棺定论”，加多宝毫无悬念再次败诉。甚至，最高人民法院给出直接的训诫：“不应以各种不正当竞争手段和方式，获取不当利益，更不宜将诉讼作为市场竞争的一种手段滥用和浪费司法资源。”

2. 未选未任　自称领导

加多宝为去王老吉、打造自身品牌所付出的广告费用之高，可谓令人瞠目。2012 年冬加多宝集团以 2 亿元、2.5 亿元再度拿下《中国好声音》第二季、第三季独家冠名权。《中国好声音》节目快速走红，创下了高达 6.109 收视率的奇迹。节目中，主持人华少用 47 秒钟时间复读机一样念完 350 个字广告词，“正宗好凉茶正宗好声音加多宝凉茶中国好声音是由凉茶领导者加多宝为你冠名播出……”的广告词深入人心。除了主持人频繁重复的“绕口令广告”之外，在节目现场大屏幕上、舞台地面上、评委座位旁边、选手入场的大门上等，“凉茶领导者——加多宝”的标识和产品几乎无所不在。除了电视直播之外，《中国好声音》节目视频还在各大视频网站上“蔓延”，播放量节节高升。

接下来，加多宝又在不同的平台上做足了“凉茶领导者”的宣传：自称为凉茶领导者入选 2014 亚太经合组织峰会官方唯一指定饮品；2014 年夏巴西世界杯期间，加多宝不断借势世界级体育大舞台发布凉茶广告，自诩“凉茶领导者加多宝”；在微博、微信、搜索、移动终端等网络平台，好声音呈现出“领导者刷屏”的现象，加多宝从多渠道重拳出击，开展线上、线下的营销活动来强夺市场、打压对手。

加多宝希望通过“改名”广告，让消费者理解加多宝就是原来的王老吉。例如，在其冠名播出的节目——浙江卫视《中国好声音》2013 年第 2 季、2014 年第 3 季，中央电视台《开讲了》《中国青年说》上播出的狂轰滥炸似的广告狂潮中，加多宝以“凉茶领导者”自居，试图将消费者的注意力引向印着“加多宝”商标的凉茶。“凉茶领导者”广告语与之前的“改名广告”“十罐七罐”“遥遥领先”等广告语，实际上是一脉相承的，使社会公众误认为加多宝是经过权威机构评定、认定的凉茶行业的领导者，误以为加多宝在凉茶领域具有全面领先的竞争优势和最高荣誉。加多宝已经意识到大量宣传“红罐”可能为王老吉做了嫁衣，因此称“加多宝”凉茶是凉茶行业的领导者，在行业内有绝对的领先优势，这就与广药的王老吉进行了择机切割，进而攻占后者的市场。

但事实上加多宝从来都不是凉茶的“领导者”。领导者，顾名思义，是指在正式的社会组织中经合法途径被任用而担任一定领导职务、履行特定领导职能、掌握一定权力、肩负某种领导责任的个人和集体。领导者本身应当具有全面的能让他人所信服的素质、能力及品德，能够履行领导职能，掌握职权及承担领导责任。同时，领导者是存在于正式的社会组织中并经合法途径被任用而担任领导者职务的，领导者这一职务从来都不是自封的。加多宝显然没有足够的实力和与之匹配的商业道德品质来担当“凉茶领导者”，其为满足个体欲望伤害了整个凉茶行业和市场竞争环境。未经合法选举或任命，何来领导之称，未选未任自称领导，本身就不合常理，更不合法。“凉茶领导者加多宝”这一广告语与客观事实严重不符，属于虚假宣传，构成了不正当竞争。

此外，我国实行的是市场经济，市场竞争主体之间在法律上、经济地位上是平等的。因此，在平等的市场主体之间从来都不存在领导与被领导的关系，加多宝的虚假广告已经严重误导了消费者，产生了不公平市场竞争后果，加多宝使用“凉茶领导者”广告语的行为彻头彻尾涉嫌虚假宣传。

另外，加多宝通过采取冠名知名电视节目，在网络上推广等方式，大量、持续地对含有“凉茶领导者加多宝”这一类广告语进行宣传，使众多的其他经营者误以为，以自封“领导者”的方式进行宣传是合法行为。目前市场上已经出现十多家类似的“领导者”广告，如某洗衣液“中国洗衣液领导品牌”，某电动车“行业真正领导者”“我就是领导者”，某电池“全球电动车电池行业真正的领导者”、某抽油烟机的“油烟机行业的领导品牌”，等等。大量类似的“领导者”广告集群模仿，已经严重破坏了整个市场公平、平等、诚信的竞争秩序，产生了极其不良的社会影响。加多宝的这种虚假宣传行为应当被及时制止，以便更好地维护凉茶行业及整个市场公平、有序的竞争秩序。

加多宝的狂轰滥炸式的广告营销及虚假宣传在各个卫视及地方电视台的娱乐营销也是铺天盖地。“加多宝”品牌在迅速崛起过程中，给广药王老吉带来了巨大的挑战。面对加多宝的广告狂潮，广药转守为攻：独家冠名了央视三套《开门大吉》；赞助了网络热播剧《万万没想到》，吸引了年轻消费者；关注传统文化，赞助《舌尖上的中国 2》，收到了较好的市场效果。两大集团的广告战争还在继续，甚至愈加白热化，广告层面上或许已有胜负趋势，但是硝烟背后法律层面的孰是孰非却仍受争议。

3. 变红改金　另起炉灶

2015 年 4 月 20 日，加多宝在北京宣布“开启凉茶黄金时代——2015 年金罐纪念版”正式上市，此前印于红罐的“加多宝于一九九六年开创的红罐凉茶”也被更改为“加多宝于一九九六年推出的罐装凉茶”。加多宝强调此次推出新包装是战略升级的一部分，要走国际化战略即加快全球市场的拓展。这个举动，其实不是简单的纪念版，而是加多宝正式向红罐凉茶挥手作别，更多人认为真实的原因是加多宝在王老吉装潢案一审败诉后规避风险的无奈之举，但加多宝执行总裁阳爱星否认此次换包装与诉讼有关。

在快消品行业，换包装一般代表有新产品推出，但是往往失败的例子居多，例如，康师傅冰红茶、红牛为了更好地迎合年轻人市场，都升级了包装，但消费者并不认可，以为买到了山寨产品，两家企业最后不得不退回老包装。快消品包装是消费者快速识别并作出选择的最重要因素，其识别力不亚于商品的商标，因此再大的品牌都不敢轻易冒这个险。

从 1996 年加多宝集团董事长陈鸿道获得商标许可使用红罐包装，至今已近 20 年。加多宝集团 2012 年更换品牌后，为了快速打开市场，砸巨资对“加多宝”凉茶进行了铺天盖地的广告宣传，让消费者对“加多宝”凉茶从陌生到熟知再到慢慢接受，这本身是一个并不轻松的过程。不幸的是，在这个过程中，加多宝与王老吉的诉讼连连败诉，2013 年 12 月，广东高院判红罐凉茶装潢所有权归广药王老吉所有，“加多宝”凉茶在商标许可协议无效后继续使用红色外包装已构成对王老吉的侵权，加多宝当庭表示将进行上诉，并在全球范围悬赏招募优秀律师进行“翻案”，虽然二审结果还未经最高人民法院审判，但自一审败诉后包装权败诉的阴云就一直笼罩在加多宝头顶。另外，2015 年 3 月，广药将自 2010 年 5 月 2 日至 2012 年 5 月 19 日的索赔额由十亿元变更为 29.3 亿元。而在此前的红罐案一审判决中，广东高院已经判加多宝赔偿 1.5 亿元经济损失及合理维权费用 26 万余元，如果二审时王老吉索赔成功，加多宝将付出更多侵权成本。加多宝不再使用红罐，仓促换装

“土豪金”，是对二审结果已经做好最坏打算。

当然加多宝不愿意承认是仓促换装，而是战略升级、择机换装。考虑到两个品牌的识别度越来越模糊，自己投入的庞大广告费用，无疑是为他人作嫁衣。不择机分割，必将削弱加多宝的品牌。混淆这一方式，在加多宝是崭新品牌时很有用，但是当加多宝也家喻户晓时，就成了发展壮大的隐患。加多宝换装在短时间内需要投入大量的营销成本，但是从长远来看，对加多宝也并非没有益处，自己品牌的新形象让消费者明确认识，是非常有必要的。

不管加多宝这次换装是战略升级主动为之还是仓促应诉被动为之，换包装就意味着要增加营销投入。据此前媒体报道，加多宝在2012年更换商标之后，营销费用猛增至50亿元，而2013年和2014年也累计花费了近50亿元。按此前加多宝透露的2012年销售额为200亿元计算，其营销费用已占到销售额的1/4。加多宝要让消费者短时间内熟悉和喜爱金罐加多宝，必然需要继续投入巨额资金用于推广。加多宝曾连续赞助了四届《中国好声音》，今年却停止了赞助，这一举动是市场销量下滑而进行的成本控制，还是战略调整，我们拭目以待，无论如何加多宝想要延续“凉茶第一”的梦想，注定不是一件轻松的事。

图 6-5　加多宝金罐凉茶

图片来源：加多宝的广告。

2012年仲裁结果的出炉，开启了加多宝与王老吉之间多层面的鏖战。我们看到的或许只是加多宝铺天盖地的广告狂潮以及王老吉的诉讼信息；我们讶异的或许只是加多宝的仓促换装，市场上出现了一种金罐凉茶；又或许我们只是为电视机中复读式传来的中国好声音及各种娱乐平台的加多宝广告感到腻烦。但是对于加多宝与王老吉这两个品牌乃至整个凉茶市场来说，这场两大凉茶巨头之间的鏖战却无疑是影响深远的，甚至改变了整个凉茶市场的格局。

在加多宝“十罐占七罐”“销量遥遥领先”“凉茶领导者”“中国饮料第一罐”“市场七连冠”强大的宣传攻势下，使得其他凉茶企业进入凉茶市场越发艰难，营销成本投入门槛更高，新进入者如果没有充足的资金去迎战，很难生存。据相关媒体报道，许多新晋的凉茶品牌相继从凉茶市场上消失。霸王集团因为亏损不得不退出凉茶市场；广东香雪制药的“上清饮”也一度陷入了停产传闻；陈光标的“好人”凉茶和暖茶几乎销声匿迹。凉茶作为饮料界近几年的销售黑马，本是一片大好的发展趋势，但是加多宝失去“王老吉”商标后的病毒式广告宣传，不实的虚假广告引发了凉茶行业小品牌的纷纷退场。“野蛮生长”的加多宝突破了道德底线和法律底线，过多的广告轰炸也容易使消费者产生审美疲劳甚至腻烦心理，不利于整个凉茶行业的健康有序发展。

在这场多维度的品牌大战中，加多宝通过推出双品罐、自称“领先”“领导”、大打悲情牌以及大砸广告费等不正当竞争手段，夺取了王老吉相当一部分的商誉，给广药王老吉红罐凉茶进入市场带来了巨大阻碍。

加多宝集团看似另起炉灶生产“加多宝”凉茶，其实加多宝的炉灶并没有改变，它还是过去生产王老吉所积累的原始资本、生产厂房、营销团队、销售渠道等一切必要的生产条件，只是当初借王老吉的品牌之锅，终究要有借有还，不得不还给原主人，自己再做了一个新的加多宝品牌之锅。好锅就是品牌价值，加多宝知道验证新锅好不好用，靠多年的实践实在太慢，于是拼命从王老吉的品牌锅里不断铲“商誉”到自己锅里面，美味佳肴就靠巧取豪夺制作出来。反而要另起炉灶的是王老吉，从无到有地生产王老吉红罐凉茶。

加多宝深知随着自己品牌迅速崛起，搭他人商誉便车的同时也容易使消费者模糊自己的品牌，因此又急切希望与王老吉划清界限，于是加多宝虽然仓促换装、另起炉灶并获得短暂的效益及“品牌力”提升，但是也为其不正当竞争行为付出司法层面以及消费者心理层面的代价。

凉茶鏖战，还在继续，谁胜谁负，尚难定夺。或许这场凉茶巨头之间的战争本身就没有绝对的赢家，硝烟退去，我们期待凉茶市场能够尽快摆脱不正当竞争的氛围，实现健康有序发展。

第七章
CHAPTER

海纳百川　重整旗鼓

07

广药海纳百川，以自身优势为基石，顺时代之势，厚积薄发，在外人难以想象的、层层荆棘的道路上，重建凉茶新企，以迅雷之势收回市场，没有让红罐王老吉就此消失。广药凝心聚力、砥砺奋进、重整旗鼓，让百年品牌顺利回归，最终使价值1 080亿元的民族品牌王老吉，再创辉煌，2015 年实现 230 亿元的销售奇迹。

2012 年加多宝与广药“王老吉”商标争夺战在司法层面落下帷幕之后，广药与加多宝各自磨刀霍霍，展开了一场“遍地开花”的市场争夺战。相对于新成立的加多宝品牌而言，广药只有一个“锅”——王老吉这个商标。一方面，加多宝多年生产凉茶的炉灶还在，而且相对成熟，而王老吉处于无炉灶困境——无生产线、无销售渠道、无团队。幸好王老吉依托广药迅速搭起炉灶，同时还要防止加多宝通过红罐包装装潢、改名广告、领先广告、怕上火广告等一系列虚假广告宣传不断从王老吉的品牌之锅中铲走商誉。另一方面，加多宝又在拆王老吉的炉灶——多次制作舆论以偏颇的“国企”公众认知攻击广药，让广大消费者认为广药作为一个国企，多年来都经营不好王老吉，加多宝才是王老吉发展壮大的功臣。甚至在历次的争论中，广药都因其自身身份而处于舆论的下风，备受指责。

广药作为一个海纳百川的药企，其发展历程也并非外界所想的政府无条件扶持、组织腐化幽深。加多宝利用网络舆论大打悲情牌，赢得了公众的许多同情之声。殊不知，当时广药的发展正经历了常人难以想象的困难，在推出红罐王老吉的过程中，受到了加多宝设置的各种不正当阻碍。在收回“王老吉”商标权后，让新装红罐王老吉迅速上市成为当务之急，如果这些凉茶无法及时上市，哪怕是很短的时间，都会让消费者产生极大误解，甚至让王老吉品牌受到不可挽回的伤害。然而，面临竞争对手在各个环节的全面封杀，广药是如何杀出重围，让红罐王老吉顺利上架甚至迅速收回市场呢？广药又是如何使得自己经营的红罐王老吉能够突破重围，越战越勇，屡获佳绩呢？

一、招贤纳才　组建新企

1. 依托广药　重建新企

广药是国有企业，成立于1951年，注册资本七亿元。因其位居中国医药行业的前列，业务几乎覆盖了医药行业的各个领域，有相当的实力和雄厚的基础，常被业界称为医药“航母”。广药拥有21家子公司、13家全资子公司、8家控股子公司。经营国产、进口、合资厂家不同规格的各类中西成药、化学药品、医药原料、医疗器械、化学试剂、玻璃仪器及保健用品等近50 000个种类，拥有强大的处方药品种库、非处方药品种库、基药品种库、服务性品种库。广药是广州市重点扶持发展的集科、工、贸于一体的大型企业集团。2014年，广药实现销售额335.3亿元，同比增长16.24%，增速高于行业平均增长速度。广药旗下名优品牌众多，现有注册商标1 021个，其中包括多个广州市、广东省著名商标及全国驰名商标，而其中广为人知的“王老吉”商标在被许可给加多宝使用前已经评为广东省著名商标。

2012年2月28日，在“王老吉”商标仲裁过程中，广药成立了独立的子公司——广州王老吉大健康产业有限公司（以下简称“王老吉大健康公司”），开始经营红罐王老吉。广药通过产品经营、资本运营和虚拟创盈三种发展路径，从人才、科技、品牌、资源、标准和国际化六大战略对王老吉进行了立体打造。2012 年 5 月 25 日，王老吉大健康公司与控股股东广药签订了商标许可合同，不到短短十天，2012 年 6 月 3 日，广药火速推出了红罐“王老吉”凉茶，防止了市场上可能出现的红罐王老吉就此销声匿迹的真空期，并对外宣称将在 5 年内将“王老吉”凉茶销售额做至 300 亿元，当时来看，从 0 到 300 亿元的销售突破，这个目标几乎是不可能完成的任务。事实上，截至 2015 年，王老吉在收回三年后，已经实现了 230 亿元的销售额。广药还通过多场精彩的诉讼方式，在维护王老吉品牌的合法权益的同时，赢得了消费者对王老吉品牌的持续关注和喜爱，预计五年能达到 300 亿元的销售目标。

品牌收回之初，人才是事业发展的基础，王老吉大健康公司成立之际，引进的领导班子可谓阵容强大。由当时担任广州药业总经理及广州奇星药业有限公司董事长的吴董担任王老吉大健康公司董事长，负责王老吉大健康公司生产、经营、管理全面工作；由当时任广州白云山中一药业有限公司董事长、党委书记的倪总担任王老吉大健康公司副董事长。在强大领导班子的带领下，王老吉大健康公司在生产技术、品牌营销和团队管理三方面均取得了重大突破。

在社会招聘方面，王老吉大健康公司重拳出击，以特薪方式招揽了3 000名快消人才，短短一年时间就组建了一支8 000多人的快消队伍。为了留住人才，王老吉大健康公司还力求为员工提供有竞争力的薪酬、完善的福利及体己的员工关怀等，提升员工对企业自身的认同感及自豪感。从 2012 年 2 月王老吉大健康公司的四个人，到四个月以后分布到全国 31 个省、市、自治区的3 000人的、强大的、有战斗力的团队，正是这个优秀的管理团队及团结进取的业务队伍，使得王老吉大健康公司在成立之后迅速投入市场开拓，并乘风破浪，实现了飞跃。

图 7-1　王老吉新业庆典

图片来源：2012 年 6 月 28 日，广州王老吉大健康产业公司在广州 CBD 举行了隆重的新业庆典。余晓燕，摄。

2. 突破瓶颈　迅扩产能

2012 年仲裁裁决下达后，作为百年老字号“王老吉”商标在大陆的唯一合法继承者，广药临危受命，深知不能迅速恢复产能的后果很严重，从引进人才、发展产能、加码渠道，到强势终端营销，迅速展开了红罐凉茶市场收回的多元化系统工程。相对于加多宝而言，如何迅速突破产能可谓王老吉发展的一大瓶颈。但是要快速发展产能，却又面临着原料供应上的障碍。商标战之前，加多宝通过订单模式，与大批原材料基地进行排他式合作，在原材料环节对广药实施威胁和拦截，使得广药在原材料采购上的价格成本大幅提高。随着产能的扩大，原材料缺口也愈大，可以说，原材料的缺口直接限制了产能的扩大。为迅速承接和占据市场份额，王老吉在全国范围内大力收购原材料。2012 年 6 月 28 日，广药宣布王老吉大健康公司与统一、银鹭、惠尔康签约，由其代工生产红罐王老吉。同时，包括上述三家企业在内，总计 30 多家食品生产、原料、包装供应企业与王老吉大健康公司签署了生产供应战略合作协议。该合作对于广药而言，可谓一箭双雕，既开拓了产能发展的 OEM 模式，也解决了其原料问题。

在发展自主产能方面，广药的发展态势可谓如火如荼。2012 年 8 月初，广药集团在华东区域落下重子，首个王老吉生产基地落户江苏泰州，首期投产后年产值就达到十亿元。2012 年 9 月 21 日，广药与当时刚获批的南沙新区区政府签约，将经营红罐王老吉的王老吉大健康公司总部正式设在南沙，并规划在南沙建立全球最大、最标准的样板式生产基地，年产能将达十亿罐，年产值高达 30 亿元。从 2013 年起，王老吉更是开始着手大规模布局自主产能，先后在安徽阜阳、广州南沙、四川雅安、广东梅州等地进行产业布局，接下来还将在西北、华东、东北等多个区域设立生产基地。2013 年 12 月，王老吉在广东梅州建立“王老吉”凉茶浓缩汁提取基地，2014 年 1 月又与河南省新乡市人民政府签约，拟在河南新乡建立王老吉大健康产业（新乡）生产基地。自该合作始，不到一年半的时间，广药充分了利用代加工、自建生产线、合资建厂等方式促使红罐王老吉产能从快速拓展到稳定产出的质变。

3. 迎合市场　多元打造

面对竞争对手加多宝铺天盖地的虚假广告，2012 年年底，广药高调宣布将在 2013 年投入 20 亿元市场推广费用打造红罐王老吉品牌。在娱乐营销方面，广药先是独家冠名央视三套节目《开门大吉》，继而牵手湖南卫视这一卫视王牌，后来又与多个卫视频道及地方电视台展开合作。2013 年春节期间，王老吉在广州“地毯式”全媒体覆盖地铁、街头 LED 广告牌、公交候车亭。此外，广药还积极开展“公益营销”，2013 年雅安地震，王老吉宣布将投资三亿元，在雅安地震灾区建立王老吉生产线，以“输血+造血”的双轨新公益模式，开创公益模式先河，为雅安重建创造经济血脉之源。2013 年春节期间，王老吉开展“让爱吉时回家”，让许多外出打工者享受回家过年的欢乐，赢得了许多消费者认同。2014 年 3 月王老吉推出“品字形”发展战略，从“时尚”“文化”“科技”三大板块进行战略部署。其中的“时尚”强调娱乐、体育、影视三管齐下，多方位营销；“文化”则强调在深化吉文化推广战略的同时，以“凉茶博物馆”为核心，在世界范围内推广凉茶文化。

移动互联时代促使消费者的需求多元化，包括对于健康和新鲜的产品的需求更为突出。饮料品牌靠以往那种单品打天下的成功模式不再。顺应这种消费者需求的多元化改变，快消品牌纷纷推出品类多元化战略，作为凉茶领先者王老吉以多元化战略积极布阵。王老吉除了聚焦凉茶市场以外，也推出新品系列产品“吉智”“吉动力”以及“吉悠”等，进入维生素功能饮料、植物蛋白饮料以及乳酸菌饮料市场。这一连贯动作，从战略层面窥见了王老吉开始品类多元化品牌发展。❶

在顺利收回“王老吉”商标之后，王老吉大健康公司并没有被暂时的胜利冲昏头脑，而是快速投入王老吉红罐凉茶的市场开拓战争中去，但是其市场开拓道路并非一帆风顺。在广药王老吉与加多宝的市场收回战役中，王老吉有多方面的客观优势，但也存在许多现实的不利因素。一边是聚焦于凉茶领域营销不断创新，另一边是品类多元化频频发力，作为凉茶行业的真正领导品牌，王老吉是否有望能通过品类多元化战略改写凉茶行业的新格局，成为与可口可乐并肩的真正的世界级快消企业，我们拭目以待。

二、克服困难　闯开销路

1. 市场收回　困难重重

广药本为药企巨头，各方面的硬件、软件设备与饮料的匹配度不高。广药原来的绿盒王老吉主要由王老吉药业公司生产，但是王老吉药业公司一共有三条生产线，产量不是很大。广药本为药企，在饮料营销方面经验也比较欠缺。虽然在过往绿盒王老吉的生产过程中积累了一定的经验，但是在收回王老吉这一商标之后，广药几乎是从无生产线、无销售渠道、无团队的“三无”窘境上岗到绝境中的“第一罐的”。❷ 在产能、渠道、终端及营销方面持

❶ 打造中国“可口可乐”：王老吉多元化战略布阵受瞩目［N/OL］.（2015-05-27）. http://news.hexun.com/2015-05-27/176225297.html.

❷ 王老吉上演真实版营销神话　19个月创造世界传奇［EB/OL］.（2014-02-21）. http://www.wljhealth.com/news/506.html.

续发力之后，广药基本克服了原来的“三无”状态，但是相对加多宝这一传统饮料巨头强大的产能、完善的渠道及强力的终端销售团队来说，广药集团要在短时间内分散发力，从各个层面上赶上甚至超越加多宝仍有较大难度。此外，多个层面“从无到有”的跨越式发展，也给王老吉方面带来了资金及其他各方面的压力。面对加多宝营销费用的剧增，与加多宝在广告渠道进行激烈争夺的王老吉也面临着销售费用激增的无奈，从2012年以来，王老吉的销售费用节节攀升。多层面出击所带来的资金需求特别是巨额的营销费用对于还未获得市场收益的广药带来的压力也是不可小觑的。

从营销方面来说，2012年5月，加多宝调低了当年的销售目标，并开始大力增加营销费用。从2012年6 000万赞助首期《中国好声音》，到第二期赞助2亿、第三期赞助2.5亿，加多宝在娱乐营销方面可谓不惜血本。巨额的营销费用与铺天盖地的带“针对性”的广告，给广药红罐王老吉市场收回带来了巨大压力和重重阻碍。

从产品流通方面来说，2012年5月，仲裁结果出炉之初，王老吉方面就做好了推出红罐凉茶的准备，试图取得开门红。但是加多宝却采取了拖延政策，申请人民法院撤销仲裁裁决。诉讼的时间差打乱了广药的铺货计划，使得加多宝饮料在当年的凉茶销售旺季中占尽上风。“根据中国国际经济贸易仲裁委员会作出的〔2012〕中国贸仲京裁字第0240号裁决书，自2010年5月2日起，鸿道（集团）有限公司无权再行生产、销售或授权生产、销售使用‘王老吉’商标的饮料产品。”在仲裁裁决尘埃落定之后，加多宝已不能再生产、销售使用“王老吉”商标的饮料产品。但是由于加多宝在2012年春节期间就开始向经销商压货，将销售涉嫌侵权产品的风险和责任全部转嫁给了经销商，经销商在大量存货的压力下不得不“冒险”销售双面红罐凉茶。加多宝前期的压货行为使得仲裁结果出来之后市场上仍在大量销售加多宝的双品红罐、甚至内为王老吉外为加多宝的“双层皮”凉茶。在广药一方尚未推出自有品牌的红罐凉茶的时间间隙，双品红罐凉茶在市场上的继续销售无疑会使消费者产生“加多宝就是王老吉”，“红罐王老吉已退出市场”的认知，极大地损害了王老吉的商誉。

从舆论层面来说，2012 年 5 月，在“王老吉”商标授权许可到期后，加多宝一直扮演民企弱者的角色，故意制造国企与民企的对立，大打悲情牌。从“养子养父论”到“加多宝对不起”，再到“致两会代表委员的一封信”，加多宝试图通过悲情营销，以博得消费者的同情。仲裁失利之后，加多宝的各种虚假广告也是“甚嚣尘上”，从《更名篇》到《销量篇》，再到《传人篇》，加多宝企图将王老吉品牌优势最大化背书到其自有品牌，无形中“偷去”了王老吉的许多商誉。

从渠道方面来说，加多宝完善的销售渠道本来便深为外界称道，仲裁失利后，加多宝更是加紧利用其完善的销售渠道提前做各种“排除异己”的准备，给王老吉红罐凉茶进入市场造成很大障碍。在红罐王老吉开拓渠道的同时，加多宝就开始马不停蹄地给经销商补货，大量压仓。非正常的压货行为把经销商的资金牢牢套住，使之难以发生变动，并驱动经销商更努力地去卖货。加多宝还大幅度提高了经销的利润点，使得经销商的主动性大大提高。在王老吉的渠道开拓逐渐打开局面之时，加多宝继续采取“压货”策略，甚至将“压货”变成经销惯例。此外，为了遏制王老吉的铺货势头，加多宝经销商甚至以“高买低卖”“王老吉”凉茶的方式，试图造成王老吉价格混乱的假象，伤害王老吉经销商的信心。2013 年 5 月，加多宝江西省余干县经销商何某因恶意操作“王老吉”凉茶“降价”，违反了《反不正当竞争法》，被当地工商行政管理局判罚十万元[1]。表面上该不正当竞争行为的操作者似乎只是经销商，但经销商背后的操纵黑手是否为加多宝？答案不得而知。

从终端营销方面来说，加多宝为了“排除异己”更可谓不择手段。2012 年 8 月开始，加多宝的员工在南昌、苏州、深圳、东莞、广州等地多次阻挠王老吉的路演活动，殴打王老吉员工，并对王老吉员工造成了严重损害。在 2012 年 8 月 28 日苏州冲突中，加多宝工作人员甚至用美工刀将王老吉业务

---

[1] 加多宝高买低卖王老吉产品［EB/OL］．（2013-07-12）．http://www.chinairn.com/news/20130712/155304186.html.

员划致重伤，后该伤人者因故意伤害罪被判处14个月有期徒刑。在终端的竞争中，加多宝员工多次毁坏王老吉的宣传物料。2013年6月16日，王老吉员工因阻拦加多宝毁坏其大型活动宣传物料，王老吉四名业务员被加多宝20多人围攻殴打，造成较严重的伤害后果。

2. 确保质量　打开销路

从质量把控上，广药王老吉为了更严格地要求自己的质量，在国家规定的药品质量控制三级质量保证体系基础上，提出了对自己更苛刻的五级质量控制体系，简称“五道关口”。在严格的自我要求以及强大的客观优势下，广药王老吉的质量必定是更有保障的，也必定是经得起考验的。据《消费者报道》报道，2013年广东省质量监督食品检验站对其送检的九款凉茶13个指标进行检测。其中总黄酮是凉茶解毒功效的重要指标，结果显示：王老吉的总黄酮含量为5.84mg/100ml，“加多宝”凉茶（植物饮料）的总黄酮含量为3.36mg/100ml。若以国家标准《植物饮料》中对“草本饮料”的理化要求来看，加多宝的凉茶产品明显低于国标中总黄酮含量的限定值≥5mg/100ml。从凉茶中最重要的黄酮指标上来看，喝一瓶王老吉近乎喝两瓶加多宝的功效，广药王老吉在质量上无疑是更具优势的。❶

2013年年底，中国质量协会发布了《2013年度食品行业（茶饮料）消费者满意度调查分析报告》，该调查涵盖华北、东北、华东、华南、西南和西北六个不同地理区域，涉及“品牌形象”“感知质量”“感知价值”以及“满意度”等多个指标。调查结果显示：“王老吉在包括凉茶、红茶、绿茶、奶茶在内的11个品牌中的六项指标里夺得四项第一，在满意度方面，王老吉凉茶以73.68分成为该报告中消费者满意度最高的茶饮料”。❷ 2013年，王老吉虽经历许多风雨，仍超额完成150亿元的销售目标。消费者是最好的体验

---

❶ 广药王老吉：用品质赢得市场［EB/OL］.（2013-07-10）. http://www.gpc.com.cn/news/2013/n33556395.html.

❷ 中国质量协会公布2013茶饮料满意度　王老吉居首［EB/OL］.（2013-11-26）. http://www.chinanews.com/cj/2013/11-26/5549797.shtml.

者与检验者，王老吉的战绩也充分表明了其品质各方面是经得起考验的。

广药推出红罐王老吉之初，凉茶市场的销售渠道几乎被加多宝完全垄断，甚至出现了消费者“叫王老吉，只能上来一罐加多宝”的情况，广药只能在加多宝的渠道网夹缝中求生并进一步求发展。对于各经销商来说，利润是其最大动力，广药通过提高绿盒王老吉及红罐王老吉零售价格、进十箱送一箱等方式，给予终端更大利润。此外，王老吉采取了“先超市后餐饮”的两步战略。“在 2012 年第三季度的凉茶销售旺季，王老吉主要对大型商超铺货。第四季度则转攻餐饮渠道，一方面加大投入大型餐饮连锁店，另一方面借助有一定实力的酒水经销商，提高餐饮渠道的市场份额”。[1] 事实证明，广药的首战已经告捷。一方面，由于反不正当竞争案的诉讼的胜利，使得消费者认清了王老吉从未改名，不会再混淆王老吉和加多宝这两种品牌；另一方面，由于自身的渠道建设初见成效，供货广泛且充足，现如今商超餐饮已经很少出现“叫王老吉，上来一罐加多宝”的情况，但是仍有被个别垄断的终端渠道因为利益或其他原因无法自主选择货品。

终端促销主要是为了吸引消费者的眼球，增加购买率。2012 年广药成立王老吉大健康公司之后，迅速以特薪方式在短时间内组建了一个3 000人的营销团队。为了保证这支队伍的整体素质，王老吉对这些“新兵”进行企业文化、相关业务的培训。虽然团队是新组建的，但其中很多人是拥有快速消费品销售经验的“老兵”，因此在内部磨合的同时，迅速进入了销售状态。2013 年，王老吉继续大规模招聘快消人才。到 2014 年年初，王老吉在全国 31 个省的业务团队都已组建到位，整个营销团队近万人。随着广药王老吉快消团队的发展壮大，在全国各超市等销售网点，都逐渐可见王老吉促销人员的身影。毕竟王老吉的快消团队是一支崭新的、需要磨合的团队，与具有十几年快消经验的加多宝抢市场，仍面临着常人无法想象的困难。

---

[1] 王老吉红绿资源整合　优化渠道　经销商士气大振［EB/OL］.（2013-07-09）. http://www.gpc.com.cn.

3. 维权诉讼　举步艰难

当广药得到中国国际经济仲裁委的胜诉裁决后，并没有如期禁止加多宝使用“王老吉”商标。2012年5月28日，加多宝在北京发布了加多宝红罐新包装，而新包装的“加多宝”凉茶与王老吉红罐几乎一样，除了“加多宝出品”几个字的区别。面对这样的混淆，广药不再沉默，于2012年7月4日启动了王老吉全面维权工作，主要针对市面上销售的王老吉字样的非广药授权生产的凉茶，即在商标许可协议无效后，加多宝未经合法授权继续生产、销售的“王老吉”凉茶产品的行为进行维权。

加多宝侵犯“王老吉”商标一案，于2014年立案，经过漫长的等待，在2016年6月24日一审开庭，王老吉以加多宝在2010年5月至2012年5月期间侵犯“王老吉”商标使用权为由，向加多宝索赔29.3亿元，这也是中国知识产权领域最大的侵权索赔案件。

于是，加多宝开始故技重施，制造各种舆论，宣传加多宝是弱势，广药是强势，“索赔从10亿到29亿，王老吉把加多宝当作摇钱树”。殊不知，加多宝在许可协议无效后，仅加多宝2010年至2012年，向工商部门年检时申报的非法使用“王老吉”商标而销售王老吉的净利润就为29.3亿元。

这个案子是加多宝与王老吉的最新交锋，但这只是众多案件的一个缩影，案件审理期限漫长，加多宝使用拒收法院文书、管辖权异议、不断补交新证据等各种诉讼拖延策略，从立案到开庭一年两年不足为奇。加多宝利用诉讼期间，法律裁定滞后空档，大肆制造舆论，博得同情，网络人心，不断推出虚假广告来转移王老吉的商誉，每次王老吉维权就是在这种不正当手段的竞争高压情况下，从基层人民法院到中级人民法院、高级人民法院，再到最高人民法院一路走来。虽然在多次官司交手中王老吉都屡屡获胜，但是每一次成功无不经过披荆斩棘、背水一战，大众只看到胜利者的光环，未曾知道维权背后的辛酸。

王老吉与加多宝大战的导火索，从广药希望加多宝缴纳公平合理“王老吉”商标许可费开始，广药请求无效仲裁之前，加多宝行贿所签订的商标许可协议无效也是理所当然，加多宝除了拒绝接收法律文书、提管辖权异议，还多次假意和解来拖延仲裁时间，导致商标仲裁裁决在2010年5月1日之后的2012年5月9号才作出裁决，这个结果比原定商标许可期限延迟了两年零八天，仲裁结果出来，加多宝不甘失去“王老吉”商标的使用权，又申请法院撤销仲裁，直到2012年7月16日，北京一中院驳回加多宝撤销商标仲裁裁决申请，仲裁裁决正式生效，才真正为“王老吉”商标使用权争夺战画上句号。而广药却在漫长的收回“王老吉”商标维权中，相当于把“王老吉”商标免费给加多宝使用了近两年。这次维权即使胜利，但效率不算高，商场如战场，瞬息万变，加多宝通过拖延诉讼，留足了重造新品牌的成长时间。

2012年7月，双方在诉讼战场上首次交锋，是互为原告被告的红罐案，其中，广药提出1.5亿元索赔要求，加多宝方索赔金额暂定为3 096万元。从赔偿标的来看，加多宝似乎底气不足，广药1.5亿元的赔偿额，起诉费无疑也是惊人的，79.18万元的起诉费对于任何一个企业来说，都是巨大诉讼投入和冒险，对于国有企业的王老吉更是需要巨大的决心。而在当时，对红罐归属于谁，实务专家、理论学者观点都是更加偏向加多宝一方，甚至被加多宝舆论笼络的消费者也更偏向于加多宝，当时的王老吉可谓是破釜沉舟，背水一战。可喜的是在历经近三年后，2014年12月19日广东高院作出了一审判决，红罐凉茶装潢所有权最终归属王老吉，“加多宝”凉茶外包装已构成对王老吉的侵权。判定加多宝赔偿王老吉1.5亿元。这份判决经过了两年多的审理，终于初见分晓。假设广药集团是一个弱小的企业，没有持续维权，并且努力经营着百年品牌王老吉，也许现在市场上已经没有“王老吉”凉茶了，加多宝一家独大，凉茶始祖王老吉将被彻底颠覆甚至不复存在。

2013年12月20日，广州中院判决加多宝的“全国销量领先的红罐凉茶改名加多宝”广告构成不正当竞争，赔偿1 080万元。该案是王老吉维权案中最精彩的一战也是最艰难的一战，虽然当时红罐案早已立案，但是判决结果迟迟未出。该案不是最早立案的，但是这一战却是王老吉所有案件中的首次大获全胜的，为后续的红罐案、领先案等系列案，奠定了夯实的基础。

红罐装潢案立案之初，王老吉就被多地法院告知案情重大，需报上级法院批准后方可立案，一时间王老吉面临无法立案的尴尬境地。等立上案了，加多宝就拒收法律传票，又开始千方百计拖延诉讼，提管辖权异议。当时市面上大街小巷都是加多宝改名的海报，各种媒体也在发布改名广告。王老吉这时一方面打官司，忙得焦头烂额；另一方面还要在市场上面对加多宝步步紧逼的销售，扩大生产，开拓渠道，突出重围。

这个案子最初进展得如此艰难，为什么是最精彩的呢？精彩之处就是，该案的诉中禁令。2013 年 1 月 31 日广州中级人民法院下达了 2013 年新《民事诉讼法》实施以来的首次诉中禁令，“没有铁证如山，很难未审先禁”，因此法院对禁令的下达是非常谨慎的，禁令开庭要求律师提供侵权证据和损失证明，来判断侵权行为的存在即不立即禁止的严重后果，其难度不亚于正式开庭，光是禁令开庭就开了两次。而禁令的效果也是显著的，虽然加多宝一开始拒绝执行禁令，但是最后也不得不付出自称 10 亿元的代价全面撤下虚假广告。

2014 年 11 月 17 日，广州中院判决“中国每卖十罐凉茶七罐加多宝”“加多宝凉茶全国销量遥遥领先”“怕上火更多人喝加多宝”等一系列加多宝销量领先广告为虚假宣传，赔偿 500 万元。该案二审也已在广东高院审结，当初加多宝也是先提管辖权异议，然后推说不是该案诉讼主体，因为加多宝在全国各地都设立了具有独立法人资格的加多宝公司，如广东、北京、武汉、浙江、重庆、福建等，每一个独立的加多宝地区公司负责本区域的销售，当律师在广东起诉加多宝的时候，加多宝说不是广东加多宝制作的涉案广告，虽然中国境内的加多宝广告语相同，但是委托发布的广告主体及受委托制作的广告公司、发布广告的媒体都是不尽相同的，于是为了防止加多宝再找借口拖延逃避法律责任，律师又去重庆、长沙立案起诉当地的加多宝公司，这个时候加多宝又找“一事不再理”提出管辖权异议。王老吉律师又见招拆招在广州、重庆、长沙三地都取得了连胜。

接着王老吉通过“正宗配方案”“七连冠案”等案件，再次全方位的多次维权，挽回了王老吉的商誉，也有市场效益。有了社会关注度，消费者开始越来明白，这两家凉茶的是是非非，究竟谁在侵权，谁在偷梁换柱，谁在移花接木。王老吉诉讼维权虽然起步艰难，但通过改名案突破重围以后，也是效果显著，这四年近20场官司让王老吉赢了官司，也赢了人心。

三、品牌优势　再显神威

1. 品牌优势　广药创新

品牌优势就是商品在长期经营中形成的商誉价值，是企业的灵魂，是产品的精神价值；外化为“商誉，”没有商誉的产品就没有持续竞争力，商誉高低是市场竞争力的象征，是衡量企业发展潜力的重要标志。企业销售产品提供服务，就是依赖商誉获取更高利润、更优势的市场地位，所以企业的竞争说到底就是“商誉”之争。客观地说，在被许可的十几年中，对于王老吉品牌的商誉，加多宝作出了巨大的贡献。所以，作为被许可人的加多宝，在市场上做得越大，越不舍得放下王老吉，进而对他人品牌的依赖性越大，这无疑也是加多宝的软肋。

反观，商标许可协议无效后，广药收回王老吉品牌。的确，靠着王老吉多年的品牌优势，广药无需再投入巨额的广告费去开拓市场、打响品牌的认知度，如果没有加多宝持续转移王老吉“商誉”的不正当竞争行为，广药本可以轻而易举地收回市场，持续获得消费者的忠诚度和美誉度。但是事与愿违，加多宝不断地嫁接王老吉的商誉价值，从改名广告、领先广告到红罐包装，都在瓦解王老吉的商誉，如果广药王老吉对此完全不予理会，估计王老吉1 080亿元的“品牌金矿”难保。对于加多宝的行为，王老吉打了一次又一次漂亮的保卫战，从商业层面到法律层面，通过自己过硬的品质，持续不断的努力经营，提升品牌知名度与美誉度，续写了王老吉这个百年老字号的传奇。

王老吉品牌的可贵之处在于其有着百年文化底蕴，这也是广大消费者广泛认同的。商标收回后广药致力于充分挖掘中华百年品牌文化的根基，弘扬凉茶文化的精髓，为凉茶做博物馆，这是加多宝生产王老吉近二十年都没做到的，广药做到了。这也许能回应加多宝之前的一句话，这就是“生父与养父对王老吉这个孩子的区别”。

2013 年 12 月 4 日，历经两年，广药在广州白云山脚下建立了王老吉博物馆，该馆是全球规模最大、藏品最丰富、科技含量最高的凉茶博物馆。博物馆广场上摆放了一只高达 2.9 米的巨型铜葫芦。据历史记载，当年林则徐入粤查禁鸦片，由于水土不服染病在身，在服用王泽邦所开药方后，次日即病除，于是赠王泽邦一葫芦状的大铜壶，上刻王老吉三个金字，寓意悬壶济世。广药建立的“王老吉”凉茶博物馆展现的是由王老吉的传奇故事浓缩成的一部中国凉茶史，使消费者对百年品牌文化的价值得到更进一步的认同。

2014 年 8 月，王老吉首创采用世界先进的 DNA 条形码技术用于原材料鉴定，从源头确保凉茶的品质。推广也要创新，2014 年年底，王老吉以8 100万元斩获央视“第一标”，同时以4 000万元抢得《舌尖上的中国 3》饮料行业唯一合作伙伴席位。2015 年元旦，王老吉推出“福禄寿喜财吉”新春吉祥罐，六大中国传统吉神卖萌贺岁。夏季，王老吉推出越热越爱态度罐，深入沟通年轻群体，并通过冠名热播网络剧《盗墓笔记》，与《万万没想到》大电影合作等，在品牌年轻化上再上一台阶。❶

图 7-2　王老吉广告

图片来源：[EB/OL].[2016-09-12]. http://brand.wljhealth.com/culture/.

❶ 王老吉：一个中国符号的光荣与梦想［N］. 人民日报（海外版），2015-07-07.

2015 年 7 月 8 日，王老吉宣布携手中央电视台、爱奇艺联合打造凉茶行业首部品牌文化纪录片。2014 年 11 月 9 日，亚太经合组织（APEC）领导人峰会在北京召开，王老吉大健康公司参加了这一顶级盛会，让一个拥有 186 年历史的中华老字号得以与国际大牌同台竞技。这次亮相不只对王老吉，对整个中华老字号行业和民族品牌而言，都是一次提振士气的亮相。

百年品牌要发展就必须做到创新，广药在经营王老吉品牌的同时，也在创新打造王老吉品牌，多元化对中国凉茶文化进行展示，持续对老字号品牌的传承，与时俱进打造互联网品牌，不断与年轻消费者保持沟通，推进品牌年轻化进程。通过不断创新发展王老吉的品牌优势，王老吉的品牌价值正不断增值，已突破 1080 亿元的市值，成为中国凉茶第一品牌，广药可谓功不可没。

2. 品质过硬　依托药厂

王老吉大健康公司是广药的全资子公司。2015 年，广药销售收入 749 亿元。经几十年的发展，广药已经成为华南的医药巨头，旗下公司众多，形成了以“白云山”品牌推动的“大南药”、以王老吉品牌推动的“大健康”以及以“广药”品牌推动的“大商业”的独特运作模式，2010 年广药提出“11X”发展模式，即将广药旗下公司的资源、科技、国际化、人才、品牌实现共享，实现共同发展。借力白云山等优质资源，依托药厂本身行业发展的示范作用，广药王老吉的质量水准有足够的保障。

从技术层面上来说，广药作为一架巨大的医药“航母”，拥有诺贝尔奖得主穆拉德博士、钟南山院士、刘昌孝院士等顶尖科研人才。王老吉大健康公司依托广药强大的人才支持，凉茶质量必然经得起打磨。从生产标准上来说，广药王老吉从原料到生产，再到物流、仓库储存，每一个环节都严格把控，其生产过程达到了制药标准。

从原料选择上来说，广药“王老吉”凉茶的原料主要来自广药的 32 个中药材 GAP 种植基地，按照 GAP 要求选用，质量控制上采用定量提取、指纹图谱等技术，品质上乘。在生产工艺上，王老吉秉承传统的中药草本蒸煮萃取工艺，并结合现代化的中药现代化生产技术，实现了传统凉茶饮料的标准化精益生产。

图 7-3　一名工人在王老吉大健康产业（雅安）生产基地包装车间工作

图片来源：新华社照片。江宏景，摄。[EB/OL].［2016-09-06］. http://www.gzppa.org/html/?392.html2016-09-06.

在对老字号的传承与创新上，广药提出老字号要自强不息，要“倚老卖新”，做到传承、创新和超越。广药麾下的老字号达到 13 家，占据全国医药行业老字号的半壁江山。[1] 广药重点培育这些老字号，不断发展创新，例如，安宫牛黄丸，在同仁堂的产品中表现平平，而经广药精心打造后得到消费者的广泛好评，销售量也远超同仁堂。广药拥有全国最大的中药生产基地，有能力为这些中药类的大品种提供坚实的基础。

广药提出大南药、大健康、大商业和大医疗“田”字形发展战略，其中以王老吉引领整个大健康板块的发展。凭借广药强大的研发能力以及对于品质的管控体系，王老吉在品类多元化上有着天然的优势。国企广药生产的王老吉，从原料、包装材料到质量把控，都是完全按药企的高标准进行，可令消费者百分百放心。对广药王老吉来说，褪去各种纷争，质量上乘才是王道。

[1] 广药 13 个老字号占据医药老字号半壁江山［N/OL］. 广州日报，http://www.gpc.com.cn/news/2012/n15164924.html.

3. 后发优势　大放异彩

自2012年下半年，广药王老吉开始了凉茶市场的收回工作。其在产能、渠道、终端、营销等各个层面快速发力，虽遇到了许多客观障碍，但其取得的效果也是相当喜人的。现如今，广药王老吉的产能、渠道等各方面都已初具规模并逐步完善，2013年王老吉取得了长足发展，销售额达150亿元。王老吉努力从传统的经营方式转到现代经营链条上来，扩大经营规模，依靠母公司雄厚的科技实力，建立了自己的研发中心——王老吉大健康研发中心。作为拥有188年历史的健康植物饮料，王老吉一方面进一步强化在健康方面的作用，另一方面，也会在相关的多元化方面作出更多的探索与拓展，满足消费者需求。相对于广药王老吉的新兴而言，加多宝却面临着产品线单一、库存压力巨大、产品批号陈旧、经销终端成本翻倍、经销商流失等危机。此外，巨额的营销费用及商标流失的影响也使得加多宝在巨大压力下步履蹒跚。

在各个方面发力并取得可喜成果之后，广药王老吉却并没有自骄自喜，而是不断地推陈出新，加紧改革。在口味创新方面，广药王老吉根据消费者口味的变化进行口味革新，推出“低糖”“无糖”及固体饮料等新产品。在营销创新方面，广药王老吉也进行了大胆创新，除赞助传统的歌唱比赛等娱乐节目之外，王老吉还赞助了诸如“全民骑行，绿道达人”“新地标，新跨越”等活动。2014年3月，王老吉正式对外发布“品字形”发展战略，将从“时尚”“文化”“科技”三大板块进行战略部署。2014年4月，王老吉甚至还启动了“魔法营销”，开拍《魔法传吉》，进行多种线上、线下活动。

作为国企民族品牌，王老吉时刻谨记历史使命，加速“中国凉茶智造”，为强化中国经济增长提供新动力。2016年5月3日，广药白云山83亿元定增正式获批，成功引入马云旗下的云锋基金作为战略投资者。双方将在医药电商、医疗健康服务和大健康产业等三大领域积极对接，利用各自资源优势开展全面合作。募集资金共24亿元，其中包含云锋基金的五亿元注资，为王老吉科研、生产提供了强有力的资本力量，将极大增强大健康板块的盈利能力以及渠道资源优势。有了阿里系的支持，王老吉把握战略机遇，在产品、品牌营销、科学技术等方面不断创新，进一步深入推进供给侧结构性改革。5月5日，王老吉“三位一体”创新产业基地揭牌仪式在广东韶关举行。王老吉韶关创新产业基地将OEM生产方式升级为集生产、文化、科研“三位一体”模式，促进凉茶产业规模与环境承载力、市场需求相适应。集生产、文化、科研于一体，王老吉“三位一体”创新产业基地，还建设了科研技术中心以及“王老吉”凉茶博物馆，目前已在广州、北京、雅安，泰州、宜昌建立了凉茶博物馆，未来在全球建设总共56家凉茶博物馆。[1] 以“双创”为引擎，王老吉通过科研技术提升大健康产业的空间和价值。王老吉不仅充分利用当地种植资源以及医药科研人才资源，而且将在产品开发、资金以及品牌、经营等方面打造平台，加速转化科研成果，激发社会创新活力和创业激情。

“工业4.0”的核心在于智能制造，王老吉2016年4月迈进了“超吉+”4.0时代，公布了基于互联网、大数据驱动生产经营的“超吉+”4.0战略。王老吉与阿里巴巴首次在罐身引入全球最小的二维码——视觉码，在快消行业率先实现了“视觉码”技术创新；同时还联手金山西山居发布王老吉“武侠罐”，在武侠罐上发起视觉码营销，满足消费者个性化需求，担当起“中国凉茶智造”的重任。2016年4月李源潮副主席到雅安芦山考察，高度赞扬了王老吉对雅安灾后重建所作出的贡献，在参观王老吉基于“超吉+4.0”互联网战略所推出的武侠罐，了解了罐身拉环上首个最小二维码——视觉码，体验了一把王老吉“超吉+”互联网应用之后，李副主席称赞道，这是很好的与年轻人的沟通方式。中国凉茶“质造”开始展现惊人的成效。据了解，王老吉一季度全国提货量比同期增长40%，预计2017年销售额将达到300亿元。

2016年，“健康中国”“供给侧结构性改革”等重大战略号角已吹起，提升消费品品质、促进制造业升级成为政府工作报告题中之意。广药王老吉推动了中国凉茶“质造”的新标准：一是国内首创凉茶生产关键工序按GMP

---

[1] 王老吉韶关“三位一体”创新产业基地揭牌［N/OL］.（2016-05-06）. http://epaper.southcn.com/nfdaily/html/2016-05/06/content_7543407.htm?COLLCC=3088898749&.

制药标准设计。雅安生产基地在厂房设计时引入了医药企业的标准，把“王老吉”凉茶的灌注机房按照《药品生产质量管理规范》（GMP）设计施工，洁净度达10万级，属于国内首创。二是采用多项环保节能减排措施，响应国家清洁生产、低碳绿色经济的号召。利用工艺设备技术节能与热能收回利用，普遍采用变频与自动控制技术，降低主要生产系统电耗，采用LED新技术节能以及保温材料进行建筑节能，始终把节能减排作为关键要素进行考虑。三是首创全球最大的单体车间，打造首个全球凉茶透明工厂，所有生产环节实现了卫生、高效，生产设备实现了高度自动化，让消费者对王老吉放心，对国内的饮料业放心。

综上，产能、渠道、终端、营销各方面的后发新优势，口味、营销等各方面的锐意创新，使我们看到一个充满朝气与活力的广药王老吉。我们有理由相信：民族品牌王老吉将始终跟随时代潮流，传承百年“工匠精神”，强化产品品质，坚持与时俱进的营销模式，依靠产品、文化和形象输出，不断提升品牌软实力，最终以凉茶王者的姿态迈出国门，大放异彩。

2012年在商标仲裁结果出来之后，广药王老吉因其国企身份承受了巨大舆论压力及诸多质疑。同时在收回凉茶市场的过程中，广药王老吉碰到了来自竞争对手设置的诸多障碍：加多宝在从营销、产品流通、舆论、渠道到终端营销等方面都采取了多种不正当竞争行为，转移了“王老吉”商标的商誉，无形之中也给王老吉的市场收回带来了巨大的障碍。甚至在王老吉起诉加多宝之前，对于加多宝转移商誉的行为，当时实务界、法律界仍有诸多争议，广药王老吉对加多宝损害其商誉的行为曾面临过求助无门的局面。但是广药王老吉凭借其文化、品质等方面的优势以及不怕困难的企业精神。在巨大的压力下仍能从各个层面上发力，不断创新品牌文化，提升品牌价值。

广药王老吉挺过了最艰难的阶段，市场竞争实力不断加强，并在凉茶市场的收回工作中取得喜人成绩：1 080亿的品牌价值使得王老吉再创了年营230亿元的销售奇迹。与公众对国企有色眼镜下“不思进取”“总是亏空”等看法不同，广药统领下的王老吉大健康公司是一个创新能力、营利能力强，具有活力的企业。王老吉大健康公司从 2012 年成立到今天已拥有一支一万多人的强大队伍，在全国东、南、西、北、中等五大区域开发了生产基地，并投资建设自主经营的大型生产基地，产品畅销全国。同时王老吉不忘自觉履行民族企业的社会责任，成立王老吉 1.828 亿爱心基金，全方位、多层面地持续在重大灾害、贫困、环保等方面的社会公益事业中不断发力，锐意进取。

相信在广药经营下的王老吉会在之后的发展历程中会走得越来越顺，逐步做活、做强健康产业，就如企业名称“王老吉大健康”一样——健康大步迈向新的制高点。

第八章
CHAPTER

商誉归属 众说纷纭

08

在激烈的市场竞争中，无形资产在现代社会财产制度的地位愈显突出，商誉价值愈发重要。广药和鸿道集团长达一年多的商标之争随着裁决的出炉已尘埃落定，广药虽依法收回了“王老吉”商标，但烽火仍未休，双方围绕附着在王老吉品牌上的商誉展开了更加激烈的争夺。庭上双方唇枪舌剑之时，庭外专家更是众说纷纭、观点各异。

其中最具争议的，还是在于商誉的归属。不论是已被打造成价值高达1 080亿元的著名品牌，还是经过 17 年使用而成为知名商品“王老吉”凉茶的特有包装装潢，其中所蕴含的巨大商誉价值该如何界定？其权利该归属何人？“加多宝”凉茶短短几年时间能在凉茶市场站稳脚跟、另辟山头，与“王老吉”凉茶在凉茶市场形成双雄争霸之势，其中跟加多宝间接地使用了王老吉品牌的商誉有极大的关系。笔者认为要厘清品牌及商誉的归属，首先应从法律规定上切入，明确商誉及包装装潢到底是属于“生育人”广药，还是属于“养育人”加多宝集团？其次，品牌及商誉是否可以切割，双方是否可以各占其份？最后，在这场争夺中，加多宝在被许可的 17 年间也是战战兢兢、夙夜匪懈，有功劳亦有苦劳，难道加多宝被收回了商标使用权就等于被宣判净身出户、一无所有？

一、谁用归谁　于法无据

众所瞩目的王老吉与加多宝之间的改名之诉、红罐之争、十罐占七罐、销量领先、谁是正宗等系列案，归根结底就是一场商誉大战。双方围绕附着在王老吉品牌上的商誉展开了舆论战、广告战、法律战，等等，激烈的争夺让我们不禁对什么是商誉产生浓厚的兴趣，它看不见、摸不着，却为何让人如此惦记？

庭上双方唇枪舌剑之时，庭外专家更是众说纷纭，支持加多宝者认为："恺撒的归恺撒，上帝的归上帝"；支持王老吉者认为："应遵守商标许可合同制度的基本原则"。王老吉和加多宝之争掀起了学术界的波澜，观点的碰撞如同音符的交织，让这场商誉之争愈发激烈、耐人寻味。笔者认为，商标许可是一种商业行为，存在盈亏风险，如果以加多宝公司独占使用 17 年、现王老吉品牌增值为1 080亿元的结果作为逻辑起点，仅以此认定"王老吉"商标的商誉谁创归谁，实则依法无据。

1. 商誉之争　千招万式

夏日炎炎似火烧，野田禾稻半枯焦。夏天正是各大饮料品牌推出新品抢占市场之时，"凉茶市场争夺战"也再次打响。笔者撰写此文时，广药诉六家加多宝公司商标侵权索赔 29 亿元案正由广东高院开庭审理[1]，这场被誉为中国知识产权领域最大的侵权索赔案毫无悬念地成为当天头条，这也是广药与加多宝公司之间的近六年十几场诉讼之中最大的一次。是的，王老吉又上火了！

早在"中国商标第一案"打响之时，王老吉就上火了。后来广药得偿所愿，顺利收回"王老吉"商标，"'王老吉'商标争夺"这话题才稍稍降下

[1] 该案是 2014 年 5 月广药集团以加多宝在全国的六家公司自 2010 年 5 月 2 日始自 2012 年 5 月 19 日止，因侵犯"王老吉"注册商标造成广药集团经济损失 10 亿元向广东省高级人民法院提起诉讼，2015 年 2 月，广药集团将 10 亿元赔偿金额变更为 29 亿元，该案于 2016 年 6 月 24 日一审开庭。

火来。但仅片刻休憩，更精彩的第二回合又悄然开场，这次双方对决的目标就是王老吉的商誉。这场商誉之争精彩绝伦，哨！哨！哨！双方选手开始攻击了，先看到加多宝选手采取以攻为主的路线，先一记虚假（广告）刺拳，再补上一记重磅的金罐勾拳，连续出击，毫不给王老吉选手喘息机会；哎呀！王老吉选手一开场虽然不断被迫往角落处逼退，但站稳脚步后防守中偶出攻击，接着打出一系列的诉讼组合拳，连连胜诉，瞬间把劣势扭转！在双方你来我往的对抗中，一方为将王老吉品牌商誉移植到新品牌上绞尽脑汁，另一方为保护品牌价值流失而竭尽全力，龙争虎斗让人目不暇接、拍案叫绝。打到现在都已经记不清这是双方往来的第几回合了，趁着中场休息时间，让笔者带您回顾双方在“改名之诉”“红罐之争”交锋的精彩瞬间。

鸿道集团为了获得商标许可手段尽出，但若要人不知，除非己莫为。预料到“仲裁”裁决可能对己方不利，鸿道集团和加多宝公司渐渐着急起来，虽说“加多宝”这个名字在“商标之争”上通过媒体的大量曝光已经让很多人开始知道，但对于混迹这一行业十几年的“老手”，鸿道集团和加多宝公司深知：“加多宝”毕竟是新品牌，在快消饮料界没有了热度、没有了宣传，这个新品牌也将很快被大众所遗忘，因此，打亮、打响“加多宝”品牌凉茶的快捷通道就是通过广告等各种手段移花接木，让消费者以为“加多宝”就是原来的“王老吉”，转移王老吉品牌商誉，才能成功让“加多宝”品牌迅速崛起。

且不说仲裁悬而未决之时，加多宝利用诉讼的空档推出了“一面加多宝，一面王老吉”包装，在新包装的凉茶上突出“加多宝”高达 11 处。与此同时，加多宝还通过网站发布声明表示“加多宝出品的红罐凉茶产品已经全面启动新包装”[1]。这个“新包装”推出市场大概为六个月，可以确定在许多消费者心中种下了疑惑的种子——“王老吉”和“加多宝”是什么关系？

[1] 2011 年 10 月，加多宝集团开始推出一面“王老吉”、一面“加多宝”新装红罐凉茶，于 2012 年 2 月全国上架，2012 年 3 月 29 日在官方网站发布换装声明，于 2012 年 5 月 28 日，加多宝生产的凉茶正式去除“王老吉”商标。

2012 年的 5 月，又是酷热夏季的到来。在仲裁一锤定音前，加多宝早已策划好营销广告，以电视广告为主要媒体，辅之以报刊、网络、户外 LED 灯、候车亭等各式广告平台，推出了“怕上火，喝加多宝”“正宗凉茶，加多宝出品”“全国销量领先的红罐凉茶现在改名为加多宝，还是原来的配方，还是熟悉的味道”等广告语。“王老吉改名加多宝”“全国销量领先的红罐凉茶改名加多宝”或与之相同或意思相近的改名广告语，巧妙地将红罐凉茶、市场销售、传承历史、行业地位等都指向“王老吉”凉茶的要素转嫁到“加多宝”凉茶品牌上，不断灌输着“昨日的王老吉就是今天的加多宝”。这时候在消费者心中种下的“王老吉和加多宝是什么关系”的疑惑的种子终于“发芽”，原来王老吉改名了。加多宝以一种渐变的手法，刻意地在消费者心中烙下以加多宝品牌代替王老吉品牌的印象，意图将王老吉品牌商誉转移到现在的“加多宝”品牌上来。

然而，广药在 2012 年 6 月推出的“红色罐装王老吉”开始打破僵局，使加多宝公司心生不安，对于使用了红罐装潢 17 年的加多宝来说，知道“红罐装潢”对于其意味着多么重大的商业利益。试想，仅仅 2012 年“王老吉”凉茶销售额达 200 亿元，这个巨大销售额与红罐是密不可分的，因此红罐装潢背后的巨大利益也足以让加多宝公司“杀红了眼”。对于此刻的加多宝公司而言，在没有了“王老吉”商标许可使用权后，也只剩下红罐这个装潢可以将消费者对“王老吉”凉茶的依赖与喜爱移植到加多宝身上，以期获得王老吉红罐凉茶在许可过程中创造的商誉。于是，加多宝公司剑走偏锋，打算先下手为强，率先宣称广药推出的红罐王老吉侵犯了其对红罐凉茶的包装、装潢享有的反不正当竞争意义上的权益，并通过媒体广而告知：我，加多宝，起诉你广药了！

面对加多宝公司的组合出击，广药则是攻守兼备，诉讼为主，步履沉着稳重，效果一针见血。广药集团于 2012 年 7 月 4 日，以加多宝公司擅自使用知名商品特有包装装潢为由在广州中院申请立案，于 7 月 6 日缴纳立案费用而成功立案。历史的巧合让“谁的红罐”这一话题带来一抹神奇的色彩，加多宝公司也在7月6日这一天向北京市第一中级人民法院以相同案由立案起诉广药。广药在“红罐之争”上抢先半步，先发制人，赢得头彩。

与此同时，广药对于加多宝铺天盖地的改名广告也采取法律方式以重击，在2012年12月、2013年4月分别在广州、重庆以加多宝公司虚假宣传为由诉之法庭，同时向广州中院申请禁止加多宝继续使用“王老吉改名为加多宝”或与之意思相同、相近似的广告语等广告宣传。此处，广药巧妙地采取了广告方式以正视听，在2013年春分别通过CCTV开门大吉、湖南卫视春晚和元宵晚会、四川跨年晚会、新浪微博、终端店铺招牌等途径告知全国观众：“180余年独家秘方正宗凉茶王老吉从未更名”。不论是被誉为“中国第一禁”的广州中院的禁令裁定，还是“王老吉从未更名”的广告，都有效地化解了加多宝公司的主动攻击，阻止了王老吉品牌商誉被加多宝继续移植、窃取，对挽留王老吉品牌商誉起到了决定性的作用。

加多宝凭借着改名广告、红罐装潢等营销手段的影响，根据加多宝公司提供的数据，作为新品牌“加多宝”的凉茶在2013年的销售额突破200亿。这对于一个刚被推出才一年左右的新品牌来说绝对是一个不可思议的数据。显然双方之间的交手不仅只是改名之诉、红罐之争，这些挑起的争端只是表面，背后的水还有多深!?加多宝为何分手不干脆，弄得这样累!?所有千变万化的招式，其目标无不是指向商誉的争夺，指向价值1 080亿王老吉品牌的获取，指向红罐凉茶的高达数百亿元的市场利益！顿时山高月小，水落石出。各位雾里看花的看官们可要坐好，真相，准备开始大白了！

2. 商誉飘忽 实为何物

被广药收回的王老吉注册商标，已被打造成品牌价值为1 080亿元的驰名商标；红罐装潢经过17年的使用，已成为“王老吉”凉茶的特有包装装潢，蕴含着巨大的无形商誉价值。在广药新推出王老吉红罐凉茶后，加多宝公司却认为这是对其苦心经营17年王老吉商誉的公然抢夺。[1] 对此，双方诉诸了

[1] 鸿道集团和加多宝公司于2012年6月3日联合发表了针对广药集团推出红罐王老吉产品是对其侵权的严正声明。

法庭，法庭内外声音不断：庭上双方针锋相对，庭外专家学者众说。商誉到底有多大魔力？使双方缠斗不止、争论不休的“商誉”究竟是个啥？看不见、摸不着却为何又藏有如此大的利益？

商誉（Good will of a trade or business）这一概念最初来自于会计领域，在 19 世纪末由英国学者首次提出：“商誉”是指对消费者惠顾有利的所有因素。[1] 什么是商誉这个基本问题自被提出后的一个多世纪，学术界仍未达成共识。而后，商誉这一概念被引入法学领域，然而，在法律概念中仍难以明确界定商誉的定义。商誉权作为一种新兴的权利，在我国并没有明文规定。对商誉权的属性在学术界存在较大的争论，主要有两种观点。第一种认为商誉权是人格权的一种，即“商誉权是法人名誉的一部分”，且有学者进一步认为，“如果竞争对手对企业名誉造成了伤害，可以通过侵害名誉权来进行保护”，因此如果损害了商誉权，可以通过以侵害法人名誉权为由进行保护；第二种观点则以吴汉东教授为代表，其认为：“商誉权，它涉及的商誉利益包括精神利益和财产利益两个方面，其中财产利益是主要的部分”。[2] 因此，第二种观点认为商誉权不仅具有人格权属性，也具备财产权属性。

以上两种观点恰好对应我国对商誉保护的法律体系发展，分别是民法中的企业名誉权、荣誉权条款以及反不正当竞争法中的商业信誉、商品声誉条款。1986 年《民法通则》第 5 章在“人身权”一节中规定了企业法人名誉权、荣誉权，虽然没有明确规定“商誉权”，由于当时的观点认为商誉权是法人名誉的一部分，已经规定企业名誉权、荣誉权，则不必另行规定“商誉权”。因此，我国自 1986 年起就对经营者的商誉权进行保护。我国 1993 年《反不正当竞争法》的出台，其目的是为制止市场上的不正当竞争行为，更好地为企业的商誉提供保护，该法第 14 条规定：“经营者不得捏造、散布虚伪事实，损害竞争对手的商业信誉、商品声誉。”

商誉本身是看不见摸不着的东西，具有虚无缥缈的特性，有学者将商誉

---

[1] 刘书怡、曾刚辉．王老吉商标商誉归属初探［J］．法制与社会．2013（8）．

[2] 吴汉东．论商誉权［J］．中国法学，2001（3）：89-96．

作了一个有趣的比喻，形容为“悬浮于实体上空的灵魂，是包裹在整体之外的一层大气，是所经营的产品散发出来的馨香，是对与所习惯的特定营业场所或某一特定名称相关联的商业活动的美好联想。”❶ 商誉这一无形资产价值的体现主要集中在商标上。商标是商誉最重要的载体之一，消费者对产品质量、服务提供的满意度、信赖利益等都基本上凝聚于商标上。

理论上对于商标与商誉之间的关系主要有三种观点：第一种认为商标与商誉为从属关系，商标权的客体包括商誉；❷ 第二种观点认为尽管商标与商誉的关系密切，但二者并非不可分离，也不存在“从属”关系，而应当是交互影响的竞争性资源，二者为并列关系；第三种观点认为，商标是商誉的载体，二者不可分离，商标的价值在于所承载的商誉，离开了商标承载的商誉，商标就没有任何独立的价值。脱离了商标的商誉，则没有法律意义的归属存在。❸

总的来说，笔者认为就商誉的形成而言，商誉是社会大众对企业的经济行为的综合性社会评价，蕴含着消费者对商标、产品质量、服务的信赖，使企业在市场运行中更好地获得优越地位和超额收益的能力，而商标是商誉的最主要的载体之一，商标不仅仅是指示商品的来源，相关公众对产品的信赖利益更多是寄托于商标上，商标不仅仅能够减少消费者的搜索成本，也是承载了“顾客再次消费的可能性”❹ 的最重要的标志。正如可口可乐公司前首席执行官道格拉斯·达夫特所说：“如果可口可乐在世界各地的厂房被一把大火烧光了，只要可口可乐的品牌还在，一夜之间它会让所有的厂房在废墟上拔地而起。”可口可乐公司的商誉承载在可口可乐商标上，即便厂房等有形资产毁于火场，但商誉这无形资产的价值仍分毫不损，承载于商标上。

3. 各自站队　众说纷纭

对商标许可合同终止后的商誉分配，学术界围绕着其中两个问题争论不

❶ 郑其斌. 论商标权的本质［M］. 北京：人民法院出版社，2009：78-79.
❷ 李琛. 名称与商标保护［J］. 电子知识产权. 2005（5）.
❸ 刘书怡，曾刚辉. 王老吉商标商誉归属初探［J］. 法制与社会，2013（8）.
❹ 李国庆. 美国商标许可合同中的商誉制度述评［J］. 知识产权，2013（12）.

休：一是被许可使用商标所负载的“后发商誉”如何分配；二是知名商品的特有包装、装潢所负载的商誉如何分配。对于第二个问题将在下一节再行论述。

对于被许可方在许可合同期间通过努力积累的负载于商标中的“后发商誉”，在许可合同终止后该何去何从？即被许可使用商标所负载的“后发商誉”如何分配的问题，学术界也有不同的观点。

（1）归加多宝集团。

上海大学知识产权学院院长陶鑫良教授认为：“王老吉商标的‘后发商誉’是由加多宝在被许可的17年中独立培育出来的，广药根据仲裁裁决收回的只能是王老吉注册商标本身，而无权奢求其他。”[1] 因此该观点认为“恺撒的归恺撒，上帝的归上帝”，王老吉注册商标归广药，加多宝后发独力打造的商誉应该谁创造应归谁，王老吉商誉应归加多宝。

深圳大学法学院李扬教授认同陶鑫良教授的观点，并进一步补充认为：“不能简单地认为被许可使用商标新增的价值都归属于商标许可使用人，因为市场主体的理性认识能力存在疏漏，合同也会有不周延之处。而应该根据公平原则，按照双方金钱、劳动、时间等方面投入贡献的大小进行合理分配”。[2]

（2）归广药。

西南政法大学张玉敏教授认为：“商标许可使用合同是双方基于各自利益的考量进行的意思自治的合同行为，作为许可一方的广药集团是以王老吉商标进行投资，而被许可方鸿道集团利用王老吉这一财产进行经营，因此，鸿道集团对王老吉商标进行的宣传推广是为了更好地销售凉茶产品，因此按照‘商标’作为财产的基本理念，‘王老吉’商标在这一过程积累的商誉应属于广药集团。”[3]

---

[1] 陶鑫良，张冬梅．被许可使用“后发商誉”及其移植的知识产权探析［J］．知识产权，2012（12）．

[2] 李扬．究竟谁动了谁的奶酪——加多宝与广药之争案评析［J］．知识产权，2012（12）．

[3] 张玉敏，曹博．合则两利，分则两害［J］．法律适用，2013（6）．

清华大学法学院崔国斌教授另辟蹊径，从商标许可使用制度目的出发，认为商标商誉应该归属于广药，其主要观点为："商标许可合同终止后，被许可商标上积累的商誉归许可人所有，被许可人应遵守不搭便车、不得继续利用许可人的商誉的附随义务。"❶

我国《商标法》没有对商标许可使用产生的商誉归属进行特别的规定。笔者认为，从商标许可使用制度的基本原则和行业惯例出发，一般而言，在不违反法律强制性规定的前提下，许可人与被许可人可以对商标许可期间中的商誉归属作出约定。法律尊重市场主体的私法自治。如果双方并无对商标许可期间的商标增值部分的归属作出约定，根据商标许可制度基本原则，商标许可合同终止后，被许可人应停止使用被许可商标，商标上积累的商誉归许可人所有，无需给予被许可人补偿。这种规制的制度考量在于：①就商标许可的行为而言，被许可人租用许可人具有知名度的商标是为了更好地销售商品。由于一个具有知名度的品牌建立是需要时间打磨和沉淀的，高知名度商标拥有更多心智资源，消费者信赖产品的质量，从而形成了只要看到该商标就意味着产品的高质量的惯性联想，由此具有知名度的品牌在产品销售上具有较高市场竞争力。因此，被许可人想要在短时间内进入相关市场，在市场竞争中赢得一席之位，许可、租用商标是一条快捷通道。由此证明，被许可人销售产品是依托商标的知名度和影响力，商标许可期间因被许可人良好经营所形成、积累的商誉归属于商标权人是情理所归的。②从权利义务的统一性而言，由于消费者一直认可的是商标权人、商标及产品，商标始终归于商标权人，商标权人一直在为商标被许可人的使用行为承担责任。如果因被许可人的不当使用，使消费者对品牌的评价降低或商标被贬值、淡化，更甚于使得商标被撤销，这些后果都是商标权人予以承受。如果许可合同没有约定商誉归属与分配，根据权利义务相统一的原则，将商誉归属于商标权人也是恰当的。③从被许可人的角度而言，在签订许可合同时就已预见是为"他人作嫁衣裳"。由于其追求的是从商品销售额中获取利益，对于为商标权人增加或减少商标价值应是可以预见的，倘若商标价值递增，

❶ 崔国斌．商标许可终止后的商誉分配［J］．知识产权，2012（12）．

被许可人的产品也会因此水涨船高，间接享受品牌溢价的好处；倘若商标价值递减，那也可合理预见被许可人将选择不再续约或提前解约合同，避免自身利益受损。所以，真正商标权利的归属仍为商标权利人，所需承受商标价值变化的主体也是商标权利人。

对于“王老吉”商标的“后发商誉”归属的问题，“王老吉”商标在授权许可给鸿道集团及加多宝公司使用之前就具有较高的知名度，加多宝公司凭借着“王老吉”商标自身的商誉更好地销售凉茶产品，在快消饮料市场赢得重要地位。可见王老吉红罐凉茶虽由鸿道集团及加多宝公司独占使用，对王老吉品牌价值作出贡献，但没有广药的授权与许可，就不能成就今天的加多宝公司，将所有功劳都归结于加多宝公司是不客观的。从尊重商标许可制度而言，在商标许可合同终止后，在双方的许可合同中没有约定商誉归属与分配，作为被许可人一方的鸿道集团和加多宝公司应该履行许可合同的附随义务，不得继续利用许可人的商誉，更不能通过广告宣传等手段嫁接、转移商誉。商标许可是一种商业行为，存在盈亏风险，如果以加多宝公司独占使用 17 年、现王老吉品牌增值为千亿的结果作为逻辑起点，以此认定“王老吉”商标商誉谁创归谁，实则依法无据。

二、品名商誉　焉可分割

王老吉红罐凉茶成为今日的知名商品，与“王老吉”商标的商誉和加多宝公司的宣传营销是分不开的，双方共同积累了王老吉红罐凉茶的知名度。而王老吉红罐装潢作为知名商品“王老吉”凉茶的特有包装装潢，与“王老吉”商标共同使用，也具备指示商品来源的功能。笔者认为：为了避免消费者误认和混淆，红罐装潢所负载的商誉应当归属于商标许可人广药集团。纵观王老吉与加多宝的系列纷争，双方均应厘清市场界限。王老吉红罐凉茶虽由加多宝公司培育，但品名商誉不可分割，加多宝公司应遵守市场规则，诚实守信，公平竞争。

1. 商品知名　各有贡献

在2012年6月之前，有两种“王老吉”凉茶同存市场：一种是广药生产的王老吉绿盒包装凉茶，另一种是由鸿道集团及加多宝各关联公司生产的王老吉红罐凉茶。在王老吉红罐凉茶产品中，广药是王老吉注册商标的权利人和许可人；鸿道集团是王老吉注册商标的被许可人，鸿道集团和加多宝各关联公司也是王老吉红罐凉茶产品的合法经营者和实际生产者。在“王老吉”商标本身知名度的基础上，在鸿道加多宝的努力经营下，王老吉红罐凉茶产品成为知名商品，在全国家喻户晓，并享有年销200亿元的巨额市场。鸿道集团愿意对王老吉红罐凉茶产品精心培育和持续宣传营销，与王老吉红罐凉茶产品自身的良好质量密切相关。笔者认为，红罐王老吉被认定为知名商品，广药和加多宝公司各有贡献。

王老吉红罐凉茶的知名度与“王老吉”商标本身的知名度密切相关。“王老吉”商标的历史悠久，“王老吉”凉茶不仅是中华老字号，在被许可给鸿道集团使用之前就已经具有很高的知名度，获得了众多奖项与荣誉：早在1992年和1998年，王老吉被广东省著名商标评选委员会认定为“广东省著名商标”，1993年被认定为“广州市著名商标”，此后连续被认定为广州市著名商标。在王老吉被许可给鸿道集团之后，广药及鸿道集团双方均积极经营着“王老吉”凉茶品牌：2005－2007年，广东省食品文化遗产认定委员会认定王老吉药业的凉茶为广东省食品文化遗产——“凉茶的配方及专业术语”之一；2008年广东省食品行业协会认定王老吉为“改革开放三十年凉茶产业最具影响力品牌”，2009年被评为“中国驰名商标”等。

王老吉红罐凉茶的知名度与鸿道集团和加多宝各关联公司的精心培育、宣传营销密切相关。在2003－2010年，鸿道集团先后建设5个厂，总投入20亿元，在中央电视台不间断进行广告投放，推广王老吉品牌。据相关报道，加多宝生产和销售红罐王老吉产品，共支出建厂、广告、促销费共计84.5亿元。王老吉红罐凉茶的知名度和产品的销售额逐年飙升：2004年达到15亿元，2005年超过25亿元，2007年近90亿元，2008年达120多亿元，

2009年约160亿元，2011年约180亿元。因此在商标许可使用期间，广药集团和鸿道集团、加多宝公司为王老吉红罐凉茶这一知名商品的商誉积累均做了努力和贡献，该商品上所展现的商标、红色装潢等元素所承载的商誉是双方相互促进、共同创造的。因此，红罐凉茶获得的成功与“王老吉”商标所承载的商誉以及加多宝公司的成功经营是分不开的。

商标与商品之间是否存在直接关联？这早在2003年的司法判决[1]中就有认定：商标是商品的标识，其有表彰商品的质量功能，商标的著名与商品的质量两者之间有内在的联系。“王老吉”凉茶是在市场上具有一定知名度、并为相关公众所知悉的商品，应确定为知名商品，那么罐装“王老吉”凉茶饮料作为“王老吉”凉茶系列产品中的一种，与知名商品“王老吉”凉茶具有不可分割性。由此，罐装“王老吉”凉茶在2003年也被认定为知名商品。

2. 品名商誉　不可分离

对于作为知名商品的王老吉红罐凉茶特有包装、装潢所负载的商誉的归属问题，更是引发了网民、学者在新浪微博、学术论坛等平台上的大讨论，支持广药集团者认为应当遵守法律，尊重消费者认知习惯；而支持加多宝者认为种瓜得瓜，谁创归谁。笔者总结归纳了以下观点，供大家思考。

（1）支持加多宝一方。

有网友认为：王老吉红罐的商誉完全是加多宝创造的，与广药没有关系。虽“王老吉”商标是广药的，但加多宝在使用过程中确立了“红罐+王老吉”的知名商品的包装装潢，产生了识别性和商誉。从公平的角度来说，凝聚在“红罐”上的商誉与识别性指向的是加多宝。有业内专家认为：“不仅是红罐，连王老吉品牌的商誉都应当归属加多宝。”

前北京大学国际知识产权研究中心主任郑胜利认为：“根据‘种瓜得瓜，种豆得豆’的道理，谁付出了劳动，谁就应该取得相关的权益。红色包装装潢是加多宝设计并大量投入，该权益应该归属加多宝”。上海大学知识产权

[1] 广东省高级人民法院（2003）粤高法民三终字第212号民事判决书。

学院院长陶鑫良教授在这观点上进一步指出，“加多宝公司‘王老吉凉茶’巨大商誉的载体也包括红罐的包装装潢”，红罐包装装潢权益由加多宝创造及推广，应归属加多宝，因而承载的商誉也归属于加多宝。[1]

（2）支持广药一方。

也有网友认为，商誉归属于加多宝是不符合法律规定的，红罐王老吉的成功是其品牌基因综合了天时、地利、人和等多种因素下共同作用的结果，虽然加多宝功不可没，但是加多宝自创品牌为何没有成功？

另外部分专家认为，商品的包装、装潢就是商标，属于孳息物范畴，知名商品“王老吉”凉茶的包装装潢产生的商誉只属于王老吉，不可能由他人分享。

清华大学法学院崔国斌教授认为：“在判断被许可人是否通过包装、装潢的使用获得独立商誉时，应当遵守‘被许可人在被许可商标上添附的商誉’归属于许可人的基本原则，同时也要遵守消费者的认知，尊重商标归属的内在逻辑。”[2]红罐装潢长期与“王老吉”商标结合使用，已经和“王老吉”商标紧密联系在一起，在消费者的心中，“红罐凉茶”指的就是“王老吉”凉茶，如果将红罐装潢与“王老吉”商标分属于不同的主体，消费者就会造成混淆。因此为了避免消费者误认和混淆，红罐装潢所负载的商誉应当归属于商标许可人广药，而加多宝公司不能对红罐包装装潢获得独立商誉。

笔者认同崔国斌教授的观点，并进一步认为消费者购物会认“品牌”，而品牌则主要看“标识”，标识所凝聚的商誉会促进消费者的购买意愿。站在一般大众的日常生活习惯和消费习惯上看，红罐装潢作为广为人知的“王老吉”凉茶的包装装潢，已经与王老吉形成唯一的、直接的联系，产品来源的指向也是广药。并且人们很少去关注某一产品的生产者是谁，对于长期选购的商品，消费者更多是记住该商品的商标或品牌，然后通过对该商标或品牌的认可而持续选用。在过去十几年间，加多宝公司主营的产品就是“王老

---

[1] 见陶鑫良教授在2012年9月1日在京召开的“知名商品特有包装装潢法律问题研究会”上的发言。

[2] 崔国斌．商标许可终止后的商誉分配［J］．知识产权，2012（12）．

吉”凉茶，其所有的宣传、广告等营销行为均围绕王老吉品牌展开，在长期的宣传中，在消费者脑海中关于“红罐凉茶”或者“红罐王老吉”直接和唯一指向的是“王老吉”凉茶。看到王老吉红罐凉茶产品，首先关注和联想到的是王老吉品牌，而非作为生产厂家的“加多宝公司”。此外，红罐装潢之所以成为知名商品的特有包装装潢，一个重要的原因是与具有较高知名度的“王老吉”商标共同使用。在这一层面上，王老吉红罐凉茶所凝结的商誉虽是由双方共同创造的，但品名、商誉不可分离，王老吉红色装潢所承载的商誉理所应当归属于广药。

3. 诚实守信　公平竞争

深究王老吉与加多宝之间的系列虚假宣传、诉讼的根本原因，在于双方的许可协议突然终止，而双方并没有对商标许可合同期间内对“王老吉”商标商誉和王老吉红罐包装装潢负载的商誉作出明确的分割。王老吉品牌所积累的商誉具有巨大的市场价值，在未明确归属的情况下，双方在日后展开同业竞争时均试图最大限度的利用或取得该商誉价值，而忽视了后合同义务的遵守和履行。

综观加多宝公司为培植“加多宝”品牌所作的宣传广告，无疑不是在通过以新商标替代旧的被许可商标，实现王老吉品牌商誉的转移，为加多宝品牌的“成长”取得竞争优势。在重庆“改名案”中，重庆市第五中级人民法院认定“全国销量领先的红罐凉茶改名加多宝”即意味着将在商标许可使用期间原来由王老吉红罐凉茶作为知名商品所拥有的知名度和良好商誉均完全转嫁到现在的“加多宝”红罐凉茶产品之上，不但侵占了商标许可使用期间内王老吉红罐凉茶这一知名商品的商誉，也会将“王老吉”商标所拥有的商誉赋予“加多宝”红罐凉茶，即会自行赋予“加多宝”红罐凉茶产品过度的知名度和商誉。[1]

---

[1] 重庆市第五中级人民法院（2013）渝五中法民初字第00345号民事判决书。该案二审判决书为重庆市高级人民法院（2014）渝高法民终字第00318号民事判决书，二审驳回加多宝上诉，维持原判。

竞争是市场经济有效运行的前提和基础，也是决定市场主体命运的重要因素。双方在商标许可使用合同终止后，均应遵守商业道德，厘清各自产品的市场界限，通过正当的竞争以赢得消费者的认可，赢得市场份额。通过遵守市场秩序，充分发挥市场机制的作用来做大做强。在市场竞争中，应当以诚实信用为原则，尊重历史和事实，双方公平平等的展开竞争，不得采取不正当手段损害公平的市场竞争秩序，侵犯对方的合法利益。我们都知道，在当今激烈的竞争市场中，一个品牌的成长太难了，长期使用的、具有较长历史的商标更容易得到消费者的信赖，因其承载着消费者对该品牌的认可度及经营者对品牌商誉的培育等；而加多宝公司的转移商誉的行为使得凝结在王老吉品牌上的商誉转嫁到加多宝品牌上，扰乱了公平的市场竞争秩序，破坏了商标许可制度的基本原则，侵犯了广药、王老吉的商誉。

三、名利之争　各得其所

广药在收回王老吉品牌使用权的同时，也顺道带回了身价1 080亿的“伴手”（2010 年北京名牌资产评估有限公司对王老吉品牌的估值为1 080亿元人民币），这无形资产不可谓不贵重。在加多宝集团历年的努力耕耘下，王老吉品牌价值水涨船高，培养了中国消费者对凉茶的认知及消费力道，这身名牌也让原本只卖绿盒凉茶的王老吉无需多打广告，哥买凉茶就认王老吉！爷吃火锅就配王老吉！正因如此，广药在收回王老吉品牌后即妥妥地坐稳了凉茶老大的位置。反过来看加多宝集团，其在被褪去金缕衣后也不是手无寸铁地上擂台跟人裸战。在历年来对“王老吉”凉茶产品持续投入的基础上，加多宝集团不论在生产技术、生产规模上，还是在销售渠道、广告行销等各方面，都居于有利地位；甚至让接续的自创加多宝金罐产品在市场推广上能够水到渠成、手到擒来，并藉由几个行销的关键触发点立即奋起，与广药分食凉茶市场这块大饼。

1. 品牌回归　一飞冲天

王老吉品牌着实了不得！从 1991 年第一罐王老吉卖出至今，其品牌在市场的价值不断递增，依据 2010 年北京名牌资产评估有限公司对王老吉品牌价值的评估，考虑到“王老吉”凉茶的消费者众多、影响力巨大等因素，该机构给予王老吉品牌1 080亿元的估值。有学者认为这估值给得高了，同属于百年品牌的国酒茅台，2011 年品牌销售额 182 亿，营业利润 123. 36 亿，其品牌价值才 295. 46 万。[1] 如此，依当时加多宝集团销售王老吉红罐凉茶一年的营业额以及市场对凉茶的消费力道而言，王老吉这三个字顶多喊到 200 多亿元。尽管各评估机构对品牌估值的方式有差异，但总的来说，“王老吉”凉茶一跃而上成为中国饮料中最有价值的品牌这是没有异议的。这也意味着，广药在系列战中顺利收回了王老吉品牌也即是收回了这1 080亿身价的无形资产，对于 2010 年营业额为 187. 9 亿元、净利润为 11. 9 亿元的广药来说，这1 080 亿元可以说是醍醐灌顶、打通任督二脉，有如猛虎再给它一对翅膀，这还不飞上天了吗!?

2012 年广药正式收回“王老吉”商标。广药虽然拿了一手好牌，却还面临着巧妇难为无米之炊的市场窘境。在收回商标权的同时，广药在红罐王老吉的上下游与营销上都还处于空白状态，尽管广药一直生产绿盒王老吉，惟 20 亿元不到的年销售收入与当时的凉茶市场规模相比实为九牛一毛。为了更有效地填充市场，首先，广药成立了王老吉大健康公司，专门负责红罐王老吉的运营。其次，广建生产基地，面临巨大的凉茶市场，仅凭以往的绿盒产线的产能远远不能满足市场所需，因此王老吉逐渐在全国进行产业布局、设立生产基地、场外车间等。最后，其营销团队也借鉴可怕又可敬的对手，在渠道上不断丰富、成长，不仅打通了国内市场渠道，也拓展了海外市场，让中国凉茶走出中国、迈向世界。依其官方公布数据显示，在 2015 年，王老吉红罐、绿盒凉茶在国内的销售额接近 230 亿元，在海外的销售额接近三亿元，这数据与其之前仅有绿盒的年销售额 20 亿元相比，十足已是凉茶一哥的范儿了。

---

[1] 邹文武. 王老吉品牌到底值多少钱? [EB/OL]. [2012-07-25]. 中华品牌管理网，http://www.cnbm.net.cn/article/ar488856127.html.

2. 经年耕耘　动作频频

双方之争到了现阶段，似乎都是广药一方的压倒性胜利。随着品牌价值1 080亿商标使用权的失去，红罐装潢和“怕上火喝……”广告语也判归广药，“红罐凉茶改名”和“十罐七罐”等不当广告语的判赔，连续十几场官司的落败让加多宝染上了一层“悲情”的色彩。观众不禁同情着加多宝，似乎加多宝兢兢业业、苦心经营的一切都被广药一夜收回了，加多宝什么都没有了。但，事实真的是如此吗？

根据《南方日报》2016年2月28日的报道，中国食品工业协会在北京召开的“2015年度全国食品工业经济运行发布会暨2015年度饮料行业整体运行发布会”显示数据，作为中国饮料行业第四大品类的凉茶产品，在2015年销售收入突破500亿元，其中，“加多宝”凉茶以52.1%的销售市场份额位居中国凉茶行业市场首位，换言之，“加多宝”凉茶2015年的市场销售额似超过250个亿。

“加多宝”凉茶从2012年开始推出市场，在短短三年间居然能与多年在凉茶市场居于首位的“王老吉”凉茶一较高低，且在2015年销售份额跃居市场第一。熟知快消品饮料行业的人都知道，该行业壁垒低，似乎谁都可以轻易地进入市场，但想要在此红海中头角峥嵘、雄霸一方却又是大不易，市场上的品牌多如繁星，一个新兴的品牌想要突破重围可谓艰难。譬如知名品牌“娃哈哈”，也是历经多年浮沉才成为中国快消品饮料界的领头羊。但“加多宝”凉茶的成长和崛起为何如此迅猛？笔者归纳了“加多宝”凉茶崛起的三大重要原因。

（1）深扎马步，一朝为用。

俗话说：烂船也有三斤钉，对一个能够年销200亿元的凉茶生产商而言更是不言而喻。尽管少了“王老吉”商标，加多宝集团在凉茶饮料稳扎稳打所积累的硬件设备、管理技术、产销渠道俨然成为企业价值不菲的无形资源。

在生产管理方面，加多宝集团于1999年在广东省东莞市长安镇设立广东加多宝饮料食品有限公司，于2003年在北京经济技术开发区成立加多宝饮料集团，2004年在浙江省绍兴市成立浙江加多宝饮料有限公司，2005年在福建省石狮市投资成立福建加多宝饮料有限公司。旗下厂房均按照 GMP（良好操作规范）标准建造，并引进欧美制造的全自动饮料生产线。其质量管理体系覆盖从原材料采购、生产制造至售后服务的整个过程，同时对全部生产过程进行自动仪器监测。加多宝各厂均设有检验中心，并从英、美、日、德等地引入大量先进检测设备。生产线的成熟为新品牌在全国铺货以抢占市场奠定了基础，在生产“王老吉红罐凉茶”的 17 年里，加多宝集团早已有了一套成熟的生产、管理模式，即使更换了新品牌，该管理模式深深融入企业核心，已成为企业不可或缺的一部分，是企业的宝贵的无形财富。或许成功的模式可以复制，但是管理经验具有不可复制性。

加多宝集团在运营“王老吉”凉茶的过程中建立了一套完善、高效的销售管理及营运制度，并拥有独立销售队伍，且在全国 30 多个省市设立了办事机构。加多宝集团早已对全国销售渠道实现了全面覆盖，借鉴百事可乐的销售渠道模式，将每个渠道进行按照地域进行细分，形成了以五大销售公司管辖 50 个销售大区，50 个销售大区管辖 500 多个办事处的格局。是故，加多宝公司在公开场合中常略带自豪地表示：“大到国际酒店、大型超市，小到市井街巷的小卖部，都有我们的铺货。”

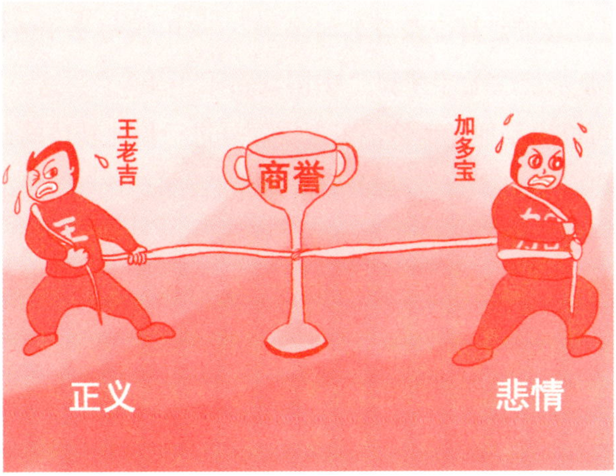

王琳绘制

图 8-1　谁的商誉

作为17年“王老吉红罐凉茶”的出品商，加多宝自身也获得了前述无形商誉，苦心炼成了一身好本领，让之后横空出世的“加多宝金罐凉茶”可以说是与市场几近无缝接轨，有效地填补了王老吉红罐凉茶缺失的市场空间。2015年加多宝咬牙置换了长久使用的红罐，改用金罐，并在行销上进行了巧妙结合：“庆祝2014年加多宝销量再度夺金推出金罐加多宝”，将金罐、金色象征的含义和加多宝的市场态势巧妙地结合起来，形成整体有效的传播，也打造出了加多宝自己的“金”鸡母。

（2）偷龙换凤，巧取商誉。

广药收回王老吉之后，即使其营销团队尚未成熟，也不过是销售量尚待提升的事；但对于加多宝来说，就是生死存亡的事了。这是因为加多宝每年都要和线下渠道商签合同，如果在品牌被收回到新渠道销售合同签订这期间没有把新品牌打出去，它将丧失它的渠道优势。对于消费者而言，即将推出的加多宝是个全新品牌，消费者能否认可、接受？一旦转换不成功，加多宝很有可能将会彻底失去市场，乃至于消失。故如何运用媒体来吸引消费者眼球，辅以打亮、打响“加多宝”品牌凉茶就是加多宝面临的重要课题。

“全国销量领先的红罐凉茶改名加多宝”，“中国每卖十罐凉茶七罐加多宝”，“加多宝凉茶连续七年荣获‘中国饮料第一罐’”，这三则公众耳熟能详的广告语，可以说是加多宝惦记王老吉商誉进行偷龙转凤的典型。

首先，加多宝推出“全国销量领先的红罐凉茶改名了”的广告。这里面的巧妙在于加多宝这个新品牌承接王老吉这个老品牌资源时，考虑到了关键价值点：市场销量、凉茶配方、传承历史、行业地位，巧妙地将王老吉的资源转移了过来，再配合渠道的推广，在小餐馆里还派了临时促销员，告诉顾客，全国销量领先的红罐凉茶改名加多宝了，然后向顾客推荐加多宝。说到底是商标许可授权的收回，并不是改名，王老吉并未有改名一说。加多宝打出此广告语时辅以阶段性的将红罐凉茶双面印王老吉的字样改成一面王老吉一面加多宝，最终将红罐两面的字样均改为加多宝。套句赵高的指鹿为马，

“指着红罐说王老吉是加多宝”在这居然刚好合用！

其次，加多宝发布了“全国每销售十罐凉茶有七罐是加多宝”以及“加多宝凉茶连续七年荣获‘中国饮料第一罐’”广告语。中国商人最爱的句式，往往非常具有煽动性。此举目标是打中消费者的追求品牌心态。在“全国销量领先的红罐凉茶”广告被广药打官司叫停后，加多宝推出的后一个广告也着实让人惊叹，加多宝从同行业的销售额切入，向消费者展示了其在凉茶市场份额的领先，欲通过这个优势强行把王老吉压过去，塑造产品的高形象。还原真实话语应是：“全国每销售十罐凉茶有七罐是加多宝‘生产的’”，加多宝“生产的”凉茶连续七年荣获“中国饮料第一罐”，说选择性的实话不是实话，何况是如此针对性地删去“生产”相关字眼而让消费者误以为是品牌行为，此不谓误导何谓误导？凭借着这几条非常精准的虚假广告营销，加多宝成功进行了品牌嫁接、转换，有效地挺过品牌建构的过渡期，实现了新品牌的迅速崛起，并成功地掠夺了市场份额，打响了凉茶市场的新品牌。

（3）李代桃僵，弃车保帅。

桃树要受罪遭难了，由李树来代替，桃活李死，谓之“李代桃僵”，比喻各种替代受过、受难的现象或做法。从2012年广药与加多宝分家，在一切没有定论的两年多里，加多宝通过混淆、移花接木等行为占领市场，其从侵权行为中获取的利益足以覆盖其败诉成本，这无异就是加多宝版的“李代桃僵”。案子可以等，但是市场不等人，市场瞬息万变，特别是大众化消费品市场。尽管加多宝面临踩踏法律红线的风险，但所谓破釜沉舟、置之死地而后生，其借由诉讼的失利对加多宝品牌不断宣传，化被动为主动。

回归市场游戏规则，中国市场有个现存的bug（漏洞），即法律对于侵权、虚假宣传、误导市场、危害中国老字号品牌违法者的处罚力度过轻，导致违法成本过低，维权成本过大，权利人跟侵权人的权利义务不对等。因此在中国有一个怪现象是，诸如大众消费品生产企业甚至愿意当被告，愿意将诉讼案件搞得越轰动、影响面越大越好，这完全可以被认为是通过自身违法而变相为自己做一次效果极好的广告，这种广告效应带来的产品销售收入足以弥补其支付的败诉赔偿，这亦是一些企业受利益驱动，故而对违法行为乐此不疲的真正原因。反观欧美市场，一旦企业涉嫌侵权、垄断、侵害消费者利益、利用非法手段打击竞争对手，或者通过行贿政府官员取得竞争优势等违法行为被认定后，其罚款额度可以高上天，进而阻吓了潜在侵权企业以身试法，毕竟其广告效应带来的利益很难覆盖罚款成本。

对于利用自身诉讼做广告，加多宝实在是太精明。纵然诉讼处于劣势，每每败诉，加多宝便通过召开发布会方式宣传自身企业，并发动“致两会代表的万言书”“对不起”等“悲情营销”，意图向大众不断灌输加多宝曾是生产“王老吉红罐凉茶”的出品商，使大众了解到苦心培育“王老吉红罐凉茶”的是加多宝，让大众看到加多宝对“王老吉红罐凉茶”的贡献，以劣势造时势，突出其17年来所获得的商誉优势，将作为17年“王老吉红罐凉茶”的出品商这一无形商誉通过不断宣传予以强化、突出、深入人心，从而影响了消费者的选择，趋向相信、认可同是加多宝集团生产的新品牌“加多宝”凉茶的产品质量，以此拥有了心智资源。因此纵然其新推出了“加多宝”品牌，也毫无影响其销售数额，且成功逆袭，第三年也创造了200亿元的凉茶销售神话。

3. 卿不负我　我不负卿

在双方相安无事的十几年里，鸿道集团和加多宝公司不负广药所托，兢兢业业、夙夜匪懈地运营、壮大王老吉品牌，让王老吉品牌价值积累到1 080亿元，在这一层面上，鸿道集团和加多宝公司的确值得让广药为其点赞，为加多宝历年的努力道一句“卿不负我”！尽管在之后双方的互动中，广药虽是处于相对较被动的态势，但坐收价值不菲的商标却也扎扎实实地赢了里子、赚了银子！更何况连续的胜诉还添了面子！这些都是后话了。

而上述论及的“加多宝”凉茶的三大崛起因素都与王老吉脱不去干系，甚至可以说加多宝是踩着王老吉这块踏脚石向上迈进的。因此笔者认为，“王老吉”商标被加多宝集团抱养17年，其获得的无形商誉从某种意义上讲并不亚于王老吉。加多宝集团在广药收回了“王老吉”商标后也并非孑然一身、一无所有，相反地，“17年的王老吉凉茶的生产出品商”就是一个无形的商誉，加多宝通过对王老吉红罐凉茶的多年投产、经营，积累了对凉茶行业的丰富的生产经验、充裕的生产线、全面的销售渠道、顶尖的营销团队和深刻的管理经营内涵等有形资源和无形资源，它们也能转化成为巨大的无形商誉财产，更何况还有上百亿盈利进袋。加多宝所得到的一切“看则有形实则无形”，生产厂房、设备、渠道资源等恰恰是加多宝最大的无形资产，如若加多宝经营的不是王老吉而是其他品牌饮料，恐怕投入再多的广告也无法回报得如此丰盛。从这一层面道来，广药对于加多宝又何尝不是“我不负卿”！

苏联著名作家高尔基曾说：“勤劳者能叫时间留下串串果实。”经过多年在凉茶行业的摸爬滚打，加多宝集团可以称得上是凉茶行业的经营专家，十年磨剑功力斐然，因而当“金”鸡母不再，加多宝非常驾轻就熟地利用累积下来的资源开始养起自己的“金”鸡母。但若是没有上述无形资产，即使加多宝再吹再擂，投入再多煽动人心的广告，也不可能在三年内突破两百亿，再创一个新的品牌。从这一角度来看，广药在商标许可授权的过程中无形中也培植、壮大了加多宝集团在凉茶产业的竞争力，说是帮加多宝集团双手递上了磨刀石一点也不为过。加多宝的“金”鸡母从零成长到能与广药分庭抗礼只用了三年多的时间，至今与广药各占近两百亿元的凉茶营业额，这绝非是一个白手起家的企业能够达到的成就。因此，“加多宝”凉茶的成功崛起，笔者认为一方面正因为加多宝公司经营王老吉品牌17年，其之后的虚假广告才会在这“土壤”中产生效果，成功将部分商誉转嫁到新品牌上，为新品牌崛起赢得竞争优势；另一方面也是加多宝公司在这17年里所积累的商誉通过诉讼战、舆论战发挥得淋漓极致，让其无形商誉得到了充分的体现，为其占据市场拥有更大的筹码。

王琳绘制

图 8-2 有你更金彩

广药与鸿道加多宝牵手合作 17 年，在商誉上各有所获、各得其所，王老吉是无形生有形创造了神话，加多宝是有形变无形催生了奇迹。加多宝拥有的不仅是有形，这些有形的东西本身就隐含着无形，如果说“王老吉”三字值千亿，那么加多宝的有形加无形也不亚于千亿，法律是公道的，上天是公平的，王老吉得到了自己应有的，加多宝也收获了自己应得的，双方都在三年中突破 200 亿元的销售额，这或许就是对本节标题“名利之争　各得其所”的最好回应与印证。

第九章
CHAPTER

改名禁令　史无前例

09

2013年1月31日，是中国知识产权保护历史上具有里程碑意义的一天，因为这天广州中院作出了《（2012）穗中法知民初字第263号之一诉讼禁令民事裁定书》，裁定加多宝立即停止“王老吉改名为加多宝”虚假宣传行为，该禁令被称为中国知识产权保护第一禁令。在全国闻名的王老吉与加多宝强强诉讼对抗中，广州中院顶住各种压力依法未判先禁，开创了中国知识产权保护先河，对于今后中国知识产权诉争与保护具有标杆性意义。

广州中院的诉讼禁令，改变了双方诉讼格局，为王老吉在与加多宝系列凉茶大战中打破了僵局，使王老吉在短期内取得了意想不到的法律效果和市场效果，诉讼禁令对双方后来的系列官司带来了深远影响，为王老吉取得系列案胜局奠定了坚实的法律基础。

王老吉如何巧用诉讼禁令申请？加多宝如何沉着应对？广州中院为什么会支持王老吉诉讼禁令申请？诉讼禁令在知识产权诉讼过程中为何具有重要意义？且听笔者逐一介绍。

一、集中火力　重点突破

2012年拉开诉讼序幕的王老吉与加多宝系列凉茶诉讼大战，面对加多宝铺天盖地的改名广告宣传，王老吉对维权之事极其重视，一开始即聘请了一批国内顶尖知识产权律师进行维权，但诉讼启动以后，并未出现王老吉预期的诉讼效果，因为加多宝面对王老吉的起诉，随即以管辖权异议还之颜色，接下来就是烦冗的诉讼程序，几个月下来法院方面一点音信都没有，王老吉这边急得像热锅上的蚂蚁，感觉似老鼠抓龟般无从下手，对加多宝的虚假改名广告攻势一筹莫展。

时间对于王老吉来说就是黄金、就是市场，加多宝的改名广告多存在一天，就意味着王老吉的品牌随之掉价一天，加上广药初时的王老吉产能销量有限，国内消费者会越来越多人相信王老吉真的改名为加多宝了。如果没有更好的对策，即使一两年以后王老吉胜诉了，但王老吉的品牌价值也就所剩无几了，到那时市场消费者只认得加多宝了而不识得王老吉了，王老吉能不急吗？王老吉陷入了维权困局之中，虽多方寻计，但始终无人能提供可破局之良计，王老吉上下陷入万分焦急之中。

广药在凉茶案维权诉讼过程中，恰好有宗专利方面的法律问题想咨询、请教广东三环的温旭律师，双方在交谈过程中谈起凉茶案的诉讼情况，温旭律师无意中了解到王老吉在维权诉讼中所遇到的困境，遂一针见血地指出，伤其十指不如先断一指，找最易认定的侵权“改名”虚假宣传提起诉前或诉中禁令，首先让消费者知道王老吉没“改名”，这是重中之重、急中之急。广药的领导原以为温律师只是专利知名专家，没想到温律师实际上对商标法、版权法、反不当竞争法等知识产权也很精通擅长，当时的法务经理对此很重视，向领导做了汇报，并问有无百分之百的把握，并要求在春节前能拿到法院的禁令，温律师说有八九成把握，但不能说百分之百，十拿九稳已经是最高的承诺，而且律师也不可能包打赢。

图 9-1　广州中院 6 日举行加多宝和广药“诉中禁令”听证会，温旭律师团队现场激烈争辩

图片来源：广州中院提供。

尽管温旭律师团队并没有向王老吉承诺一定可以打赢官司，但鉴于温律师以往代理广药案件大多都胜诉及考虑温律师在知识产权诉讼方面的经验和威望，王老吉在找不到更好的诉讼对策的情况下，尽管温律师没有作出诉讼必赢承诺，但王老吉最终还是接受了温律师的建议，决定启动诉讼禁令申请，正式聘请温律师团队为诉讼代理人，加入到双方凉茶品牌大战中来。

事后证明，王老吉决定采纳温律师的意见，确实是在凉茶诉讼系列案中使出了一招妙棋，该妙棋扭转了双方僵持的诉讼态势，为王老吉在该案凉茶大战中胜出并高歌猛进奠定了坚实的法律基础。虽然王老吉提出的诉讼禁令得到了人民法院的支持，实现了满意的法律效果和社会效果，但禁令的诉讼过程却充满着艰辛和曲折。

三环温旭律师团队接受王老吉聘请之后，经过全面分析研究，最早设计在广州南沙区人民法院（以下简称“南沙法院”）提起告加多宝改名侵权的诉讼，同时提出诉讼禁令，但在向南沙法院提出诉讼立案申请以后，却碰到了意想不到的局面。南沙法院接到王老吉立案申请后，经过反复审核案件材料，明确表示不接受王老吉的诉讼申请，建议王老吉到广州中院立案，给出的理由是：该案法律关系复杂，南沙区人民法院刚成立不久，审判人员数量不足，审判能力有限，王老吉与加多宝的红罐争议案的一审法院都是由广东高院受理，所以要求王老吉到广州中院立案处理。

南沙法院不愿接受王老吉该诉立案申请，其实并不是该法院知识产权庭审判人员与审判能力的问题，而是该法院审核材料后，考虑王老吉与多加宝都是行业大佬，一方是国企强企，一方是私企强企（胡春华省委书记在该案诉讼期间都曾亲临加多宝视察指导工作），考虑到该案诉讼的社会影响力相当重大，感受到一种无形的工作压力，所以才不愿受理该案。

何谓诉讼禁令？简单而言，诉讼禁令就是在法院未作出判决之前，在诉讼前或诉讼过程中提前禁止一方当事人正在实施或预谋实施的某种侵权行为。根据相关法律规定，诉讼禁令的法律适用条件是：被申请人正在实施或即将实施的行为很可能构成侵权；如不采取诉讼禁令，将给申请人的合法权益造成难以弥补的损害；申请人要提供合理、有效的担保；责令被申请人停止有关行为不会损害社会公共利益。

诉讼禁令的法律特点包括：①诉讼禁令具有依附性的特点，必须依附于诉讼。因此，诉讼禁令既要以提起诉讼为前提条件，又依附于判决结果。一旦裁判的结果不同于诉讼禁令的内容，那么诉讼禁令在与判决结果冲突范围内自动失去效力。而一旦裁判结果与诉讼禁令的内容一致，那么禁令措施可以转化为执行措施。②诉讼禁令具有暂时性的特点，诉讼禁令不是纠纷的最终解决方案，只是暂时性地对申请人提供司法保护。

对于动态的侵权行为，采取扣押财产尚不足以保护权利人的合法权益，故在民事诉讼中采取保全性的临时救济，如发禁令，责令侵权人停止侵犯权利人的权益，是各国民事诉讼的通行做法。

诉讼禁令来自于 TRIPS 协议。我国已加入 WTO，WTO 体制下的 TRIPS 协议第 50 条规定，成员方应授权司法当局为了防止侵权发生，尤其是防止侵权商品进入商业渠道，除保存与被控侵权行为的有关证据，有权采取及时有效的临时措施。为符合世界贸易组织规则和我国“入世”谈判中的对外承诺，我国修改后的《专利法》《著作权法》《商标法》都以实体法的形式，创设了诉前停止侵权行为即临时禁令这一法律制度，最高人民法院制定的《关于对诉前停止侵犯专利权行为适用法律问题的若干规定》《关于诉前停止侵犯商标专用权行为和保全证据适用法律问题的解释》两部司法解释对诉前临时禁令的适用作了专门规定。2013 年 1 月 1 号实施的修订后的《民事诉讼法》第 100 条规定：人民法院对于可能因当事人一方的行为或者其他原因，使判决难以执行或者造成当事人其他损害的案件，根据对方当事人的申请，可以裁定对其财产进行保全、责令其作出一定行为或者禁止其作出一定行为；当事人没有提出申请的，人民法院在必要时也可以裁定采取保全措施。人民法院采取保全措施，可以责令申请人提供担保，申请人不提供担保的，裁定驳回申请。人民法院接受申请后，对情况紧急的，必须在 48 小时内作出裁定；裁定采取保全措施的，应当立即开始执行。

诉讼禁令作为知识产权权利人在其权利受到侵害时获得的临时救济，在我国知识产权法律保护体系中占有重要地位，诉讼禁令是把双刃剑，既可能给一方当事人带来利益，亦可能给对方当事人带来无法逆转的伤害，法院作出的禁令裁定，具有相当的法律风险性，国内各地法院在诉讼禁令处理问题上都持慎重态度，广东省各级法院在处理诉讼禁令问题上尤其慎重，实践中能支持申请人提出的诉讼禁令申请案例并不多。

诉讼禁令的审查重点在于判断申请人胜诉的可能性及是否对申请人造成了不可弥补的损失，这两个判断标准都使用了盖然性的概念。如何认定“正在侵权”“即发侵权”和“难以弥补的损失”成为实践中的难题。国内各法院在把握我国有关法律和司法解释方面存在差异，法院在实践中的执法标准，主要从以下三方面予以审查：①对申请人权利有效性的审查。主要审查申请人提供其权利有效存在的证据，如专利证书、检索报告、商标注册证、著作权的原始手稿等，同时对被申请人抗辩申请人权利的有效性和稳定性的有关证据进行审查，审查是否有相同或明显近似的在先权利，以此评判申请人权利的有效性和稳定性。②对侵权可能性的审查。由申请人提供被控侵权物与申请人权利保护范围相同或相似性的对比说明，被申请人提供其抗辩不相似、不相同的对比说明，法院对此进行重点审查，由双方当事人充分解释和说明。对技术性强的纠纷，必要时，法院向相关领域的技术专家咨询后再作出胜诉可能性的评判，以保证禁令措施的采取准确无误。③对不可弥补的损失的审查。对该条件的审查相对宽松，借鉴国外成功经验，确立当专利的有效性十分清楚且专利侵权确定的情况下，推定构成即将发生的不可弥补的损害的判断方法。

临时禁令是为了及时制止侵权者，适用于较为急迫的情形，迅速、准确地采取相关措施成为法院审理禁令申请的宗旨。及时、快捷、有效地实施临时禁令，能确保在最有利的时机打击侵权者，及时保护权利人的合法权益。

在当事人不服禁令裁定而启动的复议程序中，人民法院审查的首要条件也是被申请人正在实施或即将实施的行为是否构成侵权。由此，一种观点认为，核发禁令最重要的条件是有证据证明他人的行为已构成侵权。另一种观点则认为，申请人没有必要提交证据证明其必然胜诉，只需提交初步证据证明侵权的合理的可能性即可。由于不同的认识，在审判实践中各法院甚至各合议庭对申请人的举证责任及是否核发禁令把握的标准不一，极易造成执法不一的混乱状态。纵观大陆法系和英美法系各个实施禁令制度的国家，大陆法系国家与英美法系国家根据关于禁令制度的适用条件的规定有所不同，以德国为代表的大陆法系国家的民事诉讼法基于法官在民事诉讼中的主导地位，对禁令制度的适用条件，规定得较为宽松，赋予法官较大的自由裁量权，但权利的有效性及被告是否构成侵权仍然是法院审查的重点。英美法系国家有关禁令制度的规定较为严格，法官必须基于情况紧急、不可挽回的损失、胜诉的可能性、公共利益等条件进行平衡。可以看出，对胜诉的可能性的审查是核发禁令时必须考虑的，但没有要求这种胜诉必须是毫无疑问的。

由此可见，诉讼禁令是针对情况紧急，为及时有效地采取相关措施制止被申请人侵权而设定的临时救济司法手段，如要求申请人必须有确切的证据全面证明被申请人已确切构成侵权行为的存在，是有违该项措施的初衷的。但从另一方面来说，诉讼禁令系为强化权利人的权利保障而设计的临时救济，难免与程序正当原理有所冲突，一旦作出，将对被申请人的经营活动带来破坏性的影响，只有申请人能够证明侵权的可能性较大，法院在权衡利弊的时候才可能牺牲被申请人的程序保障利益，以保障私权与社会公共利益的平衡。否则，这种禁令毫无公正性可言。

诉讼禁令是知识产权侵权纠纷中权利人可以合法使用的一种诉讼手段，可以避免诉讼结束之时亦是权利丧失殆尽之时，权利可能得不到保障，损失容易扩大等情形的发生。在网络时代，知识产权纠纷具有即发性和可持续性等特点，权利人的智力成果极易被他人用极其简单的形式所剽窃，一旦发生侵权，便有可能以极快的速度传播扩散，造成难以弥补的恶劣影响。知识产权案诉讼周期较长，维权效率低，在知识产权侵权纠纷中，如按照正常的诉讼周期审判，不仅耗时，还可能存在难以执行的问题，审判结果将很有可能仅仅具有形式意义，而无法及时遏制猖獗的侵权行为。故，在知识产权诉讼案中，诉讼禁令对于权利人维权具有重要意义，合理适当运用诉讼禁令，往往可以在短时间内达到满意的法律效果和社会效果，是维权的一把好剑！[1]

王老吉正是巧用了这把好剑，在与加多宝大战中先拔头筹。王老吉选择在改名案时提出诉讼禁令之所以取得成功，一是侵权上改名认定容易，二是若不及时采取措施，损失无法用金钱计赔并挽回损失，因此，集中火力，重点突破，战术得当，一举成功，不但及时制止了加多宝的侵权行为，而且击破了对方的拖延战术，该案例可留青中国知识产权保护史。

二、计从新法　静候良机

广药王老吉向南沙法院申请立案未果后，改变诉讼计划，于 2012 年 9 月向广州中院提起针对加多宝改名虚假广告宣传诉讼，同时向法院申请诉讼禁令。广药王老吉提出，广药是我国“王老吉”商标注册人，享有“王老吉”商标的专用权。“王老吉”商标 2009 年被认定为“中国驰名商标”，依法受法律保护；针对加多宝的不正当竞争行为，申请立即禁止加多宝在其广告宣

---

[1] 霍艳杰，刘红．知识产权审判中临时禁令措施的使用［J］．人民司法，2003（8）．

传及产品包装上使用“王老吉改名为加多宝”或“全国销量领先的红罐凉茶改名为加多宝”或与之意思相同、相近的广告语的不正当竞争行为；立即禁止加多宝在其广告宣传及其生产、销售的凉茶产品上使用“国家级非物质文化遗产代表作”或与之意思相同、相近的词句的不正当竞争行为。

在中国贸促京裁字第0240号裁决结果还未出来时，加多宝已预料到许可合同可能会被无效，从而处心积虑地进行了一系列转移“王老吉”商标或特有名称价值到加多宝身上的行为：

（1）加多宝擅自将其生产的红罐“王老吉”凉茶罐身打上双面对称、颜色与字体一样的一面王老吉、一面加多宝的文字，而且加多宝的“出品”二字相对来说非常小。这种使用不是对加多宝字号的正常使用，其目的就是让消费者产生商品特有名称或商标或生产者等概念上的模糊，等同王老吉与“加多宝”的关系，以至于将两者混同。加多宝集团同时使用王老吉注册商标和加多宝商标，而且以“改名”二字将“加多宝”凉茶直接与“王老吉”商标关联，虚构了王老吉这个驰名海内外的品牌已改名的事实，“这个产品”以前叫“王老吉，现在叫加多宝”，造成王老吉不再使用的公众观念植入的效果，加多宝以借鸡生蛋方式盗取了王老吉的品牌价值，这种改名广告比传统的假冒注册商标（即只使用被假冒的商标）的行为危害性还要大，是一种有别于商标侵权的侵权方式。

（2）加多宝在听证会上已承认其在中央电视台及各地方卫视大范围投放了“全国销量领先的红罐凉茶改名加多宝”的广告。同时有证据证明，加多宝授意、纵容、支持、帮助其经销商、零售商在营运汽车车身、公交车车身、店招、户外广告载体上做“王老吉改名加多宝”“全国销量领先的红罐凉茶改名加多宝”等使消费者产生误认的宣传语、广告语。

（3）加多宝意识到“王老吉改名加多宝”这句广告语有一定的法律风险后，又打出了“全国销量领先的红罐凉茶改名加多宝”的广告语。加多宝“全国销量领先的红罐凉茶改名加多宝”的广告宣传在全国至少覆盖了广东、陕西、甘肃、新疆、河北五省、自治区；加多宝“王老吉改名为加多宝”及类似广告语宣传在全国至少覆盖了广东、重庆、新疆、济南、甘肃五省、自治区。众所周知，全国销量领先的红罐凉茶只会与一样产品对应，即是“王老吉”凉茶，这句广告语目的是表达“王老吉改名加多宝”这样的含义，达到了同样虚假宣传与误导的效果。

（4）“原红罐王老吉凉茶现在改名为加多宝凉茶”，“原来的红罐王老吉改名为加多宝凉茶了”，“加多宝生产的红罐凉茶，不再使用以往 17 年沿用的商标，现更换为加多宝凉茶”等一系列类似的广告宣传行为是前述广告行为的延续。加多宝所称 2011 年凉茶全国市场份额遥遥领先，充分说明其在铺天盖地的广告中想广而告之的“全国销量领先的红罐凉茶改名加多宝”这句广告语，是赤裸裸地想告诉消费者“王老吉改名加多宝”。加多宝不断变换花样盗取王老吉品牌无形价值。

图 9-2　加多宝改名广告

图片来源：出自笔者代理王老吉起诉加多宝“改名案”侵权证据的公证书（2013）粤广萝岗第 1997 号。

图 9-3　实体店的改名广告

图片来源：出自笔者代理王老吉起诉加多宝侵权证据的公证书（2013）湘长市证民字第 1145 号。

温旭律师团队在禁令开庭中呈现 100 余份类似图 9-2、图 9-3 的侵权广告，公证了其中 20 多份供法官参考。

加多宝的上述行为并不是一个阶段完结后才进入下一个阶段，而是互有重叠，目的是持续影响消费大众对王老吉的认知。加多宝一边使用直接含“王老吉改名加多宝”字样的广告语，一边又使用相对隐蔽“全国销量领先的红罐凉茶改名加多宝”字样广告语的行为，说明其攫取王老吉商誉的步骤是循序渐进的，主观上是恶意、蓄意的，同时也说明其是心虚的，即其对使用含有“王老吉改名加多宝”意思的广告语是违法行为是明知的，但是为了攫取“王老吉”商标、商品名称的巨大价值，而不惜一切代价不断挑战法律和商业道德的底线。王老吉认为，加多宝在虚假广告宣传行为直接出现了王老吉或者直指王老吉品牌的文字或描述，有别于传统的侵权方式，侵犯了王老吉的注册商标。

加多宝在做这些欺骗性的宣传与广告的同时，辅助以个别员工打砸和刑事犯罪行为将王老吉排挤出凉茶市场，“文”“武”结合盗取、抢夺“王老吉”商标价值，打击生产者，扼杀知名商品特有名称，结果是在公众中产生不可挽回的混淆：大量的公众的疑惑“王老吉改名叫加多宝了，怎么了?”“为什么王老吉要改名为加多宝?”“王老吉怎么回事，又改名了?”“我们所知王老吉早就更名为加多宝了，我们在市面上买的基本都是加多宝，对此我顿生疑问，我想问一下这（王老吉牌凉茶）是山寨版吗?”王老吉停产，改为“加多宝凉茶”，“王老吉正式改名”……因加多宝的此类虚假广告宣传，使消费者对王老吉商品现在的生产者产生误解，以为“王老吉”凉茶商品的生产者生产的产品不再叫王老吉，这对王老吉产生极大的不良影响，以至于出现有消费者认为现在市场上的“王老吉”凉茶是假货的严重后果。王老吉合法权益受到了难以弥补的损害！王老吉为了应对加多宝的虚假改名宣传行为，不得不在机场户外广告、电视等广告媒介中及产品罐体上花大成本宣传“王老吉从未更名”这一无奈广告语。

王琳绘制

图 9-4 虚假宣传

综上，广药王老吉认为：根据《最高人民法院关于贯彻执行〈中华人民共和国民法通则〉若干问题的意见（试行）》《商标法》《反不正当竞争法》等法律规定，加多宝的不正当竞争行为实质上侵犯了王老吉注册商标专用权，造成了王老吉巨大的经济损失和品牌损害，并且这种损害对王老吉而言有极大的紧迫性，这种损害一旦造成具有不可逆转性，加多宝的行为每持续一天，都会给王老吉品牌带来无法用金钱弥补的损害后果，法院应对加多宝的侵权行为作出诉讼禁令。广药王老吉提出的诉讼禁令申请最终得到了广州中院的支持，说明王老吉控告的加多宝侵权事实是明确的，申请诉讼禁令的法律依据是充分的。

往事不堪回首，事后诸葛亮人人都会，事前诸葛亮寥寥无几。该案值得回顾的一点是，众人当初之所以对温律师提出的诉讼禁令主张难以认同，是因为当时王老吉在广州中院以《反不正当竞争法》起诉加多宝之时，《著作权法》《商标法》《专利法》皆有相关条文或司法解释作为诉讼禁令的法律依据，唯独《反不正当竞争法》还无相关司法解释或条文作为诉讼禁令的法律依据，国内法院还未见以《反不正当竞争法》为依据作出诉讼禁令裁决的案例，所以众人认为王老吉向广州中院提出诉讼禁令申请，得到法院支持的可能性不大，是在浪费诉讼时间和资源，同时王老吉与加多宝系列诉讼事关重大，法院每一次裁定或判决都会对双方当事人产生重大影响，万一广州中院不支持王老吉提出的诉讼禁令主张，将会对王老吉品牌带来不可估量的损害，加多宝也将即刻抓住时机，变本加厉进行改名虚假广告宣传。因为加多宝一定会说，法院不支持王老吉诉讼禁令申请，等于认定其不存在侵权的事实。如果真的出现这样的诉讼局面，王老吉品牌损害真的是面临万劫不复的深渊，众律师能不后怕吗?!

温律师面对众人的疑虑并不过多探讨，坚持认为应启动诉讼禁令申请，认为此举一定可行。众人皆为其捏一把汗，因为此举非同小可，王老吉是国内知名大企业，对于该案诉讼是志在必得，温律师作为国内著名知识产权大律师，如果诉讼禁令失败了，将对其一世英名带来不可估量的损害！大律师就是有过人之处，温律师为何敢力排众议，其实他早已熟知法律的变化了，虽然《反不正当竞争法》并无诉讼禁令的直接法律依据，但诉讼禁令作为知识产权侵权诉讼过程的一项临时保护措施，相关的司法精神早已摆在那里。而且，虽然新修改的《民事诉讼法》尚未实施，但根据第 100 条中“人民法院对于可能因当事人一方的行为或者其他原因，使判决难以执行或者造成当事人其他损害的案件，根据对方当事人的申请，可以裁定对其财产进行保全、责令其作出一定行为或者禁止其作出一定行为”之规定，已明确可以找到诉讼禁令的直接法律条文了，温律师早已注意到此方面的立法动态了，所以他根本不担心诉讼禁令的法律依据问题。2012 年 9 月广药王老吉启动了诉讼禁令申请，修改后的新《民事诉讼法》于 2013 年 1 月 1 号生效实施，前后也就是三个月的时间。王老吉提出诉讼禁令申请，法院肯定要开庭审查、听取双方意见，因该案诉讼具有重大社会影响力，法院一定会慎重处理。当法院能作出是否支持王老吉提出的诉讼禁令裁定之时，已逢修改后的《民事诉讼法》生效之时，所以温律师对王老吉提出的诉讼禁令的法律依据问题早已成竹在胸，一切皆在其运筹帷幄之中，凭他深厚的知识产权诉讼经验和法律知识，他相信自己的法律观点一定会得到广州中院的认可和支持，这是他敢于坚持自己法律主见的底气！

理论归理论，实践归实践，稍为有诉讼经验的法律工作者皆明白，每一个法律问题，尽管律师认为自己的见解很有法律道理，但并不一定得到法院的认同和支持。每一场诉讼，人民法院在审案时要考虑诸多因素后才会作出裁判，律师的观点对于当事人来讲只是一个法律意见而已，只是一个过程，并不是一个结果，结果是由人民法院来确定的，并不是由律师来确定的。法律意见如何华丽，都不能代替当事人的诉讼目的，因为当事人要的是诉讼结果，并不是诉讼过程，这一点所有的法律工作者都明白。

诉讼禁令的裁决存在法律风险，对于审判人员而言也是一种巨大工作压力。在没有充分把握的情况下，审判人员是不敢贸然支持当事人提出的诉讼禁令申请的，万一最终的审判结果与诉讼禁令裁决不一致，审判人员也会担心错案责任追究，更何况双方当事人都是国内强企啊，审判人员处理该案时不可能不慎重！

多加宝也不是一般的民营企业，其在王老吉品牌许可期间已取得了巨大成功，经济实力非同一般。面对双方凉茶品牌大战，加多宝也是志在必得，也是认为自己有理，毕竟“王老吉”凉茶品牌取得今日的商誉度与其有相当的关系，所以加多宝在双方品牌大战中不惜重金聘请了诸多国内顶尖知识产权专家和律师团队为其保驾护航，其面对王老吉向广州中院提出的诉讼禁令，一定会极力对抗，一定会强力阻止广州中院作出诉讼禁令裁决，因为加多宝也非常清楚，诉讼禁令一旦作出，对其商誉和市场的打击影响是不可估量的，其苦心积蓄的市场价值很可能会毁于一旦。当法律将加多宝与王老吉切割开来后，加多宝就是一个新的市场品牌，谁人认识？所以在利益面前注定了加多宝一定会殊死一搏！

由于双方当事人都是志在必得且都具有强大的诉讼实力，温律师团队在代理该案过程中也面临和承受了极大的工作压力和精神压力。温律师团队在接受广药王老吉委托以后，王老吉方面天天向其追问案件进度及胜诉把握的情况，温旭律师总是不厌其烦地向当事人解释说明。天天面对同样的问题，尽管温律师极富职业涵养，有时也会感觉到极大的精神压力。甚至温律师在美国出差期间，王老吉方面经常都是一天数个电话来追问案件的相关情况，经常半夜都被王老吉方面或其助手的电话催醒，搞得温律师苦不堪言。温律师执业多年，已上了年纪，身体健康状况也存在一些问题，工作过劳时，血压会升高，办案期间面对王老吉方面天天施加的压力，其血压经常超过200mmHg，不得不经常服用降压药物控制血压。诉讼禁令得到广州中院支持以后，温律师的血压基本不再升高了，其间温律师的工作压力可想而知！

温律师团队中有位年轻律师，刚开始加入王老吉诉讼团队时满心欢喜，踌躇满志，心想能在知名大律师的指点下经办大案，正是绝佳学习机会，所以工作积极性特高。但随着时间的推移，年轻律师开始体会到了大律师并不是那么容易当的，大官司并不是那么容易代理的，工作压力与日俱增，最后该年轻律师实在顶不住压力了，向温律师提出辞职申请，不想再继续代理王老吉案件了。温律师面对年轻律师的情绪波动，拿出慈父般的情怀，不断给年轻律师做思想工作，不断给其减压。

温律师团队中有一位女律师，以前曾在公安系统工作过，心理素质还是比较好的，但在该案代理过程中也经历了重大考验和付出了巨大的代价。该律师在代理期间，经常睡到半夜就睡不着了，脑海里还在想着案件的事情，生怕自己经手的案件材料出现一丝丝的差错，所以一睡不着，就经常爬起来看案件材料，看有无差错之处，已经与强迫性精神病症状无异了。该律师当时也正处于热恋之中，因忙于该案工作而无暇与男友联系，最后在诉讼禁令程序结束之后，其因压力过大、工作过度累坏了身体，被送到医院住院治疗了，而且自己的恋情也遭遇了挫折。回想往事，令人唏嘘，律师的进步与成功是要付出多么大的代价！

冰冻三尺非一日之寒，“计从新法，静候良机”非一日之劳，巨大付出是律师事业成功的基础，不劳而获在律师行业是不可能的事情，年轻的律师们一定能谨记这一点。

三、未判先禁　旗开得胜

2013年1月31日，广州中院下达《（2012）穗中法知民初字第263之一号诉讼禁令裁定书》，裁定加多宝实施了虚假宣传、误导消费者的行为，责令加多宝立即停止使用“王老吉改名为加多宝”或与之意思相同、相近似的广告语进行广告宣传的行为，立即停止使用“全国销量领先的红罐凉茶改名为加多宝”或与之意思相同、相近似的广告语进行广告宣传的行为。加多宝对广州中院作出的民事裁定不服申请复议，广州中院复议后维持原裁定。

2013年2月22日，广州市工商局荔湾分局对广州一家大型超市内的“加多宝”凉茶进行了查处，要求商家立即将产品下架并责令整改。王老吉华南区商超部相关负责人称，这是广州中院下达“诉中禁令”后，工商部门首次在广州的商超渠道对加多宝相关产品进行查处。

全国各地电视台陆续停播加多宝涉嫌侵权的广告，全国多地工商部门查处加多宝涉嫌侵权产品，这直接影响了加多宝经销商等合作伙伴的市场信心。

广州中院作出诉中禁令后，通过媒体的广泛报道，马上出现了王老吉希望看到的法律效果和市场效果，全国各地消费者一时间都知道王老吉在双方凉茶大战中赢了，加多宝输了，加多宝是在虚假宣传，加多宝侵犯了王老吉，可以说，王老吉与加多宝大战，尽管法院还未作出生效判决，但王老吉方面已取得了意想不到的诉讼效果，对以后的系列维权起到了至关重要的作用。

正如诉前预料那样，加多宝在接到广州中院诉讼禁令应诉通知以后，面对王老吉提出的诉讼禁令申请，立即组建知名律师团队进行强力应诉。加多宝在诉讼禁令程序过程中，极力提出以下辩解意见，强烈要求广州中院不能支持王老吉提出的诉讼禁令申请。

（1）诉中禁令制度不可以随意适用于虚假宣传不正当竞争纠纷领域。

禁令是指在诉讼过程中当侵权行为明显成立时，司法机关根据当事人的申请，责令侵权人实施某种行为或禁止其实施某种行为的诉讼制度。其目的是在实质争议解决前，防止侵权行为的重复或预期发生，避免权利人的损失在诉讼过程中进一步扩大。[1] 起诉前的称为诉前禁令；在法院受理案件后的称为诉中禁令。

我国2000年《专利法》第61条、2001年《商标法》第57条以及2001年《著作权法》第49条，是知识产权诉讼禁令制度最早的法律依据，也是我国为履行加入WTO的承诺的具体立法行动，此后，2001年7月1日起施行的《最高人民法院关于对诉前停止侵犯专利权行为适用法律问题的若干规定》，2002年1月22日起实施的《最高人民法院关于诉前停止侵犯注册商标专用权行为和保全证据适用法律问题的解释》细化了诉讼禁令的具体规定，使该制度更具执行性。自此，知识产权纠纷中开始出现诉讼禁令案件。2009年最高人民法院在《关于当前经济形势下知识产权审判服务大局若干问题的意见》的通知中，要求各级法院“严格把握法律条件，慎用诉前停止侵权措施。诉前停止侵权主要适用于事实比较清楚、侵权易于判断的案件，适度从严掌握认定侵权可能性的标准，应当达到基本确信的程度。在认定是否会对申请人造成难以弥补的损害时，应当重点考虑有关损害是否可以通过金钱赔偿予以弥补以及是否有可执行的合理预期。”“加强在诉前停止侵权措施申请错误时对受害人的救济，申请人未在法定期限内起诉或者已经实际构成申请错误，受害人提起损害赔偿诉讼的，应给予受害人应有的充分赔偿。”

该案的案由是虚假宣传纠纷，根据最高人民法院制定的《民事案件案由规定》，是第十五类不正当竞争纠纷，属与竞争法领域，受《反不正当竞争法》调整。我国《反不正当竞争法》的立法目的是：保障社会主义市场经济健康发展，鼓励和保护公平竞争，制止不正当竞争行为，保护经营者和消费者的合法权益。可见，虚假宣传纠纷所主张保护的是市场竞争秩序和公平竞争环境下经营者和消费者的合法权益，并不是知识产权的侵权保护。

总之，诉中禁令制度是未经法庭审理作出的预先实体判定，与正当程序

---

[1] 摘自广东高院民三庭《广东法院知识产权诉讼禁令制度执行情况分析》。

的两方面基本标准（裁判者中立和当事人平等参与）有内在冲突，根据我国宪法保障公民权利即“法无禁止即自由”的基本精神，不能在没有法律依据的情况下随意适用于虚假宣传纠纷案等竞争法领域，否则，是对民事诉讼程序正义的粗暴践踏。因此，法院应直接裁定驳回王老吉的全部禁令请求。

（2）该案事实不清，权利不明确，侵权可能性无从判断。根据我国禁令审查的司法实践，禁令申请人须提供证明权利真实有效及加多宝正在实施或者即将实施侵权行为的初步证据。然而，从该案申请人王老吉的申请书以及所提交的证据中，我方无从得知申请人所请求保护的权利内容。

基于该案，权利类型不明确、权利人不清楚，权利是否真实有效没有证据，侵权人不清楚，涉嫌的侵权行为没有固定的“五大不清楚”的事实情况，侵权的可能性根本无从判断。更何况最高人民法院三令五申地要求禁令的适用须从严掌握认定侵权可能性的标准，应当达到的是基本确信的程度。❶

尽管申请人王老吉在申请书中洋洋洒洒用了大量政治性的口号和文学性的比喻，以及诸多感情色彩的渲染等非法律语言的表述，其中不乏语法错误，例如，“产品是无形资产，是名片，是民族品牌”等，但是，结合其所提交的证据材料，例如，第一组商标证，我们可以看出以下几点事实：①“王老吉”凉茶产品的缔造者并不是广药，而是清代的王泽邦老先生，按照我国现行法律体系来解释，这个产品配方权如果没有申请组合物专利，应为技术秘密，属于私权利，权利人是王泽邦，任何合法生产者均应得到王泽邦本人或后人的授权。鉴于，申请人广药没有提交其合法授权的证据，因此，如果其申请禁令所要求保护的权利是产品配方权，那么，该权利的真实有效性没有证据证明，不能得到法庭认可，法院应直接裁定驳回王老吉的全部禁令请求。②第 626155 号商标的原始注册人不是申请人广药，而是广州羊城滋补品厂，注册时间是 1993 年，广药受让获得该商标的时间是 1997 年 8 月，由加多宝

❶ 详见最高人民法院 2011 年《关于充分发挥知识产权审判职能作用　推动社会主义文化大发展　大繁荣和促进经济自主协调发展若干问题的意见》和 2009 年《关于当前经济形势下知识产权审判服务大局若干问题的意见》。

方提交的证据（工商登记）可知广药设立时间为 1996 年，由加多宝方提交证据《商标使用许可合同》可知加多宝公司的母公司鸿道集团早在广药成立和受让商标前的 1995 年就开始自原始注册人处许可使用该商标用于凉茶生产和销售了。由此可见，加多宝公司被许可使用在先，广药获得商标权在后。虽然，申请人的证据可以证明其为该商标目前的登记注册人，但是，基于许可使用法律关系的持续存在及申请人并未提交商标许可合同的全部备案查询结果，因此，不能排除其他主体许可使用权的存在。所以，如果申请人禁令所要求保护的权利是商标专有权，那么，该商标权的真实有效不能直接得到法庭认定，须补充许可情况的查询结果。加多宝方提交的证据可从相反方面证明，鸿道集团及加多宝公司许可使用第 626155 号商标的期限至 2013 年 1 月 19 日，即，目前还处于权利有效期。因此，申请人的禁令保护要求如果是商标权，则应因其许可关系的存在而直接驳回。此外，还可以因商标侵权主张超出虚假宣传案由而不予审查直接驳回。③申请人关于文化胎记、两百年历史、遍布世界等事实描述应为中华民族的历史文化体现，并不是该案王老吉仅仅作为第 626155 号商标持有人就可以据为己有的行为表现，此说存在主体混淆的故意，应予纠正。综上，根据《民事诉讼法》第 7 条“人民法院审理民事案件，必须以事实为根据，以法律为准绳”的审理原则，法院应依法作出驳回申请的裁定。

（3）王老吉并无证据证明其正在或即将面临的难以弥补性的损失的具体情形以及因何确定该损失系加多宝之侵权行为所导致。

首先，王老吉并未对其正在或即将面临的难以弥补性的损失的具体情形，例如，销售额的减少、市场份额的下降、消费群的变化等，举出证据甚至作出描述性说明，根据《最高人民法院关于当前经济形势下知识产权审判服务大局若干问题的意见》第 14 条：“在认定是否会对申请人造成难以弥补的损害时，应当重点考虑有关损害是否可以通过金钱赔偿予以弥补以及是否有可执行的合理预期。”“要注意防止和规制当事人滥用有关权利”，不能认定王老吉具备禁令审查的第二个必要条件，即“不采取有关措施，会给王老吉的合法权益造成难以弥补的损害”的判断，[1] 故应作出驳回申请的裁定。

其次，加多宝提交了一组相反证据，《广药集团工商档案查询》第15页明确载明“广药集团属于广州市政府授予国有资产经营权的大型企业集团，本身没有直接从事药品、医疗器械、保健食品及饮料的生产和经营业务。”《广州药业2012年中报》第21页记载：2012年5月25日，广药集团与王老吉大健康公司签订“王老吉”商标的《商标许可合同》；第59页记载：王老吉大健康产业有限公司2012年设立，广州药业全资子公司，注册资金1 000万元，截至2012年6月30日，亏损186万元。《企业注册基本信息》记载：广州王老吉大健康产业有限公司的经营范围：批发兼零售：不包括茶饮料，销售一类医疗器械、化妆品、会议服务、展览服务、商品信息咨询。以上证据可以证明：①申请人王老吉从来没有生产过任何一罐凉茶产品，销售额自始至终都是零，根本无所谓损失。②如果可以因人格混同而将王老吉大健康公司视为广药集团本人，则其产品和收入可以一并考虑，即便这样，其生产和销售王老吉红罐凉茶的最早时间也应该在2012年5月25日之后；其销售收入也将在那个时间点从零开始。③王老吉大健康公司没有生产资质，没有国家批准的食品生产许可证，合法经营范围仅仅是批发零售和信息咨询。结合加多宝方提交的产品实物证据，现标有王老吉大健康公司出品的红罐“王老吉”凉茶均是持有食品生产许可证的其他企业代加工的，因此，可以印证其尚无凉茶饮料生产线和生产条件的实际状况。

再次，王老吉所提交大量照片证据，就其提交照片想说明的问题，加多宝方明确表示，其中的“王老吉改名加多宝”，加多宝从未使用过，申请人提交的证据也不能证明是加多宝使用发布的。只有“全国销量领先的红罐凉茶改名加多宝”是我方的广告语，发布前依法经过国家有关机构的审查备案，发布场所为中央电视台等主流媒体，目前，加多宝方尚未查询到在该案另一被告这样偏僻的销售渠道末梢发布的记录，如果王老吉对此有异议，完

---

[1] 黎炽森，郑志柱．知识产权诉讼禁令的制度安排与适用实践［EB/OL］．（2011-06-27）．广州审判网．

全可以选择加多宝方注册所在地东莞中院或中央电视台北京一中院或各大卫视所在地的中级人民法院光明正大地起诉，而不必在王老吉自己所在辖区内煞费苦心地寻找到该案另一被告这样的注册资金只有一万元、只有一个人经营的小卖部作为依托的管辖所在地提起千倍于其营业额的索赔。

最后，王老吉在申请中所述的自己产能不足，渠道出现问题，这些都是市场竞争中的正常情况，并不是加多宝公司的过错，作为我国社会主义市场经济体制下的经营者，申请人及其关联公司完全应该有正常的心理承受能力，相反，面对加多宝公司的消费者基础，其应该反思的是17年的精耕细作与几个月的委托加工的差别，不应该是“急切地需要公权力给予申请人及时的救济”。难道消费者连选择自己喜爱的饮料的权利都不能有吗？难道法院的公权力就是协助申请人获得市场竞争优势地位的工具？试想，如果每个行业处于竞争劣势的企业都可以跑到法院以虚假宣传状告处于市场领导地位的企业，再以诉中禁令的形式要求对方停止市场宣传活动，那么，《宪法》第123条“中华人民共和国人民法院是国家的审判机关”及第126条“人民法院依照法律规定独立行使审判权，不受行政机关、社会团体和个人的干涉”的规定又将如何体现？社会的公平正义又将何在？

加多宝认为，王老吉的基于这种需求的禁令主张，是对我国司法制度和功能的极大误读，是对党的十八大报告中的“鼓励、支持、引导民营经济健康发展，平等参与竞争，同等受到法律保护”的公然蔑视，其禁令主张应予全部驳回。

（4）王老吉的禁令主张没有法律依据。

王老吉在申请书中表述其提出诉中禁令申请的法律依据是《最高人民法院关于贯彻执行〈中华人民共和国民法通则〉若干问题的意见（试行）》第162条：“在诉讼中遇有需要停止侵害、排除妨碍、消除危险的情况时，人民法院可以根据当事人的申请或者依职权先行作出裁定。”这是先予执行的规定，并不是诉中禁令的法律依据。

2007年《民事诉讼法》第97条规定：“人民法院对下列案件，根据当事人的申请，可以裁定先予执行：（一）追索赡养费、扶养费、抚育费、抚恤金、医疗费用的；（二）追索劳动报酬的；（三）因情况紧急需要先予执行的。”第98条规定：“人民法院裁定先予执行的，应当符合下列条件：（一）当事人之间权利义务关系明确，不先予执行将严重影响申请人的生活或者生产经营的；（二）加多宝有履行能力。人民法院可以责令申请人提供担保，申请人不提供担保的，驳回申请。申请人败诉的，应当赔偿加多宝因先予执行遭受的财产损失。”

《最高人民法院关于适用〈中华人民共和国民事诉讼法〉若干问题的意见》第107条规定：“民事诉讼法第97条第（3）项规定的紧急情况，包括：（1）需要立即停止侵害、排除妨碍的；（2）需要立即制止某项行为的；（3）需要立即返还用于购置生产原料、生产工具货款的；（4）追索恢复生产、经营急需的保险理赔费的。”

2010年6月2日广东高院颁发的《关于依法慎用先予执行措施的若干规定》（粤高法发〔2010〕35号）第4条规定：“人民法院裁定先予执行的，应当符合当事人之间权利义务关系明确，不先予执行将严重影响申请人的生活或者生产经营以及加多宝有履行能力等条件。人民法院在采取先予执行措施时必须严格按照法定程序进行。”第6条规定：“因需要立即停止侵害、排除妨碍而采取先予执行，应以权利义务关系明确、该侵权或妨碍行为对权利人的生活或生产产生了实际严重影响、情况紧急为条件，不得随意作扩大性解释，任意适用。”

综合以上，申请人的禁令主张并不属于我国现行法律所明确规定的“先予执行”的情况，因此，应予裁定驳回。

（5）加多宝的正当经营行为受法律保护。

加多宝公司提交营业执照可以证明其为一家有着16年历史的专业饮料食品生产企业，系列全国工业产品生产许可证可以证明其合法合规地生产罐装凉茶饮料产品的历史，《中国行业企业信息发布中心统计调查信息证明（2007－2012）》证明自2007－2012年前三季度，加多宝公司所生产的凉茶产品始终处于全国销量第一的市场地位，不仅如此，《中国食品工业协会证明》还表明加多宝公司在2009年获得中国饮料制造业十强和食品工业百强的领先的行业地位。以上证据可以证明“全国销量领先的红罐凉茶”是加多宝公司的客观事实，并非虚假宣传。

商标证证据可以证明多宝加多宝公司合法使用第626155号商标的时间开始于1996年，期限是2013年1月19日，同时可以说明，王老吉曾经是加多宝公司生产的红罐凉茶产品所使用过的一件商标，并不是产品的全部，现在更换为自主品牌加多宝，因此，改名存在正当合法性。

两份中国广告协会《广告咨询认证书》可以证明“全国销量领先的红罐凉茶改名加多宝”内容的广告合法合规，不是虚假宣传。

综合以上，加多宝的广告语“全国销量领先的红罐凉茶改名加多宝”是将自己在多年生产的产品上更换商标的事实进行客观描述，不是虚假宣传，通过签订广告合同支付广告费的方式传播，不违反法律规定，不侵害任何人的合法权益，属于正当的生产经营活动，受国家法律保护。

（6）加多宝就申请人恶意禁令所造成的损失要求承担赔偿责任。

依据《最高人民法院关于当前经济形势下知识产权审判服务大局若干问题的意见》，“担保金额的确定既要合理又要有效，主要考虑禁令实施后对加多宝可能造成的损失，也可以参考申请人的索赔数额。”“加强在诉前停止侵权措施申请错误时对受害人的救济，申请人未在法定期限内起诉或者已经实际构成申请错误，受害人提起损害赔偿诉讼的，应给予受害人应有的充分赔偿。对于为阻碍他人新产品上市等重大经营活动而恶意申请诉前停止侵权措施，致使他人的市场利益受到严重损害的情形，要注意给予受害人充分保护。”就王老吉诉中禁令申请的受理要求了解其足额担保的情况，依据担保金额应以诉讼标的额相当。并保留其错误禁令所造成的损失的损害赔偿请求权。

以上意见，特此陈述，加多宝请求法院依法审理驳回禁令申请！[1]

---

[1] 见广东省广州市中级人民法院（2012）穗中法知民初字第263号案诉中禁令听证程序中加多宝庭审抗辩意见。

王老吉针对加多宝诉讼禁令程序中提出的观点进行了强烈反驳：

（1）申请人作为国企，完全有义务、并且也一直坚决地拥护国家的建立公正、公平、有序竞争的市场环境的一系列政策和指示。申请人并不是要求加多宝不能生产凉茶，也不是要求禁止加多宝为它的产品打广告、做宣传，申请人之所以提起诉讼是因为加多宝的广告等宣传是歪曲事实的、严重损害申请人利益的行为，而不是加多宝声称的是其宣传自身产品的自由，法律不保护这种以非法手段损害其他同行利益的自由！试问，一个依然存在的主体、依然有效的“王老吉”商标被他人非法宣告改名，这与将它从市场中抹杀掉有什么区别？法律保护的是正当的公平的竞争行为，而不应保护欺骗大众的不正当的竞争行为。

（2）加多宝的不正当广告宣传行为铺天盖地、声势凶猛，不仅在电视台、报纸等传统媒体上进行广告宣传，而且在地铁、商业中心店铺、户外广告、机场等人流量大的地点或者是乡村等最基层的地方以店招、横幅、灯箱、包柱、冰箱贴、雨棚等形式做了大量的广告，申请人的第一线销售人员最能了解加多宝的种种虚假广告宣传行为，也对其打砸等干扰行为最有体会，虽然证据中有些未采取公证形式，但是，这些证据中体现了加多宝的广告宣传力度以及结合另外的公证书，无论是对广告的公证、对网页上海量的体现公众被误导的言论的公证，还是一些饮食店内销售人员的被误导所表现出的言论可以知道，如果不是加多宝实施了这些行为，那么是谁在整个中国花费巨大地为加多宝主动打广告？如果没有实施这些广度和深度的广告宣传，何以致最终端的老百姓也口称王老吉改名为加多宝？

无论是“王老吉改名为加多宝”，还是其他与“全国销量领先的红罐凉茶改名加多宝”相同或类似的广告宣传都是加多宝做的，退一步说，就算其他与“王老吉改名为加多宝”“全国销量领先的红罐凉茶改名加多宝”相同或类似的广告宣传不是其直接出资做的，加多宝在法庭上承认的其在央视等做了“全国销量领先的红罐凉茶改名加多宝”广告的行为，也等于是告知所有人可以以这样相同或类似的广告宣传来宣传推广其“加多宝”凉茶，加多宝也认可这样的广告宣传，也乐于看到这样的言行宣传，因此，这种广告宣传的深度与广度都是加多宝造成的，责任理应由加多宝承担！

加多宝在庭上承认其只做了“全国销量领先的红罐凉茶改名加多宝”的广告宣传，否认作了“王老吉改名为加多宝”的广告宣传，实际上，“王老吉改名为加多宝”就是加多宝直接做的，就算不是，也是他人在其纵容、指使下作出的广告，无论加多宝怎么样直接地或者隐晦地作出这种一系列的“改名”广告宣传，“王老吉改名为加多宝”就是加多宝想看到的后果，终端销售者和终端消费者有“王老吉改名为加多宝”这样的错误认知，也正印证了加多宝用类似“全国销量领先的红罐凉茶改名加多宝”的广告宣传所达到的恶果就是公众对王老吉与加多宝的混淆！因此，无论是作为广告行为的“王老吉改名为加多宝”，还是作为混淆恶果的“王老吉改名为加多宝”都应被严厉禁止。

不正当竞争法等法律制止虚假宣传的目的正是为了让公众不被其误导，而并非是加多宝所说的老百姓有言论自由，而是加多宝的欺骗性宣传绑架了老百姓的言论自由！给公众植入了错误的概念！使得公众丧失选择王老吉的意图，这种大众集体性的选择意图的丧失正是加多宝所赐，这也同样是侵犯了公众自主的利益！

（3）加多宝作为曾经的商标被许可使用人，本应遵循后合同义务，维护王老吉，但是加多宝在争夺商标使用权一战中落败后，立即以这样的行为来进行价值转移，毫无商业诚信可言，更不是加多宝所声称其是公平、公正的竞争者。加多宝从 2010 年 5 月开始不得再使用申请人的商标这已经是一个定论。加多宝自身很清楚这一点，在该案中依然提供这份合同，用意就是混淆视听。鸿道集团采取商业贿赂手段企图延长商标许可合同期限的行为，已经依法被裁定无效。加多宝集团主张的有效期至 2013 年 1 月 19 日的商标许可合同，仅仅是原商标合同于商标局的备案文档，在主合同无效的情况下，备案合同当然无效。

广药集团虽然不是商标的原始注册人，因为企业改制，广药集团依法受让“王老吉”商标，其依法享有王老吉注册商标的商标权，同时，依据广药一方目前掌握的信息，加多宝主张 2013 年 1 月 19 日到期的合同，是加多宝 2000 年与广药集团签署的，如果对方有其他合同，我们要求对方提供真实有效的证据来证明其主张，加多宝将商标转让与商标许可混淆，掩盖事实，企图误导司法机关的判断。

（4）加多宝提供的证据材料中提到广告行业协会出具的认定其广告行为是合法的证明，广告行业协会不过是广告主、广告经营者、广告发布者自愿组成的一个行业性组织。且不论加多宝是否是其会员，这样的一个协会出具的所谓广告合法性证明毫无法律效力。

（5）王老吉向加多宝索赔1 000万元，首先基于其对申请人的合法的权益造成极大影响，其次，王老吉受损的是巨大的无形资产，1 000万元相对于申请人及其子公司的损失何止1 000万元，这个数额仅仅是一个象征性的数额，远远无法弥补申请人的损失，最为重要的是必须立即制止其不断盗取品牌价值的行为！

广州中院于 2012 年 10 月组织双方参与的诉讼禁令庭审活动，是王老吉与加多宝第一次面对面直接交锋。双方针尖对麦芒式的诉讼大战，引发了全社会的热度关注，谁都想知道这场轰轰烈烈的品牌大战，到底孰是孰非，法院会作出何样裁决。

多家媒体在广州中院进行的诉讼禁令庭审过程中出现，旁听了双方展开的激烈诉辩过程。虽然法院还未裁决是否支持王老吉方面提出的诉讼禁令申请，但媒体以王老吉暗藏杀机进行了广泛报道，舆论界开始预见到加多宝方面凶多吉少，将会很快面临不利法律局面。

广州中院在诉讼禁令庭审活动以后，也没有很快作出诉讼禁令裁定，而是在再次开庭听证后于 2013 年 1 月才作出该案诉讼禁令裁定，这说明广州中院对双方争议的诉讼禁令法律问题是很谨慎的，连王老吉提出的到底是诉讼禁令法律问题还是先予执行法律问题，法院内部都是有分歧的，不断要求王老吉提供相关的法律依据支持自己的观点。其实对于这样的一个法律争议问题，理论界确实存在不同看法与质疑，律师之间、学者之间的意见也是不一致的。

王老吉提出申请确实属于诉讼禁令，这在法律上应是非常明确的，因为诉讼禁令的结果并不必然等同于裁决结果，两者可能存在不同。如果是先予执行，其实就是已经作出裁判结果，只不过是将执行程序提前而已，两者结果不会存在差异。

广州中院在全面审核王老吉的诉讼禁令申请材料以后，在确认加多宝构成改名虚假广告侵权，如不立即禁止加多宝此行为将会对王老吉权益造成无法逆转的损害，且王老吉依法提供了相应担保以后，才裁决支持王老吉的诉讼禁令申请，充分体现了法律的公平公正，依法保护当事人的合法权益。

广州中院经过充分审核才作出诉讼禁令裁定，该裁定作出后的执行也不是一帆风顺的。一开始王老吉如获至宝，自己直接拿着法院的诉讼禁令裁定书给各级工商局，要求下架加多宝的商品，但各级工商局认为该诉讼禁令并非他们行政执法的法律依据，拒绝执行广州中院作出的诉讼禁令裁决内容；王老吉拿着诉讼禁令裁定书找播放加多宝改名广告的各家媒体，媒体机构理都不理，照样将改名广告天天播放。王老吉面对此种情况也是焦急万分，如果这样的话，辛辛苦苦获得的诉讼禁令有何法律意义呢？王老吉将执行情况向广州中院反映以后，广州中院极其重视，为了维护法律的尊严和执行力，专门通知加多宝到法院做了笔录，言明不执行法院裁决的法律后果将是很严重，直接对加多宝进行训诫；广州中院同时也向各媒体、行政管理部门寄送司法建议书，要求各级部门支持法院裁定，最终才将媒体改名广告撤下来，保证了诉讼禁令的顺利执行。

广州中院审理该案以后，最终亦认定加多宝构成侵权，侵犯了王老吉合法权益，加多宝需向王老吉赔偿1 000万元，广东高院维持了广州中院一审判决。两级法院为何因加多宝几句改名虚假宣传广告语就判赔1 000万元呢，其实也是王老吉在该案巧用了一个诉讼技巧的结果，当王老吉策划该案诉讼之时，对于损失赔偿的依据问题已作了深入研究，针对加多宝改名虚假宣传广告语，王老吉即刻通过广告方式，明确声明王老吉并未改名，虽然花了巨资做了广告，但恰恰在该案作为损失赔偿的依据，两级法院均支持了王老吉提出的该费用是为消除加多宝侵权影响而付出的损失费用，这样一来，王老吉一方面索赔成功，另一方面为自己做了相当不错的市场广告，减少了维权过程中的成本开支。

虽然加多宝官司败诉了，但加多宝有一点是值得赞赏的，加多宝虽然在广州中院作出诉讼禁令裁决以后反应强烈，申请了复议，广州中院复议后维持了原裁决，在该案一审判决以后不服向广东高院提出上诉，但当广东高院维持广州中院一审判决以后，加多宝积极履行法院生效判决，主动向王老吉支付了1 000万的赔偿款，这说明加多宝在尊重法院裁判方面还是做得比较好的。

王老吉与加多宝在诉讼禁令过程的强力对抗，在中国知识产权诉讼史上留下浓墨重彩的一幕，加多宝虽然败诉了，但正是诉讼禁令给加多宝带来的法律不利影响，迫使加多宝不断改变自己应诉策略和营销手法，加多宝以时间换空间的做法，虽然在法律上不可取，但在市场营销学是却是值得赞赏的，加多宝不断改变广告宣传手法，虽然被法院认定为侵权行为，但加多宝却借道这种侵权行为，使自己的品牌在市场上广为人知，达到了很好的营销效果，这是值得我们研究分析的一种另类营销方法。

广州中院未判先禁，王老吉旗开得胜，加多宝侵权服判。知识产权保护与市场营销的成功结合，是权利人诉讼利益的核心价值；借道侵权方式成功推销品牌，也是知识产权诉讼过程中值得思考的一个课题。加多宝虽然输了官司，赔了一千万，但在这场诉讼中，从另一层面上也扩大了消费者对“加多宝”凉茶的认知程度，取得了意想不到的特殊宣传效果。

广药一方的获胜，不仅获得了赔偿额的支持，更重要的是避免了损失的扩大及无法挽回。广州中院的这一“诉中禁令”禁出了公平，禁出了正义，禁出了“王老吉”凉茶合法顺利进入市场的途径，依法维护了中国饮料第一品牌的正当合法权益。

第十章
CHAPTER

红罐装潢　双方互告

⑩

红色，对中国人来说，具有特殊重要的意义，它往往象征着喜庆、希望、热情和活力，等等。红色所表达和寄托的美好愿望的内涵极其丰富。例如，过年时大街小巷悬挂的红灯笼、中国结，小孩初生时穿的红色虎头鞋，结婚时新娘一身红色的新衣，老人做寿时的一袭红装，公司上市时敲钟人一条鲜红的领带……红色，作为中华民族特有的吉祥、幸运色，几乎装点和见证了人们生活中所有的美好时刻。无论用多少美好的辞藻去形容它都不过分。

王琳绘制

图 10-1　红衣归谁

红罐，是“王老吉”凉茶特有的“外衣”，人们对它熟悉到只要看到红罐就能联想到“王老吉”凉茶，就能“勾起”消费者的购买欲望。这不仅是因为红色醒目，更因为红色在国人心中的分量，是如此的沉甸甸。也因此，王老吉和加多宝之间的“红罐之争”，引起了广泛的关注。这是王老吉与加多宝之间系列知识产权纠纷中最受关注的案件之一。该案不论在诉讼标的上，还是在社会影响力上均创下了同类案件之最。是新中国成立以来标的额最大的装潢案。

一、红罐装潢　有无权利

在产品面世之前，企业往往会对产品的外包装进行设计，使其具有美感，同时又能够与产品的特性相匹配。包装装潢的好与差，对于产品后期的市场表现具有重要影响。加多宝公司被授权生产、销售“王老吉”凉茶时，就在协议中约定，加多宝公司生产红罐王老吉，广药使用绿色包装经营“王老吉”凉茶。客观上说，绿盒王老吉包装和红罐“王老吉”凉茶的包装均特色鲜明，经过市场长期的考验，被证明是成功的。它们均能使消费者在接触到包装装潢时，联想到是哪一个品牌的凉茶。这就能够成为反不正当竞争法意义上的知名商品特有包装装潢权。

在这场争议中，大家的注意力也许都被“红罐”这两个字所吸引，更进一步说，大家都被“红”字所吸引。红红火火，用来形容这几年的凉茶市场，非常贴切；热火朝天，用来形容大家对红罐之争的讨论和争论，同样贴切！

王老吉与加多宝之间的商标许可协议仲裁裁决之后，特别是当加多宝公司视为“救命稻草”的商标备案协议最终被裁定无效后，“王老吉”商标使用权的归属已经非常明确。但是，王老吉和加多宝之间关于红罐装潢的争夺战，才拉开序幕。

既是争夺，那首先应当明确争夺的是什么。红罐装潢，作为知名商品的特有包装装潢这一点，双方均没有争议。相信法院对于这一点也不会持否定态度。因为这一装潢的知名度和显著性实在太高了，以至于双方在互诉对方的诉状中，均要求法院认定红罐装潢为知名商品的特有包装装潢。

既是如此，那“红罐装潢，有无权利”中的权利，指的当然不是红罐装潢是否构成反不正当竞争法所保护的知名商品特有包装装潢，而指的是王老吉与加多宝谁有权使用红罐装潢。而欲确定谁有权使用红罐，则必须厘清该知名商品是什么以及商誉与商标是否可分？这也是双方在法庭上争论最激烈的。

非常有意思的是，王老吉方和加多宝公司几乎在同一天，分别在北京一中院和广州中院，起诉对方使用红罐装潢构成不正当竞争，且均提出了近乎天价（至少在包装装潢案件中是这样的）的索赔额请求。最后，最高人民法院指定双方的案件由广药集团、王老吉大健康公司（地处广东广州）与广东加多宝（地处广东东莞）所在地中级人民法院的共同上级——广东高院合并审理。

在广东高院，这两个案件的案号分别为：（2013）粤高法民三初字第1号、（2013）粤高法民三初字第2号，从中可以看出，这是2013年广东高院知识产权案件的第1号和第2号案，无论是在顺序上，还是在影响力上，均是当之无愧的！

在“红罐之争”中，双方于2013年5月8日再次进行了证据交换，案件于2013年5月15日正式开庭。庭审中，双方围绕争议焦点，展开了全面的辩论。根据广东高院官方微博消息，法庭归纳了该案的四个争议焦点：①涉案商品是什么，知名商品特有包装装潢是什么；②涉案商品特有包装装潢归谁所有；③涉案商品特有包装装潢能否与“王老吉”商标或加多宝公司相分离，到底谁构成侵权；④经济损失如何计算。双方围绕争议焦点的确定发表了各自的意见。

反不正当竞争法意义上的知名商品，是指不为相关商品所通用，具有显著区别性特征，并通过在商品上的使用，使消费者能够将该商品与其他经营者的同类商品相区别的商品名称。因此，这里的知名商品与一般意义上的商品截然不同，虽叫商品，但并不是商品这个物品或服务本身，它属于无形财产的范畴。知名商品属于反不正当竞争法保护的权利。既是权利，应该有一个权利的载体。在该案中，双方对于这一点的争议比较大。在该案中，王老吉认为知名商品是“王老吉”凉茶，载体应当是“王老吉”商标；加多宝认为是“加多宝生产、销售的红罐凉茶”载体是加多宝当时生产的红罐凉茶，以物权为基础来主张知名商品权。这里就有一个问题了。加多宝之前生产、销售的红罐凉茶是什么？答案其实很明显，就是“王老吉”凉茶，这一点是板上钉钉的。那为何二者在这个问题上还有争议呢？且看二者的具体理由是什么。

王老吉认为，该案的知名商品是指带有“王老吉”商标的“王老吉”凉茶，王老吉三个字既是商标，也是商品名称。“王老吉”凉茶历史悠久，在“王老吉”商标在被许可给加多宝之前已被评为广东省著名商标，在广东省及东南亚几乎家喻户晓，产品行销全国，有良好的口碑，受到消费者的青睐。“王老吉”凉茶并非是在 1996 年因加多宝经营红罐王老吉之后才成为知名商品的。而反观加多宝公司生产的“加多宝”凉茶，在 2012 年 7 月 6 日该案起诉时，“加多宝”凉茶才刚刚以独立品牌推向市场，根本称不上是知名商品。因此，从某种意义上说，是知名商品“王老吉”凉茶成就了红罐“王老吉”凉茶的知名度。鸿道集团使用王老吉注册商标的被许可人，实际享受了知名商品王老吉的商誉。

对此加多宝方则持完全相反态度。其认为涉案知名商品是“加多宝生产、销售的红罐凉茶”。其强调的是知名商品上有更多“加多宝”要素。加多宝公司通过大规模生产、持续性的市场推广、广泛媒体宣传和积极参与公益活动，涉案红罐凉茶凭借优良品质和独特口感，连续多年稳居全国罐装饮料销量首位，成为知名商品。因王老吉红罐凉茶是加多宝经营的，因此，知名商品权应当归属于加多宝。真是公说公有理，婆说婆有理。对于这一问题，一审法院最终支持了王老吉方的观点，知名商品就是“王老吉”凉茶。而该知名商品的核心因素是“王老吉”商标，因此，知名商品权应当归属于商标权人。

解决了知名商品的界定，并不意味着红罐装潢权的归属问题得到解决。在该案中，红罐装潢的归属还要论证清楚商标与商誉是否可分，红罐装潢归属于谁更具有合理性、更符合法律原则等问题。双方对此的争论是最激烈的。

在该案中，如果将商标标识作为包装装潢的一个组成部分，即商标与包装装潢已经融为一体，相互之间已经形成了稳定的甚至唯一的对应关系。对于这一点，王老吉方一直坚持，法院也是认同的。红罐“王老吉”凉茶装潢，形成于“王老吉”商标许可期内。装潢上使用了特有的王老吉名称，成为该特有装潢显著性标志。当年加多宝公司设计、使用红罐及宣传、推广，均围绕“王老吉”商标来进行。经过长期的使用、宣传，已经使公众产生了深刻的印象，而且这种印象体现在公众看到红罐装潢时能够条件反射般地识别到王老吉品牌凉茶，即潜意识里已经认同了该装潢与“王老吉”凉茶不可分。因此，不应将“王老吉”商标与包装装潢的其他组成部分决然割裂开来，应将其作为一个整体来看待。“王老吉”商标已经与王老吉红罐凉茶包装装潢的其他组成部分紧密地结合在一起，已经成为该包装装潢的一个核心组成部分。

加多宝公司以其之前经营的王老吉红罐凉茶，罐体上有三处体现了该商品的生产者，即正面和背面相同的位置用中号黄色字体突出标注的“加多宝出品”；黑色字体标注的“鸿道集团有限公司授权”；侧视图中黑色字体标注的为具体生产厂家加多宝公司。由此，便认为消费者已将涉案知名商品红罐凉茶的包装装潢与加多宝公司建立了稳固而唯一的联系。但事实果真如此吗？一直以来，加多宝公司均围绕“王老吉”商标来做宣传、推广和营销。外人一拿到王老吉红罐凉茶，映入其眼帘的是极为醒目的王老吉三个大字。凉茶作为快消品，从消费者的消费习惯上看，消费者往往只看商标，不会进一步留意上述加多宝公司提到的信息。特别是在“王老吉”商标如此知名和显著的情况之下，“王老吉”商标的强识别性在整个罐体装潢中处于绝对的核心地位。因此，与红罐装潢形成稳定的、唯一对应关系的不可能是加多宝公司，只可能是王老吉。但加多宝公司认为“王老吉”商标知名度及红罐装潢知名度的提升，完全归功于其有效的经营。加多宝认为“种瓜得瓜，种豆得豆”，商标知名度及装潢知名度的权益也应当归其所有。现实却是：由此所产生的商誉仍然附属于知名商品“王老吉”凉茶上，而“王老吉”商标专用权由广药享有，“王老吉”凉茶的合法经营权在商标许可协议被裁定无效后，也转由王老吉大健康公司承继。因此，在广药集团收回“王老吉”商标时，附着于知名商品的特有包装装潢亦应一并归还给王老吉的商标权人广药集团。至于加多宝公司及其各关联公司对王老吉红罐凉茶在商标许可使用合同期内所投入的资金、广告宣传费用等，也已经在“王老吉”商标许可使用期内获得了巨额经济回报。

“种瓜得瓜，种豆得豆”在中国是广为流传的一句谚语，非常有哲理。但加多宝公司在该案中用以说明自己的行为具有合理性、合法性是不恰当的。因为，王老吉与加多宝之前是商标许可与被许可的关系，各自的对价均非常明确，王老吉的对价不仅在于每年区区几百万元的商标许可费，更在于通过许可商标，使商标价值增值；对于加多宝公司而言，其对价在于通过经营“王老吉”凉茶获得商业利润及其销售团队、销售渠道等的建立和完善。任何逾越了这一边界的行为均可能构成不正当竞争，也有违契约精神和对价原则。

在这个商标许可关系中，双方的权利和义务是对等的，所面临的风险也是对等的。对于加多宝公司而言，其风险在于如果经营不善，非但产品卖不出去，商标许可费也不会因为亏损而被减免；对于广药而言，其风险在于如果加多宝公司经营不善，甚至有诸如产品质量等意外发生，其商标美誉度会被减损，商标价值也将急剧减少。因此，在王老吉与加多宝之间商标许可关系中，权利与义务，收益与风险均已经达到了动态平衡。任何试图打破这种平衡的行为均会被认定为违约或者侵权。

加多宝公司以为“种瓜得瓜，种豆得豆”是一柄尚方宝剑，于是，通过一系列虚假宣传、擅自使用红罐包装装潢等方式将原本属于王老吉的商誉移植到加多宝商标上。加多宝方的商誉移植行为，已把原来依附在王老吉品牌上的部分商誉转移到了加多宝品牌上，已经使加多宝品牌的商誉不当增值，同时已经使广药集团的王老吉品牌商誉有所流失或者被损害，有违诚实信用，有悖商业道德，构成了不正当竞争。

在这场大战中，特有包装装潢权应当跟随商标使用权的流转而流转。商誉与商标密不可分，诸如“腾讯”“苹果”“美的”等商标，都是因为附着在商标上的商誉的提升而成为天价商标的。在商标许可这一民事法律关系中，如果看成是一场交易的话，交易对象的表象是商标使用权，其本质是商誉使用权的交易。商标许可费的本质应属于商誉许可使用费。鸿道集团当初为何看上“王老吉”商标，而且在20世纪90年代初就愿意以超过百万的价格“租用”呢？作为一贯精明的商人，陈鸿道一定是认识到“王老吉”商标是老字号，已经是广东省著名商标，且其背后蕴含极其深厚、丰富的凉茶文化，已经具有相当高的商标价值，而且还具有很大的增值潜力，而这些都是当初附着在“王老吉”商标上不可分割的一部分。既然是附着在商标上的，商誉的主要载体就是商标，商誉无法完全独立于商标而存在。循着加多宝的逻辑，如果认为商标与商誉可分、商誉独立于商标的话，广药当初许可“王老吉”商标时就可以禁止加多宝使用“王老吉”商标的商誉，如果加多宝公司一定要使用的话，那对不起，请再跟广药集团签一份商誉许可合同，缴纳商誉许可费之后方能使用。但这显然是滑稽的。

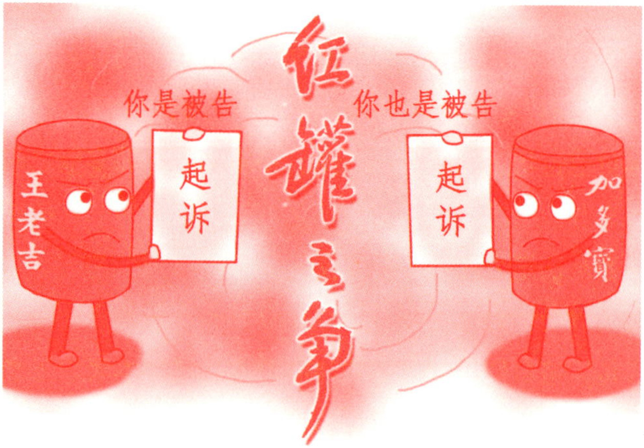

王琳绘制

图 10-2　红罐之争

商标申请之初，一般而言是不会自带商誉的，只有当这个商标经过不断使用产生的显著性越来越强，换言之，当商誉越来越高时，其价值才能体现出来。商标的商誉体现形式不一，例如，体现在其背后的文化内涵上、产品信誉保证上、广告语上的、包装装潢上等。蕴含商誉越高的商标，其价值越高，越受市场青睐。如何才能使商标的商誉增加呢？常见的方式是通过广告宣传使商标的知名度提高，还有一种方式，就是如该案中，广药集团将商标许可给加多宝方使用，以商标许可的方式使商标增值，也是提高商标商誉的重要手段。因此，如果商誉不随商标流转而流转的话，就会使商标的许可、转让制度失去价值。商标许可时不许可商誉，商标转让时不转让商誉，是不可能做到的。如果允许商誉脱离商标单独存在，也就无法实现商标许可、转让合同的目的。商誉本身不能与商标分离，特别是原本就附着在商标上的商誉。

除了从上述角度讲述红罐装潢的归属外，笔者认为还应从红罐装潢权归属于不同的主体将对公共利益产生什么影响这个角度，来论述红罐装潢的归属问题。

红罐争夺战再次吸引了媒体和公众的眼球。庭审一开始，主流网络媒体便迅速开展了网上民意调查，了解消费者和公众对此事的看法。截至 2013 年 5 月 15 日 24 时止，新浪网、新浪央视财经微博、腾讯微博、搜狐财经频道的网络调查显示，王老吉获得多数网友的支持。在新浪网的调查中，有 72.8% 的网友支持王老吉；在新浪央视财经微博的调查中，支持王老吉的网友人数也占了上风；腾讯微博的调查显示，王老吉获得了 50.07% 的支持率；在搜狐财经频道发起的调查表明，有 51.01% 的网友对王老吉表示支持，在“你会选择哪种品牌的凉茶”选项上，则有 50.63% 的网友选择了王老吉。从以上数据看，王老吉在舆论上略占了上风。

知名且特有的包装装潢之所以受反不正当竞争法保护，是因为其本身具有识别性和显著性，从而能够产生标识利益。从该意义上讲，反不正当竞争法保护知名且特有的包装装潢以保护该特有包装装潢权的识别性和显著性为出发点，以防止可能导致相关公众混淆、误认发生以及可能冲淡该特有包装装潢识别性和显著性之情形的发生。

王老吉红罐包装装潢当初是为了与绿盒王老吉的区别而设计的，其产生之初并无识别性和显著性，但经过加多宝公司多年来持续、大范围的与“王老吉”凉茶结合在一起使用，已经能够与“王老吉”凉茶产品建立起稳定的联系，产生显著性，承载着极高的商誉，能够为该商品的经营者带来商业利益，理应受反不正当竞争法的保护。但反不正当竞争法以保护市场公平竞争秩序为首要出发点。

在该案中，社会利益最大化是其中重要的考量因素。任何权益，一方面是案件当事人权益，具有“私法”属性。但反不正当竞争法以维护公平、正当竞争秩序为宗旨，其本身具有一定的“公法”属性。如果涉案的权益资源是社会稀缺资源，在不违反公平原则的前提下，则应将之配置给能够使其价值最大化的一方，从而充分发挥该资源的价值，以使其符合大多数人的利益。该案中，加多宝公司已经失去“王老吉”商标的使用权。如果将王老吉红罐特有包装装潢判归由其独占，则势必会导致作为商标权人的广药集团及王老吉大健康公司不能完整地行使“王老吉”商标权。但如若判归王老吉方使用，则能够保证其享有完整的商标权。这体现了法律对商标权人合法权益的尊重。也能最大限度地发挥该特有包装装潢的社会价值和经济效益。

这么一场惊天动地的商誉大战，法学界的声音肯定不会缺席。这场著名的诉讼大战，为法学学者研究相关法律问题提供了极其丰富和生动的素材，甚至会被国内外法学院引入课堂，作为经典案例来讨论。针对该案，有学者尝试从合同法角度探讨仲裁裁决中的“合同无效”结论是否正确以及合同无效后对双方的后合同义务该如何界定。当然，作为企业经营者，其关注的是附着在这场诉争上的商业利益争夺。有人认为“王老吉”商标的价值增值，主要来源于加多宝针对该商标的宣传、投入、推广行为，该增值不应该被“突然死亡”式的归零。

甚至有学者认为：“与可口可乐等‘先发使用商誉’（即权利人在许可前

已使用并已享有商誉）不同，王老吉的商誉是‘后发使用商誉’（即许可前几无商誉，全在被许可使用中创造的盛誉）。王老吉商誉是由加多宝倾一己之力打造的，因而，商誉理应归加多宝。故加多宝应依约归还‘王老吉’商标，但依法可移植其商誉至加多宝品牌上。”笔者对该观点是持否定态度的，这种观点割裂了商标和商誉的联系，而且是全盘对商标许可制度价值的否认。如若被司法判决所认可，将对这一制度产生致命的打击。具体理由在前面已经提到，不再赘述。

有不少学者认为，“王老吉”商标作为该特有包装、装潢中的最核心部分，如果其不存在，那么该红颜色的罐体包装是无任何意义的。作为广药集团设定下的红颜色罐体包装、装潢，其特有性的指向只能是“王老吉”商标而非其他。随着商标使用权的回归，对于特点指向于该商标的特有包装、装潢的保护事关消费者利益的维护，并事关市场正常、正当的竞争关系的维护，一旦该特有包装、装潢被他人在同类产品上大肆使用，势必造成消费混淆，并导致非正常的市场竞争事态出现。此外，他人使用“红罐凉茶”等淡化性的语言用来突出一种产品包装来推销产品，涉嫌构成“王老吉”凉茶权益的侵犯。无论从法律规定来讲，还是从实际情况来看，商标许可合同终止后，商誉就应完璧归赵地回授商标权人，尤其是该商标又是作为商品名称使用时，更是如此。商标作为一种商业信誉载体，在授权许可终止时，其商业信誉也应归于商标所有人。

根据诚实信用原则，商标授权许可使用合同终止以后，被许可人在停止使用商标、交换使用权利以后，应该遵守诚实的商业惯例，禁止作出损害商标、商誉的行为。加多宝公司通过虚假宣传以及在该案中擅自使用他人知名商品特有包装装潢的行为，违反了诚实信用原则，应当受到反不正当竞争法的规制。

中国社会科学院知识产权中心兼职研究员黄晖指出：有关这一纠纷，从双方最早于1995年签订的协议、1997年的协议到最后2000年的协议，都对“红罐”有着明确的约定；换而言之，双方间协议约定的产品包装为红罐，而非黄罐、绿罐，这意味着并不是像加多宝公司所说的其独创、选用了一种什么包装，而是属于合同约定，其包装、装潢的选择设计均是在约定的框架下进行的。

“王老吉”凉茶红罐包装这种立体商标实物，它在使用的时候离不开特定的名称，否则其呼叫要素与视觉要素很难体现出来，不便于相关公众识别。根据既定事实，作为凉茶商品的包装装潢，红罐包装产生立体商标或知名商品特有包装的显著性与识别性始于“王老吉”凉茶。在这样的现实情况下，在相同商品上将相近似的红罐包装贴上“加多宝”商标后，消费者看到这件商品，恰恰会产生混淆。因此，红罐包装显著性与识别性产生的过程与使用“王老吉”商标的过程密不可分，如果起初“加多宝”与王老吉共同使用该红罐包装，则双方合作终止后，“加多宝”可独享该红罐包装、装潢权。但现实问题是，红罐始终与王老吉组合并产生了一个共同的识别作用，如果把红罐剥离给另外一个品牌，势必会为消费者带来混淆困扰。所以红罐包装不是想给谁就能给谁的。在这一纠纷背景下，我们甚至可以设想，商标法禁止把相同近似商标分割转让，为什么呢？你想分割转让都不行，因为它都指向同一个对象。

最高人民法院知识产权庭原庭长蒋志培，在这一问题上同样旗帜鲜明：他认为广药集团或加多宝公司目前所存纠纷的属性应当是反不正当竞争问题，所适用的法律是反不正当竞争法。该纠纷主要涉及知名商品及知名商品特有包装、装潢的定义和认定。根据客观事实，在该起纠纷中，知名商品应为“王老吉”凉茶而非“加多宝”凉茶，这是有事实基础与法理基础的。当年双方间就“王老吉”商标及红罐包装许可问题以合同方式约定以后，慢慢产生了“王老吉”凉茶这个知名商品。故此，在可以作出“王老吉”凉茶系该纠纷中知名商品的判断后，结合目前所争议的外包装、装潢自始即长期使用在“王老吉”凉茶商品上的情况，便可以完全明确其系知名商品“王老吉”凉茶特有的包装、装潢，受反不正当竞争法保护。

“王老吉”凉茶特有包装、装潢与该知名商品本身具有不可分割性。当一个有注册商标的知名商品形成后，它便具备完整性与统一性，其特有的包装、装潢在很大程度上将通过商标在消费渠道中形成认知并建立商誉。在商标权属明确的前提下，该包装、装潢不应与商标权割离，否则势必会导致相关消费群体造成混淆困扰。

以上是笔者从众多参与争论的学者中摘录的几个比较有代表性的观点给大家分享。事实上，随着案情的发展，对此的讨论永远不会停息。笔者认为这种讨论和争论是有益的，会促进我国在相关法律问题上的理论研究水平，而且有可能通过这样的大讨论促进我国立法、司法的完善。真理，只会越辩越明。

二、外观专利　过期无效

在该案中，加多宝公司一直强调其对于红罐包装装潢还享有外观设计专利权。并以此为由，认为其在先使用，享有在先权。

加多宝公司在案件中提交了两份专利证书用以证明其曾对红罐装潢申请过外观设计专利：1995 年 12 月 18 日，陈鸿道向国家知识产权局申请名称为“饮料盒标贴”的外观设计专利，1997 年 2 月 12 日予以公开，公开号为 CN3054638，申请号为 95318534. 6，请求保护色彩。1996 年 6 月 5 日陈鸿道向国家知识产权局申请名称为“罐贴”的外观设计专利，1997 年 7 月 2 日予以公开，公开号为 CN3059953，申请号为 96305519. 4，请求保护色彩。对此，王老吉认为，陈鸿道不是知名商品红罐“王老吉”凉茶名称、包装、装潢的所有权人。加多宝公司提供证据证实现有红罐王老吉装潢为陈鸿道设计并申请过外观设计专利，还提供香港人潘良生曾为陈鸿道设计红罐装潢的证言。该外观设计专利确实真实合法，但在 2007 年已过有效期；而且，我国知识产权局对于外观设计专利只进行形式审查，因此，仅有外观设计专利证书不能当然地认为该外观设计专利的权利是稳定的。在外观设计专利侵权案件中，法院立案时往往要求权利人必须提交外观设计专利评价报告，以证明该专利权利是稳定的。因此，即便有外观设计专利证书，也不能证明加多宝方是该装潢的设计者。从当初鸿道集团与广药之间的商标许可协议可以看出，鸿道集团是在得到广药的授权后才设计了红罐装潢，也因此，当初鸿道集团去申请红罐装潢的外观设计专利时，广药才没有阻挠，而且也没有对该外观设计专利提过专利无效程序。

而且，通过观察其外观设计专利红罐罐贴的字体、图案、色彩，可以发现：装潢中王老吉三个字是产品特有名称，是从一百多年前民族英雄林则徐赠给王泽邦的刻有王老吉三字的铜葫芦上而来。三个大字的字体无论字体横排还是竖排，前人早就排列过，因此，这种排列也不具有新颖性，并非加多宝方首创。再者，在该案的外观设计专利设计中，文字本身不能成为外观设计的保护范围，该文字——王老吉是广药集团的商标，按理加多宝方去申请外观设计专利时不可以侵犯他人的商标权或在先权。但上面提到，正因为彼时双方处于合作期间，因此王老吉方没有对之进行干预，反而秉持了包容的精神。但在双方的红罐装潢案中，加多宝公司欲拿该外观设计专利来主张其对于红罐装潢权益的归属，这是王老吉方所不能认同和容忍的。在该案中加多宝方因为该专利已过期，没有基于专利权来主张其专有权和排他权。专利过期之后，该外观设计转为包装装潢权，受反不正当竞争法保护。基于此，王老吉认为加多宝公司所提交的红罐外观设计专利不能证明其对红罐装潢享有权利。

加多宝则认为，加多宝公司提供的一系列证据形成完整的证据链，证明涉案知名商品包装装潢是由陈鸿道提出创意、委托设计并申请外观设计专利，进而加多宝公司将该外观设计作为凉茶商品的包装装潢使用的。广药集团自始至终从未参与任何涉案知名商品包装装潢的设计、专利申请、投入生产、广告宣传过程，因此广药集团对此不享有任何权利。其实，这本身就是一个悖论。原因在于：首先，当初签订商标许可协议时，约定了王老吉用绿盒，加多宝用红罐。如果广药集团在商标许可期间自己也用红罐装潢进行生产、宣传，甚至单方将其申请外观设计专利的话，就有违双方的约定。广药集团出于契约精神，信守承诺，没有在商标许可期间使用红罐装潢，现在反被倒打一耙，实在冤枉。其次，广药在红罐装潢中不可能完全没有参与，甚至可以说，这种参与是贯穿始终的。因为该案王老吉特有包装装潢中的核心组成部分就是“王老吉”商标，如果没有广药将该商标许可给加多宝方，又何来红罐包装装潢？因此，加多宝的这一说法很不客观。

而事实上，双方订立《商标许可合同》之后，也基于《商标许可合同》的约定，涉案红罐装潢以红色为底色，以王老吉名称为显著标志，又添加了王老吉注册商标等元素。《商标法》规定，使用他人注册商标必须经商标权人许可，王老吉又作为知名商品特有的名称，按照《反不正当竞争法》未征得知名商品所有权人的同意擅自使用知名商品名称违法。《专利法》第 23 条规定：授予专利权的外观设计，不得与他人在先取得的合法权利相冲突，故已经存在“王老吉”商标的前提下，加多宝方的外观设计必须经“王老吉”商标专有权人许可才能使用；已经存在王老吉为凉茶特有名称时，需知名商品名称所有权人同意。从上述几点，可以看出，没有王老吉方的授权和许可，加多宝方提交的专利根本就不应该获得批准。

需要指出的是，该案系擅自使用知名商品特有包装装潢纠纷，而不是侵害专利权纠纷或者专利权属纠纷，因此，即使该案所涉包装装潢是由鸿道集团委托他人设计并获得外观设计专利权，但是外观设计本身并不能产生知名商品特有包装装潢权，其只能受专利法保护；而知名商品特有包装装潢权系通过使用而形成，受反不正当竞争法规制。因此，专利权与知名商品特有包装装潢权属于两种不同的权利，分别受不同法律调整。加多宝公司认为涉案包装装潢系鸿道集团委托他人设计并获得专利权，涉案知名商品特有包装装潢权应归加多宝公司所有，这一理由完全不能成立。

而且这两种权利的产生是完全不同的，外观设计专利是经过授权方能产生，专利过期，权利即宣告失效；包装装潢则不同，是在不侵犯他人在先权利的前提下，通过持续不断地使用，使其产生显著性，并具有一定的区别商品来源的功能才能成为反不正当竞争法保护的对象。

三、你争我夺　广药胜诉

商誉是看不见、摸不着的东西，无法给它一个物理上的定义，但其具有极强的社会属性，具备很高的商业价值。商誉凝结了社会对企业产品质量、经营理念、社会责任、行业地位等的积极评价，这直接影响企业产品在市场上的销量、表现。毫不夸张地说，商誉是企业的生命线。因而，商誉受到损害或侵蚀，是企业最不能容忍的。商誉一旦被他人“染指”，其所有人均会不遗余力地采取各种措施进行挽回、维护甚至抗争。

众所瞩目的王老吉与加多宝之间的知产大战，双方都投入了相当可观的“兵力”。在此之前，王老吉与加多宝之间多达几十场的系列知识产权纠纷中，王老吉几乎没有败绩。在该案的一审中，王老吉依然保持不败。

2014 年 12 月 19 日，广东高院一审判决红罐装潢归属于广药王老吉，并判决加多宝赔偿广药王老吉 1.5 亿元人民币。这一判决刷新了同类案件判赔额的记录。本书最后面会附上该判决书，感兴趣的读者可以研读。一审法院对于涉案的红罐装潢是否构成知名商品特有装潢，该特有装潢权的归属，判赔额如何确定等问题进行了细致、严密和深入的阐述，有理有据，很有说服力。有关是否构成知名商品特有包装装潢、红罐装潢归属问题，前面已经详细讲述，在此不再赘述。

关于判赔额的问题，《反不正当竞争法》第 20 条第 1 款规定：“经营者违反本法规定，给被侵害的经营者造成损害的，应当承担损害赔偿责任，被侵害的经营者的损失难以计算的，赔偿额为侵权人在侵权期间因侵权所获得的利润；并应当承担被侵害的经营者因调查该经营者侵害其合法权益的不正当竞争行为所支付的合理费用。”《最高人民法院关于审理不正当竞争民事案件应用法律若干问题的解释》第 17 条规定，对于擅自使用知名商品特有包装装潢不正当竞争行为的损害赔偿额的确定，可以参照确定侵犯注册商标专用权的损害赔偿额的方法进行。

王琳绘制

图 10-3　凉茶 PK

广药集团认为加多宝公司从 2011 年 11 月起开始生产、销售同时含有“王老吉”商标、加多宝商标的红罐凉茶，从 2012 年 5 月 10 日开始生产、销售单独含有加多宝商标的红罐凉茶。为了证明加多宝公司侵权获利情况，王老吉方向广东高院申请对加多宝公司 2012 年 5 月 10 日至 2013 年 3 月 31 日的财务账册等会计资料进行审计，以确定其在此期间所生产、销售的红罐凉茶的数量、利润。同时委托专业的会计事务所对调取的财务资料进行审计。根据专业会计事务所出具的《专项审计报告》，加多宝公司在此期间销售红罐凉茶获得的净利润（税后利润）为32 039 858. 65元，对母公司（鸿道集团）出口销售收入15 705 411. 79元，两项共计47 745 270. 44元，该数额应为加多宝公司在此期间生产、销售侵权产品所获得的利益。该数额按 11 个月计算，每月为4 340 479. 13元。法院参照前述审计期间加多宝公司每月获得的利益来计算该两段时间加多宝公司的获利情况，该两段时间计算至 2014 年 10 月 31 日止共 24 个月，计4 340 479. 13元×24 个月 = 104 171 499. 12元，故从 2011 年 12 月计至 2014 年 10 月 31 日止，加多宝公司的获利为47 745 270. 44元+104 171 499. 12元 = 151 916 769. 24元。而该案中，广药集团只请求判令加多宝公司赔偿经济损失 1. 5 亿元，因该请求赔偿的数额在加多宝公司获利的幅度范围内，所以法院全额支持了广药集团的索赔请求！

该案由于加多宝公司的上诉，一审判决仍未生效。二审于2015年6月16日在最高人民法院开庭，硝烟再起。但耐人寻味的是，加多宝公司在最高人民法院二审开庭前两个月即推出了金罐加多宝，主动换装。进入2016年，其新出厂的凉茶几乎全是金罐，广告宣传也以金罐为核心，几乎不再宣传红罐。其对外宣传说这只是一次正常的换装行为。但在很多人看来，主动放弃红罐的行为是否有其他的考虑呢？我们不得而知。但这对王老吉来说是好事，虽然诉讼终审判决未下达，但竞争对手主动停止了红罐凉茶的生产和销售，实际上起到了禁止侵权行为之目的。

这场红罐装潢大战给企业以极大的警示：知识产权许可合同是如此的重要和复杂，在草拟、签订此类合同时聘请专业的知识产权律师团队介入是非常必要的；企业的商誉就是生命线，应当十分重视、珍惜，并采取必要手段使商誉不断提高，发现侵犯自身商誉的行为，应坚决拿起法律武器维权。捍卫商誉，就是捍卫企业的生命线。

红罐装潢的归属问题已经趋于尘埃落定，该案对于市场竞争者具有较大的启示意义。知识产权是无形的，但其价值是显而易见的，因而，企业在管理知识产权的过程中一定要对相应的法律后果做好充分的评估，必要时引入专业人士进行审查，以减少不必要的纠纷和麻烦。

知名——知之其名，一是有其名，二是有人知，知之的人越多，名气越大，故，知名也被称为“知名度”。王老吉为凉茶之名，消费者购买特定商品时，一般不会直接与生产者相关联，而是直接与商品名称相关联，面对服务员时，消费者一定只说“来几罐王老吉”“要两瓶红牛”“拿几瓶天地壹号”，而不会说要“红罐凉茶”“黄罐饮料”“黑醋饮料”，一定是“点名”购买自己所要之商品。红罐之争所争的包装装潢一定必须附属于知名商品之上，该知名商品就是“王老吉红罐凉茶”，包装装潢权归属于知名的王老吉是完全不用争议的客观事实与法律认定。在权属定性上是不可动摇、毋庸置疑的，在赔偿定量上则是可有高有低、富有弹性的。广药王老吉依法享有凉茶红罐装潢的使用权这一基本事实是不会改变的。你争我夺，广药胜诉也是必然的。

第十一章

CHAPTER

谁是正宗　各执一词

11

什么是正宗？最早出于《简易经》，“猿人也，猿猴也，一祖二别也。同是灵物，我别灵而有慧进化也，他别灵而无慧守宗也。他正宗，我亦正宗。他正宗是我表率，我正宗是他帅表也。”意思是我们人类正宗进化是猿猴的表率，猿猴没有进化是我们人类正宗的帅表。[1] 不难看出所谓正宗，就是师出有名，嫡传正派，是主流的，有血统，有历史，有传承，有价值；更重要的是合法的。随着市场竞争日趋激烈，产品质量和技术差异日益缩小，通过树立品牌正宗性形象，有助于企业打造独特的竞争力。毫无疑问，“正宗”是一种稀缺资源，为了吸引消费者选购，各个行业都开始热捧“正宗”，如正宗老四川火锅、正宗阳澄湖大闸蟹、正宗港式甜品、正宗兰州拉面、正宗潮汕牛肉丸……

2012年年底，加多宝与王老吉分道扬镳后，通过遍地开花的各类广告不断宣扬其“正宗性”，其中最为消费者耳熟能详的是《中国好声音》中华少以惊人语速吐出的“正宗好凉茶、正宗好声音”广告语，加多宝刚刚推出新品才两年多便如此底气十足，特意突出强调“正宗”两字，何来“正宗”呢？

2014年3月3日，王老吉在官方微博、微信上首次曝

---

❶ “正宗”词条［EB/OL］．［2015-11-27］．http://baike.baidu.com/link?url=MaaA3-uU-YSpeim5EtMNbOKA3vbH1kjo_62veMe6IJjNq5zR30lnybaoj9Bq5q-HkuYUYM2a2EtgGz6OCdLjZK.

光：王老吉同时在电视媒体、平面媒体、机场广告等媒介上发布了“怕上火，认准正宗王老吉”“不是所有的红罐凉茶都是正宗王老吉”的全新广告语。这迅速吸引了广大消费者的眼球，王老吉借助这一新广告语打响了“百年王老吉，正宗凉茶”保卫战。

凉茶品牌作为一个公众品牌，加多宝与王老吉均对外宣传自己是更具有竞争力的“正宗凉茶”，并由此展开了一场关于品牌正宗性的争夺战。两家凉茶巨头不断反复强调“正宗”二字用意何为，到底哪一家凉茶才是合法的一脉相承正宗出品，我们在接下来的内容中一一详述。

一、正宗与否　关系甚大

1. 历史传承 百年字号

什么是“老字号”，从字面理解，历史悠久，历经百年的竞争与淘汰，依然留存于世就是“老”。在行业中是领先领袖、佼佼者，有名有姓就是“字号”。发端于清朝道光年间的王老吉品牌，占据了凉茶业的半壁江山，显然是行业的领先者，百年凉茶老字号在当下消费者的心目中就等于王老吉，王老吉就是正宗凉茶的代名词，是传统与高品质的象征。

一个老字号品牌的建立是靠时间和口碑累计沉淀的，这个是拿多少钱都买不来、也无法轻易被转移走的。市面上很多商品在宣传时为了吸引消费者，都冠以“正宗”“百年传承”“始于18××年”等名号。商家如此费尽心力去标榜自己，就是让消费者明白自己的产品是历史悠久，拥有精湛的工艺或服务，得到了社会广泛认可，有深厚的文化背景和历史底蕴的“正宗”性。毫无疑问，宣扬“正宗”是有巨大市场价值的，企业也深知标榜正宗能够给其品牌带来独特的竞争力，所以趋之若鹜，但是宣传正宗一定要以真实、合法为前提。

自1956年我国实行“公私合营”的“社会主义改造”，成立“王老吉联合制药厂”，广药便成为大陆王老吉的唯一合法继承实体。广药在1992年开创性生产出盒装和罐装“王老吉”凉茶，是国内最早的凉茶植物饮料。无论是从配方，还是从生产年限等方面来说，广药王老吉对“传承”二字都是受之无愧的。广药默默无闻60年的持续经营，制药工艺的品质保证，“申遗”的成果，不断发扬着王老吉品牌“中华百年老字号”的殊荣。

“王老吉”凉茶是拥有188年历史的老字号，老字号的意义远远不只于一个“老”字，这块“凉茶始祖王老吉”的金字招牌对消费者的影响力有多大，经过十几年被授权许可的加多宝比任何人都清楚其价值。因此，鸿道集团不断强调“加多宝”是正宗凉茶，是百年凉茶的“文化与精神的传承者”，不是老字号却胜似老字号。

加多宝是如何通过讲故事将“百年名牌老字号的光环”戴在自己头上的呢，最终是否能够让大众信服呢，广药王老吉又采取了什么应对措施呢？

2. 正宗传人　误导公众

图 11-1　加多宝传人篇广告

图片来源：王老吉股东起诉原董事长王健仪因其代言加多宝［EB/OL］.（2014-08-06）. http://hebei.news.163.com/14/0806/15/A2VOPV2I02790ABP_all.html.

2012年6月，继“更名篇”“销量篇”之后，加多宝红罐凉茶的最新电视广告“传人篇”在央视及国内18个卫视同步播出，凉茶创始人王泽邦第五代玄孙王健仪在广告片中亮相。在该广告中，王健仪称“我是凉茶创始人王泽邦第五代玄孙王健仪，我在九十年代已经将祖传凉茶秘方独家传授给加多宝，从未授予其他企业或个人，过去是，现在是，将来也是。为了让消费者饮到真正的凉茶创始人王泽邦的凉茶，我有责任告诉消费者市场上哪一款才是真的……”这短短十几秒广告中简单的几句广告词，犹如深水炸弹，使凉茶行业再次涌起洪波。接着在 2013 年 3 月底，加多宝公司在其官方网站上刊登王健仪的声明书，内含“加多宝生产的凉茶是获得我独家授权的祖传秘方配制”，“从未将祖传秘方授予广药集团使用”，“从未向广药集团提供过王泽邦的秘方”，“加多宝凉茶都是沿用王泽邦的秘方”等内容。

从 2012 年年底到 2013 年年初正是广药集团收回王老吉品牌凉茶的元年，而王老吉的后人在多种公开场合明确表示了“王老吉”凉茶的秘方独有，且独家授权给加多宝，让当时的消费者以为收回商标的“王老吉”凉茶不再正宗，而加多宝生产的凉茶都是正宗出品。随着“传人篇”广告滚动播放，各类报纸头版等大肆宣传，广大消费者疑惑不解，王老吉到底是否正宗，到底哪家的凉茶是“188 年的正宗传承，拥有独家秘方”，如果消费者通过广告认定王老吉真的不正宗，无疑是加多宝釜底抽薪的绝妙计策。王健仪多次声援加多宝，是真的对法律的“无知”，还是与加多宝一起有组织的对广药集团进行商业诋毁。上述广告无论是出自加多宝还是出自王健仪个人，如果广告的内容不真实，就像“加多宝凉茶全国销量遥遥领先”的广告语一样都将构成虚假宣传。

面对王健仪等王氏后人的多次炮轰，广药集团并没有坐视不理。2011 年王健仪首次声援加多宝之时，广药一方认为王健仪作为目前港方的股东代表人出任合资公司王老吉药业的董事长，发表出该言论是很不合适的，并通过监事会向王健仪发出了公开信函。并于 2014 年在广州中院对上述广告起诉了加多宝公司，该案也在 2015 年 12 月一审审理结束。广药集团认为涉案广告的内容不真实，误导广大消费者对“正宗”凉茶的认知，甚至欺骗消费者来降低广药集团的社会评价。这种诋毁“王老吉”凉茶声誉和广药集团商誉的行为，扰乱了市场公平竞争、违反了诚实信用原则，已构成不正当竞争。广药集团的这一诉请得到了一审法院、二审法院的一致支持。

虽然加多宝“传人篇”广告因被质疑涉及虚假宣传而陆续在多家电视台仅仅播放了十几天后就全面停播，换上之前的“销量篇”。该广告也已逐渐淡出了公众视野，但这只是加多宝与“王老吉”凉茶“秘方”大战的一个小缩影。正宗广告已退，但秘方大战仍在继续。和商标之争、红罐之争相比，配方之争至关重要，因为配方关系到凉茶品质，更与市场前景息息相关。那么到底谁才是正宗凉茶，到底是谁在误导公众，双方互诉后法院的判决书又给出了公众什么样的答案呢？

3. 独家授权　提法欠妥

凉茶正宗与否，一看品牌历史，二看文化底蕴，三看品质口感，四看配方的传承。拥有 188 年历史烙印与文化基因的中华老字号，无论是从历史上，还是从文化上来讲，王老吉提“正宗”都可谓师出有名，底气十足。100 多年后的今天，王老吉的生产工艺是否还是秉承传统的草本蒸煮萃取工艺？在运用现代工艺技术的前提下，王老吉能否严格保证正宗品质呢？

首先，我们来看正宗承载的配方是如何打造的？饮料不存在“保密配料”之说，按照相关法律规定饮料成分一定要在包装上标明。“加多宝”凉茶与“王老吉”凉茶两个品牌的包装上的凉茶配料表种类甚至前后顺序都出奇的一致：均由水、白砂糖、仙草、蛋花、布渣叶、菊花、金银花、夏枯草、甘草这九种成分构成。

“王老吉”凉茶配方中夏枯草的作用是：性寒，味微苦微辛。清火，明目，散结，消肿。用于目赤肿痛，目珠夜痛，头痛眩晕，瘰疬，瘿瘤，肿痛；甲状腺肿大，淋巴结结核，乳腺增生，高血压。

“王老吉”凉茶配方中仙草作用的作用是：仙草又称仙人草，清暑，解渴，除热毒。治中暑，消渴，高血压，肌肉、关节疼痛。可治糖尿病，食药两用，几乎无副作用。

“王老吉”凉茶配方中布渣叶的作用是：布渣叶别名蓑衣子、薢宝叶、山茶叶等，含有生物碱、有机酸、糖类、酚类和鞣质。清热消滞，利湿退黄，化痰。可用于感冒，中暑，食欲不振，消化不良，湿热食滞之脘腹痛，食少泄泻，湿热黄疸。目前，对于布渣叶的有效成分和指标性成分方面的研究还很欠缺，尚未建立有关有效成分的含量测定方法，而对布渣叶的毒理、药理与机理研究则处于空白。

“王老吉”凉茶配方中菊花的作用是：味辛，甘，苦；性微寒。散风清热，平肝明目。用于风热感冒，头痛眩晕，目赤肿痛，眼目昏花。

“王老吉”凉茶配方中金银花的作用是：金银花味甘性寒，功能清热解毒，疏散风热。用于痈肿疔疮，喉痹，丹毒，热血毒痢，风热感冒，温病发热。现代药理研究表明，金银花具有抑菌、抗病毒、抗炎、解热、调节免疫等作用。

按照《预包装食品标签通则》中“各配料按制造或加工食品时加入量的递减顺序一一排列”的规定，配料加入量的大致比例也相同。可见“秘方”只能“秘”在成分之间的比例或工艺，老字号的传承往往就是配方和生产工艺即配比的传承，那么到底谁拥有独家秘方？谁继承了配比技术？自丧失商标使用权之日起，加多宝便一直向外宣称其持有王泽邦第五代玄孙王健仪独家授权的“王老吉”凉茶的秘方，秘在配比。广药也称其秘方已有一百多年，且也秘在配比。

2012 年 9 月，王健仪大抛秘方牌之际，广药曾对其秘方的正宗性提出质疑，王健仪声称授权加多宝以其配方生产凉茶而又拿不出相应的授权合同，当然仅有合同不足以证明，还需有真实支付痕迹，但是王健仪从未拿出任何证据能证实交易完成的事实。面对多方质疑，加多宝更拿不出具有可信度的证据来证明。

在 2013 年王健仪携王氏族人声援加多宝时，广药集团在官方网站上发表声明，“1956 年国家以赎买形式购得王老吉的祖业，发展成百年老字号、中国驰名商标。广药集团作为‘王老吉’凉茶在大陆唯一合法传承实体，在 1992 年开创性生产出盒装和罐装‘王老吉’凉茶，成为国内最早的凉茶植物饮料”；“2006 年 5 月，国务院批准公布凉茶为国家级非物质文化遗产代表作，广州王老吉药业股份有限公司提供的秘方‘仙草、蛋花、菊花、夏枯草、甘草、金银花、布渣叶及术语清热祛湿被认定为凉茶秘方及专业术语’，而‘王老吉’凉茶拥有凉茶10、11、12、13、14、15号秘方及专用术语。‘申遗’成功的凉茶品牌将受到《世界文化遗产保护公约》及我国有关法律保护”。[1]

2013年5月29日，广州市国资委、广州市检察院在广州召开新闻发布会。广州市公证处作出10份公证材料，权威证明广药集团王老吉188年从秘方到工艺一脉相传，拥有独家正宗秘方。广州市公证处拿出10份公证材料，这些材料从王泽邦家族的谱系传承、王老吉秘方、工艺、王老吉第四代后人的档案等各方面进行了公证，以证明王老吉从“王老吉”凉茶祖铺到广州王老吉之间一脉相传，广州王老吉拥有“王老吉”凉茶独家秘方。从现有的证据层面上来说，广药集团作为大陆王老吉的唯一合法传承实体，其凉茶秘方经过申遗，又经过谱系传承、秘方、工艺及档案等方面的公证，其拥有王老吉独家秘方的说法无疑更加可信。广州市国资委对此也首度表态，王老吉属于国有资产，由广药集团拥有，广药集团是王老吉唯一合法传承实体，拥有和王老吉相关的所有权益。不难看出在加多宝正宗广告中，所谓王泽邦后人所宣称的“祖传秘方独家授权”，其合法性仍有待证明。

二、泽邦后代　派分两系

1. 香港派系　何人承继

1828年，王泽邦始创“王老吉”凉茶。王泽邦有三子，即长子贵成、次子贵祥及幼子贵发。王泽邦于1883年辞世，王老吉三家分店独立经营，贵成及其子留在江都发展；贵祥与儿子举家迁往澳门，以“速济堂祥记”注册；贵发留守广东，后又独闯香港。贵发于宣统三年（1911年）腊月在港病逝，

[1] 见广州王老吉大健康产业有限公司网站公布的《王老吉就加多宝名誉董事长王健仪声明的回应》。

其妻于1912年12月24日订立分产合约，将港店分与长子恒裕，省店分与恒辉及恒瑞继承，并为其划定界限，“由指定划拨之后，彼此不得侵越范围”，❶现王老吉香港分支就是源始于王恒裕。而王恒裕的孙女就是王健仪，王泽邦的第五代玄孙。

现今王老吉主要有广州和香港两脉，其中香港支脉自1913年与广州王老吉正式分家后，一百多年间来无任何经营关系；香港支脉曾因经营不善而被卖掉招牌。而王健仪就是香港支脉的后人。而王泽邦先生的后代共有三支，合计100多人，在香港的一支曾一度中断过经营，加上曾有“王老吉”凉茶配方“传男不传女”的说法，“王健仪女士的所谓秘方是否真的为王泽邦先生的配方不好说”。❷

王健仪就曾在多个场合为加多宝站台并进行广告代言。2011年3月，王健仪在有关媒体上刊登《将王老吉药业打造成世界性的民族品牌》一文，除声明其不同意白云山与王老吉的代理销售行为外，还力赞加多宝对王老吉品牌发展所作出的贡献，炮轰广药集团未如约转让“王老吉”商标的行为。

2012年5月28日，“加多宝”凉茶全国上市启动仪式在中国大饭店大都会议厅隆重举行，王健仪对外公布凉茶配方已经独家授权给加多宝集团。2013年3月26日，王健仪携家族成员在深圳召开“凉茶创始人王泽邦后人媒体见面会”。王氏家族发表联合声明，表示从未将祖传秘方授予广药集团使用。加多宝与王老吉的矛盾随着王氏后人王健仪的出现以及王健仪炮轰广药集团未如约转让王老吉给加多宝后，不断升级，越演越烈。

有媒体评述，2014年王健仪更是不择手段、自相矛盾以同兴药业董事长、法人代表的身份向王老吉公司提起诉讼，四处散播王老吉药业面临解散的谣言，企图以无须有的名目解散王老吉药业。有不少网友义愤填膺地说：王大妈，民族品牌哪是你能亵渎的，速速停止你那可笑的行为吧！也有网友

❶ 柳林．王老吉凉茶大王的前世今生［J］．中华儿女，2012（24）．
❷ 广药加多宝再为“秘方”隔空交火［N］．广州日报，2012-09-07．

打出温情牌，留言道：王大妈，您这把年纪了，就好好歇着安享晚年吧，别再败家了。❶

2. 国内派系　广药传承

1956年按照公私合营政策，国家以赎买方式从王老吉第四代传人手中承接了广州“王老吉”商标、秘方、工艺、员工等所有生产资料。王老吉与常炯堂等七家老字号药厂合并，成立王老吉联合制药厂。1965年，王老吉联合制药厂改名广州中药九厂，1982年又改名广州羊城药厂，并于1992年转为股份制企业。1996年广药集团正式成立，“王老吉”商标等无形资产归广药集团持有，2004年羊城药业更名为广州王老吉股份有限公司，2005年成立合资企业，2012年广药集团成立广州王老吉大健康产业有限公司，广州王老吉作为下属企业纳入广药集团管理，“王老吉”商标等无形资产归广药集团持有。至此广药集团是中国大陆王老吉唯一合法传承实体，拥有和王老吉相关的所有权益。国内派系，几经沧桑，广药一脉相传。

广药一系列的行动和做法均能表明广药才是大陆拥有王老吉独家凉茶秘方的唯一合法实体，2014年11月26日王老吉将传承180多年的正宗独家凉茶秘方封存在中国银行广东省分行，此举不但夯实了凉茶始祖的地位，更为消费者认准“正宗王老吉”注入强心针。广药是王老吉唯一合法实体的身份不会因为加多宝发布广告或声明而改变；相反，加多宝通过玩文字游戏偷梁换柱，试图扰乱消费者心智，不但从品牌形象被打“负分”，搬起石头砸自己的脚，更会受到法律的严惩。❷

3. 多重身份　声援欠妥

王健仪是王老吉创始人王泽邦的第五代女玄孙，是王泽邦众多后代分支中的一个，其拥有香港及海外的“王老吉”商标所有权。此外，王健仪曾担

---

❶ 王健仪施“苦肉计”引网友吐槽［EB/OL］．［2014-09-17］．http://www.sqtv.net/news/bencandy.php?&fid=37&id=60849.

❷ 王老吉配方案再胜诉　刻印中国消费者心中的凉茶符号［EB/OL］．［2015-12-24］．http://www.sw2008.com/html/2015/1224/21264.html.

任广州王老吉药业股份有限公司（以下简称“王老吉药业”）董事长、香港同兴药业董事长、加多宝集团名誉董事长，其因三重错综复杂的身份而备受争议。王健仪多重身份开始于2010年3月25日，当年，王健仪成为香港同兴药业的董事长。2005年，王老吉药业在广州政府的牵线下，与同兴药业签约组建了双方对等持股48.05%、其余股份为员工股的合资公司。王老吉药业和同兴药业约定每三年轮换一次董事长，2011年，同兴药业派出王健仪担任董事长。此外，王健仪还于2010年担任加多宝集团的名誉董事长。王健仪在担任王老吉药业董事长之时，曾发文声援加多宝。王健仪主要从配方的正宗性入手声援加多宝，证明加多宝获得其秘传及配方正宗。

对于2013年王健仪携家带口声援加多宝的行为，广药在其官方网站上发表了澄清声明，坚持认为广药集团才是“王老吉”凉茶在大陆唯一合法传承实体。此外，广药还在声明中指出，王健仪除了是凉茶创始人王泽邦的后人，还是加多宝集团名誉董事长。在声明的最后一条中，广药提出“加多宝公司及其名誉董事长王健仪一再违背历史、违背法律，再次发布虚假消息恶意破坏王老吉正常生产、经营，对王老吉品牌造成了巨大伤害，王老吉警劝加多宝公司立即停止这种肆意捏造、恶意炒作的行为，同时王老吉保留追究法律责任的权利。[1]”广药集团采取了一系列应对措施，来制止王氏后人及加多宝夺取王老吉商誉及控制舆情的意图。

广药王老吉与加多宝两大凉茶巨头的大战硝烟迭起，战火从最初的商标一直烧到包装装潢，烧到秘方。在秘方大战中，加多宝为了证明其正宗性可谓不择手段。除了铺天盖地的正宗凉茶广告之外，加多宝还多次请王老吉后人发声支援。从历史及目前的多种证据来看，广药集团是王老吉在大陆的唯一继承实体，拥有“王老吉”凉茶的秘方，生产正宗的“王老吉”凉茶这一事实几乎是不可置疑的。但是加多宝却以王氏后人为王牌，空口称道“将配方授予加多宝而非其他企业或个人”，试图将原来“王老吉”凉茶的商誉转

[1] 王老吉回应造假：王健仪和加多宝恶意炒作［EB/OL］．［2013－03－28］．http://business.sohu.com/20130327/n370545587.shtml.

移到自主品牌加多宝上，这一做法无论在道德上，还是在法律上，都是值得商榷的。

三、正宗归谁　依法辨分

1. 港系正宗　难圆其说

2012 年加多宝通过各种广告不断宣扬其“正宗性”，其中最为典型的是加多宝借力《中国好声音》通过“正宗好凉茶、正宗好声音”广告语，反复强调“正宗”二字，试图将正宗品质及严谨态度快速植入到消费者心中。加多宝豪气地花费九个亿冠名四届《中国好声音》，与“好声音”成功捆绑在一起。当然加多宝也是明智的，当《中国好声音》冠名费节节攀升、节目出现版权纠纷，而节目的定位及运作模式不变，再次冠名的消费人群不会有太多变化时，加多宝又果断地与《中国好声音》挥手告别。无论如何，事实证明，加多宝尝试的一系列的电视节目营销已经成功收获了年轻消费者对其正宗的品牌认知，其创新的娱乐营销获得了前所未有的成功。

为了表明其配方的正宗性，加多宝多次请王泽邦第五代玄孙王健仪为其站台，甚至为其拍摄涉嫌虚假宣传的广告并大肆宣传，否定大陆王老吉 60 多年经营成果，否定“公私合营”的历史，否定广药集团生产“王老吉”凉茶的正当性和商品品质，混淆消费者视听，最终达到让消费者以为加多宝产生的凉茶是正宗，其他竞争对手广药集团的凉茶是“不正宗”的目的。但从现有所有证据来看，广州王老吉药业股份有限公司提供的秘方“仙草、蛋花、菊花、夏枯草、甘草、金银花、布渣叶及术语清热祛湿”被认定为凉茶秘方及专业术语的“申遗”成功，使得凉茶品牌将受到《世界文化遗产保护公约》及我国有关法律保护，大陆王老吉的合法继承实体无疑是广药集团，“王老吉”凉茶的配方也归属广药集团，如果没有正宗的传承和配方，加多宝就不会向广药集团花巨资签订商标许可协议来经营十多年之久。

再好的伪装也有露出马脚的时候。加多宝在自己的视频广告中，将“凉茶始祖王老吉”标注在加多宝的红色罐体包装上，其行为已经默认了“王老吉是凉茶始祖”的正宗性，否则也没有必要在外包装上的显著位置向消费者传递这个信息。这份视频广告在广州、长沙虚假宣传案中均作为加多宝试图搭王老吉名誉便车的证据已提交给法院。对此，加多宝无法否认其真实性，也许加多宝方会辩解说这是之前自己生产王老吉时的红罐包装，还没有来得及换，才会出现在加多宝的新罐上面，但是无论如何，加多宝的上述行为已经认可了“凉茶始祖就是王老吉”。

此外，在广药与加多宝矛盾爆发之前，加多宝在十余年的经营过程中一直都是承认“王老吉”凉茶是“正宗凉茶”。在商标许可合同因加多宝一方行贿续签而被仲裁无效后，加多宝开始改口强调自身凉茶的正宗性，甚至有恃无恐在各大媒体上刊登声明广告，直接诋毁广药集团不拥有“王老吉”凉茶的秘方，向社会公众宣称加多宝生产的凉茶才是真正、正宗的王老吉祖传秘方，以误导消费者，其前后说法矛盾，难圆其说。

广药集团在1992年开创性生产的盒装和罐装“王老吉”凉茶，是国内最早的凉茶植物饮料。而加多宝集团生产红罐凉茶始于1995年。无论是从配方还是生产年限等方面来说，广药王老吉对正宗二字都是受之无愧的，因此加多宝在王老吉品牌无法继续合法使用后，声称自己凉茶的正宗性的根基自然是不攻自破。

在双方的诉讼之战中，凉茶配方的正宗之战也初见分晓，2015年广州中院依据《反不正当竞争法》第9条“经营者不得利用广告或者其他方法，对商品的质量、制作成分、性能、用途、生产者、有效期限、产地等作引人误解的虚假宣传。广告的经营者不得在明知或者应知的情况下，代理、设计、制作、发布虚假广告。”作出一审判决，认定加多宝构成虚假宣传。并在判决中认定：广药和加多宝集团均是生产经营凉茶的企业，是市场上重要的竞争对手，而凉茶配方是消费者购买时考量的重要因素，广药是王老吉系列商标的权利人，其拥有的秘方在2007年7月

30日被广东省食品文化遗产认定委员会认定为凉茶秘方，广药集团王老吉大健康公司生产“王老吉”凉茶，使用的配方配料和上述被认定为凉茶秘方的配料一致。

关于王健仪传人的身份问题，一审法院虽予以确认，但是关于涉案虚假广告中王健仪关于独有的凉茶祖传秘方仍归王老吉家族所有的论述，法院认为其并无证据予以证明，且加多宝提交的王健仪给鸿道集团的授权书中也陈述王老吉本人在创立凉茶时秘方有数款，非独款，因此，在广告中王健仪称“王老吉家族拥有独有的凉茶祖传秘方与实不符”。“我将独有祖传秘方独家授权给了加多宝集团”或“加多宝生产的凉茶是获得我独家授权的祖传秘方配制”，这些对“加多宝”凉茶的独家配方宣传是片面的，因为王老吉分为大陆、香港两支，王健仪仅为香港分支的传人之一，其广告未在介绍历史背景的情况下，表示“我将祖传秘方独家传授给加多宝集团”或类似广告语，是片面的，信息不完整的，是有意误导消费者的信息屏蔽，已构成反不正当竞争法所规制的虚假宣传行为。同时二审法院也认为，王健仪通过声明为加多宝凉茶产品扩大市场知名度和品牌影响力的目的非常明显，如果按照加多宝公司的上诉意见，理解为王健仪的个人行为，不符合实际情况，仍应认定加多宝公司应承担法律责任。

同时一审法院认为，王健仪广告所称“为了让消费者饮到真正凉茶创始人王泽邦的凉茶，我有责任告诉消费者市场上哪一款才是真的”“我将祖传秘方独家传授给加多宝集团”等内容，由于目前市场上使用王老吉配方的凉茶只有广药和加多宝两家企业及关联企业，如此陈述显然会使消费者认为广药使用的不是正宗王老吉配方，构成间接诋毁其企业商誉和声誉，构成商业诋毁。二审法院则认定构成直接诋毁，并阐释王健仪广告中“独家”的字眼，使消费者解读出其他凉茶经营者均未经过合法授权的含义，这种直接针对竞争对手的宣传内容，刻意引导消费者误认广药集团没有王老吉正宗配方，这样的广告语无疑是人为造成片面和歧义，所以二审法院确认加多宝的行为是直接构成对“王老吉”凉茶声誉和广药集团商誉的诋毁。

关于加多宝虚假宣传以及商业诋毁，一审法院、二审法院判决其承担人民币500万元巨额赔偿额是如何考虑的呢？依据《最高人民法院关于审理不正当竞争民事案件应用法律若干问题的解释》，确定反不正当竞争行为的赔偿额可以参考侵犯注册商标的赔偿额。2013年《商标法》中的法定最高赔偿额是300万元，那么加多宝为什么要承担500万元的赔偿呢？2013年《商标法》第63条规定：权利人因被侵权所受到的实际损失，侵权人因侵权所获得的利益，注册商标许可使用费难以确定的，由人民法院根据侵权行为的情节给予300万元以下的赔偿。该案中，王老吉的实际损失和加多宝的侵权获利均难以确定，故法院根据侵权行为的情节酌定赔偿数额。依据是广药集团和其子公司王老吉公司提交的为抵消涉案宣传的不良影响而进行支付的广告费用、律师费、公证费。另外，法院酌定判赔也考虑到有证据证明为消除侵权广告而支付的广告费明显超过300万元。在综合考虑双方存在的历史渊源与纠葛，结合加多宝的侵权行为的性质、情节、主观过错、给广药和王老吉健康公司造成的影响及王老吉为制止侵权行为所支付的必要合理开支，最终判决加多宝立即停止虚假宣传及商业诋毁行为，并赔偿500万元。

一审法院、二审法院对于侵权赔偿部分的判决是合理、合法的。早在2013年8月6日，即双方另案虚假宣传诉中禁令开庭听证时，加多宝公司称：改名案的诉中禁令已经使其损失了十亿元的广告费，王老吉提交500万元的担保金太少，都不够加多宝制作一个广告的费用。且加多宝公司在该案诉中禁令听证前，在多个场合、多个媒体上都重申了对该案再次申请禁令的不满，声称其对涉案广告投入巨大。这也从另一个方面说明了王老吉在加多宝发布的传播如此之快、传播范围如此之广的虚假不实广告情形下，为消除对其不良影响，需支付等额的广告费在相同的媒体上、相同版面、相应时段、相应时长等对应形式进行。而且王老吉请要求的500万元索赔包括律师费等合理费用，这远远无法填补王老吉主张的消除虚假广告的费用，甚至还不到加多宝自称做涉案广告投入成本十亿元的二百分之一，公众很难想象《广州日报》头版A4篇幅一天的广告费就是20万元，可想而知，面对铺天盖地的侵权广告，王老吉要付出的消除成本是多么巨大。

综上，王老吉与加多宝的配方案涉及虚假宣传和商业诋毁，区别于以往的商标侵权，属于反不正当竞争法保护的范畴。该案对侵犯知识产权、干扰竞争对手的非法行为具有警示作用，给广大企业上了一堂生动的知识产权课。同时配方案的宣判赋予了中国知识产权保护以积极意义，标志着中国知识产权保护向秩序化和规范化走出重要的一步。

图 11-2　王老吉“正宗凉茶”的消除正名广告

2. 推进标准　确保质量

“一流企业做标准，二流企业做品牌，三流企业做产品”，无疑某一个行业的领头羊都会关心行业标准。标准其实就是行业的“游戏规则”，任何一家企业，只要你在这个行业，就得按该行业的标准（游戏规则）来做，所以做标准的企业有绝对的领先优势。同时行业领先者也可以通过提高门槛、提高标准来限制其他企业的准入，同时削弱其他对手的优势。广药集团无疑深谙这一理念并身体力行，基于我国在凉茶行业尚未制订国家标准，整个产业可能会面临无序化发展的状况，为了促进凉茶产业规范化发展，广药集团在收回“王老吉”商标之后，开始着力推进凉茶行业标准的制订工作。

加多宝掀起的轰轰烈烈的配方之争只是其通过各种方式提升自身“表面竞争力”、抢占市场份额的手段。但是对于消费者来讲，产品的品质与配方同样重要。在质量革新这一点上，广药可谓走在前端。2012 年 6 月 28 日，广药正式启动凉茶国家标准研究项目，该项目将从凉茶原料种植、配方、生产工艺等环节进行技术标准研究，为我国凉茶国家标准的制订提供科学参考。2013 年 6 月 13 日，广药正式与瑞士 SGS 签约，双方将联手开展凉茶国际标准的研究，以促进整个产业的健康有序发展，为凉茶产业的国际化建立基础。2016 年 5 月 3 日，王老吉“三位一体”在韶关创新产业基地设立，王老吉韶关创新产业基地还将建设科研技术中心以及“王老吉”凉茶博物馆。2016 年 5 月 3 日，广药白云山 83 亿元定增正式获批，成功引入马云旗下的 5 亿元云锋基金作为战略投资者。为王老吉科研、生产提供了强有力的资本力量。

为了保证自身产品的质量，广药王老吉从原料到生产，再到物流、仓库储存，每一个环节都严格把控，其生产过程达到制药标准。在原料选择上，广药“王老吉”凉茶的原料主要来自广药的 32 个中药材 GAP 种植基地，按照 GAP 要求选用，质量控制上采用定量提取、指纹图谱等技术，品质上乘。在生产工艺上，“王老吉秉承传统的中药草本蒸煮萃取工艺，并结合现代化的中药现代化生产技术，实现了传统凉茶饮料的标准化精益生产”。❶

此外，不同于传统的饮料制造行业，广药集团将制药的专业精神和凉茶专业技术用于“王老吉”凉茶的生产，为消费者提供正宗百年凉茶。广药王老吉为了更严格地要求自己的质量，在国家规定的药品质量控制三级质量保证体系基础上，更是提出了对自己更苛刻的五级质量控制体系，简称“五道关口”。❷ 与此同时，广药王老吉采取集团统一标准，派品控员对各家生产供应商进行监督、管理。在食品质量事故频发的当下，广药严抓质量的做法无疑是更加明智的。

3. 正宗口味　与时俱进

可口可乐在因口味单一而面临销售瓶颈之后，于 1995 年在德国推出“低

❶ 民族的才是世界的　百年王老吉向“可口可乐”看齐［EB/OL］．［2013-07-23］．http://news.ycwb.com/2013-07/23/content_ 4721223.htm.

❷ 广东凉茶需延续智慧传承文化［N］．南方都市报，2014-03-27.

卡路里”健怡可口可乐；2002年在美国首次推出香草味可口可乐，其爽滑香甜的口味受到消费者青睐；后续又推出了香草味、柠檬味等新口味，都取得较好的市场反应。2008年年初，可口可乐在上海新推出一款无糖汽水饮料“零度”（ZERO），相对于传统可乐的高热量，零度可乐因低热量而受到广大年轻消费者的欢迎。追逐创新永无止境，可口可乐甚至试图在中国建立数据中心，“未来可能根据消费者口味定制可乐，以迎合消费者快速变化的口味”。[1] 可口可乐在口味上的创新使其稳居饮料行业的鳌头地位。

广药王老吉也在不断突破创新，可谓凉茶行业的“可口可乐”。大陆王老吉本身就具有随时代变更的精神，回顾王老吉发展的这一百多年来，凉茶产品从水碗凉茶到方便携带的凉茶粉、凉茶精，再到现在的便携饮料，无不体现着王老吉敢于变革的精神。在收回商标之后，王老吉大健康延续了王老吉品牌敢于革新的精神。2012年10月，王老吉成功推出500毫升和1.5升瓶装“王老吉”凉茶，瓶装王老吉因更加方便消费者而大受欢迎。在了解到现代人健康理念下对饮料的“低糖”甚至“无糖”需求之后，王老吉再度刷新凉茶历史，推出红罐装低糖和无糖“王老吉”凉茶。此外，因认识到传统凉茶行业以瓶装、罐装为主，不适合出差、旅行等人群需求的情况，以王老吉发展史为鉴，王老吉不断进行科研创新，研制出“王老吉”凉茶固体饮料。王老吉固体凉茶不仅可凉可热、可浓可淡，还可根据个人喜好随意调节，而且携带方便、常备随用，可弥补即饮凉茶饮用环境限制。

口味革新之后，广药王老吉旗下产品种类呈现多样化发展。在满足消费者新口味需求的同时，也给广药王老吉带了销量及口碑。在这场还在继续的凉茶大战中，谁能够从消费者角度出发不断进行各种创新，走出自己独特的步伐，传递市场正能量，谁才能笑到最后。而从目前的表现来看，王老吉在消费者体验上无疑更为用心，其真正为消费者需求着想及敢于变革的精神也是特别值得颂扬的。

---

[1] 可口可乐要在中国建数据中心：或许以后将根据你的口味定制可乐［EB/OL］.（2013-09-15）［2016-09-20］. http://www.pingwest.com/coca-cola-will-launch-a-data-center-in-shanghai/.

在秘方大战还在如火如荼进行时，在加多宝还在纠结于“还是原来的配方，还是熟悉的味道”并试图通过广告证明其配方来自王泽邦之时，广药集团一面应战，另一面却早已跳出了口味之争的限定框架。广药王老吉深刻地认识到消费者需求才是“王道”这一事实，配方之争对于两大凉茶巨头而言或许事关商誉，事关品牌发展战略，但是对于消费者来说，其关注的无非是产品的质量、安全及口味等。

在这一远见卓识的引导下，广药王老吉在应战的同时严抓自身的质量，同时推动国内甚至国际凉茶标准的制订。在食品安全事故频发的当下，其对质量的重视体现出一种对消费者负责任的态度。其推动质量标准的制订，也体现出一种敢于担当，将凉茶推向国际化的民族姿态。此外，广药王老吉还针对消费者的不同口味需求，积极研发出新口味、新产品，在消费者体验上尽心竭力。广药王老吉敢于变革的精神对于凉茶行业来说是相当可喜的，有利于凉茶行业突破市场瓶颈，走得更远。

虽然秘方之争经过两年多的广州中院一审、广州高院二审终审，在诉讼层面上已经落下帷幕。但在这两年多里，甚至至今谁是正宗，双方仍然各执一词。正宗代表着百年传承的品质，品质是市场的基石。测度品牌正宗性，我们首先要界定其真实性，其次要界定其合法性，企业随意使用正宗二字只会失去消费者的信任并最终失去市场。在这场纷纷扰扰的凉茶大战中，王老吉与加多宝双方经历大大小小 20 多场官司之后，目前看来王老吉赢了官司，也赢了未来。在这场六年之久的凉茶之争中，我们期待双方能够还原事实真相，尊重消费者知情权、选择权。

正宗与否，不是十年八年的品牌发展可以打造的，正宗是有百年传承历史的，正宗是有文化底蕴的，有品牌故事的；正宗不是一如既往、一成不变的；正宗是需要在已有的基础上不断勇于创新，与时俱进，才能薪火相传的；正宗不是不变的，正宗不等于不可以改变口味与配方，正宗的品牌也需要不断变革、创新，才会有经久不衰的生命力，才能不断传承下来，否则就会半途而废，或者销声匿迹，无法承继下来。王老吉百年历史的演变，就是一个不断创新承继的历史进程的实录。还是原来的配方，还是熟悉的味道，并不一定代表正宗。今天的罐装凉茶取代了百年前的大碗茶是在创新变革中的正宗承继，正宗更多的是强调品牌、品质的正宗。加多宝的名字本身就不正宗了，否则正宗为何连老字号承继不下去，在中国大陆甚至连凉茶始祖“王老吉”都不能使用了，又何谈正宗呢？正宗归谁，招牌最能说明，品质最有话语权。

我们也期待未来凉茶行业的质量及口味能够与时俱进，更加关注消费者需求，进行沉淀文化、工艺创新，不断丰富凉茶品牌的内涵，共同承载着国家级非物质文化遗产——中国凉茶，在世界舞台大放异彩、走向世界的“正宗凉茶中国梦”。

第十二章
CHAPTER

每卖十罐　谁占七罐

⑫

一提起凉茶始祖，映在老百姓脑海里的都是“王老吉”凉茶。曾几何时，王老吉几乎成了凉茶、正宗凉茶的代名词，“中国每卖十罐凉茶，七罐王老吉”，“王老吉凉茶，全国销量遥遥领先”，“王老吉凉茶连续多年蝉联中国饮料第一罐”，这些商誉上的“皇冠”是稳当地戴在王老吉头上的。但也正因为是“皇冠”，觊觎者有之，一有机会就蠢蠢欲动。于是一场广告语纠纷大战拉开序幕。

“中国每卖十罐凉茶，七罐加多宝”，“加多宝凉茶，全国销量遥遥领先”，“加多宝凉茶连续七年蝉联中国饮料第一罐”这些广告语相信大家都很熟悉，几乎是家喻户晓。这样的广告语具有一定的“创新性”，这些简短的广告语向消费者传递了多重信息，既包含了广告主的商品名称，又告知消费者其产品销量大、实力雄厚，再加上广告句式新颖、传播范围广，很快就使消费者牢记于心。如果该广告语不是虚假宣传广告的话，应是一个很优秀的广告。但如果是一条虚假广告的话，那给被侵权方造成的损失将会十分巨大。

一、断章取义　张冠李戴

“中国每卖十罐凉茶，七罐加多宝”，“加多宝凉茶，全国销量遥遥领先”，“加多宝凉茶连续七年蝉联中国饮料第一罐”，这些广告从2013年3月开始，铺天盖地地在电视上、网络上、报纸上、户外广告牌等上进行宣传。王老吉方在获知这一情况后，将加多宝公司的广告使用形式拍照或截图，发给其代理律师，并询问律师，这些广告语是否构成虚假宣传。当时，律师结合王老吉公司提供的素材和基本资料后，基本确定上述广告语构成虚假宣传。

王琳绘制

图12-1　谁占七罐

作为普通公众，到底有多少相信中国卖出的“十罐凉茶中有七罐是加多宝”，“加多宝凉茶，全国销量遥遥领先”，“加多宝凉茶连续七年蝉联中国饮料第一罐”？当然，如果不是王老吉公司一直进行不懈的维权，通过媒体发布澄清事实真相的声明，以及通过起诉加多宝公司构成虚假宣传，很多普通公众在加多宝公司如此密集的宣传的影响下，会相信广告内容是真实的。正因为上述广告语明显地构成虚假宣传，多地法院针对此作出了支持王老吉方的判决。广州、北京、重庆、长沙四地的案件均有终审判决。

自此，涉及上述广告语的案件也已尘埃落定。但过程是曲折和艰辛的。王老吉和加多宝，双方均对此投入了大量的资源，因为，上述广告语对哪一方来说都非常重要，谁败诉了，都将会给产品的销量带来消极影响。

加多宝公司是一家营销策划能力极强的公司，尤其擅长“事件营销”。在上述广告语的设计上，其抓住了普通消费者只会看表面，不会、也不可能去深入研究到底广告语说得对不对这一普遍心理。于是利用其曾经经营过“王老吉”凉茶这一基本事件，通过断章取义的方式，将原本属于王老吉的荣誉擅自戴到“加多宝”凉茶上，实则是张冠李戴，抑或可称之为“王冠加戴”。

正因为加多宝使用了“中国每卖十罐凉茶七罐加多宝”，“加多宝凉茶，全国销量遥遥领先”，“加多宝凉茶连续七年蝉联中国饮料第一罐”这些广告语，外界才会理所当然地认为加多宝才是国内“凉茶之王”。但是加多宝凭什么有底气喊出这样的广告词？

图 12-2 加多宝“七罐”广告

图片来源：2013 年 03 月 13 日《深圳特区报》A1 头版（http://sztqb.sznews.com/html/2013-03/13/content_ 2403003.htm）等报纸及广东卫视、江苏卫视等电视媒体（笔者代理王老吉起诉加多宝侵权证据的公证书（2013）粤广广州第 077068 号），加多宝的上述侵权广告也是我方起诉的不正当竞争的证据之一。

加多宝代理律师认为，“中国每卖出十罐凉茶七罐加多宝”这是事实，并引用了中国行业企业信息中心和尼尔森的数据进行证明。

来自中国行业企业信息发布中心发布的《2012 饮料行业 1－3 季度运行状况分析报告》。该报告显示，从销售量市场份额分布情况看，在重点监测的品牌中，共有三个品牌的份额超过1%。其中，加多宝（加多宝生产并销售的凉茶）的份额为72.96%；王老吉的份额为8.9%。

乍一看，觉得这个报告白纸黑字，写得已经非常清楚，加多宝公司销量占比72.69%。但大家没有注意到该报告中，“加多宝”后面还有一个括号，括号里面是：加多宝生产并销售的凉茶！在2012年6月之前，加多宝生产并销售的凉茶又是什么凉茶呢？很显然，是“王老吉”凉茶！所以在本章的开头会说加多宝公司断章取义，张冠李戴，在这里已经得到了印证。也因此，姑且不论该机构是否是合法的、权威的数据发布机构，也不论其发布的报告是否真实，仅从字面上上稍加分析，其实得出的结论实际上是：王老吉品牌凉茶销量占比为72.96%+8.9%=81.86%！因此，王老吉的代理律师会在庭上说，按照该报告计算，得不出“中国每卖十罐凉茶，七罐加多宝”，反而得出“中国每卖十罐凉茶，至少七罐王老吉”。

后来央视曝光，加多宝公司一直引用的这家数据发布机构——中国行业企业信息发布中心，是“三无”机构，没有相应的资质，且以牟利为目的，只要给钱，甚至连企业营业执照都不用看，就可以给其“客户”发布所谓的“权威数据”。这真是贻笑大方。

在上述案件中，法院基本上都会总结案件的争议焦点，这些案件的焦点基本上都是一致的：该案是否属于“一事不再理”的范畴；涉案广告的广告主是谁；涉案广告是否构成虚假宣传；如果构成虚假宣传，被告该如何承担责任。

而且原被告双方在庭审中的主要观点也大体一致。为了更进一步说明加多宝公司是如何断章取义，张冠李戴的，笔者将结合法院归纳的争议焦点来进行阐述。

加多宝公司在涉及上述广告语的三地法庭中均以诉讼构成“一事不再理”，要求法院直接驳回王老吉的诉讼请求，这依然是在玩偷换概念、张冠李戴的把戏。本不想在此详细阐述王老吉对于这一问题的回应和反驳理由的，但为了让读者更好地认识加多宝公司在诉讼中的小动作，笔者认为很有必要对这一问题进行澄清。

“一事不再理”原则体现在《民事诉讼法》第111条第（5）款：“对判决、裁定已经发生法律效力的案件，当事人又起诉的，告知原告按申诉处理，但人民法院准许撤诉的裁定除外”。基于此，该案是否属于一事不再理，关键在于在该案之前，原告是否基于相同事实、相同主体再次提起诉讼，且之前的诉讼已经有了生效判决或裁定。从该案的发生时间以及其他关联案件的判决时间看，不属于“一事不再理”的范畴。主要有如下理由：

（1）要构成一事不再理，必须是原告基于同一诉讼当事人、同一诉讼标的、同一诉讼请求，在有一个生效的判决或裁定之后，仍然向人民法院起诉。涉及上述广告语的三个案件中，原被告与其他相关案件均不同，如，广州中院的被告是广东加多宝饮料食品有限公司和广州当地的“加多宝”凉茶销售商，而长沙案的被告是武汉加多宝饮料食品有限公司、湖南丰彩好润佳商贸有限公司、潇湘晨报社。被告主体完全不同。对于这一点，相信加多宝公司是明知的。笔者认为，诉讼当事人是判断两个诉讼是否是同一诉讼的基础标准，既然诉讼当事人均是不同的，那这两个诉讼就肯定不是同一诉讼，也就不构成一事不再理。

（2）要构成一事不再理的另一基础事实是，要有一个对于同一诉讼生效的判决或裁定。这些案件在立案时，针对同一诉讼没有任何一个生效的判决或裁定。即便如长沙案中，被告武汉加多宝在法庭上所述的广州中院“改名”案已经一审宣判了，但因为加多宝公司在该案中提起了上诉，判决仍未生效。即使该判决是生效的，该案的诉讼主体与该案不同，不会构成一事不再理。

（3）三个城市的案件中，每个案件要求被告承担责任的地域和赔偿范围不同，没有重合之处。加多宝公司一直在法庭，甚至媒体上宣称，王老吉通过打官司牟利，每个地方起诉索赔的范围是重合的。是重复获利，这也是其“断章取义”的障眼法，试图混淆视听。广州案中，王老吉只要求被告广东加多宝以在其在广东地区所实施的虚假宣传行为承担相应的侵权责任，而且在维权费用赔偿方面，只对原告在广东地区媒体上所做消除影响广告的维权费用进行赔偿。而长沙案中，王老吉已经明确，只要求被告武汉加多宝等在湖南、湖北地区所实施的虚假宣传行为承担相应的侵权责任，并对原告因被告在湖南、湖北地区所实施的虚假宣传行为对原告造成的损失进行赔偿。维权费用赔偿方面也只对原告在湖南、湖北地区媒体上消除影响广告的维权费用，及该案的其他合理费用进行赔偿。

因而根本就不存在王老吉从诉讼中重复索赔甚至获利的情况。实际上，王老吉通过诉讼获得的赔偿远不能弥补加多宝公司虚假宣传给王老吉造成的损失，加多宝公司在虚假宣传中的获利也远远高于其在诉讼中的赔偿额，换言之，真正从案件中获利的是加多宝公司，但其却在法庭内外“得了便宜还卖乖”。

（4）得益于加多宝集团在全国有五家以上具有独立法人资格且都是以加多宝为字号的饮料公司，其可以在法庭上变戏法似的将责任在不同加多宝之间推来推去。加多宝公司在开庭时声称其各个加多宝之间是独立经营、各负盈亏、独立承担责任的法人主体，因此不可能有一家加多宝公司为其他加多宝公司无偿做涉案的广告。退一步说，即便有其他加多宝以自己的名义为武汉加多宝做涉案广告，但由于各个加多宝之间是相互独立、各负盈亏的独立主体，最终广告费用也是由该广告的受益者武汉加多宝通过转账等方式来支付的，这一点也在湖南省高级人民法院二审开庭时加多宝公司自己提交的证据中得到了验证。所以，实质上的广告主仍然是起诉地加多宝产品的生产者，即一般是本区域的加多宝公司。如果加多宝集团专门指定由一家加多宝公司，统一在全国范围内做涉案广告，但广告费用最终还是要分摊到各个加多宝公司的，其真正的广告主仍然应当是实质上支付广告费的主体。

当王老吉在广州起诉广东加多宝时，广东加多宝就推说虚假广告的广告主是加多宝（中国）；当在重庆起诉加多宝（中国）时，加多宝（中国）就推说虚假广告的广告主是广东加多宝；在长沙起诉武汉加多宝时，武汉加多宝又推说广告主既有广东加多宝，又有加多宝（中国）。以上说法自相矛盾，漏洞百出，且这些事实均有加多宝在各地开庭的庭审笔录为证。王老吉只有通过多地起诉才能全面地维护自身的合法权益。同时，通过其各个加多宝之间相互矛盾、相互推卸责任的表述，充分说明加多宝在各自主要销售区域的广告主就是在该区域生产、销售凉茶的加多宝公司。

此外，对类同的侵权行为，针对不同被告在全国乃至全球进行起诉、维权，早已是国际惯例，并非该案特有。如著名品牌阿迪达斯、康师傅、彪马、索尼、微软、本田、美的等在全国各地的知识产权维权诉讼，被司法界和公众普遍理解、接受和支持。这也是《民事诉讼法》充分保证权利人的诉权，赋予权利人的正当权利的体现。这不仅不违背诉讼效率原则，反而因此更彰显了程序法的公平精神。

对于王老吉与加多宝之间的虚假宣传纠纷，在对加多宝广告语断章取义、张冠李戴的认定上，还要在法律和事实上分析清楚，在每一个案件中，到底谁是广告主，为什么法院会这么认定。正所谓“冤有头，债有主”，否则就会真的告错对象。

本来这个问题不应成为问题，因为根据常识，饮料作为快消品，运输成本是其产品成本中的重要组成部分，因此，此类快消品一般采取就地建厂、就近销售的原则，几乎不可能在武汉有加多宝公司的情况下，湖南销售的是浙江加多宝生产的“加多宝”凉茶。而浙江加多宝也不会在湖南地区的本地媒体及户外广告上做广告，因为湖南不是浙江加多宝的销售区域。这本是基本的商业常识，但在法庭上，加多宝公司却一直以其不是涉案广告主为抗辩理由，认为王老吉“告错人”了。但事实却完全不是这样的。

（1）在各地案件中，均有直接证据证明加多宝是涉案广告语的广告主。王老吉方在各地公证封存的加多宝公司生产的凉茶产品罐体上、包装箱箱体上，显示了“全国销量领先的红罐凉茶改名加多宝”，“全国销量领先的红罐凉茶——加多宝”，“中国每卖十罐凉茶、七罐加多宝”等广告语字样。上述公证封存的“加多宝”凉茶产品罐体的底部，外包装箱箱体侧面，均标注了证明是各地加多宝生产的英文字母字样，如，武汉加多宝生产的加多宝含有“W”字样，广东加多宝生产的“加多宝”凉茶则含有“G”字样。由此可以证实罐体上、箱体上所显示的上述涉案广告是武汉加多宝或广东加多宝所为，加多宝是广告主。根据快消行业的基本常识和最基本的商业规则，产品罐体上、外包装上所打的广告的广告主就是生产者，不可能有第三人无缘无故地免费为加多宝做如此规模宏大、耗资巨大的涉案广告。法院也可直接基于此认定涉案广告语就是加多宝公司。

（2）除了产品外包装，加多宝公司还在电视、报纸、户外广告牌等上发布涉案广告语，这些广告上没有标注广告主信息，要举证证明上述广告形式上所做广告的广告主身份，这对王老吉而言具有客观、现实困难。该案中王老吉也不可能通过正常的民事取证手段去获取这方面的证据。但根据《最高人民法院关于适用〈中华人民共和国民事诉讼法〉若干问题的意见》第 75 条第 3 款：“下列事实，当事人无需举证：……（3）根据法律规定或已知事实，能推定出的另一事实”。就以长沙案为例来说明为什么可以直接推定武汉加多宝公司就是上述电视、报纸、户外广告的广告主。

长沙案中，已知的事实有：武汉加多宝的产品主要在湖南、湖北销售；原告在所有公证购买到的“加多宝”凉茶，均明确标注是武汉加多宝生产的；原告公证封存的“加多宝”凉茶罐体上、外包装箱箱体上所显示的广告用语与报纸上、电视上、店头招牌上所做的涉案广告，在形式上、内容上、字体上、排版上都是惊人的一致；涉案广告语宣传力度大、范围广、耗资巨；涉案广告语的最大受益者是加多宝；众所周知，产品生产者生产出产品后为了推销自己的产品，会通过不同的方式、形式给产品做广告，第三人不可能平白无故为他人无偿做宣传。基于以上事实，完全可以这样推导出，在某地所做的涉案广告的广告主就是以该地区为主销售区的加多宝公司，如在湖南、湖北地区所做的广告的广告主就是武汉加多宝。

此外，各地加多宝之间是关联企业，其应当知道谁是涉案广告语真正的广告主，而且应当也掌握了能够证明涉案广告语广告主身份的证据；但加多宝公司在证据交换、正式开庭时，在原告提出了充分理由和相关证据的情况下，仍拒不说出谁是涉案广告语的广告主。根据《最高人民法院关于民事诉讼证据的若干规定》第 75 条：“有证据证明一方当事人持有证据无正当理由拒不提供，如果对方当事人主张该证据的内容不利于证据持有人，可以推定该主张成立。”

在案件中，加多宝在王老吉公司提出了充分理由和相关证据证明加多宝公司掌握了能够证明广告主身份的证据，但其拒不提交能够证明真正广告主身份的证据，根据上述法律规定，人民法院可以据此推定涉案的广告主就是加多宝公司。

因此，不论从商业惯例、常识，还是从涉案的证据、法律规定来看，涉案广告语的广告主就是加多宝公司。

二、虚假广告　毁人商誉

“中国每卖十罐凉茶，七罐加多宝”，“加多宝凉茶，全国销量遥遥领先”，“加多宝凉茶连续七年蝉联中国饮料第一罐”，这些广告语是否构成虚假宣传？

这是该案的核心，也是揭示加多宝公司是否发布虚假宣传广告牟取巨利的关键。从众多证据上看，加多宝公司的上述广告语构成虚假宣传，并得到了法院的终审认定。接下来，笔者将结合案件的证据、法律、法规来揭示，加多宝公司是如何断章取义、张冠李戴制作虚假广告的。

（1）加多宝公司在其广告宣传或产品包装上使用含有“全国销量领先的红罐凉茶——加多宝”，“中国每卖十罐凉茶，七罐加多宝，怕上火，更多人喝加多宝，配方正宗当然更多人喝”等宣传语，与客观事实严重不符，并有违国家禁止性法律规定，属于虚假宣传，且直接贬低、损害了王老吉公司的商标与商誉，构成不正当竞争。

“全国销量领先的红罐凉茶——加多宝”，“中国每卖十罐凉茶，七罐加多宝，怕上火，更多人喝加多宝，配方正宗当然更多人喝”这两个广告与事实严重不符。

加多宝在其产品包装、店招广告上使用了“全国销量领先的红罐凉茶——加多宝”及其他意思相近的广告语；武汉加多宝还在电视、网络、报刊等媒体大量宣传“中国每卖十罐凉茶，七罐加多宝，怕上火，更多人喝加多宝，配方正宗、当然更多人喝”的广告语，同时在电视上故意用极小、不起眼的字体，无声播放“2012 年信息来源：中国行业企业信息发布中心”；《潇湘晨报》在其报纸的显要版面刊登了“中国每卖十罐凉茶，七罐加多宝，怕上火，更多人喝加多宝，配方正宗、当然更多人喝”的广告语。

王老吉方认为：加多宝发布、印制、宣传上述广告语的行为同样构成虚假宣传，贬低并损害了原告王老吉的商标、商誉，构成不正当竞争。其广告语的实质含义是：全国销量领先的、市场占有率达七成的凉茶品牌是加多宝。而事实上，2012 年 1 月至 9 月，全国销量领先的红罐凉茶品牌是王老吉，这早已成为消费者的共识。在加多宝刊登上述虚假广告之前后，一提到“全国销量领先的红罐凉茶”或“全国销量领先的凉茶”，消费者联想到领先的不是“加多宝”凉茶，而只能是“王老吉”凉茶。

加多宝在广告中注明的数据信息来源取自中国行业企业信息发布中心，该中心于 2012 年 12 月 8 日发布的我国《2012 饮料行业 1－3 季度运行状况分析报告》（以下简称《分析报告》）原文为：“从销售量市场份额分布情况看，在重点监测的品牌中，共有三个品牌的份额超过 1%。其中，有一个品牌的份额超过 70%，为加多宝（加多宝生产并销售的凉茶）72.96%；一个品牌的份额在 5%－10%之间，为王老吉 8.9%”。从“为加多宝（加多宝生产并销售的凉茶）72.96%”这句话可以提炼出两点重要含义：第一是该报告中所示 72.96%的比例包含了加多宝品牌凉茶及其生产、销售的王老吉品牌凉茶，否则就无需用括号里的内容来进行解释、说明，加多宝作为被许可生产王老吉品牌的生产商，对于这一点的内涵是明知的；第二是这句话中根本没有提到“罐装”凉茶市场份额的占比数据，众所周知，凉茶以其包装来分类包括了盒装、瓶装、罐装凉茶等。

加多宝故意在广告发布过程中擅自将数据来源《分析报告》中的统计对象加多宝集团生产并销售的凉茶王老吉替换为“加多宝”品牌凉茶，将“销售数量的份额超过 70%”替换为按“罐”计算，排除瓶装和盒装销售数量，把基数变小，有意曲解事实。将其在 2012 年 6 月之前所生产的王老吉品牌凉茶全部混同为“加多宝”凉茶，从而得出所谓“中国每卖十罐凉茶，七罐加多宝”这一完全与事实相违背的错误结论。

客观事实是：2012年1月到9月的前六个月，加多宝生产的凉茶基本上都是冠以王老吉品牌的。若按照上述统计分析报告，加多宝生产并销售的凉茶，以平均每季度占全国1月至9月凉茶行业销售额的24.32%计算，2012年前两季度仍冠名为王老吉品牌的占48.64%，加上统计所显示的“王老吉”凉茶占8.9%，共计57.54%。

而加多宝7月、8月、9月三个月所销售的产品主要还是前两个季度所生产的冠有王老吉品牌的凉茶。根据凉茶行业销售的一般规律，产品自出厂到销售完成的周期都在三个月以上，从王老吉方公证购买到的产品看，购买日期距生产日期均在三个月以上，最长的甚至达到300多天。由此可见，2012年7月、8月、9月三个月加多宝公司销售的还主要是前几个月生产、库存的冠有“王老吉”商标的凉茶。这三个月的“王老吉”凉茶销量加上前面的57.4%，王老吉销量至少占七成以上，因此，即使按这份统计分析报告，1月到9月加多宝销售的主要还是冠名“王老吉”，而非冠名“加多宝”的凉茶。另外，冠以其他凉茶品牌的约占18.1%。因而，根据分析报告的统计结果不但得不出“中国每卖十罐凉茶，七罐加多宝”的结论，反而应得出“全国销量领先的红罐凉茶——王老吉”，“中国每卖七罐凉茶，至少七罐是王老吉；怕上火，更多人喝的还是王老吉”的客观结论。加多宝推出的上述广告语与事实严重不符，直接贬低王老吉品牌，给王老吉方造成不可或难以挽回的巨大损失，构成不正当竞争。

针对“中国每卖十罐凉茶，七罐加多宝……”这句广告语，加多宝当庭狡辩，称其含义是“中国每卖十罐凉茶，七罐是加多宝生产的”，并不是指加多宝品牌凉茶，并因此认为其广告语是在描述所谓的“客观事实”。这显然是断章取义，偷换概念，混淆视听。

人民法院在认定虚假宣传广告行为是否会造成消费者的混淆、误认时，应当以相关公众对该广告以及广告所推销的商品的一般认识进行综合判断。该广告语，无论如何也无法使人（特别是普通公众）联想到，是“中国每卖十罐凉茶，七罐是加多宝生产的”意思。这句广告语最核心、最突出的是“加多宝”这个商标或商品名称，一般消费者看到该广告语时，所接收的信息肯定是“中国每卖十罐凉茶，七罐是加多宝品牌凉茶”。加多宝的这种狡辩更加说明其在做该广告时就已经知道2012年1月到9月，中国凉茶市场上加多宝品牌的凉茶市场份额远未达到70%，市场份额占优的凉茶品牌仍是王老吉。

即便是2013年，根据当时最新的统计数据，原告的“王老吉”凉茶销售额已经接近160亿元人民币，而彼时中国凉茶市场的份额总共也就300多亿元。如此看来，原告的“王老吉”凉茶与“加多宝”凉茶在销量上已经基本持平。又谈何“中国每卖十罐凉茶，七罐加多宝”，“加多宝凉茶，全国销量遥遥领先”，“加多宝凉茶配方正宗，全国销量遥遥领先”呢？

而且，在广州中院“中国每卖十罐凉茶，七罐加多宝……”案的听证会上，广东加多宝的代理人，也就是该案被告一武汉加多宝的代理人亲口承认，“中国每卖十罐凉茶，七罐加多宝……”这句广告语中“七罐加多宝”指的是“七罐是加多宝品牌凉茶”，这与该案庭审现场被告一武汉加多宝代理人强调“七罐加多宝”是指“七罐是加多宝生产的”而不是“七罐是加多宝品牌凉茶”这一陈述是自相矛盾的。此外，王老吉在诉讼中提交的证据，及加多宝公司的高管在接受采访时明确表明：“中国每卖十罐凉茶，七罐加多宝……”指的就是“中国每卖十罐凉茶，七罐是加多宝品牌的”，“加多宝品牌凉茶连续七年蝉联中国饮料第一罐”。因此，加多宝在做涉案虚假宣传广告时的主观恶意非常明显。

此外，加多宝公司自2012年夏季至2013年2月，在全国各种媒体上铺天盖地的做广告，均是以“全国销量领先的红罐凉茶改名加多宝”这句广告语为主。加多宝公司在做这句广告语时应当是明知和承认全国销量领先的红罐凉茶是“王老吉”凉茶，这也是一个众所周知的事实。因此，至少在2013年2月之前加多宝公司应该是明知和承认全国销量领先的凉茶品牌是王老吉，而不是加多宝。不然，其就不会通过改名广告来非法转移王老吉的无形资产，搭王老吉的便车了。

到了2013年2月以后，加多宝公司为了更进一步攫取王老吉的无形资产，在全国各地，包括湖南、湖北，铺天盖地地做“中国每卖十罐凉茶，七罐加多宝……”同时标注领先的时间是2012年1月至9月。向全国公众宣扬“加多宝”凉茶在2012年1至9月是全国销量领先的。

岂不知，就在2013年2月之前，加多宝还明知和承认2013年2月以前全国销量领先的是“王老吉”凉茶。不到一个月的时间，其态度和观点又变了，而且自相矛盾、无法自圆其说。加多宝公司为了非法攫取王老吉的无形资产，把原本属于王老吉的商誉据为己有，极大地贬低和损害了王老吉的商誉、商标，比之“改名”广告的违法性有过之而无不及。同时，这也充分说明，加多宝公司不正当竞争侵权的主观恶意明显。

加多宝推出的“中国每卖十罐凉茶，七罐加多宝……”广告语还违反了法律规定中的禁止性条款。我国法律规定，不得做虚假不实、贬低竞争对手的对比性广告。

王老吉方对于加多宝公司的涉案虚假宣传在全国各地的工商部门以请求工商查处的方式进行维权，多地工商局均出具工商处罚决定书，认定加多宝公司所做的涉案广告是虚假宣传，责令其停止侵权，并作出了处罚。此外，国家工商总局曾口头警告过加多宝公司，禁止其再做“中国每卖十罐凉茶，七罐加多宝……”这一广告，给其下的最后通牒就是2013年12月31日。也因此，自2014年1月1日起，加多宝公司在主流媒体上实际上已经停止做这一广告了。加多宝公司以这一实际行动执行了这一决定，也以实际行动默认了其这一宣传行为是虚假宣传。

《反不正当竞争法》第14条规定：“经营者不得捏造、散布虚伪事实，损害竞争对手的商业信誉，商品声誉。”《广告法》第11条第2款规定：“广告使用数据、统计资料、调查结果、文摘、引用语等引证内容的，应当真实、准确、并表明出处……”第12条规定：“广告不得贬低其他生产经营者的商品或者服务”；《关于停止发布含乱评比、乱排序等内容广告的通知》规定了除按法律规定和国务院批准的各类带有评比性质的企业营销信息发布活动外，禁止在广告中使用排序、推荐、抽查检验、统计、公布市场调查结果等对企业及其商品、服务进行排序或综合评价的内容。江苏省、广东省在各自实施《中华人民共和国反不正当竞争法》办法中均规定：“经营者不得采取刊登对比性或者声明性广告，贬低竞争对手的手段，损害竞争对手的商业信誉和商品声誉。”《国家工商行政管理局广告审查标准》第31条规定：比较广告应符合公平、正当竞争的原则。第32条规定：广告中的比较性内容，不得涉及具体的产品或服务，或采用其他直接的比较方式。对一般性同类产品或服务进行间接比较的广告，必须有科学的依据和证明。第33条规定：比较广告中使用的数据或调查结果，必须有依据，并应提供国家专门检测机构的证明。第35条规定：比较广告使用的语言、文字的描述，应当准确，并且能使消费者理解。不得以直接或影射方式中伤、诽谤其他产品。

基于以上分析和法律、法规、规章的规定，王老吉方认为：“全国销量领先的红罐凉茶——加多宝”，“中国每卖十罐凉茶，七罐加多宝”实质上表达的就是加多宝品牌的凉茶在中国的市场占有率为70%，遥遥领先，但事实上却恰恰相反，2012年1月至9月是王老吉品牌凉茶在中国市场上的销量领先。“怕上火，更多人喝加多宝”及“配方正宗、当然更多人喝”中的“更”字就有比较的意思。时至今日，王老吉方的“王老吉”凉茶与加多宝生产或销售的“加多宝”凉茶是中国凉茶市场上最主要的两家竞争者和经营者，因此该广告语比较的主要对象就是“王老吉”凉茶。而且数据的来源也缺乏国家专门检测机构的证明。这违反了上述法律、法规、规章的规定，严重贬低、损害了原告“王老吉”商标、商誉，给原告造成了无法或难以挽回的巨大商誉和经济损失。

（3）根据以上分析，2012年1月1日至2012年12月31日，全国销量领先的是“王老吉”凉茶，因此，加多宝所做的“加多宝凉茶配方正宗，全国销量遥遥领先”，“加多宝凉茶，全国销量遥遥领先”的相关广告就更加构成虚假宣传。在上述时段，加多宝品牌凉茶的销量连领先都达不到，更勿论“全国销量遥遥领先”了。从字面意思上看，“领先”只要超过了就算领先；而“遥遥领先”则需要超过对手一大截，优势非常明显才能称作“遥遥领先”。

图 12-3　加多宝“配方正宗”“遥遥领先”广告

图片来源：加多宝广告，出自笔者代理王老吉起诉加多宝侵权证据的公证书（2013）粤广萝岗第2637号。

但该案中，武汉加多宝的凉茶销量在2012年并没有领先王老吉品牌凉茶，又何论“遥遥领先”呢？就算到了现在，王老吉与加多宝之间的销量已经旗鼓相当。加多宝公司这样的宣传给消费者传递的信息是，“加多宝”凉茶已经遥遥领先于“王老吉”凉茶，换言之，“王老吉”凉茶已经“日落西山”，被“加多宝”凉茶远远超越，这也与事实是完全不符的。给“王老吉”凉茶的声誉造成了极大负面影响，降低了消费者对于王老吉的社会评价。使加多宝公司在其虚假宣传中获得了本不应当归属于其的竞争优势。

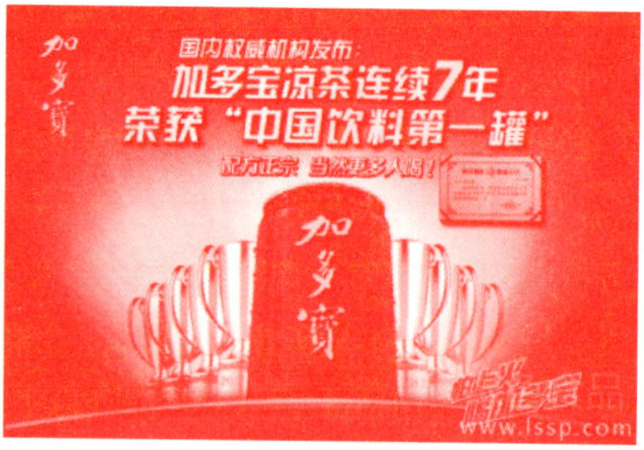

图 12-4　加多宝“第一罐”广告

图片来源：《信息时报》2014年3月24日A1头版加多宝广告。

至于加多宝在报纸媒体上所做的“加多宝凉茶连续七年蝉联中国饮料第一罐”这一广告语，王老吉认为是赤裸裸的虚假宣传。王老吉品牌凉茶行销中国一百八十多年，其品牌影响力、市场号召力一直遥遥领先于其他凉茶品牌，至今无其他品牌能撼动其领先地位。当时的加多宝品牌凉茶上市时间不足四年，不论是从其品牌影响力、销量还是市场占有率，均无法与“王老吉”凉茶品牌相比。一个诞生至今不足四年的品牌，又怎么可能“加多宝凉茶连续七年蝉联中国饮料第一罐”？从武汉加多宝提交的2007－2012年连续五年中国行业企业信息发布中心的报告，反而证明“王老吉凉茶连续七年蝉联中国饮料第一罐”。因此这句广告语同样构成虚假宣传，严重损害、贬低了王老吉的商标、商誉，武汉加多宝把原本属于王老吉的皇冠擅自戴到自己头上。

幸亏王老吉方及时采取维权措施，提起诉讼，虽然所获赔偿远不能弥补其损失，但一定程度上消减了部分消费者因加多宝公司上述虚假宣传行为给王老吉带来的混淆和误认。对加多宝公司而言，虽说输了官司，但其通过长时间的虚假宣传，将巨额的、原本属于王老吉的商誉移植到加多宝品牌上，使加多宝的知名度得到极大提升，每年给其带来了一百多个亿的销量。换言之，其因侵权而所付出的赔偿相对于其侵权而所获收益来说，实在是九牛一毛，对加多宝而言，这样的“买卖”实在太值了！在我国，允许生意人如此算计着来做这样的“买卖”，不得不说是法治的悲哀，是权利人的灾难！

近期，加多宝公司在推金罐加多宝时，在餐饮店门口、店面招牌及户外广告上大规模做“加多宝凉茶全国销量遥遥领先”的广告。同时网络上有报道称，2016年2月29日，中国食品工业协会在京召开“2015年度全国食品工业经济运行发布会暨2015年度饮料行业整体运行发布会”，该协会的数据表明：2015年凉茶市场销售收入突破500亿元，其中，加多宝品牌凉茶以52.1%的销售市场份额位居中国凉茶行业市场首位。而且，在整个罐装凉茶行业市场，加多宝品牌凉茶更以70.6%的销售市场份额位居中国凉茶行业罐装市场第一名。但通过登录该协会的官网，其官网上最近一次更新新闻的时间为2013年5月！其官网上也没有找到上述新闻上所提到的数据。因此，暂时也无法证实该消息的真假。但从加多宝公司近期的广告“攻势”来看，其应当是以上述数据为背书，而大肆做上述广告的。

姑且不论上述数据真实性如何，就算是真实的，也不可能得出“加多宝凉茶全国销量遥遥领先”这一结论，具体理由上面已经详述。从该协会发布的信息来看，也显得极不寻常，作为一个协会，其在对凉茶销量进行排名时应当做到全面和客观分析，而其只说加多宝是“第一”，而对于王老吉、和其正等凉茶品牌的销量等不予介绍。里面是否存在断章取义的现象呢？从目前情况看，这种怀疑完全不能排除。且看媒体对于王老吉销量的报道，中国商业联合会、中华全国商业信息中心联合发布的《全国大型零售企业食品饮料市场2014年度监测报告》显示：王老吉以40.75%的市场销售额份额稳居凉茶市场首位，其年销售额为200亿元人民币。这几年，王老吉与加多宝之间的竞争中，不但在官司上捷报连连，而且在销量上，王老吉公司更是年年攀升，从2013年的150亿到2014年的200亿。再加上近些年王老吉方颇得资本市场青睐，有众多利好消息。其在2015年的销量要高于2014年。因此，按照这一合理估算，王老吉与加多宝的销量应当是不相上下的。何来“加多宝凉茶全国销量遥遥领先”？

三、侵权成立　判赔千万

从小到大，我们均被老师和家长教育，做错了事，首先要认错，再赔礼道歉，然后必须承担后果和责任，最后还要反思，从中吸取教训，不能再犯同样的错。这是最起码的社会公德。同样的，法律也规定，实施了侵权行为，就应当认识错误，停止侵权，并承担诸如恢复原状、赔偿损失、赔礼道歉、消除影响等侵权责任，这是商业道德的最基本要求，更是法律强制性规定的要求。得益于我国法治越来越健全，王老吉诉加多宝虚假宣传纠纷案件被各地法院判决所支持。

在广东高院，涉及“中国每卖十罐凉茶，七罐加多宝”，“加多宝凉茶，全国销量遥遥领先”等广告语的二审已经作出了判决，最终认定加多宝公司的上述广告语构成虚假宣传，并赔偿广药王老吉经济损失500万元，同时需在相应的媒体上登载消除影响的声明。

北京高院对于“加多宝凉茶连续七年蝉联中国饮料第一罐”这一广告语也作出了终审判决，支持王老吉公司的诉讼请求，加多宝公司不服，向最高人民法院提起再审，但最高人民法院裁定驳回加多宝公司的再审申请和请求。

长沙中院对于“中国每卖十罐凉茶，七罐加多宝”这一广告语作出了一审判决，支持王老吉的诉请，判决加多宝公司构成侵权，并赔偿王老吉经济损失900多万元。该案二审湖南省高级人民法院已作出终审判决，除判赔额由900万元调整为600万元外，其他的均维持原判。

不同的法院，不同的合议庭组成的法官，对上述虚假宣传侵权行为，却作出了惊人一致的判决。这充分说明加多宝公司的上述侵权行为被法律赋予了否定的评价，为法律所不容和唾弃。

加多宝公司铺天盖地地在媒体上发布上述虚假广告，应如何承担侵权责任，才能最大限度地挽回王老吉的损失？这其实是一个很纠结的问题。因为虚假宣传行为一旦实施后，其在消费者的脑海里就已经形成了稳定的印象（当然，这种印象是被虚假宣传误导后的误认结果）。从我国知识产权保护现状来看，对违法、侵权行为的判赔力度太轻，要想做到彻底清除，几乎是不可能的。但就算明知不可能彻底挽回损失，王老吉也一样积极维权，尽最大努力向法院起诉，以期讨回哪怕是迟来的公道。迟到总比不来好。

在上述诉讼中，王老吉总共提出了2 500万元的索赔请求，最终被支持的索赔金额是2 100万元，已经全部执行到位。但这远不能弥补加多宝虚假宣传行为给王老吉所造成的损害，这2 100万元的赔偿连原告的维权费用都弥补不了。王老吉为了尽可能地抵消加多宝虚假宣传给其造成的损失，通过在媒体上登载、发布广告、声明等方式澄清事实真相，耗资巨大。2 100万元赔偿金远不足以填平这一损失。因此在判决其承担赔偿责任的同时，更应当判决其承担赔礼道歉、消除影响的侵权责任。

鉴于加多宝公司的虚假宣传行为利用了包括电视台、网络、产品包装等影响深远的各种类型的媒介，持续时间长，覆盖范围广，造成终端消费者和相关公众混淆王老吉与加多宝，误认王老吉已经消失或已经衰败了。致使广药集团的“王老吉”商标、商誉受到严重损害，其损失难以用金钱来计算和弥补。根据《广告法》，广告主的广告有虚假宣传行为的，需承担法律责任，广告主必须停止发布，并以等额广告费用在相应范围内公开更正消除影响，并处以罚款；负有责任的广告经营者、广告发布者也应承担连带法律责任。鉴于此，王老吉请求法院判令加多宝公司以上述方式来切实地消除虚假宣传造成的影响，有效地维护其合法权益。其中，“媒体”包括但不限于电视台、电台、网络、报纸、海报、店招等。换言之，加多宝公司依法应当做到，其过去是在什么媒体上做虚假宣传广告的，其现在就应当在相同的媒体、版面上，登载消除影响的声明，其虚假宣传广告持续了多长时间，该声明就该登载多长时间。只有这样才能达到消除影响的目的。但很遗憾，法院可能出于某种考量，没有这样作出判决，只判决加多宝公司在国内具有一定影响力的报纸、网页上持续一个月登载消除影响的声明。但笔者坚持认为，法院按照《广告法》的上述规定来下达判决是完全站得住脚的。如若法院能这么判决的话，势必会对加多宝公司及其他潜在想通过发布虚假宣传广告牟利的主体一个巨大的警示，起到净化市场的作用。

因此，不论是在法律上还是证据上，加多宝公司的上述广告语均构成虚假宣传，是不正当竞争行为，一审二审对此均已定性。

虽说判决赔偿经济损失的数额达到了两千多万元，但远不能弥补因加多宝的虚假宣传给广药王老吉造成的损失，这是中国知识产权的悲哀。权利人维权的成本高，而即便最后判决对方构成侵权，权利人所获得的赔偿往往远不能弥补损失，导致侵权者侵权成本极低，有些侵权者甚至明知侵权而故意为之，因为有利可图。这有违民法的“填平原则”。如此，便达不到制止侵权、维护市场竞争秩序的目的。也希望以后的民法及知识产权法律修改中，广泛引入“惩罚性”赔偿制度，以切实有效地保护权利人的合法权益，震慑侵权主体。

第十三章
CHAPTER

口味之诉　广药胜诉

⑬

自商标许可合同仲裁结果出来后，加多宝的广告就铺天盖地地出现在中国的大江南北，以加多宝为名的凉茶快速进入市场。关于“王老吉”凉茶与“加多宝”凉茶“谁是正宗的王老吉凉茶”，“谁的口感口味正宗地道”，“谁能代表非物质遗产的凉茶”的舆论、法律拉锯战正式拉开。本来只是一个祖上遗留下来的历史问题，一家人分家后的吵闹，关起门来说话便是，但总会有些“孩子”在情理上说不过去的时候，就动些歪主意把“双方的问题”变成“社会的问题”，纷纷扰扰无休无止。

一、口感味道　可否保护

从2013年起，全国各地零散地出现以“口味、口感不同”为由提起的“消费者维权”诉讼。较为典型及受到媒体报道最多的是：2013年，居住在济南市的刘女士和居住在辽宁省沈阳市的吴女士，都以消费者身份，以“口感、味道跟原来的不太一样”为由分别向济南市历下区人民法院[1]和辽宁省沈阳市沈河区人民法院[2]提起了消费者的知情权诉讼。

---

[1] 见济南市历下区人民法院（2013）历商初字第833号民事判决书：原告刘某，被告广州王老吉大健康产业有限公司、济南华联超市有限公司。

[2] 见辽宁省沈阳市沈河区人民法院（2013）沈河民一初字第1164号民事判决书：原告吴某，被告广州王老吉大健康产业有限公司、沈阳兴隆大家庭购物中心有限公司。

他们都自称是长期饮用“王老吉”凉茶的忠实消费者，并不约而同地在2013年年初购买了王老吉红罐凉茶，但他们发现与以前喝的“王老吉”凉茶有差别。特别是沈阳的吴女士，说“发现口感、味道与原来的商品有很大差别，有种奇怪的药味，并且味道更甜。”而且两位消费者都发现商场出售的“王老吉”凉茶虽然包装和广告语与过去完全一样，但罐装的产品与原先并不一样，因此他们均认为自己以及王老吉的其他消费者完全被被告的包装装潢和广告宣传误导，依照《消费者权益保护法》等相关法律分别提起了诉讼。

本来只是一个简单的消费者维权案，但恰到好处地同时出现，并都同时受到了各大网络媒体的报道。虽然当中的角色是广药集团的王老吉与消费者，但明眼人都很清楚当中的受益者是谁，也能想到究竟是谁才是背后的操盘手。但无论其背后隐藏着什么目的，这些案件的存在，引起了社会对消费者维权范围的讨论。随着市场经济的发展与丰富，消费者的权益越来越受到重视，社会民众作为消费者的维权意识也越来越强，自我法律意识的提高对社会的发展及推进都有积极的作用，因此本章我们除了带着一丝拨开面纱的心态以外，也客观地共同探讨一下“消费者维权范围”及“口感口味是否应当受到法律保护”的问题。

我们先将“口味案”的事情放一放，通过案例来探讨一下消费者的维权范围。除了传统的消费者人身权、财产权受到损害的维权外，消费者还能依法提起一些不太常见甚至有趣的维权诉讼。例如，一位美国大妈就在近日（2016年5月前后）一纸诉状把全球最大的咖啡连锁店运营商星巴克告上了法庭，索赔500万美元。原因是这位大妈认为星巴克通过广告欺骗了消费者，事实上星巴克的冰咖啡、茶等加冰饮料存在偷工减料的情况，不少冷饮的实际饮料部分只占了杯体容积的一半多，严重的“缺斤少两”。此外，美国大妈认为星巴克的产品定价也不合理，冷饮比热饮收费更高。譬如，一杯大杯星巴克冰咖啡的售价为2.65美元，而一杯大杯现煮咖啡只要2.1美元。“说白了，星巴克冷饮不仅偷工减料，收费还更高，”起诉书写道，“星巴克以缺斤少两的方式赚取更多利润、损害消费者（权益），后者受到了星巴克……广告的误导。”[1] 这是一个典型的美国消费者维权诉讼。当消费者觉得商家在商品或服务上有损害消费者利益的情况，消费者可以以此向法院提起维权诉讼。如果这个事由依据中国法律起诉，其依据可能是《消费者权益保护法》第 10 条。[2] 也就是说消费者如果认为自己的某些权利受到损害或侵害时，可以依照相关的法律规定提起诉讼进行维权。作为被告的星巴克公司针对原告的主张作出的答复是“这位顾客的起诉毫无法律根据”，并提出“冰是制造冰冻的饮料不可或缺的要素，这一点顾客是能够理解的。如果顾客对我们作出的饮料不满意可以当场提出，我们会为顾客重做直至顾客满意为止（星巴克有按照顾客要求制作饮品的内部规定，也有重做制度）”。这是最近全世界都在讨论的一个消费者维权的事例，如果发生在中国，勉强还能引用相关的法条，当然最终是否构成违反我国《消费者权益保护法》第 10 条规定的公平交易行为，还需要法院进行审查。针对这个消费者维权案例有不同的声音：有人认为“不能接受的话就直接别去消费即可”，这类诉讼一旦开展了将毫无止境，如果无法接受星巴克的模式那就直接别去消费即可，没必要小题大做；也有人认为“冷咖啡真的比热咖啡的造价便宜吗？希望法院进行验证”，持这类观点的人与其说是在关注诉讼，不如说是在关注事实本身；还有人认为，星巴克不如直接用咖啡做成冰来制作冰咖啡，那么消费者就无法再以此来提起类似诉讼了。观点五花八门，但却是一个非常有趣的讨论。如果换做是您，您会怎么评价这类诉讼呢？是小题大做，还是很有意义？这位美国大妈的三位律师均来自 Hart McLaughlin & Eldridge，LLC 事务所，该案一定程度上可以合理地认为这是该所代理的公益案件。如果这类案子在中国，您认为还有可能发生吗？虽然每个人的价值判断都有所差异，但维权与司法资源的利用，自由与公平都是放在天平上的，如果过分放大“维权”，放任

---

[1] Stacy Pincus VS Starbucks Corporation；Case Number：1：16-cv-04705；Court：Illinois Northern.

[2] 《消费者权益保护法》第 10 条规定：消费者享有公平交易的权利。消费者在购买商品或者接受服务时，有权获得质量保障、价格合理、计量正确等公平交易条件，有权拒绝经营者的强制交易行为。

“诉讼自由”，“司法资源的合理利用”及“社会公平”的天平就会失衡。这个案例还是有事实根据且有相应法条可以依据的，那么接下来我们进一步地聊聊接下来的“口味”“口感”与消费者权益的关系，“口味”“口感”是否可以受到法律保护。

请问诸位，如果你家附近咖啡店的咖啡口感变了，变苦了、变甜了、变涩了、变淡了，你会因此而一纸诉状将咖啡店告上法庭吗？理由是：“咖啡口感变了，跟以前所喝的不一样”。也许是商家换了咖啡豆，也许是商家换了咖啡机，也许是商家改变了煮咖啡的配比，也许是商家换了咖啡师、换了老板，等等，让你觉得这家咖啡店的口味、口感变了，你觉得咖啡店没把这些事情告诉你，侵犯了你的知情权。你得请律师、支付诉讼费、花时间应诉，而你的诉讼请求只是要求咖啡店说明咖啡口感变了的情况或原因，以及要求咖啡店返还那杯咖啡的费用（哪怕再给你来个双倍赔偿，也不超过 100 元）。

从常理上分析，什么情况下消费者才会去投诉或起诉（维权）一个食品、饮品类企业呢？大部分理由围绕的是“产品质量问题”或“消费者知情权问题”，这种情况下，一般消费者都会选择联系销售商或生产商进行反映和投诉。而本章讨论的中心是“口感”“口味”是否属于消费者的维权范围，是否属于法律的调整范围。首先我们要清楚“口感”究竟是一个什么概念？根据新华字典的解释，“口感”是指食物吃到嘴里时的感觉。当中的“感觉”是个人的感观，属于日常感知范围且有个体差异性。“口感不好”“口感变了”是否属于“产品质量问题”或“消费者知情权问题”呢？抛开阴谋论，有多少人会因自我感觉的“口感”或“口味”的变化进行维权？又有多少人会选择直接起诉，还宣告媒体的呢？但针对广药集团的“王老吉”凉茶提起的消费者诉讼就是针对这些微不足道的问题，获得了国内媒体的关注和报道。

凉茶“口味维权”又增一例 沈阳消费者诉王老吉

图 13-1　“口味案”新闻报告之一

图片来源：[EB/OL]．[2016-09-06]．http://www.china.com.cn/food/2013-05/09/content_28772866.htm.

新浪辽宁　新浪辽宁 > 新闻 > 社会动态 > 正文

认为口味有变化侵犯知情权 消费者起诉广药王老吉

2013年6月9日13:32　北京青年报　评论

沈阳消费者吴女士最近发现王老吉凉茶的口感、味道与原来有很大差别，认为自己的知情权被侵犯，一纸诉状将广药集团广州王老吉大健康产业有限公司告上法庭。昨天，吴女士向记者透露，该案今天上午9点将在沈阳市沈河区人民法院33法庭开庭。“口味维权”在国内尚属新概念，此前也无相关法庭案例，被法律界人士称为“中国口味维权第一案”。

吴女士告诉记者：“从上大学期间就喝王老吉凉茶，至今也有五六年，对其味道比较熟悉。但今年年初以来喝了几次王老吉凉茶，发现口感、味道与原来有很大差别，但厂家并没有明确告知消费者，对此，我很气愤，感觉自己被骗了。后来我就咨询了消协，要收集证据。”

今年4月初，吴女士将广药集团下属公司广州广药王老吉大健康产业有限公司告上法庭，要求赔偿因广告语等错误引导导致的错误购买损失，沈阳市沈河区人民法院受理此案。“之后广药王老吉提出管辖权异议，但法院并没有采纳，通知我6月7日开庭。”吴女士说。

无独有偶，山东济南的刘先生也于4月2日因口感不同及外包装和宣传误导而起诉广药王老吉，在山东历下区法院正式立案。目前该案开庭时间未定。

图 13-2　“口味案”新闻报告之二

图片来源：[EB/OL]．[2016-09-06]．http://ln.sina.com.cn/news/s/2013-06-09/133244730.html.

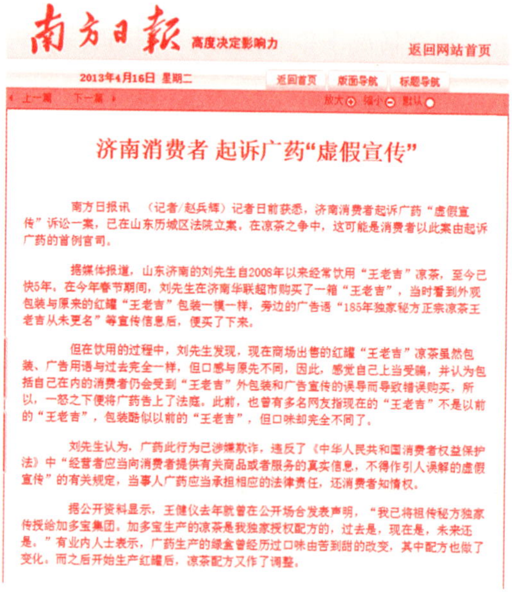

南方日報　高度决定影响力　返回网站首页

2013年4月16日 星期二　返回首页　版面导航　标题导航

上一篇　下一篇　放大　缩小　默认

济南消费者 起诉广药“虚假宣传”

南方日报讯　（记者/赵兵辉）记者日前获悉，济南消费者起诉广药“虚假宣传”诉讼一案，已在山东历城区法院立案。在凉茶之争中，这可能是消费者以此案由起诉广药的首例官司。

据媒体报道，山东济南的刘先生自2008年以来经常饮用“王老吉”凉茶，至今已快5年。在今年春节期间，刘先生在济南华联超市购买了一箱“王老吉”，当时看到外观包装与原来的红罐“王老吉”包装一模一样，旁边的广告语“185年独家秘方正宗凉茶王老吉从未更名”等宣传信息后，便买了下来。

但在饮用的过程中，刘先生发现，现在商场出售的红罐“王老吉”凉茶虽然包装、广告用语与过去完全一样，但口感与原先不同，因此，感觉自己上当受骗，并认为包括自己在内的消费者仍会受到“王老吉”外包装和广告宣传的误导而导致错误购买，所以，一怒之下便将广药告上了法庭。此前，也曾有多名网友指现在的“王老吉”不是以前的“王老吉”，包装酷似以前的“王老吉”，但口味却完全不同了。

刘先生认为，广药此行为已涉嫌欺诈，违反了《中华人民共和国消费者权益保护法》中“经营者应当向消费者提供有关商品或者服务的真实信息，不得作引人误解的虚假宣传”的有关规定，当事人广药应当承担相应的法律责任，还消费者知情权。

据公开资料显示，王健仪去年就曾在公开场合发表声明，“我已将祖传秘方独家传授给加多宝集团。加多宝生产的凉茶是我独家授权配方的，过去是，现在是，未来还是。”有业内人士表示，广药生产的绿盒曾经历过口味由苦到甜的改变，其中配方也做了变化。而之后开始生产红罐后，凉茶配方又作了调整。

图 13-3　“口味案”新闻报告之三

图片来源：[N/OL]．[2016-09-06]．http://epaper.southcn.com/nfdaily/html/2013-04/16/content_7181806.htm.

图 13-1、图 13-2、图 13-3 中的“消费者维权案”在王老吉与加多宝的纠纷打得不可开交时被媒体大肆宣传，矛头直接指向广药集团的王老吉。在上述两个案件尘埃落定后，2015 年年底又有一位在长沙的刘先生“乘胜追击”，与 2013 年的吴女士、刘先生一样以“自己以前经常购买‘王老吉’凉茶饮用，今年 4 月 25 日，自己因为咽喉上火不适，在步步高长沙东塘店购买了‘王老吉’红罐凉茶，饮用后却发现该凉茶口感、味道与原来有很大差别，随后怀疑其外包装上使用的‘独家秘方’、‘民族品牌王老吉，始创于 1828 年，传世 180 余年’等宣传用语为虚假宣传”，“我正是因为相信‘王老吉’的广告宣传语才去买的，但后来我经过了解发现此‘王老吉’红罐凉茶并没有采用清朝道光年间广东名医王泽邦创立的凉茶秘方，然而其包装上却依然这样宣传，明显是对消费者知情权的侵害”，于是向长沙市雨花区人民法院提起了诉讼。[1] 各方媒体又再次“不约而同”地报道了一番。

正常情况下的消费者维权，做法都是先向销售者或生产者反映或投诉，在结果不理想甚至服务态度差到让人不惜成本非得为自己争一口气的情况下，才会有接下来的诉讼行为。这个因为口感跟以前不一样“一怒之下”起诉的举措，毫不避嫌地穿插在广药集团的王老吉与加多宝的恩怨纠纷之间……

“口感”“口味”不同了，消费者权益是否受损？法律明文规定保护消费者的合法权益，这也是法院立案审理的原因之一，但“口感”“口味”是否属于保护的范围，是一个有趣的命题，我们不妨带着这一问题，进一步分析相关的法律法规。具体而言，“口味”“口感”可能涉及的法律问题包括：

（1）保护公众身体健康、生命财产安全的法律——《食品安全法》第 1 条明确了立法目的：“为了保证食品安全，保障公众身体健康和生命安全，制定本法。”国家监管产品质量的法律依据——《产品质量法》第 1 条规定：“为了加强对产品质量的监督管理，提高产品质量水平，明确产品质量责任，保护消费者的合法权益，维护社会经济秩序，制定本法。”明确了立法目的

[1] http://yzb.changsha.cn/html/2015-11/16/content_ 2_ 1.htm.

及国家对企业产品质量的要求，同时通过第 6 条“国家鼓励推行科学的质量管理方法，采用先进的科学技术，鼓励企业产品质量达到并且超过行业标准、国家标准和国际标准。”鼓励企业发展产品质量管理，这也说明了国家对产品质量的管理范围是立足于相关的国家质量标准及行业标准的。也就是说，如果一个商品或服务的生产、销售符合了国家标准、行业标准等相关产品质量标准和要求，实现了商品、服务的安全（即不会给公众、消费者带来人身及财产的损害或危险），那么这个企业就符合了食品安全及产品质量等相关的法律标准，也达到了《消费者权益保护法》的最基本要求（保障消费者的人身、财产安全）。因此可以得出一个基本结论：“口感”“口味”“味道”并不在对“公众人生、财产安全”或“产品质量管理、安全”进行保护的法律、法规的调整范围内。

（2）三位消费者均提到：“商场出售的‘王老吉’凉茶虽然包装和广告语与过去完全一样，但罐装的产品与原先并不一样”，“发现口感、味道与原来的商品有很大差别，有种奇怪的药味，并且味道更甜。然而，原告购买的红罐凉茶外表与原来没有任何实质变化，包装上写明‘王老吉’凉茶植物饮料‘180余年独家配方’‘正宗凉茶王老吉从未更名’等标识性广告宣传，都让原告感到非常困惑和不解”。三位原告都以“认为自己以及‘王老吉’的其他消费者完全被被告的包装装潢和广告宣传误导，其行为属于欺诈行为”为由，一纸诉状将广药诉至法院。站在产品、广告、消费者的角度，商品生产者怎样的行为构成违反法律的侵权行为呢？《消费者权益保护法》第 7 条对消费者的人身、财产安全作出了明确的法律保障；第 8 条则是对除消费者人身、财产安全以外的消费者选择权的上位权利“知情权”作出了明确的说明，即消费者对“商品或服务的价格、产地、生产者、用途、性能、规格、等级、主要成分、生产日期、有效期限、检验合格证明、使用方法说明书、售后服务，或者服务的内容、规格、费用等有关情况享有知情权”；第 9 条则明确规定了消费者选择商品或服务时不受限制或强制的自主选择权。也就是说法律明确保护消费者的人身、财产安全的同时，赋予了消费者在选择商品时的自主选择权。通过上述规定可知，口味、口感并不属于《消费者权益保护法》的保护范围。

（3）凉茶罐装上的广告语涉及《广告法》。该法第 1 条规定："为了规范广告活动，保护消费者的合法权益，促进广告业的健康发展，维护社会经济秩序，制定本法。"第 2 条中规定"广告不得含有虚假或者引人误解的内容，不得欺骗、误导消费者。"也就是说该法的规范对象是"含有虚假或者引人误解的内容"或"欺骗、误导消费者"的广告内容。可知《广告法》与"口味""口感"没有直接关系。

三个"口味案"的消费者的诉由可以归纳为以下两点：①原告一直是王老吉红罐凉茶的忠实消费者，但他们觉得最近一次购买的凉茶，口感、味道与原来喝过的有差别，后来发现涉案"王老吉"凉茶跟他们以前喝的不是同一商品；②原告认为王老吉罐上的标语"180 余年独家配方""正宗凉茶王老吉从未更名"等是虚假宣传，误导了他们的消费。很明显三个"口味案"中消费者的"人身权""财产权"都没有受到损害，且消费者也直接针对的是"知情权"，如果商品、服务在宣传或包装上没有如实阐述"商品、服务的价格、产地、生产者、用途、性能、规格、等级、主要成分、生产日期、有效期限、检验合格证明、使用方法说明书、售后服务，或者服务的内容、规格、费用等有关情况"则会构成消费者的知情权受到侵害的问题。大家不妨看一下"王老吉"凉茶的罐体信息：

图 13-4　王老吉罐体信息

图 13-5　王老吉罐体信息

从图 13-4、图 13-5 可知，“王老吉”凉茶的罐体上有着完整的相关商品信息，而罐体上的广告语则是根据“王老吉”凉茶的历史及配方进行的阐述。这一历史大家在本书前述章节可以获知，此处不再赘述。那为什么三案的消费者会提起诉讼？面对他们提起的事实和理由被告王老吉公司又是如何回答的呢？针对案件本身，我们继续看下面的案件介绍。

二、双方争辩　互不相让

上述三个案件的事实与理由除了部分措词有所不同外，其他完全一样，连起诉日期也是如此的接近：两位刘先生仅提到“跟以前的不同”，而吴女士则提出“凉茶的口感有种奇怪的药味，味道更甜”的问题。从百度百科处可知“凉茶是汉族特色茶饮，中草药植物性饮料的通称。广东凉茶是汉族传统凉茶文化的代表”。也就是说，凉茶是用中草药植物制作出来的饮品，说是饮品，还不如直接点说是中草药制品。被告王老吉大健康公司针对三位消费者的诉讼答辩意见基本没什么变化，[1] 以吴女士案为例进行说明。

❶ 见辽宁省沈阳市沈河区人民法院（2013）沈河民一初字第 1164 号民事判决书第 5－11 页。

(1) 王老吉大健康公司提出诉讼主体不适格的观点。

首先，王老吉大健康公司提出了原告主体不适格的观点。根据《消费者权益保护法》第2条，消费者是“为生活消费需要”而购买、使用商品或者接受服务的人。因此，只有作为法律意义上的消费者，其合法权益才应当受到《消费者权益保护法》保护。而该案中，原告于2013年4月10日购买了涉案产品，但事实上，在原告购买涉案产品之时，媒体早已经对王老吉与“加多宝”之间的纠纷进行了广泛的报道，而原告作为其所谓的王老吉红罐凉茶的忠实消费者，应该早有所知。可见，原告购买涉案产品并不是“为生活消费需要”，而是出于诉讼之需。因此，原告不属于《消费者权益保护法》所保护的消费者，其当然也没有权利依据《消费者权益保护法》提起该案诉讼。

其次，王老吉大健康公司依据《消费者权益保护法》第40条[1]的规定，提出自身非该案适格被告的观点。根据《消费者权益保护法》第40条，“因商品缺陷造成人身、财产损害”的消费者才能直接向生产者追偿。而原告并未主张涉案产品有任何缺陷并因此造成其人身或财产损害，因此《消费者权益保护法》第40条第2款的规定在该案中并不适用，该案应当适用第1款的规定。即原告只能起诉涉案产品的销售者即该案另一被告兴隆公司，而无权在该案中直接起诉涉案产品的生产者王老吉公司。

最后，王老吉大健康公司针对原告吴女士提出的王老吉罐上的标语“180余年独家配方”“正宗凉茶王老吉从未更名”是虚假宣传、误导行为这一事由进行了反驳。①“王老吉”商标、红罐装潢的使用权权利来源。在第32类“无酒精饮料、植物饮料”的“王老吉”商标持有人为王老吉公司的关联公司广药集团。广药集团还依法对依附于该商标的“王老吉”凉茶知名

---

[1] 《消费者权益保护法》第40条规定：“消费者在购买、使用商品时，其合法权益受到损害的，可以向销售者要求赔偿。销售者赔偿后，属于生产者的责任或者属于向销售者提供商品的其他销售者的责任的，销售者有权向生产者或其他销售者追偿。消费者或者其他受害人因商品缺陷造成人身、财产损害的，可以向销售者要求赔偿，也可以向生产者要求赔偿。属于生产者责任的，销售者赔偿后，有权向生产者追偿。属于销售者责任的，生产者赔偿后，有权向销售者追偿。”

商品所持有的包装装潢享有所有权。王老吉大健康公司对“王老吉”商标、红罐装潢的使用权就是基于广药集团的授权。②关于产品配方“180余年·独家秘方”的宣传用语。王老吉大健康公司于产品包装纸箱上使用的宣传用语为“180余年·独家秘方”，而非原告所说的“独家秘方”，因此原告的主张与事实不符。而且，王老吉大健康公司有充分的证据证明从“王老吉”凉茶祖铺到“王老吉”凉茶公司之间的一脉相传。王老吉大健康公司对“180余年·独家秘方”的宣传是有事实基础的，不构成虚假宣传和误导。③关于商标（商标名称）“正宗凉茶王老吉从未更名”的宣传用语，有特定的事实背景，且该事实已经经过媒体的广泛报道，成为公众广为知晓的事实。简单来说，就是广药集团及王老吉大健康公司在面对加多宝的不正当竞争行为（更名的侵权广告）的情况下不得不采取的补救措施。④王老吉大健康公司还提出，所谓“欺诈”，是指一方当事人故意捏造虚假事实或者故意隐瞒真实情况，诱使对方当事人作出错误的意思表示。该案中，王老吉大健康公司既未故意捏造任何虚假事实，也未故意隐瞒任何真实情况。原告的指控不仅没有任何事实基础，更涉嫌对王老吉大健康公司的商业诋毁。

（2）针对原告吴女士提出的“口味”的变化，王老吉大健康公司提出了反驳意见。

第一，对饮料的口感和味道而言，主体差异性很大，不同的人对同一饮料的口感会有不同的评价。另外，即便是同一主体，在不同的时间、环境、身体条件下对同一种饮料的感觉都可能会有所不同。因此，不能仅基于原告的单方说辞就认为“王老吉”凉茶的口感、味道发生了变化，原告需要对此主张承担举证责任，而该案不存在举证责任倒置的情形。

第二，没有任何法律规定饮料产品的口感和味道必须保持一成不变。事实上，只要产品质量符合国家规定的产品质量标准，不会对他人人身、财产造成损害，产品经营者就已经履行了法定义务。即使涉案产品的口感、味道有所变化，原告就此提出指控也缺乏法律依据。原告是在购买涉案产品后才发现其所谓的“口味”的变化，因此，口味本身并不是原告所谓的“误购”

的原因，而只是其购买行为的一个结果而已。因此，口味的变化不足以构成原告以虚假宣传和误导为由而起诉的事实基础。

第三，针对原告依据《消费者权益保护法》主张双倍返还商品价款，关于原告要求王老吉公司对涉案产品的变化作出真实、明确、合理的答复和解释的诉讼请求。王老吉大健康公司提出，上述诉讼请求提出的前提应当是原告曾经就涉案产品的相关信息向王老吉大健康公司提出过询问却遭到拒绝，继而使其“知情权”受到侵犯。而该案中，原告吴女士从未向王老吉大健康公司提出过任何询问和类似要求，根本没有“知情权”可能受到侵犯的情况发生。原告的“舍近求远”，将本可以向被告提出的询问直接作为一项诉讼请求提出，脱离了该等诉请的适用条件，是极其荒谬的。原告表示自己是代表王老吉所有老客户心声，这只是原告的一厢情愿。

法院在原被告控辩基础上，作出了一审判决。

对于广东人来说，凉茶本来就是苦的，不苦的凉茶反而会被认为偷工减料、没效。如果大家在广东街头看到“‘王老吉’凉茶铺”“杏林春凉茶店”“黄振龙凉茶店”，不妨进去点一杯正宗凉茶来喝一下，保证刷新大家心目中对凉茶的印象。为了去除中草药的苦味，一般的民间做法是往凉茶里放糖，但放糖也只能减缓苦味，并不能消除苦味。因此凉茶带有一点苦的草药味实属正常。如果是甜而不苦的则是广东人夏天喝的糖水，有消暑的食疗作用，但与凉茶的口感、制作方法、食用效果完全不同。

图 13-6　海带绿豆糖水

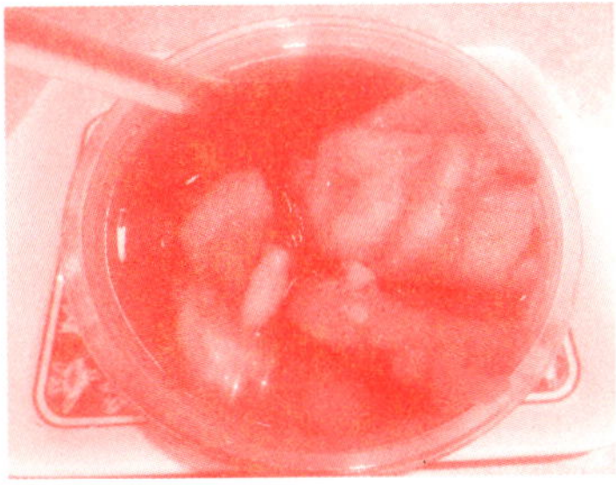

图 13-7　番薯糖水

图 13-8　莲子银耳糖水

糖水当然不是加了糖的水，而是各类中式甜品（红豆沙、绿豆沙、腐竹鸡蛋、西米露）

凉茶也并非凉了的茶，而是各种中草药汤（廿四味、王老吉、五花茶、鸡骨草、感冒茶）

图 13-9　街边凉茶铺

图 13-10　街边凉茶铺

现今市面上流通的各种凉茶都是经过口味改良的，但改良到什么程度既能保持应有的食用效果，又能让没有习惯凉茶口味的大众消费者们觉得好喝，则是各凉茶生产商的生产技术秘密，选择食用效果还是选择易入口则是见仁见智。哪怕是同一个工厂、同一条生产线生产出来的同一种凉茶，也可能有因为季节不同、天气、原材料（中草药）的收成情况等因素使煮出来的凉茶口感、口味发生变化。直观的又如刷墙漆，如果不在同一段时间内快速涂刷的话，哪怕用同一个型号的墙漆，你也无法刷出一模一样的颜色和效果，因为季节环境对材料的作用发挥有很大的影响，而且型号相同、不同批次的产品，其颜色稍有差异也是常有的事。作为大规模生产的凉茶企业，能做的是在达到相关国家、行业标准的前提下尽可能地保证食用效果、口感标准（中草药浓度、甜度等），能达到企业对饮品规定的数值范围。只要它不是用化学物质冲兑出来的东西，就不可能 100% 一模一样。因为喝惯了的凉茶饮料变得有中药味、变甜了而起诉生产商的消费者也实属罕见，这种“较真”的劲也难能可贵，这三位消费者作为普通公民的“维权”态度值得普通大众借鉴与学习。

娃哈哈集团曾经做过碳酸饮料口味测试，他们在街上随机请路人喝分装无标示的可口可乐和百事可乐，结果大部分的路人都喝不出哪个是可口可乐，哪个是百事可乐。这说明哪怕是我们非常熟悉的具有悠久历史的可乐，我们依然会产生口味混淆，但我们也不能因为分不清就把可口可乐和百事可乐说成是同一个产品。反之，不同的人对同一产品的口感、口味会有不同的认知，老年人认为太甜，年轻人认为药味太重；心情不好的时候觉得难喝，心情好的时候觉得很不错；感冒的时候喝觉得无味，上火的时候喝觉得太苦（中医认为上火的人普遍舌干味苦），但不能因为这些不同而说那个产品不是同一个产品，或者说它变了。如果大家都以此为理由来起诉商家，先不论司法资源的浪费问题，商家面对这类维权也是哭笑不得吧。

三个“口味案”的消费者都放弃追究“王老吉”凉茶的产品质量问题，而聚焦在广告宣传和口味不同的“知情权”上，而这个知情权直指广药集团与鸿道集团在合同纠纷后的商标回归问题上。幕后操手想通过“消费者维权”来制造社会舆论，来证明更多的众望所归？这是一个无论输赢，赢家都只有一个的诉讼。王老吉和加多宝的纠纷大部分集中在知识产权相关的诉讼当中，消费者诉讼可以说是插曲，也可以说是系列诉讼中的小手段。知识产权诉讼可以简单地分为两个层次，第一个层次是维权。企业的知识产权（商标、专利、商业秘密等）如果受到了侵犯，很有可能直接影响企业某一产品甚至整体企业的存亡（如广药集团与鸿道集团初期的商标使用权争议，直接影响的是谁能经营王老吉品牌的结果）。第二个层次是宣传，因为会发生知识产权纠纷的企业很大一部分都是同行或同类产品，在确权后的后续维权行动中，反而可以让消费者更多地认识某类产品或企业。在知识产权纠纷中，有可能让一方脱颖而出，但更多的是双赢的局面，也就是双方都因为维权交足了学费，进一步加强了自身企业知识产权的维护与运营；同时也因为维权的社会效应，双双在市场中更受消费者的关注，反而都赢得了市场。正确运用这两个层次，正面应对各类知识产权纠纷是企业走得好、走得远的关键。在长期的知识产权纠纷中，也会让企业暴露出自身问题，以寻求纠纷的应对方法，进而提高自身知识产权管理能力。无论谁是谁非，走上了法庭，一切都是依法依据来进行审理与判决。作为中立者的法院的意见值得我们去关注及借鉴。

三、法院判决　一锤定音

虽然三个消费者提起的诉讼分别在不同地区、不同时间段，但由于起诉的事实理由、提交的证据都非常的相似，因此王老吉公司的应诉证据、对策也基本没什么大的变化。法院针对消费者的购买事实、王老吉公司的配方历史等都做了调查，并根据相对应的法律审查了原被告的主体资格和诉讼的法律依据。从前面第一节提到的各个案件的起诉事实理由，到第二节提到的原被告双方的意见，现在我们继续拿消费者吴女士案的法院判决内容来看，作为中立的司法机构是如何居中裁判的。

（1）法院调查到的事实。

法院调查了以下事实：①原告吴女士的购买事实；②被告王老吉公司产品的罐体外壳及纸箱装潢上载明的宣传标语；③原告于庭审时表示其饮用后未产生人身损害，并对该罐体上及纸箱上的前述（第②项）标识描述的事实真实性不提出异议。

（2）法院对判决结果的论述。

法院认为："作为以食品为商品的经营者必须保证其销售给消费者的食品符合国家食品监管要求的标准，也必须保证其提供给消费者的食品相关信息符合国家监管真实、全面的要求，从而使消费者能作出真实的意思表示。原告已明确表示不主张诉争产品的质量有问题以及商品包装所宣传的内容真实性有问题，因此原告并非由上述问题而错误购买。被告也提供了充分的证据证明被告没有违反上述两个基本义务，故不存在解除或撤销双方买卖合同的条件。

原告主张其并未因饮用诉争商品而遭受人身损害，而是其因支付价款产生财产损失，故要求赔偿。消费者支付价款是其履行买受人的义务，同时也获取了对方的对等给付的商品，在商品质量与信息均无瑕疵的情况下，是原告财产形态因交易而转化，故不能被视为财产损失。

关于原告主张的其饮用诉争产品后自身感觉该商品口味或口感发生变化，因此有权要求被告赔偿的问题。按通常理解、口味或口感是指人对食物在口中发生的物理、化学变化的感觉，从食物入口开始到食用完毕后为止。因此原告主张的口味、口感发生变化是原告自身对诉争食物的味觉认识与之前对同样食物的味觉回忆对比的结果，实质是原告对食物的自身感官评价，评价结果会受到包括原告身体状况、心理状况、外部环境等许多食物之外因素的影响。这种结论是以来于评价者个体的主观认识。在没有约定的情况下，如将其作为食品经营者承担责任的依据，将使经营者责任承担标准极不确定，使经营者无法判断从事生产经营和市场交易的后果，据此结论要求经营者承担责任也极不公平。

对于食品的经营者而言，口味、口感是决定其产品获取市场份额的重要因素，因此作为生产者被告王老吉公司要按其判断的市场消费者普遍认同的口味、口感生产产品。在没有证据证明存在被告主动实施了使产品口味变化的行为的情况下，不能认定诉争产品是与原同样产品发生口味变化的产品。故对原告该项请求，不予支持。”

前面提到的长沙消费者口味案判决于 2016 年 6 月 30 日作出，长沙市雨花区人民法院针对消费者刘先生提出的侵权情况及诉讼请求，逐一用法条进行了分析并最终驳回其全部诉讼请求。因其分析逻辑及引用法条与另外两个消费者案略有不同，且是最新的判决，笔者在此也简略地提炼出来给大家参考如下：

第一，法院对①涉案凉茶商品外包装上注明的“独家秘方”“民族品牌王老吉……百年历史”等标注用语是否侵犯了原告作为消费者的知情权；②销售商步步高公司及出品方王老吉公司对此是否构成欺诈；③广药集团是否为该案的适格被告等问题进行了阐述、分析。

第二，法院根据《消费者权益保护法》的相关条款，对消费者知情权的范围进行了规定，认定标注用语所涉的“秘方”问题不属于法律规定的知情权范围。因此，认定原告的请求无法律依据，不予支持。

第三，法院认为“口感差异系饮用人的主观判断，而王老吉公司所使用的凉茶配方属于无须强制公开的商业秘密，即不属于消费者知情权的范围；原告仅凭所谓的口感差异以及第三方的单方陈述而否认王老吉公司委托生产的凉茶未采用王泽邦创立的凉茶秘方并无事实依据，原告并未举证证明其该主张属实。此外，原告的该主观想法及其购买涉案商品的同时还购买了同类型其他品牌凉茶产品的行为，恰恰表明原告在购买商品的过程中进行了充分的选择，即涉案凉茶商品的标注用语并未产生误导原告进行消费的客观后果。”因此判定销售商步步高公司及出品方王老吉公司不存在欺诈，不支持原告的主张。

第四，根据《消费者权益保护法》的相关条款，侵犯消费者权益的责任主体为商品销售者及生产者。该案中的广药集团并非涉案凉茶的生产者或销售者，且与原告没有直接的法律关系。因此，原告以“商标商誉归属商标所有人”为由要求广药集团承担相关责任于法无据，法院不予采纳。

上面判决从不同角度分析了“口感”“口味”是否受到法律的保护的问题，并通过法律驳回了涉案“消费者”维权的超常理请求（“秘方”的知情权，把商标持有人列为被告等）。各地法院的事实认定和判决也很相近。这种无论是主体、事实、理由、法律的运用、法院的认定与判决等多方面异常相似的诉讼，在司法界也是少有。针对同一个企业的消费者维权案除了以往的质量问题造成人身安全的维权诉讼外，也就王老吉公司的口味案是如此的与众不同了。

作为法律人，笔者鼓励大家大胆地维权，为属于自己的权利而发挥法律赋予我们的权利。同时，也希望大家要理性维权，属于法律的问题用法律去解决，属于道德、市场规范的事情就用道德和市场去调整。而作为商家则应把重心放在服务消费者，维护市场公平竞争上面，为市场带来更多更好的产品和服务。

（3）小结。

如果说被告的反驳是单方说法，那么结合第一节我们作为一般人的社会常识，再结合法院的判决内容，每一个读者是否都已作出自己内心的评判了呢？

加多宝与广药集团之间的纷争，自仲裁定论后，加多宝一直都在积极采取行动：继其广告宣传“传人篇”“改名篇”“销量篇”后，是否转移战场，以消费者的名义从社会角度采取进一步的措施，这在网络上也有不少的分析。王老吉似乎总是被打了才还击，在市场策略上略显中庸和缓慢，这也许是受限于国企这一角色。❶

如果说以上所述的三位消费者认为“王老吉”凉茶上写的“180余年独家配方”“正宗凉茶王老吉从未更名”造成他们的误解，从而进行了选购。然后再以味道有变而起诉，那么“加多宝”凉茶上的“‘加多宝’凉茶传承王泽邦创于清朝道光年间，已逾百年历史的凉茶配方”是不是也会有被诉的可能呢？因为清朝道光年间王泽邦卖的凉茶是又黑又苦的，而现在的“加多宝”凉茶几乎是甜的。“口感”“口味”“味道”均属于感官类词语，有着强烈的个性特征，不同的人有着不同的感官敏感度，对不同的商品、服务有着不同程度的感受差异，消费者可以根据自己的感受对某一商品、服务作出属于自己感官的评价，然后选择是否继续进行购买或消费。因为时代的变迁，人们生活水平也在提升与改变，人与人之间的观念也有“三岁一个代沟”的说法，对于追求清淡平稳的老一辈人来说，新一代的人们更喜欢刺激和多变，为了满足人们感观的变化，企业也一直在不停地通过推出新的产品，改变原有口感、口味的方式来

❶ 笔者认为，国内的“国企大于民企，国企借势压民”的印象深入民间，也使广药集团在市场竞争上以及处理纠纷上显得更为保守及循规蹈矩，因此也让加多宝节节得益，打尽了同情牌。

适应市场。所以说，“口感”“口味”不但对人具有相对性，对商品本身也是相对而言的。作为社会道德底线的防守线“法律”，通俗地说主要是对有可能造成或已经造成社会及国家安全、秩序的危害及对公民人身、财产构成威胁的行为进行规范或惩治，“口感”“口味”的变化，并不在法律的规范范围。如果“口感”“口味”上没有创新与改变，几十年前的大碗凉茶，未必能适应现代市场的要求。商品的口味、口感的变化是企业针对市场、为适应不同时期的消费者进行的调整，是一种商品改良，同时也是为了让消费者满意而进行的努力，既不受到法律的制约，也不存在对消费者的欺骗。消费者也通过自己的消费与选择的方式逐渐促成产品的更新换代，这恰是法律给市场经济留出来的自由空间。

无论是王老吉和加多宝直接面对面的诉讼，还是消费者与王老吉的诉讼，到目前为止基本上都以王老吉公司胜诉对公众做了一个交代。但即使王老吉在多个案件中胜诉，“加多宝”凉茶也并未因此失去市场，消失在凉茶行业当中，反而是与“王老吉”凉茶并驾齐驱，销量节节攀升，这不得不让人深思其究竟。

但有一点巧合之处是大部分的消费者“口味”“口感”的案件都集中在2013年，2013年是个什么年？是2012年“王老吉”商标使用权归属尘埃落定后的第二年；是王泽邦后人香港分支的王健仪在媒体上以声明作为广告的方式对外宣传将正宗王老吉凉茶配方独家授权给加多宝生产的一年；也是加多宝品牌凉茶正式面市，并不断宣传“正宗凉茶加多宝出品”，“还是原来的配方，原来熟悉的味道”的一年。2013年的声明与消费者起诉“广药王老吉口味、口感变了”之间是偶然的巧合，还是有着某种特定的关联，吃瓜的群众有着无限的遐想和猜测。这些遐想和猜测没有人会作出正式的答复，是谜？非谜？答案尽在不言中。

第十四章
CHAPTER

官司屡败　销量反增

14

书到这里，我们不妨回过头来梳理一下，看看王老吉和加多宝这一对欢喜冤家在这几年时间里是如何杀得烽火四起、硝烟不断。全国各地的大小媒体都不吝笔墨地对此进行了铺天盖地的追踪报道。其中有一个有趣的现象，那就是作为其中一方的加多宝公司虽然在多起诉讼中接连失败，“加多宝”凉茶却在市场上一路高歌、节节攀升。按照常理，败诉的一方通常会在经营上受到很大冲击，在销量上也会大幅下滑，但是加多宝公司的市场表现却是反其道而行之。这到底是怎么一回事呢？其中又有哪些启发值得我们思考和借鉴呢？

自 2010 年广药集团和鸿道加多宝因商标许可合同产生分歧以来，双方先后爆发了一系列的诉讼，包括“王老吉”商标、红罐包装装潢、虚假广告宣传等不同的案由。其中又以“王老吉”商标使用权仲裁和红罐包装装潢诉讼最为关键和重要，也特别引人关注，因为它们一个关系到凉茶的品牌，一个关系到凉茶的包装装潢。对于凉茶这种大众消费产品来说，品牌和包装装潢恰恰在市场竞争中占据了一个很大的比重。

下面我们就来细细地观察一下这些硝烟弥漫的诉讼大战吧。

一、仲裁落败　启用新标

双方的恩怨最早要追溯到1997年。当时广药集团旗下的广州羊城药业股份有限公司王老吉食品饮料分公司与加多宝公司的母公司鸿道集团签订了“王老吉”商标的许可使用合同。按照合同规定，鸿道集团自当年取得独家使用“王老吉”商标生产、销售红色罐装凉茶的使用权。之后，鸿道集团专门成立了加多宝公司负责“王老吉”凉茶在大陆的生产和经营。2000年，广药集团与鸿道集团签订了第二次合同，将有效期延长十年至2010年。

广药集团的有关负责人披露，450万元就是当年定的许可收费标准，当时广药集团考虑到“王老吉”商标在全国范围仍然处于品牌培育期，只是按照当时鸿道集团全年两亿元销售额的2.25%作为商标许可使用费，此后这个标准就一直没有变过，只是合同规定了每年有千分之九的上浮。2002年加多宝公司开始大笔投入品牌推广。有数据显示，加多宝公司2002年销售额不到两亿元，但是到了2007年就一下子飙升到了50多亿元。尤其是2008年加多宝公司为四川地震灾区捐款一亿元的举动，使其当年销售额更是高达120亿元人民币。到2010年，销售额超过了150亿元。但是，广药集团收取的“王老吉”商标的许可使用费却没有随着红罐王老吉销售额的增加而增加。

广药集团称，按照国际惯例，品牌许可使用费一般是5%。广药集团即便对旗下合资公司王老吉药业、白云山等，收取的品牌许可费都是按照销售额的2.1%收取的。如果严格按照销售额2.25%的许可费比例给广药集团，按照2011年160多亿元的销售额，加多宝公司要付3.6亿元的商标许可使用费。因此广药集团认为，加多宝公司多年来一直在廉价使用“王老吉”商标。为此，广药集团聘请了第三方公司对“王老吉”商标使用费进行不同形式的评估，即便是按照广药集团内部的商标许可标准也有3亿多元。于是广药集团在商标的许可期限到期之前发函给加多宝公司，正式提出终止商标许可合同。此时，加多宝运作的红罐“王老吉”凉茶年销售额已经超过 160 亿元了。2010 年 11 月，在“中国知识产权高峰论坛暨广药集团王老吉大健康产业发展规划”新闻发布会上，广药集团正式对外宣称其旗下王老吉品牌价值已达1 080亿元，成为目前中国评估价值最高的品牌。

加多宝公司认为，王老吉之所以有超千亿元的品牌价值，最大的功劳应是加多宝公司。正是在“王老吉”商标被许可使用的这段时间，加多宝公司通过多年的苦心经营与卓越眼光，将王老吉品牌从一个广东省的地方名牌打造成了一个全国驰名品牌，“王老吉”凉茶才得以创造中国饮料产业的新高度。现在瓜熟蒂落，广药集团却要做摘瓜人？加多宝公司当然心有不甘，矛盾也就由此产生了。

然而，如果仅仅是因为广药集团看到加多宝公司在市场上的高歌猛进之势和丰厚收益，提出增加许可费，或许还不足以使二者走向决裂。因为加多宝公司也许会从长远发展的角度考虑，与广药集团达成新的协议，在剩下的几年时间里提高商标的许可使用费，争取能够获得更长期的商标许可使用权，在维护和提升王老吉品牌的基础上实现双方利益的最大化。遗憾的是，实际的情况却是走向了反面。那么，为什么双方最终走向决裂了呢？

原因之一就是在双方为品牌许可使用权互相博弈的时候，广药集团宣布开始实施“大健康产业战略”，包括在全球范围内公开招募新合作伙伴，共享王老吉品牌资源，把王老吉品牌向药酒、药妆、保健品、食品、运动器械等多个领域扩张，计划到 2015 年将王老吉品牌下属产品的销量提升到 500 亿元。消息一传出，加多宝公司就立刻指责广药集团“缺乏商业伦理”。如前所述，在加多宝公司看来，如今王老吉品牌的价值，是加多宝一手经营积累的，而广药的“大健康计划”不仅有坐收渔利之嫌，而且无形中稀释了加多宝红罐装王老吉的品牌价值。广药集团决定自建公司生产红罐“王老吉”凉茶，顿时商标继续许可使用的大门被关闭。原因之二就是原广药集团董事长李某受贿的事实。在广药集团与加多宝公司两份补充协议签订之后不久，一手促成此事的原广药集团董事长李某即被调查出曾经收受了加多宝公司300万港币的贿赂。李某在案发后以受贿罪被一审法院判处无期徒刑，后被二审法院改判为15年有期徒刑。广药集团更加相信“王老吉”商标被李某严重贱租了。

在双方互不相让的情况下，只好按照合同的约定，将争议提交中国国际经济贸易仲裁委员会进行仲裁。2011年12月，中国国际经济贸易仲裁委员会开庭审理了“王老吉”商标仲裁案。在审理中，广药集团声称，因广药集团原董事长李某存在收贿受贿事实，因此原许可协议的补充协议是无效的。最终，中国国际经济贸易仲裁委员会支持了广药集团的观点，裁定广药集团与鸿道集团签订的《王老吉商标许可补充协议》和《关于王老吉商标使用许可合同的补充协议》无效，鸿道集团需停止使用“王老吉”商标。

对于这一结果，加多宝公司肯定是非常不愿意看到的。随后加多宝公司一边向北京市第一中级人民法院提出了撤销“王老吉”商标仲裁裁决的申请，一边也做好了“王老吉”商标被收回的最坏打算；正式推出了没有使用“王老吉”商标的“加多宝”凉茶，同时强调今后仍将继续采用红罐包装，并且保持配方、工艺、口味不变。显然，加多宝公司知道“王老吉”商标的重要性，知道红罐包装的重要性以及“王老吉”凉茶的独特口味的重要性。他们不想失去顾客，更不想失去市场。加多宝公司这种对市场的敏感和追求，在此时表现得非常突出。

另外，加多宝公司声称，其母公司鸿道集团与广药集团还签订有第三份独立的《商标许可协议》，这份于2003年5月签订的《商标许可协议》约定，鸿道集团获得了独家使用“王老吉”商标的权利，有效期至2013年年初，并且在国家工商行政管理总局商标局进行了备案。广药集团也多次出具证明确认了商标许可期限至2013年年初。加多宝公司认为，此协议与此前裁定的两份无效协议没有任何关系，并且在之前的仲裁程序中，从申请、庭审、裁决都从未涉及此协议。在未经任何司法认定前，它是合法有效的。在协议的有效期内，市场上销售的加多宝产王老吉凉茶都是合法的，加多宝公司将会采取一切措施保护经销商的合法权益。广药集团则表示，这份协议是《王老吉商标许可补充协议》和《关于王老吉商标使用许可合同的补充协议》的附属合同，以上两份合同被裁无效，则这份协议也失去了法律效力。

经过多番波折，北京市第一中级人民法院就加多宝公司的母公司鸿道集团提出的撤销中国国际经济贸易仲裁委员会作出的仲裁裁决的申请作出裁定，驳回鸿道集团提出的撤销仲裁裁决的申请。该裁定为终审裁定，暂时为广药集团和加多宝公司的“王老吉”商标使用权争夺案画上了句号。至此，二者的纷争告一段落，“王老吉”商标使用权完全归还广药集团所有，加多宝公司不再被允许使用“王老吉”商标。这场万众瞩目的商标大案终于落幕，一手缔造了王老吉神话的加多宝公司，不得不接受“为他人作嫁衣裳”的结局。

广药集团则抓住“王老吉”商标使用权胜诉的有利时机，迅速地掀起了一场商业大战和布局，并且取得了很好的业绩。这从当时的股票市场可见一斑。广药集团的广州药业和白云山两支股票多日涨势凶猛，广州药业出现两个涨停板，股价一度蹿升至31.28元/股。白云山A股也一路高歌猛进，跃上26.06元/股。广州药业2011年实现主营业务收入53.5亿元，同比增21.40%；归属于公司股东的净利润约为2.88亿元，增长7.64%，基本每股收益0.355元。对此，广药集团认为，证券市场的价格是对某个品牌的关注，对这个品牌充满信心，股价就会上升。另据王老吉大健康公司披露，王老吉2012年超额完成了60亿元的销售计划。

但是，加多宝公司面对这样一个不利局面，并没有坐以待毙，而是顺势而为，步步为营，设置了几道防线，发起了一波又一波新的营销攻势。一是利用红罐包装这个家喻户晓的包装装潢作为一个平台，接入加多宝品牌，从而实现无缝连接和平稳过渡，以期留住老的顾客。大家可以想象，如果“加多宝”凉茶完全切断了跟王老吉的关系，原有的消费群体一定会有一部分流失。因为大家看不到原先熟悉的红罐“王老吉”凉茶了。加多宝公司非常明白这一点。因此，在失去“王老吉”商标使用权之后，马上就推出了“全国销量领先的红罐凉茶改名加多宝”这句广告词，就是希望利用红罐包装与原来的“王老吉”凉茶之间画上等号。让老顾客们相信，这个凉茶只是改了一个名字，其他一切不变，一样还是送礼佳品，一样还是餐饮伴侣和去火良药。留住老顾客是这则广告的最主要的目的。这就是加多宝公司当时的主要战术。对于加多宝公司来说，只要能够守住 100 亿元销售额的基本盘，就是胜利，就是营销的成功。二是在品牌接入红罐的基础之上，加大力度，开足马力，利用广告攻势，狂轰滥炸，让加多宝这一新品牌深入到每一个消费者的人心。加多宝公司继续使用他们一贯擅长的广告宣传手段，在所有广告中强调“加多宝”三个字，同时强调“加多宝”凉茶“全国销量领先”，让消费者相信它仍然是一个有实力的品牌，而不是一个突然杀入的二三线品牌。通过这种持续不断的重复曝光，很快就让消费者把红罐凉茶和“加多宝”这三个字联系了起来，并逐步变得熟悉和习惯。三是或针锋相对地阻击红罐王老吉，面对广药集团新推出的“王老吉”凉茶，加多宝公司推出了“全国销量领先的红罐凉茶改名加多宝”这句广告语。言下之意就是告诉消费者，原来的红罐王老吉已经改名加多宝了，以后你们再见到红罐王老吉，那就是另一种产品了，新红罐不等于老红罐。这则改名广告不啻是一招釜底抽薪的策略，就像一把利剑直刺广药集团。

通过以上措施，加多宝公司成功地将品牌和凉茶两个概念区分开了，将以前只有一个“王老吉”凉茶的概念，变成了凉茶还有王老吉品牌和加多宝品牌两种凉茶的概念。也正是因为如此，又引发了广药集团新一轮的反击。广药集团为了这一句广告语再一次把加多宝公司告上了法庭，指控加多宝公司不正当竞争。

二、红罐败诉 改推金罐

在广药集团和加多宝公司两者之间一系列的争讼中，第二个焦点就是红罐包装装潢。因为“王老吉”商标本身就是广药集团所有的，加多宝只是被许可使用，所以早晚是要还给广药集团的，这一点加多宝公司应该是知道的，也是有思想准备的。只不过以现在这样一种方式被收回，出乎加多宝公司的意料，来得太快，形式上也没面子。但是，终归是可以接受的。

但是对于红罐包装来说，加多宝公司的想法却是大不一样了。加多宝公司可是真心地认为这个红罐包装是他们设计并且投入了大量的市场广告宣传之后，才得以被消费者认可、发展、熟悉，并成为“王老吉”商标之外另一个重要的凉茶标识的。对于这个问题，应该说加多宝公司的说法也是有一定道理的。就是在学术界，对该问题也存在两种不同的看法。很多媒体对此都有探讨，很多公开发表的文章对此也有论述，有兴趣的读者可以关注、参考。加多宝公司坚定地认为“王老吉”商标可以拿走，但是红罐包装绝对不能拿走。而且要不惜一切代价保住红罐包装。

从丢失了“王老吉”商标使用权的那一刻起，加多宝公司就对红罐包装设置了几道防线。一个是宣传“王老吉改名加多宝”，推出了“全国销量领先的红罐凉茶改名加多宝”这句广告语。目的是想要告诉消费者，红罐王老吉只是改了一个名字，新的名字叫加多宝，其他都不变。另一个是利用“怕上火喝王老吉”广告语维权。加多宝公司认为“怕上火喝王老吉”广告语是加多宝公司构思、创作的，形象生动、重点突出，经过他们的大力推广之后，已经形成了凉茶的重要标识，蕴含了极大的商誉。该广告语应当属于加多宝公司所有。广药集团、王老吉公司在拿回“王老吉”商标之后，连同该广告语也一起拿走属于不正当竞争，侵犯了加多宝公司的合法利益。加多宝公司经营的知名商品红罐凉茶是显著商业标记，王老吉公司直接抄袭该广告语侵占了原告的商誉，使广大消费者误以为王老吉公司生产的此红罐王老吉就是加多宝公司过去生产经营的彼红罐王老吉。王老吉公司的行为违反了诚实信用原则，构成了不正当竞争行为。加多宝公司寻求红罐包装装潢权是一种退而求其次的策略，它将双方诉讼的焦点从“王老吉”商标使用权转移到“红罐”包装上。

先是2012年7月4日广药集团在广州起诉加多宝公司，两天后，即2012年7月6日，加多宝公司在北京起诉广药集团的红罐凉茶包装装潢侵权。据悉二者正式立案则是同一天之后，两案统一由广东高院受理。该案被媒体称为“中国包装装潢第一案”。这场旷日持久的官司从2012年7月一直持续到2014年12月，广东高院一审判决红罐凉茶装潢所有权归广药集团；加多宝公司立即停止生产并销售与王老吉红罐凉茶包装装潢相似或相同包装的产品，销毁相关产品库存，停止使用载有相关产品包装的广告，并赔偿广药集团1.5亿元。应当说，这个判决结果与加多宝公司的期望值相差太远。所以，加多宝公司在判决后悲情地喊出了“做凉茶世界第一，打官司倒数第一”的极度失望，也可以说是一种不满。他们当庭表示要向最高人民法院提起上诉，捍卫自己一手打造的红罐包装，同时声称要面向全球征集律师，以此来表明自己的决心。

双方之所以对红罐包装装潢的争夺如此激烈，正说明红罐包装装潢对双方都至关重要。但是，当广东高院一审判决之后，加多宝公司意识到了红罐包装装潢也有可能失去。所以，必须要未雨绸缪，及早打算，牢牢把握市场的主动权。

除了在诉讼方面继续步步为营以外，加多宝公司一刻也不放松在市场上的布局，他们不想坐以待毙，他们必定要主动出击。也许是为了避免红罐包装在最高人民法院上诉失利将会导致的不得不更换包装的被动局面，2015年上半年就陆续传出了加多宝公司要更换红罐包装的消息。

此时二审尚未开庭，因此有人认为是加多宝公司对扭转一审结果不抱希望，从而决定早作打算。其实，加多宝公司当时并未透露任何关于换装的细节，包括市场的推广计划。可以想象，换装带来的影响要比之前的更换商标带来的影响要大得多。因为多年来凉茶的产品包装都是和红罐联系在一起的，这在消费者的印象当中已经是密不可分了，如何想让消费者继续选择一新的包装，其中的风险是不言而喻的。这对加多宝公司来说不啻是一个不小的考验。但是，加多宝之所以是加多宝，就是因为他们有着极强的市场敏感度、市场追求和市场判断能力。这种市场上的小道消息，看似道听途说、捕风捉影，但也应该不是空穴来风。过后来看，这究竟是不是加多宝公司放出的风声，我们不得而知。但是客观上却起到了试探市场风向，给消费者打预防针的效果，还持续地吸引了市场的注意力，使之继续成为市场的热点话题，同时又不失掉面子。真是一举多得。仅从这一点来看，可以说加多宝公司的确是市场营销方面的高手。只不过遗憾的是，他们的法律预判却没有达到他们的市场营销的高度，形成了一种短板，令人非常遗憾。

果不其然，很快，加多宝公司在北京国际饭店举行的新产品上市发布会上，隆重宣布“加多宝”凉茶的金罐包装正式上市，同时宣称加多宝方面对于红罐仍未放弃，但是下来的主要战略重心主要是推金罐。对于推出金罐的原因，加多宝公司负责人在发布会上表示，“加多宝”凉茶 2014 年销量、品牌力再次夺金，品牌影响力达到了前所未有的高度，在国内已经牢牢占据了凉茶领导者的地位，接下来要进一步走向国际市场，因此加多宝公司决定在 2015 年进行战略升级，并顺势推出金罐“加多宝”凉茶，开启“加多宝”凉茶的“黄金时代”，打造“凉茶中国梦”的 2. 0 版。加多宝公司将整合集团所有内外部资源，打造与金罐“加多宝”凉茶相配套的金标准体系，简单地说，就是加多宝公司首创的 360°品质管理体系在行业内一直保持着绝对的优势，接下来在原材料管控、提取工艺、过程质量管理等方面进行系统性升级，打造与国际接轨的世界级工厂，强化金罐“加多宝”凉茶在国际市场的核心竞争能力。

加多宝公司同时也透露，金罐能够与竞品区隔，“金罐是应消费者呼声推出的，是消费者自己选出来的，完全贴合消费市场的趋势；金罐加多宝完全和竞品区隔，独一无二，与众不同，消费者不再混淆。”很快，在北上广深等一线城市金罐加多宝上市。仔细比较红罐和金罐加多宝，除了颜色的巨大反差外，包装上的文字也有不同，如红罐上标注的是“加多宝于一九九六年开创的红罐凉茶，十多年来深受广大消费者喜爱”，金罐上则规避了“红罐”二字，改成“加多宝于一九九六年推出的罐装凉茶，十多年来深受广大消费者喜爱”；另外，金罐的背面还标有“有你更金更彩”的字样。

从以上可以看出，加多宝公司不但没有因为这次败诉而可能导致的换装受到负面影响，而是把它塑造成了一次产品的升级换代，还是顺应了消费者的需求。你看，这是一场多么高明的市场营销啊！明明是一个不利的因素，硬是把它转换成一个正面的促销亮点。难怪有市场分析人士认为，加多宝公司在品牌转换后，经过一段时间的精心运作，肯定可以牢牢地占据了凉茶的领先地位。在相关产业战略之下，加多宝公司顺势完成了战略升级，推出金罐，在消费者心目中与其他凉茶品牌形成差异化，不仅夯实了加多宝公司在国内市场的领先地位，并且为加多宝公司全面布局海外市场，参与全球化竞争奠定了基础。在当前凉茶行业两雄争霸的行业局面下，加多宝推出金罐是以退为进，这意味着加多宝和王老吉的关系将全部撇清，之后就要进入贴身肉搏抢市场了，预计两者的营销大战会愈演愈烈。随着金罐的推出，双方都不会再给对方搭顺风车的机会，市场推广只能靠自身，是比较真功夫的时候了。对此，我们将拭目以待。

图 14-1　改推金罐

图片来源：加多宝广告。

三、接连败北　产销两旺

除了前面谈到的“王老吉”商标案和红罐包装装潢案，双方还就广告宣传、不正当竞争等方面展开了多次的较量。

自从丢掉了“王老吉”商标的那一刻起，加多宝公司就设置了几道防线。一个是突出“王老吉改名加多宝”，推出了“全国销量领先的红罐凉茶改名加多宝”这句广告语。目的是想要告诉消费者，红罐王老吉只是改了一个名字，新的名字叫加多宝。其他都不变。另一个是“怕上火喝王老吉”广告语。加多宝公司认为“怕上火喝王老吉”广告语是加多宝公司构思、创作的，经过他们的大力推广之后，已经形成了凉茶的重要标识，蕴含了极大的商誉，应当属于加多宝公司所有。广药集团、王老吉公司直接抄袭该广告语侵占了加多宝公司的商誉，违反了诚实信用原则，构成了不正当竞争。但是，这又招来了广药集团的猛烈反扑。

2012 年 11 月，广药集团、王老吉公司在广州中院起诉加多宝公司虚假宣传。广药集团称加多宝公司的“王老吉改名为加多宝”，“全国销量领先的红罐凉茶改名为加多宝”等广告宣传行为属于虚假宣传，要求加多宝公司赔偿侵权损失。同时还向法院申请诉中禁令，要求被告立即停止使用上述广告词。同年 12 月，广州中院专门就诉中禁令申请组织双方进行了听证。经过两次听证之后，广州中院签发了诉中禁令，裁定加多宝公司等被申请人应立即停止使用“王老吉改名为加多宝”“全国销量领先的红罐凉茶改名为加多宝”或与之意思相同、相近似的广告语进行广告宣传的侵权行为。

对于“怕上火喝王老吉”这一广告语，加多宝公司则是主动向广药集团王老吉发起了攻击，他们向重庆市第一中级人民法院起诉称：“怕上火喝王老吉”广告语是加多宝公司经营的知名商品红罐凉茶的显著商业标记，广药集团、王老吉公司直接抄袭该广告语使广大消费者产生了误认，其行为违反了诚实信用原则，构成了不正当竞争，给加多宝公司造成了巨大经济损失和商誉损失。要求判令广药集团等二被告停止不正当竞争行为，并消除影响、赔偿加多宝公司经济损失1 000万元。而广药集团、王老吉公司则答辩称，“怕上火喝王老吉”广告语的权益属于知名商品“王老吉”凉茶的合法经营者即王老吉公司，加多宝公司是“加多宝公司凉茶”的经营者，不享有该广告语的相关权益，原告主张的1 000万元损失没有事实和法律依据。经过审理，重庆市第一中级人民 法院判决驳回加多宝公司的全部诉讼请求。法院认定，广药集团王老吉公司作为“王老吉”商标的合法使用人，对“怕上火喝王老吉”广告语享有合法利益，其继续沿用“怕上火就喝王老吉”广告语在行为动机及行为结果上不具有不正当性，因而不构成不正当竞争。至此，加多宝公司又输了一场广告官司。

于是，加多宝公司不得不更换了全部广告用语。这一次，他们用的广告词是“每卖十罐凉茶七罐加多宝”。针对加多宝公司新更换的“中国每卖十罐凉茶，七罐加多宝”系列广告，广药集团王老吉公司又发起了一场新的诉讼。这也是自“全国销量领先的红罐凉茶改名加多宝公司”和“怕上火就喝王老吉”系列广告语不正当竞争案后，王老吉和加多宝公司之间的第三波广告宣传诉讼。

广药集团王老吉向法院起诉称，加多宝公司“中国每卖十罐凉茶，七罐加多宝”，“全国销量领先的红罐凉茶——加多宝”，“加多宝公司凉茶，全国销量遥遥领先”等一系列广告与事实严重不符，加多宝公司将所生产的王老吉品牌凉茶全部混同为加多宝公司，要求加多宝公司立即销毁含有上述虚假宣传广告语的产品包装及其他宣传物品，赔偿经济损失1 000万元，并在发布此系列虚假广告的相同媒体上赔礼道歉以消除影响。

加多宝公司则辩称，涉案广告语是对加多宝公司自身生产的红罐凉茶产品的客观描述，不构成虚假宣传。“中国每卖十罐凉茶，七罐加多宝”“配方正宗当然更多人喝”的广告语依据的是国家权威统计机构提供的市场调查数据。加多宝公司同时指，王老吉已经就相同事实和理由在全国其他地区法院提出诉讼，属于重复诉讼。

最终，重庆市第五中级人民法院作出一审判决，判令加多宝公司公司立即停止使用并销毁，删除和撤换包装相关广告语的产品包装和广告，同时赔偿王老吉经济损失和合理开支80余万元，广州中院、长沙中院则分别判赔1 000万元、600万元。

由以上过程可以看出，加多宝公司在多个诉讼中可以说是是节节败退，屡战屡败。从“王老吉”商标到红罐包装，从“全国销量领先的红罐凉茶改名加多宝”，“怕上火，喝加多宝！”到“中国每卖十罐凉茶，七罐加多宝”，再到“加多宝连续七年荣获‘中国饮料第一罐’”，加多宝无一胜诉。对于输了多个官司，加多宝公司并不感到意外，此前其相关负责人曾多次对媒体宣称，已经对案件的最终结果做了最坏的打算。不过输了官司的加多宝公司认为和王老吉的竞争并未结束，而是才刚刚开始。因为他们认为在广药集团王老吉和加多宝公司之间有两个战场，在法院打官司是第一个战场，第二个战场是如何把产品卖好、在业绩上打个“漂亮仗”，以后应该把精力聚焦在第二个战场上，这才是加多宝公司最为看重的。

事实的确如此，与官司屡战屡败形成强烈对比的是，加多宝公司的销售真的是一路飙升，节节高。从加多宝公司方面提供的国家统计局中国行业企业信息发布中心发布的信息可以看出：2011年加多宝公司生产的红罐王老吉销售收入就达到了160亿元，2012年又突破了200亿大关。另据中国食品工业协会在“2015年度全国工业经济运行发布会暨2015年度饮料行业整体运行发布会”上公布的数据可知，2015年加多宝凉茶销售额超过250亿元。加多宝2015年改推金罐后仍销售了250亿元，业界及内行人士对此也有一定的质疑。近期媒体报道的金罐推出后的社会接受程度及反映并不理想，或多或少印证了这种质疑并非空穴来风。

2014年，加多宝公司继续围绕“大品牌、大平台、大事件”的品牌营销策略，借助第三季中国好声音、世界杯等大平台、大事件开展立体营销，不断提升了加多宝公司品牌知名度、美誉度和忠诚度。在中国行业企业信息发布中心举办的第十八届全国市场销量领先品牌研究成果发布会上，加多宝公司又获得了“2013 年度全国罐装饮料市场销量第一名”的称号。与此同时，加多宝公司也加速了国际化布局的步伐，将正宗凉茶带向国际舞台，在亚运、奥运、德甲等多项世界级赛事中，与国际饮料巨头同场竞技。目前加多宝公司的产品已出口全球 40 多个国家和地区。有业内人士指出，加多宝公司的亮丽表现不仅使加多宝公司的凉茶比肩国际饮料巨头可口可乐，更让这一民族饮料品牌活跃在国际舞台。

回过头来看，加多宝公司虽然输了面子，实际上却赢了里子，销售业绩一路飘红。加多宝公司的业务似乎没有受到官司的太大影响。坊间甚至有一种说法认为广药集团王老吉和加多宝公司是不是在利用官司的轰动效应在做广告，双方是在“演双簧”。笔者认为，演双簧的可能性倒不至于，但是却反映出了加多宝公司的危机处理能力和应变能力的超强。这一点是值得我们好好研究、学习的。

从企业营销的角度来讲，诉讼之前的事情可以说是加多宝公司充分挖掘和利用了“王老吉”商标的价值并将其市场价值最大化的结果。如果没有“王老吉”商标，加多宝公司的市场营销就缺少了一个抓手和载体；如果没有加多宝公司成功的市场营销，“王老吉”商标也还是一个广东省的地方名牌。因此，可以说两家公司过去的成功是合作的结果。业界普遍认为加多宝的成功主要是在于产品质量、销售渠道、市场运作、团队建设以及产品与品牌的有机融合。可以说，一个品牌的价值并不是简单的知名度，完整的品牌价值是拥有品牌的企业综合实力的体现，对于凉茶这种快消品行业而言，其中的品类和渠道掌控更是核心要素。我们可以这么认为，“王老吉”商标在加多宝公司手上时，可以有一个非常高的评估价值，但落到了广药集团手中之后，是否还能够维持同样的价值？这样一个千亿元价值的品牌，必须要有强有力的支撑，才能维持其原有的价值。这对广药集团是一个巨大的考验。

反过来讲，这场商标的变故对于加多宝公司也是一个机遇，可以把坏事变好事，借此机会充分利用自己已有的擅长的产品、销售、渠道、市场运作等优势，全力推出自己的品牌，轻装上阵，走出一条完全属于自己的品牌之路来。

纵观加多宝公司的长期表现，不难看出至少有以下几点值得学习借鉴。

第一，深刻理解品牌，并赋予品牌以新的文化内涵和独特个性。凡是一个好的品牌都不只是一个简单的文字、图形和符号，而都是蕴含了丰富的文化内涵。有的是生动的故事，例如全聚德烤鸭；有的是神奇的传说，例如狗不理包子、“王老吉”凉茶；有的是温暖的情怀，例如同仁堂、美的空调；有的是高档的品位，例如奔驰、宝马汽车；有的是独立的个性，例如华为、苹果、小米手机。品牌有了文化，有了个性，才能将产品的形象鲜活起来，才能与市场上的同质产品区别开来，才能更加引起消费者的强烈共鸣。只有向品牌注入了文化内涵，才能使品牌具有持续的生命力。同时，品牌文化能使企业和品牌之间形成血脉相连的关系。企业员工理解了品牌，便会对品牌产生更多的责任感和荣誉感。加多宝公司正是深刻地理解了品牌的真谛，然后把王老吉品牌作为一个抓手，一个着力点。从而把“王老吉”商标推向全国。从这一点来说，加多宝公司应该是功不可没的。

第二，在此基础上，敢于大手笔的广告投入。有了“王老吉”凉茶这样一个具有丰富文化意涵的品牌，还需要有强大的推广力度才行。这就不得不说正是由于加多宝公司的独到商业眼光以及他们持续不断的高强度、大投入广告宣传，才使得“王老吉”凉茶这一原本是地方性知名品牌的大众消费品成为一个全国性的知名品牌，并且做到了家喻户晓。

这其中，一个是加多宝公司的商业眼光。如果不是和“中国好声音”这样一个新颖的电视节目结合，换一个传统的或者是其他的电视节目，恐怕很难取得目前这样的一种轰动效果。另一个就是加多宝公司的市场推广力度。如前所述，2013 年加多宝公司以两亿元再度拿下“中国好声音”第二季独家冠名权。包括“中国好声音”在内，加多宝公司已经斥资逾三亿元投放到浙江卫视 2013 年的广告。2012 年加多宝公司又以8 600万元拿下新闻联播后标版一单元正一位。另有统计显示，每一次换标和换广告语，与之相伴的都是高昂的宣传营销费用。据媒体报道，加多宝公司在 2012 年更换商标之后，营销费用猛增至 50 亿元，而 2013 年和 2014 年也累计花费了近 50 亿元。按此前加多宝公司透露的 2012 年销售额为 200 亿元计算，其营销费用已占到销售额的 1/4。加多宝公司的市场推广力度由此可见一斑。再加上加多宝公司的之前遍布全国的销售网络和销售渠道，更是让加多宝公司的销售额好像插上了翅膀一样，一路上扬。

第三，最大限度地利用了诉讼的广告效应。广告宣传的目的是提高品牌的知名度。如果一个诉讼能够吸引公众，那就是一个很好的广告宣传手段。甚至在某种程度上说，它比广告宣传的效果还要好。因为，第一，它不是广告，大众没有抗拒心理。我们都有这样的经验，当你看电脑、手机或者报纸的时候，一遇到广告，就会跳过去。除非是你感兴趣的内容，那是另当别论。但是，诉讼是以新闻或者话题的形式出现的，容易吸引大众的眼球，从而读下去。第二，诉讼有人物，有情节，有故事，非常容易吸引受众。再加上记者的如花妙笔，添油加醋，那就更是引人入胜了。第三，诉讼往往有立案、一审、二审、开庭、宣判，甚至有些还有证据保全、财产保全、律师函、当事人声明等，好像一出好看的电视连续剧，不由得让人深陷其中，欲罢不能。如果再加上刚好是自己喜欢的品牌，那就更是不能放弃了。

第四，充分地利用了诉讼的时间差。我们知道，一个案件的审理程序上会有一审、二审。这中间有一段很长的空窗期。如果一审败诉之后，还不会马上生效、执行。当事人还有权上诉提出二审。二审的实际期限至少在半年以上，在此期间，当事人完全可以根据案件的情况做很多应对措施。比如减少或者停止继续发货、铺货，准备更换广告，准备更换包装等。从而可以将损失减少到最低限度。

第五，打好人情牌和悲情牌。加多宝公司充分利用了商标许可期间积累的众多消费者这一优势，大打人情牌。人都是有感情的，特别是喜欢“王老吉”凉茶品牌的消费者。他们不是法律专家，多数人只是一般的普通人，讲的都是一个情字。俗话讲，中国是一个人情社会，说的就是这个事情。加多宝公司充分强调，正是加多宝公司投入了大量资金把“王老吉”凉茶这样一个地方品牌打造成一个家喻户晓的全国性品牌，就像是抱养了一个别人的小孩，好不容易辛辛苦苦养大了，现在却要被亲生父母轻易地带走。这从一般老百姓的情理上来讲不好理解的。所以就有了铁杆的加多宝粉丝。反映在市场上当然就会有助于销量的增长。

第六，利用了广药集团王老吉刚刚拿回商标，一时间还无法赶上加多宝公司的既有规模和渠道的真空期，特别是加多宝跟原有的经销商签订了不少排他性的垄断性协议。我们知道，“王老吉”凉茶作为一种大众消费品，一是要打广告，二是要有遍布各地的营销渠道。这些都是非一日之功可以建立起来的。所以，尽管法律上广药集团可以拿走“王老吉”商标，但是在市场上，缺少了深耕厚植的经销网络和渠道，广药集团王老吉和加多宝公司一时间是无法竞争的。

第七，善于打擦边球，善于剑走偏锋。比如，在具体的操作上，先是推出“王老吉改名加多宝”的广告，然后又推出了“中国每卖十罐凉茶，七罐加多宝”的宣传。前者是有意无意将“王老吉”商标和加多宝公司名称混淆。后者只是片面地挑选对自己有利的信息，以偏概全，以期误导消费者。这也是加多宝公司多次败诉的原因。但是相对于法院判决的赔偿额，市场上的销售额却是要大得多得多。这也是为什么加多宝公司一边败诉，一边销售上涨的原因之一。

所以，虽然加多宝公司连续输掉了多场官司，但是很多人都相信凭借加多宝企业多年来对品牌建设的不遗余力和丰富经验，想再造一个品牌神话也许只是时间早晚的问题。只要高度重视企业文化建设，推进企业文化核心要素的优化，就可以贯通品牌文化，在此基础上进行品牌塑造、传播和管理。事实证明，之后一段时间，加多宝品牌的影响力可以说是跟王老吉品牌不相上下、旗鼓相当。各自都有证据支持声称取得了市场领先地位。

从法律上来看，在一般人看来，一个企业被人家告上了法庭，总觉得是一件不好的事情，不但会影响企业的声誉，而且会产生一定的经济损失。总之，不是一件好事。通过这个案例的分析，说明了一个道理，那就是凡事没有绝对。关键是看你怎么处理。处理好了，坏事可以变成好事。处理不好，当然会成为坏事一桩。

我们知道，一个官司的输赢是要看事实和证据的，而不是以人的主观愿望为转移的。正如该案的商标纠纷一样，因为有了行贿受贿这样一个事实，损害了合同的合法性和有效性，败诉将是一个必然的结果，任凭你聘请多么高明的律师、有多么强大的背景、有多么高的投入，都是无济于事的。相反的，如果能够冷静面对，扬长避短，则能够像加多宝公司一样化被动为主动。

有一点必须特别强调的是，作为一个诉讼当事人，一定要明白，诉讼只是一种手段，它是为企业的整体经营战略服务的。诉讼不是目的，诉讼的输赢并不等于企业经营的输赢。但是，诉讼的胜利却可以使当事人站在一个有利的地位。所以，应当认真对待才是。

一般说来，作为被告，主要有以下几点诉讼策略可做参考：

（1）检索策略。当收到或者见到原告商标权人的警告函、声明或者律师函后，就应该抓紧时间检索涉案的相关信息，摸清当前的状况，所谓的知己知彼，百战不殆，说的就是这个道理。然后马上请有经验的律师或者专业人士进行专业上的分析。这是一个决定今后诉讼发展方向的关键步骤。所以说，在收到权利人的警告之后，第一时间全面收集并掌握有关信息是至关重要的。

结合广药集团和加多宝公司的诉讼，其实就第一个商标许可合同的部分来讲，有了行贿受贿的事实，从专业上来讲，判断合同的有效性问题应该不是很难的一件事情。从总结经验的角度来看，第一部分有关商标许可合同的纠纷，应当可以有另外一种处理方法的。

（2）应诉策略。相对于原告来说，一般来讲被告比较被动。因为原告起诉时是先发制人的，一般来讲都会选择自己熟悉的法院或者认为对自己有利的法院作为提出诉讼的法院。首先，当收到法院送达的商标权人的起诉状之后，作为被告最要紧的不是忙于写答辩状，而是应该先请专业的律师来研究对策。知识产权诉讼包括商标诉讼的专业性强，普通的律师不一定能胜任。现在，好的律师都越来越专业化了，分工很细，有点像医院的医生看病，外科的病找外科，内科的病找内科。这样才能得到最好的效果。

其次，看看有没有可能提出商标异议或者争议。这是一种釜底抽薪的策略。一旦能够将商标权否定掉，那么原告就会成为无米之炊。如果有其他证据，被告也可以提出反诉。

最后，如果原告申请了财产保全或者证据保全措施，法院会查封被告的被控侵权产品，或者冻结被告的银行账户，封存有关账册等，通常是想以此来影响、干扰被告的正常经营。但是原告这样做也是有风险的。风险在于法院会要求原告提供财产担保，以便万一原告输了官司之后，原告要对上述保全措施给被告造成的损失进行赔偿的。反过来一样，被告也可以对原告的担保提供反担保，以便减少对生产经营的干扰。因此被告有必要进行认真的评估后，考虑反担保措施的可能性。但是一旦输了官司，被告就要赔偿给原告造成的经济损失。因此，这样的措施风险极大，如果没有较大的把握，最好不要轻易地采取这一策略。

（3）和解策略。这一策略往往在诉讼的初期阶段不太好实施。一是因为诉讼刚刚开始，形势还不明朗。二是刚开始时，双方都来势汹汹，针尖对麦芒，互不相让。原告想给被告一个下马威，被告想给原告一个闭门羹，都有一种斗气的成分存在。加上如果任何一方的律师不能给出专业的、负责任的建议的话，在最初阶段和解的难度是比较大的。但是，如果从一个专业和理性的角度来看的话，和解其实是一个对双方都有利的一种方案。这也是为什么在美国，绝大部分案件都是以和解结案的原因。试想，在双方交换完证据之后，如果双方的律师都够专业的话，胜负其实已经可以看出个大概了。如果双方能够及早达成和解，就可以节省大量的人力物力和财力，从而把更多的精力放在各自的生产经营上面，反而可以取得更大的效益。

纵观该案的整个发展过程，其实是有很多机会和解的。依笔者浅见，如果双方能够不计较一时之长短，应当可以找出一个双方都能够接受的价格和方案，比如“王老吉”商标归广药集团所有，继续使用红罐包装的一方给改包装的另一方一些费用作为补偿。因为两大品牌包装相似对双方都是不利的，会造成相互混淆和误认，从而淡化了商标和包装装潢的标识作用。这样，既不利于消费者也不利于广药集团王老吉和加多宝公司双方。因此，双方既可以各自重新设计自己的包装装潢和商标，也可以交叉许可，共同培育、做大凉茶市场，从而达到一种双赢的局面。

总的来看，虽然加多宝公司连续输掉了十几个官司，但是因为应对得当，特别是充分发挥了其超强营销能力的特长，使得败诉的影响降到了最低。

具体来说就是：第一，深刻地理解了品牌的重要性，并赋予品牌以新的文化内涵和独特个性。第二，在此基础上，敢于大手笔的广告投入。第三，最大限度地利用了诉讼的广告效应。第四，充分地利用了诉讼的时间差。第五，打好人情牌和悲情牌。第六，利用了广药集团王老吉刚刚拿回商标，一时间还无法赶上加多宝公司的既有规模和渠道的真空期，特别是跟原有的经销商签订排他性的垄断性协议。第七，善于打擦边球，善于剑走偏锋，同时预测到输了官司的赔偿远远小于宣传所得的获利，敢于冒险，以小博大。

从营销的角度来看，加多宝公司从理念到执行，都是一气呵成，在遭遇到更换商标和红罐包装这么大的变故时，他们无论是从品牌的耕耘还是商标的切换，再到消费者的引导、公关话题的运作、渠道经销商的争夺，表现得都很连贯，非常娴熟。这种兵来将挡水来土掩的能力不但抵消了败诉的影响，反而将诉讼的影响力转化为对品牌的宣传促进作用，甚至达到了广告宣传所不能达到的广度和深度。

这就是加多宝公司案件带给我们的启示和思考，尽管加多宝在诉讼中仍有不少失误，在市场营销中也有失策之时，但是其强势的营销能力与手段，仍有许多值得借鉴之处。

第十五章
CHAPTER

维权胜出　年破百亿

⑮

说起王老吉与加多宝之争，笔者不禁想起史诗般的特洛伊木马之战，虽然两者不尽相同，但是犹如特洛伊木马之战起源于特洛伊王子帕里斯诱走斯巴达国王墨涅拉俄斯的妻子海伦——世界上最美丽的女子，王老吉与加多宝之争起源于“中国第一品牌”“王老吉”商标的使用权。特洛伊木马之战历经10年最终以斯巴达一方获胜告终，而王老吉与加多宝之争从2010年5月广药集团与鸿道集团签订的商标使用许可协议期满起，旷日持久，愈演愈烈，近日以广药集团诉加多宝商标侵权索赔29亿元将战事推向了高潮。回顾王老吉与加多宝之争，不难发现加多宝可谓官司累败，销量反增，而王老吉更是可圈可点，凉茶生产与销售从零起步，维权节节胜诉，短短一两年内凉茶年销售量迅速突破百亿，堪称奇迹。

在宝马100岁生日之际，奔驰在贺词中写道：“感谢100年来的竞争，没有你的那30年其实感觉很无聊。”一场好戏无法由一家导演，棋逢对手，乃人生一件快事，与强劲的对手竞争，也使得我们迅速成长。下面笔者详细论述王老吉创造这一奇迹的过程与其内在原因。

图 15-1　正宗王老吉获品质、销量双冠王

图片来源：畅销 186 年正宗王老吉品质、销量双冠王［EB/OL］.［2014-4-16］. http://www.gpc.com.cn/news/2014/n49247078.html.

一、仲裁获胜　股价暴涨

2012 年 5 月 9 日中国国际经济贸易仲裁委员会一锤定音，广药集团收回“王老吉”商标的使用权，此时即使还未投产，广药集团旗下的上市公司股票广药药业与白云山股价闻风暴涨。股票，作为一种虚拟经济，炒的是预期；股价暴涨，说明该股票是一支绩优股，股民看好该股的未来收益。仲裁获胜，广药集团旗下股票的股价暴涨，是股民对“王老吉”商标及品牌与广药集团的认可与高收益预期。

1. 品值千亿　镇企之宝

品牌，英文单词 brand，顾名思义，是一种标记，注册即为商标，经过长期、持续、反复而广泛的使用，逐渐在消费者心中形成一种烙印，消费者的认知与购买心理被强势定位与引导。当今社会，消费者更倾向于精神消费与品牌消费，消费者购买的不单单是某种产品，更是凝聚在该产品上的品牌，消费者往往更乐于为品牌支付更高的对价或者优先购买某种品牌的产品。可见，品牌，凝结着巨大的商誉，是企业的骄傲与优势，是企业的无形资产，是企业经济实力与市场地位的象征，对企业的发展有着决定性的作用，能使企业在众多竞争者中立于不败、脱颖而出。

“王老吉”凉茶为王泽邦先生始创于1828年，历经动荡，横跨世纪，最终成为一个有着深厚历史积淀和很高美誉度的百年老字号品牌。1995年至2010年，广药集团授权许可鸿道集团使用“王老吉”商标，经过鸿道集团的重新定位与包装以及大量的宣传与推广，到2010年王老吉年销售额已达到150亿元。王老吉品牌，在2006年的“中华老字号品牌价值百强榜”中排行第五，品牌价值达22.44亿元，并于同年被列为国家级非物质文化遗产。2010年11月10日，北京名牌资产评估有限公司评估广药集团旗下王老吉品牌价值为1 080亿元，为中国第一品牌。

古人云：“山不在高，有仙则名；水不在深，有龙则灵”，山水有仙龙而闻名天下，令狐冲有孤独九剑而笑傲江湖，华为风靡天下靠两点：坚持品牌和以技术驱动市场，对广药集团而言，其可倚仗而傲视群雄的是价值千亿元的王老吉品牌，王老吉如今已成为其镇企之宝。正如镇宅之宝一般是远古遗物，充满灵性，价值连城，能驱魔辟邪，使主人安心居住、财源广进，镇企之宝是企业的核心与基础，是企业施展拳脚的神器，更能为企业带来无限的商机与机遇，广药集团凭借王老吉品牌做长远规划、步步为营，为广药集团将来的迅猛发展打下牢固的根基：

①2010年11月10日规划以王老吉品牌为核心依托进军“大健康产业”；

②2011年8月30日，“新广州新商机”推介会，广州市副市长热情推介“中国第一品牌”——王老吉；

③2012年起王老吉药业旗下的药品全部启用“王老吉”商标并推出新产品；

④2012年5月21日首次公开“王老吉”凉茶“136发展方略”，将王老吉从民族品牌打造成世界品牌，计划五年内实现年销售300亿元的目标，到2020年达到年销售600亿元。

回顾历史，事实确实如此，广药集团依托王老吉品牌这一镇企之宝，从收回“王老吉”商标使用权，广药集团运营“王老吉”凉茶年销售量年年疯长，从零开始迅速年破百亿，成为凉茶行业的霸主：2013年年销售额约150亿元，2014年年销售额约200亿元，2015年年销售额约230亿元。

品值千亿，这绝不仅仅只是个数字，而是市场对王老吉品牌的认可信赖以及王老吉品牌内在价值的外在体现与延伸，更是对王老吉深厚的品牌底蕴与历史文化的肯定，也更是广药集团布局凉茶行业的利器，对广药集团的影响不可估量，是广药集团占有市场，获取最佳效益和良好信誉的有利保证与象征，是广药集团的灵魂体现，不愧“镇企之宝”之称号。

2. 看好广药　理由甚多

王老吉品牌价值千亿，但是广药集团能打好这张牌吗？投资的目的莫过于钱生钱，买卖股票也莫过于此。市场鱼龙混杂，熙熙攘攘，变幻莫测，稍不留神血本无归，买入一支股票自然是看好其预期收益，股民在数千支股票中相中广药集团旗下的股票，并一度缔造股市神话，自有其道理。

笔者认为，股民看好广药集团，有诸多的原因，无论是从广药集团自身实力、拥有的众多无形资产以及品牌价值的持续提升，还是从生产凉茶的技术，还是从股民短期的心理认同，均可见端倪，具体如下：

从广药集团自身实力看来，广药集团作为一家实业国企，具有得天独厚、无法比拟的先天竞争优势，成立于1951年，注册资本7亿元，实力雄厚，资金庞大，历史悠久，长年精于制药、专于制药，产品类别齐全繁多、口碑好、远销国内外，企业横向辐射广、具有多家子公司与控股公司，纵向辐射深、供应链完备齐全，集科研、生产、贸易于一体。

从广药集团拥有的无形资产看来，广药集团旗下拥有众多无形资产，商标、品牌、百年老字号等数目繁多。其中，注册商标1 021个，包括8个中国驰名商标（白云山、王老吉、陈李济、中一、抗之霸、潘高寿、天心、何济公）、23个广东省著名商标、30个广州市著名商标；百年企业6家，包括陈李济、王老吉、敬修堂、中一、潘高寿、明兴；中华老字号12个，除上述6个百年企业之外，还包括星群、何济公、采芝林、奇星、光华和健民连锁；

国家级非物质文化遗产6个，包括星群夏桑菊、白云山大神口焱清、“王老吉”凉茶、陈李济传统中药文化、潘高寿传统中药文化、中一“保滋堂保婴丹制作技艺”。[1]

从广药集团品牌升值看来，广药集团旗下众多品牌价值持续提升。2010年，王老吉品牌价值评估为1 080亿元，成为中国目前第一品牌；陈李济药厂获得“全球最长寿药厂”的吉尼斯纪录；2012年，白云山品牌价值评估为280亿元，“抗之霸”2008年首次品牌评估为21.03亿元。此外，2007年，“广药”品牌、“白云山”品牌荣获广东省外经贸厅2007－2010年度重点培育和发展广东省出口名牌称号并获颁50万元的自主出口品牌发展专项资金奖励；广药集团（王老吉、白云山、陈李济）荣获2010年度广东省十佳自主品牌称号；广药集团及14家下属企业被列入《2011－2015年广州市实施名牌战略重点培育和扶持发展自主品牌企业指导目录》。[2]

从广药集团生产凉茶的技术来看，广药集团制药技术精湛，优势明显，将其多年丰富的制药经验应用在凉茶产品上，不仅质量有保障，凉茶用于降火的原有属性也有保障，而且口感好，非常适合当饮料产品。此外，广药集团自主创新能力强，富于开拓精神。众所周知，凉茶的始祖是王老吉，同样，凉茶饮料的始祖也是王老吉。1991年，羊城药厂（广药集团前身）锐意创新，运用现代饮料的配置和包装技术，研制推出了第一盒“王老吉”凉茶植物饮料，紧接着，第一个罐装王老吉也问世。广药集团作为中国凉茶产业根基的奠定者，其对凉茶生产、保存、改进有着丰富的经验和累积。

从消费者的心理认同看来，这是更为重要的一点，因为影响股票价格的除了企业自身的实力外，当时的投资者心理、氛围、概念也非常的重要，在仲裁裁决之前，公众隐隐约约地感知到广药集团将会成功收回“王老吉”商标使用权，而加多宝因丧失王老吉品牌日渐式微会是必然的，加多宝今后将无力回天、难有翻身的机会，投资者偏向于认为加多宝公司不行了，这空出

---

[1] 广州医药集团有限公司简介［EB/OL］. http://www.gpc.com.cn/news/about/gsjj.html.
[2] 广州医药集团有限公司简介［EB/OL］. http://www.gpc.com.cn/news/about/gsjj.html.

的凉茶市场肯定会由收回“王老吉”商标使用权的广药集团填补，广药集团的收益与利润肯定会飙升，因此股价的暴涨也是可预期的，而且极大可能发生在仲裁结果公告之时，这种短期的心理认同是广药集团旗下股票暴涨的引爆点。

果不其然，仲裁获胜后，广药药业股份有限公司（600332. SH）与白云山药业股份有限公司（000522. SZ）股价应声暴涨：5 月 10 日，广州药业全天上涨 6. 54%，白云山 A 上涨 6. 01%；5 月 11 日，两支个股双双涨停；从 2012 年 5 月 3 日起至 2012 年 5 月 11 日仲裁裁决公告当日，广州药业和白云山 A 的涨幅分别已高达约 42% 和 31%。

3. 心智资源　品牌神话

股价暴涨的狂热过后，想必大家都会自觉、不自觉地思考，品牌具有如此魔力，那么品牌是如何塑造的，其内在价值是什么？

正如熟知的那样，说起凉茶，想必大家首先想到的便是王老吉；吃火锅了、熬夜了怕上火，想必大家首先想到的也是王老吉。显然，王老吉已成为现代凉茶饮料的代名词，“怕上火，喝王老吉”这句广告语更是深入人心、家喻户晓。似乎凉茶与王老吉已经建立了某种特定的稳固的关联，且这种想法与认知已经深深根植在消费者心中，牢牢地占据了消费者的心智，并促使消费者去购买“王老吉”凉茶与向他人推荐“王老吉”凉茶。显然，这种心智是一种不可多得、价值难以估量的资源。

那么，心智资源为何物？

在经济学领域，资源一般指土地、劳动、资本，而心智资源高于这三种资源，处于企业资源的首位。所谓心智资源，指的是消费者对企业产品的认知心理，进而对企业品牌的认知心理，即谈起某类产品消费者会联想到哪个企业哪个品牌的产品，谈起某个企业某个品牌消费者会联想到哪个产品，比如，由凉茶联想到王老吉与由王老吉联想到凉茶、由可乐联想到可口可乐与由可口可乐联想到可乐。这种认知心理不单单是某个消费者单独的认知心理，更多的是整个消费群体的整体认知心理，这种特性使得消费者作出的购物决定是安全的、不费心思的、能与他人产生共鸣的，这也使得消费者乐于分享并影响他人的认知心理，如此心智资源得以强化并不断累积，这也是品牌形成的机理，当心智资源达到足够大时，品牌神话得以塑造，即赢得了心智资源品牌就会升值，心智资源就是品牌的神话。

每一个品牌都有心智资源，品牌的大小，由心智资源的多少决定，心智资源的多少决定了由产品到品牌的联想与由品牌到产品的联想的关联程度以及稳固程度。那么如何通过心智资源缔造品牌的神话？

基因决定了一个人的外在表现及其特性特质，而品牌定位是品牌的基因，品牌定位影响企业的心智资源，心智资源反过来塑造品牌形象。当今社会，是一个信息爆炸的时代，各种信息纷扰繁杂、充斥着各个角落，产品多种多样、琳琅满目。如果让一个不熟悉某类产品的人去选择一款产品，他将会劳神费脑、痛苦不堪，即使花费大量心思去搜索甄别，也往往会无所适从。而心智资源能轻而易举地解决这个问题，前提是心智资源所指向的产品与品牌必须是明确而有针对性的，而且要适合绝大部分消费者，即品牌定位的细分市场要窄、产品特性要宽，这样心智资源才会广泛而牢固，才有可能塑造品牌神话。譬如，“怕上火，喝王老吉”广告语：其细分市场非常窄，即凉茶行业；其指向的产品非常明确，即“王老吉”凉茶；其产品特性非常宽，即不管男女老少，“怕”上火的人都适合。

心智资源塑造品牌神话，品牌凝结着心智资源，品牌去到哪儿，心智资源也跟着去哪儿，心智资源去了哪儿，品牌就在哪儿产生价值，品牌价值越大产生的价值就越大，谁拥有品牌、经营品牌，谁就有高收益预期，实力越强的企业拥有品牌、经营品牌，高收入预期就越大，有了预期股价就会增长，预期越大股价增长幅度就越大，这就是广药集团仲裁获胜，股价暴涨的原因。

王老吉品牌价值千亿元，广药集团收回“王老吉”商标使用权，王老吉在广药集团那里产生的价值将会很高，而广药集团实力强大，股民看好广药集团，相信其将能充分发挥王老吉的价值，两者相结合使得广药集团收益预期非常之高，由此一来，仲裁获胜，股价暴涨就是顺理成章的事了。

二、禁令一出　扭转乾坤

仲裁裁决之后，为了市场利益，鸿道集团不容广药集团一丝喘息，在营销大战上迅速发起一波又一波致命的攻势，其中首战便是加多宝发起的铺天盖地的“王老吉改名加多宝了”的虚假广告宣传，进而引发了广药集团打响法律维权战“广州改名案”。然而该案审理过程漫长，王老吉面临生死存亡之灾，广州中院于2013年1月31日下达了有“中国第一禁”之称的诉中禁令，责令加多宝立即停止一切虚假宣传行为，广药集团在商战上才得以翻身。

那么，诉中禁令究竟为何物，竟有如此神奇功效，诉中禁令又是如何作出的，凭此禁令广药集团又是如何扭转乾坤的？下面笔者做详细之解读。

1. 诉讼禁令　快速维权

诉讼禁令，是指权利人为及时制止正在实施或者即将实施的侵权行为，在起诉之前或者诉讼之中请求法院作出的禁止或者限制侵权行为人从事某种行为的强制命令。[1]

2012年5月仲裁裁决后，加多宝斥巨资，通过各种途径，广泛进行诸如“王老吉改名为加多宝”，“全国销量领先的红罐凉茶改名为加多宝”等歪曲事实的广告宣传，严重误导了公众的认知，导致不少消费者认为王老吉已更名为加多宝，王老吉红罐凉茶已不复存在。比如消费者购买“王老吉”凉茶时，商家往往交付加多宝并称加多宝就是以前的王老吉。更有传闻王老吉的经销商在上海推销“王老吉”凉茶，被不明真相的群众当作骗子追打！加多宝的虚假宣传，给王老吉的品牌形象及销售造成严重损失。广药集团不断发函给加多宝，要求其立即停止该虚假宣传行为，但毫无收效。不得已，王老吉于2012年11月30日向广州中院提起“改名案”诉讼，请求法院判令加多宝停止虚假宣传的不正当竞争行为。

---

[1] 高富平．诉中禁令在知识产权诉讼中的适用［N/OL］．(2013-08-28)．上海法治报，http://newspaper.jfdaily.com/shfzb/html/2013-08/28/content_ 1984.htm.

但是立案后，加多宝的虚假广告宣传不但没有一丝收敛，反而变本加厉，加多宝为何如此肆无忌惮？因为加多宝采取的是以时间换市场的策略，其非常清楚我国实行二审终审制，走诉讼途径审判过程少则一年半载、多则三年五载不等，如果采取拒收文书、管辖权异议、延长举证期限等手段拖延诉讼，审判过程将会很漫长，而行政查处、行政诉讼等行政维权方式也同样要经历先调查再判定的漫长程序；可以预见，届时即使王老吉最终赢得了诉讼，但王老吉注册商标承载的商誉已被转移殆尽。王老吉赢得了诉讼，但输掉了市场。加多宝将是商战中实际的赢家，笑到最后。

法谚有云：迟来的正义非正义（Justice delayer is justice denied），意思是说某些特殊情况下司法程序会存在局限性，即使司法裁判的结果最终是公正的，但因为审判程序过长导致作出的裁判过迟，此迟来的裁判结果实际上已不能对被侵害的权利起到应有的保护作用。就像在改名案的审判过程中，当务之急是马上制止加多宝的虚假宣传行为，如果只干等到判决结果出来以后再采取保护措施，恐怕那时的王老吉商誉已经被掏空了，一纸判决无可执行，诉讼等于毫无意义。因此，可以看出迟来的正义实际上是对侵权的纵容，是对权利人的极大不公，表面看似保护了权利人，实质上却严重伤害了权利人。正如最高人民法院知识产权审判庭高级法官郃中林所云：知识产权由于其无形性导致其亦具有容易被侵犯、损失难以计算和弥补的性质。对知识产权的及时、有效的保护，必须最大限度地减少权利人的损失，必须避免因时间拖延给权利人带来重大的乃至不可弥补的损失。因此需要采取一种临时诉讼禁令（一经送达立即生效，复议不停止执行），立即制止加多宝的侵权行为，为王老吉赢取生存空间。

在新民诉法出台之前，我国法律规定权利人有权针对正在实施的侵害著作权、专利权或商标权的行为，在提起民事诉讼之前提请人民法院作出诉前禁令；但是对于不正当竞争行为是否可以采取临时禁令则没有法律的明文规定。这也是加多宝实施了长达半年的王老吉改名虚假宣传，而广药集团只能干着急的原因。因为彼时如果就在诉讼中提起临时禁令申请，有可能因为法律依据不够充分而被法院拒绝受理，这势必助长加多宝的士气，被其抓住大做文章，王老吉权衡再三，实在冒不起这样的风险。

发函谴责无效，法律诉讼漫长，而加多宝广告仍然打得如火如荼，公众混淆愈演愈烈。看着自己的合法权利被严重侵害，王老吉商誉被疯狂蚕食，广药集团一筹莫展。那么广药集团是否就此山穷水尽了呢？

2013 年 1 月 1 日，新《民事诉讼法》的生效为存在于知识产权实体法中的禁令制提供了程序法的依据，为王老吉的维权突破确定了一条新思路，其第 100 条第 1 款规定："人民法院对于可能因当事人一方的行为或者其他原因，使判决难以执行或者造成当事人其他损害的案件，根据对方当事人的申请，可以裁定对其财产进行保全、责令其作出一定行为或者禁止其作出一定行为；当事人没有提出申请的，人民法院在必要时也可以裁定采取保全措施。"也即明确地给予了所有案件类型中的当事人提出临时禁令申请的权利，从程序法的高度解决了当事人申请临时禁令请求停止某行为的问题。

利剑在手，广药集团的法律代理团队深知反击的机会已经到来。经过充分的准备，2012 年 12 月 27 日，广药集团的法律代理团队在广州中院的禁令听证会上，要求法院立即禁止被申请人广东加多宝在其广告宣传及产品包装上使用"王老吉改名为加多宝"或与之意思相同、相近似的广告语等不正当竞争行为，并向广州中院提供了价值 500 万元的财产作为担保。

然而中国法院从未做过类似的诉中禁令，该禁令申请的命运如何呢？

2. 先予执行　判决支持

诉中临时禁令，是诉中行为保全的一种情形，适用的前提是必须有证据证明他人正在实施或即将实施某种侵犯权利人合法权益的行为，如不及时制止，权利人将遭受难以弥补的或用金钱难以衡量的损失；其不同于先予执行措施。笔者此处所述的"先予执行"是指广药集团申请的诉中禁令得到了法院的支持，加多宝应在审判过程中先行停止侵权的行为，等待法院的判决；而非执行程序中的先予执行裁定。

临时禁令，通俗来讲就是"未判先禁"，但此禁并非案件的实体判决结果，因为被禁止的行为是否构成了侵权、是否需要赔偿要裁判后才能盖棺定论。当裁判结果与诉中禁令的内容一致时，禁令措施可以转化为执行措施；如果不一致，诉中禁令在与判决结果冲突范围内自动失去效力，而且可能还会引发损害赔偿。[1]也即禁令这种特殊的救济手段是把双刃剑，运用得当，可以有效地保护权利人的合法权益，运用不当，将会损害一方当事人利益甚至司法公信力。所以无论当事人，还是法院，都应当谨慎采取诉讼禁令。

具体到该案中，启用诉中临时禁令在我国并不多见，而原告与被告又均是国内有一定影响力的著名企业，法院受理该申请的行为本身已引得社会广泛关注，该禁令的裁决结果显然将成为我国知识产权维权的标志性事件。广州中院对作此禁令自是慎之又慎！为了应对广药集团可能败诉的风险，法院要求其提供了500万元的担保。当然对于广药集团而言，采取禁令也存在一定的风险，因为万一一审判决没有支持禁令，或者一审支持了二审又不支持怎么办？而且二审支持了可能还有再审。也就是说一旦广药集团终审败诉，则很可能将承担加多宝因为执行禁令而遭受的损失。加多宝一贯在广告上不惜投入巨资，该损害赔偿额很可能超出500万元，不是一个小数目！同时，善打同情牌的加多宝也定会大加利用此结果，发起新的舆论战，进一步贬低“王老吉”商标的美誉度，这种后果对王老吉简直是毁灭性的打击，广药集团必须三思而后行。

那么我们来看看事情的经过到底如何。

2013年1月31日，法院认定广药集团于2012年5月9日依法收回“王老吉”商标使用权，随后正式推出红罐“王老吉”凉茶，而加多宝公司却同时在全国铺天盖地进行“王老吉改名为加多宝”，“全国销量领先的红罐凉茶改名为加多宝”等虚假广告宣传。法院认为加多宝此行为会使相关公众误认为王老吉已改名为“加多宝”，“王老吉”凉茶不复存在。为避免该正在实施的行为对“王老吉”商标造成难以弥补的损害，广州市中院依法下达临时禁令裁定，要求加多宝立即停止上述虚假广告宣传行为。

---

[1] 高富平．诉中禁令在知识产权诉讼中的适用［N/OL］．(2013-08-28)．上海法治报，http://newspaper.jfdaily.com/shfzb/html/2013-08/28/content_ 1984.htm.

加多宝不服，于 2013 年 2 月 7 日向广州中院申请复议。但 2013 年 3 月 11 日，广州中院驳回了加多宝的复议申请。

经过一年的等待，广州中院认为名为“加多宝”的凉茶饮料是加多宝公司近年生产并新投放市场的产品，不存在由其他名称的凉茶饮料“改名”而来的事实基础，于 2013 年 12 月 20 日，依法宣判广东加多宝公司立即停止使用“全国销量领先的红罐凉茶改名加多宝”，“原来的红罐王老吉改名为加多宝凉茶了”广告语进行广告宣传的行为等。即一审判决支持了诉中禁令。

加多宝当然马上提起了上诉，但 2015 年 12 月 2 日，广东高院二审判决维持原判，也即广药集团的诉中禁令得到了终审判决的支持。

时至今日，该案的再审仍然在进行中，但鉴于“王老吉被改名”这一虚假宣传行为是放之四海皆无可非议的事实，笔者认为加多宝翻案是几乎不可能的事。

当年中国第一禁令当然是经得起推敲的，因为临时禁令的申请必须同时满足：被申请的侵权行为非常明确、由该行为对权利人的损害正在进行或非常紧迫、该行为造成的损害后果将难以用金钱来衡量这三个严苛的条件。而该案中王老吉“被改名”这一虚假广告宣传行为家喻户晓、证据确凿，加多宝进行王老吉改名为加多宝的虚假宣传显然是在转移王老吉的商誉，且该虚假宣传已持续近半年，对于快消品“王老吉”商标的损害非常紧迫，且对“王老吉”商标造成的损害后果难以用金钱来衡量，完全符合诉中禁令的法律规定。因此广州中院以事实为依据、以法律为准绳，敢为人先，作出了知识产权领域这个标杆性裁定，真正实现了法律的公平正义。此可谓诉中禁令，险中取胜，一招制敌，为扭转乾坤奠定了基础。若等到 2015 年 12 月 2 日二审判决后才禁止“改名广告”，王老吉一早就被拖垮了。

3. 禁令奏效 扭转乾坤

诉中禁令作出后，一经送达立即生效，不管加多宝公司是否申请复议、何时复议，并不会影响该禁令的执行，且相应的广告公司、经销商、超市、士多、餐饮等单位、个人均应该服从法律，服从法院的禁令，有义务协助配合法院依法执行。

然而，据说加多宝一开始拒不执行该禁令，且于2013年2月7日提起了复议，但28日广州中院裁定驳回了该异议，当日下午，法官驱车到加多宝公司现场送达时，加多宝方又以负责人不在为由不签收。法官按照法律程序，依法把《复议决定书》和《执行通知书》进行了留置送达，并告知加多宝方按照法律规定，留置送达视为已经送达，加多宝必须执行，哪怕禁令判错了也必须执行，因为广药集团事先提供了担保，将来有纠错机制；而如果加多宝拒绝履行，法院将依法追究其责任，并给予应有处罚，比如刑拘相关负责人。这不是危言耸听，其实笔者团队曾代理的轰动全国的中山康宝案，即使被执行人拒绝依法执行，甚至当地政府从旁协助拒绝执行，最终法院在武警持枪协助下依法强制执行，以维护法律的权威性与公信力。加多宝经过权衡，最终选择了执行该禁令，并于28日当天宣布将更换部分地区的“改名”广告。

禁令奏效，广药集团的维权行动也开始取得实质性的进展。一来广药集团自行发送的维权律师函具有了更大的震慑力，相当部分的商家马上停止相关侵权行为。二来凭借禁令的效力，能从行政层面维权，获得工商执法协助，在全国各地打击加多宝的不正当竞争经营行为，查处加多宝储存商品的仓库，勒令各大超市卖场、商家等下架“加多宝”凉茶。比如2013年2月20日，广州市工商执法人员在大粒沙路41号加多宝食品有限公司仓库一举查封58 500箱印有侵权广告的“加多宝”凉茶；2013年2月22日，广州市荔湾区工商人员在广州中山八路某大型连锁超市依法查处一批印有已被法院依法叫停的含有“全国销量领先的红罐凉茶改名加多宝”字样、涉嫌虚假宣传的“加多宝”凉茶产品❶等，不一而足。同时，工商部门也对加多宝涉嫌违规宣传行为进行查处，部分电视台陆续停播其涉嫌违规广告，加之法院也按程序把《协助执行通知书》送达到64家电视台，即有48家电视台停播相关广告，全国多地加多宝涉嫌虚假宣传行为相继被依法叫停。

---

❶ 加多宝涉嫌违规宣传产品被依法查处　工商责令商家整改［EB/OL］.（2013-02-25）. http://www.wljhealth.com/news/info.aspx?id=188.

伴随着多地工商执法人员查处加多宝违法凉茶产品、违规宣传行为，电视广告大面积停播，一时之间，市面上的“加多宝”凉茶开始明显减少，虚假广告也迅速减少，越来越多公众开始回归王老吉。一纸诉中禁令戳破了加多宝所谓“改名”的谎言，情势突转，加多宝刚建立不久的品牌形象受到了意想不到的冲击，其各地的经销商以及合作伙伴的信心也难免受到动摇。

而广药集团借此机会，一边继续全面展开维权，一边实施高密度落地宣传 + 电视媒体 + 公益行动 + 市场终端综合策略，全方位发力，形势迅速好转。2013 年春节期间，各大终端火爆旺销，而广州、成都、福州等省会城市和部分一线城市，甚至在春节前夕就出现了短时间内供不应求的断货现象，仅广州一区春节期间的销量与元旦相比就增长了 70%，迅速打了一场翻身战！

消费者不再被牵着鼻子走，开始分清王老吉与加多宝，“王老吉”凉茶重新回到正常的市场竞争当中，供消费者自由选择。而以前对王老吉持观望态度的经销商也开始争相代理王老吉，市面上王老吉开始变得供不应求，希望与王老吉合作的企业也越来越多；虽然王老吉也一直在布局扩建生产基地、招兵买马，然而禁令一出直接导致春节期间王老吉脱销的火热势头也是始料未及的，广药集团不得不在春节期间紧急召回员工加班加点赶生产，以应对激增的市场需求。

禁令奏效，王老吉一举扭转乾坤，开启了红火年；然而最重要的是直至 2013 年 12 月“改名案”判决出来，王老吉凭借禁令没有因为审判过程而失去市场，而是赢得了宝贵的时间得以成长壮大，为王老吉后续的发力奠定了基础。

三、节节胜诉　年销百亿

广药集团在“广州改名案”中打了一个漂亮的“中国第一禁”，并借此在市场上实现“王老吉”凉茶销量的扭转乾坤，在接下来的市场竞争中，广药集团红罐凉茶年销售额迅速破百亿元，成为凉茶行业的霸主：2013 年年销售额约 150 亿元，2014 年年销售额约 200 亿元，2015 年年销售额约 230 亿元。想必读者会疑惑，这一系列的较量，具体包括哪些，每一场的结果是怎样的，广药集团是如何大显身手的，广药集团的制胜法宝是什么，这些结果对广药集团有何影响而使得销量年年疯长？下面笔者一一解开谜团。

1. 品誉在手　大显身手

说起战争与兵法，想必读者会想到兵家鼻祖孙子，孙子在《九变》中曾说："无恃其不来，恃吾有以待也，无恃其不攻，恃吾有所不可攻也。"其大意是，不要侥幸指望敌人不来攻，而要依靠自己有着使敌人不敢攻的强大实力，同时，暗含的另一个意思是，如果有着使敌人不敢攻的强大实力，那么即使敌人出于不可告人之目的攻来，也能够取胜，这就是之所以能够"恃"的根本原因所在。

商场如同战场，在与鸿道集团的较量中，广药集团所"恃"的是什么，是如何反击的？前文说到，王老吉品牌价值千亿元，是广药集团的镇企之宝。双方较量之时，广药集团所"恃"的正是其品誉，即品牌与商誉。

品誉，之所以强大，并能够为广药集团所"恃"，主要体现在两方面的价值：一是商业价值，体现在商战方面，品誉，由企业长期、持续而广泛使用某个标记及其对应的经营行为产生，其凝结着巨大的心智资源，这种心智资源能使企业获得不可替代与被模仿的竞争优势，并在竞争中获取巨大的商业利益；二是法律价值，体现在法律战方面，品誉对应着的商业利益是受法律保护的，任何人企图通过不正当竞争、虚假宣传等手段窃取他人品誉及对应的商业利益，将会被法院强制禁止并判决赔偿。品誉两方面的价值是相辅相成，不可分离的，商业价值是法律战胜诉的基础，法律价值是商战胜利的保障。

下面按照时间顺序简略陈述广药集团凭借品誉在手，大显身手，在法律战方面节节胜诉的案例。

（1）广州改名案禁令，广药集团胜。2013 年 1 月 31 日广州中院裁定加多宝公司立即停止使用"王老吉改名"广告语，该裁定送达后立即执行。

（2）沈阳口味案一审，广药集团胜。2013 年 6 月 25 日沈河法院判决驳回原告吴某的诉讼请求；支持广药王老吉"180 余年独家配方""正宗凉茶王老吉从未更名"等广告语。

（3）济南口味案一审，广药集团胜。2013年12月4日历下法院驳回原告刘某诉讼请求；支持广药王老吉“180余年独家配方”“正宗凉茶王老吉从未更名”等广告语。

（4）重庆怕上火案一审，广药集团胜。2013年12月16日重庆第一中级人民法院判决驳回加多宝公司的全部诉讼请求。

（5）广州改名案一审，广药集团胜。2013年12月20日广州中院判决加多宝赔偿广药集团一千万元经济损失及80余万元合理费用，并公开赔礼道歉。

（6）重庆改名案一审，广药集团胜。2014年6月26日重庆市第五中级人民法院判决加多宝公开发表声明以消除影响，并赔偿王老吉40万元经济损失及合理开支。

（7）重庆十罐七罐案一审，广药集团胜。2014年7月21日重庆市第五中级人民法院判决加多宝公开发表声明以消除影响，并赔偿王老吉40万元经济损失及合理开支。

（8）广州十罐七罐案一审，广药集团胜。2014年11月17日广州中院判决加多宝赔偿王老吉与广药集团500万元，并刊登声明以消除影响。

（9）“七连冠”案一审，广药集团胜。2014年12月3日北京第三中级人民法院判决加多宝公开刊登声明以消除影响，并赔偿广药集团与王老吉300万元。

（10）红罐装潢案一审，广药集团胜。2014年12月12日广东高院判决加多宝赔偿广药集团1.5亿元经济损失及26余万元合理费用，并公开声明以消除影响。

（11）“七连冠”案二审，广药集团胜。2015年7月23日北京高院判决驳回上诉，维持原判。

（12）湖南十罐七罐案一审，广药集团胜。2015年8月17日长沙市中级人民法院判决加多宝赔偿广药集团与王老吉900余万元经济损失及近24万元合理费用。

（13）吉庆时分案一审，广药集团胜。2015年11月19日广州中院判决支持王老吉“吉庆时分”广告语，确认不构成侵权。

（14）广州怕上火案一审，广药集团胜。2015年11月30日广州中院判决加多宝赔偿广药集团与王老吉500万元。

（15）重庆怕上火案二审，广药集团胜。2015年12月2日重庆市高级人民法院判决驳回上诉，维持原判。

（16）广州改名案二审，广药集团胜。2015年12月2日广东高院判决驳回上诉，维持原判。

（17）重庆十罐七罐案二审，广药集团胜。2015年12月9日重庆市高级人民法院判决驳回上诉，维持原判。

（18）重庆改名案二审，广药集团胜。2015年12月15日重庆市高级人民法院判决驳回上诉，维持原判。

（19）配方案一审，广药集团胜。2015年12月21日广州中院判决加多宝刊登声明赔礼道歉，并赔偿广药集团与王老吉500万元。

（20）广州十罐七罐案二审，广药集团胜。2016年1月27日广东高院判决驳回上诉，维持原判。

（21）“七连冠”案再审，广药集团胜。2016年3月30日最高人民法院驳回加多宝再审申请。

（22）长沙口味案一审，广药集团胜。2016年6月30日法院判决驳回原告刘某诉讼请求，法院支持广药王老吉“独家秘方”，“民族品牌王老吉，创始于清朝道光年间，已逾百年历史”，“民族品牌王老吉，创始于1828年，传世180余年”等广告语。

（23）配方案二审，广药集团胜。2016年7月10日广东高院判决驳回加多宝的上诉，维持原判。

（24）湖南十罐七罐案二审，广药集团胜。2016年8月19日湖南省高级人民法院判决改判加多宝赔偿广药集团与王老吉600万元经济损失，维持一审其他判决。

这一系列的法律战还远未结束，更多的判决结果待续……

广药集团在上述法律战中大显身手，斩获连胜，其中读者不难发现，广药集团在这些法律中所“恃”品誉有三种：王老吉品牌、王老吉红罐装潢、“怕上火，喝王老吉”广告语，可谓“广药三宝”。广药三宝如何能制胜，且听下文分解。

2. 广药三宝　制胜法宝

上文说到，广药集团凭借“广药三宝”：王老吉品牌、王老吉红罐装潢、“怕上火，喝王老吉”广告语，打赢了一场又一场法律战，其能成为制胜法宝的原因在哪？简而言之，原因在于“广药三宝”都凝结着非常大的商业价值，王老吉品牌价值千亿，红罐“红红火火”，好的广告语就是生产力，且这三者已经融为一体，不可分割，三者都应归属于广药集团。下面分三部分详细论述。

（1）王老吉品牌。

“王老吉”凉茶作为正宗凉茶，是凉茶始祖，创始于1828年，至今其历史已有188年，是当之无愧的“百年老字号”，有着不可多得和不可被复制的深厚的品牌底蕴与历史文化积累。从创立之初，“王老吉”凉茶就具有药到病除、货真价实的传统价值，深受广大乡民的认可与热捧，经过后世的改良与经营，其凝结的心智资源已融入了乡民的日常生活中，渐渐形成了一种喝“王老吉”凉茶的文化。所谓得文化者得天下，经过历史的沉淀，王老吉品牌具有先天的竞争优势，是其他品牌无法比拟的。此外，王老吉品牌具有非常明确的传承性与鲜明的识别度，而且不管谁经营品牌，品牌凝结的品誉都应归属品牌的拥有者，即王老吉品牌凝结的品誉归属广药集团是毋庸置疑的事实。正是基于这两点，广药集团拥有的这部分品誉根基非常之深和牢固，王老吉品牌当位于“广药三宝”之首位，毫无疑问是广药集团制胜的法宝。

（2）王老吉红罐装潢。

红罐装潢当初就是为王老吉灌装凉茶量身打造的，红罐与王老吉是一体的、不可分割的，经过长期持续广泛的使用，消费者也把这两者看成了一体，两者的价值已经相互融为一体。例如，在中国，红色是喜色，喜宴要有红色，由于经常在喜宴上使用，红罐凉茶慢慢地就有代表“红红火火”的价值，深受消费者的喜爱，这部分价值随着使用慢慢融入到了王老吉这个品牌中；同时，“王老吉”凉茶具有下火的价值也融入到了红罐凉茶中。红罐与王老吉已经密不可分，不管红罐装潢上他人是否有其他权利，譬如，外观设计，该权利也应该无效，这部分品誉的价值应归属于王老吉品牌的拥有者，即广药集团。

（3）“怕上火，喝王老吉”广告语。

正如前文论述的，“怕上火，喝王老吉”广告语的定位非常之高明，即其细分市场非常窄，即凉茶行业；其指向的产品非常明确，即“王老吉”凉茶；其产品特性非常宽，即不管男女老少，“怕”上火的人都适合，其凝结着非常大的心智资源。此外，这个“怕”字恰如其分地抓住了消费者的心理，当今时代的人最怕上火、生病，而且容易跟风，一说到会上火，消费者就怕，但又不知道怎么办，有人说“怕上火，喝王老吉”，消费者就不假思索都去买“王老吉”凉茶。这句广告语的指向是非常明确的，且已经和王老吉品牌融为一体，具有明显区分商品来源的功能，其归属于王老吉品牌的拥有者广药集团也是不容置疑的。

“广药三宝”品誉的商业价值及其明确的归属是广药集团与鸿道集团法律战节节胜诉的基础，同时也是广药集团在商战中的制胜法宝。

3. 乘风破浪　奇迹再现

广药集团法律战节节胜诉，胜诉的东风吹遍大江南北，广药集团能否乘风破浪，驶过急流暗涌、万重险山，直济沧海，在商战大施拳脚，与鸿道集团一决雌雄呢？鸿道集团经营“王老吉”凉茶期间，经过十余年努力，将“王老吉”凉茶年销售额从刚过亿做到百亿之多，已为奇迹。广药集团收回“王老吉”商标使用权，从零开始经营王老吉红罐凉茶，其能超越鸿道集团吗？法律战的胜诉又会产生什么影响呢？

法律战产生的影响，笔者分别从竞争对手、经销商、市场认知心理以及广药集团自身四个角度分别予以论述，具体如下：

竞争对手方面，由于法院的判决具有强制性，加多宝公司不断败诉，除了要支付高额的赔偿费，更重要的是其不得不停止相关的市场行为，包括停止投放相应的广告、停止生产、销售相应的凉茶产品，其市场营销行为受到干扰。长期以来，市场营销是加多宝公司的优势与核心竞争力，但因为官司的败诉，加多宝公司的正常营销行为效果减弱，同时其还需不断投入更多的营销资源以冲抵不利的诉讼结果，且不能持续经营与宣传某一特定广告，给消费者造成凌乱多变的印象，难以凝聚产品竞争力，加多宝公司的长处受到掣肘。

经销商方面：由于加多宝公司不断败诉，经销商投鼠忌器。一是因为在这些官司中有相当一部分直接将经销商列为被告，经销商不堪诉累有所忌惮；二是因为加多宝公司败诉往往也会导致经销商必须停止一些相关市场行为，经销商的正常经营活动受到影响；三是官司败诉往往会导致经销商认为自己的相关行为也是违法的而提心吊胆。经销商与加多宝公司形成的统一战线出现裂缝，有的经销商逐渐甚至完全转向与王老吉合作。

认知心理方面：一路走下来，广药集团法律战接连不断的胜诉，新闻持续报道与发酵，广大消费者与经销商受加多宝“洗脑式”广告语洗礼而形成的错误认识一次又一次地被涤荡，人们终于逐渐认识到事情的真相，恍然大悟，甚至主动去了解王老吉与加多宝之间的恩怨情仇以及王老吉与加多宝之争的来龙去脉。大众的认识逐渐回到正轨，王老吉品牌的心智资源迅速苏醒，得以释放，犹如开闸的江水，气势磅礴，浩浩荡荡，以摧枯拉朽之势冲开一切阻碍，然后迅速汇聚到王老吉品牌与“王老吉”凉茶上面。

广药集团自身方面，伴随着法律战的节节胜诉，广药集团士气不断提升，市场的营销也紧跟而上，利用官司胜诉形成的短期市场“真空期”不断抢占市场、铺货以及搭建自己的供销团队、建立现代化的生产和质检流程，精益求精，更上一层楼。同时法律战节节获胜为广药集团提供了公平竞争的环境与机会，让“广药三宝”商业价值得以发挥。

此外，虽然加多宝官司累败，但因其长年深耕凉茶行业，生产基地、工艺流程、销售渠道、营销团队等配套成熟完善，其自身也有着不可小觑的商誉，加之其借助一系列的虚假宣传与“悲情”营销，在市场上仍然是步步紧逼广药集团，广药集团自然不服气，况且全国老百姓都在等着看，广药集团压力甚大，如果广药集团不铆足劲恐怕最终只会成为全国老百姓口中的“笑话”，因而广药集团上下一条心，干劲十足，力克难关：没有原料，就从集团其他企业优先调拨，甚至不惜高价购买；没有易拉罐，就借助集团整体信誉以及民族品牌的自豪感不厌其烦地和客户洽谈；没有提取基地，就不辞辛劳，跑遍大江南北也要找到。这些都是广药集团能渐渐成为凉茶行业霸主的重要原因。

王琳绘制

图 15-2 年破百亿

条条江水汇聚终成湖海，广药集团利用这一场又一场胜诉的影响汇聚各方面的力量，使得市场份额蒸蒸日上，节节攀高，一次又一次地刷新凉茶销售业绩，年销售额马上突破百亿元：2013 年年销售额约 150 亿元，2014 年年销售额约 200 亿元，2015 年年销售额约 230 亿元。广药集团收回“王老吉”商标使用权一年半之后就把“王老吉”凉茶年销售额做到 150 亿元，再过两年做到两百多亿元，此不可不谓奇迹。

纵观王老吉与加多宝之争，广药集团能创造奇迹主要依托四点：王老吉金字招牌，广药集团自身实力，将加多宝这一强大对手所给的压力变成动力，官司胜诉带来的营销效应。而这四点归根结底是品牌的力量，因此保护品牌，保护知识产权是现代企业刻不容缓、含糊不得的战略举措。现代企业只有拥有完善的知识产权体系，并以此发展并拥有丰富的心智资源，才能在如今丛林竞争时代生存下去，正如广药集团一样，即使面对强敌进犯依然能从容应对、扭转局势，并处于有利地位，即使有一天企业不幸需要重头来过，也能迅速崛起、再创辉煌。

第十六章
CHAPTER

经典判决　有口皆碑

⑯

“怕上火喝什么?”这本如填空题一样有标准答案的:“怕上火,喝王老吉!”这几乎成为一句口头禅。“怕上火,喝×××”这一句式与“王老吉”商标之间形成了稳定的、唯一的对应关系。近两年,加多宝又推出了“怕上火,更多人喝加多宝”这一广告语,使消费者产生了困惑。“怕上火”究竟该喝什么?继续喝王老吉?还是喝加多宝?随着加多宝公司在重庆一中院起诉王老吉使用“怕上火喝王老吉”构成侵权,“怕上火喝什么”更成为一个问题。但又随着重庆市高级人民法院二审判决王老吉公司使用“怕上火喝王老吉”具有正当性,不构成侵权,及广州市中院一审判决认定加多宝公司使用“怕上火喝×××”句式,构成侵权,“怕上火喝什么”渐渐地又变得不是问题了。

一、凉茶广告　互为被告

两年前,笔者曾经在珠三角参加过一个品牌营销战略高峰论坛,期间听到一段对话:

有一位嘉宾带了其五六岁的儿子参加峰会,茶歇时,爸爸问儿子:“儿子,你喝什么?”

图 16-1　怕上火，喝……

儿子：“喝王老吉吧？”

爸爸：“这边还有咖啡和果汁，为什么只喝王老吉？”

儿子：“怕上火喝王老吉啊……”

……

当时听到这段对话时，很有感触，“怕上火，喝王老吉”这句话之前传播范围极广，几乎家喻户晓，蕴含了巨大的商誉，具有极高的商业价值。堪称凉茶广告中的经典！

这也许是王老吉与加多宝之间，对于这个经典广告语“争夺”如此激烈的重要原因。

加多宝公司就王老吉方使用“怕上火，喝王老吉”，侵犯了其合法权益，构成不正当竞争为由，在重庆诉王老吉公司。其于 2012 年 7 月，在重庆将王老吉公司和何某告上法庭，并诉称，“怕上火喝王老吉”广告语是其经营的知名商品红罐凉茶的显著商业标记，王老吉公司直接抄袭该广告语，侵占了其商誉，使广大消费者误以为王老吉公司生产的“此”红罐王老吉，就是过去加多宝生产经营的“彼”红罐王老吉。加多宝公司请求判令二被告停止不正当竞争行为，并判令王老吉公司承担消除影响、赔偿经济损失1 000万元等。

随后，2013年4月，王老吉公司以加多宝公司使用“怕上火，喝加多宝”，侵犯了其合法权益，构成不正当竞争为由，在广州起诉加多宝公司。王老吉公司认为“怕上火，喝×××”，这一句式长期与“王老吉”凉茶结合在一起使用，经过大规模、持续的使用，已经产生了显著性，具有识别作用，而识别的对象就是“王老吉”商标。因此，该广告语本身与“王老吉”商标之间已经形成了稳定的、唯一的指向、对应关系，而且该广告语所产生的商誉依附在“王老吉”商标上，与“王老吉”商标密不可分，是一个统一的整体。因而，请求法院判令加多宝公司停止使用“怕上火，喝×××”这一句式，并赔偿经济损失500万元。

双方在法庭内外均有交锋，真是公说公有理，婆说婆有理。

从国内外的知识产权实践来看，知识产权诉讼往往是双方商业竞争的一部分，或者叫作商战的延伸。最常见的知识产权诉讼，其实是对知识产权权益的争夺。如该案中，双方争夺的实际上是“怕上火，喝×××”这一广告句式的专有权，而且是独占和排他使用。只有这样才能保证争夺者取得胜利之后，完整地享有该广告句式的权益，这是绝不允许他人分享、染指的。“卧榻之侧，岂容他人鼾睡”？这种诉讼往往是双方“打”得“头破血流”“你死我活”。因为争夺的对象是不容分享的，是专属和排他的。特别是在王老吉与加多宝之间的诉争中，双方之前存在许可与被许可的关系，加多宝公司曾经经营过王老吉品牌，再加上加多宝利用了一系列诸如“王老吉改名加多宝”“全国销量领先的红罐凉茶改名加多宝”等虚假广告，已经使消费者误以为加多宝就是王老吉。如果加多宝公司再使用“怕上火，喝加多宝”这一广告语，必然会使消费者误以为“加多宝”凉茶与王老吉有某种关联，从而影响消费者的消费选择，使加多宝公司获取本应当归属于王老吉公司的竞争优势。从法律上讲，加多宝公司有一个后合同义务，即不能直接或间接用王老吉商誉去推销加多宝自己的凉茶。

另外，双方在“怕上火”广告语互诉中，都共同认可“怕上火，喝×××”，这一广告语基本句式，应当享有权利，尽管“怕上火，喝×××”，是一种功能性表达，本没有先天显著性，但通过在先、独家、持续使用后，产生了后天的显著性，应当受到类如未注册商标的保护，在这一点上，双方都无争议。但广东省高院在变更合议庭后，在第二次开庭时，一位法官问了一审原告广药王老吉律师一个问题：“怕上火，喝×××”，这一句式如果给了其中某一个企业权利的话，会不会对其他企业有影响、有不公平之处。一审原告律师认为，这个法官这个问题问得好，问得很到位，也很关键，同时回答法官，“怕上火，喝×××”，这一句式能否给予保护，必须同时具备两个基本条件：一是前面提到的某一个企业，独自、长期、在先使用一段时间形成的一定的知名度，与该企业及其品牌有了特定的联系，产生了后天显著性；二是在于对某种功能性的表达是否具有唯一性，是表达的方式非常有限，还是有许多不同的其他表达方式，可以表达“怕上火，喝×××”的功能性语句，原告律师当庭列举了五六种不同的表达。同一种功能性的语言的方式，换言之，当这一功能性语言，还可以有其他许多方式加以表示时，将“怕上火，喝×××”这一句式赋予原告排他性使用的权利，是不会损害其他企业的权益，同时又有助于维护原告王老吉的利益，这也是公平合理的。

当然，既然知识产权诉讼往往成为商战的延伸，商人以逐利为目的，崇尚合作共赢、和气生财。因此，在相当一部分知识产权诉讼最终以握手言和告终。但从目前来看，王老吉和加多宝之间的诉讼仍会进行下去，双方在市场上的争夺亦将持续白热化。是否可能握手言和这个问题基本无解。

二、权利归属　判归广药

图 16-2　王老吉“怕上火”广告

图片来源：[EB/OL].[2016-09-06]. http://www.gpc.com.cn/news/zhnews/index.html.

图 16-3　加多宝“怕上火”广告

图片来源：出自笔者代理王老吉公司起诉加多宝公司“怕上火”案侵权证据的公证书（2013）粤广广州第 077068 号。

这场关于广告语的争夺战，不可谓不激烈。权利归谁才更符合法律和事实呢？广州、重庆两地的法院给出了答案，也给足了充分的理由。

2013 年 12 月 16 日，加多宝公司诉王老吉公司一案，在重庆市一中院公开宣判，法院当场驳回加多宝公司的全部诉讼请求。加多宝公司不服，遂上诉，但重庆高院驳回了加多宝的上诉请求，维持原判。

2015年12月，广州市中院对王老吉公司诉加多宝公司“怕上火，喝×××”一案,作出了一审判决，判决“怕上火，喝×××”这一广告句式的权益专属于王老吉公司。加多宝公司不服，上诉至广东高院。该案二审已经开过庭，但截至目前，二审判决仍未下达。

在双方互告的两个案件中，加多宝公司和王老吉公司双方争议的核心在于，“怕上火，喝×××”的广告语能否与商标分离？权利该归属于哪一方？实质上，在这个争议焦点之外还有如下问题：“怕上火，喝×××”这一广告句式经过长期、持续地使用后，是否产生了一定的显著性？该显著性指向的对象是王老吉还是加多宝？解决了上述问题，才可以对两个案件进行判决，才可能让双方和公众都心悦诚服。

在众多史书、小说上，均可以读到有关岭南瘴气、瘟疫的片段。例如，某某朝廷命官，因犯上，被贬岭南，越过重重瘴气，九死一生，方抵蛮荒；某某大军穿行在岭南崇山峻岭中，由于瘴气和瘟疫，死伤惨重。凡此种种，不胜枚举。这些描述，当然有所夸张，所谓的瘴气，多半是水土不服引起的，并非指岭南秀丽的山岭中会“喷放”有毒气体，这也不可能。但两广地区，天气炎热、潮湿倒是众所周知的，人体在这样的环境下很容易上火，口舌生疮、牙龈肿痛、双目赤痛等症状在夏天尤其常见。也由此，在这样的环境中，如果出现一种能够预防甚至治疗“上火”病症的药，市场需求一定非常广泛，而且很容易使消费者形成周期性消费，如此，销量就会呈几何倍数增加。

而“王老吉”凉茶自诞生以来，一直以其卓著的降火祛暑功效闻名于世，以至于在岭南地区的百姓中，广泛流传着一句口头禅：惊（怕）上火，饮王老吉（发音为粤语，下同）。自古以来，“怕上火”与“王老吉”凉茶就已密不可分了。岭南老百姓一喝“王老吉”凉茶就会联想起“惊上火，饮王老吉”这句口头禅。在此影响下，消费者要消费凉茶产品时，就会自然而然地选择“王老吉”凉茶。这种消费习惯已经深深植入消费者的理念中。在商业广告不发达的年代，“王老吉”凉茶以其特有的降火祛暑功效，在“惊（怕）上火，饮王老吉”这句口头禅的口口相传中，获得了极高的知名度，也赢得了大量忠实消费者。

进入21世纪，为了适应新的市场需求，2003年，加多宝公司委托知名品牌策划公司以“王老吉”凉茶为核心对王老吉红罐凉茶进行整体包装、策划。该公司基于“王老吉”凉茶降火祛暑的功效，整合并格式化、固定岭南地区早已流传开的关于“王老吉”凉茶的口头禅，设计出更加适于现代媒体推广的“怕上火，喝王老吉”这一句广告语。这句广告语是为“王老吉”凉茶量身定做的。

在王老吉公司诉加多宝公司的多起虚假宣传案件中，哪怕从加多宝公司在重庆的“怕上火”案提交的众多证据中，可以看出，过往17年加多宝公司经营“王老吉”凉茶的时候，其实行的就是单品牌策略。即便加多宝商标早就注册了，但加多宝公司之前一直没有使用。加多宝公司在生产“加多宝”凉茶之前，加多宝品牌几乎不为普通消费者所知。在经营王老吉品牌凉茶时，其对外所做的广告、宣传，均是以王老吉的名义做的。例如加多宝公司在汶川大地震期间，豪捐一个亿时，新闻上发布出来的信息大多是：王老吉捐款一亿元。

“怕上火，喝王老吉”，这一广告语源自于“王老吉”凉茶本身固有的功效和自古以来岭南百姓对“王老吉”凉茶的消费依赖和习惯，经过加多宝公司和绿盒王老吉经营者王老吉药业有限公司长期推广、宣传、使用后产生的无形资产也是附着在“王老吉”凉茶上的，无法剥离。

然而，在广药集团依法收回“王老吉”商标使用权及附着在该商标上的无形资产后，加多宝公司通过一系列诸如“改名”广告及贬低“王老吉”凉茶的对比广告，大肆转移、稀释“王老吉”商标、商誉。广告语“怕上火，喝王老吉”是广药集团与鸿道集团，在2000年至2010年“王老吉”商标许可期间，为宣传共同经营的“王老吉”凉茶而量身定制和使用的广告语，该广告语因长期使用而产生了具有识别功能的权益，与知名商品“王老吉”凉茶形成了稳定、持续和固定的联系。

2012 年 5 月 9 日鸿道集团被仲裁停止使用“王老吉”商标后，作为鸿道集团子公司的广东加多宝公司也相应地不再是“王老吉”凉茶的合法经营者，转而开始生产和销售“加多宝”凉茶。由于“加多宝”凉茶上市时间较短，从未使用过“怕上火，喝王老吉”的广告语，不可能享有该广告语的相关权益。而广药王老吉作为知名商品“王老吉”凉茶的经营者和驰名商标王老吉的所有者，在各大媒体上推广、宣传、使用“怕上火，就喝王老吉”的广告语至今，以保证该广告语对“王老吉”凉茶的指向性。

久而久之，人们把“王老吉”凉茶与消暑清热、降火联系在一起。逐渐发展成粤语常说的“惊上火，饮的王老吉啦”（粤语发音），后来在经营、推销“王老吉”凉茶产品的过程中，品牌策划公司又为“王老吉”凉茶量身定做了“怕上火，喝王老吉”这一能适应更广泛人群的广告语。经过长达 10 年不断地宣传、推广，该广告语已经是家喻户晓、人人皆知，“怕上火”与王老吉已形成了特定的联系。

2013 年 5 月，《消费者报道》曾选取 9 个品牌的凉茶产品送至广东省质量监督食品检验站检测。其中在表示凉茶解毒功效指标的总黄酮含量上，王老吉为 5.84mg/100ml，而加多宝仅为 3.36mg/100ml。若以国家标准《植物饮料》中对“草本饮料”的理化要求来看，加多宝的凉茶产品明显低于国标中“黄酮含量”的限定值 5mg/100ml。在降火功效上，王老吉更胜一筹。因此，从产品的使用价值上，“怕上火”更应该喝的是王老吉。

只要听到“怕上火，喝×××”这一广告语，消费者很自然地会联想到“王老吉”凉茶。加多宝用相同表达方式的广告语“怕上火，喝加多宝”，必然造成二者的混淆，消费者会误认为“加多宝”凉茶就是“王老吉”凉茶，或者与王老吉有某种特定的关联性。加之加多宝的“改名”宣传，以及沿用王老吉原来的红罐等一系列不正当竞争手段，更加使得消费者产生误认与混淆，对广药王老吉的知名商品特有名称“王老吉”商标造成了直接的损害。

因而，“怕上火，喝×××”的凉茶广告语与王老吉三个字已经形成了固定的、特有的联系，产生了特定的权益，加多宝使用“怕上火，喝加多宝”侵犯了王老吉的这一特定权益，构成不正当竞争。

图 16-4　加多宝公司发布的“怕上火，喝王老吉”广告

图片来源：[EB/OL].[2012-03-28]. http://ad119.cn/html/86/n-28286.html.

通过长期的宣传、推广和使用，“怕上火，喝王老吉”广告语已经产生了第二含义，即，“怕上火，喝×××”成为广告形式的未注册商标，起到识别不同于其他凉茶品牌标识的作用。就像某段音乐或某种特定的颜色等在经过长期、持续地推广、使用后能够区别产品的来源一样。

王老吉大健康公司于 2012 年 2 月成立，并与王老吉的商标权人和“王老吉”凉茶的经营者广药集团签订了许可协议，开始生产和销售“王老吉”凉茶，是“王老吉”凉茶的合法经营者，使用的广告语“怕上火就喝王老吉”无论是原始含义还是第二含义，均仍然指向“王老吉”凉茶。因此，“怕上火，喝×××”广告语的原始含义和第二含义都指向广药王老吉的“王老吉”凉茶而不是加多宝公司生产、销售的“加多宝凉茶”。广大消费者一听到这样形式的广告语，必然联想到“王老吉”凉茶。该广告语的宣传、推广所产生的无形价值早已与王老吉知名商品特有名称和商标形成了稳定、特有的联系和指向性。

“怕上火，喝王老吉”，这一广告语在长达十年持续不断地与“王老吉”凉茶、“王老吉”商标固定搭配的使用过程中，“怕上火，喝×××”已在消费者中形成了与原始含义不同，而与“王老吉”商标和“王老吉”凉茶产生密切联想的，指向“王老吉”凉茶的具有标识和识别意义的第二含义，即一提到“怕上火”，自然而然就会联想到“王老吉”凉茶。因此，实际上，“怕上火，喝×××”因其具有第二含义，符合商标的显著性特点，而成为类似未注册的第二含义商标，而且是一个非常著名的广告语式的未注册商标，是一个消费者识别“王老吉”凉茶与“加多宝”凉茶及其他凉茶品牌的重要特征。

在“怕上火，喝王老吉”广告语中，包含了“王老吉”商标，其原始含义是“如果害怕身体上火，就请喝王老吉凉茶”，其中“怕上火”原始含义属于直接描述凉茶产品降火、祛火和预防上火的功能性表述。功能性表述由于缺乏显著性，本不具备识别功能，而不具备显著性的广告语通常是不产生显著性的，在排除受著作权法保护的情况下，没有显著性的广告语在该案中一般情况下不可能受到反不正当竞争法的保护。也因此，不少人会质疑，“怕上火”三个字本不具有任何显著性，只是一种功能性的描述，且加多宝公司在使用时已经明确标注“怕上火，喝加多宝”或“怕上火，更多人喝加多宝”，其已经点明了喝的对象。为什么还会被判定构成不正当竞争呢？这不得不说，在知识产权法律体系中，《反不正当竞争法》作为一部兜底性的法律，其条文和司法解释条文数量远少于《专利法》《商标法》《著作权法》，明文规定构成不正当竞争的情形也十分有限。而现实生活中，不正当竞争的情形却往往是“非典型性”的，这就给律师、法官出了很大的难题。也因此，从事知识产权的法律人都清楚，反不正当竞争法领域的知识产权问题往往看起来简单，但实则复杂、艰深，因为可供引述的条文非常有限，要靠当事人、律师和法官结合案件证据、法理甚至立法本意，来认定和查证事实。

“怕上火”广告语纠纷案件中，要认定加多宝公司的广告宣传行为是否构成侵权，就要结合反不正当竞争法的立法本意和诚实信用原则来分析了。而且这种分析必须做到剥茧抽丝、条分缕析，方能使其说理力透纸背。“怕上火，喝王老吉”这句广告语是否构成侵权，是适用著作权法、商标法还是反不正当竞争法来判定？在该案中是一个基础性问题。在重庆案中，虽说加多宝公司在法庭上明确放弃著作权的主张，但在此也有必要分析这一广告语是否具备独创性，是否能够完整地表达作者的思想。“怕上火，喝王老吉”这一广告语，上面已经提到，是加多宝公司在岭南长期以来的“惊（怕）上火，就饮王老吉啦（粤语发音）”的基础上演化而来的，因此，该广告语不具备独创性，也不能仅从该广告语中完整地解读出作者的思想，无法适用著作权法来保护。那该广告语是否可以直接适用商标法来保护呢？我国商标法是以商标注册登记保护制为原则，一般而言，未经注册、登记的商标不受该法保护，除非该商标经长期使用已经达到了一定知名度。在该案中，该广告语一直以来都是以广告语的方式出现的，没有以商品名称的方式出现。但是其与“王老吉”商标长期结合在一起使用，是其渐渐地可以与“王老吉”商标产生对应关系，这与一般意义上的商标还是有一定区别的。商标通过音、形、意来识别商品来源，而该广告与从“音”上，或者从“呼叫”的角度看，并不能完全地替代商品名称，因为，大家选购凉茶时只会说“来一罐王老吉”，而不会说来一罐“怕上火”。该广告语会影响消费者的购买取向，但广告语在实际使用中不能脱离其所能对应的商标或品名而独存。所以在该案中只适用商标法来保护也是不完整的。

反不正当竞争法作为知识产权法律体系中的兜底法律，在该案中发挥了重要作用。例如，重庆“怕上火”广告语纠纷案中，法官用了大篇幅的文字来论述涉案纠纷应否纳入反不正当竞争法的保护范围。正因为该广告语经过长期、大范围与“王老吉”凉茶结合在一起使用，使其产生了第二含义，具备了显著性，因而产生了商业价值。反不正当竞争法在衡平这一商业价值归属时，有很深刻的理论和现实背景。作为一部维护公平、自由、平等、诚信竞争秩序的法律，反不正当竞争法在衡平法益归属时，必然要考虑法益归属于哪一方更有利于构建和维护公平、自由、平等、诚信的竞争秩序。上面已经很详细地分析和论述了，该广告语的显著性和指向性非常明显、明确，就是“王老吉”凉茶。因而，该法益归属于王老吉方最能体现反不正当竞争法的立法本意，也更有利于消费者选购和识别商品，不至于因法益归属不当而造成混淆和误认。在这一点上，反不正当竞争法与其他民商事法律具有很大的区别，其他民商事法律往往只调整和考虑民事法律关系相关方的利益，是典型的“私法”；而反不正当竞争法则将市场正当竞争秩序的构建和维护上升到了很高的地位，也因此，其具备相当的“公法”性质。

因此，如果加多宝公司使用“怕上火，喝×××”来宣传“加多宝”凉茶，势必会让消费者对二者的产品产生混淆、误认，或者认为二者之间存在某种特定的联系，这是一种间接混淆行为。换言之，加多宝公司若使用此类广告语，实属搭王老吉的“便车”，傍王老吉的“名气”。而这，则是典型的不正当竞争行为。

身处市场运作中的企业应该明白，企业间分割性的竞争不可能达到双赢的目的。业内人士也指出，“怕上火，喝加多宝”的信息，正在透支整个凉茶行业的发展资源。因为从消费者层面看，产品同质化的传播只会给消费者造成困扰，同质的功能诉求无法抢占消费认同，反而因增大基数分散了公众注意，造成营销资源的浪费，并使整个凉茶行业缺乏向上的创新力、丧失活力，使市场萎缩。相反，众多企业共同耕耘才能培育市场乃至激活市场。就如“可乐”这一品类而言，在可口可乐、百事可乐等品牌的共同作用下，通过不断地创新，“可乐”在软饮料市场中的份额逐年上升，成为最受欢迎的碳酸饮料产品。而这绝不是通过“复制”或“模仿”能实现的。

自由竞争的时代来临，作为极具中国传统意味的凉茶行业应通过差异化的布局，实现整个品类市场占有率的提升，应该彻底摒弃那些有悖法律法规和伦理道德的竞争手段和竞争行为，物尽其用，实现资源的优化配置，做强、做大整个凉茶行业。

加多宝公司“怕上火喝，加多宝”这一广告语，通过转移、淡化、稀释王老吉知名商品特有名称及商标的无形资产，而使加多宝公司获得了本不应当归属于其的竞争优势。短时期而言，从商业角度上看，加多宝公司貌似“获利”了，但其行为造成了消费者的误认和混淆，给其竞争对手王老吉公司造成了巨大的经济损失，更损害了饮料行业公平竞争的秩序，这必将为法律和商业道德所不容。

在广药集团依法收回“王老吉”商标使用权及附着在该商标上的无形资产后，加多宝公司通过一系列诸如“改名”广告、贬低“王老吉”凉茶的对比广告，大肆转移、稀释“王老吉”商标、商誉。加多宝公司最初的“改名”广告是赤裸裸的表达：王老吉就是加多宝，加多宝就是原来的王老吉这一含义；之后做的“中国每卖十罐凉茶，七罐加多宝”，“加多宝凉茶，全国销量遥遥领先”等广告，其目的是将原本属于王老吉的皇冠擅自戴到自己头上，借此更进一步攫取王老吉的无形资产。

加多宝公司铺天盖地做“怕上火，喝加多宝”广告，其目的在本质上与前述虚假宣传行为是一致的，都是要使消费者产生误认和混淆。原本没有加多宝所做的涉案广告语时，一提到“怕上火”公众很自然会想到“喝王老吉”，而随着涉案广告语的不断推广，已经使消费者在“怕上火”喝什么上产生了混淆，很多消费者受此影响，认为原来“怕上火”喝的王老吉就是现在的加多宝。

以上观点、事实和理由，基本可以在广东、重庆两地的三个判决中找到出处。三份沉甸甸的判决，凝结了法官的智慧和高超的审判经验、技巧，堪称经典！

三、说理透彻　令人信服

一份好的判决书，不但要做到事实清楚、判决结果正确，还要做到说理充分。主审法官如果能够结合理论知识和法律原则对案件的事实和理由进行升华的话，判决书就可以成为广为称颂的经典。该案中的重庆判决和广州中院一审判决都做到了。重庆一中院的判决一出来，就在知识产权界传开了，众口称赞。

重庆的一、二审判决，在论述反不正当竞争法保护法益时，追根溯源到反不正当竞争法立法的宗旨及其目的，深入浅出地论证了该案中原被告双方争议的焦点，并认为该案的广告语在长期使用过程中已经产生了具有明确指向性的商誉，应当纳入反不正当竞争法调整的范畴内。这一论述把该案的法律关系道破了，论证方法和过程也是之前其他同类判决所没有的。可以说是力透纸背。

同时，判决书在对涉案广告语第一、第二含义的解读中，也是条分缕析、严谨细密、丝丝相扣。在这个过程中还用到了法学理论中的交叉学科——法经济学原理，来论证为何涉案广告语的权益应当归属于王老吉："在原告（加多宝公司）不再使用'王老吉'商标后，王老吉公司作为'王老吉'商标的合法使用人，理应对为王老吉品牌量身定做并与王老吉品牌不可分割的涉案广告语享有合法利益。从另一个角度讲，该案中，加多宝公司不能再使用'王老吉'商标，无法再整体使用该广告语。如果该广告语由原告独占，则原告和王老吉公司都不能整体使用该广告语。如果让王老吉公司使用，则能最大限度地发挥该广告语的社会价值和经济效益。"这样的判决理由很有说服力。

同时，在论述涉案广告语蕴含的商誉是否能够与王老吉品牌相分离这一点上，重庆一中院的论述同样精彩：既然加多宝公司亦认可涉案的广告语已经产生了第二含义，具有识别性。那关键在于看其识别的对象是什么。这个逻辑看似简单，但实则体现了极深的法学哲理。

重庆一中院在判决中适用的是《反不正当竞争法》第2条，关于诚信原则的适用。一般而言，法院不大愿意甚至不大敢直接适用法律原则来判案。但在该案中，法官用了大幅笔墨来论证王老吉的使用方式、结果是否有违诚信原则。这种论述非常考验法官的理论功底和文字功底。但重庆一中院没有让大家失望：不论是判决书的行文文采，还是说理部分，均有很多亮点，非常耐读。

重庆一中院进一步表示，在知识产权领域中，设计者和使用者对其劳动成果应当享有权利是一般原则，但也有例外情形。在确定标识利益归属时，不仅应当考虑该标识的创作、设计和使用行为，还应当考虑设计该标识的目的和使用该标识的实际受益情况等相关因素进而进行综合评判。“就该案而言，尽管涉案广告语系加多宝公司创设并使用，但该广告语是为定位和推销‘王老吉’凉茶品牌产品量身定做并使用的，是推广和提升‘王老吉’品牌形象的重要手段。”法院表示，涉案广告语中，“怕上火，喝×××”是产品功能定位，“王老吉”是产品指向，二者共同构成了有机的整体。在加多宝公司不再使用“王老吉”商标后，王老吉公司作为“王老吉”商标的合法使用人，理应对为王老吉品牌量身定做并与王老吉品牌不可分割的涉案广告语享有合法利益。王老吉沿用涉案广告语的意图显然是继续维持或深化其原有的品牌形象，并无搭便车、损人利己或者巧取豪夺之主观恶意，因而不具有不正当性。据此判定王老吉使用“怕上火，喝王老吉”不构成侵权。

重庆高院虽对于一审的判决的结果予以维持，但对于一审法院对于“怕上火，喝×××”这一广告句式具有第二含义，并与“王老吉”之间形成了稳定的对应和识别关系，进行了否定，认为只要在“喝”后面加上其他的商品名称就不会与“王老吉”凉茶构成混淆和误认。这一认定显然是错误的，二审法院在做这一认定时忽略了王老吉与加多宝之间曾经是商标许可与被许可的关系，没有考虑到“怕上火，喝×××”长期、稳定地与“王老吉”商标结合使用，已经使之客观上与王老吉之间形成了稳定的、唯一的对应关系。一句成功的广告语，可以让人们很容易记住及很容易将之与该广告推销的产品进行联系。在该案中，原被告双方及两审法院均认可“怕上火，喝王老吉”是一句很成功的广告语，甚至可以说是加多宝公司经营“王老吉”凉茶成功的重要因素。其成功之处就在于让消费者在听到“怕上火”就联想到“喝王老吉”。就像一听到“好空调”，后面很自然就联想到“格力造”一样。“怕上火”与“好空调”一样，均是日常用语，其本身并没有显著性，但当其长期与一个极具显著性的品牌结合在一起使用后，本不具有显著性的词语、话语便与品牌连接在一起了。使之具有反不正当竞争法意义上的商业价值，从而成为反不正当竞争法保护的权益。如果这样的广告句式不能被反不正当竞争法所保护的话，势必会极大地打击企业创设广告语来推销自己的产品，因为费心构思并且斥巨资宣传、推广，进而具有较高知名度的广告语，到头来其他竞争主体可以肆无忌惮地直接套用到其广告上。这显然完全违背了反不正当竞争法的立法宗旨和立法本意。

广州中院的判决同样精彩：其总结、归纳涉案证据时对整个案件中涉及的证据梳理得井井有条，说理部分与重庆一中院的判决有异曲同工之妙，难分伯仲，不再赘述。重点说一下广州中院的判决在判赔额上的考量因素，这很值得其他案件借鉴。

广州中院认为，正因为加多宝公司使用上述句式的广告语，会给“王老吉”商标的商誉造成极大的损害，这种损害既有经济上的，也有无形资产上的。因此，法院判决加多宝公司承担相应赔偿损失的判项是正确的，也是必需的，唯其如此，才能最低限度地弥补王老吉公司的损失。而且，也是有充分的证据和理由予以支持。具体如下：

“加多宝”凉茶问世后，在全国各地铺天盖地地使用“怕上火”广告语，给王老吉造成了巨大经济损失。为了应对上述不正当竞争行为，王老吉不得不加倍投入广告宣传费，以抵消对方的不诚信宣传给自身带来的消极影响，这是维权的一部分，可以视为维权成本的组成部分。

加多宝公司作为一个长期经营过“王老吉”凉茶的主体，其明知使用含“怕上火，喝×××”这一直接指向“王老吉”凉茶的广告语会使消费者产生误认和混淆，及对“王老吉”商标、商誉造成损害，而执意长期、持续、广泛使用在其产品包装、广告宣传上。同时，加多宝公司将该案诉争的不正当竞争手段，与明目张胆的“改名”广告，“中国每卖十罐凉茶，七罐加多宝”等虚假宣传广告和抢夺“王老吉”凉茶知名商品特有的红罐装潢权的方式相结合，大肆非法转移、稀释原本附着于“王老吉”商标、知名商品特有名称的无形资产，给王老吉带来了巨大的商誉和经济损失，造成了消费者的误认和混淆，在商场、酒店等凉茶销售终端，消费者要购买“王老吉”凉茶时，售货员通常售给消费者的是“加多宝”凉茶，并表示“加多宝”凉茶就是原来的“王老吉”凉茶。给广药王老吉的产品销量和市场占有率造成了极大的负面影响。

基于以上理由，广州中院判决加多宝公司赔偿王老吉经济损失 500 万元，该判赔额综合考虑了如下因素：

（1）王老吉品牌价值巨大，达1 080亿元。对于这一点，可以试举生活中的常识进行说明。例如，一辆面包车追尾了一辆价值仅十万元的普通轿车，这给被撞一方造成的损失相对较小，追尾者承担的赔偿责任也较小。但如果撞的是一辆劳斯莱斯呢？哪怕只是撞破了后保险杠，劳斯莱斯的维修费也将是天价，卖掉五辆面包车都不一定能弥补该损失。同理，加多宝公司损害的是一个价值高达1 080亿元人民币的商标，远不是 500 万元的赔偿额可以填平的。

（2）加多宝公司在全国各地铺天盖地地发布涉案广告语，给王老吉造成了巨大经济损失。为了应对上述不正当竞争行为，广药王老吉不得不加倍额外投入广告宣传费，极大提高了经营成本。加多宝公司的不诚信宣传行为将导致消费者产生混淆、误认和困惑，“怕上火”到底该喝谁？王老吉方迫于无奈只能加倍地通过各种媒介宣传“怕上火，就喝王老吉”，在原广告语“怕上火，喝王老吉”的“喝”字前加一个“就”字，这无形中增加了王老吉的经营成本。

（3）加多宝公司因广药王老吉使用“怕上火，喝王老吉”而向重庆一中院提起不正当竞争诉讼，索赔1 000万元，这证明其本身认可涉案广告语的价值至少在1 000万元。在这一点上，法院的论证逻辑很精妙，创造性地将加多宝公司在重庆法院基于类同广告语起诉王老吉的索赔额，作为该案的重要参考因素之一。换言之，既然加多宝公司认为，如果王老吉使用“怕上火，喝王老吉”，给其带来的损失至少1 000万元；那反过来，当王老吉基于类同广告语起诉加多宝公司提出的500万元索赔额已经远低于加多宝公司在重庆案中的索赔额。举轻以明重，法官在该案中可以直接全额支持王老吉的索赔金额。

（4）广药王老吉为了维权支出了相应的律师费、公证费、差旅费等。这属于权利人为了维权所必需支出的合理费用，而且均有相应的票据予以证明。按照法律规定这些费用是应当支持的。

在法治国家中，诉讼是纠纷解决的最终方式，是维护公平正义的最后一道防线。一般而言，判决是对纠纷的最终法律评价，它决定了双方当事人对该判决解决的纠纷是否“心服口服”。因为，除特殊情况外，一般的案件都是公开审理的，而且判决按照法律规定也是应该公开的。所以，案件的判决结果也会对社会产生影响。特别是一些具有重大影响的案件，社会关注度高，这类案件的判决往往为舆论所瞩目，这对于案件的审判人员来说是一种荣誉，但同时社会舆论也将对判决书的专业、合理与否，行使“舆论审判权”。这也体现了社会对审判活动的事后监督，当然，这里所指的监督不是法律意义上的，法律意义上的监督权归属于检察院、人大等国家机关。

一般而言，公众对判决书中所折射出来的现象和说理部分会更感兴趣。

“怕上火”案件判决书一定程度上使公众中对加多宝公司所秉持的“种瓜得瓜，种豆得豆”观点产生了质疑，同时也使公众认识到商誉归属的基本原则和规律。该判决书一经公开，在不少法学院的课堂上，用其来讲解反不正当竞争法里面涉及的理论问题，老师和学生的讨论极为热烈。三地法院的判决对于涉案的法律问题论述得都十分透彻，语言生动，具有很强的可读性。

据笔者了解，在不少知识产权沙龙或研讨会上，不少与会嘉宾在引述怕上火广告语案判决书时，均毫不掩饰地表达出对该判决书在事实认定、法理分析和法律适用等方面出色表现的赞叹。

再严谨的合同，都比不上一个诚实守信的合同相对人。同理，再好、再经典的判决书，都比不上市场主体自身的自律和诚实守信。

对于消费者来说，怕上火，喝王老吉；对于企业来说，怕上火，请遵纪守法。企业的经营行为及其内部管理犹如一个有机的整体，如果运行顺畅，可以产生较好的经济效益。但如果经营行为出现偏差，“上火”了的话，最好的“良药”是守法、守约和理性。

第十七章

CHAPTER

两强之争 殃及无辜

17

这是一个只猜中了开头，却没能猜中结尾的故事。时隔多年，人们也许总能想起当年那个能买到各种品牌凉茶的遥远夏季。

2012 年，随着广药集团和加多宝之间“战争”的全面爆发，已经忍受“王老吉”凉茶一家独大多年的小凉茶品牌原以为看到了弯道超车的希望，但出乎所有人预料的是，“王老吉 PK 加多宝，和其正似乎消失了”。

在凉茶界，虽然老三差点消失，但老四、老五、老六们也没能等来自己预想中的春天，反而是王老吉和加多宝无间断地“攻城略地”，双方销量节节攀升。

一、坐观虎斗　盼收渔利

那时，“怕上火，喝王老吉”刚刚走出广东，鸿道集团经营的“王老吉”凉茶将喝凉茶的生活习惯推广到了全国各地。伴随着这股凉茶大风，“喝了不上火”的和其正、“好喝不上火”的上清饮、“淡爽不上火”的万吉乐、“怕上火就喝潘高寿”……全国货架上悄然多了一支凉茶大军。

“怕上火”几乎成了一句凉茶界的通关咒语，每一支企图征战全国的凉茶品牌都要以不同的表达方式念上一遍。事实上，虽然跟随者、模仿者都希望共享行业成功的盛宴，但成功者寥寥，“怕上火”反而成了王老吉的关联词，一提到“怕上火”，人们必然首先会联想到王老吉。尤其是在南方一些地区的宴席上，“茅台酒、中华烟、王老吉”已经成为不可缺少的几小件。打麻将、吃火锅、看球赛时喝上一罐王老吉更是成为一种时尚。

故事在2010年发生了转折，原本在凉茶行业靠成功经营王老吉而名声大噪的鸿道集团，因为一桩受贿案的东窗事发，陷入了与广药集团的品牌商誉之争。

1. 合同贿签　显失公平

2010年5月1日是广药集团与鸿道集团关系发生转变的重要分界点。对于广药集团来说，这一天是鸿道集团租赁王老吉品牌的最后一天。但是在鸿道集团的眼里，这一天却是其租赁王老吉品牌又一个崭新十年的开始。

之所以出现这样完全相反的认识，与一份补充合同的签订有着密不可分的联系。2000年，广药集团同意与鸿道集团重新核签合同。新的《商标许可协议》将红罐“王老吉”商标的租借时间从2000年5月2日延伸到2010年5月1日，租期十年。但是鸿道集团与广药集团签订合作协议仅仅两年之后，时任广药集团副董事长、总经理李某又与鸿道集团签订了一份新的合同《王老吉商标许可补充协议》。通过该份协议，鸿道集团又拿到了红罐“王老吉”商标2010年5月2日至2020年5月1日的使用权。

这份补充协议的诡异之处在于，按照商标法规定，注册商标的有效期为十年，注册商标有效期满，需要继续使用的，商标注册人应当按照规定办理续展手续，这样才能继续拥有该注册商标。而该份补充协议却提前将尚未续展的注册商标的使用权都租赁出去了。

另外，在该份补充协议中双方约定的商标许可使用费也不合常理。协议约定，2010年5月到2013年5月每年的商标许可使用费是506.14万元，2013年5月到2017年5月每年的商标许可使用费是521.33万元，2017年5月到2020年5月每年的商标许可使用费是537万元。在王老吉市场销售业绩不断攀升的背景下，按道理来说，这个价格增长确实低得出奇，且签订补充协议前也没有经过任何的评估、测算。

2005 年，广药集团副董事长、总经理李某因贪污受贿被判刑，在其判决书中，人们找到了这份蹊跷补充协议背后的真正原因。原来，李某在澳大利亚的女儿出了意外重伤住院，鸿道集团的董事长陈鸿道知道后，便给李某送去了 300 万港币，说是给李某女儿的治疗费，但最终检察机关在李某的香港理财账户里发现了这笔意外之财。

诡异的补充协议正是李某在收受了部分受贿款之后与鸿道集团签订的。

2. 华山论剑　唯一通路

眼看着鸿道集团租赁王老吉品牌的有效日子即将到期，广药集团初步计划了三种选择方案：（1）双方继续合作，不过双方需要重新商议商标许可使用费；（2）双方结束合作关系，广药集团自己来经营王老吉；（3）如果双方针对租赁期限的分歧不能达成一致，只能通过法律途径来解决。

作为国企的广药集团，当时最希望的是鸿道集团能够正视、解决补充协议中存在的违法违规问题，然后双方重新协商出一个新的合作方案，继续合作。但是事与愿违，鸿道集团对于广药集团的谈判表现得毫无兴趣。经过多方努力无果的情况下，广药集团只剩下唯一选择——打官司。

令人心寒的是，官司还没打，昔日的合作伙伴鸿道加多宝就已经提前进行了布局，开始了“去王老吉化”。细心的消费者发现，被广药集团起诉之后，加多宝在最新广告片中，一样的大红色，不一样的是广告语。“怕上火，喝正宗凉茶。正宗凉茶加多宝出品。”红色罐体上王老吉字样已经被“加多宝”取代。

在后来双方的较量中，人们才渐渐领悟到鸿道集团当初对续约表现得毫无兴趣的真实意图，其实打官司正中了鸿道集团的下怀，成了加多宝营销的手段之一。也就是说，官司炒得越火，对加多宝越有利，它正好可以借此用极低的成本，将王老吉的知名度二次转嫁到加多宝身上，让广大消费者产生王老吉确已改名加多宝的错误认识，以此用加多宝替换王老吉在消费者心中的位置。加多宝看准了停产王老吉后市场的真空期，即广药集团短期内生产不出“王老吉”凉茶。就连加多宝已生产的王老吉库存凉茶，加多宝也给它加上一层外套，用加多宝的外膜，将原来带有王老吉的罐体包装起来，不让消费者在市场上见到王老吉，让消费者真的以为王老吉改名加多宝了，真可谓“用心良苦”。

被迫走上维权之路的广药集团，也开始为捍卫自己的权益做一些准备。其中一个具有标志性意义的事件，就是对王老吉品牌进行估值。

按照商务部有关规定：凡是中华老字号，在品牌转型的过程中，一定要经过评估。早在 2007 年，王老吉就已经获得了“中华老字号”称号。按照广药集团的设想，王老吉的价格肯定不会低于百亿。

完全出乎大家意料的是，北京名牌资产评估公司最终确定：王老吉品牌价值为1 080.15亿元，超过了海尔之前创下的 855 亿元的评估价值，成为名副其实的中国第一品牌。

评估结果立刻遭到了加多宝公司的不满，加多宝公司立即发布公告称：“红罐王老吉为鸿道集团旗下的加多宝企业生产和销售，广药集团与加多宝企业之间无任何隶属关系。广药集团新闻发布会所使用的红罐王老吉图片、数据、广告语均未征求加多宝集团授权，对此公司表示遗憾”。

一直对广药集团避而不见的鸿道集团终于出现了，广药集团此时还没有放弃继续合作的打算，再一次向其抛出橄榄枝，希望能与之重新回到谈判桌上。毕竟，广药集团的本意并不是真的想收回“王老吉”商标，而是希望对方能够正视协议中存在的违法、违规问题，商议出一个双方都能接受、合理的商标许可使用费。

这一次对方接住了橄榄枝，邀请广药集团前往北京商议合作事宜，但是令人万万没想到的是，在广药集团代表去了北京之后，对方却再次避而不见。眼看着对手毫无谈判的诚意，广药集团最终放弃了双方和谈的幻想，这也意味着加多宝亲手葬送了双方和谈的最后一线希望。

2011 年 4 月 26 日，广药集团在北京正式向中国国际经济贸易仲裁委员会提起仲裁申请，这标志着中国品牌第一战正式打响了。

就是否打官司的问题，广药集团曾请示了上级主管部门的意见，广州市国资委明确指示："必须要打，而且要打赢，不允许无形资产流失，必须依法依规，必须要追回损失，维护应有的权利"。❶ 这也意味着，这场官司，广药集团只能赢、不能输。

广药集团当时也咨询了不少律师，律师们给出的意见主要分为两种：一种意见是，可以打，也有赢的机会，但是却需要天价的律师费；另一种意见是，官司打归打，但是不一定能有结果。

一边是上级主管部门下发的军令状，另一边是巨额的律师费。怎样才能保证既把官司打赢，同时又尽可能地减少费用呢？广药集团想到了请求广州市司法局帮忙。面对广药集团的请求，广州市司法局伸出了援手，提出可以推荐两个公职律师免费为广药集团出面打官司。

至此，双方再回谈判桌谈判的路被彻底抛弃了，从此只能华山一条路，不顾一切地向前进。这也意味着，一场旷日持久的马拉松式诉讼之路就此开启。

3. 渔翁观斗　未得渔利

消息传开，凉茶行业的其他品牌突然看到了一线希望，正所谓"鹬蚌相争，渔翁得利"。趁着这两个凉茶巨头打得不可开交之时，其他凉茶品牌们纷纷蠢蠢欲动，使出浑身解数，想要重新洗牌市场。正如前两年，正值雷士照明内部两派争斗不可开交之时，其他照明企业则有人发出了"趁雷士病，要雷士命"的幸灾乐祸的声音，也无非是想从中获利。

一个普遍的预测是到 2013 年，整个凉茶行业的竞争将达到白热化。特别是当时市场份额排名第二的和其正，眼看加多宝公司痛失王老吉品牌，广药

❶ 杨洪．中国红：中国第一品牌攻防争夺战内幕［M］．广州：广东南方日报出版社，2014.

集团在凉茶领域又显得稚嫩，正是其发力获得更大市场份额的契机。大部分人都认为，三大凉茶巨头在全国市场将会拼个你死我活，最终王老吉、加多宝、和其正在整个凉茶市场将形成三足鼎立之势。

与此同时，借整个凉茶市场重新洗牌之际，黄振龙凉茶、邓老凉茶等区域品牌的排位大战也随之打响。

一向低调的邓老凉茶在2013年开始发力，邓老凉茶副总经理张梦影曾对媒体表示："整个社会的饮料消费不可能在短时间迅速扩大，对于饮料来说，只要产品质量安全过硬、没有问题，打的就是营销投入，谁的投入更大更高效，谁就可以占领市场"。[1] 2012年邓老凉茶的整体销售规模是3个亿（按出厂价算），借助冠名中国探月工程征名活动以及与天猫、淘宝等电商巨头的合作，邓老凉茶当年较去年销售额实现翻番。

2012年5月，广东新南方集团总裁助理严培义在邓老现代凉茶上市新闻发布会上明确指出，"现在正是凉茶行业洗牌的时候，凉茶换代、升级的时刻来临。今年是凉茶业的一个关键年，王老吉一家独大的情况将不是行业常态，仲裁结果的出现，将促使行业重新洗牌。"

邓老凉茶更是抛出"现代凉茶"的概念来冲击第一军团的王老吉和加多宝。为力推现代概念的高端凉茶，邓老凉茶选择了换装，凉茶新包装以白色为主，配以清新的草本植物装饰。邓老凉茶方面表示，此项革新是旨在改变旧包装传统厚重的形象，与市面目前在售的其他凉茶外包装有明显区隔。

这些观点背后支撑的逻辑是，广药集团和加多宝的分手，是一个双输的事情。因为，加多宝不得不从头再来，而广药集团还略显稚嫩，加多宝有渠道却失去了品牌，广药集团有品牌却需要新建渠道。这正好是一个空档期，给了其他品牌一个赶超与翻身的机会，但有时事情并非一定按常规发展，王老吉和加多宝不但没给其他品牌机会，反而让其他品牌的路越来越窄，王老

---

[1] 时评：加多宝王老吉凉茶激战伤了谁［EB/OL］.（2014-05-07）. http://finance.sina.com.cn/review/jcgc/20140507/071019024341.shtml.

吉加多宝分手之后，双方各抢占了200多亿元的凉茶市场，瓜分了近90%的市场份额，让其他凉茶品牌几乎陷入了绝境。

二、难分伯仲　愈战愈强

官司打响之后，仲裁委员会也经历了和广药集团相同的遭遇——找不到鸿道集团的真正所在地。鸿道集团和仲裁委员会玩起了“躲猫猫”的游戏，鸿道集团变更了公司地址，却未对外公布。

直到仲裁前一天的8月30日，鸿道集团在最后时间突然出现，委托代理人向仲裁委员会提交了申请，称没有收到有关该仲裁案件的任何通知和相关材料，要求延期开庭。

接下来，鸿道集团又多次以各种理由延期开庭时间，最后在拖了近半年之后，中国国际经济贸易仲裁委员会决定将于2011年12月29日在北京开庭审理此案。

1. 庭上交锋　各抒己见

庭审中，双方争议的焦点，主要在四个方面：行贿所签合同是否有效，续约合同是否合理，续约合同是否会造成国家重大利益损失，该案是否超过了诉讼时效。

广药集团出具了2005年7月1日广州中院关于原总经理李某的判决书、2005年9月26日广东高院的终审判决书，证明补充协议的签订是行贿受贿后的结果。判决书显示，李某在签订补充协议的过程中，前后三次收受了鸿道集团董事长陈鸿道的贿赂共计300万港币。

鸿道集团提出，广东高院终审判决书上记述，“收受贿赂的行为绝大部分发生在其女儿意外受伤后，与其辩称的为女儿治病的动机一致，其没有因为接受他人贿赂而直接给国家和企业造成重大经济损失。”这也就是说，鸿道集团认为李某的受贿行为，动机在于为女儿治病，与补充协议的签订无关。

为了反驳鸿道加多宝的说法，广药集团拿出了当时李某的审讯笔录作为佐证。李某在被审讯过程中承认，陈鸿道之所以给他 300 万港币，是为了感谢其给予陈鸿道工作上的支持。所谓的支持就是指让鸿道集团继续低价使用“王老吉”商标。另外，这 300 万港币也未如鸿道集团所述用于给李某女儿治病，而是用于李某投资理财。

陈鸿道因行贿被广州市人民检察院立案侦查，其在被审讯过程中也表示，为了延长红罐王老吉的商标使用期，私下给了李某 300 万港币。但是自 2005 年 10 月 19 日被取保候审后，陈鸿道弃保潜逃，至今仍未归案。

另外，受贿时间与补充协议签订的时间，也是高度吻合的。第一次是在 2001 年 8 月，第二次是在 2002 年 8 月，第三次是在 2003 年 6 月，每次 100 万港币。而补充协议的签订，一次是在 2002 年 11 月，一次是 2003 年 6 月。

第二轮交锋，焦点问题是：十年的续约合同是否合理？加多宝表示，即使行贿受贿成立，那也不能说明这份合同本身存在问题。广药集团举证表示，2000 年签订合约时，双方都为谈判做了充分的准备：成立专门的谈判组，对商标、市场情况有过详细的评估、论证。但是 2002 年签订的补充协议，却没有任何测算与谈判。

关于补充协议是否造成了国有资产流失问题。鸿道集团提出，王老吉品牌有今天的成就，鸿道集团功不可没。广药集团表示，王老吉品牌本身是租赁给加多宝的，且王老吉品牌在发展过程中，加多宝也获得了相应的经济利益，而陈鸿道采用非法手段获取续约合同，规避了本应增加的商标使用费，本身就是对国家利益的损害。

关于诉讼期的问题，鸿道集团认为，从补充协议签订时起长达八年的时间里，广药集团并未提出过异议。因此早已经过了两年的诉讼时效。而广药集团表示恶意串通损害国家利益的合同不受法律保护，自始无效。

仲裁庭并未当庭宣判，结果将通过书面形式作出正式裁决。

2. 市场交战　短兵相接

2012 年 5 月 11 日，广药集团收到了中国国际经济贸易仲裁委员会的裁决书。裁决：①《王老吉商标许可补充协议》和《关于王老吉商标使用许可合同的补充协议》无效。②被申请人停止使用“王老吉”商标。③本裁决为终局裁决，自作出之日起生效。[1]

其实，在此之前，加多宝就对上述仲裁案件的结果做了最坏的打算。从2012年的二三月起，加多宝就已经在部分城市启动了“换装行动”，即一侧印有“加多宝”字样，一侧依旧留有王老吉标志的双面装。

等到5月仲裁结果出来的时候，仅仅印有“加多宝”字样的新装加多宝正式在全国上市，迅速地做到了在全国超市、大小卖场、餐饮等场所的全面覆盖，真可谓是不留痕迹地完美切换。加多宝经营“王老吉”凉茶多年，早已形成一套成熟的生产加工体系，从原料种植、加工生产、物流运输到最后的终端销售全部由自己公司独立完成。

同时，加多宝为了强化“王老吉改名”在消费者心中的印象，给自己切换品牌争取更多的时间，鸿道集团向北京市第一中级人民法院提起诉讼，要求撤销中国国际经济贸易仲裁委员会的裁决。

广药集团虽然赢了官司，收回了“王老吉”商标使用权，但此时，除了拥有“王老吉”商标外“一无所有”，完全处于重新开始的起步阶段。哪怕是在提出商标仲裁之前，广药集团都还一直试图努力与鸿道集团继续谈合作，完全是在合作无望的情况下，才开始着手准备自己来经营“王老吉”凉茶。

鲜为人知的是，这个过程是异常艰难的。新生的王老吉大健康产业有限公司，不仅需要面对生产供货的压力，还需要应对加多宝从原料生产到最后销售渠道的每一个环节的全方位阻击。

为了保证市面上的王老吉品牌凉茶不会出现断货、缺货现象，广药集团迅速作出了先通过代加工的形式进行生产，以保证最快速度进入市场。与统一、银鹭、惠尔康等大型食品生产企业签订生产供应协议，保证红罐王老吉的产量，在稳定前期生产后自己再开始筹备建厂。

[1] 中国国际经济贸易仲裁委员会裁决书【2012】中国贸仲京裁字第0240号。

事实证明了广药集团重新出发之后的极高效率，商标仲裁结果出来后的第二个月，也就是2012年的6月底，新装红罐王老吉就正式上架，并在全国80%的省份地区开始铺货，在7月底之前实现了全国范围内铺货。

在销售终端方面，王老吉和加多宝更是短兵相接，战况一度白热化到直接上演全武行。在超市的终端货架前，不断有加多宝的导购员提醒消费者凉茶改名的行为，讲述加多宝的“可怜”故事。王老吉也紧随其后，在货架前与加多宝直接争夺消费者，甚至两家员工直接面对面地“拼刺刀”，爆发了多起肢体冲突。

最终的销售数据显示，无论是王老吉还是加多宝，两品牌的凉茶销量一直都在逐月攀升。

3. 舆论开战　唇枪舌剑

双方在法庭、市场之外，还开辟了一个重要的第三战场——舆论战场。

在此之前，鸿道加多宝在央视进行了八年的广告轰炸，特别是2008年以来，加多宝因多次成功的慈善营销，确已将王老吉品牌的知名度、美誉度和满意度推向了巅峰。

官司失败之后，鸿道加多宝大打“同情牌”，无论是2013年两会期间散发的万言书，还是轰动一时的“对不起”系列广告，加多宝一直在给消费者塑造自己的弱者形象，从而博取同情。

与此同时，鸿道加多宝在扩大影响力方面也是不惜一掷千金，投入了巨额广告费用以推广加多宝品牌。从2012年换装后，加多宝就独家冠名了各大卫视的当红影视作品及综艺节目，如浙江卫视连续三季的“中国好声音”、湖南卫视的“向上吧，少年”、云南卫视的“士兵突击”等。

面对加多宝的举措，王老吉也在积极应对。例如，最令人印象深刻的是，针对加多宝的“对不起”系列广告，回应出“没关系”系列广告。

2013年1月31日，广州中院判决，加多宝等立即停止使用“王老吉改名为加多宝”，“全国销量领先的红罐凉茶改名为加多宝”或与之意思相同、相近似的广告语进行广告宣传的行为。

为了化解这场官司带来的影响，2 月 4 日，加多宝在其官方微博上一连发了四条主题为“对不起”的微博，并配以幼儿哭泣的图片：

“对不起，是我们太笨，用了 17 年的时间才把中国的凉茶做成唯一可以比肩可口可乐的品牌。”

“对不起，是我们太自私，连续 6 年全国销量领先，没有帮助竞争队友修建工厂、完善渠道、快速成长。”

“对不起，是我们无能，卖凉茶可以，打官司不行。”

“对不起，是我们出身草根，彻彻底底是民企的基因。”

图 17-1　对不起与没关系广告

图片来源：王老吉、加多宝官方微博。

幼儿豆大的泪珠子，泣语连连“对不起”，加多宝用自嘲直达消费者内心，将危机演变为一场网络事件，迅速带火了“对不起体”，网友在微博上展开了自造“对不起体”的娱乐行动，一时间成为微博搜索榜的第一名。

当大家还在为加多宝的创意啧啧称赞时，一则“没关系”的回应，同样出现在热搜榜。

“没关系，是我们太囧，费了17年的时间才懂得祖宗留下中国的凉茶需要自己细心经营。”

“没关系，是我们太大度，连续10几年让你们放手去做，没有介入日常经营，渠道建设，在背后默默付出。”

“没关系，是我们要赢，凉茶要卖好，官司也不能输。”

“没关系，是我们出身优越，但不改一颗自立的决心。”

虽然王老吉并没有承认系其作出的回应，但这一来一回的卖萌广告，一下火成了在微博刷屏的热点事件，两个品牌都在此次传播事件中声名大噪。

在这场“战争”中，无论是电视上的冠名战、网络上的广告战，还是在新闻里的舆论战，双方都赚足了眼球，大大提高了自身品牌的知名度。

三、小品凉茶　偃旗息鼓

法律战、公关战、营销战以及线下真人上演全武行，基本囊括了一部典型商战片所包含的全部要素。两家凉茶品牌一路高歌，然而，其他凉茶品牌却都活在其战争阴影之下。

王老吉和加多宝撕杀了两年后，两家市场越做越大，其他凉茶品牌要么彻底消失，要么如和其正一般，还是有得卖，就是在市场上见到的越来越少。这其中蕴含了营销行业一个极其重要的规则：二元法则。

1. 强强相争　二元法则

当百事可乐与可口可乐开战的时候，汾煌可乐、非常可乐就销声匿迹了。当康师傅与统一进行方便面肉搏时，受伤最重的是白象、今麦郎等二线品牌。当淘宝、京东等不断约战的时候，电商们赢了，但实体商业却惨了。当加多宝把王老吉当作对手死掐的时候，和其正沦落成了老三，且销售大打折扣，❶这就是奇怪的老三怪圈。

其实，这一规则是“两强相争法则”的延伸，或者说是必然结果。“两强相争法则”也叫“二元法则”，是两位著名营销大师阿尔·里斯和杰克·特劳特提出的定位理论中的一条。1993 年，特劳特与里斯历经 20 多年实践，将定位理论归纳为 22 条可供操作的简明法则，被誉为规划品牌战略的“力学原理”。

这 22 条法则揭示了一个规律：从长远看，任何市场都终将变为两匹马的竞争。最初，某种新类型产品在市场中的地位如同一个多级的梯子，逐渐地，这个梯子就变成了只有两级的梯子。

在一个成熟的市场上，最终会成为两匹马的竞争。通常，一个是领头羊，另一个则是后起之秀，二者相互对立，共同发展。长远来说，如果你的品牌无法在同一品类中做到数一数二，就必须重新考虑战略布局。例如，在滴滴与快的奋力抢占市场之际，优步的强势进入，促使了滴滴与快的的合并与之抗衡；京东与阿里为了争夺电商市场的老大，各自都在不断地并购小品牌，寻找制胜的关键。

身处信息时代的人们，启动了两项功能以保护自己：一是排斥信息，二是自动将信息简化归类。消费者不再去辨认哪个品牌的形象是怎样的，而是把产品分成类别储存起来，消费者的大脑就像一块吸满水的海绵一样，只有挤掉原有的部分信息，才能吸纳新的信息。因此，品牌定位就是借助持续、简单的信息在顾客心智中立足，占据一个位置，取得最佳效果。❷

这一原理就是著名的“心智阶梯”原理，这种排列阶梯存在于我们的潜意识里，每个人对每一品类产品都隐含着一个这样的阶梯。它在潜意识中为你圈定了购物的地图，指引、规范着你的购买行为。

---

❶ 杨江涛．尴尬的老三［J］．销售与市场：渠道版，2013（7）．

❷ 姜虹，陈雪冰，王学思．媒介品牌的市场定位分析［J］．企业家天地（下）：理论版，2008（3）：231-232.

比方说你要买可乐，在你的潜意识中就会出现一个可乐类别的品牌清单，你可能在单子上列出了可口可乐、百事可乐、非常可乐、崂山可乐等，它们按照自上而下的顺序排列，这个顺序也决定了你选择购买的顺序。

王老吉和加多宝在竞争过程中，各自不断地强化自家凉茶品牌在消费者脑海中的印象，与此同时，弱化了其他品牌在消费者脑中的印象。因此，王老吉和加多宝，这凉茶双雄的相斗，首先被挤压的是其他凉茶品牌。另外，他们铺天盖地的宣传，也强化了凉茶作为一种饮料在人们购买饮料排列阶梯的名次。这也是为什么可口可乐、百事可乐等快消品虽然已经到达了“人人皆知”的程度，但是他们依旧不遗余力地进行广告宣传的原因所在。

因此，王老吉和加多宝的大战，不仅对凉茶市场是一次冲击，给整个饮料市场的其他饮料品类也带来了一定程度上的打压。

2. 市场瓜分　难容老三

加多宝与王老吉“互掐”之时，被认为最悲情的品牌就是从老二莫名沦落到老三的和其正。原来是王老吉第一，和其正第二，那时的和其正正在布局如何借王老吉、加多宝大战的契机争夺老大的位子，而现在则沦为一个追随者。按照“二元法则”，留给和其正的机会，已经不多了。

2006 年，这个由福建达利集团推出的凉茶品牌，为了避免与当时由加多宝经营的红罐“王老吉”凉茶直接竞争，另辟蹊径，一开始就着力做瓶装，但随着加多宝及王老吉对瓶装凉茶的加大投入，和其正将不可避免地被卷进这场凉茶营销大战之中。

2015 年，达利食品披露的招股说明书准确地展现了和其正的“躺枪”情况。招股书显示，凉茶在达利食品的收入中所占比例也从 2012 年时的 18.9% 下滑至 2015 年上半年的 17%。[1]

[1] 和其正凉茶：2015 年上半年收入为 14.48 亿［EB/OL］.（2015-11-10）. http://www.askci.com/news/chanye/2015/11/10/144211nx2f.shtml.

图 17-2　两强相争　殃及无辜

和其正在王老吉和加多宝的争斗中，市场份额在逐渐缩小，甚至一些新兴的凉茶品牌则直接消失了。

2010 年 4 月，霸王集团意图在火热的凉茶市场分得一杯羹，顺势推出霸王凉茶，并于同年 6 月在市面上销售，希望以此为契机打造大健康产业。作为中草药洗发水的著名商标，霸王在讲述中草药故事方面占据优势。为了推广霸王凉茶，霸王再一次亮出了自己“中药世家”的招牌。

据霸王官方介绍，根据《罗定史志》记载以及罗定市地方志办公室对罗定当地历史文献和对陈氏家族族谱的考证，霸王集团创始人陈启源是陈朝开国皇帝陈武帝霸先的后人，其家族祖辈历代行医者众，他们谙熟各种中草药知识，对中草药的治病和养生有着独到的见解，其族人的中医药术名闻四方，陈氏家族被誉为“中药世家”。

起初，霸王凉茶也赢来了短暂的辉煌时期。霸王进军凉茶领域伊始，正好赶上加多宝时期的王老吉裁员，为其早期发展创造了一个机会。霸王凉茶主要在华南地区的四个省份销售，到2010年年底，其销售网络扩大至全国。

2011年，霸王凉茶实现销售收入1.67亿元，占到了霸王集团总业绩的18.8%，成为霸王集团第二大收入来源的“功臣”。但随后霸王凉茶的发展急转直下，2012年，该业务仅实现营收1758.3万元，同比下降89.5%。而到2013年上半年，霸王凉茶的收入进一步收窄，仅为79万元，同比下滑幅度高达95%，经营亏损约为200万元。[1] 凉茶业务已由初期位居集团第二大收入来源的“功臣”，迅速沦落成了“拖油瓶”。

根据霸王集团2013年中期报告显示，由于凉茶分部经营不理想，集团早于2013年7月1日便停止了凉茶分部的生产及销售。

在屡经努力之后，霸王集团“洗发水+凉茶”的战略布局最终还是宣告失败了。霸王凉茶之路的失败，一部分是因为“红罐之争”吸引了消费者的大量眼球，导致消费者更多地去消费王老吉、加多宝，对霸王凉茶的发展造成了外部冲击；另一部分更重要的原因也在于其自身频繁被曝出的各种丑闻，令消费者望而却步。

在其他领域，一样的故事在重复上演。

随着互联网行业的快速发展，2012年滴滴出行与快的打车的出现给“扬手即停”的出租车市场带来了前所未有的压力，出租车的“垄断”地位受到了很大冲击。该软件为乘客和司机量身定做，乘客可以通过APP快捷方便的实时打车或者预约用车，司机也可以通过APP有的放矢招揽生意。

软件一经上线，便得到了广大消费者的追捧，双方均通过源源不断地给予乘客和司机补贴来抢占市场，当时两家市场份额势均力敌，几乎瓜分了整个打车软件市场。但是好景不长，毕竟这种“烧钱”的方式需要背后强大的财力支持。当没有了这种补贴，便会被消费者毫不犹豫地抛弃。2014年更

---

[1] 霸王上市4年亏光所融资金　剥离凉茶　重归洗发水［EB/OL］.（2014-02-20）. http://www.chinairn.com/news/20140220/101711658.html.

“财大气粗”的优步进入中国，给滴滴、快的带来了进一步的压力，优步同样采取给予补贴的形式来与滴滴、快的竞争行业老大的位置。无奈之下，2015年2月14日上午，滴滴、快的两家公司联合宣布将以100%换股的方式正式合并，与优步抗衡。

在国际智能手机市场上也同样出现难容老三的现象，苹果、三星、华为都在努力争取老大、老二的位置。最近，OPPO手机也表现不俗，迎头赶上，加入了争老大、老二的队伍。估计几年之后，国际智能手机市场不会是现在的三足鼎立或者五强、六强之争，最终也将成为两匹黑马之间的竞争。市场经济中二元法则往往难容老三。消费者选择商品时，往往只选择老大或者老二，老三仅仅作为一个备选，渐渐地就会被人们所抛弃。

3. 凉茶崛起　可乐失宠

2014年全国凉茶市场在300亿至400亿元，2015年更是突破了500亿元。一方面是因为，王老吉和加多宝双方在口水战中提高了整个行业认知度，另一方面也是因为，他们在渠道竞争中的铺货使得市场布局到位。他们的争霸，扩张了整个凉茶市场。

近年来，无论是国际还是国内的饮料市场，品类结构发生了明显变化，原来备受推崇的碳酸饮料逐渐“退烧”，而以茶饮料为代表的无糖饮品迅速崛起，成为饮料市场新的主力军。

中国茶饮料市场自1993年起步，2001年开始进入快速发展期，等到了2013年，茶饮料已经占据了整个饮料市场的近半壁江山，成为饮料市场的主角，且中国茶饮料消费市场几乎以每年30%的速度增长。❶

中国茶饮料能够迅速发展主要有三方面的原因：第一，中国茶叶资源十分丰富，饮茶是中国人的固有文化和生活习惯。茶饮料和茶一样，富含多种对人体有益的物质，能够解渴、祛暑、提神，对健康大有益处。

---

❶ 2016－2020年中国茶饮料市场分析及投资前景预测报告［EB/OL］. 51行业报告网.

第二，王老吉在市场洞察和消费者研究方面可谓下了苦功，将凉茶定位成“预防上火的饮料”。“怕上火，喝王老吉”成为核心诉求，把凉茶的功能删繁就简地归纳为“预防上火”，使其通俗化和时尚化。

第三，人们开始注重吃得、喝得更健康，这不仅仅是卡路里的问题。人们问的越来越多的是：食品从哪里来？我要吃的东西成分是什么？随着碳酸饮料长期饮用导致糖尿病、肥胖、骨质疏松等健康问题的话题越来越多，碳酸饮料逐渐被其他饮料所替代，例如瓶装水、茶类饮料。追求更好的生活质量和生活品质的价值观也在无形中推动着茶饮料市场的不断扩大。

美国宾夕法尼亚州费城市议会经过几个月讨论，于 2016 年 16 日以 13 票支持、4 票反对通过一项决议，成为全美首座对碳酸饮料征税的主要城市。根据决议，从明年 1 月 1 日起，费城将对每盎司含糖饮料征税 1.5 美分，相当于每公升征税大约 50 美分（约合人民币 3.3 元）。对碳酸饮料征税将有助于减少不健康饮食行为，同时这部分税收会用于教育与公共资源领域。❶

其实，对碳酸饮料征税美国费城并非首例，早在 2013 年墨西哥就对每公升含糖饮料征收一比索（约合 8 美分）特别税。

当前，我国着重调整饮料产品结构，降低碳酸饮料的比例，重点发展果蔬汁饮料、茶饮料等品类，未来茶饮料、果汁等健康饮料将是中国饮料市场发展的必然方向。

市场的扩容，也吸引着越来越多有实力的竞争者的加入。在凉茶大本营的广东，还有邓老凉茶、念慈庵、潘高寿、深晖、晨光、黄振龙、星群夏桑菊、宝庆堂等若干品牌。外围市场上，可口可乐、百事可乐、旺旺、娃哈哈等饮料巨头也都曾小试牛刀后退隐。即便如此，凉茶行业数百亿级别的市场仍然吸引潜在者跃跃欲试。可想而知，围绕茶饮料相关的产品在这场竞争中

---

❶ 全美大城市首例　费城明年起征碳酸饮料税［EB/OL］.［2016-06-18］. http://finance.sina.com.cn/roll/2016-06-18/doc-ifxtfmrp2307344.shtml.

毕竟遭遇愈加激烈的竞争环境。

至于目前的市场份额，由于王老吉和加多宝双方都喜欢引用对自己有利的数据，因此两家企业的具体市场份额情况尚不得而知，但基本上是半斤八两、不相上下。不过在双方激烈的竞争过程中，确实“吃掉”了一些地方小品牌凉茶。

狼烟四漫，战火纷飞。焦土过后，草芥亦难存。也许，那个能买到各种牌子凉茶的遥远夏季，最终也只能存在于人们的记忆之中。

第十八章
CHAPTER

非遗凉茶　孰能代表

⑱

在加多宝大肆进行“王老吉改名加多宝”“全国销量领先的红罐凉茶改名加多宝”等宣传之际，被逼入绝境的王老吉发起了世所瞩目的“改名”案[1]，并在广东三环汇华律师事务所温旭律师团队建议下，及时启动诉中禁令申请，要求法院先禁后判，最终成功申请法院作出了轰动全国、被誉为“中国第一禁”的改名诉中禁令。当时境况，若不断然制止加多宝铺天盖地的“改名”宣传，王老吉三个字上所附着的所有品牌价值都将转移至“加多宝”品牌之上，时间一久，王老吉品牌将不复存在。在这场举世瞩目的“改名”大案中，除了夺人眼球的“改名禁令”请求之外，广药集团还请求法院禁止加多宝进行“非物质文化遗产代表作”的宣传。

“改名”宣传对王老吉可能造成的毁灭性影响是显而易见的，非物质文化遗产代表作的宣传又对广药集团造成了何种损害？为什么广药集团会在请求法院裁定禁止加多宝公司进行“改名”宣传的同时，一并请求法院禁止加多宝公司进行“非物质文化遗产代表作”的宣传呢？这两种宣传行为有什么关联？而加多宝敢于这样宣传又有什么样的根据，它究竟是不是非物质文化遗产代表作呢？一语激起千层浪。种种疑惑、问题、答案，且看笔者一一道来。

---

[1] 即广药集团诉加多宝“王老吉改名加多宝”“全国销量领先的红罐凉茶改名加多宝”等广告词是虚假宣传，构成不正当竞争一案，案号为广东省广州市中级人民法院（2012）穗中法知民初字第263号。

一、非遗代表　四处被劓

2011 年 11 月，鸿道集团在与广药集团就“王老吉”商标许可续约合同产生纠纷后，已经着手“去王老吉，转加多宝”，开始了一系列的或明或暗转移王老吉无形资产至加多宝的行为：较之后来大肆进行的“改名”宣传，加多宝公司在其产品罐体上印制的“国家级非物质文化遗产代表作”的文字描述，则既巧妙又隐蔽，潜移默化地转移着王老吉品牌上的文化价值。

非物质文化遗产代表作的宣传率先出现于加多宝公司在 2011 年年底所推出的一面王老吉、一面加多宝的双品凉茶中。此前加多宝所生产的王老吉品牌凉茶，罐身的前后两面均是竖写王老吉黄色字样，王老吉三个字左右两边的内容分别是“王老吉凉茶，采用本草植物材料配制”“凉茶始祖王老吉，创业于清朝道光年，已逾百年历史”。而在双品凉茶中，前后两面的加多宝和王老吉三个字左右两边的内容分别为“加多宝出品正宗凉茶，采用本草植物材料配制”“加多宝出品正宗凉茶，获准为国家级非物质文化遗产”。“王老吉”凉茶改成了“加多宝出品正宗凉茶”；“凉茶始祖王老吉，创业于清朝道光年，已逾百年历史”，则改成了“加多宝出品正宗凉茶，获准为国家级非物质文化遗产代表作”。

经过一段时期的“双品”凉茶，加多宝正式推出加多宝单品凉茶，罐身前后两面均为加多宝品牌。相较于此前的双品凉茶，外包装记载的内容又进一步进行了调整，将此前的“加多宝出品正宗凉茶，获准为国家级非物质文化遗产代表作”改为直接称“加多宝凉茶获准为国家级非物质文化遗产代表作”；将“加多宝出品正宗凉茶，采用本草植物材料配制”进一步变更为“加多宝凉茶独家使用王泽邦传承配方，精选本草植物材料配制”。

图 18-1　加多宝公司生产的王老吉品牌凉茶

图 18-2　加多宝公司生产的加多宝品牌凉茶

图片来源：图 18-1、图 18-2 源于笔者代理的王老吉起诉加多宝侵权证据的公证书（2013）粤广州岗第 105391 号。

与此相应的是加多宝公司对产品包装箱外包装的改变，在加多宝公司所生产的王老吉品牌凉茶的外包装箱中，正面正中间为竖写的王老吉三个黄色大字，左侧左下角有“加多宝出品”五个小字，并列在左右两侧的内容分别为“王老吉凉茶，采用本草植物材料配制”，“凉茶始祖王老吉，创于清朝道光年，已逾百年历史”。而加多宝公司之后生产的加多宝品牌凉茶的外包装箱中，正面正中间竖写的“加多宝”三个黄色大字，左右两侧的内容则分别为“加多宝出品正宗凉茶，采用本草植物饮料配制”“加多宝出品正宗凉茶，获准为国家级非物质文化遗产代表作。”

图 18-3　加多宝公司生产的王老吉品牌凉茶包装箱

图 18-4　加多宝公司生产的加多宝品牌凉茶包装箱

图片来源：图 18-3、图 18-4 源于笔者代理王老吉起诉加多宝侵权证据的公证书（2013）粤广州岗第 105391 号。

对于加多宝公司所生产的凉茶产品名字的更改，由“王老吉”凉茶变更为“加多宝出品凉茶”，再到“加多宝凉茶”，目的不难理解，是通过产品上名称的变化，强化“加多宝”品牌，先借“加多宝出品”这一说法，最终过渡到“加多宝”品牌，“加多宝出品”可以理解为加多宝生产，也可以理解为加多宝品牌。与此同时的加多宝的广告语，也从以前的“怕上火喝王老吉”变更为“怕上火，喝正宗凉茶，正宗凉茶，加多宝。”在此变更名称之际，加多宝公司开始进行“非物质文化遗产代表作”的宣传，其用意和目的何在？这样的宣传结合改名宣传能为加多宝带来何种益处呢？

若非对其产品换装前后有纵向的了解，加多宝的用意或许不易察觉；但若纵观加多宝公司换装前后的产品包装描述，答案即可揭晓。加多宝在产品罐身外表面的描述由王老吉品牌时期的“凉茶始祖王老吉，创业于清朝道光年，已逾百年历史”，到双品凉茶时期的“加多宝出品正宗凉茶，获准为国家级非物质文化遗产代表作”，再到加多宝品牌时期进一步补充的“加多宝凉茶独家使用王泽邦传承配方，精选本草植物材料配制”，细细读之，公众不免疑惑：“加多宝”凉茶宣称为国家级非物质文化遗产代表作，那广药集团的“王老吉”凉茶是不是国家级非物质文化遗产代表作呢？加多宝宣称独家使用王泽邦传承配方，广药集团使用什么配方在生产“王老吉”凉茶呢？独家使用意味着唯一地使用，那广药集团岂不没有王泽邦传承配方？

多加追问，加多宝打非遗代表牌的用意其实已经昭然若揭。加多宝公司的“改名”宣传所起到的效果，是让消费者以为原来的王老吉没有了，改名加多宝了，这样。时间一久，王老吉的所有品牌价值将全部由加多宝承继。但是，这种宣称过于明显、直白，广药集团不可能坐以待毙。与此同时，加多宝公司所进行的“非遗代表作”宣传事实上就是在暗地里转移王老吉的文化价值，目的是在消费者心目中制造一个印象：是加多宝公司一直以来在传承着“凉茶”文化，即便广药集团收回了王老吉品牌，这也只是一个名字，实质上“凉茶”这一非物质文化遗产是加多宝在传承的，加多宝是正宗的。久而久之，大家也将从心底根深蒂固地认同加多宝才是非物质文化遗产代表作，是非物质文化遗产凉茶唯一的传承人，广药集团即使收回王老吉品牌，但广药集团所生产的凉茶已不正宗。

这才是加多宝公司打“非遗”牌的用意之所在，相较于赤裸裸的“改名”虚假宣传对王老吉品牌价值的直接转移作用，“非遗代表作”宣传在打造加多宝品牌自身内在价值上的作用则更为隐蔽、间接，效果也更为潜移默化，而且因表面上不与王老吉品牌有任何关联，还不容易直接证明这种行为会对王老吉品牌造成贬损、转移价值的后果。如果说加多宝公司所大张旗鼓的“改名”宣传是在明，以表面、直接的方式转移、削弱王老吉品牌，强化“加多宝”品牌；那么，“非遗代表作”的宣传就是在暗，以隐蔽、间接的方式夺取、抽离王老吉的文化传承，塑造“加多宝”品牌的文化内涵。一明一暗，明修栈道，暗度陈仓，意图对王老吉品牌的无形价值由外至内、由表及里地连根拔除，再造一个有名气、有文化、有历史、有底蕴的加多宝品牌。

窥一斑而知全豹，加多宝公司的营销手法确实登峰造极、非常高明，王老吉品牌岌岌可危。广药集团洞悉加多宝公司的背后用意后，是否有办法来制止呢？

2012 年 11 月 30 日，广药集团在广州中院起诉广东加多宝饮料食品有限公司，状告其虚假宣传，并在起诉的同时递交了《诉中禁令申请书》，请求广州中院实施以下禁令：[1]

（1）立即禁止广东加多宝饮料食品有限公司在其广告宣传及产品包装上使用“王老吉改名为加多宝”或与之意思相同、相近似的广告语的不正当竞争行为；

（2）立即禁止广东加多宝饮料食品有限公司、彭某在其广告宣传及产品包装上使用“全国销量领先的红罐凉茶改名为加多宝”或与之意思相同、相近似的广告语的不正当竞争行为；

（3）立即禁止广东加多宝饮料食品有限公司在其广告宣传及其生产、销

[1] 具体可见：广东省广州市中级人民法院民事裁定书（2012）穗中法知民初字第 263 号之一，广东省广州市中级人民法院民事裁定书（2012）穗中法知民初字第 263 号。

售的凉茶产品上使用“国家级非物质文化遗产代表作”或与之意思相同、相近似的语句的不正当竞争行为。

与此相应，2013年3月7日，广药集团还在长沙市中级人民法院就武汉加多宝饮料食品有限公司的“改名”宣传，以及“非遗代表作”宣传进行起诉。[1] 同时起诉了加多宝新版广告语“全国销量领先的红罐凉茶——加多宝”，“中国每卖十罐凉茶，七罐加多宝，怕上火，更多人喝加多宝，配方正宗，当然更多人喝”。

除与广药集团的纠纷以外，综合媒体报道，“加多宝”凉茶还在其他多个场合因宣传“国家级非物质文化遗产代表作”而与不同主体陷入纠纷，加多宝公司俨然陷入四面楚歌的境地。

2012年8月前后，宁波、梅州等地多个工商部门都接到了关于“加多宝”凉茶宣称的“国家级非物质文化遗产代表作”涉嫌虚假宣传的举报。[2] 据广东省梅州市工商局的回应，其在对举报的事项检查之后，已移交给加多宝公司所在地的东莞市工商局处理。

2012年8月10日，广州市民姚先生更是将加多宝起诉至广州市越秀区人民法院，认为“加多宝”凉茶宣传的“国家级非物质文化遗产代表作”属虚假消息。[3] 据媒体报道，姚先生认为，加多宝的凉茶产品违反了《广告法》第4条广告不得含有虚假的内容，不得欺骗和误导消费者的规定。此外，姚先生还认为，加多宝还涉嫌违反《欺诈消费者行为处罚办法》《消费者权益保护法》等多项法律、法规。鉴于此，他要求加多宝召回“加多宝凉茶”产品、赔礼道歉并依法进行10倍赔偿。[4]

---

❶ 长沙地区的“加多宝”凉茶由武汉加多宝公司生产，具体可见湖南省长沙市中级人民法院（2013）长中民五初字第00308号民事判决书。

❷ 凉茶之争再起波澜　加多宝“非遗”身份遭质疑［N/OL］.（2012-8-23）. http://www.yicai.com/news/2012/08/2013209.html.

❸ 被诉侵权和虚假宣传　加多宝多地遭“围剿”［EB/OL］.（2012-08-22）. http://www.nbd.com.cn/articles/2012-08-22/675871.html.

❹ 加多宝被诉侵权和虚假宣传在多地遭围剿［EB/OL］.（2012-08-22）. http://finance.qq.com/a/20120822/000468.htm.

2013年3月4日，知名打假专家刘殿林在北京房山法院将加多宝公司以及出售红罐加多宝的位于北京房山良乡的商城北京华冠商业经营股份有限公司作为被告起诉至北京房山法院，其理由是“加多宝”凉茶包装上标注“加多宝凉茶获准为国家级非物质文化遗产代表作”涉嫌虚假宣传，侵犯了消费者的合法权益。[1]“经济角度上，我只是要求商家退货，也就是退我3.9元，再就是一份书面的赔礼道歉。”刘殿林对记者说。当过兵、干过公安、工商的刘殿林从事打假工作已经17余年，在业界有很高的知名度，谈及发起这起案件的初衷，里面有他个人的故事和感情在里面。

“凉茶作为国家级非遗，可以说里面有我的很大‘心血’。”刘殿林说，“当年广州和整个沿海一带凉茶市场非常庞大，但也鱼龙混杂，许多小摊小贩从原料到市场都非常混乱，这些杂牌凉茶很多人喝出毛病来也没地儿去说。于是我就开始向整个凉茶市场‘开炮’打假，许多凉茶经营商效益下跌，为了对付我，他们成立了凉茶协会，后来又为凉茶申请非遗成功，可以说是我的打假‘促进’了凉茶成为非遗。”“但是，获得国家非遗作品的是凉茶，而不是加多宝！”刘殿林说，“凉茶作为非遗作品，不是授予某家企业或某个品牌，而是一种传统技艺受到保护。无论多么知名的企业，都不能利用国家非遗，来为自己的利益而蒙蔽消费者做宣传，这是虚假宣传，是侵犯消费者权益的。”

刘殿林起诉加多宝的观点与广药集团对加多宝公司提起的诉讼有一致之处，均认为加多宝公司宣称“加多宝凉茶获准为国家级非物质文化遗产代表作”是一种虚假宣传行为。广药集团指出：“我国《非物质文化遗产法》保护的是凉茶这种非物质的传统手工技艺，而不是保护拥有掌握非物质文化遗产项目的特定企业及其品牌。因此，并不存在加多宝凉茶获准为国家级非物质文化遗产代表作。被告在产品上打上这样的宣传文字属于误导公众虚假宣传，并使包括原告在内的凉茶生产企业的合法权益受到损害。”

然而，广州中院虽然对“改名”宣传作出了诉中禁令，但并未对“非遗

---

[1] 参见《中华工商时报》2013年3月8日第C02版。

代表作”宣传作出禁令。广州中院在裁定书中以申请人（广药集团）在该案中并未提出被申请人（广东加多宝饮料食品有限公司）使用该类似广告语的行为构成侵权的证据，申请人该项禁令超出其诉讼请求的范围，申请人该项请求没有事实和法律依据为由驳回了广药集团的该项请求。长沙中院作出的第（2013）长中民五初字第00308号民事判决书则直接认为被告武汉加多宝公司作为国家级非物质文化遗产凉茶16号秘方及专用术语拥有企业，其在生产的红罐凉茶产品上印制“加多宝凉茶获准为国家级非物质文化遗产代表作”的字样，具有相应的事实依据，而非虚假宣传。

那么，究竟是广药集团的诉请有理，还是长沙中院的判决正确，法院的判决并不意味着真理，反倒很多时候可能存在为了平衡双方当事人的利益而进行有取舍的判决的情况。作为具体参与过该案的亲历者，笔者事实上也颇为清楚广药集团的诉讼策略，因为在明的“改名宣传”对于当时境地的广药而言，影响之迫切、巨大，已经刻不容缓，广药集团在提起“改名”之诉时，同时提起“非遗代表作”之诉，实际就是考虑到法院在审理案件当中可能存在的对双方利益的平衡，实际的情况也确实如此，法院支持了“改名”禁令，却未支持“非遗代表作”禁令。加多宝公司或许也正是意识到持续进行“非物质文化遗产代表作”的宣传，可能带来此起彼伏、源源不断之纠纷，而主动弃用了“非物质文化遗产代表作”之宣传，在其后续所推出的红罐产品和金罐产品已无“加多宝凉茶获准为国家级非物质文化遗产代表作”字样。因此，广药集团并未再对加多宝公司穷追猛打，也未对长沙中院的这一判决提起上诉，可谓“未获禁令，却有成效”。

案件的纠纷看似落幕，但问题的探讨却未终止，在这一场纠纷中，为何加多宝公司“非遗代表作”的宣传会在法律层面上成为广药集团与其争议的一个焦点，甚至让“加多宝”凉茶陷入四处被围剿之境地？广药的诉请有没有道理，加多宝公司的宣传究竟是否虚假宣传？它又损害了王老吉在法律层面上的什么权益？这却是非常值得、也是非常有必要进行探讨的问题。

二、偷天换日　误导公众

在公众听到加多宝公司的“加多宝凉茶获准为国家级非物质文化遗产代表作”这样一句话时，由于凉茶品牌很多，公众第一印象可能以为“在这么多凉茶品牌中，加多宝凉茶是其中的代表、翘楚，获准为非物质文化遗产的代表作，是独占鳌头、独领风骚的”。所谓“代表作”，一般应是从众多对象当中选出一个或两个代表，只有最好的、最典型的才能称为代表作。按照该宣传语，老百姓就会以为，是不是众多的凉茶企业推举了加多宝作为代表，或者是不是有权机关指定了、赋予了加多宝“代表作”这样的称呼，正如人大代表需要进行选举，典型作品也需要进行评选。然而在这众多的凉茶企业中，从来没有进行过一次选举，也没有哪家凉茶企业同意“加多宝”凉茶来代表它，更没有那个政府机关来指定了，说加多宝是这么多凉茶品牌的代表作，加多宝凭什么在其罐体上打上“国家级非物质文化遗产代表作”呢？

王老吉与加多宝纷争不断，烽火连天，打完一个，又起一波，红罐之争、改名之诉、十罐七罐、遥遥领先、广告归属、谁是正宗，林林总总、大大小小、各种各样的投诉与诉讼不下百起，而每一个重点案件，往往惹得各路专家纷纷站队，有时甚至为加多宝背书者多，为王老吉发话者少；认为加多宝合法者众，觉得王老吉有理者寡。加多宝之所以能够为自己赢得不少的舆论，甚至有专家学者为其站台，这与加多宝公司自身善打擦边球不无关系。尤其是其中占大多数的各个广告语纠纷，加多宝所宣传的话往往都看似有理，有那么一些事实根据。正如其认为改名宣传的合理性，原来加多宝生产王老吉品牌凉茶，现在加多宝生产加多宝品牌凉茶，为什么不能宣传改名了呢？原来加多宝所生产的凉茶在中国每卖十罐凉茶就有七罐，加多宝所生产的凉茶遥遥领先，加多宝公司怎么就不能宣传呢？如果说加多宝公司确实一五一十、实事求是按照客观事实进行宣传，王老吉倒也莫奈其何，然而加多宝却偏偏掐头去尾、断章取义，制造宣传的噱头，迷惑公众。加多宝原来生产“王老吉”凉茶，现在改为生产“加多宝”凉茶了不假，为何简化宣传为“王老吉改名加多宝”了呢？王老吉还在，并未改名。中国每卖十罐，七罐加多宝生产不假，为什么又去掉“生产”二字，直接宣传七罐加多宝呢？当时，“加多宝”凉茶甚至尚未面世，怎么可能七罐加多宝呢。正是这种掐头去尾、断章取义，客观事实就变成了虚假宣传，有根有据就变成了毫无根据，那就怪不得王老吉连番起诉，穷追猛打，法院连判其败，判赔不止。

加多宝公司在其罐体上印制“加多宝凉茶获准为国家级非物质文化遗产代表作”字样，也如其一贯的广告语般具有迷惑性，长沙中院甚至还确实支持了其主张，未认定其为虚假宣传。如前所述，既然不存在谁推荐或指定加多宝为代表作，为什么加多宝敢宣传为“非遗代表作”？加多宝所打的擦边球在哪里？厘清这个问题，首先需要对“国家级非物质文化遗产代表作”这个概念进行了解。

国务院于2006年5月20日发布了《国务院关于公布第一批国家级非物质文化遗产名录的通知》（国发〔2006〕18号）[1]，公布了第一批国家级非物质文化遗产名录，该名录中包括“民间文学（共计31项）”“民间音乐（共计72项）”“民间舞蹈（共计41项）”“传统戏剧（共计92项）”“曲艺（共计46项）”“杂技与竞技（共计17项）”“民间美术（共计51项）”“传统手工技艺（共计89项）”“传统医药（共计9项）”“民俗（共计70项）”等十类共计518项国家级非物质文化遗产。其中，第八类“传统手工技艺”下的第439项收录了“凉茶”，由广东省文化厅、香港特别行政区民政事务局、澳门特别行政区文化局共同申报。

与此同时，中国非物质文化遗产网进一步公布了名录所列各项非物质文化遗产的具体内容，对各项非物质文化遗产的含义、历史渊源、传承情况进行了介绍。其中，列入名录中的每一项非物质文化遗产在该官方网站中被称为“非物质文化遗产代表作”。

---

❶ 国务院关于公布第一批国家级非物质文化遗产名录的通知［EB/OL］.（2006-06-02）. http://www.gov.cn/zwgk/2006-06/02/content_297946.htm.

按照上述官方信息，所谓“国家级非物质文化遗产代表作”，实际是指列入“国家级非物质文化遗产名录”的非物质文化遗产。中国地大物博，历史悠久，非物质文化遗产非常之多，列入上述名录，就属于这些非物质文化遗产的代表作。而凉茶正是由广东省文化厅、香港特别行政区民政事务局、澳门特别行政区文化局共同申报，具有典型性和代表性，从而列入国家级非物质文化遗产名录。换言之，凉茶成为国家级非物质文化遗产代表作。

按照这个情况，加多宝公司并未捏造“国家级非物质文化遗产代表作”这样的称谓。但是，加多宝偷天换日，将“加多宝凉茶”个体替换“凉茶”整体，从而宣称“加多宝凉茶获准为国家级非物质文化遗产代表作”，引来纷争无数、四处被剿。在加多宝的这句话中，“国家级非物质文化遗产代表作”实际上是一个整体，按照这样一个整体去解读，“加多宝凉茶获准为国家级非物质文化遗产代表作”传达的信息，要么是“加多宝生产的一罐罐凉茶获准为国家级非物质文化遗产代表作”，要么就是“加多宝品牌凉茶获准为国家级非物质文化遗产代表作”，要判断加多宝公司的上述宣传行为是否虚假宣传，实际上就是判断上述信息是否属实。这就要从凉茶列入国家级非物质文化遗产代表作前前后后的种种事实去条分缕析了。

非物质文化遗产代表作“凉茶”指的是什么呢？

中国非物质文化遗产网对非物质文化遗产代表作“凉茶”的含义、历史渊源进行了详尽的介绍：

凉茶是粤、港、澳地区人民根据当地的气候、水土特征，在长期预防疾病与保健的过程中，以中医养生理论为指导，以中草药为原料，食用、总结出的一种具有清热解毒、生津止渴、祛火除湿等功效，伴随人们日常生活的饮料。它有特定的术语指导人们日常饮用，既无剂量限制，也无须医生指导。

公元306年，东晋道学医药家葛洪南来岭南，由于当时瘴疠流行，他得以悉心研究岭南各种温病医药。葛洪所遗下的医学专著以及后世岭南温派医家总结劳动人民长期防治疾病过程中的丰富经验，形成了岭南文化底蕴深厚的凉茶，其配方、术语世代相传。关于凉茶的历史典故、民间传说在岭南和海外广为流传，经久不衰。数百年来，林立于广东、香港、澳门的凉茶铺，形成了一条岭南文化的独特风景线。

凉茶配制技艺以家族世袭传承下来，已有数百年历史。“文革”中，凉茶文化虽遭到了严重破坏，不仅凉茶铺关门，有关凉茶的制作器具、遗址、遗迹、史料、照片等文物也所剩无几，但其在港、澳地区仍经久不衰。王老吉、上清饮、健生堂、邓老、白云山、黄振龙、徐其修、春和堂、金葫芦、星群、润心堂、沙溪、李氏、清心堂、杏林春、宝庆堂等16个凉茶品牌的54个配方及其所构成的凉茶文化得到了民众的广泛认可。

凉茶文化的悠久历史和广泛的民间性、公认的有效性、严格的传承性及巨大的后发效应，使其成为世界饮料的一匹“黑马”。目前，凉茶产量已达200万吨（含港、澳地区），销售范围已覆盖全国及美国、加拿大、法国、英国、意大利、德国、澳大利亚、新西兰等近二十个国家。在产业高速发展的今天，作为中华饮食文化的组成部分，保护和发扬凉茶文化具有一定的现实意义。❶

从这种介绍来看，非物质文化遗产“凉茶”所着重传承的乃是凉茶配制技艺。而且，从国务院所发布的名录来看，它被列入名录第八类“传统手工技艺”，也意味着凉茶是作为一种传统手工技艺这种非物质的形式被国家保护的。同属这一类的还有第436项“浏阳花炮制作技艺”、第437项“黎族钻木取火技艺”、第438项“风筝制作技艺”，还有大家耳熟能详的“龙泉宝剑锻制技艺”（第387项）、“明式家具制作技艺”（第395项）、“茅台酒酿制技艺”（第407项），这些技艺大多在日常生活中与一些产品所结合。但是，其保护的实质在于制造出这些产品背后的制作技艺，而并非具体的有形的某一款产品。“凉茶”也是如此，非物质文化遗产所保护的是凉茶配制技艺，并非一款款市面上的凉茶产品。参照其他项目的表述方式，名录当中的项目名称应为“凉茶配制技艺”更为妥当。

❶ 代表作——凉茶配制（广东）［EB/OL］. http://www.chinaich.com.cn/class09_ detail.asp?id=743.

这一点也得到了广东省文化厅的确认。针对广东省境内拥有国家级非物质文化遗产——凉茶之秘方的企业数量及详情，有申请人向广东省文化厅提出了政府信息公开申请，广东省文化厅的答复中也对相关概念进行了澄清：

根据《非物质文化遗产法》第2条规定，非物质文化遗产，是指各族人民世代相传并视为其文化遗产组成部分的各种传统文化表现形式，以及与传统文化表现形式相关的实物和场所。包括：（1）传统口头文学以及作为其载体的语言；（2）传统美术、书法、音乐、舞蹈、戏剧、曲艺和杂技；（3）传统技艺、医药和历法；（4）传统礼仪、节庆等民俗；（5）传统体育和游艺；（6）其他非物质文化遗产。该法第18条规定，国务院建立国家级非物质文化遗产代表性项目名录，将体现中华民族优秀传统文化，具有重大历史、文学、艺术、科学价值的非物质文化遗产项目列入名录予以保护。国务院根据非物质文化遗产保护工作需要，于2006年、2008年、2011年公布了三批国家级非物质文化遗产名录。《非物质文化遗产法》和国务院对“非物质文化遗产”“非物质文化遗产代表性项目”“国家级非物质文化遗产名录”等概念的界定表明，非物质文化遗产保护工作注重对知识、技艺等非物化形态的保护，这也是非物质文化遗产保护区别于文物保护工作以实物保护为中心的主要区别之一。

以上述概念为标准，2006年发布的《国务院关于公布第一批国家级非物质文化遗产名录的通知》（国发〔2006〕18号）中，将由广东省文化厅、香港特别行政区民政事务局、澳门特别行政区文化局共同申报的“凉茶”，列入第一批国家级非物质文化遗产名录，具体是作为该名录第八类“传统手工技艺”的一种。这表明“凉茶”是作为一种传统手工技艺这种非物质的形式而得到国家保护。

基于上述事实，国家所保护的非物质文化遗产代表作“凉茶”是一种传统手工技艺，而非一个个产品。加多宝公司宣称“加多宝凉茶获准为国家级非物质文化遗产代表作”如果解读为一罐罐凉茶产品获准为非物质文化遗产代表作，显然就是一个虚假的信息，是不符合客观事实的。

那么，“加多宝品牌凉茶获准为非物质文化遗产代表作”是否客观属实，凉茶品牌又与非物质文化遗产代表作有着什么样的关系呢？

在2006年5月20日国务院将“凉茶”配制技艺列入第一批国家级非物质文化遗产名录之后，2006年5月26日，广东省食品（饮食）文化遗产工作领导小组办公室就印发了《关于公布国家级非物质文化遗产——凉茶之秘方专用术语及品牌拥有企业名单的决定》（粤食遗〔2006〕2号），该决定公布了拥有国家级非物质文化遗产——凉茶之秘方、专用术语的企业名称、品牌、凉茶秘方编号、专用术语，具体包括21个企业，含有18个品牌、54个秘方。其中，广州王老吉药业股份有限公司、广东加多宝饮料食品有限公司均为非遗申报主体，均被列为拥有国家级非物质文化遗产——凉茶秘方专用术语的企业，广州王老吉药业股份有限公司持有凉茶10–15号共计6个秘方，而广东加多宝饮料食品有限公司所持有的是凉茶16号共计1个秘方，含有秘方最多的企业是“广州养和医药科技有限公司”（广州养和堂邓老凉茶有限公司），具有9个秘方。除此之外，广州香雪制药股份有限公司、广东健生堂保健品有限公司、广州黄振龙凉茶有限公司等一干知名企业也在内。在具体的品牌上，广州王老吉药业股份有限公司和广东加多宝饮料食品有限公司所对应的品牌均是王老吉品牌，即均是以“王老吉”品牌进行申报的。此时，广东加多宝饮料食品有限公司还属于“王老吉”商标的被许可人，可以合法使用“王老吉”商标。“加多宝”凉茶品牌也尚未创立，没有也不可能有提到“加多宝”凉茶品牌。

根据广东省文化厅关于政府信息公开的答复，截至2012年9月4日，拥有国家级非物质文化遗产——凉茶之秘方的企业已达58个，包括56个品牌（其中有部分企业拥有的是相同的品牌）和189个秘方。其中广州王老吉药业股份有限公司除之前所持有的凉茶10–15号秘方外，新增了102号秘方；而广东加多宝饮料食品有限公司所持有的秘方仍然为原16号秘方，但是其具体品牌则于2012年5月12日由过去使用的王老吉改成了加多宝。

在非物质文化遗产网介绍“凉茶”时，也提到了一系列的品牌，例如王老吉、上清饮、健生堂、邓老等16个凉茶品牌。

非物质文化遗产“凉茶”保护的是凉茶配制技艺，为什么官方要公布这么多的品牌呢？非物质文化遗产的传承需要载体，既需要有形的载体，也需要无形的载体，有形的载体如载有该技艺的实物，无形的载体如传承该技艺的品牌。正是因为这些品牌及其所属企业具有各自的凉茶配方，各自在传承着凉茶配制技艺，“凉茶”才能源远流长、传承至今，国家也应当对这些切实传承非物质文化遗产的品牌与企业给予认可。但是，凉茶品牌与企业可以持有非物质文化遗产代表作凉茶的秘方及术语，并不意味着存在“被获准为国家级非物质文化遗产代表作的品牌”这一说法，如果认可这样一种说法，那么倘若王老吉将其配方给另外一个第三方使用，这个第三方是不是也可以主张其“被认定为‘国家级非物质文化遗产代表作’的凉茶品牌”，因为其手上确实持有这属于“非物质文化遗产代表作”的凉茶配方。

广东省文化厅也作为官方机构澄清了关于广东省境内所有被认定为“国家级非物质文化遗产”的凉茶品牌问题，更对“关于加多宝凉茶是否获准为国家级非物质文化遗产代表作”这一问题做了说明：

（1）关于在广东省境内所有被认定为“国家级非物质文化遗产”的凉茶品牌问题。

根据上述的概念澄清，列入“国家级非物质文化遗产名录”的项目并不是物质形式，而应该是属于符合上述非物质文化遗产概念内涵和外延的项目。国家保护列入名录中的非物质文化遗产的项目，而不是保护拥有、掌握非物质文化遗产项目的特定企业及其品牌。因此，并不存在“被认定为‘国家级非物质文化遗产’的凉茶品牌”这一说法。再次，须区分作为非物质文化遗产项目的“凉茶”和拥有、掌握“凉茶”这一非物质文化遗产项目的企业及其品牌这两个概念，前者是《非物质文化遗产法》及有关国家政策保护的对象，而后者属于民商事主体及其财产权益范畴。

（2）关于加多宝凉茶是否获准为国家级非物质文化遗产代表作。

如前所述，凉茶企业、凉茶品牌、凉茶饮料并不是非物质文化遗产意义上的“凉茶”，因此并不存在某企业生产的某品牌凉茶获准为国家级非物质文化遗产代表作的问题，而应该是凉茶企业所拥有的凉茶制作技艺、秘方等是否符合国家级非物质文化遗产名录项目“凉茶”的要求。

事实已经明了，获准为国家级非物质文化遗产代表作的是凉茶配制技艺，既非一罐罐凉茶，也非一个个凉茶品牌。加多宝公司所宣传的“加多宝凉茶获准为国家级非物质文化遗产代表作”，不论是理解为“加多宝的一罐罐凉茶为非遗代表作”，还是理解为“加多宝品牌为非遗代表作”，均是与事实不符的。但其恰恰为加多宝之所需要，加多宝公司实质上通过这样一句宣传语，就将“加多宝凉茶使用获准为国家级非物质文化遗产代表作凉茶的秘方之一”偷换概念为“加多宝凉茶获准为国家级非物质文化遗产代表作”，将近二百个秘方构成的“凉茶配制技艺”这个整体所享有的“非物质文化遗产代表作”的荣誉偷天换日，塑造成为“加多宝凉茶”个体的荣誉。加多宝公司并非不知道这些真相，其完全可以按照事情的真相，宣传其采用了获准为国家级非物质文化遗产代表作“凉茶”的秘方之一配制，但掐头去尾，直接宣传“加多宝凉茶获准为非物质文化遗产代表作”，几字之差，就由依法、依规变成虚假宣传。正如加多宝公司对“王老吉改名加多宝”这一宣传语，如果多几个字客观陈述事实“原来加多宝生产王老吉品牌凉茶现在改为生产加多宝品牌凉茶”，自然就会避免被广药集团穷追猛打、一再起诉，也可避免被法院反复判定侵权、构成不正当竞争。但加多宝公司一而再再而三，变着花样，只能说明其明知而为之，就是希望起到误导消费者的效果。

这句“非遗代表作”的宣传语最为广药所难容之处，在于其实质上损害了广药集团以及其他各大凉茶企业的公平竞争权。凉茶被列入国家级非物质化文化遗产名录是二十余家企业共同申报、共同努力的结果，加多宝公司仅持有近两百个秘方中的一个，却宣传“加多宝凉茶获准为国家级非物质文化遗产代表作”。老百姓并不会去探究究竟是凉茶整体获准为非物质文化遗产代表作，还是“加多宝”凉茶个体获准为非物质文化遗产代表作。老百姓从这句广告语所获得的印象是，这么多的凉茶企业，加多宝最好、最典型，是领先的，是数一数二的，所以是代表作。这就实质上构成了不正当竞争，以虚假的宣传获得了竞争优势，将王老吉等一干企业贬低。

而加多宝的“非遗代表作”宣传之所以引致消费者的举报、投诉，从消费者权益保护的角度而言，在于损害了消费者的知情权。“加多宝凉茶获准为国家级非物质文化遗产代表作”容易让消费者误认为“加多宝”凉茶这样一款产品是国家级非物质文化遗产，从而对“非物质文化遗产”的含义产生误解，也对产品的质量、品质产生不够真实的认识。

综上所述，长沙中院基于加多宝公司作为国家级非物质文化遗产凉茶 16 号秘方及专用术语拥有企业，就认定加多宝可以在其生产的红罐凉茶产品上印制“加多宝凉茶获准为国家级非物质文化遗产代表作”是不妥当的，长沙中院并未意识并分析到加多宝公司实质上是掐头去尾、偷天换日在宣传“非遗代表作”。之所以说加多宝偷天换日，是因其将国家级非物质文化遗产代表作“凉茶”这一集体荣誉集中于其个体身上，非遗代表作“凉茶”为二十多家凉茶企业和有关部门众志成城、共同努力申报而来，传承至今，已含五十多个品牌，近两百个秘方，加多宝怎么能独占该荣誉，自扣一顶帽子，排斥其他企业呢？加多宝公司多行不义，自食其果，引来广药难容，四处被剿，幸得迷途知返，弃而不用，方得安宁。

三、非遗凉茶　多家共享

前已提及，非遗代表作“凉茶”为二十多家凉茶企业和有关部门众志成城、共同努力申报而来，并由五十多家企业和品牌传承至今，非遗凉茶的归属，实为多家共享，非一家独占。

根据广东省文化厅的介绍，2005 年，广东省申请将“凉茶”列为国家级非物质文化遗产名录时，由于参与申报的企业较多，按照申报要求，由广东省文化厅、香港特别行政区民政事务局、澳门特别行政区文化局作为联合申报单位，将“凉茶”打包为一个整体予以申报。参与此次申报的企业以及申报成功后拥有自己独特的凉茶制作技艺、秘方的企业经过一定的程序，皆可视为拥有国家级非物质文化遗产名录项目“凉茶”的企业。广东省食品（饮食）文化遗产工作领导小组办公室2006年5月26日印发的《关于公布国家级非物质文化遗产——凉茶之秘方专用术语及品牌拥有企业名单的决定》（粤食遗〔2006〕2号）披露了这些企业，包括21个企业，含有18个品牌、54个秘方。

由此可知，凉茶被列入国家级非物质文化遗产名录是二十多个企业和有关部门众志成城、共同努力的结果。而且，参与“凉茶”非遗申报的企业以及申报成功后，拥有自己独特的凉茶制作技艺、秘方的企业经过一定的程序，皆可视为拥有国家级非物质文化遗产名录项目“凉茶”的企业。也就是说，包括广州王老吉药业股份有限公司、广东加多宝饮料食品有限公司、广州香雪制药股份有限公司等参与“凉茶”非遗申报的企业，以及广州不二碗凉茶有限公司、深圳东鹏饮料实业有限公司等虽未参与“凉茶”非遗申报，但各自持有独特的凉茶制作技艺与秘方，在“凉茶”申请非遗成功后经过了一定的确认程序，均可视为拥有国家级非物质文化遗产名录项目“凉茶”的企业，在某种程度上，均可称为代表着国家级非物质文化遗产名录项目“凉茶”。

基于这么多企业齐心协力，众志成城，成功将“凉茶”申请为“国家级非物质文化遗产代表作”，并在申请企业之外，亦还有别的企业一样在传承着“凉茶”文化。非遗凉茶这样一个荣誉，实际就为多家共享，非一家独占。当非遗凉茶处于多家共享的这样一种情形时，上述诸多企业应该如何共享非遗资源，保护非遗文化，创造非遗价值呢？笔者认为，既需要从《非物质文化遗产法》的角度，从非物质文化遗产本身的概念和传承出发去研究；也需要从《反不正当竞争法》的角度，从市场规制与市场竞争出发去探讨。

与联合国教科文组织于2003年10月17日通过并颁布的《保护非物质文化遗产公约》中对“非物质文化遗产”的定义相一致，[1] 我国于2011年2月25日通过的《非物质文化遗产法》第2条对“非物质文化遗产”作了如下界定：“本法所称非物质文化遗产，是指各族人民世代相传并视为其文化遗产组成部分的各种传统文化表现形式，以及与传统文化表现形式相关的实物和场所……属于非物质文化遗产组成部分的实物和场所，凡属文物的，适用《中华人民共和国文物保护法》的有关规定。”在对“非物质文化遗产”定义的解读中，有两个关系需要尤其注意：一是“非物质”文化遗产与“物质”文化遗产的关系；二是在非物质文化遗产的概念中的“各族人民世代相传并视为其文化遗产组成部分的各种传统文化表现形式”与“与传统文化表现形式相关的实物和场所”之间的关系。

针对第一个关系，即“非物质”文化遗产与“物质”文化遗产的关系。从名称本身来看，“非物质文化遗产”首先就是“非物质”，“非物质文化遗产”的概念在联合国教科文组织《保护非物质文化遗产公约》中为“Intangible Culture Heritage”，在该概念中，“非物质”的英文单词“Intangible”主要的含义就是“无形的”，也就是说“非物质文化遗产”实质上是“无形文化遗产”，这与有形的“物质文化遗产”，例如，文物、建筑群、遗址显然是有本质区别的。[2] 从这个角度讲，“加多宝”凉茶作为有形的产品，显然不可能作为非物质文化遗产的代表作，同时，它又远远不可能构成“物质文化遗产”，也

[1] 《保护非物质文化遗产公约》第2条第（1）款将“非物质文化遗产”定义为：指被各社区、群体，有时是个人，视为其文化遗产组成部分的各种社会实践、观念表述、表现形式、知识、技能以及相关的工具、实物、手工艺品和文化场所。这种非物质文化遗产世代相传，在各社区和群体适应周围环境以及与自然和历史的互动中，被不断地再创造，为这些社区和群体提供认同感和持续感，从而增强对文化多样性和人类创造力的尊重。

[2] 《保护世界文化和自然遗产公约》的第1条对“文化遗产”作了定义：在本公约中，以下各项为“文化遗产”——文物：从历史、艺术和科学角度看具有突出的普遍价值的建筑物、碑雕和碑画、具有考古性质成分或结构、铭文、窟洞以及联合体；建筑群：从历史、艺术或科学角度看在建筑式样、分布均匀或与环境景色结合方面具有突出的普遍价值的单立或连接的建筑群；遗址：从历史、审美、人种学或人类学角度看具有突出的普遍价值的人类工程或自然与人联合工程以及考古地址等地方。

就是文物。“加多宝”凉茶在宣传其为“非物质文化遗产”代表作时，本身是与“非物质文化遗产”的概念相违背的。

针对第二个关系，即非物质文化遗产的概念中的“各族人民世代相传并视为其文化遗产组成部分的各种传统文化表现形式”与“与传统文化表现形式相关的实物和场所”之间的关系。我们知道“非物质文化遗产”是“无形”文化遗产，但是“无形”不代表不存在，“无形”的东西必须由“有形”的东西来承载，因此，“与传统文化表现形式相关的实物和场所”也是“非物质文化遗产”的组成部分。然而，国家所要保护的“非物质文化遗产”并不是侧重于这些“相关的实物和场所”，而是这些有形的承载物背后的精神层面的创造活动和结晶，所关注以及要保护的是蕴藏在这些物化形式背后的精湛的技艺、独特的思维方式、丰富的精神蕴涵等精神层面的、非物质形态的内容。[1] 这些无形的东西也才真正是“非物质文化遗产”的价值所在。

在实践中可以很好地理解上述内容，随便列举几项列入第一批国家级非物质文化遗产名录的传统手工技艺，例如，“龙泉宝剑锻制技艺”（第387项）、“明式家具制作技艺”（第395项）、“茅台酒酿制技艺”（第407项）。可以看到国家所保护的都是承载于实物背后的精湛的手工技艺，“龙泉宝剑锻制技艺”保护的并非锻造出来的一柄剑，“明式家具制作技艺”也并非保护具体一个个苏州明式家具，“茅台酒酿制技艺”更不是保护市面上的一瓶瓶茅台酒。以“龙泉宝剑锻制技艺”为例，它真正的价值在于工匠们所掌握的龙泉宝剑的锻造工艺，包括选材的考究、锻打的火候、淬火研磨的独特方式，正是因为其工艺的独特之处，才造就了锋刃锐利、寒光逼人、刚柔并济、纹饰精致的龙泉宝剑，并且，在其独特锻打技艺中蕴含了丰富的文化内涵，在中国兵器史、冶金史和艺术史上占有重要地位。千锤百炼锻打出来的“龙泉宝剑”是物质的，然而，保护了这样一个锻打出来的产品，并不意味着保护了这种技艺、这段文化、这段延绵不绝的历

---

[1] 王文章．非物质文化遗产概论［M］．北京：文化艺术出版社，2006：8-9，14-15.

史。掌握在那些老艺人身上的精湛的技艺才是真正可贵的、价值连城的、亟待保护的，这些东西很多时候是无法用语言、文字所传承，而是需要由老艺人通过言传身教传承下去的。因此，在对“非物质文化遗产”进行保护时必须明确好保护的“非物质”的对象，不明确这样一个对象，既无法在保护中有的放矢，还可能与“物质文化遗产”造成混乱。“龙泉宝剑”如果也作为非物质文化遗产保护的对象，那么，当一柄“龙泉宝剑”通过历史的积淀成为文物，就成了“物质文化遗产”，这不就与“非物质文化遗产”和“物质文化遗产”的区分相背离了吗？“明式家具制作技艺”是非物质文化遗产的对象，如果将其制作出来的家具也作为非物质文化遗产的对象，那么，小而大之，种种家具加上传统建造技术形成的一栋建筑物，这栋建筑物是否也得列入非物质文化遗产的对象，这就又与作为建筑物文物的“物质文化遗产”形成了冲突，造成了混乱。

通过上述分析，在谈到“非物质文化遗产”时，必须牢牢把握“非物质”这个准确的概念，明晰“非物质文化遗产”与“物质文化遗产”的区别，明确“非物质文化遗产”中的“无形的各种传统文化表现形式”与“有形的与传统文化表现形式相关的实物和场所”之间的侧重点，这样，才会瞄准保护“非物质文化遗产”的准确对象，才有可能最终达到真正保护的目的。

在王老吉与加多宝之诉中，加多宝针对其凉茶所进行的“非遗”宣传，错误之处正在于，其宣传的是其凉茶产品，而其凉茶产品并不是国家所列入的非物质文化遗产名录的保护对象，也相悖于“非物质文化遗产”的保护宗旨，虽然说加多宝对凉茶产品的生产经营，确实是极大地推动了国家级非物质文化遗产凉茶制作工艺的保护，这一点值得称道，也应该给以高度评价，然而，“加多宝”凉茶的此种宣传行为，却很明显是借“非遗”传承之名，行经济牟利之实。笔者认为，加多宝公司可以宣传“加多宝”凉茶采用了列入国家级非物质文化遗产名录“凉茶”的配方及技艺之一配制，也可以借自己通过生产性保护[1]的方式在对国家级非物质文化遗产代表作“凉茶”的传承上所作出的贡献进行产品宣传，这样，既名利双收，也不致明显违背《非物质文化遗产法》而惹得官司缠身，四处被剿。

关于如何保护、传承、弘扬“凉茶”这一国家级非物质文化遗产，站在《非物质文化遗产法》的角度，从非物质文化遗产本身的概念和传承出发去研究，显然是基本的。明晰了概念，明晰了立法的宗旨，明晰了国家保护非物质文化遗产的缘由，才会将侧重点放在“凉茶配制技艺”这一准确对象上，切切实实地扮演好非物质文化遗产项目代表性传承人的角色，依法、依规对非物质文化遗产进行保护。同时，面对“非物质文化遗产凉茶”这样一个涉及企业、品牌如此之多的特殊局面，基于非遗凉茶多家共享的这样一个事实，又非常需要站在《反不正当竞争法》的角度，从公平竞争、合作共赢的角度出发去探讨，才能开创多家共享、共创繁荣的宏大图景。

从市场规制和市场竞争的角度而言，“公平竞争”是反不正当竞争法的一项基本原则，它要求参加市场竞争的主体按规则行事，不得非法获取竞争优势。公开、平等、公正的竞争，是构建良性有序的市场竞争环境的基石，因此，市场竞争的主体不允许通过任何不正当的手段，借以抬高自己。具体到王老吉和加多宝之诉中，“加多宝”凉茶的“获准为国家级非物质文化遗产代表作”的宣传，实际上就是一种通过与事实不符的宣传，借以抬高了自己，并损害了包括“王老吉”凉茶、黄振龙凉茶、邓老凉茶等其他品牌凉茶的公平竞争权益。

客观来看，加多宝对凉茶行业的发展所作出的贡献是瞩目的，凉茶产业能由十几年前销售额不足一亿元的产业，到如今形成超过500亿元的巨大饮料产业，这与加多宝企业的经营密不可分。然而，“凉茶”能够成功申报为

[1] 《非物质文化遗产法》第37条第1款规定：国家鼓励和支持发挥非物质文化遗产资源的特殊优势，在有效保护的基础上，合理利用非物质文化遗产代表性项目开发具有地方、民族特色和市场潜力的文化产品和文化服务。“非物质文化遗产生产性保护”就是通过生产、流通、销售等方式，将非物质文化遗产及其资源转化为生产要素和产品，产生经济效益，并促进相关产业发展，使非物质文化遗产在生产实践中得到积极保护，实现非物质文化遗产保护与经济社会协调发展的良性互动。

国家级非物质文化遗产，这与广东省文化厅、香港特别行政区民政事务局、澳门特别行政区文化局的行政工作，包括广州王老吉药业股份有限公司、广州香雪制药股份有限公司、广东健生堂保健品有限公司、广州黄振龙凉茶有限公司等众多企业各自对凉茶的传承，以及联合申报工作是密不可分的。“加多宝”凉茶宣传其“获准为国家级非物质文化遗产代表作”，当这样的产品宣传投放到市场，消费者无形中就容易误认为该产品达到国家的标准，该产品是非物质文化遗产“代表作”，同时市场上的其他凉茶产品没有达到国家级非物质文化遗产“代表作”这样的一个水平，是差于“加多宝”凉茶的，客观上就起到了抬高自己、贬低其他竞争对手的作用，不利于公平竞争。

我国《广告法》第 9 条规定了广告不得具有的情形之一是使用国家级、最高级、最佳等用语。所谓国家级产品一般是指由国家部委批准生产的产品，这不仅不能代表其产品质量达到何种程度（如国家级新药、国家级新产品），而且此类比较含混的词句，会使消费者误认为该产品达到国家的标准，影响消费者作出正确的选择。因此，广告不得使用国家级词句。“加多宝”凉茶使用“国家级非物质文化遗产代表作”的宣传与之类似，“加多宝”凉茶只是使用了国家级非物质文化遗产代表作凉茶的其中一个配方，但是，“加多宝”凉茶本身不是国家级非物质文化遗产“代表作”，并且其产品的质量怎么样，有没有严格按照相应的非物质文化遗产的配方配制，外界无从得知。通过这样的宣传用语，无形中就使得消费者误认为该产品达到国家的标准。不管其他凉茶企业是否具有各自的国家级非物质文化遗产凉茶配方，“加多宝”凉茶此番宣传实质上也起到了抬高自己、贬低其他竞争对手的作用；在其他凉茶企业也具有国家级非物质文化遗产凉茶配方的情况下，则更有违公平竞争原则。笔者认为，媒体所报道的“‘星群夏桑菊’等凉茶秘方及术语成为‘国家级非物质文化遗产’”[1]，“霸王凉茶秘方被认定为非物质文化遗

---

[1] “星群夏桑菊”等凉茶秘方及术语成为“国家级非物质文化遗产”［EB/OL］.（2006-05-31）. http://www.gpc.com.cn/news/2006/200653173940.html.

产”❶ 等宣传用语则更客观一点，但也有问题，即没有反映其只是拥有非物质文化遗产“凉茶”的其中部分配方。对于“加多宝”凉茶而言，“加多宝”凉茶完全可以采用更公正的合法宣传方式来宣传其凉茶产品与非遗之间的关系，比如“加多宝凉茶产品采用列入国家级非物质文化遗产名录‘凉茶’配方之一配制”，“加多宝凉茶使用获准为国家级非物质文化遗产代表作‘凉茶’的秘方之一配制”。这样，既客观地阐述了列入非物质文化遗产名录的是“凉茶”制作技艺，又通过“之一”的方式表明了还有其他的企业、其他的配方，不至于损害其他企业的公平竞争权。

根据广东省食品行业协会公开的数据：2005 年，国内凉茶饮料产量不足 100 万吨，在经济统计中也没有位置，2006 年申遗成功后，凉茶饮料以翻番的速度发展，2006 年当年就翻了多倍至 400 万吨。在 2010 年，凉茶饮料销量已经超越可口可乐国内总销量。“凉茶”入遗为凉茶饮料的发展提供了跨越发展的东风，而凉茶饮料的热销也为传统“凉茶”的发展注入的新的源泉，为非物质文化遗产凉茶的传承注入了不竭的动力。然而，在凉茶企业发展的过程中，如何打好“非遗”这张牌，却需要各个凉茶企业以法律为准绳进行宣传与运作，需要各个企业首先做好自律，从而营造公平公正的市场竞争环境。正如 2011 年 7 月，“凉茶”申遗五周年之际，50 余家凉茶企业齐聚北京共同签署了《凉茶发展公约》所表示的：要保持凉茶行业的可持续发展，就必须规范行业、促进自律。每一个拥有凉茶配方的企业，合法地传承“非遗”，开发“非遗”资源，则“非遗”也将助企业自身长期跨越发展；而每一个企业，若歪曲使用“非遗”，不法利用“非遗”，则难免被人以“非遗”大棒讨伐，反而影响其企业长期发展之路，也影响整个凉茶行业的健康有序壮大。

非遗“凉茶”，是由二十多家企业众志成城，共同努力申报的国家级非物质文化遗产代表作；是由五十多家企业世代相传，共同传承延续为至今经

---

❶ 霸王凉茶秘方被认定为非物质文化遗产［EB/OL］．（2011-07-14）．http://tech.ifeng.com/gundong/detail_2011_07/14/7681055_0.shtml.

久不衰岭南文化风景线。获得“国家级非物质文化遗产代表作”这样一个荣誉，应当为大家所共有共享，而不能被某一个企业单独用作“代表作”宣传。此种偷天换日，自扣一顶帽子，排斥他人贡献，独占非遗资源，违背事实，误导公众，损公而肥私，贬他而扬我之自利行为显然无助于开创凉茶产业大发展之图景，有悖于多家共享、共创繁荣之精神。

国务院于 2015 年 12 月 22 日发布了《国务院关于新形势下加快知识产权强国建设的若干意见》（国发〔2015〕71 号）❶，其中专门提到：“加强对非物质文化遗产、民间文艺、传统知识的开发利用，推进文化创意、设计服务与相关产业融合发展。”在国家这么重视非物质文化遗产开发利用的大环境之下，这众多的共享非遗凉茶之企业，更应该依法依规，公平有序，共创凉茶产业的大发展大繁荣。

---

❶ 国务院关于新形势下加快知识产权强国建设的若干意见［EB/OL］.（2015-12-18）. http://www.gov.cn/zhengce/content/2015-12/22/content_ 10468.htm.

第十九章
CHAPTER

商标侵权　索赔十亿

⑲

在中国，你听说过索赔十亿元，然后增加到 29 亿元的商标侵权诉讼吗？也许没有，但自广药集团收回商标使用权后，天价索赔这一幕，就拉开并上演了——因贿签合同无效而导致的商标侵权诉讼，引发了中国商标侵权第一大案——广药集团诉加多宝等六家公司商标侵权之诉，其一审，就在广东高院。

王琳绘制

图 19-1　索赔十亿　再加十九亿

一、协议无效　构成侵权

“王老吉”商标归属的尘埃落定，广药王老吉在虚假宣传案、十罐七罐案、红罐装潢案的胜诉，并没有让广药人松一口气，因为紧接着的商标侵权案对于他们来说，是和加多宝将要进行的最为激烈、也是最为艰难的决战。

1. 贿签合同　自始无效

众所周知，广药集团是“王老吉”商标注册人和权利人，曾与鸿道集团于2000年5月2日签订《商标许可协议》，允许其在中国大陆使用王老吉注册商标，为期十年，至2010年5月1日止。

然而，陈鸿道为了能长期占有王老吉品牌，非法行贿当时广药集团董事长李某300万元，贿签了《王老吉商标许可补充协议》和《关于王老吉商标使用许可合同的补充协议》两份补充协议，把“王老吉”商标的租用期限直接延至2020年5月1日止。

广药集团自然不会认可这两份补充协议里的内容，在经与加多宝方面多次谈判、发送律师函等多种方式沟通无效后，为维护自身权益，于2011年4月26日，向中国国际经济贸易仲裁委员会提请仲裁上述两份补充协议无效。

中国国际经济贸易仲裁委于2012年5月9日作出裁决，认定：“陈鸿道是采取贿赂犯罪手段谋取2010年5月2日至2020年5月1日止的十年使用‘王老吉’商标的权利，该两份补充协议严重违法，自始属于无效。而陈鸿道也应当知道商业贿赂不仅犯罪，通过贿赂所签订的合同也自始无效。鸿道集团能够合法使用‘王老吉’商标的最终期限是2010年5月1日，从2010年5月2日之后，再使用‘王老吉’注册商标就属违法。侵犯原告‘王老吉’注册商标权，无论是其公司自己使用还是委托授权其他公司使用均属侵权。”

中国国际经济贸易仲裁委还明确指出：上述两份协议造成了国家资产的重大流失，属于《合同法》所规定的“恶意串通损害国家、集体或第三人利益”的情形，是属无效协议。

我国《民法通则》第58条中规定：“无效的民事行为，从行为开始起就没有法律约束力”。《合同法》第56条中规定：“无效的合同或者被撤销的合同自始没有法律约束力”。《合同法》第52条中规定：“有下列情形之一的，合同无效……（二）恶意串通，损害国家、集体或者第三人利益”。《商标法》57条规定：“有下列行为之一的，均属侵犯注册商标专用权：（一）未经商标注册人的许可，在同一种商品上使用与其注册商标相同的商标的……”

因此，笔者认为，依据法律规定，两份补充协议是陈鸿道恶意串通李某，非法贿签所得，而王老吉是国有资产，两份补充协议不合理地延长了“王老吉”商标的使用年限，造成了国家资产的重大流失，是属于恶意串通、损害国家利益的行为，两份补充协议属于无效协议。

既然两份补充协议被仲裁裁决无效，鸿道集团2010年5月2日之后再使用“王老吉”商标就没有了合法的依据，若再用便是违法——如裁决书中描述：无论是其公司自己使用，还是委托授权其他公司使用，均属侵权。

总而言之，仲裁裁决一经生效便会产生补充协议自始无效的效力。因此，无论加多宝曾为王老吉品牌的升值作出了多大的贡献，但其在2010年5月到2012年5月期间，使用商标的合法依据丧失。这一点，是不容置疑的。

2. 合同无效　侵权成立

两份补充协议的无效，使加多宝丧失了使用“王老吉”商标的合法依据，痛失了会赚钱的“金娃娃”。从此，加多宝便陷入一个营销怪圈：一方面，对“王老吉”商标不愿放手，借王老吉做最后的营销；另一方面，又不断触犯王老吉的底线，致使双方纷争不断。加多宝的这个营销怪圈，明显呈现出其侵犯王老吉一方的商标权益，这些行为主要体现在：

2010年5月2日之后，加多宝方面没有停止生产带有“王老吉”商标的凉茶，而是依照上述两份补充协议继续向广药集团支付商标许可使用费。

2010年8月，广药集团律师方向鸿道集团发出“立即停止使用王老吉商标”的律师函，但鸿道集团仍然继续生产红罐“王老吉”凉茶。

2011年4月，广药集团向中国国际经济贸易仲裁委提起仲裁申请之后，加多宝方仍旧未停止生产红罐“王老吉”凉茶，反而增加产量。

2011年10月，加多宝方推出了一面印有“加多宝”、一面印有“王老吉”的红罐凉茶装潢，一罐红罐凉茶同时印有“王老吉”和“加多宝”，让消费者产生对二者关系的误认，认为是王老吉推出了“加多宝”品牌。此外，一面印有“加多宝”、一面印有“王老吉”的红罐凉茶装潢一直销售到2013年1月，直到广州中院下达诉中禁令裁定之后才渐渐销声匿迹。

2012 年 5 月，中国国际经济贸易仲裁委的仲裁裁决下达后，加多宝方将所有出品的带有王老吉字样的饮料罐改为双面“加多宝”的新包装，但与旧包装相比，除了改动王老吉三个字以外，其余设计与原来王老吉红罐完全一致——除了在包装上沿用原来的红罐包装和竖体排版等，还沿袭了原有产品“预防上火”的罐装凉茶的产品定位。

2012 年 6 月，加多宝方展开地毯式广告宣传，利用电视、报纸、网络、机场、高速公路、地铁的广告牌等，进行铺天盖地的广告轰炸：“全国销量领先的红罐凉茶改名加多宝”“红罐王老吉凉茶更名为加多宝凉茶了”……不仅选用与原来相似的广告场景，而且运用“全国销量领先的红罐凉茶，改名加多宝”“还是原来的味道，还是原来的配方”的广告语，试图让消费者相信“王老吉”凉茶已经改名“加多宝”凉茶了，“加多宝”凉茶就是正宗凉茶的代表，从而延续品牌价值。

……

从加多宝上述行为不难看出，2011 年 10 月之前加多宝一直使用“王老吉”商标，此后更是推出了“王老吉、加多宝”两面双品罐凉茶，而且还大肆宣传“王老吉更名加多宝”。加多宝“转移品牌价值搭便车”的行为，印证了加多宝使用“王老吉”商标，是明知而故意为之的侵权行为。而且事实上，加多宝的行为造成了王老吉品牌价值严重分离转移至加多宝，使得消费者认为王老吉就是后来的加多宝，加多宝就是原来的王老吉，给王老吉造成的严重损失是难以估量的。以上事实足以表明，加多宝自 2010 年 5 月 2 日起，一直侵犯王老吉一方的商标权益，特别是“王老吉、加多宝”两面罐凉茶、“王老吉更名加多宝”广告语的推出，加多宝侵权的主观恶意十分明显。基于补充协议的自始无效，加多宝自 2010 年 5 月 2 日起，再使用“王老吉”商标便构成商标侵权。

此外，还有一点不能忽视的是，广药集团与鸿道集团 2000 年签订的《商标许可协议》还有这么一条约定：“被许可人未经许可人书面同意，被许可人不得将该商标再许可其他第三者使用，但属被许可人投资（包括全资或合资）的企业使用该商标时，不在此限，但需知会许可人”。在这里，许可人是广药集团，被许可人是鸿道集团，广东加多宝饮料食品有限公司（以下简称“广东加多宝”）是鸿道集团1998年在中国大陆设立的全资子公司，在中国大陆全责负责生产、营销王老吉红罐饮料的企业，是符合合同约定的、合法拥有王老吉商标和装潢使用权的企业。

然而，在2004年成立的浙江加多宝饮料有限公司、加多宝（中国）饮料有限公司，2005年成立的福建加多宝饮料有限公司，2006年成立的杭州加多宝饮料有限公司，2007年成立的武汉加多宝饮料有限公司，这五个企业却与广东加多宝共同生产、销售了包含“王老吉”商标的产品。根据“全国企业信用信息公示系统”的信息显示，鸿道集团并非这五家企业的股东，那么最初鸿道集团是否对这五家企业进行了投资，这五家企业当初使用王老吉商标和装潢的时候是否告知了广药集团，广药集团又给予了怎样的回应，目前尚未明确。所以这五家企业使用王老吉商标及包装装潢的行为是否符合《原商标许可协议》的约定，似乎也有值得探讨的空间。

3. 依时“进贡”　可否免责

两份补充协议虽然被裁决无效了，但是在2010年5月2日后，加多宝方面仍然依时“进贡”——即按照两份补充协议约定的内容，按季度向广药集团支付商标许可使用费。加多宝集团董事长办公室总监冯志敏表示：“2010年5月至2012年5月，加多宝的商标租赁行为，是基于广药集团和鸿道集团之间合意的合理履约行为，且已按时足额支付许可使用费，不应当被认定为侵权行为”。[1] 这不禁让人产生疑问，既然加多宝支付了商标许可费，那么在支付许可费的这段时间，加多宝使用“王老吉”商标，是否就因为其依时“进贡”——缴纳商标许可费，而免除商标侵权责任呢?

据以上，加多宝向广药集团按期支付许可费的行为，使得“王老吉”商标侵权之诉存在两个问题：

第一，即便两份补充协议存在效力瑕疵，但广药集团收取了加多宝支付

[1] 王老吉加多宝29亿商标案法庭直击：激烈对峙　彼此指责［EB/OL］．［2016-06-24］．http://finance.sina.com.cn/chanjing/gsnews/2016-06-24/doc-ifxtmwei9240469.shtml.

的商标许可费，是不是就默认了该补充协议的内容，而使得两份补充协议变得自始有效呢？

第二，另一方面来讲，加多宝按期支付了许可费用，是不是表明其实际上是履行了使用他人商标应负的义务，那既然履行了义务，即使合同最终无效，是否因其履行了义务可免除其商标侵权的责任呢？

谈到这里，必须了解一个事实。

早在2010年5月2日来临之前，广药集团的高层就向鸿道集团示意，希望可以详细商讨关于“王老吉”商标的租赁问题——因为双方对“王老吉”商标使用期限的认知是不一致的：于广药集团来讲，认可的是最初签订的商标许可协议约定的期限；而于鸿道集团来讲，他们认可的是后来贿签的两份补充协议约定的期限。但是由于加多宝方面对于商讨并没有多大的兴趣，只是消极应对，因此在商标许可协议到期后，广药集团觉得一拖再拖也不是办法，便于2010年8月30日向鸿道集团发出律师函，告知加多宝一方合同期限已到，如继续使用请重新谈判。

然而诡异之处就在于，这份律师函，在寄送地址填写得丝毫不差的情形下，送达时却“查无此人”，得到的反馈是“没收到”；王老吉一方发传真，结果对方的回应还是“没收到”，最后广药集团的纪委书记杨秀微和副总经理施少斌亲自送函，前台小姐却告知：老板不在则不收信件——足以见得，加多宝根本就无意与王老吉方耐心谈判，而是只按照他们的想法做生意，我行我素。

在加多宝一方对王老吉方的律师函不予理会的同时，加多宝仍旧依照两份补充协议的约定，按季度向广药集团支付商标租赁许可费。广药集团为避免对方以此反驳其诉求，将加多宝一方2010年5月2日之后汇过来的钱一律封存，分文不动，并予以了公证。王老吉方面表示：“即便加多宝为此支付了商标租赁费，侵权行为也是既定事实。广药收到该笔所谓的‘商标费’，内部早已做了相关的保全挂账处理，并未将其作为商标费入账”。[1]

因此，表面上看来，加多宝一方的确向广药集团支付了商标租赁许可费，

---

[1] 王老吉加多宝29亿商标案法庭直击：激烈对峙　彼此指责［EB/OL］．［2016-06-24］．http://finance.sina.com.cn/chanjing/gsnews/2016-06-24/doc-ifxtmwei9240469.shtml.

但这只是加多宝一厢情愿的表示，广药并没有认可这笔费用，而且分文不动，未做收益。

合同本身就是双方合意的一个载体，广药集团从头到尾，都没有承认过两份补充协议中的任何内容，也没有将加多宝支付的商标租赁许可费作为商标费入账，并进行收益，这两份补充协议是不可能有效的，而且中国国际经济贸易仲裁委也裁决该两份补充协议无效，因此，加多宝自 2010 年 5 月 2 日以后就无权再使用“王老吉”商标，如若使用则就构成侵权。

加多宝租赁广药集团“王老吉”商标的行为，在市场经济纷繁复杂的竞争环境与利益关系中，是一种常态，租赁行为随时都在发生。但是无论如何使用商标，基于公平、公正基础上制定的法律条文与合理事实永远都是不能改变的，谁都不能因为有多于常人的付出就能够获得一些非法的收获。

17 年苦心培育，为王老吉打响了名声，壮大了市场，广药承认加多宝的付出与努力，但“王老吉”商标毕竟不是加多宝的，法律是法律，人情是人情，市场走的是规矩，无规矩不成方圆，商标使用权被收回后，还再使用——那就是侵权。

“王老吉”商标价值的提升，加多宝功不可没，但不是有功就可以独占。“王老吉”商标被拿回去了，加多宝不甘心，借着它的名声，掠夺它的价值，弄虚作假，误导消费者——那就是侵权。

二、及时诉讼　未过时效

2010 年到 2014 年，五年的时间，对于广药集团来说，是一个不平凡的五年。五年里，加多宝独据凉茶市场的老大，采用的营销策略，可谓“妙招迭出”，尽显“三十六计”之精髓；王老吉方则也是见招拆招，兵来将挡，水来土掩。随着二者“战斗”的白热化，王老吉一方乘胜追击，拉响了商标侵权的战役——然而，这场商标侵权之诉，却是在 2014 年才正式提起，要知道，在广药集团高层知道两份补充协议贿签时，就应当意识到其合法权益可能会受到侵害，而依照法律规定，一般民事侵权诉讼时效为两年，那么广药集团还有胜诉的可能吗？

1. 为何起诉　原因何在

基于加多宝的商标侵权行为，王老吉一方最终选择了起诉。于王老吉方来讲，加多宝对“王老吉”商标的增值有贡献，对加多宝非法使用其“王老吉”商标，王老吉本也可以网开一面，但是它为什么还是走上了诉讼的道路呢？

情理上讲，一来加多宝毕竟是王老吉多年的合作伙伴，他们风雨同舟，相互扶持了十几年，加多宝又对王老吉作出了巨大贡献，断兄弟情如同断手足；二来，王老吉没有像加多宝那样丰富的营销经验，也没有生产红罐的设备、原材料等的基础，倘若加多宝与王老吉最后撕破脸皮，对王老吉来讲，是极为不利的。

所以，王老吉的高层不可能笨到连这些都没想到就草率起诉，实际上，为了挽回二者原有的亲密合作方式，王老吉采取了一切尽可能挽回的办法。任何人都知道侵权案件的诉讼时效为两年，王老吉将商标侵权之诉一拖再拖，也是为了能够给予加多宝考虑的时间，希望加多宝不要再侵权，好好商谈。而且，即使后面中国国际经济贸易仲裁委裁决两份补充协议无效之初，王老吉还是秉持着“以战求和”的态度，仅仅要求加多宝撤去原来带有“王老吉”商标的红罐凉茶，并未开口任何赔偿，更没有要求天价索赔。

然而，从本章第一节的内容中，即可明白，从最开始，加多宝消极谈判。以致两份补充协议被王老吉提请仲裁，被裁决无效，到后来加多宝陷入营销怪圈，借王老吉之名进行虚假宣传，破坏市场正常的营销秩序，在王老吉多次警醒之后，加多宝仍旧未停止侵权，反而愈演愈烈，所以，广药采取诉讼之举，实际上是被加多宝逼上了梁山，不得不采取的措施。

而且，对于王老吉方来讲，无论是此前对“王老吉”商标使用权的收回，还是在后期多次起诉加多宝、追究赔偿额，一来是为了保护国有资产——保护“王老吉”商标，挽回国有资产的流失；二来，也是为了对不断掠夺国有资产的违法企业进行威慑，还市场正常竞争秩序一片净土。而且，也只有通过商标侵权诉讼的索赔，才能真正弥补广药集团的损失，这是因为，改名案、红罐装潢案等的损失计算是很有限的，只有商标侵权的获利计算，是最直接、也是最全面的。

于是，2014 年 5 月，广药集团郑重地向广东高院提起了商标侵权之诉：

（1）请求判令广东加多宝赔偿自 2010 年 5 月 2 日始至 2012 年 5 月 19 日止因侵犯原告王老吉注册商标造成广药集团经济损失，标的为人民币十亿元。

（2）请求判令浙江加多宝饮料有限公司、加多宝（中国）饮料有限公司、福建加多宝饮料有限公司、杭州加多宝饮料有限公司、武汉加多宝饮料有限公司承担连带赔偿损失责任。

据此，商标侵权，天价赔偿大战，拉开了序幕……

2. 时效起点　如何计算

商标侵权诉讼的提起，让那些热衷于维护知识产权的人激动了。明眼人都知道加多宝在不断地侵犯王老吉的商标权，但广药集团却一直迟迟没有提起商标侵权之诉，对于要求维护知识产权的人来说，简直是忍无可忍的事情。开心之余，他们也不免担心，广药集团是 2014 年才提起的商标侵权之诉——这也回到本节开头提出的疑问：在广药集团高层知道两份补充协议贿签时，就应当意识到其合法权益可能会受到侵害，而依照法律规定，一般民事侵权诉讼时效为两年，这起商标侵权诉讼的诉讼期间就应当为李某被抓或被判刑时往后的两年，那么直到 2014 年才提起的这起诉讼，早已过了时效，法院究竟会不会管呢？

简单来讲，诉讼时效，即一个法定的时间期间，在此期间权利人若是提起了诉讼，那么法院就可以强制义务人承担其所应当承担的义务，但如果过了此期间，权利人才提起诉讼，义务人就有了诉讼时效的抗辩权，义务人以此向法院提出抗辩，权利人便失去了胜诉的机会，也只能两眼一抹黑，自认倒霉了。

商标侵权实际上也是一个权利和义务的关系，在广药集团与加多宝的商标侵权之诉中，广药集团的权利则是请求赔偿，而加多宝应履行赔偿义务，若是广药集团请求赔偿的时间超出了法律规定的诉讼时效，加多宝以此抗辩，广药集团便失去了胜诉的机会。

我国的《民法通则》规定，商标侵权的诉讼时效为两年，诉讼的时效期间从知道或者应该知道权利被损害时起计算。我国《最高人民法院关于审理商标民事纠纷案件适用法律若干问题的解释》第18条更是明确规定："侵犯注册商标专用权的诉讼时效为二年，自商标注册人或者利害权利人知道或者应当知道侵权行为之日起计算。商标注册人或者利害关系人超过二年起诉的，如果侵权行为在起诉时仍在持续，在该注册商标专用权有效期限内，人民法院应当判决被告停止侵权行为，侵权损害赔偿数额应当自权利人向人民法院起诉之日起向前推算二年计算。"

但对于广药集团来讲，诉讼时效的起算点真的是李某被抓或被判刑之时吗？

首先必须明确一点，即便李某被抓或被判刑之时，广药集团应当预见到将来"王老吉"商标可能会被侵权，但彼时商标侵权行为还没有发生，广药和加多宝的公司尚处于其乐融融的合作状态，就算有侵权的可能性，那也只是一个未发生状态，法律不可能连还没有发生的事情都进行规制，就好像一个人只是天天说要去杀人，但其根本没有杀人的行为，法院直接可以杀人罪给其判刑吗？

而且，加多宝对"王老吉"商标的侵权，主要依据在于两份补充协议被仲裁委给无效掉了——也就是加多宝侵不侵犯广药的权利，就看这两份补充协议合不合法。再把镜头拉回到2012年5月9日，仲裁委针对诉讼时效的问题，在裁决书中明确写道："无效合同具有违法性，违法行为不受法律保护，不能因为时间因素或者任何形式的履行行为使自始无效的合同成为合法有效的合同"。仲裁委明确补充协议违法之诉不受时效限制，因而裁决补充协议自始无效，才由此产生了商标侵权一说，而正由于补充协议的自始无效，商标侵权应当是从2010年5月2日开始起算，也就是这一天，才应当算作广药集团法律上明确知道商标侵权的时间起点。

3. 时效中断　重新起算

不过就算商标侵权的诉讼时效起算点以2010年5月2日起开始起算，但广药集团是2014年才提起的商标侵权之诉，这之间已经过了四年的时间，还是早已超过法律规定的两年诉讼时效期间。

然而，真的是过了诉讼时效了吗？

我国从古至今，都讲究阴阳相衡，对立互约，法律的精妙就在于此，不仅规定了诉讼时效，督促权利人行使权利，也规定了"诉讼时效的中断"，来监督义务人履行义务，相互制衡、相得益彰，以显道法自然，顺应规律。

我国法律规定，在诉讼时效期间进行中，因发生一定的法定事由，致使已经经过的时效期间统归无效，待时效中断的事由消除后，诉讼时效期间重新起算。法定事由包括起诉、直接向义务人作出请求履行义务的意思表示，或者义务人在诉讼时效进行中，直接向权利人作出同意履行义务的意思表示。

那么根据现有的证据来看，广药集团与鸿道集团的商标许可协议中约定，加多宝公司自2010年5月2日起便丧失“王老吉”商标的使用权，同时，王老吉方在2010年8月30日向加多宝公司发出律师函，要求其必须于2010年8月30日起停止使用“王老吉”商标，那么这个律师函的效力即为法条中的“直接向义务人作出请求履行义务的意思表示”。也就是说，依据法律规定，自2012年8月30日起，诉讼时效发生了中断，应当从2012年8月30日重新起算诉讼时效期间。

2011年4月26日，广药集团向中国国际经济贸易仲裁委员会提起仲裁申请，申请仲裁委裁定两份商标补充协议无效，同时要求加多宝公司停止使用“王老吉”商标。广药集团向中国国际经济贸易仲裁委请求加多宝公司停止使用“王老吉”商标，本身即为对商标权利的主张，属于法律规定的法律事由“起诉”。因此，在2011年4月26日，诉讼时效又发生法律规定中的“中断”，据法律规定重新从2011年4月26日再往后计算两年，到2013年4月26日止，广药集团的商标侵权之诉不丧失胜诉的机会。

2012年5月，广药集团曾向法院提起过“王老吉”商标的侵权纠纷，随后撤诉，虽然该诉讼没有进行，但只要广药集团行使了诉权，就表明广药集团在积极地行使自身权利，属于法定的诉讼时效中断事由“起诉”，据法律规定重新起算至2014年5月止，因此，2014年5月之前广药集团的商标侵权之诉，完全在诉讼时效的期间内。

此外，2010年8月，广药集团律师方向加多宝方发出“立即停止使用王老吉商标”的律师函后，加多宝方仍然继续生产红罐“王老吉”凉茶；2011年4月，广药集团向中国国际经济贸易仲裁委提起仲裁申请之后，加多宝方面仍旧未停止生产红罐“王老吉”凉茶；2011年10月，加多宝方更是推出了一面写着“加多宝”，一面写着“王老吉”的红罐凉茶装潢，一直销售到2013年年初，证明2010年5月到2012年年末间，加多宝的侵权行为一直在持续，仅从其持续的侵权行为来计算，广药集团的商标侵权之诉，也没有过时效。

不得不说，广药集团这一仗，打得是精彩绝伦，他们能得当地运用法律规定，为自身搜集证据以及保证胜诉争取了时间，也争取到了希望。

三、高额索赔　依据何在

在中国，儒家思想渗入国人行为的方方面面，“贵和持中、贵和尚中”的文化理念依旧是中国传统法律文化的特征。一场纷扰，一场纠纷，走到诉讼，已是有百折之难，千万标的的纷争，在国人眼中已是极具相当的高额度，若再上个亿，那就是天价。而且如此“天价”对于王老吉和加多宝来讲，恐怕使得二者以后再走的路都是十分不利的，所以对于原告方，谁也不愿扔出一个天价索赔，与对家彻底撕破脸皮，断了和气。

广药集团起诉加多宝侵权索赔“十亿元”，后期又变更诉求为“29亿元”，这不仅仅只是几个数字那么简单，也不只是钱多钱少的问题，其中包含的人情、世故及尘杂纷扰的元素实在是繁杂和混乱。

王琳绘制

图19-2　“窃取”商标

不过，广药集团这么做了，自然有他们的道理，毕竟商场如战场，兵家之纠，唯有鲜血才能赢得胜利，太过重视人情，可能广药集团还会像2010年之前被加多宝方牵着鼻子走。那么，这个天价索赔，是怎么得出的呢？

1. 许可为据　索赔十亿

从改名到改包装再到改广告语，加多宝的改变史说得可笑点，俨然就是一部“赔钱史”。据不完全统计，王老吉、加多宝从2010年开始产生法律纠纷至今，五年多来，所涉及的官司有数十起，王老吉获十几连胜，打赢了包括“改名案”“十罐七罐案”和“怕上火案”在内的所有广告语案件，加多宝在这些案件中，累计需支付赔偿金约1.7亿元。

“王老吉”商标承载着的巨大商誉和价值，从1828年建立起，通过数代人的不断努力，一脉相传至今。2010年11月10日，更是被北京名牌资产评估有限公司品牌价值评估为1 080.15亿元。

加多宝方当然也深知“王老吉”商标的价值，所以当他们痛失“王老吉”商标使用权之后，趁公众对该事件尚处混沌之时，就紧紧抓着舆论和市场的风向标，迅速为“加多宝”品牌打造基身，借着王老吉的知名度，快速扬帆起航，使得“加多宝”从一个名不见经传的品牌在短短几年之内迅速成为中国凉茶行业的巨头。可以说，加多宝的获利，至少有一半因素是由转移、淡化、稀释王老吉品牌无形价值非法获得的。

所以，加多宝公司的种种不正当竞争行为，对王老吉品牌造成的负面影响和巨大损失是无法估量的。即使到今天，加多宝已累计判赔的1.7亿元，与其借助众多侵权行为赢得的市场利益相比，简直是九牛一毛。

按照国际惯例，品牌使用费一般按销售额5%来计算。在2000年广药集团与鸿道集团签订商标许可协议将商标使用权延长至2010年5月时，广药集团考虑到王老吉仍处于品牌培育期，所以只按照鸿道集团年销售额的2.25%作为商标使用费。而且广药集团对旗下合资公司王老吉药业、白云山、记黄埔等，收取的品牌使用费都是按照销售额的2.1%来收取，相比较而言，对鸿道集团按2.25%收取商标使用费，并不多。然而，此后的两份补充协议，将2010—2020年十年间的商标使用费仅从450万元增加到537万元。据公开数据显示，仅在2011年，加多宝红罐凉茶销额就在160亿—180亿元，如果广药集团只单单严格按照最初销售额的2.25%要求加多宝方支付商标许可使用费，至少也要收取加多宝方3.6亿元。[1] 而事实上，加多宝的销售额远远在180亿元之上。2012年，加多宝红罐凉茶销售额超过200亿元，那么广药集团也至少应收取加多宝许可使用费四亿元，仅2011年和2012年两年，广药集团应收取加多宝商标许可费用就有约八亿元之多。

在王老吉已损失巨大的前提下，为了挽回国有资产的损失，威慑低成本违法行为，王老吉一方通过慎重计算后，郑重地向广东高院递交了诉状，请求加多宝一方赔付十亿元人民币。

十亿元索赔，当然不是空穴来风。早在仲裁裁决刚下达的时候，加多宝便开始了他们的广告宣传："中国每卖十罐凉茶，七罐加多宝"，显然加多宝一方自认在中国凉茶市场中，他们的营业份额所占的比例有70%之多。《中国行业企业信息发布中心》的数据显示：2012年1—9月，全国规模以上饮料企业实现利润257.6亿元，而凉茶占据了饮料行业7.21%销售份额，据此推算，加多宝在2012年至少盈利30亿元，根据《商标法》规定：侵犯商标专用权的赔偿数额，按照权利人因被侵权所受到的实际损失确定；实际损失难以确定的，可以按照侵权人因侵权所获得的利益确定；权利人的损失或者侵权人获得的利益难以确定的，参照该商标许可使用费的倍数合理确定。对恶意侵犯商标专用权、情节严重的，可以在按照上述方法确定数额的一倍以上三倍以下确定赔偿数额。

因此，侵犯商标专用权的赔偿数额，可按照"因侵权所获得的利益"确定赔偿数额。即在注册商标权利人的实际损失难以确定的情况下，可以按照侵权人因侵权所获得的利益确定。所以在加多宝仅2012年盈利为30亿元的前提下，广药集团请求赔偿十亿元人民币，实在不多。

然而，加多宝侵犯王老吉方商标专用权的行为，严重瓜分了王老吉的市

---

[1] 王老吉商标一年使用费仅五百余万　租赁合同首曝光［EB/OL］.［2016-11-13］. http://finace.sina.com.cn/chanjing/gsnews/20111226/011211059177.shtml.

场，损害了王老吉的利益，造成了国有资产的重大损失，加多宝就算再被判赔多少，对于王老吉一方的损失，也是远远不够、无法填平的。

2. 侵权竞合　索赔咋算

在商标侵权之诉打响之前，加多宝在红罐装潢案中接连失利，法院认为："'王老吉'三个字已经与王老吉红罐凉茶包装装潢的其他组成部分紧密地结合在一起，已经成为该包装装潢的一个重要组成部分……"据此，红罐包装装潢被判给了王老吉一方。

法院判决的理由不得不让公众又产生疑问，既然"王老吉"商标与红罐包装装潢已经融为一体，那么商标侵权与红罐包装装潢侵权岂不是一个事实，那这两个侵权不就构成了侵权的竞合？

法律上的侵权竞合，是指由于某一法律事实的出现，导致产生两种或两种以上的民事责任，而这些民事责任被数个法律规范调整，出现彼此之间相互冲突的现象。对于本章提到的商标侵权之诉，其基于的事实是加多宝 2010 年 5 月 2 日到 2012 年 5 月 19 日一直使用"王老吉"商标，但彼时"王老吉"商标和红罐是合并在一起使用的，所以，不少专业人士认为既然"王老吉"商标与红罐装潢不可分离，加多宝这两年使用"王老吉"商标和使用红罐装潢应属于同一事实，只是分别触犯了商标法和反不正当竞争法，应当属于侵权竞合。

但笔者认为，广药集团的商标侵权之诉，与红罐装潢案不竞合。首先，即使法院认定商标侵权与红罐装潢侵权构成竞合，但广药集团诉加多宝红罐装潢侵权，是基于 2012 年 5 月 10 日之后，加多宝生产、销售两面"加多宝"红罐装潢凉茶这一事实而提起的诉讼，也就是说，红罐装潢对于王老吉来讲，确实是与商标不可分离的一部分，所以法院最后判决红罐属于王老吉，而加多宝不得不改成了金罐包装。而商标侵权之诉，主要是基于加多宝在 2010 年 5 月 2 日到 2012 年 5 月 9 日，侵犯广药"王老吉"商标权利这一事实而提起的诉讼——而那个时候，加多宝还在使用"王老吉"三个字的商标。所以笔者认为两个诉讼基于的事实根本不是一个，是不会构成竞合的。进一步，笔者还认为，商标侵权之诉与红罐装潢案的反不正当竞争之诉，侵权行为主体不相同。就拿王老吉一方的商标侵权之诉和红罐装潢反不正当竞争之诉来说，商标侵权之诉的侵权行为主体是全国六家加多宝公司［即广东加多宝饮料食品有限公司、浙江加多宝饮料有限公司、加多宝（中国）饮料有限公司、福建加多宝饮料有限公司、杭州加多宝饮料有限公司、武汉加多宝饮料有限公司］，而装潢案中侵权行为主体只有广东加多宝饮料食品有限公司一家；侵权行为主体都不一致了，更何谈事实会是同一个呢？所以，尽管红罐装潢案已经定性与判赔，但这并不是侵权的竞合。

其次，关于索赔额如何计算的问题，应当是具体结合王老吉一方因加多宝商标侵权造成了多少损失，依照填平原则，进行计算。至于是否会构成与红罐装潢案索赔重叠，红罐装潢案其索赔依据是基于 2012 年 5 月 10 日后加多宝在广州地区侵犯广药集团知名产品包装装潢权而判赔的；而商标侵权之诉的索赔依据是 2010 年 5 月 2 日到 2012 年 5 月 19 日加多宝因商标侵权给王老吉造成损失而计算得出的，二者索赔额计算的时间点和依据都不一致，不可能构成重叠。

而且，由于加多宝近些年的获利几乎是由转移王老吉品牌价值获得的，严重损害了王老吉一方的利益，造成了国有资产的重大损失，根据填平原则，红罐装潢案及其他案件的判赔额根本无法弥补王老吉方的损失，王老吉一方也不可能会从索赔额中获得利益。所以，在索赔不重叠的前提下，法院也应当会是按照商标侵权索赔的方式，判定赔偿额的，不可能因为加多宝之前已经被判赔约 1.7 亿元，就会减轻对其的惩罚。

3. 增加索赔　依据何在

2015 年开春，当人们还在回味春节长假中的舒适和闲散的时候，两家凉茶生产巨头王老吉和加多宝已经在法庭外摩拳擦掌，准备再次开战。

2015 年 2 月 27 日，广药集团发布《关于王老吉商标法律纠纷的进展公告》称，已就该商标纠纷案（索赔十亿商标侵权案）向广东高院申请变更诉讼请求，将广东加多宝饮料食品有限公司的赔偿金额由 10 亿元变更为 29.3 亿元。该公告中称，广药集团在 2014 年商标侵权案件被受理之后，依法调取了加多宝的工商登记信息，并委托会计师事务所进行相关专项分析并出具报告，其中显示，在上述期间加多宝净利润合计约为 29.3 亿元。

2016年6月24日，加多宝侵犯“王老吉”商标一案正式开庭。据庭审直击现场报道：❶

29亿元的天价索赔是怎么来的——广药王老吉方面律师表示：“根据法律规定，在商标侵权案件中，权利人有权依法自行选择赔偿数额的计算方法。该案中，王老吉明确主张以被告六家加多宝公司在涉案期间因侵权所获得的利益作为赔偿数额，因此应当按照加多宝在侵权期间因侵权所获得的利益来计算损害赔偿的金额”。“根据王老吉委托会计师事务所作出的《专项分析报告》，估算出2010年5月2日至2012年5月19日期间，六家涉案加多宝公司净利润为293 015.55万元”——而这仅是加多宝向工商年检申报的利润。

至于为何将10亿元变更为29亿元——王老吉方面律师表示，根据加多宝向社会公布的数据及网络上的宣传及饮料行业通常的利润率计算法则，加多宝的实际净利润远远超出工商年检报告的净利润。据此，王老吉相应提高了索赔金额，由10亿元增加为29.3亿元。

加多宝方面则认为，王老吉的索赔无法可依。加多宝集团法律顾问姚岚指出：广药集团主张的赔偿数额没有事实和法律依据，只是司法营销的噱头……加多宝对王老吉品牌提升起到极大的推动作用，广药集团应依据利益平衡原则和不当得利制度对于加多宝在商标使用中贡献的巨大的商标价值，给予利益返还，而不是诉讼索赔。

相关法律人士对此表示：补充协议仲裁无效之前，加多宝利用一面“加多宝”、另一面“王老吉”凉茶装潢，将王老吉的品牌价值转移到加多宝身上；仲裁无效之后，加多宝品牌的获利，在头几年甚至更长的时间，都是转移“王老吉”商标价值至加多宝品牌上所产生的，而且在广药集团未最终取得改名、广告语、十罐七罐、装潢案胜诉之前，不少消费者都将加多宝混淆为王老吉，王老吉价值一千多亿，加多宝的侵权行为何止仅转移了29亿元。

事实上，广药集团也可以参照商标许可费用国际惯例，即销售额的4%－5%计算，加多宝仅在2011年和2012年的销售额约400个亿，依照

❶ 王老吉加多宝29亿商标案法庭直击：激烈对峙　彼此指责［EB/OL］．［2016－06－24］．http://finance.sina.com.cn/chanjing/gsnews/2016-06-24/doc-ifxtmwei9240469.shtml.

2013年《商标法》第63条规定："……权利人的损失或者侵权人获得的利益难以确定的，参照该商标许可使用费的倍数合理确定……"那么经计算，加多宝所应赔偿的数额也差不多有二十多个亿。

依据2013年《商标法》第63条对惩罚性赔偿的规定：对于恶意侵权的，可以在按照57条规定计算赔偿方法确定数额的一倍以上三倍以下，来进行计算。王老吉在案件起诉前，已经通过侵权警告函、律师函等方式警告过加多宝，加多宝都置若罔闻，甚至推出了一面"王老吉"一面"加多宝"的两面罐凉茶，主观恶意明显，那么根据惩罚性赔偿计算得出的金额，远远超过了29亿。

广药王老吉2014年起诉商标侵权，社会反应均不一致，有人认为加多宝已经十几连败，对王老吉的赔偿已达巨额，现在又被起诉赔偿29亿，实在有些不近人情；也有人认为，加多宝的商标侵权行为属违法行为，理应受到起诉。关于王老吉是否有得理不饶人之嫌，笔者认为，王老吉方已经给过加多宝多次谈判的机会，并且寄送了律师函警告其停止使用"王老吉"商标权，本身具有"得饶人处且饶人"的心态，是因为加多宝无视法律规定，连续不断侵犯王老吉的合法权益，才导致王老吉不得不走上诉讼的道路，所以，广药起诉加多宝商标侵权是合法且合理有据的，不存在得理不饶人的心态。

还有一个问题是，理论上讲，计算索赔得到的29亿元是依据法律规定的方法计算得到的，是符合法律规定，也是合情合理的，但是该案是因合同被裁无效而引发的商标侵权诉讼，也就是这个"侵不侵权"在2012年5月仲裁裁决下达之前，还是一个未知的概念，加多宝在那个时候"侵权"似乎也不应当是"故意"，基于案件本身的错综复杂，法院判定的赔偿额就一定会严格按照商标侵权赔偿来计算，29亿元一定就会被完全判赔下来吗？笔者认为，一方面，加多宝推出"王老吉/加多宝"双面罐的时候，就已经具备了转移品牌价值的恶意，在裁决书下来之后，更是大肆播放"改名"等广告，所以，依据填平原则，法院应当会认可加多宝转移品牌价值对王老吉造成了巨大的损失，而会支持王老吉方的大部分赔偿请求；另一方面，虽然广药集团这次提出了29亿元的巨额索赔，但由于目前知识产权相关侵权赔偿在我国一直存在判决较轻、侵权损害后果不能获得完全赔偿的现象，因此最终赔偿金额还有待法院判决。

最后，有一种意见认为，商标侵权判赔，不能仅依照侵权方的全部获利而计算，还应当考虑商标为侵权方所带利益的贡献率。对此，笔者认为，商标作为企业开拓市场的标志，是企业信誉的载体。商标赋予的权利使得企业可以通过控制其品牌发展、通过对商标的巨额投资获得独家利益。“王老吉”商标是深入中国人心的凉茶品牌，国人一想到王老吉就想到凉茶，一想到“怕上火”，就想到了王老吉，“加多宝”凉茶从最初一个名不见经传的品牌变成了如今的凉茶大佬，“王老吉”商标功不可没，同时也为加多宝带来了巨大的利益。所以，对于加多宝通过“借用”“王老吉”商标获得巨额利益，法院应该也会结合“王老吉”商标对加多宝获利的贡献率进行判定，而支持广药大部分赔偿请求，因为，加多宝若不是以这种侵权方式，是不可能在短期的一两年内就成为新品牌突破一百亿元甚至两百亿元的集团企业。不过，最终会判赔多少，具体还要看法院的评判。

以上仅是笔者的分析意见，不能作为法庭上的辩论意见。

不管怎样，在依法治国、依法治企的大环境下，对于类似加多宝这样利用违法方式获益的企业，虽然能在较短的时间内获得巨大的利益，但终究会被法律严惩，被消费者鄙夷。当然加多宝近些年来也意识到了侵权不是企业长久发展的大计，也逐渐开始探索塑造自身品牌形象的路子，在市场上与王老吉俨然形成了平分秋色、相互制衡之势，也许不会有一天，鲜花独落谁家，但是双赢的结局，一定是他们最好也是最终的归宿。

第二十章
CHAPTER

品牌价值　魅力无限

⑳

广药集团与鸿道集团围绕王老吉品牌展开的系列诉讼可谓是“中国品牌第一案”，在这场不见硝烟明火却又充满刀光剑影的战争中，双方激战数个回合。从 2011 年的商标之争开始，数年间两家凉茶企业之间的“官司大战”将战火先后燃及红罐装潢、广告语及凉茶配方之上。

法庭之外，烽火依旧连绵不止。广告战、渠道战、成本战，甚至在各大新闻媒体、网络媒体连番上演的“口水大战”，吊足了各路看官的胃口。鸿道集团大打“悲情牌”，在普通消费者面前塑造了一个白手起家立足于行业，却又力量微薄无法与“国字号”对抗的民营企业形象，引导舆论倾向同情“加多宝”。广药集团则强调了收回王老吉品牌是出于对国有资产的保护，严守正义的阵营。

广药集团与鸿道集团不惜投入大量的人力、物力、财力，在法庭内外一次次过招，究其根本，就是在争夺“王老吉”这一凉茶品牌。究竟“王老吉”三字拥有怎样的魔力，能引得两家企业不惜数次对簿公堂，在营销场上也不断上演一次次“近身肉搏”，这就得剖析一个普通牌子在成长为一个成功品牌一路所要经历的磨炼，以及一个成功品牌背后所蕴含的巨大价值。

王琳绘制

图 20-1　品牌腾飞

现代市场中，企业欲做大做强，离不开品牌的建立，没有品牌的企业是缺乏灵魂的企业，失去了灵魂就如同行尸走肉，存活一时但又怎能持久发展？品牌魅力在于其能够创造价值，支撑着企业持续发展。所谓“品牌”，即“以品立牌”，商品可分为极品、精品、上品、下品，品质越高则口碑越好，口碑越好则价格越高，之所谓品之有味则有价，品牌的建立离不开品质的保障。同时，品字三把口，三人则成众，品字本身即蕴含众人口碑之意，之所谓众口认同为之有品，商家欲在竞争激烈的现代市场中立足甚至脱颖而出，离不开众人的认同，此乃心智资源。可见，品牌的价值在于依托产品获得心智资源。简单而言，品牌是一个企业的无形资产，是隐形的生产力，帮助企业吸金纳银，扬帆远航。

一、品质为本　企业命脉

1. 品牌保护　商标为主

现代消费市场是一个品牌林立的市场，作为普通消费者的我们，对于

“品牌”两个字不会感到陌生。几乎每一个普通消费者都能就某种特定产品说出几个品牌名称，例如运动服饰我们会提到耐克、阿迪达斯，汽车我们会提到宝马、奔驰，就连矿泉水我们也知道依云等，这些品牌就是对应产品高品质的证书及代言人。因此在选购一个商品时，消费者除了衡量价钱、质量之外，也会考量这件商品是什么品牌，品牌或多或少地影响着消费者的每一次购买行为。

品牌是什么？美国营销协会将品牌定义为“一种名称、名词、标记、符号或设计，或者这些要素的组合，其目的是借以识别某个销售者或某些销售者提供的产品或服务，并使之与竞争对手的产品和服务区别开来”。[1] 从这个定义看，品牌可以等同于商标，这些商标既可以是注册商标也可以是未注册商标，其所起到的作用就是使消费者能够区分产品的来源或生产者。此外，在某些时候，商号同样能够显著地区分产品来源，也是品牌的重要组成部分之一。所谓商号，又被称为“企业字号”，指商事经营主体的名称。在长期使用过程中，商号也获得了一定的群众影响力，能够建立消费者对某种商品的直接联想，例如主要研发生产空调的珠海格力集团有限公司，“格力”二字既为其产品商标，也是其企业字号，只要看到格力集团出品的空调，消费者就会自动联想到高品质产品。

然而在笔者看来，品牌除了包括商标及企业字号，还更深层地包含一定的商誉、文化及价值感。品牌不单纯是起标识作用的商标或字号，还包括蕴含在商标或字号这种物质载体之后、被消费者认可的无形的品牌价值观及文化。在品牌营销界有超过15年从业经验的梅莉莎·戴维斯曾提出过“品牌冰山理论”，她将品牌喻为一座冰山，认为商标等品牌的标识、符号等仅仅是品牌浮于水面的部分，仅仅是庞大冰山的15%，而冰山的沉于水底的85%才是其根基，这部分是品牌的“价值观、智慧与文化”。[2] 可见，商标及字号仅

---

[1] 菲利普·科特勒，凯文·莱恩·凯勒，卢泰宏．营销管理［M］．13版．卢泰宏，高辉，译．北京：中国人民大学出版社，2009：228.

[2] 梅莉莎·戴维斯．品牌概论［M］．陆以理，译．辽宁科学技术出版社，2010：26.

仅是品牌最表象与物化的一种体现，真正的品牌还蕴含着能够影响消费者购买行为的能力，品牌以其多年累积的商誉、塑造的形象及文化，征服消费者。一个成功且强大的品牌能够为其持有者带来更好的收益。一旦消费者认可某个品牌背后所蕴含的文化或者其所传播的理念价值，并对其形成一定的忠诚度，品牌就能够在相关产品的市场中构建壁垒，使其他竞争者进入这一市场的难度增加。

近年来最引人注目的品牌莫过于那只被咬了一口的小苹果，这是一个归属于美国著名高科技企业苹果公司的品牌。根据外国品牌价值及战略咨询公司 Brand Finance 对这个品牌的评估，2016 年“苹果”品牌价值超过 145 亿美元。❶ 消费者对于“苹果”品牌的认可度十分高，甚至还形成一批被称为“果粉”的苹果爱好者，他们是对苹果产品具有极高品牌忠诚度的消费群体。2008 年位于北京三里屯的中国第一间苹果零售店开业时，聚集了上千名苹果爱好者，其中一些人甚至排了一个通宵的队，只为占据前排有利位置。这些“果粉”通过对“苹果”品牌的情感认同，将消费从智能手机 iPhone 延伸到个人电脑 Mac、音乐播放器 iPod、平板电脑 iPad 等多类数码产品中，同时还会自主地将自己对苹果产品的认同在身边人群中宣扬。“苹果”在消费者心中不仅仅是一个简单的商标，而代表一种顶尖的科技，甚至是一种身份与品位的象征。

苹果公司能够在全球范围内收获数量可观的一批“死忠”粉丝，正是由于其品牌与消费者之间产生了强烈的共鸣，这是一个单纯起标识作用的商标所无法成就的。一个成功的品牌，其力量在于能够使消费者对其产生认同，接受甚至追捧其所塑造或代表的一种文化。而消费者的这种认同感，才是一个品牌的魅力所在，能够为其持有者赢得长久且不菲的收入。

凉茶品牌王老吉，其价值同样不仅仅只是标明产品的来源，而是这个品牌在消费者心中的认知地位。王老吉品牌成功将“药茶”重新定位为“饮

---

❶ 2016 年全球最具价值品牌：苹果蝉联榜首［EB/OL］.［2016-02-10］. http://www.techweb.com.cn/it/2016-02-10/2275921.shtml.

料”，并打破原有南方市场的限制，走向全国甚至世界。在广告宣传中，王老吉以轻松、欢快、健康的形象出现，电视广告背景设置为饮料消费主力军年轻人熟悉与喜爱的五个情景：吃火锅、通宵看球赛、吃油炸食品、烧烤以及夏日阳光浴，广告之中的年轻人在无忧地享受着多彩的生活凸显王老吉是一款时尚的饮料。同时广告将“怕上火”与“喝王老吉”联系起来，促使消费者在吃火锅或烧烤时自然联想到王老吉，从而促成消费并培养消费者的购买习惯——只要担心上火，就来瓶王老吉。王老吉这一凉茶品牌成功地在消费者心中与“预防上火”画上等号，更在消费者的认知中，成为“凉茶”代名词。与此同时，拥有188年悠长历史“王老吉”凉茶作为中华老字号，以深厚的文化底蕴不断巩固消费者的认同。品牌是最好的导购员，消费者对王老吉品牌的这种认同，在其选购饮料产品时将会指引其行为，这才是王老吉品牌的魅力所在。

层层揭开品牌神秘的面纱，不难发现它不仅仅是商标这么简单。品牌的力量源自于消费者对其的认同。一个成功的品牌，外在表现为一系列具有区别性的符号或标识，内在实质则是消费者对这个品牌所指向的产品或服务的情感认知，即通常所说的心智资源。成功的品牌能够在消费者心中勾勒一个清晰的识别体系，能够触动消费者内心，进而使消费者在作出购买行为时选择其商品。

2. 品牌魔力　以质取胜

自2001年中国加入世界贸易组织之后，许多外国著名品牌蜂拥而至、涌进国门，极大地冲击了国内本土企业所占有的市场。他们的到来给国内企业上了生动的一课，使国内企业开始认识到品牌所具有的力量及价值，打造中国著名品牌乃至世界著名品牌成为中国众多企业家的梦想。时至今日，越来越多的企业都愿意投入大量的人力、物力进行各类营销策划活动及广告投放，以期能够树立好的品牌形象。

而对消费者而言，对于品牌的最终诉求实质在于产品质量，一个品牌能够在市场上收获消费者的美誉最终来源于产品的质量。同一品牌下的产品通常被认为具有相同的品质，消费者通过品牌确定产品所具有的质量。无可厚非，质量是品牌之母，对品牌的核心竞争力起到了决定性的作用。但许多国内企业在打造品牌的过程中，却出现了忽视产品质量的现象，一味地强调营销策划与广告创意。殊不知产品本身的优良品质是品牌以立足的根本，离开产品品质的积累，品牌就犹如“墙上芦苇”，缺乏根基而头重脚轻，风一吹便被连根拔起。因此，一个成功品牌的构建必然要依托优秀的产品质量。一家企业的广告多么动人从来都不是消费者关注的重点，企业品质保证所造就的公信力才是真正吸引消费者的。作为一家企业，如果不能以品质为先，那他终将失去消费者的信赖，也将失去赖以生存和发展的根本。只有踏踏实实做产品，保证产品品质之后，才能够将消费者对于产品品质的认同转移到对品牌的认同之上。

一个成功的品牌，其打造过程常常遵循这样一个路径：先做产品质量，再塑造品牌形象，最后实现销量的增长，占有一定的市场份额，并最终构建起一个成功的品牌。纵观国外著名品牌，它们背后都是以高质量产品为依托的，例如宝马、奔驰成为品质汽车的代名词，肯德基、麦当劳成为快餐代名词，可口可乐、百事可乐成为碳酸饮料代名词，就是因为这些品牌都代表了世界一流的产品品质。以著名家电品牌“西门子”为例，该品牌所有者德国西门子公司作为世界上最大的电气和电子公司之一，创立至今160余年，凭借产品过硬的品质走过近两个世纪的风雨。1997年“西门子”冰箱初次试水中国市场，一开始也乏人问津、亏损严重，后来凭借产品第一的品牌理念，最终凭借出色的产品质量赢得了中国消费者的青睐。现如今，“西门子”冰箱已经成为中国冰箱市场上的高端品牌，占据了中国市场3 000元以上高档冰箱40%的市场份额，即使在面对中国家电行业大规模价格战持续爆发的情况下，西门子也不曾降价，通过高品质及创新设计牢牢地吸引消费者。市场占有率就是西门子对于产品质量坚守的最好的回报。产品质量的重要不仅仅体现在实用类别的产品之上，在品牌附加价值极高的奢侈品市场中，质量同样重要。法国著名奢侈品品牌路易·威登（即LV）有着一个传奇的品牌故事，在泰坦尼克号沉船的打捞过程中，人们发现了一只硬型皮箱，这只皮箱内部竟然没有渗入一滴海水，箱内物品保留完好，这只硬质皮箱，就来自路易·威登。姑且不论这个故事的真伪，但路易·威登通过叙述这个故事，强调了LV箱包所具有的优良品质，可见品牌附加值高如奢侈品品牌的，同样需要立足产品质量本身，以建立品牌。

忽视产品质量重要性的企业，往往因产品的质量问题最终被消费者弃之如敝屣，被市场淘汰。“三鹿”品牌曾经是我国的奶业巨人，自带耀眼光环。2005年“三鹿”被世界品牌实验室评为中国500个最具价值品牌之一，2006年被国际知名杂志《福布斯》评选为“中国顶尖企业百强”乳品行业第一名，2007年被中国商务部评为最具市场竞争力品牌，“三鹿”的产品畅销全国31个省、市、自治区。“三鹿”品牌价值经中国品牌资产评价中心评定，高达149.07亿元。然而就是这样一个拥有极高价值的品牌，由于其所有者醉心于规模扩张，醉心于销售额的增长，而忽视对产品质量的管理与控制，导致“三鹿”品牌的婴幼儿配方奶粉受三聚氰胺污染，引发重大食品安全事故，最终在2008年的三聚氰胺事件中，这个拥有25年历史的奶业巨人因为产品质量问题轰然倒下。可见，品牌的根基是产品的质量，即使一个品牌已经在市场获得一定的成功，但若疏于对产品质量的把控，最终也会被市场所淘汰。

三星Galaxy Note7手机自今年8月发布以来深陷“爆炸门”事件——全球范围内先后发生近百起电池过热、爆炸事件，随着事件的不断发酵，多国的多家航空公司先后拒绝该款手机登机。三星集团迫于压力，于9月2日宣布全球召回250万部手机，并在10月11日彻底停产停售Galaxy Note7手机。此次的“爆炸门”事件，给三星集团带来了巨大的损失，三星的移动部门运营利润比一年前下降96%。产品质量问题除了给企业带来直接的经济损失，也会给企业的品牌形象造成损害，继而影响企业的长远收益，可以说，这次事件给三星手机品牌造成的伤害用金钱是不能衡量的，消费者将对三星手机的质量持质疑态度，这可能是三星手机这些年遇到的最大的一个坎。

中国第一凉茶品牌王老吉，同样是以其过硬的产品质量立足市场，而不仅仅单靠在媒体上的广告投入及线下的营销策划活动。一直以来，作为“凉茶品牌始祖”的王老吉，一直秉承凉茶文化，投身凉茶饮品的研制与创新之中，力求为消费者带来更有品质的产品，在这一过程中，其良好的品牌形象也在消费者心中得到了很大提升。产品品质是老字号企业生存与发展的根本。在生产过程中，王老吉从最初的中药材筛选、用水净化到最后的灌注封盖和杀菌，每一个环节都不曾放松，都由先进完善的科技手段严格控制；产品出厂之前，还要经历菌群、重金属、微生物等总共280项指标的检验，合格后才能进入市场。正是坚持每一罐出厂王老吉品质上的“正宗”，王老吉才能在竞争激烈的凉茶市场甚至饮料市场上，虏获消费者的心，以口碑领跑市场。

品牌是依托产品而存在的，如果没有实体的产品，没有过硬的产品品质，那是没有办法抓住消费者的心的，品牌也不过是空中楼阁。换而言之，做品牌首先要踏踏实实做产品（包括服务性产品），以产品的品质先行，才能牢牢抓住消费者的心。

3. 品牌价值　创新提升

品牌是一个企业重要的无形资产，一个成功的品牌就如同发动机一般，能够为企业长久发展提供动力，推动企业在市场上越走越远，越走越好。而品牌所依托的产品，就像这部发动机上各基础零部件，要想发动机能够启动，基础零部件必不可少。可以说，品牌是以产品为载体的，没有质量过硬的产品，品牌也自然成为无本之木，无源之水。因此，提升品牌价值自然离不开对产品品质的提升，而创新是提升产品品质的一个最佳途径。产品创新的含义广泛，它既包括产品的创造和发明，也包括产品质量的提高、性能的改善和成本的降低等。产品的创新或是能够满足消费者的新需求，或是能够带给消费者更好的使用体验，或是能够在保持质量的同时以更低的价格提供给消费者，总体而言，创新能够使产品更具有竞争力，更能够在目标市场上获得竞争优势，可以说，创新是企业发展的根本动力，也是品牌能够长盛不衰的原因之一。

全球最大的日用消费品公司之一的美国宝洁公司，在全球近80多个国家及地区设有分公司及工厂，雇有近10万员工，旗下拥有超过300个品牌，覆盖了个人健康、皮肤护理、家具日化、母婴护理等领域，宝洁的产品畅销至160多个国家及地区。创建于1837年的宝洁，能够历经179年而不衰，并成长为这样一个超级“巨无霸”公司，除了其管理及营销手段的支撑外，更离不开其在产品创新上的不断投入。宝洁公司的发展与其里程碑式的产品创新是无法割离的。1879年，宝洁旗下“依芙蓉”品牌研发出第一款可防止小孩起疹子的多功能香皂，1879年还研发出第一款可漂浮式香皂；1946年，宝洁公司旗下另一品牌“汰渍”推出世界第一款针对大洗衣量的合成洗衣粉，1984年又推出第一款和洗衣粉效果相同的液态洗衣剂；1956年，宝洁旗下的“帮宝适”推出第一款有效且实惠的抛弃式纸尿裤；1961年，宝洁旗下的“海飞丝”推出了第一款有效去除头屑的洗发精……宝洁公司一直在产品创新的路上不断前进，没有产品的创新，就没有“宝洁”今日的辉煌。创新是品牌的支柱与后盾，它不断为品牌注入新的血液，促使品牌不断壮大并永葆青春。

宝洁作为一家传统制造业企业，尚且不遗余力进行创新。对于科技企业而言，创新更加重要，凭借新技术，一个全新的企业能够进入市场甚至抢占市场。专注于生产及研发民用小型无人机的深圳市大疆创新科技有限公司，仿佛是在一夜之间声名鹊起。2010年这家公司的销售额只有300多万元，到2013年已经超过八亿元，用“爆发式”来形容其发展不足为过。回顾大疆公司的发展历程，不难看出它的成功离不开在产品创新上的不断投入。从2009年开始，大疆每年都有新产品问世。2012年，推出世界首款航拍一体机“大疆精灵”，支持悬挂微型相机，在失控情况下可自主返航；2013年推出第二代“大疆精灵”，配备了高性能相机，还能实现录影并实时回传，同时内嵌有GPS自动导航系统以准确锁定高度和位置，实现稳定悬停；2015年推出第三代“大疆精灵”，可实现2公里内的图像传输，内置的视觉和超声波传感器可让飞行器在无GPS环境中实现精确定位悬停和平稳飞行。可以说，大疆获得国内外消费者的认可，所依靠的是产品本身的不断创新。正是这种源源不断的创新产品，为大疆赢得市场，同时也擦亮了“大疆无人机”的品牌，使大疆无人机在短短的几年时间内就占据了全球民用小型无人机近70%的市场份额，成为行业“老大”。华为也是依托技术创新不断征服更多消费者的企业之一。截至2015年年底，华为已经累计申请了52 550件国内专利和30 613件外国专利，稳占“专利大户”地位。❶ 借助两大架构式的创新技术，分布式基站及SingleRAN，华为在欧洲等发达国家市场取得了成功。❷ 此外，华为手机凭借着各项先进技术，打开了基本被苹果及三星垄断的手机市场。华为手机在欧洲屡获各类奖项，口碑销量均创新高。2014年，华为在欧洲五大市场（包括英国、德国、法国、意大利和西班牙）的智能手机销量猛增了123%，华为以极具竞争力的技术征服了欧洲人。❸ 华为的产品不仅仅是墙内开花墙外香，在中国市场中，华为手机的表现同样不俗。数据显示，2016年第一季度华为在国内的出货量达到了1 660万部，年增长率达到了47.6%，市场份额为16.2%，华为已经成为中国手机市场的老大。❹ 技术可以说是华为的秘密武器，凭借着这些技术，华为赢得国内市场，并且走出国门冲向世界。专利是创新的法律体现，借助专利的保护体系，先进技术甚至能够直接兑现收益。2015年华为公司就向苹果公司许可了769项专利，每年的许可费高达数千万美金。凭借着先进的技术，华为这一国内企业能够叫板国际大鳄苹果，让其心甘情愿地支付费用。

作为“凉茶始祖”的“王老吉”品牌，也不断在产品上进行创新。备受欢迎的灌装“王老吉”凉茶饮品，本身就是创新的产物。在长达188年的历

❶ 两年申请数量位居全球第一，华为稳占“专利大户”［EB/OL］.［2016-05-19］. http://www.syjunshi.com/article?article_ id=60.

❷ 华为是如何创新的［EB/OL］.［2014-12-28］. http://www.360doc.com/content/14/1228/02/6449543_ 436276241.shtml.

❸ 华为突围欧洲市场，Mate7口碑销量创新高［EB/OL］.［2014-12-15］. http://tech.huanqiu.com/digi/2014-12/5238975.html.

❹ 国内手机市场份额华为成老大苹果排名第四位［EB/OL］.［2016-07-17］. http://china.huanqiu.com/hot/2016-07/9138567.html.

史演变中，王老吉从大碗药茶到凉茶包、凉茶精、凉茶颗粒，再到现在的凉茶时尚饮料，就是为符合现代消费需求而不断演变的例证。在王老吉植物饮料诞生之前，凉茶都只是存在于广州街头凉茶铺中那些用大碗盛着的，无法长期保存也不适应长途运输。1991 年广药集团前身羊城药厂，开始运用现代饮料的思维对“王老吉”凉茶进行改造，解决凉茶作为药茶存在沉淀物及口味偏苦的问题，在进行不断的实验之后，最终才找到了有效的提取方法及合适的口味，才有今天在市场上广受消费者欢迎的浅棕色、带有草药香味及清甜口味的“王老吉”凉茶，完成了从“药食凉茶”到“饮料凉茶”的华丽转身。正是由于王老吉品牌对产品本身的探索及研发，才能成功虏获消费者芳心，才有了王老吉品牌得以立足市场的根基。直至今日，王老吉同样不遗余力地整合各方资源着力研发，组建了全国首家“凉茶重点工程技术研发中心”，开展凉茶的基础性研究及技术创新工作，目前已经取得多项领先全国的科技成果。

“创新是世界进步的动力”，这句话毫不夸张，没有创新，就没有今天我们所享受的一切便利生活。18 世纪，瓦特改良了蒸汽机，提供了更加便利的动力，在工业生产中机器逐渐取代人工操作，人类社会由此进入“蒸汽时代”。19 世纪中期，西门子研制出了发动机，电力开始逐渐取代蒸汽，人类社会又进入“电气时代”。到了 20 世纪，原子能技术、航天技术、电子计算机技术先后出现并被实际应用，社会生产力进一步提升，人类社会开始从机械化电气化的时代进入一个自动化的“智能”时代。石墨烯技术的研发成功，将可能引领理论与实践的一次革命。这种新科技或许引领未来产品的潮流，并给企业带来挑战及机遇。人类社会的每一次进步与发展，都离不开技术创新。同样的，创新思维对于品牌而言也同样重要。品牌要立足市场，离不开科学技术，离不开不断的创新。能够在消费者心中留下深刻烙印的品牌一定依托着优秀的产品，要保持品牌的活力，最佳途径是持续的产品创新。“创新”二字就如同鸟的双翅，能够带领一个品牌飞得更高、更远。

二、品牌魅力　兑价无限

1. 品牌如剑　直击市场

一旦品牌练就了名气，就如勇士手执昆吾剑，能够开疆拓土，征服天下。美国营销专家拉里·莱特就曾说过：“拥有市场比拥有工厂更重要，拥有市场的唯一办法就是拥有占据市场主导地位的品牌”。无独有偶，可口可乐的总裁也曾多次说过，即使全世界的可口可乐工厂都被大火毁灭，因为可口可乐的品牌作用，它依旧能够在短时间内重新开始，东山再起。由此可见，成功的品牌就如一把利剑，帮助商家直击市场，抢占商机，得品牌者得市场。

目前，多数产品的目标市场已经走过了价格竞争、质量竞争和服务竞争等阶段，开始步入品牌竞争的新时期。尤其是趋向同质化的商品，消费者在作出购买行为时受到品牌的影响更大，可以说生产此类商品的企业，其品牌所具有的价值正在逐渐取代来自商品差异本身的价值，企业立足商场、获取利益所依靠的是差异化的品牌观念。现代人对商品的消费不仅仅是对物质本身的消费，而转向注重对品牌的选择。

美国连锁咖啡公司星巴克1991年进驻中国大陆市场后，将目标群体定位为一群崇尚知识、尊重人本位的富有小资情调的城市白领，打造“精品咖啡专卖店”形象。身处餐饮业的星巴克在营销上并不像麦当劳、肯德基那样以产品为主角，营销重点不是产品的口感与原料，而是放在品牌形象上，通过产品情境教育和对特定人群的强关联，让品牌与潮流、前卫、高端、品味等感性概念产生联系，提升品牌溢价。同时星巴克不断提高在人们视野中的出镜率，在电影、电视、营销活动、社交网络中都经常露脸。比如在时尚题材电影《穿Prada的恶魔》中植入产品，高端时尚杂志的主编曾点名要在早上到办公室的时候，桌上摆放好一杯星巴克咖啡。品牌形象立刻被打上“时尚”“高端”的标签。星巴克的“潮流高端”属性在品牌营销过程中不断被强化，越来越多追求潮流、强调品味的白领开始对星巴克趋之若鹜。由此可见，有了好的品牌定位与形象，目标群体在消费时会降低对价格甚至产品的考量因素，品牌俨然已经成为一种生产力。

企业能够借助品牌的力量来维持其产品的个性化特色，有效地凭借品牌形象的东风，向目标消费者输出它想输出的产品。初始鸿道集团租赁广药集团所拥有的王老吉品牌，正是欲借这个拥有188年悠长历史的凉茶品牌，打开凉茶饮料的消费市场。对消费者而言，王老吉“老字号”的地位是无可取代的。“王老吉”凉茶创立于清朝道光年间，是公认的凉茶始祖。传说王老吉在道光年间因帮助乡民解除瘴疠，躲过天花、疫症等灾难性疾病而声名鹊起，之后又经历了“慈禧太后借助王老吉益智清神把持朝政”，“林则徐虎门销烟利用王老吉来清热解毒”等大事，王老吉清热解毒、祛暑除湿的功效深入人心。“王老吉”凉茶代表了中华民族千年以来沉淀的养生文化，拥有悠久的历史和广泛的群众性。正是王老吉这一中华老字号所具有的品牌价值，当其附着于“凉茶饮品”之上大举进军饮料市场时，所面临的困难会有所减轻，这一品牌就如一把利剑，在长期由碳酸饮品称霸的饮料市场中撕开一个缺口，成功进入并立足市场。

2. 品牌形象　心智资源

消费者选择购买某一产品，已经不仅局限于该产品的物质化功能，还看中了相关品牌所带来的价值体验。一个品牌所能收获的消费者认同，是重要的心智资源。一个成功品牌代表着高质量服务，也代表其能为消费者提供更高的情绪价值。如何让持有者“倍有面子”也成为一个成功品牌的必修之课。因为在年轻一代的消费者中，对品牌本身的消费甚至开始超越对产品本身的消费。现在中国市场上充斥了许许多多的“A货”“高仿货”，消费者明知相关产品并非“系出名门”，但仍愿意购买，就是因为产品上那个小小的高仿真logo。一个品牌欲获得成功就需要利用消费者这种消费心理的转变，提供更多的附加价值，在消费者认知中取得一定地位，才能以引导消费者的消费行为。

在现代市场中，品牌早已突破帮助消费者区别不同产品来源这一作用，在消费者进行消费选择的时候起到决定性的影响。一个成功的品牌能唤起消费者对产品的积极联想，对产品的这种感知会外在地体现为对产品的选择与购买，这种积极效应通过长期累积，能够促成消费者日常的购买行为。一个成功的品牌就如一张大网，依仗消费者的信任，牢牢地网住消费者。换而言之，一个品牌的价值源于消费者对品牌的认知总和，即品牌所拥有的消费者心智资源。

在一些品牌极具个性的情形下，消费者甚至会产生一种“品牌代表了我”的感觉，品牌形象与自我形象产生一致，当消费者选择了某一品牌，也就选择了该品牌所代表的生活体验与文化内涵。同为牛仔裤品牌，选择万宝路，则展示出你具有男性阳刚气概，而选择李维斯，则展示了你追求自由与个性的性格特点。[1] 品牌给予了消费者不同的精神体验，具有象征性意义。

消费者对一个品牌的认知往往有两个程度不一的阶段。[2] 第一阶段，消费者会对品牌产生一定的联想，这些联想是消费者记忆中所有涉及某一品牌的感知、购买与使用等的总和，消费者既可以通过广告或身边朋友介绍等非与产品直接接触的方式产生品牌联想，也可是购买并使用了相关产品这种直接接触的方式产生品牌联想。联想可以是积极的，也可以是消极的。所产生的品牌联想会在消费者作出购买决策时影响消费者的行为。第二阶段，当消费者对某一品牌产生持久的积极印象之后，会形成对该品牌的忠诚度。所谓品牌忠诚，指消费者在购买决策中，多次表现出来对某个品牌有偏向性的行为反应，品牌忠诚度是顾客对品牌感情的度量，是顾客对品牌依赖的稳定度。在对某一品牌拥有极高忠诚度的情况下，消费者不仅仅会对品牌产生情感，甚至会以拥有该品牌的产品为骄傲，还会自发地向身边的朋友宣扬这一品牌。被称为“果粉”的苹果产品爱好者就普遍对“苹果”这一品牌拥有极高的忠诚度。一旦消费者形成对某一品牌的忠诚，就意味着这个品牌收获了消费者的心智资源。

---

[1] 向群．破译品牌神话［M］．北京：中国石化出版社，2010：173.

[2] 朱瑞庭，许林峰，李节．品牌价值的理论——模型及其评估［J］．商业时代．2003（13）.

品牌及品牌地位只存在于消费者的认知之中。王老吉这一品牌通过产品及市场运营，重新定义了凉茶品类，在消费者的认知中，王老吉这个品牌已经成为“凉茶”的代名词，由此“王老吉”凉茶一直引跑凉茶饮品市场甚至整个饮料市场，到2015年“王老吉”凉茶整体销售量已高达230亿元。而在广药集团与鸿道集团的渠道战、广告战、营销战甚至法律战中，双方都在努力抢占消费者的心智，谁能获得消费者对品牌的认知与认可，谁就能够在凉茶大战中获得主动权。在这场消费者心智的争夺战中，鸿道集团欲通过“原来的红罐王老吉改名为加多宝凉茶了”“全国销量领先的红罐凉茶改名加多宝”等广告宣传语，向消费者传达“加多宝”即王老吉这一信息，尝试在消费者心智中用今天的“加多宝”取代原来的王老吉，从王老吉身上尽可能地榨取消费者对于该品牌的认知价值及认知地位。面对鸿道集团的这一举措，广药集团反应迅速，在“加多宝”尚未全面在消费者心中实现对王老吉的替代转换前，以虚假宣传为案由马上向法院提起诉讼，要求鸿道集团停止相关行为，同时成功申请到诉中禁令，及时制止了鸿道集团的相关行为，最后法院判决鸿道集团立即停止使用相关广告语，赔偿原告广药集团经济损失及合理维权费用共计1 081余万元，并在《广州日报》、人民网等媒体公开赔礼道歉。广药集团发起的此次诉讼，在一定程度上保住了王老吉品牌在消费者心目中的认知地位。

在产品同质化竞争的今天，对市场的争夺已经成为以品牌为作战单位，关于消费者对品牌价值认知、消费者心智资源的争夺战。一个成功的品牌就如同一张大网，牢牢地网住消费者的心，从而占据高额的市场份额。而企业的各种行为，都逃离不开如何织就品牌这张大网，取得消费者信任，虏获消费者“芳心”。品牌的附加价值，往往数倍于商品或服务自身的价值。这便涉及随后我们要谈的第三个问题——品牌如金，溢价无限。

3. 品牌如金　溢价无限

我国加入WTO以来，跨国公司进入中国市场，敲开了中国市场的大门，靠的不仅仅是产品价格与产品质量，还有“品牌”二字。这些跨国公司携品牌之利器，强势入驻中国市场，并在中国市场上不断扩张，所向披靡。借助中国消费者对“洋品牌”的崇拜及追求心理，跨国公司尤其强调其品牌的高价格、高质量与高身份，攫取高额价值。可见，一个成功的品牌，本身就带有巨大的价值。

在不考虑品牌效应的情况下，功能、质量相近商品，其有形价值是相近的，而一旦贴上品牌标签，则商品价格就完全不同。简单而言，消费者愿意为产品上所带有的品牌而支付更多的费用，这正是由于品牌为产品本身带来的无形价值。无形价值指品牌产品能够带给消费者的更多精神享受，包括凸显自己的品位、财富及地位等。消费者愿意为优秀品牌的产品支付更高的价格，一般而言，品牌产品的价格会比非品牌产品的价格高 20% — 50%，[1] 这就是品牌的附加价值。

以“耐克”为例，作为一个杰出的运动品牌，其品牌附加值为产品增值不少。一双在我国境内代加工生产的“耐克”运动鞋，成本仅十多美元，在出厂时贴上“耐克”的商标之后，立即身价百倍，卖到 100 美元甚至更高。这就是品牌附加值所带来的天壤之别。许多被称为“奢侈品品牌”的商品，其品牌附加价值更高，一件女士时装、包或一件披风，售价上万甚至数十万，此时产品的无形价值已经成为消费者作出购买行为的主要考量因素，品牌附加价值的魅力凸显无疑。即使竞争对手可能能够轻易地模仿相关产品的生产工序及设计，它们却很难和与品牌多年的营销活动与产品体验在消费者心中留下的个性印象相抗衡。

同时，品牌的价值及力量使品牌自身成长为企业的一种无形资产，能够进行量化评估甚至上市交易。品牌评估公司已经开发出模型从形式上估计一个品牌的货币价值，其考量的因素涵盖品牌销售的细分市场、财务分析、品牌影响力等。王老吉是广药集团旗下著名的老字号品牌之一，据尼尔森报告显示，自 2007 年下半年以来，“工老吉”凉茶在中国罐装饮料市场的销售额

---

[1] 菲利普·科特勒，凯文·莱恩·凯勒，卢泰宏．营销管理［M］. 13 版．卢泰宏，高辉，译．北京：中国人民大学出版社，2009：229.

已经远远超越众多碳酸饮料。2008 年，国家统计局发布的数据显示，王老吉在全国罐装饮料市场销售额上已经成为“中国饮料第一品牌”。北京名牌资产评估有限公司将王老吉品牌价值评估为1 080.15亿元，超越之前中国最高价值品牌“海尔”的 855 亿元，成为中国目前的第一品牌。

王琳绘制

图 20-2　品牌价值　魅力无限

一个具有更高价值的品牌，代表着消费者对其产品的接受程度更高，消费者对其产品有更加强烈的购买欲望，甚至愿意为了这个商品支付更高的价钱。由此许多企业在实际中也愿意投入金钱进行品牌的建设，也不乏为了争夺一个品牌不惜花费大量财力、物力而对簿公堂的企业。美国苹果公司在 iPad 进入中国市场时，就曾起诉 iPad 商标在中国大陆持有者唯冠科技（深圳）有限公司。最终经法院调解，双方达成和解，苹果公司支付深圳唯冠6 000万美元而获得商标权。无数企业拜倒在“品牌”的石榴裙下，这一切均因为一个成功的品牌具有极大的价值，就如同黄金一般，金光闪闪，溢价无限。

曾经有外国专家说，中国是贸易出口的巨人，品牌上的矮子。的确，20

年前甚至是十年前的中国，以贴牌生产为主要的出口贸易模式，缺乏自主品牌。然而今天的情况完全不同，在全球百强品牌中，来自中国的品牌占了15个席位，品牌价值近百亿或超百亿美元。的确，在建立世界一流品牌的道路上，中国仍有很长的路要走，但凭借着企业家们品牌意识的觉醒，相信经过一段时间的努力，我们将拥有更多引以为豪的世界品牌！

三、商标运营 讲究策略

1. 标新立异 独树一帜

品牌是一个企业重要的无形资产，当你将它从一颗小小的树苗培育成一棵参天大树时，它自然会结出丰盛的果实予以回报。中国企业在生产经营过程中，容易忽略对品牌的重视。这就使得两个问题频繁出现：一是当产品在市场上获得一定成功时可能会出现许多假冒产品，将本已累计的商誉及品牌价值稀释；二是由于初期品牌命名过于简单，使得消费者在消费过程中并没有注意到相关商标，也就无法在后续依托产品的信誉形成有力的品牌。因此，一个企业欲获得成功，在其创办初期，必须将产品工厂与品牌“工厂”两个“工厂”齐办，在追求产品的卓越品质时，也要注重对品牌的建立与维护。下面，笔者就来谈谈品牌运营的那些事儿。

一个响亮易记而且充满特点的品牌名称是品牌走向成功的第一步。为了给一个产品或服务树立品牌，首先需要给它取一个名字，并利用其他品牌元素，例如口号、包装、代言人等，帮助消费者识别产品，了解产品是“谁”。

一个优秀的品牌名称，需要独树一帜，在进入市场之后才能够在极短的时间内吸引消费者眼球，并使消费者留下印象。中国的企业家以前存在误区，总希望可以搭乘已有品牌的“顺风车”，取一个与现有品牌极其类似的名称，例如“康帅傅”（康师傅）、“雷碧”（雪碧）、“周住牌”（雕牌）等，这些名称让人啼笑皆非，欲使消费者产生混淆的意图极其明显。这些商家本意是为了省却培养品牌的前期费用，直接利用现有品牌的市场价值，但这种投机取巧的方式所取得的市场是暂时的，是通过“欺骗”消费者获得的，这种“搭便车”牌子不存在任何未来的发展空间。一个能够持续发展不断壮大的牌子，必然是具有独创性的。

在完成对品牌名称及品牌元素的选择之后，就要开始帮助消费者完成对该品牌的认知过程。建立品牌的过程是一个不断上升深化的过程。第一步是保证消费者能够确认品牌，在消费者心目中将品牌与某个产品类别或消费者需求相联系，即使消费者认识到这一品牌对应的何种商品。第二步是构建一些有形无形的品牌联想，逐步在消费者心中构建完整的品牌含义。第三步则是将品牌反应转化为消费者与品牌之间一种强烈且活跃的忠诚关系。❶

为了能够在消费者记忆中留下强烈且独特的品牌联想，构造独特的品牌文化必不可少。品牌可以通过极具品牌个性的故事来更好地向消费者传达该品牌的象征意义。营销大师菲利普·科特勒在其《营销管理：分析、规划、执行和控制》中指出，“品牌可以反映六个方面的内容：属性：产品特定的属性；利益：给购买者带来物质、精神上的利益；价值：制造商的某些价值感；文化：品牌附加及象征的文化；个性：和人一样品牌的差异化的个性；使用者：购买或者使用这种商品的消费者。”其中，属性及利益倾向于描述品牌客观上的元素，与产品的品质相关密切。而价值、文化与个性则是主观的，有着更为深刻的内涵。如果把二者关联起来，找到某种最佳契合点，再注入富于戏剧性的故事情节，那么精品往往能够转化为传奇，缔造出永久流传的神话。

中国茅台酒就有一个生动独特的品牌故事。传说在1915年茅台酒参加巴拿马万国博览会时，由于土瓦罐包装无法吸引注意，人们对其不屑一顾。情急之下，一个参会官员将土瓦罐包装的白酒茅台向地上摔去，瞬间瓦罐被掷碎，洒在地上的白酒散发出浓厚的酒香，渐渐扩散至整个会场。在万国博览会参观的人们闻到了这种别致的酒香，寻到源头发现竟然是中国人带到这里

---

❶ 菲利普·科特勒，凯文·莱恩·凯勒，卢泰宏．营销管理［M］．13版．卢泰宏，高辉，译．北京：中国人民大学出版社，2009：233.

的茅台酒，而扑鼻的酒香让众人陶醉，茅台酒顿时惊倒四座，最终获得金奖。这个故事向消费者传达了茅台酒酒香浓郁的信息，塑造了茅台酒代表国人走出国门、走向世界的形象，还能在一定程度上激发消费者的情感，进而产生对品牌的认同。

“王老吉”凉茶同样通过故事，塑造了品牌“凉茶始祖”的形象。“王老吉”凉茶起源于清朝道光年间。在广东鹤山有位农民叫王泽邦，小名叫王阿吉，随着年龄渐长，也就成为王老吉。传说王老吉本以务农为生，当时地方瘟疫流行，他偕同妻儿上山避疫，途中巧遇一道士传授药方，王泽邦依照药方煮茶，治好了当地百姓的病。王老吉从此声名大震，被誉为岭南药侠，还被道光皇帝召入皇宫，封为太医院院令。后来，王老吉在广州市十三行路靖远街开设了“王老吉凉茶铺”，专营水碗凉茶；1840 年，王老吉首创凉茶包与凉茶粉，方便顾客携带出门远行，有病治病，无病防病。从此，“王老吉”凉茶开始在广州一带流行。[1] 通过故事的叙述，“凉茶始祖”的形象被成功塑造，一种凉茶文化也得以传播，在消费者心中，王老吉品牌在凉茶品类中的地位无可取代。

2. 百年字号　加强保护

除去通过营销手段树立品牌之外，保护已有的品牌也显得十分重要，这一点对许多“中华老字号”而言显得尤为重要。中国商业联合会中华老字号工作委员会的统计数据显示：我国“老字号”在新中国成立初期有16 000多家，截至 2014 年年底经国家商务部认定的“中华老字号”仅有1 128家；在这1 128家中，仅有 30% 经营良好，大部分知名老字号品牌逐渐衰弱甚至消失。多少繁华逐流水，许多曾经盛极一时的中华老字号，风流已被雨打风吹去。

所谓中华老字号，商务部 2006 年《“中华老字号”认定规范（试行）》对中华老字号作出了明确的定义：“中华老字号是指历史悠久，拥有世代传

[1] “王泽邦”词条［EB/OL］.［2016-06-13］. http://baike.baidu.com/link?url=2UowZLofT8QMVDkFKw3muAfU2l7zKY6uSrkhdjfKrC8tLMeFGNljelFDoBGes2GJtTOUyCzX7uy6n4hzXenhA_ .

承的产品、技艺或服务，具有鲜明中华民族传统文化背景和深厚的文化底蕴，取得社会广泛认同，形成良好信誉的品牌。”通过以上定义可以归纳出中华老字号具有如下两点特征：第一，历史悠久，中华老字号平均历史有 160 年，有的甚至长达三四百年；第二，信誉度极高。

现今，曾经灿若星河的老字号俨然成为濒危物种，除了经营方式难以适应激烈的市场竞争，知识产权保护不力甚至缺位也是其重要原因。由于老字号知识产权意识的淡薄，老字号频频出现商标在国外被抢注的现象，对老字号企业走入国际市场形成了严重的阻碍。“青岛啤酒”在美国被抢注，“同仁堂”“女儿红”“杜康”和“狗不理”在日本被抢注，“阿诗玛”在菲律宾被抢注，“凤凰”在印尼被抢注，“竹叶青”在韩国被抢注等，此类案例频频出现，使老字号企业蒙受了难以挽回的损失。因此，老字号在自身加强经营的同时，须学会运用法律手段维护自身品牌的合法利益。企业通过维权诉讼，不仅可以维护企业的正当合法权益免受不法侵害，保护企业的经济利益和品牌价值，还可能同时起到宣传企业品牌，提升品牌知名度的效果。

2007 年，“王致和”诉德国欧凯公司商标侵权及不正当竞争案，被称为老字号海外维权第一案。“王致和”作为 300 多年历史的中华老字号，是国内调味品行业的龙头企业。2006 年，“王致和”有意进军欧洲市场，当欲在德国注册商标时，却发现一家名叫“欧凯”的德国公司已于 2005 年 11 月在德国当地注册了与“王致和”一模一样的商标，其中包括中英图文及形象 Logo。于是，“王致和”就开始了长达近 3 年的海外“夺标之战”。王致和集团“不惜一切代价，将维权进行到底”，最终维权成功。

王老吉系列诉讼案件同样是一个中华老字号打响的品牌保卫战。王老吉品牌是公认的凉茶始祖，它从过去红及岭南一隅到如今的家喻户晓，百余年的变迁发展让王老吉的凉茶文化得以积淀与发酵。可见，王老吉品牌是一个名副其实的中华老字号。同时，王老吉品牌还是绝对的行业领跑者。中国质量协会发布的《2013 年度食品行业“茶饮料”消费者满意度调查分析报告》中，王老吉在包括凉茶、红茶、绿茶、奶茶在内的 11 个茶品牌中的消费者满意度模型的六项指标里，在满意度、品牌形象、感知质量、安全信心指标上以绝对优势获得第一，成为消费者最满意的茶饮料品牌。广药集团提起的关于王老吉品牌的一系列维权诉讼，如“改名案”的诉中禁令和一、二审判决胜诉，“怕上火就喝王老吉”广告语案的胜诉等，成功地维护了中华老字号王老吉的品牌价值与商誉。

可见，对于中华老字号企业来说，既应该注重管理方式和经营模式的创新，提高企业的核心竞争力，同时也要发挥知识产权优势，树立行业权威。有着百年传承的“中华老字号”，要更好地立足市场，把民族品牌打造成世界品牌，延续传奇，就要懂得拿起法律盾牌，维护品牌利益。随着老字号法律意识的觉醒，知识产权保护的意识不断增强，相信中华老字号将迎来更加辉煌的明天。

3. 品牌运营　十大策略

品牌魅力无限，价值无限，因此培育一个成功品牌几乎是一个企业通往成功道路上必须完成的一门必修课。能否培育出自己的品牌，将直接决定一个企业在市场上的竞争力大小，甚至决定一个企业的发展与命运。如何进行品牌的培育与运营，笔者总结了十大策略。

第一，要想培养好、运营好品牌，首先要根据自己的行业特点，选择一个好名字，即“量身定做，取好品名”。一个好的品牌名称，发音应简单独特、朗朗上口。好的品牌名称还应当与企业自身的产品相匹配，突出企业的行业背景、企业价值理念等，同时能够使消费者联想到产品的功能定位。如目前我国互联网最大的一站式数字内容发行平台和最大的下载服务提供商迅雷公司，其产品名称及企业字号“迅雷”，就取自“迅驰天下，雷厉风行”，突出了其产品为广大用户提供“简单、高速”的下载体验，迅雷不及掩耳，为高速下载的代名词。

第二，商标、商号与企业标记是一个品牌最突出的三个物化标志，在运营品牌的过程中，必须三管齐下，实现“三位一体，闻名天下”。商标是用来区别一个经营者的品牌或服务和其他经营者的商品或服务的标记。企业商号是指企业名称中除行政区划、行业或者经营特点、组织形式外显著区别于其他企业的标志性文字。企业标志是指企业可以被普通大众所识别的、易于记忆的符号、图案或明显的色彩或字体。企业的商号、商标和标志都是企业对外树立品牌形象、突出品牌价值和提高知名度的有效途径。现代企业在自身的发展进程中，应该注意将企业的商标、商号和商品标志三者合为一体，以一个整体的、涵盖企业中英文商标或者商号的品牌标志对外宣传。这种做法可减少宣传成本，扩大企业产品的知名度，而且规避了企业商标与商号的不统一所带来的知识产权法律风险，更有利于企业的快速发展与壮大。

第三，品牌离不开产品的支撑，可以说“技术创新，乃品牌之本”，为了维持一个品牌的活力，必须着重对产品进行技术创新。全球最知名的高科技公司——苹果公司，自 2007 年推出 iPhone 第一代手机开始，以每年推出一款新产品的速度，不断地完成 iPhone 手机的更新换代。可见，只有通过不断的创新，实现产品的更新换代，才能持续地占领市场，提升品牌影响力。

第四，通过恰当的商标许可，以扩大规模占有市场。对许可人而言，此举不仅可以通过许可获得固定的报酬，还可以拓展延伸自身品牌，进而提升品牌的无形价值。广药集团曾许可香港鸿道集团使用“王老吉”商标生产销售红罐凉茶，不可否认在鸿道集团使用“王老吉”商标的过程中，该商标的知名度不断提升，无形价值不断提升，某种程度上双方实现了双赢。

第五，在一个品牌之下发展多类别产品，也是商标营运的一种有效方式。该方式为“伞形品牌发展战略”，即将已有知名品牌视为大伞，在伞下推出各种品类的产品。这一方式能够借助原有品牌的知名度，使新产品更容易被消费者认可，降低推广成本；同时，如果策略运用得当，随着新产品销量的不断增加，也会助力提升原品牌的知名度和影响力。其不足在于，若发展的产品类别过于宽泛，可能会带来品牌的稀释。例如原本着力于巧克力及糖果制造的“吉百利”品牌，在消费者心中其品牌已形成与特定的糖果品类的联系，然而它却将自己与土豆泥、奶粉和饮料等其他食品联系，逐渐稀释了在消费者心中的认知，最终可能造成消费者对其品牌的遗忘。因此在进行“一牌多品，伞形发展”时，应当选择相互联系的品类进行发展，不宜跨度过大，损害母品牌形象。

第六，运营品牌的方式还存在与“一牌多品”相对应的“多牌一品”。所谓“多牌一品”，即一个企业旗下就同一品类的产品存在多个品牌，就如灌木蓬生一般，包围市场。以宝洁公司为例，其旗下就洗发水这一品类，就存在飘柔、潘婷、沙宣、海飞丝及伊卡璐等多个品牌，这些品牌的产品以其不同的形象定位及价格出现在市场中，例如飘柔强调柔顺，沙宣强调发廊般的高品质，海飞丝强调去屑，以此收获消费能力不同、需求不同的消费者。多品牌能够全方位包围市场，收获尽量多的消费者，同时也能够起到降低风险的作用，当某一个品牌出现危机时，不至于危及另一品牌。然而这种灌木型品牌战略，对于规模较小的企业而言，容易分摊培育品牌的资源，不利于品牌长成为参天大树。

第七，与“一牌多品”“一品多牌”相对的，就是以一牌为主，整合一切资源，努力将其培育为参天大树。企业通过创新品类长期聚焦发展一个品牌，并逐渐主导该品类，形成强壮的主干；然后根据分化趋势，适时推出第二、第三品牌发展新的品类，形成品牌大树。以一个品牌为主导，形成树干，然后再在树干的主枝上发展为数不多的若干新品牌。这种模式既保证了企业品牌的聚焦，同时又衍生出了新的充满活力的品牌，使企业的品牌家族不断扩大和强大。例如德国大众集团，其旗下拥有大众、奥迪、兰博基尼、宾利、布加迪、西雅特、斯柯达及保时捷等多个汽车品牌，以“大众”品牌为依托，其延伸发展多个档次、定位有所区别的汽车品牌，抢占中、高、低三档不同的汽车消费市场。目前世界上采用此品牌模式而获得成功的大企业相对较多，获利也相对丰厚。

第八，当企业已经培育起具有一定影响力的品牌时，若市场上出现假冒侵权产品时，应及时维权诉讼。通过维权诉讼，可以维护企业的正当合法权益免受不法侵害，保护企业的经济利益和品牌价值，还有可能同时起到宣传企业品牌，提升品牌知名度并达到迅速驰名的效果。广东康宝电器股份有限公司作为消毒柜产业的开拓者，首先研制出电子消毒柜，并获得相关外观专利授权。而后，市场上出现了40家消毒柜生产企业仿冒、仿造该系列产品，康宝愤然起诉，一口气将22家侵权企业告上了广州市中级人民法院，掀起了一场轰动全国的“维权风暴”。国内外很多媒体都跟踪报道了这场官司，积极跟进。最后，依照法院裁决，22家被告厂家被查封，这场专利保卫战，以康宝的胜利而告终。康宝这场1对22的维权官司，不仅追讨回部分因知识产权被侵害而造成的经济损失，更重要的是“康宝”品牌快速扬名国内外，知名度迅速提高。

第九，当出现品牌危机时，应当积极应对，努力化解。互联网自媒体时代，企业危机事件层出不穷，传播极快，如何在突发事件发生时及时消除不利影响，恢复企业形象，拯救品牌，成为每个企业所必须面对的问题，企业在危机中所采取的一切行动，也在接受着公众的审视。在这一过程中，企业必须本着诚实、诚恳、诚信的原则，重视消费者的想法，尊重消费者的利益，才能维护企业的整体形象和品牌价值，不至于使辛苦创建的品牌毁于一旦。2014年时，奔驰公司曾经在全国范围内召回部分进口GL级（X166平台）汽车，原因是这些车辆由于座椅供应商的焊接固定卡具的校准发生偏差，造成短时间内焊接角度不正确，可能导致车辆第二排60%打开座椅不能彻底翻回至最低位，造成座椅靠背处下端的ISOFIX儿童安全座椅连接装置无法触及，存在安全隐患。奔驰公司主动召回汽车，不仅可以迅速降低产品质量问题给企业带来的品牌打击的风险，保护企业品牌价值，相反还可以得到消费者的大力认可，起到宣传企业社会责任感和专业精神的效果，提升消费者对于企业和品牌的信任。

第十，品牌的运营离不开最基础的广告宣传，应“精选广告”，实现“广而告之”。一条好的广告，需建立在产品自我认知的基础上，厘清消费群体，体现企业文化理念，努力赢取消费者的信任。“巴黎欧莱雅，你值得拥有”——简单话语告知消费者这是可以信赖的产品，体现了企业对自身产品的自信，又为消费者信任该企业产品打下了坚实的心理基础。“怕上火就喝王老吉”——将产品的卖点定位在凉茶所具有的防上火及祛湿的功能之上，与普通的饮料鲜明地区别开来，开辟蓝海，为产品的大卖开拓了一条康庄大道。依法广告，成功之道，在今天也显得尤为重要。

总体而言，要打造一个好的品牌，必须依托高质量的产品，选择富有创意且恰到好处的品牌名称，不断进行技术及科技创新，选择合适的品牌策略，以法律为保障工具，在危机出现时及时应对及处理。只有这样，一个品牌才能在市场上不断披荆斩棘，踏浪远航，成长为一棵参天大树，为企业带来价值。最近有一则广告引起了广泛热议：“高档装修，不用大理石，就用简一大理石瓷砖”。“简一”生产的大理石瓷砖“不是大理石，胜似大理石”。笔者认为这是一句很好的广告语，依法应受到法律的保护。

著名品牌营销专家李光斗教授在其新著《扩张，跨国公司凭什么》一书中分析了跨国公司在中国取得成功的原因，书中对我们普遍认为的优势一一质疑并提出反驳，最终得出结论——跨国公司在中国取得成功的原因不在于技术领先，不在于资金雄厚，不在于人才辈出，不在于渠道畅通，不在于管理完善，而在于品牌。这就是品牌价值最直观的表述与体现，是品牌的魅力所在。

中国市场潜力巨大，俨然已经成为各大跨国公司眼中的肥肉，有一段话是这么说的——美国人说：“中国正成为饥饿的国际投资者们面前诱人的一道大餐”；欧洲人说：“到中国投资不需要勇气”；日本人说：“放弃日本的一切到中国发展都值得”；韩国人说：“要赶快投资中国，创造第二个成长的春天”。这些强国公司凭什么到中国扩张，凭借的就是“品牌”二字。

但与跨国公司相比较，我国本土企业却相对缺乏决战市场的关键能力——品牌竞争力。二十年前甚至十年前的中国，被人断言是一个没有自己品牌的国家。可喜的是，在跨国企业的冲击之下，我国的品牌意识开始觉醒，多家企业的品牌开始冲出国门走向世界，在全球百强品牌中，来自中国的品牌也已经占有 15 个席位，品牌价值均为上百亿美元，华为、腾讯等就是其中的典型代表。

2016年BrandZ最具价值全球品牌100强之中国品牌榜				
2016年全球排名	与前一年排名变化	品牌	品牌价格（亿美元）	品牌价值变化
11	0	腾讯	849.45	11%
15	0	中国移动	559.23	-7%
18	-5	阿里巴巴	492.98	-26%
27	-5	中国工商银行	336.37	-13%
29	-8	百度	290.3	-27%
46	-5	中国建设银行	196.17	-11%
50	20	华为	186.52	22%
57	11	平安	169.1	6%
59	3	中国人寿	167.12	-4%
62	-12	中国农业银行	163.31	-19%
71	-6	中国银行	138.03	-16%
72	-9	中国石化	132.06	-24%
83	-12	中国石油	123.41	-18%
93	新入榜	茅台	114.65	N/A
99	新入榜	京东	104.96	37%

图 20-3　2016 年 BrandZ 最具价值品牌 100 强之中国品牌榜

图片来源：2016 年世界 100 强品牌公布　中国 14 家入围　华为、腾讯、阿里、京东都在……［EB/OL］.［2016-06-20］. http://money.163.com/16/0620/11/BQ0JBO7200253B0H.html.

王老吉等国内著名品牌需要登上国际品牌排行榜仍有漫漫长征路要走，但在做世界一流品牌思想的引导下，专注产品，培育品牌，相信在不久的将来，中国将拥有一批蜚声国际的品牌，与美国并驾齐驱甚至有所超越，成为世界品牌强国！

第二十一章

CHAPTER

双雄对决　花落谁家

21

任何一场竞技的比拼与决斗，最后都会分出个胜负，胜者夺冠，败者居亚。而且有的比赛一开始先是预赛，然后直接进入决赛，如跳水比赛；有的先分组循环赛，接着前两名进入下一轮的淘汰赛，再逐步淘汰进入半决赛、决赛，如足球赛；有的是全部选手同时竞技，最后直接分出胜负名次，如马拉松比赛；有的是一站一站式的分段接连式比赛，即有阶段冠亚军，也有全程总的冠亚军。但无论什么方式的体育竞技赛，最终都会排出名次、花落胜者、夺冠为王。通常人们往往只记得冠军的名字，手捧鲜花、载誉凯旋故里、被夹道欢迎的多是夺冠者。冠军、亚军有时仅毫厘之差，如百米冲刺，二者就差百分之一秒，但冠军与亚军之殊荣及影响却大相径庭，差之甚远。

体育竞技给予人们的更多的是一种享受，而商业竞争提供给人们的更多的是一种消费体验。商场如战场，商家之间的你争我夺的比拼决斗，通常很难有绝对或统一的标准能决出胜负、排出名次，而且无论是商家还是消费者关心的往往不是商家的名次，商家注重的是获利，消费者更关注商品的价廉物美。这就决定了体育竞技的观众总是希望看到决出胜负、分出冠亚。而商品消费者则更希望商品的生产经营者强强相争，为人们提供品质更好的商品或服务。两者属性不同决定着竞技所要的结果与结局不同。人们从不愿看到可口可乐灭掉对手百事可乐，人们更愿意麦当劳与肯德基、丰田与本田、三星与苹果、华为与中兴、统一与康师傅、王老吉与加多宝等强强相拼、长期共存。有竞争才有进步，才不会形成价格垄断，同时为消费者提供了可选择的更优更好的商品与服务。尽管商场如战场，强者之间的竞争是残酷的，但又是必然的，人类社会的物质文明的进步需要商家之间有序合法的正当竞争，这种竞争是生产力发展的强大推力，是市场发展的有力杠杆，促进社会不断走向繁荣昌盛。

一、两强相决　各有所图

市场竞争对手的你争我斗，总有其内在的原因。综观世界战争史及国际或国内市场的发展可知，不论竞争对手有多少，总体上总有两个最强的对手强强相争。战争及军事竞争史上德国与苏联、苏联与美国、中国与美国，市场竞争中可口可乐与百事可乐，麦当劳与肯德基，王老吉与加多宝等，都是两强相决且长期争斗不休。可口可乐与百事可乐相斗了百年仍在继续。

王琳绘制

图 21-1　两强相决

王老吉与加多宝品牌的决斗是从贿签补充许可协议的有效还是无效仲裁

时开始的。对于许可延长到20年的合同有效、无效之争，双方各有各的想法与盘算，如果双方目标基本一致就会求大同存小异，双方通过相互妥协一步然后共同进一步，最后也能携手合作；但若双方所图有重大分歧或方向不一致，甚至正好相反，就势必分道扬镳、强强相争。广药集团依双方合同约定请求仲裁庭确认许可合同无效，一开始并不想收回“王老吉”商标权，自行生产、销售“王老吉”凉茶，而是在双方仲裁前无法协商一致的情况下，试图通过仲裁协议无效后促使双方重新回到谈判桌，重新订立一份公平合理的许可协议。广药集团作为国有企业，任何一个一把手领导，在明知合同是贿签并显失公平、明显有损国企、国家利益时，谁还敢继续认可协议有效并继续执行，若放任执行则有可能构成渎职罪。在眼看前面双方签订的合法有效许可协议即将到期之际，广药集团与加多宝又一直无法达成修改或重签协议时，不得不以战求和。广药集团的决策者们或许已判断到鸿道加多宝不会轻易放弃使用王老吉品牌，因为2010年前后王老吉红罐凉茶销量远超百亿，一旦放弃“王老吉”商标的使用权，加多宝几乎等于放弃百亿的巨大凉茶市场；加之广药集团一开始也并没有收回王老吉自做凉茶的念头，而是在矛盾不断激化、事与愿违的情况下，最后不得不为之，重操凉茶生产副业。

广药集团也许认为即使不参照国际惯例提取至少5%的商标许可费，参照广药集团许可子公司王老吉药业的许可费率2.1%许可费也应合理，若按2%，按150亿元的销售额计算，每年的商标许可费也应不低于三亿元人民币，10年则30亿元，而鸿道加多宝按最保守的10%计其销售获利，每年也有15亿元利润收益，拿出利润的五分之一支付许可使用费，加多宝还是有利可图的。但是加多宝一方却另有所图。一是贿签合同东窗事发后，双方的合作心理已出现了重大裂痕，而且广药集团一方肯定处事多加了戒心，要想以几百万甚至几千万一年的许可费合作几乎不太可能，从一年付几百万跳到一年付几亿，加多宝一方站在它的立场上肯定不同意、也不情愿，因为加多宝认为是他投入了大量广告及努力营销才将“王老吉”凉茶做大的，并不是仅靠商标品牌本身的作用就能使市场达到今天的销售额150亿元以上的规模。

另外，更关键的是受让大陆“王老吉”商标的意愿与梦想破灭，贿签合同一事暴露后，应是彻底不可能再有任何机会，否则陈鸿道也不致在取保候审期间弃保潜逃。加多宝一方在这个关健时刻是早已铁了心要摆脱广药“王老吉”商标的约束与控制，从长计议，自创新品。双方所图所想完全不一致，无论广药集团如何示好也无济于事，加多宝执意分手也就成为必然。

双方在贿签许可合同是否有效的仲裁对决上，双方的分歧也是巨大的。以前双方续签或重签合同，都会参考销售额的上升而调整。例如，1995 年合同履行至 1997 年时，按照双方较早期的合同，许可费还是十万元一年，但根据销售情况，双方在 1997 年的合同中将许可费大幅增加到每年 200 万元，2000 年增加到每年 450 万元。而贿签之协议在销售额已达 150 亿时仍仅仅提高到每年 500 万元许可费，显然是无法继续履行的。鸿道加多宝认为：双方合作期间，鸿道集团投入大量资金用于王老吉品牌的宣传与推广，其中 2003 年一次就投入数亿元巨资竞投到中央台投放广告。此外，自 1997 年到 2000 年，鸿道集团在东莞长安建厂生产红罐王老吉，成本高达四亿多元；2003 年至 2010 年又先后续建五个工厂，总投入逾 20 亿元。尤其是 2008 年汶川地震发生，公司捐款一亿元，使王老吉品牌在国内家喻户晓。

广药集团则认为：在王老吉品牌发展过程中，鸿道集团有贡献，这一点大家并无异议。但是，也应看到，鸿道集团在王老吉品牌身上也获利不少。鸿道集团获得王老吉品牌授权之前曾经做过多个产品，结果却无一成功，只有在经营王老吉后才有所收获，这也说明王老吉这个百年老字号的市场号召力和品牌价值是客观存在的。鸿道集团利用这种客观存在的品牌效应取得巨大利益，然后再投入到品牌宣传上，目的和效果都是为了自己获利，既然赚了钱，按照市场惯例调升使用费，天经地义。可是，陈鸿道利用王老吉品牌每年赚取几十亿元之后，采取不正当的手法获取续签合同，规避了本应增加的品牌使用费，怎么能说没有损害国家利益呢？换一句话说，鸿道集团租借王老吉品牌，赚了钱却不肯承认这个品牌的价值，在续约合同中不合理地压低品牌的价值，无疑是对王老吉品牌所有者——国家造成了严重的损害。

如若参照以前的上升比例调整许可费至每年数亿元，加多宝一方肯定不会接受。当然加多宝不肯坐下来和谈的另一原因是它对合同维持有效在当时还抱有一线希望，否则就不会重金聘请那么多有名律师组成一个强大的律师团队。其实广药与加多宝双方若能继续合作，归属广药集团的“王老吉”商标与归属香港的“王老吉”商标及国际商标统一合作共用，那可就是“广港团结一家人，试可天下谁能敌”，但这样的良机已错失，因两强相决各有所图使得合作不再有可能。

双方你来我往、互相争执的改名之诉、红罐之争、十罐七罐、遥遥领先、广告归属、谁是正宗等系列案件，实际上就是商誉之争。鸿道加多宝认为自己投入巨额广告费，苦苦耕耘十几年，总营业额也未突破千亿元，但“王老吉”商标的品牌评估值已从其接手时的一个亿升值到1 080亿元，这几乎等于乃至超过广药集团下属的所有药厂固定资产的总和，而广药集团却斤斤计较许可费太低，加多宝觉得自己十多年来的收益再多也不可能加起来过千亿，是加多宝的贡献成就了王老吉价值千亿的品牌，这些商誉不好说应全归加多宝，但至少应有其一份。广药集团认为英国人租用香港 99 年，贡献也可谓不小，但香港收回后，香港的繁荣与昌盛都不再归英国所有，中国许多一线城市的房子租金收入相对房价比并不高，但房子升值涨价的预期值却成倍数增长，但涨得再高，出卖兑现时都与承租人无关。品牌出租或许可不光是为了收取许可费，更重要的就是让品牌升值。如炒股、中彩一样，品牌许可也可能有贬值风险甚至被砸了招牌，比如响彻大江南北的洗衣粉“活力 28，沙市日化”、广东的乐百氏矿泉水。当然也可能如中彩票般中大奖，难怪加多宝要迫不及待地转移王老吉的商誉，因为在加多宝看来，相比王老吉过千亿的商誉而言，它不是挣了而是亏了。它试图做的就是转移王老吉商誉，最终踩到红线、触了雷，屡屡败诉，最后不得不发出“做凉茶行、打官司不行”的仰天长叹。

最近潜逃消失多年仍被广州检方追捕的陈鸿道突然在香港现身，为加多宝集团与北京控股集团的合作站台，以图搭上“国企”便车，转变企业形象，加多宝的经营范围也从凉茶到昆仑山矿泉水，再到体育等方面。加多宝又有什么新的宏图大略呢？实际上陈鸿道冒着风险出来站台，正好表明加多宝在经营上遇到了瓶颈，不得不改变原来的经营模式与形象，以图创新求变，突破瓶颈，杀出一条血路。2015 年，加多宝因红罐装潢案一审败诉后，未待二审结果出来，就主动改包装推出金罐，以图金罐加多宝比红罐更精彩。尽管金罐确实如笔者第一章的分析所言，其虽不如红罐吉祥喜气，但也属于退而求其次的选择。也正如笔者所预测的大体一样，尽管加多宝做了大量的广告全力推金罐，但其一开始仍然受挫不小，据有关网评报道，2015 年成了王老吉与加多宝两强相争的分水岭，系列官司的败诉，尤其改名案及红罐案的大败，重挫了加多宝的锐气和发展势头。红罐改金罐之后销量明显下滑，有消息称，目前加多宝实际的市场份额与销量已被广药王老吉借机超越。网民说，王老吉是红罐，中国人喜爱红色，自古以来不变。加多宝以为换个土豪金代表王室贵族，消费者却不买账，加多宝这叫作穿起龙袍不像太子。还有的网评说，加多宝换装后，消费者难以接受，致使销量直线下降。由于颜色难看、不吉利，消费者纷纷不选购加多宝。据某酒店服务员反映，酒桌上基本上都是用红罐王老吉，加多宝只有造假象放一些空罐于垃圾桶中，但还是无人消费，因为黄色不太吉利，好多地方办丧事就要用黄色盖住。人们唯一选择还是买红罐王老吉，再这样下去，加多宝会破产无疑。尽管网民的说法有点言过其实，加多宝改金罐后未必会破产，但销量受到冲击而下降是必然的。陈鸿道这时寻求国企合作，拓展新的发展蓝图，必然有其深思与远图。中国的凉茶市场总是有限的，一般认为每年最多 500 亿元或 600 亿元的市场含量，加多宝当年一家独大经营时从 200 亿元上升到 400 亿元仍有至少三至五年的上升空间，而当王老吉的产销也突破 200 亿元时，几乎没有太大的市场空间可供扩展，除非挤压王老吉的市场份额，然而由于官司连连吃败，又受改金罐的影响，销量暂时此消彼长不升反降，要争夺上升势头平稳的王老吉市场份额，谈何容易。加多宝虽不会就此言败，放弃与王老吉在凉茶领域的争夺，但也不得不寻求发展备路，以图再创新的辉煌。但加多宝远未走到山穷水尽需走颠覆式创新——自杀重生、他杀灭亡之路，在很长时间内“加多宝”凉茶仍是其主业，两强相争之戏还会继续公演下去，好戏也许还在后头。

广药王老吉在两强相决的竞技之中，虽然有自己的国企及王老吉品牌优势，但国企既是其优势也是其体制上的弱势。广药作为国企制度严格规范，反应迟钝、决策慢，广告投入也不可能像加多宝那样大手笔。笔者作为广药集团和王老吉大健康公司的诉讼主办律师之一，深有感悟与体会。广药集团决定是否起诉需反复研究、逐级审批，官司胜了依合同支付律师费也要左等右批，几乎很难如期支付。出差的交通住宿标准亦有严格限额，王老吉的官司连连胜诉，若有人以为国企广药有关系、也会做关系，这就大错特错了，反而这通常是民企的优势。作为王老吉主代律师，办了这么多案子，别说有任何关系费用，连想随意免费领取几箱王老吉都不易，倒是逢年过节，广药王老吉没忘了给律师所送上十箱八箱王老吉礼券；开庭前加班熬夜不缺王老吉；不小心伤风感冒了，时常会喝到王老吉特别即时加热的姜葱王老吉，让律师心里、肚里都暖洋洋的。

尽管国企决策较慢，但集思广益的决策相对较稳、失误较少。这次组建新企，名称定为王老吉大健康集团公司，就非常有远见卓识。正如前而所说，凉茶的市场总是有限的，但是人类健康的市场是无限的，赋予“大健康”的企业功能定位，具有非常宏大、英明、准确的战略发展定位，为王老吉描绘了一幅气势磅礴的大蓝图，王老吉的决策者们从重整旗鼓办企之时就充分意识到既要做大“王老吉”凉茶，更要充分发挥广药实力，依托王老吉品牌的巨大无形价值的市场影响力，拓展、做好与其相关的健康产业，以图王老吉品牌百尺竿头更上一层楼，突破万亿品牌价值。

两强相决，各有所图，无论是国企王老吉，还是自称民企加多宝，无论陆资、港资，都是中企中资，我们期待的是两强相遇有胜出、无溃败。你追我赶，公平竞争，都为实现中国梦作出应有贡献。

二、不是广告　远胜广告

通过诉讼维护企业的知识产权，扩大市场，促进企业发展，在今天早已司空见惯，2014年北京、上海、广州三地还成立了知识产权法院，专门审理知识产权案件，而且这类案件日渐增多。知识产权的案件与其他案件有很大区别的一点就是通过诉讼决出胜负是一方面，但在诉讼中通过媒体的关注与报道，还可起到不是广告却胜于广告的宣传推广效果。人们对厂家在媒体上花钱做广告的受众效果似乎越来越不看好，花钱买吆喝、王婆卖瓜自卖自夸的广告效果越来越差。看电视时一到广告时间，观众马上转移视线，或倒杯茶或上卫生间，要么就顺势站起来松松筋骨走动走动，广告过后再坐回原地继续观看所选定的频道与节目，电视台也很配合，通常在电视的一角提示广告所需时间，并倒数分秒，好让电视观众掌控时间回来坐看自己喜爱之节目。真正会做广告的厂家，并不会过多选择这样的广告方式。而是抓住某些突发事件制造新闻热点，通过新闻媒介对特定事件的报道，进而起到不是广告的新闻广告。例如，广东康宝消毒碗柜两次市场的拓展与腾飞，都是抓住了特定的事件，创造了新闻热点，不仅宣传提高了企业商誉与形象，而且收到立竿见影的促销效果。广东康宝在20世纪90年代初用一项原创的家用消毒柜外观专利同时告了22个工厂侵权，十多家新闻记者闻讯后，紧随法院的诉前证据保全行动一一逐家报道，同时告二十多家放在今天也会形成热点新闻，更何况是在我国知识产权刚起步不久的二十多年前。广州市中级人民法院在查封中山一家涉嫌侵权厂家的侵权产品时，由于当时，当地领导的知识产权法律意识非常淡薄，竟然调动当地公安持枪阻挠法院查封，还逼迫法官将封贴侵权产品的封条撕掉，这一严重抗法事件被媒体广泛曝光报道后，不仅有利于广东康宝维权胜诉，意想不到的是康宝消毒柜销量当年翻了几倍。有人估算了一下至少投入千万元以上的广告费，还不一定有这么好的市场效果。有时坏事会变好事和转折的好机会。

2003年“非典”横扫中国大地时，康宝消毒柜又再次成为追逐的新闻热点，康宝又借机做了次免费“广告”，康宝消毒碗柜是一台难求，仓库全清，出一台买一台，经销商的拉货车排队在厂家门口等待取货。王老吉、华为等著名品牌企业在2008年汶川地震时康概解囊相助，也竖立了不少塑造企业品牌形象的新闻焦点报道。

通常希望媒体介入报道的基本上以胜诉方为主，而像王老吉与加多宝这两家的知识产权诉讼，却有点一反常态，王老吉每胜诉一场都会及时召开新闻发布会。而连连败诉的加多宝却并不是沉默是金，反而也召集媒体广而告之。双方可谓心照不宣，都有一个共同目标，借机提升品牌或消除负面影响，借助新闻做不是广告的广告。这就是个中的奥秘与玄机所在。才华横溢的记者们大显身手，各抒己见。各大媒体纷纷抢登一手新闻，以吸收更多读者的眼球，提高发行量、点击率或收视率，从而直接或间接地提高了双方在消费者中的知名度。醉翁之意不在酒，一切尽在不言中。

据不完全统计，从广药王老吉与鸿道加多宝2011年开始有冲突以来，全国大多数电视、报纸、网络等媒体都大篇幅地或及时作了报道，相关新闻五年至少在千件以上，媒体的持续报道使得他们双方几乎达到无人不知、无人不晓的地步。除了新闻媒体热心追踪报道外，双方在网络媒介上的唇枪舌剑的口水仗，也起到了相应的不是广告、胜于广告的作用与效果。

网络技术的发展，给人们的通信、通话、微信沟通、即时互动带来了极大的方便，而且传播极快，覆盖面广，观看获取便捷，用手机、电脑随时随地可阅读。通过网络发布的信息，短短几秒几乎就可传遍全球各个有人的角落。王老吉和加多宝双方都充分利用网络、微博、微信发出声音，以争取网民们的好感、同情与支持，最终让网民成为自己一方的拥护者，继而选购自己喜爱的一方的产品。在双方众多网上口水战中，最经典、流传最广的要数广州中院2013年1月31日发出的禁止令，禁止加多宝继续做“王老吉改名加多宝”等相近似的一类广告语后，没过几天，加多宝在微博上发出了连着四个“对不起”的悲情微妙之音，王老吉这方一改国企做事反应迟钝之短板，神速对联，以连着四个“没关系”回应加多宝。加多宝四个“对不起”说的悲意浓浓，王老吉四句“没关系”应的情意绵绵。加多宝获得不少同情者，王老吉挽回许多支持者。当年的春节，人们有的喝着王老吉，有的饮着加多宝，各自细细品味和欣赏着这部附有四个可爱的幼儿和数只名犬、萌猫插图的网络另类搞笑“贺岁片”，片名就叫“对不起、没关系”。下面重播一遍，供各位好好回味回味。

图 21-2　对不起与没关系

图片来源：杨洪．中国红［M］．广州：南方日报出版社，2014：177.

加多宝说：

“对不起，是我们无能，卖凉茶可以，打官司不行。”

王老吉应：

“没关系，是我们要赢，凉茶要卖好，官司也不能输。”

加多宝连着说：

“对不起，是我们出身草根，彻彻底底是民企的基因。

对不起，是我们太自私、连续 6 年全国销量领先，没有帮助竞争对手修建工厂、完善渠道、快速成长……

对不起，是我们太笨，用了 17 年的时间才把中国的凉茶做成唯一可以比肩可口可乐的产品”

王老吉接着连连应：

“没关系，是我们出身优越，但不改一颗自立的决心。

没关系，是我们太大度，连续十几年让您们放手去做，没有介入日常经营、渠道建设，在背后默默付出。

没关系，是我们太囧，费了 17 年的时间才懂得祖宗留下中国的凉茶需要自己细心经营。”

数只名犬萌猫似乎象征着广大消费者的围观心态，并连连发出四个“无所谓”的感叹。

不知“对不起”和“没关系”的真正执笔者是谁，这绝伦绝配的四句一问一答，若有凉茶广告诺贝尔奖的话，应双双颁发给这二位尚不知名的作者。感谢你们为大家奉献了一段中国凉茶流行笑曲。

2015 年 8 月，自嘲卖凉茶可以、打官司不行的加多宝，终于打赢了一场官司，虽然加多宝连败十几场，但这唯一的一场胜诉，当时虽还是一审不是二审终判，而且只判赔 20 万人民币。可对加多宝而言却是天大喜事，媒体纷纷以《加多宝赢了王老吉一场官司》为醒目标题大加报道，加多宝的律师终于有了一次以胜利者的代言人的机会接受记者采访。这场由系列广告纠纷案导出的广告案，本来是完全不可能发生的。广药集团在以连环炮攻击起诉加多宝发布虚假广告构成不正当竞争时，没想自己内部管理上的一个小小疏忽与不善，让嗅觉灵敏的加多宝终于找到了一个以其人之道、还击其人之身的难得的机会。王老吉与加多宝的系列诉争案中，绝大多数都是广药为原告诉加多宝的虚假广告有损王老吉商誉、构成不正当竞争，这次却反了过来，难免被人说不是正人君子，甚至还有点贼喊捉贼似的。

无论这场官司二审终判的结果如何，笔者认为律师的意见企业是应好好听取的。记得当时营销部门递了一份新闻稿要本书主编温旭律师审核并提意见时，温律师意见是最好别发，如一定要发，也不要以广药名义发稿，而以个人或记者采访的形式登刊较妥。但可能是温律师的口头意见没有完整传达到位，还是没来得及反馈给营销部门，被一审法院认定为新闻式的广告已经几乎未作修改就见于媒体了。

2015 年 7 月 29 日，武汉市中级人民法院一审判决认为，广医集团在媒体上发布《揭秘王老吉之争》广告，广药集团的行为在主观上明显具有恶意，影响了加多宝的品牌形象，此行为已构成不正当竞争，责令广药集团停止违法行为、赔礼道歉、消除影响，并赔偿加多宝商誉损失 20 万元。侵权认定的事实与理由是，涉案广告借助国家权力机构进行非法荐证，并以新闻报道形式发布，违反 1995 年《广告法》第 7 条“广告不得使用国家机关和国家工作人员的名义”以及第 13 条“不得以新闻报道形式发布广告”的规定。也许广药集团的下属部门及员工，不熟悉也不了解广告法的这一规定，以为引用国家机关所公开的信息发布自己的新闻，并不构成违法，所以才一不小心换来一场败诉，打破了广药集团与鸿道加多宝诉争连胜十几场不败的纪录。该案二审在湖北省高级人民法院审理，广药王老吉一方在一审败诉后，沉默是金，几乎没有向媒体发音，但并不等于服判认输，是是非非，还有待二审见分晓。不过，商家做广告，现在要小心再小心了，最近出台的新广告法可比旧广告法严格多了，稍有不慎就会被竞争对手告上法庭。其实广药集团的有关员工，当时若能听进或听到了律师的意见，就不至于惹火上身，被人抓住把柄告上法庭。这类新闻完全可以第三方的形式，如律师声明、专家意见、记者评论等合法形式广而告之，同样起到不是广告又远胜广告的作用。例如“中国每卖十罐凉茶、七罐产自加多宝”，与被判侵权的“中国每卖十罐凉茶，七罐加多宝”，广告的作用与效果相差无几，但前一句却未必构成不正当竞争。

最近二审判决已下，维持原判，但王老吉一方估计会启动再审程序，最终是否会得到再审法院支持，仍有待下回分解，即使再审成功率通常不超过10%，但笔者认为还是有点希望的。

笔者认为：一审、二审法院在被告广药集团构成“虚假宣传”的事实认定上是出现了严重偏差的，其认为“唯一传承主体”缺少“国内”二字，并称“其拥有王老吉独家正宗凉茶秘方也与事实不符”，因而构成虚假宣传。笔者认为这一认定反而完全偏离客观事实。关于第一点，虽然标题简化为“广药是唯一传承实体”，但前面有“广州国资委”的认定主体，广州国资委认定的权限就现有法律体系而言，实际就是说“广药只拥有国内的唯一传承实体”。而且，文章中已清晰地讲明了有大陆及香港两支传承分脉，进一步限定了其意思不可能包括大陆以外的传承主体。广药代理律师已在文中特别强调“广药是王老吉凉茶在大陆唯一合法继承实体。”这里的“大陆”二字比法院要求“国内”二字更加具体明确，何以构成“虚假宣传”。关于第二点，关键在于“独家”二字放在何处，若是放在“拥有”之前，则有可能构成虚假宣传，即“独家拥有……”但“独家”二字放在王老吉之后则正是对客观事实的正确描述，“广药拥有王老吉独家正宗凉茶秘方”，只强调其“拥有”，并没说其“独家拥有”，更未排除他人也拥有之任何意思，根本不构成虚假宣传，结合上下文则更加明确：不仅不否认加多宝也拥有，反而默认加多宝获得香港分支的秘方。据此分析，笔者认为再审是有相应的依据的，并有可能成功。

综合全文，不断章取义，即便是“独家拥有……”也指的是大陆独家拥有，不应理解为更大范围的独家拥有，同理因为有了认可还有另一支脉的前提，加多宝在国内并不“拥有”秘方所有权，只有被许可的“使用权”，无论如何推论与分析都不应得出广药“虚假宣传”的认定。

上面提到的“对不起”“没关系”的微博对白，实际上也是一种广告，案件输赢是一回事，但该案输家加多宝，要向公众传递的主要广告信号是王老吉是靠加多宝做大的，以博得同情，而广药集团则告诉广大消费者我收回“王老吉”商标自用细心经营了。一系列虚假广告纠纷诉至法院，胜负双方站在不同立场与角度，都充分利用新闻媒体或媒介频频曝光。王老吉要让百姓们知道王老吉从未改名，并由自己生产和销售；加多宝想让人们知道虽然我不用王老吉牌子了，但我的新品加多宝还是原来的配方，原来熟悉的味道，用原来的红罐装饰装潢，即加多宝就是原来的王老吉，除了名改了别的都没改。虽然系列广告案加多宝输多胜少，但加多宝仍然实现了其预期的基本目的。

图 21-3　温旭教授发言

图片来源：中国高校知识产权研究会副理事长、国家知识产权局专家库成员、三环律师所律师温旭教授出席保护中华老字号知识产权高峰论坛现场发言。见温旭．王老吉商标维权胜诉折射“老字号”生产力［EB/OL］．［2016-09-05］．http://www.scihead.com/cn/news.asp?id=202.

广药集团 2014 曾在北京举办了一个保护中华老字号的研讨会，邀请了相关领域的专家进行专题发言，既研究了老字号的保护，又宣传了王老吉的品牌，而且这种学术型的研讨会从正面强调要加强老字号品牌王老吉的保护，其所产生的新闻效应，并不属于新闻性广告，尽管会起到相应的广告效果，但却没有违反相关的法律规定，更没有贬低竞争对手构成不正当竞争。但凡任何形式的贬低他人借以抬高自己的行为，极易触及法律红线，引诉上身。

笔者作为王老吉相关案件的主办律师，也以专家身份发表了一份保护中华老字号的发言，呼吁保护老字号王老吉，也等于为王老吉品牌做宣传，人们常说品牌也是生产力，保护品牌就是促进生产力的发展。

前面我们谈到，王老吉赢了官司开新闻发布会，通过新闻将胜诉消息向消费者传递，而加多宝输了官司也开新闻发布会，且规模很大。2012 年 5 月，加多宝针对仲裁案败诉在北京召开了一个败诉说明会，有约三百人的规模，其中凤凰财经记者权基正，写了一篇《加多宝败诉说明会引数百媒体借王老吉做最后营销》。报道如下：

中国商标第一案价值1 080亿元“王老吉”商标之争有了定论，广药集团胜诉夺回王老吉。沉寂多日的加多宝于今日召开败诉说明会，本次发布会共吸引了 300 多家媒体到场，有网友调侃，这是意在借媒体免费之笔，继续宣传“更名”事件，注定将再次写入三年后的营销案例教科书。

王老吉品牌之争最终以广药胜出尘埃落定，不过加多宝输了官司后并没有消沉，而是举着“正宗凉茶加多宝”的旗帜到处打广告。当日举行的败诉说明会更是吸引了 150 余家平面媒体、50 余家网络媒体、近百家电视媒体，共 300 多家媒体到场。在败诉说明会中加多宝表示，作为民营企业，努力争取公平裁决，但始终力量微薄无法如愿，并对仲裁结果表示遗憾。同时，强调“加多宝”凉茶没有任何改变，仅仅只是换掉了标识。主持人匆匆结束了媒体提问环节，并宣布抽奖环节，来场的三位记者可以获得加多宝最新包装的一罐凉茶。趁大家混乱之时，加多宝三位负责人“着急”离场。

其中，参加此次发布会的一名媒体记者在微博中抱怨，发布会没有一点实质的东西，对于多次被问及如何部署渠道以及怎样作出有影响的营销事件，加多宝都敷衍过去。事实上，加多宝“去王老吉化”步伐早已进行。今年 3 月 29 日，加多宝发布官方声明，红罐王老吉启动全新包装，强化“加多宝”品牌，广告语也从以前的“怕上火喝王老吉”变更为“正宗凉茶，加多宝出品”，连平面海报也很难找到“王老吉”商标踪影。

凤凰财经针对广药和加多宝王老吉品牌纠纷发起“王老吉还能走多远?”

的专题调查显示，截至发稿时有近三万人参与了投票。在题为“你是喝加多宝凉茶还是喝广药王老吉?”的调查中，有将近六成的网友将票投给了“加多宝”凉茶，而选择广药王老吉的网友不足三成，另有18.55%的网友选择了“都不喝”。而在“你认为失去王老吉品牌的加多宝能否再次崛起?”的调查中，有57.86%的网友相信加多宝能重新打造新品牌。

安邦咨询医药行业研究院边晨光曾对媒体称，加多宝此前已经预料到结果，利用打官司拖延，就是给自己的营销调整找时间，比如通过一年多的纷争，消费者已经知道红罐的王老吉是加多宝公司生产的，绿盒的王老吉是广药生产的。而且加多宝三个字，也从名不见经传，变成了大家熟悉的品牌，为王老吉换装赢得了时间。

本次败诉说明会或许又是加多宝的营销事件，不管真实与否加多宝吸引了300多家媒体，成功地向大众宣传了王老吉更名事实。不过，这也将是最后一次利用王老吉做营销，未来加多宝能否重塑品牌，还有更长的路要走。

这篇文章一语道出了开败诉说明会的目的还是为营销加多宝做广告。广药王老吉在改名官司终审胜诉后，也开了个小型新闻发布会，其中中国经济网吴佳佳发表了题为《王老吉改名案终审胜诉》。报道如下：

2015年12月15日，广州医药集团、广州王老吉大健康产业有限公司收到广东高院判决书。针对王老吉与加多宝争议已久的“改名案”，广东高院已在12月2日作出终审判决，加多宝被判定虚假宣传，王老吉胜诉。2013年12月20日，广州中院就已经作出一审判决：判令被告加多宝立即停止使用“全国销量领先的红罐凉茶改名加多宝”等广告语，并立即销毁使用了上述广告语的宣传物品，赔偿原告王老吉经济损失及合理维权费用共1 081余万元，并在《广州日报》、人民网等媒体进行公开赔礼道歉。此次作为终审，法院判定：驳回加多宝上诉，维持原判。这是继王老吉赢得“怕上火”广告语案之后的第15场胜诉。法院判定加多宝虚假宣传 赔偿王老吉1 000余万元并道歉。

2012年5月，加多宝租赁“王老吉”商标到期后，开始经营加多宝品牌的凉茶。然而，其推出的“王老吉改名加多宝”“全国销量领先的红罐凉茶改名加多宝”的一系列广告给消费者带来了巨大困扰。“王老吉要改名加多宝了?”……包装相似、品类相同，加多宝系列改名广告语，无疑加深了人们对“王老吉”凉茶与“加多宝”凉茶的混淆，直接损害了广药集团的合法权益，搅乱了整个凉茶市场。

“对于消费者而言，‘红罐王老吉’或‘销量领先的红罐凉茶’主要与‘王老吉’商标相关联，而并非直接指向加多宝公司。因此，无论是‘原来的红罐王老吉改名为加多宝凉茶了’还是‘全国销量领先的红罐凉茶改名加多宝’，给消费者传递的信息显然是‘红罐王老吉凉茶’更名为‘加多宝凉茶’，甚至让消费者误以为‘王老吉’商标已被废弃或消亡，市场上再出现即属于非法的认识，这种虚假宣传必将导致‘王老吉’遭受损失。”法院判决书中对此作出了明确说明。此外，判决结果显示，加多宝还须赔偿原告王老吉经济损失及合理维权费用共1 081余万元，并在《广州日报》、人民网等媒体进行公开赔礼道歉。

王老吉代理律师温旭指出，王老吉不得不拿出高额的宣传费用声明“王老吉从未更名”，尽量挽回加多宝公司相关虚假宣传行为造成的损失，维护自身权益。但往往这种损失是不可估量、难以挽回的，而加多宝凭借此广告更是在市场上牟利颇丰。造假行为难获消费者认可。

1828年诞生于岭南，王老吉已有187年的历史。传承至今，一直广受消费者的喜爱。自从红罐王老吉的生产经营权被收回后，加多宝开始经营加多宝品牌凉茶，二者的纷争便不断。在2013年年底，加多宝的“改名”广告语被法院判定虚假宣传后，加多宝又推出了“中国每卖十罐凉茶七罐加多宝”，“加多宝凉茶荣获中国罐装饮料市场‘七连冠’”的销量广告，如今这些广告分别被法院判定为虚假宣传。

华东政法大学知识产权学院教授王莲峰对此认为，加多宝方面接连推出具有前后关联逻辑的涉案广告语，其一方面系意图通过关联广告语持续对消费者认购施加影响；另一方面系意图通过将诉讼战线拉长，以期实现将附着于“王老吉”商标上的商誉尽可能多地转移至“加多宝”凉茶的目的。

有专家指出，“王老吉”凉茶品牌在国内具有相当高的知名度。加多宝方面的涉案虚假宣传行为具有极大的社会危害性。其一方面损害了消费者的知情权、自主选择权和公平交易权等合法权益，另一方面，这种利用不正当的手段排挤、打压竞争对手的行为，还会损害其他竞争者的合法权益，破坏公平竞争的市场秩序。而一旦形成了“违法我不怕，只要能赚钱”的社会风气，其后果不堪设想。

吴佳佳这样的文章，无疑对王老吉的经营促销有利。品牌需要广告，广告培育品牌，但有时不是广告的广告，对品牌的升值及产品的促销效果，未必逊色于直接的广告。不过像“怕上火，喝王老吉”这样好的广告语则少见，值得广而告之。

图 21-4　微信上王老吉与加多宝的对白广告

图片来源：微信朋友圈。

笔者最近无意间上微信朋友圈发现一张《深圳晚报》的广告（见图 21-4），或许图片出自网友 PS❶ 之手，《深圳晚报》也好像并未做这样的广告。图文上半段写着“不懂为什么就突然想打一个广告……”，下半段写着“我也不懂为什么见楼上打了我也想打一个”。这几句略带调侃的轻松幽默广告

❶ 利用绘图软件 Adobe Photoshop 编辑、合成图片。

语和非典型的广告图片能得到广大网友关注，可见网友对“王老吉与加多宝”的广告宣传是多么感兴趣，类似这样的广告只是双方广告大战的缩影，两家的广告能够做到这样深入人心，不是单纯的广告起的效果，多场官司引爆的持续热点最后双双再成为社会热点，从某种意义上来说就是“营销双赢”，引得媒体、网友广泛持续热议、免费转发，不是广告，远胜广告啊！

三、双雄过招　花落谁家

1. 牵手合作　各有所得

时至今天，许多人只知道“王老吉”凉茶是在加多宝手中做起来的，从一开始几千万一年，到上亿，再到几个亿、几十亿、上百亿最后二百多亿并超越可口可乐成为中国第一饮品。但人们可曾知道加多宝的掌门人当年为了“迎娶”王老吉，费了多少周折。就像一个男人看上了一位自己非常喜欢的心仪对象，一直穷追不舍，最终打动当时王老吉品牌的掌管人——广州羊城药厂（后归广药集团所属）的心，在众多追求者中，最后“下嫁”给鸿道加多宝，牵手合作，将“王老吉”商标许配给加多宝使用。

最早追求使用王老吉的是一家“汉统药业”，并愿意每年出一笔巨款租用“王老吉”商标生产凉茶饮料，但在即将签约时却临阵退出。俗话说皇帝女儿不愁嫁，不久另一个“俊男帅企”又主动上门“求亲”，愿意付更高的“嫁妆费”租赁王老吉品牌生产销售罐装饮料。但当时广州羊城药厂似乎有些犹豫不决。最后获取王老吉芳心，抱得“美人归”的幸运儿，就是广东东莞的“本地郎”陈鸿道。

陈鸿道曾在饮料行业打拼过，做过新加坡上市公司杨协成饮品的代理商，积累了资金，也积累了经营饮料的经验。后来又在家乡东莞办厂生产过八宝粥及以加多宝为品牌名的红茶、绿茶、乌龙茶等。但却一直未能获得成功。陈鸿道从中悟出真谛，光有资金和经验，没有一个好的品牌想要成功是非常不容易的，尤其是当饮料行业早已有众多知名品牌群雄并起的时候，要重新打造一个全新品名推出市场并获得成功，谈何容易。于是加多宝的掌门人踏上了寻找名门贵族的漫漫寻“亲”之路。陈鸿道自幼在珠三角的东莞长大，当然对“王老吉”凉茶耳熟能详，于是把追逐的目光盯上了百年老字号王老吉，开始了他人生锲而不舍的“追品”之路。功夫不负有心人，千辛万苦，几经周折，终于与广药牵手合作，如愿获得广药的授权许可，生产经营“王老吉”凉茶。如若“王老吉”凉茶当年不正宗、不知名、无价值，陈鸿道怎会弃用自己免费的“加多宝”而改租广药集团的“王老吉”呢？所以，我们不仅要说出王老吉的今天，还应了解王老吉的过去，特别是要知道当年加多宝是如何借助王老吉品牌起步、成长与发家的，滴水之恩都当涌泉相报，怎可忘恩负义，否认自己的成长史呢？更何况广药集团许可加多宝生产经销王老吉之时，前期还做了大量的研发，克服重重技术难关，把“药食凉茶”变成了“饮料凉茶”，把“冲服凉茶”换成了“罐装凉茶”，变“热饮冲服”为“凉茶凉饮”，还可以“冰冻冷饮”。广州羊城药业的这一颠覆式创新，为药用凉茶的饮料化、工业化奠定了基础，对王老吉品牌的拓展与再次崛起与腾飞，打造了良好的平台，没有百年底蕴的王老吉品牌，没有广药千辛万苦打好的技术平台，就没有今日之加多宝。陈鸿道的眼尖过人之处就是攀上了王老吉，没有百年的王老吉就没有今天的加多宝，没有当年的加多宝也没有今日的王老吉。历史的前天、昨日，和现代的明日、后天，都应客观地评论。王老吉的贡献有目共睹，加多宝的功劳不可抹杀。

牵手有缘，分手有得。王老吉与加多宝虽然分道扬镳，各走各的阳光道，但双方“联亲”十多年，各有所得，收获甚丰。

初时有人一直认为，广药集团一开始时每年仅以一二百万的商标许可费独占许可鸿道加多宝生产经营“王老吉”凉茶是个败笔决策，自己经营每年获利也远不止这个数，以凉茶生产为主业之一的1990年广州羊城药厂年利润就突破了一千万元。广药集团一开始合作也看好鸿道加多宝并给予了很大力度的扶持与配合，广药集团图的不仅仅是起步时区区每年几百万的独占许可费用，更看好的是将来做大后商标许可费的不断提高，以及品牌价值的大幅升值。广药没选错陈鸿道其人，加多宝也没让广药集团完全失望，虽然许可费未能随销售额的增长而同比上升，但王老吉品牌从原来几亿评估值猛跃跳升到一千多亿，广药集团选中的鸿道加多宝这支“股票”，确实是匹黑马“绩优股”。二者得其一，抱回个价值千亿的金娃王老吉，这是广药集团的最大所得，广药集团能够重整旗鼓、东山再起、一跃百亿，这价值千亿的品牌效应起了很大的作用。仅此广药集团分手后所得已应满心欢喜，心满意足了。更何况还意外收获了尽人皆知的“红罐装潢”及无人不晓的“怕上火”广告语。有了这三宝，何愁广药不成功。

王老吉让加多宝租养十七八年，又白又胖、中了状元不说，还身价千亿，加多宝为此付出的功劳是永载史册的，谁也不可抹掉。但加多宝与王老吉分手之后，也并非一无所获，无论是商誉、利润，还是企业实力都有巨大收获与提升，相比广药集团十七年放租王老吉给加多宝，广药现金入袋不足1亿，而加多宝累计获利至少超百亿，而且这不足百分之一的许可费付出，还换得了加多宝巨大的无形资产，否则加多宝另起炉灶推新品，在短短几年内走完过去十七年的成长过程，三岁娃“加多宝”再创百亿的神话故事是根本不可能演义的。分手后，加多宝如果没有合作期间积累的雄厚资金，敢一年砸几亿在中国好声音做广告吗？不是生产经营王老吉，加多宝能有现成的原料基地、成熟的生产线、畅通的批发零售供销渠道、庞大的人才队伍以及完善的管理队伍吗？加多宝所拥有获得的这一切，可谓名利双收，超百亿总获利不说，单单让人知道王老吉超千亿的无形价值，是加多宝在被授权生产王老吉期间生出的“金蛋”，就足以让加多宝光彩照人，身价百倍。广药集团与鸿道集团虽然不再牵手合作，但各自手中的所得，都应相互感谢对方。“没有我哪有你，没有你哪有我”。这样的心理才是知足常乐的健康心态。

2. 凉茶品牌　谁是领导

谁是凉茶领导品牌呢，是王老吉还是加多宝？笔者暂不评价。首先，我们要分析的是品牌之间有无领导这一尊称，品牌或者企业之间是否存在领导与被领导者的关系，百度百科对“领导”一词的权威解释是：“领导是领导者为实现组织的目标而运用权力向其下属施加影响力的一种行为或行为过程，领导工作包括五个必不可少的要素：领导者、被领导者、作用的对象（即客观环境）、职权和领导行为。”

从这一定义中，可以看出，领导必须存在于一个特定的组织机构中、有领导与被领导者、领导有指挥下属的权力。可以是行政领导、业务领导、学术领导等，但为何没有品牌的领导者呢。道理很简单，品牌本身不是一个组织机构，品牌之间也不存在领导与被领导的上下级关系，任何品牌再出名都没有指挥另一品牌的权力。品牌与品牌之间，企业与企业之间，无论您品牌叫得多响，排名多靠前，都不存在纵向的上下级领导与被领导的关系。品牌之间、企业之间只有自愿加入广告协会或行业商会才有可能形成特定的组织关系，经民主选举产生协会或商会会长、副会长、秘书长等行业协会领导。领导者是指在正式的社会组织中经合法途径被任用而担任一定领导职务、履行特定领导职能、掌握一定权力、肩负某种领导责任的个人和集体。

加多宝在上述众多虚假不实广告被诉、被禁、被判之后，在中国好声音等媒介大力推出了“加多宝凉茶领导者”的广告。这次广药集团并未穷追猛打，立即诉至法院。而是权衡利弊，静观其变。尽管律师们作出的上述法律分析，已提示“领导者”的广告语构成虚假宣传的可能性极大，并有较大胜诉之把握，若是以往，广药王老吉的决策者们，早就催着律师做公证、收集证据、立案起诉了，但这次面对着超越自己、凌驾于王老吉头上的“领导者”加多宝，王老吉却显得异常沉着冷静，不动声色，也无任何反击，就连加多宝的一些律师法务都觉得有点奇怪。

王老吉对加多宝“凉茶领导者”广告没有起诉，加多宝的领导者广告被各行各业迅速仿效，于是乎家电、抽油烟机领导者、电动车领导者、洗衣液领导者、地产领导者、服装领导者、茶叶领导者等领导者，如雨后春笋层出不穷，在各行各业迅速蔓延。

加多宝自称凉茶领导者是否会构成不正当竞争呢，除了上面说到的品牌与品牌之间、企业与企业之间不存在所谓领导与被领导的关系外，这种领导者广告事实上存在着贬低同业、抬高自己之嫌疑，与最好、最佳一类广告语实为同出一辙，没有实质性差异，严格来讲都属于《广告法》所禁之广告用语，但相对最、第一的表述稍为间接含糊一点，否则工商主管部门早就采取执法行动，禁止使用并进行行政处罚了。若依据今年9月1日正式实施的史上最严《广告法》来看，使用极限用语的“领导者”广告词，更有可能认定为违法广告，而构成不正当竞争。

另外，是否构成不正当竞争的另一个要素是，即使领导者并不等于最好、最佳，并经过大家的广泛使用已增加形成了新的含义，例如企业广告的领导者仅仅是一种比喻，用以宣传自己的企业有较大的规模，品牌有较高的知名度等，只要该企业或品牌确实数一数二，属于领头羊，就可以以同业领导者自居自称领导者，对于这点目前仍有很大争议。

广药王老吉这次没有及时依法起诉加多宝的领导者广告侵权，依笔者之见或许有如下几点考虑，一是这句广告语是否属于虚假不实广告，全国尚无判例，相对之前广药集团和王老吉起诉的改名、十罐七罐、遥遥领先等广告语，胜诉把握相对小点，广药集团作为有影响之国企，决策者没有十足的把握，至少也要八九不离十的把握才会起诉加多宝，或许这正是广药集团连胜十几场才败一场的前提，而且仅输的一场是加多宝作为挑战者起诉广药集团。二是广药集团连胜十几场之后，社会上同情“法场”弱者加多宝的声音四起，如果广药集团穷追不放，会给人得理不饶人之不好印象，反有损广药国企良好形象。三是各行各业领导者广告语司空见惯、习以为常，若广药集团起诉加多宝领导者广告语侵权，会间接“得罪”不少企业，惹起众怒并将他们推向支持加多宝一边。四是集中精力打好前面的十几场未有终判的案子，再考虑是否再采取下一步的行动，必要时找准时机起诉，例如，等到加多宝的销量不是与王老吉半斤八两、平分秋色，而是王老吉超越加多宝时，即起诉胜诉的把握更大时再起诉。五是王老吉是否也有称王凉茶当领导者之意，这只有广药集团的决策者们心里才明白。

如果法律允许做带有领导者用语的广告的话，广药王老吉与鸿道加多宝谁更有资格当“领导或领导者”呢？加多宝敢于自封自己是凉茶领导者，不外乎三点，首先，加多宝认为是其将“王老吉”凉茶做大做强的，它是凉茶企业当之无愧的“老大”。其次，加多宝目前的产销量就罐装而言还是领先于广药王老吉；最后，加多宝十几年来投入的广告、发出的声音凉茶同行中无人可比，得到了广泛认同。因此领导者的桂冠非它莫属。

假如由广大消费者来选的话，谁更有可能当凉茶领导者呢？从以往网上媒体多次的民意测试的结果来看，似乎还是广药王老吉胜选领导者的把握与机会更大。第一，广药王老吉有 180 多年的文化历史底蕴，深植于老百姓的心中。第二，广药王老吉的产品质量指标过硬，多项检测评价第一。第三，广药王老吉是中国大陆唯一可自称正宗王老吉的品牌，该品牌市值过千亿，为中国第一饮料品牌。第四，广药王老吉的产销量已接近或赶上甚至超越了加多宝。综上四点，如果可以称王称帝当领导的话，王老吉应比加多宝更有资格。到底谁是凉茶领导者，相信老百姓心中自有一杆公平的秤，百姓心中目中的领导者是谁，不是自封而是人们推崇来授予的，这才是真正的凉茶“领导者”。

3. 擂台比武　难辩胜负

王老吉与加多宝两强之间的擂台比武，主要在如下三个方面过招：一是法庭上，二是宣传上，三是销量上。

第一回合，双方在法庭上你来我往、频频交手，但这一回合广药王老吉明显占上风，一审、二审二十多场官司目前仅武汉市中级人民法院一场暂时小负给加多宝，只判赔 20 万元人民币。而加多宝一方不论是做原告还是做被告，不论是在本土广东，还是异地诉讼，几乎场场皆输，当第一个法院判加多宝输官司，加多宝大喊法院判决不公，可是连着在全国各地输了十几场官司后，很难再听加多宝击鼓喊冤了，因为全国各地从中级人民法院、高级人民法院直到最高人民法院，先后几十个法院近百名法官审埋了双方的案件，有些还是由加多宝自己先行选定的法院起诉的，不可能这么多法官都判得不公。所以，加多宝输了这么多官司后少有再喊冤了，而且主动支付赔偿款额。

但加多宝是输了官司、赢得时间，官司输赢对加多宝而言不是最重要的，重要的是以诉讼换时间，以时间换空间，以空间换市场，以市场换品牌。加多宝的律师也明说，延缓诉讼，以时间换取空间，拖几年就达到目的了。不过双方在法庭上的较量，正如加多宝自己所言“打官司不行”，这一回合整体上王老吉占尽优势。

特别值得一提的是双方在“吉庆时分”商标案中的较量。加多宝很有远见，在双方分手前将“吉庆时分”四个字抢注为自己的商标，红罐凉茶常在吉庆时分派上用场，吉庆时分喝王老吉，开门大吉王老吉。加多宝有了这一商标后，先是到工商局投诉并要求查处，而广药集团以在先使用等理由申请撤其商标未果后，马上向广州市中级人民法院起诉商标权人，提起确认不侵权之诉。最后一审法院认为王老吉的“吉庆时分”广告语不属于商标性使用，认定广药集团不构成侵权，广药王老吉成功地化险为夷，躲过一劫。

红罐装潢之争，一开始是加多宝反应神速，抢先到国家工商行政管理总局投诉王老吉红罐装潢侵权，广药集团听闻后立即走法院起诉途径，抢先诉至广州市中级人民法院，因为法院一旦立案，受理投诉的工商行政管理部门一般都会暂时中止行政投诉的处理，待法院有终审结果后再依据法院的判决，决定是否继续查处，也许广药起诉加多宝的消息又被加多宝探知，加多宝仅晚于广药集团不到两天，马上在北京中院起诉广药王老吉红罐装潢侵权。真可谓商场如战场，红罐装潢的过招真的好像打仗似的，只是听不见炮声，看不见硝烟弥漫。而广药集团凭着自己的智慧，巧妙应用法律程序，化解了危机，又一次变被动为主动。难怪加多宝反复长叹，卖凉茶行，打官司不行。打官司律师水平至关重要，广药王老吉可连连获胜，领导的决策重要，选用的律师也很关键，但更为重要的是法官的审判水平与公正与否，我们有理由相信，王老吉与加多宝案件的法院判决，一定会有一至几个案件成为中国最经典的判例载入法制史册。

在法庭上的较量过招，确实验证了加多宝自嘲自弄的“卖凉茶行，打官司不行”的后半句。而在宣传上，包括广告宣传、新闻攻势、专家背书等，似乎又完全相反调了一个头，是加多宝占优，王老吉占下风。如果让王老吉自评或第三人开口评判的话，应说王老吉“打官司行，打广告不行”。客观地裁判，擂台比武第一招法庭上王老吉赢。

第二回合宣传上加多宝胜。前两招，双方一比一平手。

在宣传上，尤其是广告舆论造势上，加多宝可谓炮火极猛，攻势势不可挡。有相关媒体估计，鸿道加多宝 2012 年另起炉灶、自创新品牌加多宝后，一年的广告投入就有可能达到 40 亿元之巨。尽管这一数据没有得到证实，但从加多宝对外宣传红罐王老吉，自称花了三百多亿元来看，加多宝在分手自立加多宝品牌上的广告投入，肯定只有加大不会减少，同时加多宝自称年销售百亿，营销费用占消费额的 20% 以上，因此，一年四十亿的广告投入还是有可能的。2012 年加多宝6 000万元独家冠名“中国好声音”第一期，紧接着又不惜重金以 2 亿元的代价一举拿下“中国好声音”第二期，还攻下了湖南卫视跨年演唱会冠名权以及央视新闻联播黄金档期的广告时间等，在全国的各种媒介上，机场、火车站、大型户外广告牌、公交车站牌车身等各种场合，加多宝的广告以“无孔不入、铺天盖地”来形容，一点也不夸张。在茶饮及饮料快消品的广告投入，加多宝不是夺冠也创造了中国饮企的“吉尼斯”记录。而国企广药集团由于体制上的约束，其广告投入与加多宝实在无法相提并论，恐怕连其四分之一都不如。

消费者的感觉是加多宝的广告宣传是大海波涛、一浪高一浪，而王老吉的广告则如湖中秋波、掀不起大浪。在广告策划上广药王老吉也有些被动，说不上是被加多宝牵着鼻子走，但也是跟着别人屁股走或被加多宝逼着跑。加多宝在仲裁上败给广药集团后，首先有的放矢推出了“王老吉改名加多宝”，“全国销量领先的红罐凉茶改名加多宝”，“全国销量遥遥领先的红罐凉茶改名加多宝”，“原来的红罐王老吉凉茶改名为加多宝凉茶了”、“加多宝生产的红罐凉茶不再使用过往十七年沿用的商标，现更换为加多宝凉茶”，“还是原来的配方，还是熟悉的味道”等系列与“改名”直接或间接相关的广告语。改名广告无论是推出的时机与策略上，加多宝可谓是“恰到好处、把握时机”。尽管其中不乏虚假宣传，但“不择手段”却达到了加多宝预期所追求的目标与效果。反观王老吉只是为了证明自己还是王老吉，只相应的在有限的媒体上打了句“王老吉从未更名”的广告，其效果根本盖不住加多宝“改名”广告的狂风巨浪。

加多宝的“改名”广告被禁后没几天，加多宝又适时推出“领先”广告，以证明自己强大的经营实力，“中国每卖十罐凉茶，七罐加多宝”，“加多宝红罐凉茶连续七年领先”，“加多宝凉茶全国销量遥遥领先”等系列“领先”广告语。面对加多宝新一轮销量领先广告浪潮，王老吉除了以虚假广告起诉给予全面反击外，在广告宣传上只能以“中华老字号”、正宗凉茶、传承180多年广告应对。您打“销量领先”现实牌，我打“凉茶始祖”历史牌。加多宝见一招失灵，很快再出狠招，借香港王老吉传人的后代王健仪抛出加多宝获正宗授权拥有独家秘方，王老吉反而不正宗，“孙悟空”王老吉不得不将“怕上火，喝王老吉”广告语改为“怕上火，就喝正宗王老吉”。加多宝这个“二郎神”变得更快，马上变为“怕上火，更多人喝加多宝”，孙悟空王老吉再挥千钧棒，在法院一审又获胜诉，怕上火喝加多宝，更多人喝多加宝之类广告语也构成侵权。二郎神加多宝再摇身一变，以凉茶领导者自居，打出“加多宝中国凉茶行业领导品牌”广告语，面对加多宝这一绝招，王老吉还未出招，猴王王老吉正在花果山上，静观其变，冥思破解变招。

广告宣传上加多宝是占尽先机和优势，虽不能说完胜王老吉大获全胜，但至少让王老吉疲于招架、相形见绌，有时甚至喘不过气来。两个回合下来，广药王老吉与鸿道加多宝各胜一局，平分秋色，决赛进入第三局。

第三回合，决赛双方的决赛局无疑是销量上的掰手腕。谁占的市场份额多，谁就是老大。2012年5月双方彻底分手后，加多宝一直宣传自己销量大幅领先，虽然没有直接说领先于谁，但事实上大家都明白加多宝的领先一是说自己在凉茶业界领先，二是针对王老吉，而且更在乎后者，让消费者了解加多宝的实力强于王老吉，以引导消费者的消费心理与导向，即“心智资源”。王老吉与加多宝在销售量上到底谁领先、谁是真正的凉茶“领导者”？到目前尚未有一个真正权威和统一的结论。但相对客观来看，可分为三个不同的阶段。

第一阶段为2012年及2013年。这个阶段是各领风骚一年，2012年上半年生产的王老吉虽然是加多宝生产的，但品名还是王老吉，由于罐装凉茶保质期长达18个月，下半年市场上见到的也更多的是“王老吉”凉茶，加多宝的“中国每卖十罐凉茶，七罐加多宝”之所以被认定为虚假不实广告，就因为他将自己生产的王老吉品牌凉茶罐数故意张冠李戴算到自己加多宝新品牌上。2013年则确实是加多宝的销量领先于王老吉，但这一年不仅没有可比性，因为加多宝虽然换了新品名加多宝，但由于其从原料基地、生产加工线、营销渠道等都是现成的，一方面“改名”的后果在2013年延期继续发酵，另一方面在无原料、无生产工厂、无营销渠道的广药王老吉，重新开始生产销售红罐必然有一段空档期，不难看出加多宝2013年销量大于王老吉是很正常的。

第二阶段2014年开始双方都说自己超过对方，销量领先，但加多宝的领先声音不仅直接见于广告及媒介而且声势还很大，而王老吉认为自己领先，更多的是基于罐装加绿盒的总量领先，因没有一个官方的权威统计数据的支持，严谨的广药王老吉仍不愿站出来说自己“领先”。更不会见诸电视、报纸等媒体上做广告宣传，否则加多宝必会抓住机会起诉王老吉，以报一箭之仇。客观而论，2014年尽管王老吉销量较之前已有大幅提升，从2012自行产销的几十亿，到2013年突破100亿元，2014年又突破150亿元并逼近200亿元大关，但总体而言，销量仍不能说比加多宝多。但两者销量较为接近这既成事实。

第三阶段的较量在2015年，王老吉趁着官司节节胜诉及产能提升和渠道的扩展，特别是借加多宝改为金罐销量有所下滑之际，决心一举“反超”加多宝，而加多宝则早做好了反“反超”的对策，由于2015年加多宝红罐装潢案一审败诉，被迫改为金罐包装，如果这一年销量被王老吉超越，加多宝的所谓凉茶领导者地位将被彻底动摇，同时也说明改金行动是失败的。加多宝深知其利害，于是陈鸿道再次导演了一出好戏。

中国食品工业协会2016年2月28日在北京召开2015年度全国饮料行业整体运行发布会，公布2015年凉茶市场销售收入突破500亿元，其中加多宝品牌占52.1%的销售市场份额，居中国凉茶市场首位，罐装更以70.6%占中国罐装市场第一名，成功开创中国凉茶黄金时代。这则消息明眼及内行人一看就与加多宝有某种特定关联，占据半壁江山有多，必定市场第一，罐装刚过七成占比，验证中国每卖十罐，加多宝占七罐，开创凉茶“黄金时代”意指加多宝换装改“金罐”大获成功。尤其是“开创黄金时代”一语道破了加多宝的天机，为改“金罐”唱赞歌。实际的销量如何呢？是否真的超五占七开创了金罐凉茶的“黄金时代”呢？王老吉一方及时公布了自己2015年的销售额为230亿元。比上一年度增长30亿左右，增长率15%左右。若以500亿凉茶市场份额为总基数，加多宝占52.1%，王老吉占46%，共占98.1%的市场份额，其他凉茶品牌加起来还不到2%的市场份额，即还不到10亿元销售额。这样的统计结果肯定不能令人信服，也肯定有水分不够真实。问题出在哪呢，笔者作为经办王老吉与加多宝案件的律师，向行业知情人士咨询，道出了个中秘密。

一是统计的渠道与口径不同，为了证明自己销量领先第一，常常选对自己有利的部门、有利的采样、有利的途径进行统计。二是统计的指标缺乏同一性及可比性，是以出厂价、批发价，还是零售价计，其结果大不相同，三是是否真正完成了终端销售，也就是饮料是真正被消费者喝进肚里或已买回家里，还是压在批发商、超市、零售店的仓库里，行内称之为“压货”。不排除竞争对手的各方或某一方会以压货方式虚创销售量。而“压货”又分付款压货和不付款压货，无论经销商是否付款，生产商都拼命发货，从厂家仓库把凉茶搬至商家仓库，甚至货未易手交付，付点定金或签一纸合同的“凉茶”也进入了“销量”之中。为的就是要争一个虚而不实的“冠军宝座”，以便打出“凉茶领导品牌”的旗帜，引导或误导消费选择。

到底谁是中国第一凉茶品牌，2014年或2015年，王老吉与加多宝谁是冠军第一，谁是亚军老二呢？笔者随意在百度搜索了一下，百度文库显示，2015中国十大凉茶品牌排行榜N01是王老吉、N02是加多宝。2015年4月23日《二十一世纪经济报道》题为《2015凉茶大战后续：王老吉销量行业第一，剑指七成市场份额》文章指出，根据中国商品联合会发布的食品饮料市场2014年度监测报告显示，王老吉以40.75市场销售份额，稳居凉茶市场首位，即王老吉销售额200亿元稳居行业第一。再行搜索又冒出不少相反的统计结果与评论，甚至认为王老吉在销量和市场份额上惨败给加多宝屈居老二。到底真相怎样呢？最好的办法是让国税地税去查查双方的纳税，也许真相很快大白天下，如果纳税少而销量反而更大，肯定有问题，要么有偷税漏税之嫌，要么就是虚报销量骗取“皇冠”欺骗误导消费者。对号入座，有勇气者最好自戴一顶“骗子大王”的“红帽”。

但不论上述统计报道有无水分、是否精准以及是否有误，有一点是不容置疑的，王老吉与“加多宝”凉茶已成可口可乐与百事可乐的竞争格局，虽有高低但旗鼓相当，不是平分秋色，就是各领风光，但绝没有大幅遥遥领先。应是胜负难辨、未见分晓。

有一场战争，已经持续了上百年……每到夏天，战火就会重燃……双方血拼时，支持者口中念念有词：“我家口味更饱满！”“我家气量更足！”“你家甜得太肤浅！”“你家喝完嘴会涩！”那就是可乐之战，“资本主义史上最重要的战争，可口可乐与百事：相爱相杀了一百年”。当下，中国凉茶之战也在发酵：“我家是正宗”“怕上火喝我家凉茶”，王老吉与加多宝这对昔日情侣、现在的冤家是否会步他们的后尘，相爱相杀在一场没有硝烟的商战中，就如可口可乐的人说，“对于可口可乐公司今日的成功，谁的贡献都没有百事可乐多。”相信如果王老吉与加多宝在也能相爱相杀一百年，在“纠缠”中崛起，在“竞争”中壮大，最后双双成为国际驰名品牌，我们乐见其成。

王琳绘制

图 21-5　相爱相杀在一场没有硝烟的商战

没有竞争就没有进步，我们期待合法有序的良性竞争，我们不希望王老吉与加多宝自家兄弟互相残忍搏杀，切磋武艺可以，置人死地不行；公平竞争可以，非法打压不要；自吹自擂尚可，贬低他人不行。王老吉与加多宝的红罐之争行将落幕，但领先或第一的“红冠”之争永远难于谢幕，这不是坏事，这是一件好事。品牌是生产力，驰名国际品牌是国力的象征，是走向国际市场的开路先锋，得品牌得市场、得市场得天下，以武力征服世界的时代渐渐远去，以经济占领全球的时代步步走来，我们期望着分久必合的一天，也更希望分手再见亦是朋友，双双打入世界饮料冠亚决赛，让王老吉与加多宝取代“两乐”，吉庆时分，手握红罐，加多一宝，举杯同饮，万岁！中国凉茶！

红罐之争、红冠之争——一场没有输家的双赢之战。花落谁家不重要，重要的是饮料冠亚之王都属于——CHINA 中国。愿智慧之星闪烁，让天才之火燎原。

尾　声

CHAPTER

战火未灭　烟雾迷茫

雾霾总是让人看不清远方，眼前一片灰雾茫茫。红罐之争燃起的战火，恐怕喝再多的王老吉或加多宝凉茶都无法“熄火”。迄今为止，虽然双雄争霸、未见高下，双双突破二百亿元年销量，创造了饮料史上新的奇迹；但风光之中有风险，辉煌之上有迷茫。双方的诉讼战火，随着一审、二审、再审的纷纷下判，渐进尾声；但市场激战却如火如荼、方兴未艾，到目前为止仍未决出胜负，且从各自的获利与所得而言，这的确是一场没有输家的品牌之战。然而，从2016年的开局与走势而言，尽管战火未灭、烟雾重重，但透过重重迷雾，似乎在即将过去的2016年里，加多宝的前景较为迷茫，而王老吉则看到了曙光。

加多宝东山再起，欲做凉茶大王之途坎坎坷坷，百尺竿头欲再上一层时，出现瓶颈，遇到了不少困扰与麻烦。

一是官司几乎节节败退。二十多场诉讼，仅小胜一场。尽管有不少专家、学者的观点偏向加多宝，也有很多消费者、老百姓同情、支持加多宝，初负一两场官司时，加多宝也大声“喊冤”，当其二十多场官司连连败北，无论是在广药所在地广州，还是在重庆、长沙、北京等地，广药王老吉的官司都一路高歌、节节胜出；几十个法庭，上百个法官，从区法院、中院、高院直至最高人民法院所判之案，几乎都是一边倒向王老吉，难道这么多法院及法官的判决都不公吗？从加多宝后来自觉、及时履行法院的终审判决中，我们可以得到一个正确的答案——判决是依法有据、公平公正的。官司接连败北，对于加多宝的士气及改变大家对王老吉的看法，肯定是有影响的，这是加多宝前进途中的第一道坎。

二是改推金罐加多宝，在时机选择及市场跟进上过于仓促、准备不足。加多宝改推金罐的主观目的是与王老吉做一个切割，以防广告效果反流王老吉，两大品牌都是红罐，加上原有的特定关联关系，消费者难免会产生认知性混同。消费者对金罐的认识接受需要时间和空间，而加多宝金罐广告铺天盖地先行，生产铺货却未能及时跟进，同时“红罐装潢”二审案迟迟未下判，犹如高悬之剑，最终不知是砍向加多宝还是王老吉。重要官司悬而未决，改推金罐后市场开始停步不前甚至有下滑迹象，这是加多宝面临的第二道坎。

三是加多宝营销宣传上触犯了政治红线，被邱少云烈士的弟弟告上了法院，法院判加多宝侮辱烈士邱少云构成侵权，这尽扫加多宝的一贯光辉形象，造成了极坏的社会影响，几乎毁灭了加多宝十几年来攒下的好形象资本，差点前功尽弃，这是加多宝需尽快跨越的第三道坎。

四是近来加多宝在网上负面新闻不断，先是《前员工曝加多宝陷危局，高管离职，工厂停产》，紧接着凤凰新闻又曝料《加多宝董事长跑路，CEO离职！神话为何破灭》，并提到香港鸿道集团停止注资，加多宝资金链出现严重问题，大量裁员，销量有下行迹象……加多宝虽有出面辟谣，但究竟是“空穴来风”，还是“无风不起浪”，这是加多宝要迈的第四道坎。

五是随着反腐运动的深入推进，大吃大喝明显减少，加上人们少吃肉多吃素健康饮食习惯的逐渐养成，对凉茶的需求量也是不升反降，而加多宝产品比较单一。面临市场需求变化，这是加多宝要迈越的第五道坎。

六是王老吉产销逐年稳步上升，凉茶行业中的老三、老四、老五开始苏醒并纷纷加大投入与宣传，再加上王老吉也加人宣传力度、抢占市场空间，有效遏制了加多宝以往风风火火的上升势头。如何破解这一困局，这是加多宝面对的又一道门槛。

能否顺利突破一道道难关，这关系到加多宝的生死存亡，也许奇迹与幸运之神会再次降临到加多宝身上……

加多宝的困局，就是王老吉的兴局。综观王老吉一方，2016年以来，虽没有惊天动地之作，但凭着稳扎稳打也站稳了脚跟，并且稳中求进、惊喜不断。一方面，以9 600多万元中了央视《新闻联播》后广告第一标，无疑实现了品牌营销的“卫冕之王”；另一方面，王老吉适应市场变化，推出“贺岁”“亲情”“星座”等系列新包装，加大广告的精准投入，避免狂轰滥炸广告的浪费与低效。王老吉尤其注重培养年轻消费群体的市场，钟情王老吉的上一代人渐渐减少，这是自然规律不可抗之，培养新生代对王老吉的心智资源，再造亿万“吉粉”正是王老吉的正确成功之选。马云阿里巴巴注资5亿元入股王老吉，线上线下结合，王老吉如虎添翼，更有助于其坐上凉茶领导者的王位。机不可失，时不再来，王老吉在加多宝面临种种困局之时，可否克服国企的某些不足，一举超越，再度称王，也许这就是最关键时刻。等加多宝雄狮苏醒时，王老吉想在市场上“称王”就更困难了。

此外，王老吉与加多宝从合到分的漫漫长路，总结起来不外乎十二个字：前半段是“一追、二结、三离”（追美品、结良缘、闹离婚），后半程是“一转、二去、三争”（转美誉、去混淆、争高低）。但当双方争得不亦乐乎、疲惫不堪之时，也许正是双方破镜重圆、再次携手合作共赢的好时机，这就看双方高层的决策者们的胸怀、度量与远见：王老吉品牌，商标并不全在一方，合二为一才真正有可能打造出驰名全球的国际饮料品牌，才能真正媲美可乐，走向世界。期盼这一天早日到来，烟消雾散，牵手共进，光明一片。

关于王老吉与加多宝的合作与诉争，本书并非首作，广东营销学会会长杨洪的《中国红》问世后，接着中央党校李雅云、王红二位教授的《专家学者评析加多宝案》又与读者见面，加多宝律师所写的《为红罐而辩》一书也在待产之中，而本书《红罐之争：谁是凉茶领导者》不是老三，就是老四或者老五、老六了。一场品牌诉争，引发报道上千，出书数册，足见这场中国第一品牌之争是多么的扣人心弦、引人入胜。正如大法官、知识产权专家程永顺所言："王老吉与加多宝系列纠纷案件早已引起社会广泛关注，该系列纠纷案件时间之长，每个案件涉及事实之复杂，涉及的法律问题之广泛，运用法律程序之多，参与审理案件的法院之多、层级之高、专家学者学术观点争论之大，争议标的额之高，媒体对该系列案件的报道之频繁，都是前所未有的。"

王老吉与加多宝的故事虽接近尾声，但新的故事仍会延绵不断，网络媒体还会继续讲述，敬请大家多多关注。谢谢各位读者。

参考书目及文献

[1] 朱钢. 草本甘凉——广东凉茶 [M]. 广州：广东省出版集团，广东教育出版社，2010.

[2] 郑荣波. 清凉好世界 活力王老吉：广州王老吉药业股份有限公司发展史 [M]. 广州：广东科技出版社，2010.

[3] 秦艳芬. 广东凉茶 [M]. 广东科技出版社，2002.

[4] 杨洪. 中国红：中国第一品牌攻防争夺战内幕 [M]. 广州：南方日报出版社，2014.

[5] 陈玮. "上火"的凉茶：解密加多宝和王老吉的营销之战 [M]. 杭州：浙江大学出版社，2013.

[6] 刘书怡，曾刚辉. 王老吉商标商誉归属初探 [J]. 法制与社会，2013 (8).

[7] 吴汉东. 论商誉权 [J]. 中国法学，2001 (3)：89-96.

[8] 郑其斌. 论商标权的本质 [M]. 北京：人民法院出版社，2009.

[9] 李琛. 名教与商标保护 [J]. 电子知识产权，2005 (5).

[10] 李国庆. 美国商标许可合同中的商誉制度述评 [J]. 知识产权，2013 (12).

[11] 陶鑫良，张冬梅. 被许可使用"后发商誉"及其移植的知识产权探析 [J]. 知识产权，2012 (12).

[12] 李扬. 究竟谁动了谁的奶酪——加多宝与广药之争案评析 [J]. 知识产权，2012 (12).

[13] 张玉敏，曹博. 合则两利，分则两害 [J]. 法律适用，2013 (6).

[14] 崔国斌．商标许可终止后的商誉分配［J］．知识产权，2012（12）．

[15] 姜虹，陈雪冰，王学思．媒介品牌的市场定位分析［J］．企业家天地下半月刊：理论版，2008（3）：231-232.

[16] 菲利普·科特勒，凯文·莱恩·凯勒，卢泰宏．营销管理［M］．13 版．卢泰宏，高辉，译．北京：中国人民大学出版社，2009.

[17] 梅莉莎·戴维斯．品牌概论［M］．陆以理，译．沈阳：辽宁科学技术出版社，2010.

[18] 向群．破译品牌神话［M］．北京：中国石化出版社，2010.

[19] 朱瑞庭，许林峰，李节．品牌价值的理论——模型及其评估［J］．商业时代，2003（13）．

[20] 权基正．加多宝败诉说明会引数百媒体借王老吉做最后营销［EB/OL］．（2012-5-16）［2016-09-01］http://finance.ifeng.com/news/special/wanglaoji/20120516/6468712.shtml.

[21] 吴佳佳．王老吉改名案终审胜诉［EB/OL］．（2012-12-16）［2016-09-01］http://www.ce.cn/xwzx/gnsz/gdxw/201512/16/t2015216_ 7599548.shtml.

附件

裁　决　书

（2012）中国贸仲京裁字第0240号

中国国际经济贸易仲裁委员会（以下称“仲裁委员会”）根据申请人广州医药集团有限公司（以下称“申请人”）与被申请人鸿道（集团）有限公司（以下称“被申请人”）于2000年5月2日签订的《商标许可协议》中的仲裁条款，以及申请人于2011年4月26日提交的仲裁申请书及其附随证据，受理了申请人与被申请人之间的本商标许可协议争议仲裁案。该案案件编号为L20110176。

该案仲裁程序适用自2005年5月1日起施行的《中国国际经济贸易仲裁委员会仲裁规则》（以下称《仲裁规则》）。

2011年5月10日，仲裁委员会秘书局（以下称“秘书局”）根据申请人在仲裁申请书中列明的申请人和被申请人的地址“广州市荔湾区沙面北街45号”、“香港中环皇后大道中183号新纪元广场中远大厦27层2708-14”，以特快专递方式分别向申请人和被申请人发送了该案仲裁通知、《仲裁规则》和仲裁委员会《仲裁员名册》，并同时向被申请人附寄了申请人提交的仲裁申请书及所附证据材料。经查，向申请人寄送的上述材料已于2011年5月12日妥投；向被申请人寄送的上述材料，快递公司多次投递未果。

秘书局将上述情况告知申请人后，申请人向秘书局提供了经其查询获知的被申请人的注册地址……

…………

第六，补充协议的订立既损害申请人的利益，也损害国家利益。申请人提出，补充协议签订之前未按程序和商业惯例进行费率测算评估；补充协议约定的许可费明显低于原合同标准和商业惯例标准，许可费20年中平均年增长率只有0.93%，低于原协议的增长率，也低于申请人的子公司使用“王老吉”商标所支付的销售收入2.1%的水平；补充协议的签订损害了申请人在原合同中享有的权利，按原合同关于10年期满后“在同等条件下可以有优先续约权”的规定，期满后“王老吉”商标会在一个公开公平的竞争市场寻求适格合作者，而这个提前签订的协议使申请人丧失了可以通过公平竞争取得权益的权利。仲裁庭同意申请人提出的上述理由，补充协议的订立未见有谈判过程的证据、补充协议约定的许可费明显低于商业惯例、补充协议约定的许可费20年平均年增长率低于原合同年增长率、许可费标准低于申请人自己子公司使用“王老吉”商标的许可费标准、补充协议的签订使申请人失去原合同中享有的10年期满可在竞争市场寻求更有利合作者的机会，以上皆为事实。此外，在该案中申请人还提出了“2000年协议及2002年补充协议中约定的许可费情况”表格，被申请人对该“许可费情况”所示的数据本身没有提出异议。仲裁庭查明，按照该“许可费情况”所示数据，“2000年协议”（原合同）约定的十年期中有两个年度许可费有增长，分别为第三年增长5%、第七年增长4%。“2002年补充协议”规定的第二个十年期中分别有两个年度许可费有所增长，分别为第四年增长3%、第八年增长3%。第一个十年期许可费总体增长了9.2%，而补充协议规定的第二个十年期许可费总体增长了6.1%。另外，补充协议约定的20年许可费平均年增长率为0.93%，低于原合同平均年增长率。

根据以上数据可知，与原合同规定的许可费条件相比，补充协议作出了对申请人不利的调整。而仲裁庭通过被申请人自己提交的反映被申请人使用“王老吉”商标历史的“商标使用许可合同补充协议”（1995年合同）和“商标许可使用合同”（1997年合同）可知，自1995年起至补充协议订立，被申请人与“王老吉”商标权人之间关于罐装“王老吉”商标许可使用事宜有过三次许可合同的订立，即“1995年合同”、“1997年合同”、“2000年协议”。“1995年合同”对罐装王老吉的商标使用费进行约定之后，“1997年合同”和“2000年协议”都分别在上一合同没有履行期满前双方就又约定用新的商标许可使用费标准变更原合同商标许可费标准，每次变更都是大幅度向上调整。“1995年合同”履行到1997年时许可费标准应当是人民币10万元，但是“1997年合同”将1997年的许可费变更为人民币200万元，向上调整19倍。“1997年合同”履行到2000年时许可费应当是人民币250万元，但是“2000年协议”将2000年的许可费变更为人民币450万元，向上调整80%。以上反映出“王老吉”商标许可人和被许可人的合作在快速增强，“王老吉”商标的产品市场不断扩大，双方不断通过及时谈判，达成新合同，替代老合同，提高商标许可费条件，寻求利益平衡的共赢局面。而补充协议的订立却不是这种情况的延续。仲裁庭通过被申请人自己的表述得知，“2000年协议”签订后到补充协议订立之时被申请人的红罐“王老吉”凉茶销售额正在快速增长，一年几乎增长十倍（被申请人承认“1996年至2000年，红罐王老吉凉茶的年销售额一直没有突破一千万元，直到2001年红罐王老吉凉茶一年的销售额才达到9730万元人民币。”“2000年红罐王老吉凉茶的年销售额仅为不到一千万元，2001年红罐……

…………

三、裁决

仲裁庭对该案作出裁决如下：

（一）《王老吉商标许可补充协议》和《关于王老吉商标使用许可合同的补充协议》无效。

（二）被申请人停止使用“王老吉”商标。

（三）该案仲裁费为人民币928 517元，由申请人负担50%，即人民币464 258.5元，被申请人负担50%，即人民币464 258.5元。鉴于该案仲裁费已由申请人全额预缴，被申请人应向申请人支付人民币464 258.5元以补偿申请人代其垫付的仲裁费。申请人所预缴的仲裁员实际费用人民币8 000元，由于并未实际支出，将由仲裁委员会全额退回。

以上被申请人应向申请人支付的款项，被申请人应于本裁决作出之日起30天内支付完毕。

本裁决为终局裁决，自作出之日起生效。

首席仲裁员：

仲　裁　员：

仲　裁　员：

二〇一二年五月九日于北京

广东省广州市中级人民法院

民事裁定书

（2012）穗中法知民初字第263号之一

申请人：广州医药集团有限公司，住所地：广东省广州市荔湾区沙面北街45号。

法定代表人：杨荣明。

委托代理人：黄娟，广东文迪律师事务所律师。

委托代理人：高劲松，广东文迪律师事务所律师。

被申请人：广东加多宝饮料食品有限公司，住所地：广东省东莞市长安镇长青北路。

法定代表人：张树容。

委托代理人：姚岚，北京市大成律师事务所律师。

被申请人：彭某（广州市南沙区民丰百货商店经营者）。

委托代理人：邓勇，广东敬海律师事务所律师。

委托代理人：潘立冬，广东敬海（深圳）律师事务所律师。

申请人广州医药集团有限公司于2012年12月27日向本院提出诉中停止禁令申请，认为为免其合法权益遭受难以弥补的损害，请求本院实施以下禁令：1. 立即禁止被申请人广东加多宝饮料食品有限公司在其广告宣传及产品包装上使用“王老吉改名为加多宝”或与之意思相同、相近似的广告语的不正当竞争行为；2. 立即禁止被申请人广东加多宝饮料食品有限公司、彭某在其广告宣传及产品包装上使用“全国销量领先的红罐凉茶改名为加多宝”或与之意思相同、相近似的广告语的不正当竞争行为；3. 立即禁止被申请人广东加多宝饮料食品有限公司在其广告宣传及其生产、销售的凉茶产品上使用“国家级非物质文化遗产代表作”或与之意思相同、相近似的语句的不正当竞争行为。申请人为此向本院提供了价值500万元的财产作为担保。

初步证据显示：1. 申请人是第626115、3980709、9095940号“王老吉”商标注册人，该商标核定使用商品为第32类（包括无酒精饮料、固体饮料等商品）。2. 市场上出现了“王老吉改名为加多宝”或类似内容的广告横幅等。3. 被申请人广东加多宝饮料食品有限公司实施了使用“全国销量领先的红罐凉茶改名为加多宝”广告语进行宣传的行为。4. 在被申请人彭某的经营场所内，摆放了“全国销量领先的红罐凉茶改名加多宝”的纸质广告牌。5. 目前无证据显示名为“王老吉”的凉茶饮料已更名。6. 申请人作为原告，以两被申请人为被告提起该案诉讼，其诉讼请求中并未包括关于被申请人广东加多宝饮料食品有限公司使用“国家级非物质文化遗产代表作”相关广告语的行为构成侵权的指控。

本院认为，一、关于申请人申请禁止被申请人广东加多宝饮料食品有限公司使用“王老吉改名为加多宝”或与之意思相同、相近似广告语的请求。首先，被申请人广东加多宝饮料食品有限公司是“加多宝”凉茶饮料的生产企业，其虽未承认实施了使用“王老吉改名为加多宝”或类似内容进行广告宣传的行为，但由于上述广告的受益人唯一指向该被申请人，故本院初步认定该被申请人是上述广告的投放者，实施了使用“王老吉改名为加多宝”或类似内容广告语进行宣传的行为。其次，目前无证据显示名为“王老吉”的凉茶饮料已更名。由此，申请人作为“王老吉”商标的权利人，认为被申请人广东加多宝饮料食品有限公司使用“王老吉改名为加多宝”或类似内容进行广告宣传属虚假宣传、误导消费者的行为，构成不正当竞争，请求法院予以禁止有事实依据。

二、关于申请人申请禁止两被申请人使用“全国销量领先的红罐凉茶改名加多宝”或与之意思相同、相近似广告语的请求。首先，被申请人广东加多宝饮料食品有限公司自认使用了上述广告语。被申请人彭某对该事实虽未予承认，但由于其经营场所内摆放了“全国销量领先的红罐凉茶改名加多宝”的广告牌，故本院认定被申请人彭某亦实施了使用上述广告语的宣传行为。其次，名为“加多宝”的凉茶饮料是被申请人广东加多宝饮料食品有限公司近年生产并新投放至市场的产品，不存在“加多宝”凉茶饮料从其他某种名称的凉茶饮料“改名”而来之事实基础。且在名为“加多宝”的凉茶饮料投放到市场之前，红色罐身、名为“王老吉”凉茶饮料的销量多年来领先于国内其他品牌的凉茶饮料。再结合该饮料产品持续多年在国内进行大范围广告宣传之事实，可以认为：言及“全国销量领先的红罐凉茶”，普通消费者会自然联想到红色罐身名为“王老吉”的凉茶饮料。故两被申请人现使用“全国销量领先的红罐凉茶改名加多宝”的广告语确会在客观上产生使普通消费者误以为“王老吉”与“加多宝”为同一款凉茶饮料或“王老吉”已改名为“加多宝”，对两者的来源产生混淆之极大可能性。故申请人认为两被申请人使用“全国销量领先的红罐凉茶改名加多宝”或类似内容进行广告宣传的行为属虚假宣传、误导消费者的行为，构成不正当竞争，请求法院予以禁止有事实依据。

三、关于申请人申请禁止被申请人广东加多宝饮料食品有限公司使用“国家级非物质文化遗产代表作”或与之意思相同、相近似广告语的请求。由于申请人在该案中并未提出被申请人使用该类似广告语的行为构成侵权的指控，申请人该项禁令请求超出其诉讼请求的范围，申请人该项请求没有事实和法律依据，本院不予支持。

此外，因申请人起诉时仅指控了两被申请人以广告宣传的方式使用前述广告语构成侵权，故本院仅对在其诉请范围内的事项依法作出禁令。

综上所述，两被申请人实施了虚假宣传、误导消费者的行为。为避免该正在实施的虚假宣传行为对“王老吉”商标权人，同为生产、经营凉茶饮料的申请人的合法权益造成难以弥补的损害，有必要禁止两被申请人实施上述虚假宣传行为。申请人的部分禁令请求有事实和法律依据，依法应予支持。依照最高人民法院《关于贯彻执行〈中华人民共和国民法通则〉若干问题的意见（试行）》第162条、《中华人民共和国民事诉讼法》第一百条、第一百零八条、第一百五十四条第一款第（四）项的规定，裁定如下：

一、被申请人广东加多宝饮料食品有限公司立即停止使用“王老吉改名为加多宝”或与之意思相同、相近似的广告语进行广告宣传的行为；

二、被申请人广东加多宝饮料食品有限公司、彭某立即停止使用“全国销量领先的红罐凉茶改名为加多宝”或与之意思相同、相近似的广告语进行广告宣传的行为；

三、驳回申请人广州医药集团有限公司的其他申请。

本裁定送达后立即执行。

如不服本裁定，可以向本院申请复议一次。复议期间不停止裁定的执行。

审　判　长　郭小玲
审　判　员　丁　丽
代理审判员　何　山

广东省广州市中级人民法院

二〇一三年[illegible]月二十一日

本件与原本核对无异

书　记　员　徐智媛

广东省广州市中级人民法院

民事判决书

（2012）穗中法知民初字第263号

原告：广州医药集团有限公司，住所地：广东省广州市荔湾区沙面北街45号。

法定代表人：李楚源，该公司董事长。

委托代理人：温旭、曾赟，广东三环汇华律师事务所律师。

被告：广东加多宝饮料食品有限公司，住所地：广东省东莞市长安镇长青北路。

法定代表人：张树容，该公司总经理。

委托代理人：谢晓尧、徐昭乐，广东法仪律师事务所律师。

被告：彭某。

委托代理人：潘立冬，广东敬海（深圳）律师事务所律师。

委托代理人：马慧莲，广东敬海（深圳）律师事务所实习律师。

原告广州医药集团有限公司（以下简称广药集团）诉被告广……

…………

一系列不正当竞争行为已经实际上造成了消费者和社会公众对于“王老吉”和“加多宝”这两个品牌的混淆和误认，不但给原告造成了巨大的商誉、经济损失，还破坏了市场的公平竞争秩序。原告为此不得不在机场户外广告、电视等广告媒介中花大成本宣传“王老吉从未更名”这一广告语及开展大量的调查取证工作。为此我方付出了1.4亿元的费用，但我方只提出了1 000万元的赔偿数额和80多万元的合理费用。二、被告彭某在其店面大面积张贴含有“全国销量领先的红罐凉茶改名加多宝”字样的巨幅广告，且在其商店的醒目位置销售外包装含有“全国销量领先的红罐凉茶改名加多宝”字样的加多宝品牌凉茶行为也属虚假宣传行为，也构成对原告的不正当竞争侵权。综上所述，二被告的虚假宣传行为构成不正当竞争行为，给原告造成了巨大的经济损失，为了切实维护我方权益，请求法院支持我方所有诉求，公正判决。

原告诉讼请求如下：

1. 判定被告加多宝公司在其广告宣传上使用“王老吉改名加多宝”或“全国销量领先的红罐凉茶改名加多宝”或与之意思相同、相近似的广告语的行为，以及彭某在其广告宣传上使用“全国销量领先的红罐凉茶改名加多宝”的广告语的行为是虚假宣传，对原告的商誉造成了损害，构成不正当竞争侵权行为；判令加多宝公司不得在广告宣传上使用“王老吉改名加多宝”或“全国销量领先的红罐凉茶改名加多宝”或与之意思相同、相近广告语，判令彭某不得在广告宣传上使用“全国销量领先的红罐凉茶改名加多宝”或与之意思相同、相近广告语；

2. 判令被告加多宝公司无条件撤换、撕毁、销毁其在其各种广告载体上含有上述“王老吉改名加多宝”或“全国销量领先的红罐凉茶改名加多宝”或与之意思相同、相近词句或与之意思相同、相近词句广告语的宣传册、广告牌匾等宣传物品和电台、电视广告、通告；判令彭某无条件撤换、撕毁、销毁其在营业场所含有“全国销量领先的红罐凉茶改名加多宝”或与之意思相同、相近词句或与之意思相同、相近词句广告语的宣传册、广告牌匾等宣传物品；

3. 判令加多宝公司赔偿原告经济损失1 000万元人民币；

4. 判令加多宝公司在《广州日报》、《羊城晚报》、《南方都市报》各报纸的显著位置、人民网首页、新浪网首页、腾讯网首页、搜狐网首页上公开道歉，内容由法院审定；

5. 请求判令该案一切诉讼费用由两被告共同承担，加多宝公司承担原告支出的合理费用881 618元人民币，彭某承担原告支出的合理费用2 500元人民币。

庭审中，原告明确其诉讼请求中所指的与“王老吉改名加多宝”意思相同、相近的虚假广告语有3条，分别是：“原来的红罐王老吉改名加多宝凉茶”、“原来的红罐王老吉改名为加多宝凉茶了”、“加多宝生产的红罐凉茶不再使用过往17年沿用的商标，现更换为加多宝凉茶”；与“全国销量领先的红罐凉茶改名加多宝”意思相同、相近的虚假广告语有1条：“全国销量遥遥领先的红罐凉茶改名为加多宝”。

…………

……开道歉无不当，亦应予支持。考虑到现代公众的阅读习惯和信息传播途径，本院认为在传统纸质媒体和网站各择一道歉平台即可。根据该案证据，最早刊登涉案广告的报纸是《南方日报》和《广州日报》，最早报道相关文章的网站是人民网，结合广药集团的诉请，本院判定加多宝公司应在《广州日报》A1版，人民网首页上刊登相关道歉内容。

综上所述，广药集团的主要指控意见成立，予以支持，两被告的答辩意见不能成立，不予采纳。依照《中华人民共和国民法通则》第一百三十四条，《中华人民共和国反不正当竞争法》第二条、第九条第一款、第二十条，《最高人民法院关于审理反不正当竞争民事案件应用法律若干问题的解释》第八条第一款第（三）项、第三款，《中华人民共和国民事诉讼法》第六十四条第一款，《最高人民法院关于民事诉讼证据的若干规定》第二条的规定，判决如下：

一、被告广东加多宝饮料食品有限公司于本判决生效之日起立即停止使用“全国销量领先的红罐凉茶改名加多宝”、“原来的红罐王老吉改名为加多宝凉茶了”广告语进行广告宣传的行为，并立即销毁使用了上述广告语的宣传物品；

二、被告彭某于本判决生效之日起立即停止在其经营场所使用“全国销量领先的红罐凉茶改名加多宝”广告语进行广告宣传的行为，并立即销毁使用了上述广告语的宣传物品；

三、被告广东加多宝饮料食品有限公司于本判决生效之日起三十日内赔偿原告广州医药集团有限公司经济损失人民币10 000 000元及合理费用人民币813 250元；

四、被告彭某于本判决生效之日起十日内支付原告广州医药集团有限公司合理费用人民币2 500元；

五、被告广东加多宝饮料食品有限公司于本判决生效之日起十日内在《广州日报》A1版、网址为www. people. com. cn的人民网首页刊登声明，向原告广州医药集团有限公司公开赔礼道歉（声明内容由本院审定，在人民网首页刊登的时间不得短于24小时）；

六、驳回原告广州医药集团有限公司的其他诉讼请求。

如果未按本判决指定的期间履行给付金钱义务，应当依照《中华人民共和国民事诉讼法》第二百五十三条之规定，加倍支付迟延履行期间的债务利息。

该案案件受理费人民币87 105元，由被告广东加多宝饮料食品有限公司负担。

如不服本判决，可在判决书送达之日起十五日内，向本院递交上诉状，并按对方当事人的人数提出副本，上诉于广东省高级人民法院。

审　判　长　郭小玲

审　判　员　龚麒天

审　判　员　丁　丽

二〇一三年[illegible]月二十日

本件与原本核对无异

书 记 员 徐智媛

刘 丹

广东省高级人民法院

民事判决书

（2014）粤高法民三终字第482号

上诉人（原审原告）：广州医药集团有限公司，住所地：广东省广州市荔湾区沙面北街45号。

法定代表人：李楚源，该公司董事长。

委托代理人：温旭，广东三环汇华律师事务所律师。

委托代理人：曾赟，广东三环汇华律师事务所律师。

上诉人（原审被告）：广东加多宝饮料食品有限公司，住所地：广东省东莞市长安镇长青北路。

法定代表人：张树容，该公司总经理。

委托代理人：杨晓岩，北京市信睿律师事务所律师。

委托代理人：王辉，北京市信睿律师事务所律师。

原审被告：彭某。

委托代理人：潘立冬，广东敬海（深圳）律师事务所律师。

委托代理人：马慧莲，广东敬海（深圳）律师事务所实习律师。

…………

……宝公司相关虚假宣传行为不良效果扩散而采取的避险措施，措施所采取渠道与被诉侵权行为基本对等，故相关广告宣传属于广药集团为维护其自身权益而采取的合理必要补救措施，因此而不得不支付的费用应归纳入广药集团因被诉侵权行为而遭受的损失之中。广药集团为此所提供的有发票证明的费用即达到19 580 754.17元，广药集团仅主张其中的1 000万元，属于对自己合法权益的自由处置，原审法院予以支持，符合相关法律规定，并无不当。加多宝公司关于广告费用不属于经济损失判定依据、相关证据难以采信等上诉主张缺乏事实与法律依据，本院不予支持。广药集团上诉认为，原审法院仅仅判令加多宝公司只在《广州日报》A1版、人民网首页公开道歉是远远不够的，原审法院并未充分考虑到加多宝公司在全国各地铺天盖地做涉案广告给广药集团所带来的难以挽回的损失。本院认为，在该案纠纷发生过程中，广药集团已经针对加多宝公司的被诉行为通过宣传广告采取了一定制止和自救措施，在一定程度上削弱了被诉行为的损害效果。在此基础上，原审法院考虑到现代公众的阅读习惯和信息传播途径，在传统纸质媒体和网站中各择一个作为刊登加多宝公司相关道歉内容的平台，并因此选择最早刊登涉案广告的报纸《广州日报》及网站人民网，相关判项合法有据。广药集团关于相关判项内容不足以消除涉案广告语相关影响的上诉主张缺乏依据，本院不予支持。

综上，广药集团与加多宝公司的上诉请求与理由均不能成立，本院予以驳回。原审法院认定事实清楚，适用法律正确，本院予以维持。依照《中华人民共和国民事诉讼法》第一百七十条第一款第（一）项之规定，判决如下：

驳回上诉，维持原判。

该案二审案件受理费87 105元，由上诉人广东加多宝饮料食品有限公司负担86 105元，上诉人广州医药集团有限公司负担1 000元。广东加多宝饮料食品有限公司已向本院预交二审案件受理费87 105元，其多预交的1 000元，本院予以退回。

本判决为终审判决。

审 判 长　肖海棠

代理审判员　石静涵

代理审判员　李　艳

二〇一五年十二月二日

本件与原本核对无异

书 记 员 张 婷

重庆市第五中级人民法院

民事判决书

（2013）渝五中法民初字第00345号

原告：广州王老吉大健康产业有限公司，住所地广东省广州市南沙区金岭北路93号498室。

法定代表人：吴长海，董事长。

委托代理人：张利，重庆索通律师事务所律师。

委托代理人：刘进然，重庆索通律师事务所律师。

被告：加多宝（中国）饮料有限公司，住所地北京市北京经济技术开发区康定街21号。

法定代表人：张树容，总经理。

委托代理人：杨晓岩，北京市信睿律师事务所律师。

委托代理人：王瑞玲，北京市信睿律师事务所律师。

原告广州王老吉大健康产业有限公司（简称王老吉大健康公司）与被告加多宝（中国）饮料有限公司（简称加多宝中国公司）虚假宣传纠纷一案，本院于2013年4月24日受理后，依法由审判员胡进担任审判长，与审判员严荣源、代理审判员贾友成组成合议庭，共同负责对案件的审判。原告王老吉大健康公司于2014……

…………

……求被告加多宝中国公司停止侵害、消除影响等诉讼请求亦于法有据，本院予以支持。

综上，依据《中华人民共和国反不正当竞争法》第九条、第二十条第一款，《中华人民共和国商标法》（2001 年修正）第五十六条，《中华人民共和国侵权责任法》第十五条，《最高人民法院关于审理不正当竞争民事案件应用法律若干问题的解释》第八条第三款、第十七条第一款，《中华人民共和国民事诉讼法》第一百四十二条之规定，判决如下：

一、确认被告加多宝（中国）饮料有限公司发布的包含“全国销量领先的红罐凉茶改名加多宝”广告词的宣传行为构成不正当竞争的虚假宣传行为；

二、被告加多宝（中国）饮料有限公司立即停止使用并销毁、删除和撤换包含“全国销量领先的红罐凉茶改名加多宝”广告词的产品包装和电视、网络、视频及平面媒体广告；

三、被告加多宝（中国）饮料有限公司于本判决生效后十日内在《重庆日报》上公开发表声明以消除影响（声明内容须经本院审核）；

四、被告加多宝（中国）饮料有限公司于本判决生效后十日内赔偿原告广州王老吉大健康产业有限公司经济损失及合理开支 40 万元；

五、驳回原告广州王老吉大健康产业有限公司的其他诉讼请求。

如果未按本判决指定的期间履行给付金钱义务，应当依照《中华人民共和国民事诉讼法》第二百五十三条之规定，加倍支付迟延履行期间的债务利息。

该案案件受理费46 800元，由被告加多宝（中国）饮料有限公司负担。

如不服本判决，可在判决书送达之日起十五日内，向本院递交上诉状，并按对方当事人的人数提出副本，上诉于重庆市高级人民法院。

双方当事人在法定上诉期内均未提出上诉或仅有一方上诉后又撤回的，本判决发生法律效力，当事人应自觉履行判决的全部义务。一方不履行的，自本判决内容生效后，权利人可以向人民法院申请强制执行。申请执行的期限为二年，该期限从法律文书规定履行期间的最后一日起计算。

（此页无正文）

审　判　长　胡　进

审　判　员　严荣源

代理审判员　贾友成

二〇一四年六月二十六日

本件与原本核对无异

书　记　员　解宇飞

重庆市高级人民法院

民事判决书

（2014）渝高法民终字第 00318 号

上诉人（原审原告）：广州王老吉大健康产业有限公司，住所地广东省广州市南沙区金岭北路 93 号 498 室。

法定代表人：陈矛，董事长。

委托代理人：张利，重庆索通律师事务所律师。

委托代理人：刘进然，重庆索通律师事务所律师。

上诉人（原审被告）：加多宝（中国）饮料有限公司，住所地北京市北京经济技术开发区康定街 21 号。

法定代表人：张树容，总经理。

委托代理人：杨晓岩，北京市信睿律师事务所律师。

委托代理人：王梦来，重庆依斯特律师事务所律师。

上诉人广州王老吉大健康产业有限公司（以下简称王老吉大健康公司）与上诉人加多宝（中国）饮料有限公司（以下简称加多宝中国公司）虚假宣传纠纷一案，重庆市第五中级人民法院于 2014 年 6 月 26 日作出（2013）渝五中法民初字第 00345 号民事判决。王老吉大健康公司、加多宝中国公司均对该判决不服，向本院提起上诉。本院受理后，依法由审判员黑小兵、代理审判员周露和代理审判员李泽平组成合议庭，于2014年10月31日公开开庭进行了审理，王老吉大健康公司的委托代理人张利、刘进然，加多宝中国公司的委托代理人杨晓岩、王梦来到庭参加了诉讼。之后，因工作原因，该案合议庭成员变更为审判员黑小兵、代理审判员周露和代理审判员宋黎黎，并于2015年11月10日再次公开开庭进行了审理，王老吉大健康公司的委托代理人刘进然，加多宝中国公司的委托代理人王梦来到庭参加了诉讼。该案现已审理终结。

原告王老吉大健康公司一审诉称：其是“王老吉”商标的被许可人，生产销售的“王老吉”凉茶产品与被告生产销售的“加多宝”凉茶属于市场上的主要竞争产品。原告调查发现，在重庆地区，被告加多宝中国公司生产的“加多宝”产品的外包装、附带宣传单页和现场广告中，以突出的字体进行“全国销量领先的红罐凉茶改名加多宝”的广告宣传。被告加多宝中国公司在2012年5月之前，一直持续生产并销售商标名称为“王老吉”的红罐凉茶产品，在2012年5月之后才推出没有包含“王老吉”商标的“加多宝”红罐凉茶，“加多宝”凉茶之前并没有从其他名称改名的事实，现被告通过上述的广告宣传，会使消费者得出以前的红罐“王老吉”凉茶已经更改为现在的“加多宝”凉茶的结论，……

…………

六、加多宝中国公司是否需要承担消除影响的民事责任

王老吉大健康公司的诉讼请求中包含了请求判令加多宝中国公司在发布涉案广告范围内消除影响。根据《中华人民共和国侵权责任法》第十五条的规定，承担侵权责任的方式有停止侵害、赔偿损失、赔礼道歉、消除影响、恢复名誉等，以上承担侵权责任的方式，可以单独适用，也可以合并适用。该案中，由于加多宝中国公司发布、使用涉案广告语进行宣传，且在重庆市的宣传范围广、涉及媒体及方式多样，足以使消费者和相关公众产生误认。因此，一审法院结合该案具体情况，判决加多宝中国公司在《重庆日报》这一在重庆市具有较大影响的报刊上刊登声明，以消除因加多宝中国公司的虚假宣传行为给王老吉大健康公司带来的不利影响并无不当，故加多宝中国公司提出其不应承担消除影响责任的上诉理由不成立，本院不予支持。

综上所述，王老吉大健康公司和加多宝中国公司的上诉理由均不能成立，其上诉请求本院均不予支持。一审判决认定事实和适用法律正确，判决结果适当，审判程序合法，依法应予维持。依照《中华人民共和国民事诉讼法》第一百七十条第一款第（一）项的规定，判决如下：

驳回上诉，维持原判。

二审案件受理费46 800元，由广州王老吉大健康产业有限公司负担39 500元，由

加多宝（中国）饮料有限公司负担7 300元。

本判决为终审判决。

审　判　长　黑小兵
代理审判员　周　露
代理审判员　宋黎黎

二〇一五年十二月十五日

书　记　员　张春阳

广东省高级人民法院

民事判决书

（2013）粤高法民三初字第2号

原告：广州医药集团有限公司。住所地：广东省广州市荔湾区沙面北街45号。

法定代表人：李楚源，董事长。

委托代理人：史玉生，北京市金杜律师事务所律师。

委托代理人：倪依东，广州医药集团有限公司副总经理。

被告：广东加多宝饮料食品有限公司。住所地：广东省东莞市长安镇青北路。

法定代表人：张树容，总经理。

委托代理人：刘平，北京市德君律师事务所律师。

委托代理人：杨晓岩，北京市信睿律师事务所律师。

原告广州医药集团有限公司（以下简称广药集团）诉被告广东加多宝饮料食品有限公司（以下简称加多宝公司）擅自使用知名商品特有包装装潢纠纷一案，本院于

2013年2月5日受理后依法组成合议庭，于2013年4月15日、5月8日组织双方进行证据交换和证据质证，5月15日公开开庭审理。该案现已审理终结。

该案原告广药集团于2012年7月6日向广东省广州市中级人民……

…………

第四条、第十七条第一款，《中华人民共和国民事诉讼法》第一百四十二条的规定，判决如下：

一、被告广东加多宝饮料食品有限公司于本判决生效之日起立即停止使用与涉案知名商品王老吉红罐凉茶特有包装装潢相同或者相近似的包装装潢；立即停止生产、销售与涉案知名商品王老吉红罐凉茶特有包装装潢相同或者相近似的包装装潢的产品；立即销毁与涉案知名商品王老吉红罐凉茶特有包装装潢相同或者相近似包装装潢的库存侵权产品；立即停止使用并移除或销毁所有载有被控侵权产品的广告（包括但不限于电视广告、视频广告和平面媒体广告）以及各种介绍、宣传材料等。

二、被告广东加多宝饮料食品有限公司于本判决生效之日起七日内赔偿原告广州医药集团有限公司的经济损失1.5亿元以及合理维权费用265 210元。

三、被告广东加多宝饮料食品有限公司于本判决生效之日起七日内连续七天在《南方日报》第一版、《广州日报》第一版、网址为www.people.com.cn人民网首页上刊登声明，向原告广州医药集团有限公司公开消除影响（声明内容由本院审定）。如果被告广东加多宝饮料食品有限公司未能按期履行该判决主文，本院将本判决全部判项主文刊载在上述媒体上，有关费用由被告广东加多宝饮料食品有限公司负担。

四、驳回原告广州医药集团有限公司的其他诉讼请求。

该案一审案件受理费796 800元，证据保全费30元，审计费420 000元，均由被告广东加多宝饮料食品有限公司负担。上述费用均已由原告广州医药集团有限公司预交，本院退回原告广州医药集团有限公司一审案件受理费796 800元，被告广东加多宝饮料食品有限公司应于本判决发生法律效力之日起七日内向本院交纳一审案件受理费796 800元，向原告广州医药集团有限公司支付证据保全费30元、审计费420 000元。

如果未按本判决指定的期间履行给付金钱义务，应当依照《中华人民共和国民事诉讼法》第二百五十三条之规定，加倍支付迟延履行期间的债务利息。

如不服本判决，可在判决书送达之日起十五日内，向本院递交上诉状，并按对方当事人的人数提出副本，上诉于最高人民法院。

审　判　长　陈国进

审　判　员　邓燕辉

代理审判员　肖海棠

二０一四年十[illegible]月十二日

本件与原本核对无异

书　记　员　张胤岩

黄慧懿

附图 1：第 95318534. 6 外观设计专利

主视图

附图 2：第 96305519. 4 号外观设计专利

主视图

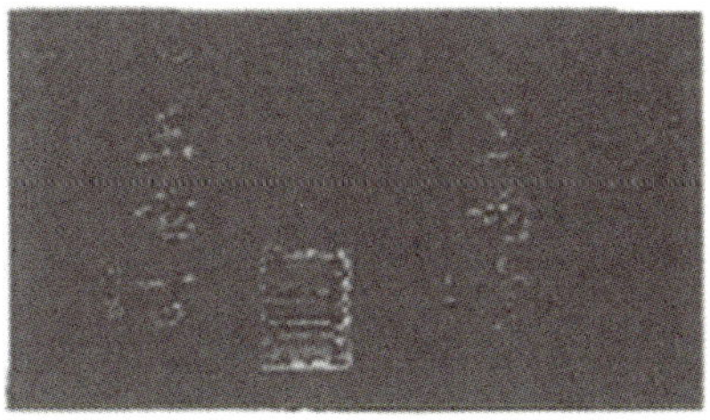

附图 3、4：纠纷发生前加多宝公司生产的“王老吉”凉茶产品

附图 5：加多宝公司生产的一面标注有“王老吉”、另一面标注有“加多宝”的凉茶产品

附图 6、7：加多宝公司生产的“加多宝”红罐凉茶产品

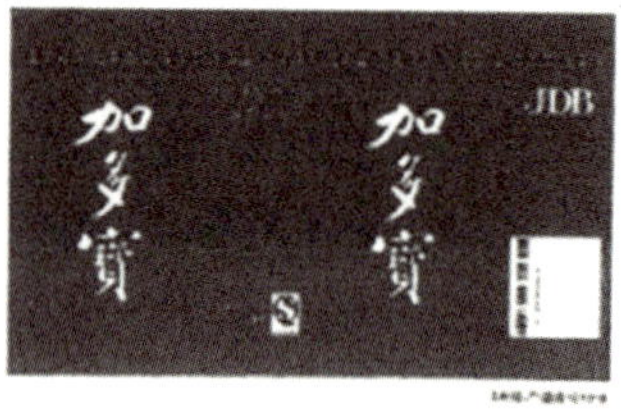

附图 8、9：大健康公司生产的“王老吉”凉茶产品

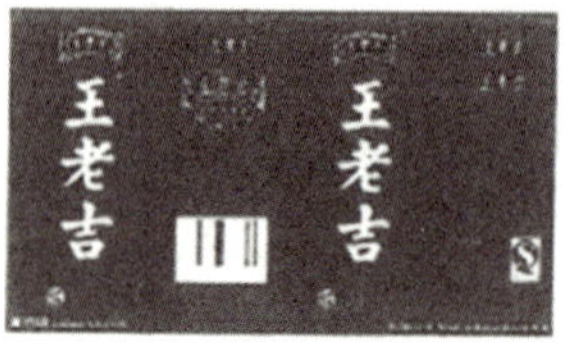

广东省广州市中级人民法院

民事判决书

（2013）穗中法知民初字第 499 号

原告：广州王老吉大健康产业有限公司，住所：广东省广州市南沙区金岭北路 93 号 498 室。

法定代表人：陈矛，董事长。

委托代理人：温凯杰，广东文迪律师事务所律师。

委托代理人：杜满清，广东文迪律师事务所实习律师。

原告：广州医药集团有限公司，住所：广东省广州市荔湾区沙面北街 45 号第 5 层。

法定代表人：李楚源，董事长。

委托代理人：温旭，广东三环汇华律师事务所律师。

委托代理人：曾赟，广东三环汇华律师事务所律师。

被告：广东加多宝饮料食品有限公司，住所：广东省东莞市长安镇长青北路。

法定代表人：张树容，总经理。

委托代理人：刘扬，北京市众明律师事务所律师。

委托代理人：杨晓岩，北京市信睿律师事务所律师。

被告：广东胜佳超市有限公司，住所：广东省广州市越秀区小北路 52 号四楼。

法定代表人：麦家声，总经理。

委托代理人：张逸文、许华海，该公司职员。

被告：广东胜佳超市有限公司石牌东分店，住所：广东省广州市天河区石牌东路 139 号首层自编之二。

负责人：麦家声，总经理。

委托代理人：张逸文、许华海，广东胜佳超市有限公司职员。

原告广州王老吉大健康产业有限公司（下称王老吉大健康）、原告广州医药集团有限公司（下称广药集团）诉被告广东加多宝饮料食品有限公司（下称广东加多宝）、被告广东胜佳超市有限公司（下称胜佳超市）、被告广东胜佳超市有限公司石牌东分店（下称胜佳超市石牌东分店）虚假宣传及商业诋毁纠纷一案，本院受理后，依法组成合议庭，分别于 2014 年 7 月 22 日及 9 月 12 日两次公开开庭进行了审理。原告王老吉大健康委托代理人温凯杰、杜满清，原告广药集团委托代理人温旭、曾赟，被告广东加多宝委托代理人刘扬、杨晓岩，被告胜佳超市和被告胜佳超市石牌东分店共同委托代理人张逸文、许华海到庭参加诉讼。该案现已审理终结。

两原告诉称：原告广药集团是“王老吉”商标的注册人，原告王老吉大健康系原告广药集团的下属公司，是“王老吉”商标的合法被许可人，也是“王老吉”商标、品牌的实际使用主体和经营主体，并且原告广药集团已经授予原告王老吉大健康提起法律诉讼等权限。目前，两原告销售的“王老吉”凉茶与三被告生产销售的“加多宝”凉茶，是市场上两个主要竞争产品。两原告与被告广东加多宝是……

…………

……元以上进行酌定。该案中，原告的实际损失和被告广东加多宝的侵权获利难以确定，故本院可以根据相关情节酌定赔偿数额。由于涉案虚假宣传给原告造成了难以估量的不良影响，而对比被告广东加多宝在广东地区媒体发布虚假广告的形式和数量，该被告在上述三家报纸刊登声明不足以完全消除不良影响，故原告要求以其自行消除影响需支付的广告费作为法院酌定赔偿的因素之一，具有合理性，本院予以采纳。综合考虑原告在广东地区的报纸（上述三家报纸除外）、公交车站、公交车身、白云机场广告牌、电视等媒体消除影响需支付的广告费远远超过 500 万元，被告广东加多宝侵权行为的性质和情节，被告广东加多宝和原告的企业规模及各自生产销售红罐凉茶的规模、原告为制止侵权所支付的合理费用等因素，原告索赔 500 万元有据，本院予以全额支持。

综上，根据《中华人民共和国侵权责任法》第九条第一款、第十五条第一款第（一）项、第（六）项、第（八）项、第二款，《中华人民共和国反不正当竞争法》第九条第一款，《最高人民法院关于审理不正当竞争民事案件应用法律若干问题的解释》第八条第三款、第十七条第一款，《中华人民共和国民事诉讼法》第六十四条第一款，《最高人民法院关于民事诉讼证据的若干规定》第二条的规定，判决如下：

一、被告广东加多宝饮料食品有限公司于本判决发生法律效力之日起立即停止在广东地区媒体和产品包装上发布“中国每卖 10 罐凉茶 7 罐加多宝，怕上火更多人喝加多宝，配方正宗当然更多人喝”、“全国销量领先的红罐凉茶——加多宝”和“加多宝凉茶全国销量遥遥领先”的虚假广告语，并立即销毁含有上述虚假广告语的宣传物品；

二、被告广东胜佳超市有限公司石牌东分店于本判决发生法律效力之日起立即停止销售包装上印有“全国销量领先的红罐凉茶——加多宝”的加多宝红罐凉茶，并立即停止使用印有“中国每卖10罐凉茶7罐加多宝”的广告纸牌；

三、被告广东加多宝饮料食品有限公司于本判决发生法律效力之日起三十日内在广州日报、南方日报、羊城晚报头版刊登声明消除影响（内容须经本院审定，刊登的字体不得小于头版正文字体）；

四、被告广东加多宝饮料食品有限公司于本判决发生法律效力之日起十日内赔偿原告广州王老吉大健康产业有限公司、原告广州医药集团有限公司人民币500万元；

五、驳回原告广州王老吉大健康产业有限公司、原告广州医药集团有限公司的其他诉讼请求。

如未按本判决指定的期间履行给付金钱义务的，应当依照《中华人民共和国民事诉讼法》第二百五十三条的规定，加倍支付迟延履行期间的债务利息。

案件受理费人民币46 800元，由被告广东加多宝饮料食品有限公司负担。

如不服本判决，可在判决书送达之日起十五日内，向本院递交上诉状，并按对方当事人的人数提出副本，上诉于广东省高级人民法院。

审　判　长　龚麒天
审　判　员　丁　丽
代理审判员　刘　欢

广东省广州市中级人民法院

二〇一四年十一月十七日

本件与原本核对无异

书　记　员　韩亚圻
李金凤

广东省高级人民法院

民事判决书

（2015）粤高法民三终字第 280 号

上诉人（一审被告）：广东加多宝饮料食品有限公司。住所地：广东省东莞市长安镇长青北路。

法定代表人：张树容，该公司总经理。

委托代理人：刘扬，北京市众明律师事务所律师。

委托代理人：杨晓岩，北京市信睿律师事务所律师。

被上诉人（一审原告）：广州王老吉大健康产业有限公司。住所地：广东省广州市南沙区金岭北路 93 号 498 室。

法定代表人：陈矛，该公司董事长。

委托代理人：温凯杰，广东文迪律师事务所律师。

委托代理人：杜满清，广东文迪律师事务所律师。

被上诉人（一审原告）广州医药集团有限公司。住所地：广东省广州市荔湾区沙面北街 45 号第 5 层。

法定代表人：李楚源，该公司董事长。

委托代理人：温旭，广东三环汇华律师事务所律师。

委托代理人：曾赟，广东三环汇华律师事务所律师。

一审被告：广东胜佳超市有限公司。住所地：广东省广州市越秀区小北路 52 号四楼。

法定代表人：麦家声，该公司总经理。

委托代理人：张逸文，该公司职员。

委托代理人：许华海，该公司职员。

一审被告：广东胜佳超市有限公司石牌东分店。住所地：广东省广州市天河区石牌东路 139 号首层自编之二。

负责人：麦家声，总经理。

委托代理人：张逸文，广东胜佳超市有限公司职员。

委托代理人：许华海，广东胜佳超市有限公司职员。

上诉人广东加多宝饮料食品有限公司（以下简称“广东加多宝公司”）因与被上诉人广州王老吉大健康产业有限公司（以下简称“王老吉大健康公司”）、广州医药集团有限公司（以下简称“广药集团”），一审被告广东胜佳超市有限公司（以下简称“胜佳超市公司”）、广东胜佳超市有限公司石牌东分店（以下简称“胜佳超市公司石牌东分店”）虚假宣传及商业诋毁纠纷一案，不服广东省广州市中级人民法院（2013）穗中法知民初字第499号民事判决，……

…………

“……用权的损害赔偿额的方法进行。”该案中，王老吉大健康公司、广药集团因被侵权行为所受到的实际损失或者广东加多宝公司因侵权所获得的利益均难以具体确定，但是王老吉大健康公司、广药集团所提供的相关证据足以证明广东加多宝公司该案实施的虚假宣传行为，确给王老吉大健康公司、广药集团造成了显著损害。因此，一审法院综合考虑被诉侵权行为的性质和情节、广东加多宝公司和王老吉大健康公司、广药集团的企业规模、各自生产销售红罐凉茶的规模以及王老吉大健康公司、广药集团制止侵权所支付的合理开支，尤其考虑到王老吉大健康公司、广药集团消除广东加多宝公司虚假宣传所造成的消极影响所需要付出的巨大支出等因素，按照王老吉大健康公司、广药集团因被侵权所受到的损害，在造成损害的范围内酌情确定广东加多宝公司应予赔偿的数额为500万元，并无不当，本院予以维持。广东加多宝公司主张一审判决仅以王老吉大健康公司、广药集团广告投入作为索赔计算标准与事实不符，本院不予支持。

综上，一审判决认定事实清楚，适用法律正确，本院予以维持。广东加多宝饮料食品有限公司的各项上诉理由均不能成立，其上诉请求没有事实和法律依据，本院不予支持。依照《中华人民共和国民事诉讼法》第一百七十条第一款第（一）项之规定，判决如下：驳回上诉，维持原判。

二审案件受理费46 800元，由广东加多宝饮料食品有限公司负担。

本判决为终审判决。

审　判　长　岳利浩

代理审判员　李泽珍

代理审判员　喻　洁

广东省高级人民法院

二〇一六年一月二十七日

本件与原本核对无异

书　记　员　黄慧懿

重庆市第五中级人民法院

民事判决书

（2013）渝五中法民初字第00346号

原告：广州王老吉大健康产业有限公司，住所地广东省广州市南沙区金岭北路93号498室。

法定代表人：吴长海，董事长。

委托代理人：刘进然，重庆索通律师事务所律师。

委托代理人：温旭，广东三环汇华律师事务所律师。

被告：加多宝（中国）饮料有限公司，住所地北京市北京经济技术开发区康定街21号。

法定代表人：张树容，总经理。

委托代理人：杨晓岩，北京市信睿律师事务所律师。

委托代理人：王瑞玲，北京市信睿律师事务所律师。

原告广州王老吉大健康产业有限公司（简称王老吉大健康公司）与被告加多宝（中国）饮料有限公司（简称加多宝中国公司）虚假宣传纠纷一案，本院于2013年4

月24日受理，依法由审判员胡进担任审判长，与审判员严荣源、代理审判员贾友成组成合议庭，共同负责案件的审判，于2014年月26日适用普通程序……

…………

……二十条第一款，《中华人民共和国商标法》（2001年10月27日修正）第五十六条，《中华人民共和国侵权责任法》第十五条，根据《最高人民法院关于审理不正当竞争民事案件应用法律若干问题的解释》第八条第三款、第十七条第一款，《中华人民共和国民事诉讼法》第一百四十二条之规定，判决如下：

一、确认被告加多宝（中国）饮料有限公司发布的包含“中国每卖10罐凉茶7罐加多宝”广告的宣传行为构成不正当竞争的虚假宣传行为；

二、被告加多宝（中国）饮料有限公司立即停止使用并销毁、删除和撤换包含“中国每卖10罐凉茶7罐加多宝”广告词的产品包装和电视、网络、视频及平面媒体广告；

三、被告加多宝（中国）饮料有限公司在本判决生效后十日内在《重庆日报》上公开发表声明以消除影响（声明内容须经本院审核）；

四、被告加多宝（中国）饮料有限公司在本判决生效后十日内赔偿原告广州王老吉大健康有限公司经济损失及合理开支40万元；

五、驳回原告广州王老吉大健康产业有限公司的其他诉讼请求。

如果未按本判决指定的期间履行给付金钱义务，应当依照《中华人民共和国民事诉讼法》第二百五十三条之规定，加倍支付迟延履行期间的债务利息。

该案案件受理费53 800元，由被告加多宝（中国）饮料有限公司负担。

如不服本判决，可在判决书送达之日起十五日内，向本院递交上诉状，并按对方当事人的人数提出副本，上诉于重庆市高级人民法院。

双方当事人在法定上诉期内均未提出上诉或仅有一方上诉后又撤回的，本判决发生法律效力，当事人应自觉履行判决的全部义务。一方不履行的，自本判决内容生效后，权利人可以向人民法院申请强制执行。申请执行的期限为二年，该期限从法律文书规定履行期间的最后一日起计算。

审　判　长　胡　进
审　判　员　严荣源
代理审判员　贾友成

本件与原本核对无异

书　记　员　解宇飞

重庆市高级人民法院

民事判决书

（2014）渝高法民终字第00319号

上诉人（一审原告）广州王老吉大健康产业有限公司，住所地广东省广州市南沙区金岭北路93号498室。

法定代表人陈矛，该公司董事长。

委托代理人张利，重庆索通律师事务所律师。

委托代理人刘进然，重庆索通律师事务所律师。

上诉人（一审被告）加多宝（中国）饮料有限公司，住所地北京市北京经济技术开发区康定街21号。

法定代表人张树容，该公司总经理。

委托代理人杨晓岩，北京市信睿律师事务所律师。

委托代理人王梦来，重庆依斯特律师事务所律师。

上诉人广州王老吉大健康产业有限公司（简称王老吉大健康公司）因与上诉人加多宝（中国）饮料有限公司（简称加多宝中国公司）虚假宣传纠纷一案，双方不服重庆市第五中级人民法院（2013）渝五中法民初字第00346号民事判决，向本院提起上诉。本院依法由审判员黑小兵担任审判长，代理审判员周露、代理审判员李泽平组成合议庭，于2014年10月31日公开开庭审理该案，上诉人王老吉大健康公司的委托代理人张利、刘进然，上诉人加多宝中国公司的委托代理人王梦来、杨晓岩到庭参加了诉讼。后因合议庭变更，由审判员黑小兵担任审判长，代理审判员周露、代理审判员宋黎黎组成合议庭，本院于2015年11月10日再次公开开庭审理了该案，上诉人王老吉大健康公司的委托代理人刘进然，上诉人加多宝中国公司的委托代理人王梦来到庭参加了诉讼。该案现已审理终结。

王老吉大健康公司一审起诉称：其是“王老吉”商标的被许可权人，至今持续生产并销售商标名称为“王老吉”的凉茶产品。加多宝中国公司在2012年5月之前，一直持续生产并销售商标名称为“王老吉”的红罐凉茶产品，2012年5月之后，才开始在市场上推出没有包含“王老吉”商标的“加多宝”红罐凉茶。目前王老吉大健康公司销售的商标为“王老吉”的凉茶与加多宝中国公司销售的商标为“加多宝”的凉茶属于凉茶市场上主要的竞争产品，双方是凉茶市场上的主要经营者和竞争者。王老吉大健康公司调查发现，自2013年3月起，加多宝中国公司陆续在媒体上发布了包含“中国每卖10罐凉茶7罐加多宝”的广告，广告涉及平面媒体、电视广告和网络视频，发布的范围包括中央电视台、重庆电视台、贵州卫视、河南卫视、东南卫视等全国数十家电视媒体，包括全国数百家报纸和杂志平面媒体，包括加多宝中国公司的官方网站（www.jdbchina.com）在内的数家网络媒体。2013年3月4日起，王老吉大健康公司委托律师对加多宝中国公司发布涉案广告的行为进行公证证据保全。其中2013……

…………

综上，加多宝中国公司和王老吉大健康公司的上诉理由均不成立，一审判决认定事实清楚，适用法律正确，判决结果适当，应予维持。依照《中华人民共和国民事诉讼法》第一百七十条第一款第（一）项的规定，判决如下：

驳回上诉，维持原判。

二审案件受理费53 800元，由上诉人广州王老吉大健康产业有限公司负担46 500元，由上诉人加多宝（中国）饮料有限公司负担7 300元。

本判决为终审判决。

审　判　长　黑小兵

代理审判员　周　露

代理审判员　宋黎黎

本件与原本核对无異

二〇一五年十二月九日

书 记 员 张春阳

湖南省长沙市中级人民法院

民事判决书

（2013）长中民五初字第00308号

原告广州医药集团有限公司，住所地广州市荔湾区沙面北街45号。

法定代表人李楚源，公司董事长。

委托代理人温旭，广东三环汇华律师事务所律师。

委托代理人曾赟，广东三环汇华律师事务所律师。

原告广州王老吉大健康产业有限公司，住所地广州市南沙区金岭北路93号498号。

法定代表人陈矛，公司董事长。

委托代理人温旭，广东三环汇华律师事务所律师。

委托代理人温凯杰，广东文迪律师事务所律师。

被告武汉加多宝饮料有限公司，住所地湖北省武汉市经济技术开发区枫树南街66号。

法定代表人张树容，公司总经理。

委托代理人杨晓岩，北京市信睿律师事务所律师。

委托代理人王辉，北京市信睿律师事务所律师。

被告湖南丰彩好润佳商贸有限公司，住所地湖南省长沙市芙蓉区万家丽北路三段569号银港水晶城C11001号一、二、三层。

法定代表人徐小平。

委托代理人姜守松，湖南中锋律师事务所律师。

被告潇湘晨报社，住所地湖南省长沙市韶山路158号潇湘晨报大厦。

法定代表人龚曙光，社长。

委托代理人陈玲，湖南金州律师事务所律师。

委托代理人文颖，湖南金州律师事务所律师。

被告广州市山源广告有限公司，住所地广东省广州市越秀区水荫路52号大院之七1706房。

法定代表人曾伟刚，执行董事。

委托代理人黄轶，湖南君见律师事务所律师。

委托代理人李节，系广州市山源广告有限公司员工。

被告湖南新金孚传媒有限公司，住所地长沙市天心区劳动西路289号嘉盛商务广场23020房。

法定代表人贺霞林，公司总经理。

委托代理人张征，湖南潇平律师事务所律师。

被告加多宝（中国）饮料有限公司，住所地北京市北京经济技术开发区康定街21号。

法定代表人张树容，公司总经理。

委托代理人杨晓岩，北京市信睿律师事务所律师。

委托代理人王辉，北京市信睿律师事务所律师。

原告广州医药集团有限公司（以下简称广药集团公司）、……

…………

……凉茶改名加多宝”、“中国每卖10罐凉茶，7罐加多宝”广告词的广告以及立即停止使用并销毁印有“全国销量领先的红罐凉茶改名加多宝”、“全国销量领先的红罐凉茶——加多宝”广告词的产品包装；

三、被告湖南丰彩好润佳商贸有限公司于本判决生效之日起立即停止销售包装上印有“全国销量领先的红罐凉茶改名加多宝”、“全国销量领先的红罐凉茶——加多宝”广告语的“加多宝”凉茶；

四、被告武汉加多宝饮料有限公司于本判决生效之日起十日内赔偿原告广州医药集团有限公司、原告广州王老吉大健康产业有限公司经济损失共计人民币9 022 978.7元；

五、被告武汉加多宝饮料有限公司于本判决生效之日起十日内赔偿原告广州医药集团有限公司、原告广州王老吉大健康产业有限公司律师费、公证费等合理维权费用共计人民币239 779元；

六、驳回原告广州医药集团有限公司、原告广州王老吉大健康产业有限公司的其他诉讼请求。

如果被告武汉加多宝饮料有限公司未按本判决指定的期间履行金钱给付义务，应当依照《中华人民共和国民事诉讼法》第二百五十三条之规定，加倍支付迟延履行期间的债务利息。

该案案件受理费人民币82 600元，由被告武汉加多宝饮料有限公司负担。

如不服本判决，可于判决书送达之日起十五日内，向本院递交上诉状，并按对方当事人的人数提出副本，上诉于湖南省高级人民法院。

审判长　文滔

审判员　闻

代理审判员　龙峰

本件与原件核对无异　二〇一五年八月十七日

书记员　刘婧

湖南省高级人民法院

民事判决书

（2016）湘民终94号

上诉人（原审原告）：广州医药集团有限公司，住所地广州市荔湾区沙面北街45号。

法定代理人：李楚源，公司董事长。

委托诉讼代理人：温旭、曾赟，广东三环汇华律师事务所律师。

上诉人（原审原告）：广州王老吉大健康产业有限公司，住所地广州南沙区金岭北路93号498号。

法定代表人：陈矛，公司董事长。

委托诉讼代理人：温旭，广东三环汇华律师事务所律师。

委托诉讼代理人：温凯杰，广东文迪律师事务所律师。

上诉人（原审被告）：武汉加多宝饮料有限公司，住所地湖北省武汉市经济技术开发区枫树南街66号。

法定代表人：张树容，公司总经理。

委托诉讼代理人：杨晓岩、王辉，北京市信睿律师事务所律师。

原审被告：湖南丰彩好润佳商贸有限公司，住所地湖南长沙市芙蓉区万家丽北路三段569号银港水晶城C11001号一、二、三层。

法定代表人：徐小平。

原审被告：潇湘晨报社，住所地湖南省长沙市韶山路158号潇湘晨报大厦。

法定代表人：龚曙光，社长。

委托诉讼代理人：陈玲，湖南金州律师事务所律师。

原审被告：广州市山源广告有限公司，住所地广东省广州市越秀去水荫路52号大院之七1706房。

法定代表人：方伟忠，董事长。

委托诉讼代理人：黄铁，湖南君见律师事务所律师。

原审被告：湖南新金孚传媒有限公司，住所地长沙市天心区劳动西路289号嘉盛商务广场23020房。

法定代表人：贺霞林，公司总经理。

原审被告：加多宝（中国）饮料有限公司，住所地北京市北京经济技术开发区康定街21号。

法定代表人：张树容，公司总经理。

委托诉讼代理人：杨晓岩、王辉，北京市信睿律师事务所律师。

上诉人广州医药集团有限公司（以下简称广药集团）、广州王老吉大健康产业有限公司（以下简称王老吉大健康公司）因与上诉人武汉加多宝饮料有限公司（以下简称武汉加多宝公……

…………

……理由没有法律依据，对一审法院的该项说理本院依法予以纠正。

本院认为，《中华人民共和国侵权责任法》第十五条规定了承担侵权责任的方式包括了消除影响和赔礼道歉，而该案虚假宣传行为不当利用了他人的商誉或影响了他人的商誉，作为侵权人应该承担消除影响的民事责任。但该案中，广药集团、王老吉大健康公司已经通过"未更名"的广告方式为自身消除影响，相应广告费也已经由武汉加多宝公司承担，在此情况下，再要求武汉加多宝公司发布消除影响的广告并无必要，亦不合理。关于赔礼道歉。由于双方均作为企业，虽品牌具有商誉，但终能以经济利益予以衡量，广药集团与王老吉大健康公司的损失由其发布抵销广告而在一定程度予以了弥补，因此，对于赔礼道歉的请求不予支持。

综上所述，上诉人广州医药集团有限公司、广州王老吉大健康产业有限公司的上诉请求没有事实和法律依据，应予驳回；上诉人武汉加多宝饮料有限公司关于一审法院判赔数额过高的主张有一定的事实和法律依据，予以支持；其他上诉请求没有事实和法律依据，应予驳回。依照《中华人民共和国民事诉讼法》第一百四十四条、第一百七十条第一款第（一）、（二）项之规定，判决如下：

一、维持湖南省长沙市中级人民法院（2013）长中民五初字第00308号民事判决第一、二、三、五、六项；

二、变更湖南省长沙市中级人民法院（2013）长中民五初字第00308号民事判决第四项"被告武汉加多宝饮料有限公司于本判决生效之日起十日内赔偿原告广州医药集团有限公司、原告广州王老吉大健康产业有限公司经济损失共计人民币9 022 978.7元"为"武汉加多宝饮料有限公司于本判决生效之日起十日内赔偿广州医药集团有限公司、广州王老吉大健康产业有限公司经济损失600万元"。

如果武汉加多宝饮料有限公司未按本判决指定的期间履行金钱给付义务，应当依照《中华人民共和国民事诉讼法》第二百五十三条之规定，加倍支付迟延履行期间的债务利息。

该案一审案件受理费82 600元，二审案件受理费82 600元，共计165 200元，由上诉人武汉加多宝饮料有限公司负担109 000元，由广州医药集团有限公司、广州王老吉大健康产业有限公司共同负担56 200元。

审 判 长　曾得志
审 判 员　陈小珍
代理审判员　杨　康

二〇一六年八月十九日

本件与原件核对无异

书 记 员　石思敏

重庆市第一中级人民法院

民事判决书

（2012）渝一中法民初字第00777号

原告：广东加多宝饮料食品有限公司，住所地广东省东莞市长安镇长青北路，组织机构代码70802025-0。

法定代表人：张树容，总经理。

委托代理人：刘平，北京市德君律师事务所律师。

委托代理人：沙京伟，北京市德君律师事务所律师助理。其代理权至2013年6月8日止。

委托代理人：姚欢庆，中国人民大学民商法律科学研究中心副教授。其代理权自2013年6月9日始。

被告：何某，江北区川国轩餐饮店业主。

委托代理人：唐耀君，广东明境律师事务所律师。其代理权至2013年5月31日止。

委托代理人：王刚，广州王老吉大健康产业有限公司销售主管。其代理权至2013年5月31日止。

委托代理人：徐翔，重庆索通律师事务所律师。其代理权自2013年6月1日始至2013年6月3日止。

委托代理人：周玉蓉，重庆索通律师事务所律师。其代理权自2013年6月4日始至2013年6月19日止。

委托代理人：刘进然，重庆索通律师事务所律师。其代理权自2013年6月1日始。

委托代理人：张利，重庆索通律师事务所律师。其代理权自2013年6月20日始。

被告：广州王老吉大健康产业有限公司，住所地广东省广州市南沙区金岭北路93号498室，组织机构代码59151288-3。

法定代表人：吴长海，董事长。

委托代理人：唐耀君，广东明境律师事务所律师。其代理权至2013年5月31日止。

委托代理人：刘洪波，广东明境律师事务所律师。其代理权至2013年5月31日止。

委托代理人：刘进然，重庆索通律师事务所律师。其代理权自2013年6月1日始至2013年6月15日止。

委托代理人：张利，重庆索通律师事务所律师。其代理权自2013年6月1日始。

委托代理人：史玉生，北京金杜律师事务所律师。其代理权自2013年6月16日始。

原告广东加多宝饮料食品有限公司（以下简称加多宝公司）诉被告何某、广州王老吉大健康产业有限公司（以下简称王老吉公司）不正当竞争纠纷一案，本院于2012年10月11日受理后，依法由审判员赵志强担任审判长，与审判员谭颖、代理审判员刘娟娟组成合议庭，共同负责案件审理。被告何某、王老吉公司在提交答辩状期间提出管辖异议，本院经审查后于2013年2月6日裁定驳回二被告的管辖异议。二被告不服并提出上诉，重庆市高级人民法院于2013年4月18日裁定驳回上诉，维持原裁定。本院适用普通程序于2013年6月14日组织双方进行了证据交换，并于2013年6月17日公开开庭进行审理。原告加多宝公司的委托代理人刘平、姚欢庆，被告何某的委托代理人刘进然，被告王老吉公司的委托代理人史玉生、张利到庭参加诉讼。经本院院长批准，该案审限延长六个月。该案现已审理终结。

原告加多宝公司诉称：其是香港鸿道（集团）有限公司的全资子公司，常年在中国大陆生产和经营具备独家王氏后人配方的红色罐装凉茶饮料。原告生产经营的凉茶红色罐装标贴早在1997年就已获得外观设计专利。原告自1995年3月至2012年5月所生产经营的红色易拉罐凉茶产品上租用了“王老吉”商标，该商标在中国大陆的商标权现属于广州医药集团有限公司。2012年5……

…………

原告所称的此种对商品特性的混淆或误认不具有法律意义，不受反不正当竞争法禁止。从反面讲，如果原告的理由成立，要避免消费者对商品特性的混淆或误认，则意味着反不正当竞争法应当禁止标识权人改变配方，或者应当禁止改变配方的标识权人继续使用其原来的标识。就该案而言就是应当禁止被告王老吉公司使用“王老吉”商标，这显然是荒谬的。

三、责任承担问题。

被告王老吉公司作为“王老吉”商标的合法使用人，对“怕上火喝王老吉”广告语享有合法利益，其继续沿用“怕上火就喝王老吉”广告语在行为动机及行为结果上不具有不正当性，因而不构成不正当竞争。被告何某同意被告王老吉公司在其经营的酒店发布涉案广告语的行为也不构成不正当竞争。原告基于二被告构成不正当竞争而提出的全部诉讼请求不能成立，应予驳回。

综上，经本院审判委员会讨论决定，根据《中华人民共和国反不正当竞争法》第一条、第二条第一款，《中华人民共和国民事诉讼法》第一百四十二条之规定，判决如下：

驳回原告广东加多宝饮料食品有限公司的全部诉讼请求。

该案案件受理费81 800元，由原告广东加多宝饮料食品有限公司负担。

如不服本判决，可在收到本判决书之日起十五日内向本院提交上诉状，并按对方当事人的人数提出副本，上诉于重庆市高级人民法院。

（此页无正文）

审 判 长　赵志强
审 判 员　谭　颖
代理审判员　刘娟娟

二〇一三年十二月十六日

书 记 员　张　玦

重庆市高级人民法院

民事判决书

（2014）渝高法民终字第00068号

上诉人（原审原告）：广东加多宝饮料食品有限公司，住所地广东省东莞市长安镇长青北路。组织机构代码：70802025-0。

法定代表人：张树容，该公司总经理。

委托代理人：刘平，北京市德君律师事务所律师。

委托代理人：姚欢庆，汉族，中国人民大学民商法律科学研究中心副教授。

被上诉人（原审被告）：何某，江北区川国轩餐饮店业主。

委托代理人：张利，重庆索通律师事务所律师。

委托代理人：刘进然，重庆索通律师事务所律师。

被上诉人（原审被告）：广州王老吉大健康产业有限公司，住所地广东省广州市南沙区金岭北路93号498室。组织机构代码：59151288-3。

法定代表人：陈矛，该公司董事长。

委托代理人：张利，重庆索通律师事务所律师。

委托代理人：史玉生，北京市金杜律师事务所律师。

上诉人广东加多宝饮料食品有限公司（以下简称加多宝公司）因与被上诉人何某、广州王老吉大健康产业有限公司（以下简称王老吉公司）不正当竞争纠纷一案，不服重庆市第一中级人民法院（2012）渝一中法民初字第00777号民事判决，向本院提起上诉。本院受理后依法组成合议庭，于2014年3月13日公开开庭审理了该案。上诉人加多宝公司的委托代理人刘平、姚欢庆，被上诉人何某的委托代理人刘进然，被上诉人王老吉公司的委托代理人史玉生及被上诉人何某与王老吉公司的共同委托代理人张利到庭参加了诉讼。该案现已审理终结。

加多宝公司一审诉称：其是香港鸿道（集团）有限公司的全资子公司，常年在中国大陆生产和经营具备独家王氏后人配方的红色罐装凉茶饮料。原告生产经营的凉茶红色罐装标贴早在1997年就已获得外观设计专利。原告自1995年3月至2012年5月所生产经营的红色易拉罐凉茶产品上租用了“王老吉”商标，该商标在中国大陆的商标权现属于广州医药集团有限公司。2012年5月9日中国国际贸易仲裁委员会作出裁决书，裁决原告母公司香港鸿道（集团）有限公司停止使用“王老吉”商标。此后，原告在保留原有凉茶配方、红罐包装和装潢不变的前提下，使用“加……

…………

……第12页第一段所述“原告将涉案广告语……是否构成未注册商标……排除在该案审理范围之外”与事实不符。结合一审判决书第16、17页的记载可以看出，一审判决书第12页第一段的相关表述实际上是将涉案广告语是否构成未注册商标适用商标法进行保护排除在该案审理范围之外，并未排除将其作为未注册商标适用反不正当竞争法同时参照商标法相关的原理和规则进行保护。一审法院不仅肯定了广告语构成法律意义上的未注册商标，并且对涉案广告语应当受到反不正当竞争法保护进行了充分论证，这符合加多宝公司的本意，不会对该公司的实体和程序权利造成不利影响。但该案中“怕上火喝王老吉”广告语并未使用在商品上，此种脱离商品的使用方式，不宜认定为法律意义上的未注册商标。一审法院及加多宝公司认为涉案广告语构成法律意义上的未注册商标的观点，本院不予支持。

另外，基于涉案广告语并不属于反不正当竞争法保护的法益，双方当事人在认为涉案广告语属于反不正当竞争法保护法益的基础上，进一步判断涉案广告语利益归属的相关观点，均无法成立。因此，加多宝公司针对一审法院在判断涉案广告语法益归属问题提出的一系列上诉理由，已无评述之必要。

综上，上诉人的上诉理由不能成立。一审判决认定事实清楚，虽然本院并不认可一审法院关于“怕上火喝王老吉”广告语具有独立于“王老吉”商标的可受反不正当竞争法保护的法益以及在认定该广告语法益归属基础上论证王老吉公司使用“怕上火就喝王老吉”广告语不构成不正当竞争的观点，但一审裁判结果正确。依照《中华人民共和国反不正当竞争法》第二条、《中华人民共和国民事诉讼法》第一百七十条第一款第（一）项、《最高人民法院关于适用〈中华人民共和国民事诉讼法〉的解释》第三百三十四条之规定，经本院审判委员会研究决定，判决如下：

驳回上诉，维持原判。

二审案件受理费81 800元，由上诉人广东加多宝饮料食品有限公司负担。

本判决为终审判决。

审 判 长 周 敏

代理审判员　周　露

代理审判员　付　莎

二〇一五年十二月二日

本件与原件核对无异

书　记　员　余　力

广东省广州市中级人民法院

民事判决书

（2013）穗中法知民初字第619号

原告：广州王老吉大健康产业有限公司，住所地广东省广州市南沙区金岭北路93号498室。

法定代表人：陈矛，该公司董事长。

委托代理人：温旭，广东三环汇华律师事务所律师。

委托代理人：肖宇扬，广东三环汇华律师事务所实习律师。

原告：广州医药集团有限公司，住所地广东省广州市荔湾区沙面北街45号第5层。

法定代表人：李楚源，该公司董事长。

委托代理人：温旭、曾赟，均为广东三环汇华律师事务所律师。

被告：广东加多宝饮料食品有限公司，住所地广东省东莞市长安镇长青北路。

法定代表人：张树容。

委托代理人：杨晓岩，北京市信睿律师事务所律师。

委托代理人：刘扬，北京市众明律师事务所律师。

被告：广东乐润百货有限公司，住所地广东省广州市海珠区上渡路50-60号金豪苑裙楼首层局部及第二层。

法定代表人：严学秋，该公司经理。

委托代理人：王瑞玲，北京市信睿律师事务所律师。

原告广州王老吉大健康产业有限公司（以下简称王老吉公司）、广州医药集团有限公司（以下简称广药集团）与被告广东加多宝饮料食品有限公司（以下简称加多宝公司）、广东乐润百货有限公司（以下简称乐润公司）不正当竞争纠纷一案，本院受理后依法组成合议庭，公开开庭审理了该案。原告王老吉公司的委托代理人温旭、肖宇扬，原告广药集团的委托代理人温旭、曾赟，被告加多宝公司的委托代理人杨晓岩、刘扬及被告乐润公司的委托代理人王瑞玲均到庭参加诉讼。该案现已审理终结。

两原告诉称："王老吉"凉茶始创于1828年。1956年公私合营，国家以赎买方式从王泽邦第四代传人手中承接了"王老吉"商标、秘方、工艺、员工等，并逐步发展壮大至今。1996年原告广药集团成立，"王老吉"商标等无形资产全部转归其持有。原告广药集团是"王老吉"凉茶在中国大陆唯一的合法承继实体，现在原告王老吉公司是"王老吉"凉茶、商标的主要经营实体。"王老吉"凉茶自诞生以来，一直以其卓著的去火、降暑功效闻名于世，以至于岭南地区的百姓中，尤其是粤语区域，广泛流传着这样的口头禅：惊（怕）上火，饮（喝）王老吉啦（了）（发音为粤语），人们把"王老吉"凉茶与消暑清热、降火联系在一起。逐渐发展成粤语常说的"惊上火，饮的王老吉啦"（粤语发音），后来在经营、推销"王老吉"凉茶产品的过程中，品牌……

…………

……第二条、第五条第（二）项、第二十条，《最高人民法院关于审理不正当竞争民事案件应用法律若干问题的解释》第四条之规定，判决如下：

一、被告广东加多宝饮料食品有限公司自本判决生效之日起立即停止使用广告语"怕上火喝加多宝"、"怕上火，喝正宗凉茶；正宗凉茶，加多宝"、"怕上火，喝正宗凉茶"；

二、被告广东加多宝饮料食品有限公司自本判决生效之日起十日内赔偿原告广州王老吉大健康产业有限公司、广州医药集团有限公司经济损失500万元（包含合理费用）；

三、驳回原告广州王老吉大健康产业有限公司、广州医药集团有限公司的其他诉讼请求。

如果未按本判决指定的期间履行给付金钱义务，应当依照《中华人民共和国民事诉讼法》第二百五十三条的规定，加倍给付迟延履行期间的债务利息。

该案案件受理费46 800元，由被告广东加多宝饮料食品有限公司负担。

如不服本判决，可在收到本判决书之日起十五日内向本院提交上诉状，并按对方当事人的人数提出副本，上诉于广东省高级人民法院。

（此页无正文）

审　判　长　王　维

审　判　员　黄彩丽

代理审判员　石　佳

广东省广州市中级人民法院

二〇一五年[illegible]三十日

本件与原本核对无异

书　记　员　董广绪

北京市第三中级人民法院

民事判决书

（2014）三中民初字第 08077 号

原告广州医药集团有限公司，住所地广东省广州市荔湾区沙面北街 45 号第 5 层。

法定代表人李楚源，董事长。

委托代理人史玉生，北京市金杜律师事务所律师。

委托代理人祁娟，北京市金杜律师事务所律师。

原告广州王老吉大健康产业有限公司，住所地广东省广州市南沙区金岭北路 93 号 498 室。

法定代表人陈矛，执行董事。

委托代理人孙明飞，北京市金杜（广州）律师事务所律师。

委托代理人赵晓波，广州王老吉大健康产业有限公司职员。

被告加多宝（中国）饮料有限公司，住所地北京市北京经济技术开发区康定街21号。

法定代表人张树容，总经理。

委托代理人刘扬，北京市众明律师事务所律师。

被告广东加多宝饮料食品有限公司，住所地广东省东莞市长安镇长青北路。

法定代表人张树容，总经理。

委托代理人杨晓岩，北京市信睿律师事务所律师。

……

……日修正）第六十三条第一款、第三款，《中华人民共和国广告法》第二条第二款、第七条第二款、第十条，《中华人民共和国侵权责任法》第八条、第九条第一款、第十五条，《最高人民法院关于民事诉讼证据的若干规定》第二条、第八条第一款之规定，判决如下：

一、加多宝（中国）饮料有限公司立即停止使用含有“加多宝凉茶连续七年荣获‘中国饮料第一罐’”、“加多宝连续7年荣获‘中国饮料第一罐’”、“加多宝荣获中国罐装饮料市场‘七连冠’”、“中国第一罐”、“第六次蝉联‘中国饮料第一罐’”、“加多宝凉茶连续第六年蝉联‘中国饮料第一罐’”用语的广告；

二、加多宝（中国）饮料有限公司在本判决生效后三十日内在www.jdbchina.com及www.jdb.cn的网站首页持续一个月，在《南方日报》上连续七日刊登声明以消除影响（内容须经本院审定，否则本院将在上述媒体上公开本判决书，相关费用由加多宝（中国）饮料有限公司负担）；

三、加多宝（中国）饮料有限公司、广东加多宝饮料食品有限公司于本判决生效后十日内赔偿广州医药集团有限公司及广州王老吉大健康产业有限公司经济损失及合理开支共计三百万元；

四、驳回广州医药集团有限公司、广州王老吉大健康产业有限公司的其他诉讼请求。

如未按本判决指定的期间履行给付金钱义务，应当依照《中华人民共和国民事诉讼法》第二百五十三条之规定，加倍支付迟延履行期间的债务利息。

案件受理费146 800元，由广州医药集团有限公司及广州王老吉大健康产业有限公司负担46 800元（已交纳），由加多宝（中国）饮料有限公司及广东加多宝饮料食品有限公司负担100 000元（于本判决生效之日起七日内交纳）。

如不服本判决，可在判决书送达之日起十五日内向本院递交上诉状，并按照对方当事人的人数提出副本，上诉于北京市高级人民法院。

审　判　长　宋鱼水
代理审判员　冯　刚
代理审判员　张玲玲

二〇一[illegible]

此件与原本核对无异

文件编码：141202-173110-157-81-247567

书　记　员　郝一伍
书　记　员　田亚男
书　记　员　冯　涵

北京市高级人民法院

民事判决书

（2015）高民（知）终字第879号

上诉人（原审被告）加多宝（中国）饮料有限公司，住所地北京市北京经济技术开发区康定街21号。

法定代表人张树容，总经理。

委托代理人刘扬，北京市众明律师事务所律师。

上诉人（原审被告）广东加多宝饮料食品有限公司，住所地广东省东莞市长安镇长青北路。

法定代表人张树容，总经理。

委托代理人杨晓岩，北京市信睿律师事务所律师。

委托代理人王瑞玲，北京市信睿律师事务所律师。

被上诉人（原审原告）广州医药集团有限公司，住所地广东省广州市荔湾区沙面北街45号第5层。

法定代表人李楚源，董事长。

委托代理人史玉生，北京市金杜律师事务所律师。

委托代理人矫鸿彬，北京市金杜律师事务所律师。

被上诉人（原审原告）广州王老吉大健康产业有限公司，住所地广东省广州市南沙区金岭北路93号498室。

法定代表人陈矛，执行董事。

委托代理人刘军，北京市金杜（广州）律师事务所律师。

委托代理人赵晓波，……

…………

……此而遭受的损失的具体数额，亦不足以确定加多宝（中国）公司、广东加多宝公司因此所获利润的具体数额，但是，根据广药集团、王老吉大健康公司提供相关证据足以证明加多宝（中国）公司、广东加多宝公司在该案中实施的虚假宣传行为，已给广药集团、王老吉大健康公司造成了显著的损害，在此情形下，原审法院根据各方当事人提供的证据情况，结合该案侵权行为的性质、情节、主观过错、给广药集团和王老吉大健康公司可能造成的影响及广药集团和王老吉大健康公司为制止侵权行为所支付的必要合理开支，参照《商标法》的相关规定，综合确定加多宝（中国）公司、广东加多宝公司的赔偿数额，并无不当，本院予以维持。加多宝（中国）公司、广东加多宝公司的相关上诉理由缺乏事实和法律依据，本院不予支持。

综上，原审判决认定事实清楚，部分法律适用虽有不妥，但其裁判结论正确，本院在纠正其相关错误的基础上，对其结论予以维持。加多宝（中国）公司、广东加多宝公司的各项上诉理由均不成立，对其上诉请求本院不予支持：依照《中华人民共和国民事诉讼法》第一百七十条第一款第（一）项之规定，判决如下：

驳回上诉，维持原判。

一审案件受理费十四万六千八百元，由广州医药集团有限公司和广州王老吉大健康产业有限公司共同负担四万六千八百元（已交纳），由加多宝（中国）饮料有限公司和广东加多宝饮料食品有限公司共同负担十万元（于本判决生效之日起七日内交纳）；二审案件受理费三万零八百元，由加多宝（中国）饮料有限公司和广东加多宝饮料食品有限公司共同负担（已交纳）。

本判决为终审判决。

审 判 长 焦 彦
审 判 员 莎日娜
代理审判员 周 波

北京市高级人民法院

二〇一五年七月二十三日

本件与原本核对无异

书 记 员 王真宇
书 记 员 李雨寒

广东省广州市中级人民法院

民事判决书

（2014）穗中法知民初字第2号

原告：广州医药集团有限公司。住所地：广东省广州市荔湾区沙面北街45号第5层。

法定代表人：李楚源，该公司董事长。

委托代理人：史玉生，北京市金杜律师事务所律师。

委托代理人：钟南，该公司员工。

原告：广州王老吉大健康产业有限公司。住所地：广东省广州市南沙区金岭北路

93号498室。

法定代表人：陈矛，该公司董事长。

委托代理人：刘军、郑泓，均为北京市金杜（广州）律师事务所律师。

被告：广东加多宝饮料食品有限公司。住所地：广东省东莞市长安镇长青北路。

法定代表人：张树容，该公司总经理。

委托代理人：刘扬，北京市众明律师事务所律师。

被告：加多宝（中国）饮料有限公司。住所地：北京市北京经济技术开发区康定街21号。

…………

……成的严重不良影响，结合两原告提交的广告内容，本院认为两原告要求以其自行消除影响所支付的广告费作为赔偿的依据，具有合理性，本院采纳其作为酌定判赔的依据之一。至于律师费和公证费，两原告有委托律师到庭参加诉讼，也有提交相关的公证书为证，本院亦将这些费用作为酌定判赔的依据之一。虽然该案两原告的损失或两被告的获利的具体数额难以确定，但有证据显示明显超过300万元，本院认为应当在300万元以上进行酌定。综合考虑双方存在的历史渊源与纠葛，结合该案两被告具体侵权行为的性质、情节、主观过错、给两原告造成的影响及两原告为制止侵权行为所支付的必要合理开支，本院酌情确定两被告赔偿两原告人民币500万元。

综上，依据《中华人民共和国民法通则》第一百三十四条第一款、第二款，《中华人民共和国商标法》（2013年修正）第六十三条第一款、第三款，《中华人民共和国反不正当竞争法》第二条、第九条第一款、第十四条、第二十条第一款，《中华人民共和国侵权责任法》第八条、第十五条，《中华人民共和国广告法》（1994年）第二条，《最高人民法院关于审理反不正当竞争民事案件应用法律若干问题的解释》第八条第一款、第三款、第十七条第一款之规定，判决：

一、被告广东加多宝饮料食品有限公司、被告加多宝（中国）饮料有限公司于本判决发生法律效力之日起立即停止涉案虚假宣传及商业诋毁的侵权行为；

二、被告广东加多宝饮料食品有限公司、被告加多宝（中国）饮料有限公司于本判决发生法律效力之日起十日内赔偿广州医药集团有限公司及广州王老吉大健康产业有限公司经济损失及维权合理开支共计人民币500万元；

三、被告广东加多宝饮料食品有限公司、被告加多宝（中国）饮料有限公司于本判决发生法律效力之日起十日内在《广州日报》A1版、网址为www.jdbchina.com的加多宝集团官方网站首页刊登声明，向两原告公开赔礼道歉（声明内容由本院审定，报纸头版字体不得小于A1版正文字体，在加多宝集团官方网站首页刊登的时间不得短于24小时）；

四、驳回原告广州医药集团有限公司及原告广州王老吉大健康产业有限公司的其他诉讼请求。

如未按本判决指定的期间履行给付金钱义务的，应当依照《中华人民共和国民事诉讼法》第二百五十三条的规定，加倍支付迟延履行期间的债务利息。

该案案件受理费人民币81 800元，由原告广州医药集团有限公司和原告广州王老吉大健康产业有限公司共同负担40 900元，由被告广东加多宝饮料食品有限公司、被告加多宝（中国）饮料有限公司共同负担40 900元。

如不服本判决，可在判决书送达之日起十五日内，向本院递交上诉状，并按对方当事人的人数提出副本，上诉于广东省高级人民法院。

（此页无正文）

审　判　长　丁　丽
代理审判员　佘朝阳
代理审判员　茹艳飞

二〇一五年十二月十一日

本件与原本核对无异

书　记　员　付金芬

广东省高级人民法院

民事判决书

（2016）粤民终 293 号

上诉人（原审被告）：广东加多宝饮料食品有限公司。住所地：广东省东莞市长安镇长青北路。

法定代表人：张树容，该公司总经理。

委托代理人：杨晓岩，北京市信睿律师事务所律师。

委托代理人：陈庚，北京市信睿律师事务所实习律师。

上诉人（原审被告）：加多宝（中国）饮料有限公司。住所地：北京市北京经济技术开发区康定街 21 号。

法定代表人：张树容，该公司总经理。

委托代理人：刘扬，北京市众明律师事务所律师。

委托代理人：王瑞玲，北京市信睿律师事务所律师。

被上诉人（原审原告）：广州医药集团有限公司。住所地：广东省广州市荔湾区沙面北街 45 号第 5 层。

法定代表人：李楚源，该公司董事长。

委托代理人：史玉生，北京市金杜律师事务所律师。

委托代理人：刘军，北京市金杜（广州）律师事务所律师。

被上诉人（原审原告）：广州王老吉大健康产业有限公司。住所地：广东省广州市南沙区金岭北路 93 号 498 室。

法定代表人：陈矛，该公司董事长。

委托代理人：郑泓，北京市金杜（广州）律师事务所律师。

委托代理人：钟南，该公司职员。

上诉人广东加多宝饮料食品有限公司（以下简称广东加多宝公司）、加多宝（中国）饮料有限公司（以下简称加多宝饮料公司）因与被上诉人广州医药集团有限公司

（以下简称广药集团）、广州王老吉大健康产业有限公司（以下简称大健康公司）虚假宣传、商业诋毁纠纷一案，不服广东省广州市中级人民法院（2014）穗中法知民初字第2号民事判决，向本院提起上诉。本院受理后，依法组成合议庭进行了审理。本案现已审理终结。

…………

……对此本院认为，2013年年底至2014年期间，大健康公司与浙江广播电视集团钱江都市频道、杭州晶碧广告有限公司等多家媒体和广告公司签订广告合同，总共支付超过4 600余万元广告费用。广告内容涉及“186年独家秘方”“怕上火认准正宗王老吉”等，针对涉案虚假宣传和商业诋毁内容造成的负面影响进行抵销宣传的意味很强。虽然上述广告费用不能全部认定为消除影响的费用，但即使按十分之一计算，也超过300万元的法定赔偿数额。人民法院对于难以证明侵权受损或侵权获利的具体数额，但有证据证明前述数额明显超过法定赔偿最高限额的，应当综合全案的证据情况，在法定最高限额以上合理确定赔偿额。因此，原审法院综合考虑当事人之间的合作以及竞争关系、广东加多宝公司和加多宝饮料公司具体侵权行为的性质、情节、主观过错、给广药集团和大健康公司造成的影响，以及广药集团和大健康公司为消除影响支出的费用，以及制止侵权行为所支付的必要合理开支等因素，认为广药集团和大健康公司的损失明显超过300万元，故在法定赔偿额之上酌情确定广东加多宝公司和加多宝饮料公司赔偿广药集团和大健康公司人民币500万元，并无不当，本院予以支持。

综上所述，原审判决认定事实清楚，适用法律正确，本院予以维持。上诉人广东加多宝公司和加多宝饮料公司的上诉理由不能成立，本院予以驳回。根据《中华人民共和国民事诉讼法》第一百七十条第一款第（一）项之规定，判决如下：

驳回上诉，维持原判。

二审案件受理费40 900元，由上诉人广东加多宝饮料食品有限公司、加多宝（中国）饮料有限公司负担。

本判决为终审判决。

审　判　长　岳利浩

代理审判员　肖海棠

代理审判员　肖少杨

广东省高级人民法院

二〇一六年七月一日

本件与原本核对无异

书　记　员　谢宜桐

湖北省武汉市中级人民法院

民事判决书

（2013）鄂武汉中知初字第02061号

原告广东加多宝饮料食品有限公司，住所地广东省东莞市长安镇长青北路。

法定代表人张树容，董事长。

委托代理人徐昭乐，广东法仪律师事务所律师。

委托代理人谢晓尧，广东法仪律师事务所律师。

被告湖北日报传媒集团，住所地湖北省武汉市武昌区东湖路181号。

法定代表人邹贤启，董事长。

委托代理人唐艳玲，湖北维力律师事务所律师。

委托代理人郭汉武，该集团职员。

被告广州医药集团有限公司，住所地广东省广州市荔湾区沙面北街45号。

法定代表人李楚源，董事长。

委托代理人何珊，广东东方昆仑律师事务所律师。

委托代理人龚磊，广东东方昆仑律师事务所律师。

原告广东加多宝饮料食品有限公司（以下简称加多宝公司）诉被告湖北日报传媒

集团、被告广州医药集团有限公司（以下简称广药集团）不正当竞争纠纷一案，本院于2013年6月24日立案受理后，依法组成由审判员尹为担任审判长、审判员魏大海主审、代理审判员杜健参加评议的合议庭进行审理。被告广药集团在提交答辩状期间内对管辖权提出异议，本院经审查后于2013年8月27日裁定驳回其异议。被告广药集团不服提起上诉，湖北省高级人民法院于2013年11月5日裁定驳回其上诉，维持原裁定。本案管辖权确定后，因代理审判员杜健工作变动，本院决定变更由审判员尹为、审判员魏大海、代理审判员赵千喜组成合议庭继续审理本案。本院于2014年1月15日组织双方进行了庭前证据交换，于2014年3月27日公开开庭审理了本案。原告加多宝公司委托代理人谢晓尧、被告湖北日报传媒集团委托代理人唐艳玲、郭汉武，被告广药集团委托代理人何珊、龚磊到庭参加诉讼。因本案案情复杂，经本院院长批准延长审理期限六个月，后又报请湖北省高级人民法院批准延长审理期限六个月。本案现已审理终结。

原告加多宝公司诉称：2013年6月8日，被告湖北日报传媒集团在其下属《楚天都市报》上刊登了被告广药集团的整版广告《解密王老吉之争　外资企业加多宝老板行贿潜逃是根源》。被告发布的广告内容涉及多方面、多种形式的广告违法行为与不正当竞争行为，包括借助广州市人民检察院、广州市国资委、公证处进行非法荐证性广告、并以新闻报道形式发布，虚构历史事实或对客观事实表述不当，对我公司进行商业诋毁等。除在《楚天都市报》上刊登外，被告广药集团还在全国其他报刊上刊登了同样内容的广告。被告广药集团虚构和扭曲事实，误导公众、诋毁我公司商誉，严重侵害了我公司合法权益。请求法院判令：一、两被告停止针对原告的广告违法行为与不正当竞争行为；二、两被告在《楚天都市报》做出更正性广告，赔礼道歉、消除影响；三、被告广药集团销毁与本案误导广告与不正当竞争行为相关的宣传资料和广告载体；四、被告广药集团赔偿原告加多宝公司商誉损失人民币1 000万元；五、本案诉讼费用由两被告承担。庭审中，原告加多宝公司变更其第一项诉讼请求为“判令被告停止针对原告加多宝公司的虚假广告和商业诋毁等不正当竞争”，变更第二项诉讼请求为“判令两被告在《楚天都市报》做出更正性广告以消除影响，赔礼道歉”，其他诉讼请求不变。

被告湖北日报传媒集团庭审口头答辩称：我集团与原告加多宝公司处于不同行业，不存在竞争关系；我集团及所属《楚天都市报》发布广告是受武汉楚汉之翼文化传播有限公司的委托，且尽到了形式上合理的审查义务；广告是否存有虚假成分，应由广告主作出解释；作为广告发布商，我集团不应承担不正当竞争的法律责任。为此，请求驳回原告对湖北日报传媒集团的诉讼请求。

被告广药集团庭审口头答辩称：一、尽管原告加多宝公司的企业名称中含有“加多宝”文字，但不代表其对争议广告中提及的“加多宝”享有合法权益，原告不具有诉讼主体资格，法院应驳回其起诉。二、原告加多宝公司起诉系恶意诉讼，目的是扩大知名度，不应得到保护。诉争广告的刊载是被告广药集团正当权益受到损害后采取的救济措施，不存在违法行为，且内容基本上都是事实，均有证据予以证实。虚假宣传和商业诋毁的判断应以我国法律规定为依据，我国反不正当竞争法及其司法解释的相关规定都是针对商品，而涉案报道没有对商品作出宣传。三、原告加多宝公司没有举证证明其商誉受到何种损失，应承担举证不能的责任。因此，请求驳回原告对被告广药集团的诉讼请求。

…………

综上，被告广药集团在《楚天都市报》上以广告形式刊登所谓解密文章，借用国家机关和公证机构名义对“王老吉之争”阐述观点，对王老吉凉茶品牌传承和配方进行虚假宣传，同时对加多宝企业发表诸多不当评价，构成不正当竞争。经本院审判委员会讨论，依据《中华人民共和国民法通则》第一百二十条第二款，《中华人民共和国反不正当竞争法》第九条、第十四条，《最高人民法院关于审理不正当竞争民事案件应用法律若干问题的解释》第八条、第十七条和《中华人民共和国民事诉讼法》第一百四十二条的规定，判决如下：

一、被告湖北日报传媒集团、被告广州医药集团有限公司于本判决生效之日起十日内在《楚天都市报》上刊登更正声明，消除《解密王老吉之争》广告对原告广东加多宝饮料食品有限公司的不良影响并赔礼道歉（声明内容需经本院审核同意）；

二、被告广州医药集团有限公司于本判决生效之日起十日内赔偿原告广东加多宝饮料食品有限公司经济损失人民币 20 万元；

三、驳回原告广东加多宝饮料食品有限公司的其他诉讼请求。

如未按上述判决指定的期间履行给付金钱义务，应按照《中华人民共和国民事诉讼法》第二百五十三条的规定，加倍支付迟延履行期间的债务利息。

本案案件受理费人民币81 800元，由原告广东加多宝饮料食品有限公司负担人民币24 540元，被告广州医药集团有限公司负担人民币57 260元。此款原告广东加多宝饮料食品有限公司已预缴，被告广州医药集团有限公司应将其负担的部分随前述赔偿款项一并支付给原告广东加多宝饮料食品有限公司。

如不服本判决，可以向本院递交上诉状，并按照对方当事人的人数提出副本，上诉于湖北省高级人民法院。上诉人应在提交上诉状时按不服一审判决部分的上诉请求数额预交上诉案件受理费，款汇湖北省高级人民法院，开户银行：中国农业银行武汉市东湖支行，户名：湖北省财政厅非税收入财政专户，账号 052101040000369-1。上诉人在上诉期届满后七日内仍未预交诉讼费用的，按自动撤回上诉处理。

审 判 长 尹 为
审 判 员 魏大海
代理审判员 赵千喜

二〇一五年六月九日

书 记 号 程 果
书 记 员 徐 刚

湖北省高级人民法院

民事判决书

（2016）鄂民终 106 号

上诉人（原审被告）：广州医药集团有限公司，住所地广东省广州市荔湾区沙面北街 45 号第 5 层。

法定代表人：李楚源，董事长。

委托代理人：孙明飞，北京市金杜（广州）律师事务所律师。

委托代理人：郑泓，北京市金杜（广州）律师事务所律师。

上诉人（原审被告）：湖北日报传媒集团，住所地湖北省武汉市武昌区东湖路

181号。

法定代表人：邹贤启，董事长。

委托代理人：章杰，湖北维力律师事务所律师。

委托代理人：柳晓军，湖北维力律师事务所律师。

被上诉人（原审原告）：广东加多宝饮料食品有限公司，住所地广东省东莞市长安镇长青北路。

法定代表人：张树容，董事长。

委托代理人：刘扬，北京市众明律师事务所律师。

上诉人广州医药集团有限公司（以下简称广药集团）、上诉人湖北日报传媒集团因与被上诉人广东加多宝饮料食品有限公司（以下简称加多宝公司）不正当竞争纠纷一案，不服湖北省武汉市中级人民法院作出的（2013）鄂武汉中知初字第02061号民事判决，向本院提起上诉。本院受理后，依法组成合议庭，于2016年3月15日公开开庭进行审理。上诉人广药集团的委托代理人孙明飞、郑泓，上诉人湖北日报传媒集团的委托代理人章杰、柳晓军，被上诉人加多宝公司的委托代理人刘扬到庭参加诉讼。本案现已审理终结。

…………

综上，广药集团和湖北日报传媒集团的上诉理由均不能成立，本院不予支持。一审判决认定事实清楚，但适用法律部分有误，导致实体处理不当，本院依法予以纠正。经合议庭评议，依据《中华人民共和国民法通则》第一百三十四条第一、二款，《中华人民共和国侵权责任法》第九条第一款，《中华人民共和国反不正当竞争法》第九条、第十四条、第二十条，《最高人民法院关于审理不正当竞争民事案件应用法律若干问题的解释》第八条、第十七条和《中华人民共和国民事诉讼法》第一百七十条第一款第（二）项的规定，判决如下：

一、维持湖北省武汉市中级人民法院（2013）鄂武汉中知初字第02061号民事判决第二项，即广州医药集团有限公司于本判决生效之日起十日内赔偿广东加多宝饮料食品有限公司经济损失20万元；

二、撤销湖北省武汉市中级人民法院（2013）鄂武汉中知初字第02061号民事判决第一项、第三项；

三、广州医药集团有限公司、湖北日报传媒集团于本判决生效之日起十日内在《楚天都市报》上刊登声明，消除《解密王老吉之争》广告对广东加多宝饮料食品有限公司的不良影响（声明内容须经本院审查）；

四、驳回广东加多宝饮料食品有限公司的其他诉讼请求。

一审案件受理费81 800元，由广州医药集团有限公司和湖北日报传媒集团负担49 080元，广东加多宝饮料食品有限公司负担32 720元；二审案件受理费4 300元，由广州医药集团有限公司和湖北日报传媒集团负担3 440元，广东加多宝饮料食品有限公司负担860元。本判决为终审判决。

审　判　长　徐　翠

审　判　员　童海超

审　判　员　毛向荣

二〇[illegible]年七月二十[illegible]日

本件与原件核对无异

书　记　员　汪月琴

中华人民共和国最高人民法院

民事裁定书

（2015）民申字第2802号

再审申请人（一审被告、二审上诉人）：加多宝（中国）饮料有限公司。住所地：北京市北京经济技术开发区康定街21号。

法定代表人：张树容，该公司总经理。

委托代理人：刘扬，北京市众明律师事务所律师。

委托代理人：王瑞玲，北京市信睿律师事务所律师。

再审申请人（一审被告、二审上诉人）：广东加多宝饮料食品有限公司。住所地：

广东省东莞市长安镇长青北路。

法定代表人：张树容，该公司总经理。

委托代理人：王瑞玲，北京市信睿律师事务所律师。

被申请人（一审原告、二审被上诉人）：广州医药集团有限公司。住所地：广东省广州市荔湾区沙面北街45号第5层。

法定代表人：李楚源，该公司董事长。

被申请人（一审原告、二审被上诉人）：广州王老吉大健康产业有限公司。住所地：广东省广州市南沙区金岭北路93号498室。

法定代表人：陈矛，该公司董事长。

再审申请人加多宝（中国）饮料有限公司（简称加多宝中国公司）、广东加多宝饮料食品有限公司（简称广东加多宝公司）因与被申请人广州医药集团有限公司（简称广药集团）、广州王老吉大健康产业有限公司（简称大健康公司）虚假宣传纠纷一案，不服北京市高级人民法院（2015）高民（知）终字第879号民事判决，向本院申请再审。本院依法组成合议庭对该案进行了审查，现已审查终……

…………

……《中华人民共和国民事诉讼法》第二百条第二、六项规定的情形。依照《中华人民共和国民事诉讼法》第二百零四条第一款之规定，裁定如下：

驳回加多宝（中国）饮料有限公司、广东加多宝饮料食品有限公司的再审申请。

审　判　长　宋晓明

审　判　员　夏君丽

审　判　员　周　翔

审　判　员　钱小红

代理审判员　佟　姝

中华人民共和国最高人民法院

二〇一六年三月三十日

本件与原本核对无异

书　记　员　张　博

济南市历下区人民法院

民事判决书

（2013）历商初字第833号

原告刘某，男，1969年4月23日出生，汉族，住济南市。

被告广州王老吉大健康产业有限公司，住所地广州市。

法定代表人吴长海，董事长。

委托代理人史玉生，北京市金杜律师事务所律师。

委托代理人赵晓波，本单位职工，住广州市。

被告济南华联超市有限公司，住所地济南市。

法定代表人陈锡忠，董事长。

委托代理人史玉生，北京市金杜律师事务所律师。

原告刘某与被告广州王老吉大健康产业有限公司（以下简称“王老吉公司”）、济南华联超市有限公司（以下简称“华联超市”）产品责任纠纷一案，本院受理后，依法组成合议庭公开开庭进行了审理。原告刘某，被告王老吉的委托代理人史玉生、赵晓波，被告济南华联超市有限公司的委托代理人史玉生到庭参加诉讼。本案现已审理终结。

原告刘某诉称，2008年7月份以来，原告是“王老吉”凉茶饮料的忠实消费者，经常饮用王老吉凉茶。2013年春节，原告在济南华联超市解放东路店购买了一箱“王老吉”凉茶（当时货架上产品的包装装潢与原来的红罐一模一样，旁边的广告语“185年独家秘方”、正宗凉茶王老吉从未更名），但发现这次购买的王老吉凉茶与原先购买的王老吉凉茶不是同一种产品。现在商场出售的“王老吉”凉茶虽然包装和广告语与过去完全一样，但罐装的产品与原先并不一样。原告认为自己以及“王老吉”的其他消费者完全被被告的包装装潢和广告宣传误导，其行为属于欺诈行为。被告违反《中华人民共和国消费者权益保护法》第四条、第十九条的相关规定，应当依法承担相应法律责任。为维护原告以及其他消费者的合法权益，特向贵院提起诉讼，请求：1. 判令被告退还人民币187.2元；2. 诉讼费用由被告承担。

…………

故本院认为，作为“王老吉”凉茶忠实消费者的原告刘某对于王老吉公司生产的“王老吉”凉茶和加多宝公司现生产的“加多宝”凉茶是有清醒认识的，且足以从罐装商标上识别二者的不同。此外，不同的人对同一种饮料亦会有不同的口感，即使是同一个人在不同的时间、环境下也会有不同的口感，因此，原告刘某仅凭个人口感来区分被告王老吉公司生产的“王老吉”凉茶和案外人加多宝公司先前生产的“王老吉”凉茶，也缺乏科学依据。综上，本院认为，原告刘某以欺诈为由要求两被告退还人民币187.2元的诉讼请求无事实和法律依据，本院依法不予支持。

综上，依照《中华人民共和国消费者权益保护法》第二十二条、《中华人民共和国产品质量法》第二十六条、第二十七条，参照《最高人民法院关于民事诉讼证据的若干规定》第二条之规定，判决如下：

驳回原告刘某的诉讼请求。

案件受理费人民币50元由原告刘某承担。

如不服本判决，可在判决书送达之日起15日内向本院递交上诉状，并按对方当事人的人数提出副本，预交上诉费人民币50元，上诉于山东省济南市中级人民法院。

审　判　长　董立强

人民陪审员　李洪有

人民陪审员　齐立平

二〇一三年十二月四日

书　记　员　袁秀贞

辽宁省沈阳市沈河区人民法院

民事判决书

（2013）沈河民一初字第1164号

原告：吴某，女，1989年11月2日出生，汉族。

被告：沈阳兴隆大家庭购物中心有限公司。

法定代表人：肖红涛，该公司总经理。

委托代理人：张影会，该公司员工。

委托代理人：辛星，该公司员工。

被告：广州王老吉大健康产业有限公司，59151288-3。

法定代表人：吴长海，该公司董事长。

委托代理人：史玉生，北京市金杜律师事务所律师。

委托代理人：刘军，北京市金杜（广州）律师事务所律师。

原告吴某与被告沈阳兴隆大家庭购物中心有限公司、广州王老吉大健康产业有限公司产品责任纠纷一案，本院受理后，依法由审判员魏晓东独任审判，公开开庭进行了审理。原告吴某、被告沈阳兴隆大家庭购物中心有限公司的委托代理人张影会、辛星，广州王老吉大健康产业有限公司的委托代理人史玉生、刘军到庭参加诉讼。本案现已审理终结。

原告吴某诉称：2013年4月10日，原告于沈阳中街兴隆大家庭超市处购买了被告广州王老吉大健康产业有限公司生产的王老吉红罐凉茶一箱。……发现口感、味道与原来的商品有很大差别，有种奇怪的药味，并且味道更甜。……据此原告认为，首先是被告产品包装与广告宣传的误导作用，导致了原告自己的错误购买，被告对自己的产品做出上述引人误解的广告宣传，属于经营者的欺诈行为，依法应承担法律责任。依据《中华人民共和国消费者权益保护法》第十九条第一款、第四十九条，原告作为多年支持王老吉凉茶的忠实消费者，为维护自身合法权益和知情权，也代表广大王老吉老顾客的心声，请求法院：1. 判令被告广州王老吉大健康产业有限公司返还商品价款，并依法加倍赔偿原告的经济损失，共计人民币94元；2. 判令被告沈阳兴隆大家庭购物中心有限公司对第一项诉讼请求承担连带赔偿责任；3. 要求广州王老吉大健康产业有限公司对涉案产品的变化做出真实、明确、合理的答复和解释；4. 判令二被告承担本案的全部诉讼费用。

被告沈阳兴隆大家庭购物中心有限公司（以下简称“兴隆公司”）辩称：……事实上，只要产品质量符合国家相关的产品质量标准，不会对他人人身、财产造成损害，产品经营者就已经履行了法定义务。即使涉案产品的口感、味道有所变化，原告就此提出指控也缺乏法律依据；最后，原告是在购买涉案产品之后才发现其所谓的“口味”的变化，因此，口味本身并不是原告所谓的“误购”的原因，而只是其购买行为的一个结果而已。因此，口味的变化不足以构成原告以虚假宣传和误导为由而起诉的事实基础。第三、原告的诉讼请求缺乏事实和法律依据。对于原告要求被告返还商品价款，并赔偿经济损失共计 94 元的诉讼请求，如前所述，王老吉公司对涉案产品的宣传不含有任何虚假信息，更不构成“欺诈”，……综上，原告诉讼请求缺乏法律依据，请求法院驳回原告所有诉讼请求。

…………

本院认为，作为以食品为商品的经营者必须保证其销售给消费者的食品符合国家食品监管要求的标准，也必须保证其提供给消费者的食品相关信息符合国家食品监管真实、全面的要求，从而使消费者能做出真实的意思表示。原告已明确表示不主张诉争商品的质量有问题以及商品包装所宣传的内容真实性有问题，因此原告并非由于上述问题而错误购买。被告也提供了充分的证据证明被告没有违反上述两个基本义务，故不存在解除或撤销双方买卖合同的条件。原告主张其并未因饮用诉争商品而遭受人身损害，而是其因支付价款产生财产损失，故要求赔偿。消费者支付价款是其履行买受人的义务，同时也获取了对方的对待给付的商品，在商品质量与信息均无瑕疵的情况下，是原告财产形态因交易而转化，故不能被视为财产损失。

关于原告主张的其饮用诉争产品后自身感觉该商品口味或口感发生变化，因此有权要求被告赔偿的问题。按通常理解，口味或口感是指人对食物在口中发生的物理、化学变化的感觉，从食物入口开始到食用完毕后为止。因此原告主张的口味、口感发生变化是原告自身对诉争食物的味觉认识与之前对同样食物的味觉回忆对比的结果，实质是原告对食物的自身感官评价，评价结果会受到包括原告身体状况、心理状况、外部环境等许多食物之外因素的影响。这种结论是依赖于评价者个体的主观认识。在没有约定的情况下，如将其作为食品经营者承担责任的依据，将使经营者责任承担标准极不确定，使经营者无法判断从事生产经营和市场交易的后果，据此结论要求经营者承担责任也极不公平。对于食品的经营者而言，口味、口感是决定其产品获取市场份额的重要因素，因此作为生产者被告王老吉公司要按其判断的市场消费者普遍认同的口味、口感生产产品。在没有证据证明存在被告主动实施了使产品口味变化的行为的情况下，不能认定诉争产品是与原同样产品发生口味变化的产品。故对原告该项请求，不予支持。原告请求被告王老吉公司做出答复和解释，是以前述不能认定存在的事实为条件，且原告要求被告履行的该义务内容并不明确，故对该请求本院不予支持。

综上，依照《中华人民共和国合同法》第五十四条、第九十四条，《中华人民共和国消费者权益保护法》第二十二条，《中华人民共和国产品质量法》第二十六条、第二十七条之规定，判决如下：

驳回原告吴某的诉讼请求。

案件受理费人民币 50 元，减半收取人民币 25 元，由原告吴某负担。

本判决为终审判决。

审　判　员　魏晓东

二〇一三年六月二十五日

书　记　员　訾　旭

湖南省长沙市雨花区人民法院

民事判决书

（2015）雨民初字第 02596 号

原告刘某。

委托代理人文东海，湖南湘和律师事务所律师。

被告长沙步步高商业连锁有限责任公司，住所地湖南省长沙市雨花区劳动中路 157 号。

法定代表人朱刚平，总经理。

委托代理人朱利平，系长沙步步高商业连锁有限责任公司员工。

被告广州王老吉大健康产业有限公司，住所地广东省广州市南沙区金岭北路 93 号 498 室。

法定代表人陈矛，董事长。

委托代理人温旭，广东三环汇华律师事务所律师。

委托代理人曾赟，广东三环汇华律师事务所律师。

被告广州医药集团有限公司，住所地广东省广州市荔湾区沙面北街 45 号第 5 层。

法定代表人李楚源，董事长。

委托代理人张宏，北京市正理律师事务所律师。

委托代理人徐进，北京市正理律师事务所律师。

原告刘某（以下简称原告）诉被告长沙步步高商业连锁有限责任公司（以下简称步步高公司）、广州王老吉大健康产业有限公司（以下简称王老吉公司）、广州医药集团有限公司（以下简称广药集团）侵权责任纠纷一案，本院受理后，广药集团向本院提出管辖权异议申请，本院经审查后驳回了其申请。此后，本院依法组成合议庭，公开开庭进行了审理。原告及其委托代理人文东海，王老吉公司的委托代理人温旭、曾赟以及广药集团的委托代理人张宏、徐进到庭参加诉讼；步步高公司经本院合法传唤未到庭参加诉讼。本案现已审理终结。

原告诉称：原告因上火喉咙痛，于2015年4月25日在隶属于步步高公司的步步高超市东塘店购买了由王老吉公司委托生产，以广药集团为商标注册人的罐装、瓶装“王老吉”凉茶。……然而，原告事后发现王泽邦第五代玄孙王健仪携家族全体成员曾在深圳发表联合声明，表示从未将祖传凉茶秘方授予广药集团使用。这一声明以及涉案凉茶与原告前几年曾喝过的“王老吉红罐”凉茶在口感上的差别，使原告意识到上述广告用语与事实不符，构成对原告的欺诈，损害了原告作为消费者所依法享有的知情权，给原告造成精神的痛苦。步步高公司作为销售者，王老吉公司作为生产者（委托生产）有义务向消费者提供其所生产、销售商品的真实信息，不得作引人误解的虚假宣传，故步步高公司及王老吉公司应对上述欺诈行为承担责任。由于“商标商誉归属于商标所有人”，故作为商标所有人，广药集团也应当对上述欺诈行为承担责任。综上，原告认为，三被告的欺诈行为严重侵犯了原告的知情权，误导了原告对相关产品的选择购买，根据《中华人民共和国消费者权益保护法》第八条、第九条、第二十条、第四十条、第五十五条及《中华人民共和国民事诉讼法》的相关规定，为维护原告的合法权益，特提起本案诉讼。请求判令：1. 确认涉案“王老吉”系列凉茶包装（包括罐装、瓶装）上所标注的“独家秘方”、“民族品牌王老吉，创始于清朝道光年间，已逾百年历史”、“民族品牌王老吉，创始于1828年，传世180余年”等宣传用语构成对原告的欺诈，损害了原告作为消费者所依法享有的知情权；2. 步步高公司停止销售“王老吉”系列凉茶；3. 王老吉公司、广药集团停止生产（包括委托他人生产）、销售涉案“王老吉”系列凉茶；4. 三被告赔偿原告37.80元；5. 王老吉公司及广药集团在湖南日报上登报向原告公开赔礼道歉。

…………

被告王老吉公司辩称：一、王老吉公司认为本案的原告不是适格的主体，《消费者权益保护法》第二条规定了消费者是为生活消费所购买或者接受服务的人。在本案中，原告的种种行为所表明，原告的购买并非为消费，而是有其他的目的。二、根据民事诉讼法的有关规定，谁主张谁举证，举证不能应当承担相应的后果，原告并没有提出证据证明涉案宣传用语是虚假的，原告提交的证据从证据的性质上看是传来证据，并没有其他的证据予以相佐证，请求法院驳回原告的全部诉讼请求。三、在本案中，原告坚持依据保护消费者合法权益而提出诉讼主张，根据相关规定，消费者权益保护法是保护消费者的人身和消费的权利，原告没有任何证据证明王老吉公司的产品有产品质量问题，对其身体造成实际损害，王老吉公司的产品明码标价。原告没有任何的损失，本案的案由又是侵权纠纷，原告关于侵权的主张不成立。四、消费者权益保护法调整的是知情权，知情权的范围是有限的，不可能将所有的信息都披露给消费者，这不符合商业惯例。相关法律规定已经明确规定了经营者应当公开信息的范围，而在本案中，王老吉公司根据相关规定，已经在产品上对产品信息进行公开。五、王老吉公司认为，基于上述四点理由，法院可以直接驳回原告的全部诉请，王老吉公司作为负责任的企业，王老吉公司的王老吉凉茶有足够的证据证明王老吉凉茶的配方，是在大陆内最正宗的凉茶配方。六、原告的五个诉请当中，第2项、第3项及第5项诉讼请求是完全超越了原告应主张的诉请范围，第2项及第3项诉讼请求是用于调整经营者之间经营关系的诉讼请求，具有很强的相对性，因此，请法院基于本案案由驳回原告的第2项和第3项诉讼请求。对于第5项诉讼请求，在本案中王老吉凉茶并没有对原告的名誉权造成损害。因此，第5项诉讼请求没有事实依据，应当予以驳回，综上，原告的所有诉讼请求均没有事实和法律依据，应当予以驳回。

…………

本院认为：本案的争议焦点为涉案凉茶商品外包装上注明的“独家秘方”、“民族品牌王老吉，创始于清朝道光年间，已逾百年历史”、“民族品牌王老吉，创始于1828年，传世180余年”（以下简称标注用语）是否侵犯了原告作为消费者的知情权，步步高公司及王老吉公司对此是否构成欺诈以及广药集团是否为本案的适格被告。

一、关于涉案凉茶商品外包装的标注用语是否侵犯了原告作为消费者的知情权。根据《中华人民共和国消费者权益保护法》第八条的规定，“消费者享有知悉其购买、使用的商品或者接受的服务的真实情况的权利；消费者有权根据商品或者服务的不同情况，要求经营者提供商品的价格、产地、生产者、用途、性能、规格、等级、主要成分、生产日期、有效期限、检验合格证明、使用方法说明书、售后服务，或者服务的内容、规格、费用等有关情况。”可见，法律对消费者知情权的范围进行了列举式的规定，而上列标注用语所涉的“秘方”问题不属于上述法律规定的知情权范围。因此，原告以步步高公司及王老吉公司侵害了其作为消费者的知情权为由要求两被告承担侵权责任并无法律依据，本院不予支持。

二、关于王老吉公司及步步高公司是否构成对原告的欺诈。《中华人民共和国消费者权益保护法》第二十条中规定，“经营者向消费者提供有关商品或者服务的质量、性能、用途、有效期限等信息，应当真实、全面，不得作虚假或者引人误解的宣传”。据原告自述，“王老吉”字号在1828年的清朝道光年间即开始被使用。而王老吉公司经“王老吉”商标的持有人即广药集团许可使用该商标，系合法使用商标。因此，上述标注用语的后两句均为王老吉公司在使用商标过程中对该商标的描述性宣传，且其内容与原告自述并无实质冲突，并未对原告的自主选择造成误导。此外，原告以王老吉公司委托生产的“王老吉”系列凉茶与“原告前几年曾喝过的王老吉红罐凉茶”在口感上存在差异为由，而主张王老吉公司并未采用原告所称的王泽邦在清朝道光年间的创立的凉茶秘方，从而构成对原告的欺诈。本院认为，口感差异系饮用人的主观判断，而王老吉公司所使用的凉茶配方属于毋须强制公开的商业秘密，即不属于消费者知情权的范围；原告仅凭所谓的口感差异以及第三方的单方陈述而否认王老吉公司委托生产的凉茶未采用王泽邦创立的凉茶秘方并无事实依据，原告并未举证证明其该主张事实。此外，原告的该主观想法及其购买涉案商品的同时还购买了同类型其他品牌凉茶产品的行为，恰恰表明原告在购买商品的过程中进行了充分的选择，即涉案凉茶商品的标注用语并未产生误导原告进行消费的客观后果。综上，原告并未提交证据证实步步高公司及王老吉公司存在欺诈，原告关于王老吉公司及步步高公司构成欺诈的诉讼主张，本院不予支持。

三、关于广药集团是否为本案的适格被告。在本案中，原告据《中华人民共和国消费者权益法》的相关规定而主张三被告承担责任。根据该法的相关规定，侵犯消费者权益的责任主体为商品销售者及生产者。本案中，广药集团并非涉案凉茶的生产者亦非涉案凉茶的销售者，且与原告并没有直接的法律关系。因此，原告以“商标商誉归属商标所有人”为由要求广药集团承担相关责任于法无据，本院不予采纳。

综上所述，原告关于被告侵害其知情权及构成欺诈的主张均无法律及事实依据，本院均不予支持。因此，原告要求确认涉案凉茶外包装的标注用语构成欺诈及损害原告作为消费者的知情权的诉讼请求，本院不予支持。基于此，原告的其他诉讼请求均无事实及法律依据，本院均不予支持。……

…………

审　判　长　欧阳毅
人民陪审员　杨　宏
人民陪审员　吴松球

长沙市雨花区人民法院

二〇一六年六月三十日

本件与原件核对无异

书　记　员　陈颖君

广东省广州市中级人民法院

民事判决书

（2012）穗中法知民初字第264号

原告：广州王老吉大健康产业有限公司。住所地：广东省广州市南沙区金岭北路93号498室。

法定代表人：陈茅，该公司董事长。

委托代理人：唐耀君、胡福传，均为广东明镜律师事务所律师。

被告：王老吉有限公司。住所地：香港中环皇后大道中183号新纪元广场中远大厦38层3806-3810。

法定代表人：陈鸿道，该公司董事。

委托代理人：刘扬，北京市众明律师事务所律师。

原告广州王老吉大健康产业有限公司诉被告王老吉有限公司确认不侵害商标权纠纷

一案，本院受理后，依法组成合议庭，公开开庭进行了审理。原告委托代理人唐耀君、胡福传，被告王老吉有限公司委托代理人刘扬到庭参加诉讼。本案现已审理终结。

原告起诉称：广州医药集团有限公司是我国第626155、3980709，9095940号“王老吉”商标注册人，该商标核定使用商品为第32类（包括无酒精饮料、固体饮料等商品）。“王老吉”商标2009年被认定为“中国驰名商标”。2012年5月25日，广州医药集团有限公司将上述商标授权给原告使用后，原告开始生产及销售“王老吉”红罐及瓶装凉茶。2012年11月开始，原告陆续接到经销商反映的情况，全国部分地区工商局以原告生产销售的“王老吉”红罐及瓶装凉茶侵犯了被告的“吉庆时分”商标为由对原告经销商作出相应行政强制措施。

经查，被告由鸿道（集团）有限公司董事长陈鸿道投资设立并在香港登记注册。鸿道（集团）有限公司自2010年5月2日就不得再继续使用“王老吉”商标，但陈鸿道设立的被告仍然以原告享有商标使用权的“王老吉”为字号进行企业名称登记，其注册明显属于恶意。且其于2011年1月28日在中国大陆向商评委申请“吉庆时分”注册商标，而早在2009年，“吉庆时分”就已经用在“王老吉”产品宣传上，其注册已经属于恶意抢注。另查，广东加多宝饮料食品有限公司于2012年11月28日召开新闻发布会，称其经过被告授权，主张原告使用“吉庆时分”侵权，同时表示欲起诉原告。原告认为，“王老吉”是中国驰名商标，被告使用“王老吉”注册商标的行为，侵犯了原告的注册商标使用权。被告虽在香港注册成立，其企业名称侵犯原告的注册商标使用权，其主体设立已经违反中国境内的法律，其申请注册商标的民事行为应属违法。被告应依法承担停止侵权撤回“吉庆时分”商标登记权，请求法院确认原告并没有侵犯“吉庆时分”商标。

被告恶意以“王老吉”注册为自己公司名称，又在大陆抢注与“王老吉”密切关联的“吉庆时分”商标，已经违反《中华人民共和国商标法实施条例》第52、53条及《最高人民法院关于审理商标民事纠纷案件适用法律若干问题的解释》第1条第1款。被告违法注册“吉庆时分”，其目的就是搞不正当竞争。被告在原告住所地广州向各大媒体爆料，宣扬原告侵权，被50多家工商部门查处。扰乱了我国的市场经济秩序，其行为理应被制止。被告在媒体上的宣传对原告产生极为不利的影响，原告并没有侵犯被告的“吉庆时分”商标，请求法院确认原告不侵犯被告“吉庆时分”商标权，由被告承担本案诉讼费用。立案时，原告的诉讼请求包括要求判令被告不正当竞争造成原告的经济损失人民币200万元及合理开支10万元，后当庭撤回该诉讼请求。并在庭审中明确，其诉讼请求为请求法院确认其在外包装使用的“吉庆时分喝王老吉”字样不侵犯被告的注册商标专用权。

被告答辩称：1. 本案不符合确认不侵权案件的受理条件。我方已经在合理期限内向工商投诉，属于提起了纠纷解决程序，故本案不符合确认不侵权之诉的受理条件，应当驳回起诉；2. 即便把我方向工商投诉视为一种警告，原告在收到该警告后，也未向我方发出书面催告，所以也是不符合确认不侵权案件的受理条件；3. 被告所持有的“吉庆时分”商标是合法有效。被告在2011年1月28日申请注册涉案商标，2012年2月7日被核准注册。在本案立案前，原告的关联公司于2012年11月16日向商评委提出了商标争议申请，商评委于2014年4月14日做出了维持涉案商标裁定，该裁定书已经生效。被告持有的“吉庆时分”商标是合法有效；4. 被告是依据香港法律在香港注册的公司，企业名称是否侵权与是否具备法人资格是没有关系的，根据中国境内的法律，即便企业名称侵权也仅仅应当承担变更名称的责任，不影响在中国注册商标；5. 原告在商品包装上使用“吉庆时分”，已经对被告侵权，该行为已经被工商认定侵权，并做出行政处罚。根据商标法第53条的规定，原告如不服该行政处罚，应当在期限内提出行政诉讼。但是原告未能提起，该处罚已经发生了效力。同时，原告在本案中也没有就未侵权提交相关证据。

…………

本院认为，本案的争议焦点包括：一、本案是否具备确认不侵害商标权之诉的受理条件；二、原告在其外包装上使用“吉庆时分”字样是否构成对被告商标权的侵害。

关于第一个问题。确认不侵权的诉讼请求，是对其实施的某一行为是否构成对他人依法享有的某项权利的侵犯而向人民法院提出的一种确认请求。确认不侵权之诉，是为相关民事主体主动行使诉讼权利，排除所受到的是否侵犯他人知识产权的不确定状态的干扰，提供的诉讼救济途径从现行法律规定看，除《最高人民法院关于审理侵犯专利纠纷案件应用法律若干问题的解释》第十八条规定了确认不侵犯专利权纠纷的受理条件外，知识产权其他类别并无规定。

本案原告提起的是确认不侵害商标权纠纷，涉及的商标为被告享有的第9102892号“吉庆时分”注册商标。原告对被告注册该商标有异议，称被告的企业名称侵犯广州医药集团有限公司的“王老吉”注册商标，并称被告恶意抢注“吉庆时分”商标。

国家工商行政管理总局商标评审委员已经就广州医药集团有限公司就涉案“吉庆时分”商标提出的争议申请作出裁定，涉案“吉庆时分”商标予以维持。故本院对该商标现行有效予以确认。

2012年11月，被告授权加多宝（中国）饮料有限公司向全国各地工商部门投诉当地商户销售的原告生产的凉茶产品涉嫌侵犯其商标权。原告提交了一份授权委托书复印件，称被告是授权广东加多宝饮料食品有限公司进行的上述行为，该授权书仅为复印件，被告不予确认，且与相关行政处罚决定书上列明的投诉人不符，本院不予采信。原告自述，截至2013年1月15日，因被告举报行为，共98处经销商被查处，被查封货物共109 513箱，罚款76.385万元，已解封货物32 071箱。遑论原告所述数据的真实性，但从被告在媒体上的宣传，可见被告至少在山西、辽宁、浙江、新疆、陕西等省份的50多个地区向工商部门举报当地商户销售的原告生产的凉茶产品涉嫌侵犯其商标权，大量涉嫌侵权的凉茶产品被查封。涉嫌侵权的凉茶产品上有标明生产厂商是原告，但原告作为涉嫌侵权产品的生产者并未收到被告的直接投诉，甚至现有证据显示被告也未投诉原告在广州地区的销售商，被告的行为显然不符合一般商标权人维权的思路。

被告抗辩称原告的起诉不符合受理条件。其投诉的行为是正常的商标维权行为，是行政纠纷解决程序，已经有部分工商部门作出行政处罚决定，不是向原告发出的警告，且认为原告没有履行书面催告的程序。对此，本院认为，被告所述受理条件是《最高人民法院关于审理侵犯专利纠纷案件应用法律若干问题的解释》第十八条规定的内容，但该规定仅涉及确认不侵犯专利权纠纷受理的条件，并不必然适用于确认不侵犯商标权的案件。在商标法未对此有明确规定的情况下，本院认为从确认不侵权之诉确立的立法本意出发，在符合民事诉讼法规定的民事案件受理条件的基础上，符合以下三个条件即可。一、商标权利人已向其发出了警告，而被诉侵权人不承认自己的行为构成侵权；二、商标权利人无正当理由延迟向人民法院起诉或向有关知识产权行政管理部门投诉；三、商标权利人的此种延迟行为可能对被诉侵权人的权益造成损害。结合本案的实际情况，被告在全国范围内向工商行政管理部门投诉原告的销售商，并在媒体上进行宣传，而未对原告采取直接的行为。诚如被告所述有部分工商行政管理部门已经做出了行政处罚决定，并向本院提交了三份《行政处罚决定书》，虽然被告提交的《行政处罚决定书》为复印件，但是考虑到原告有提交反证的能力，本院采纳该些文书的真实性。但是由于原告并非是该些行政行为的相对人，该些行政决定不应认定为工商部门已经就原、被告双方之间的争议作出处理。被告投诉以及宣传的行为使得原告处于是否侵权的不确定状态，原告的起诉符合上述第一个条件。进而，如上所述，被告在全国范围内向工商行政管理部门投诉原告的经销商，其在媒体宣传的就有多个省份的50多个地区，被告在同一时间段、在全国展开了如此大范围的投诉行为，但是却不选择投诉或起诉被诉产品的生产商原告，显然无任何正当理由。虽被告有在媒体上宣称要起诉原告，原告也在本案立案后向被告发出书面催告函，但是事实是被告至今未起诉原告或在本案中提出反诉。故本案原告的起诉符合上述第二个条件。至于上述第三个条件，被告如此大范围地投诉原告的经销商，显然会对原告生产、经营产生不利影响。综上，本院认为原告的起诉符合确认不侵犯商标权纠纷的受理条件。

关于第二个问题。商标的主要功能是识别产品的来源。《中华人民共和国商标法实施条例》（2002）第三条规定，商标法和本条例所称商标的使用，包括将商标用于商品、商品包装或者容器以及商品交易文书上，或者将商标用于广告宣传、展览以及其他商业活动中。具体到涉案外包装箱，首先，“吉庆时分”字样字体较小，与“喝王老吉”字样分列在大“吉”字下方的两侧，并与包装箱另一侧的“怕上火”、“就喝王老吉”字样在对称位置。该“吉庆时分”字样虽和“喝王老吉”是分开的，但是无论是从排版上，还是语义上消费者很容易将两者联系起来，如同包装另一侧的“怕上火就喝王老吉”为一句完整的广告语一样；其次，被告的“吉庆时分”商标有明确的中文含义，显著性较弱。本案被告亦未提交其将“吉庆时分”作为商标使用的相关证据。加之“加多宝”公司生产“王老吉”凉茶时的宣传中也多以广告语的形式使用“吉庆时分”字样，比如“吉庆时分当然是王老吉”。故消费者很难意识到该“吉庆时分”字样是商标；最后，涉案外包装上标识有明显的“王老吉”注册商标，基于“王老吉”商标的知名度以及明显的注册商标标识®，更加使得消费者不会去从商标角度理解被诉外包装上的“吉庆时分”字样，更容易从排版、语义上将“吉庆时分喝王老吉”理解为广告语。综合以上分析，本院认为涉案包装上的“吉庆时分”字样，为“吉庆时分喝王老吉”广告语的一部分，原告对该字样的使用不构成商标性的使用，不会使消费者对产品的来源产生误认。进而，原告对该字样的使用显然不会侵犯被告的注册商标专用权。

被告还称原告有其它使用吉庆时分的形式，但是本案原告已经明确其诉请就是确认其举证的外包装不侵犯被告的商标权，即使原告有其它使用吉庆时分的形式，也不是本案处理的范畴。另，原告还向本院提交了（2012）渝一中法民初字第777号民事判决和广东省高级人民法院作出（2013）粤高法民三初字第1、2号民事判决，该些案件所涉的“怕上火喝王老吉”广告语以及知名商品特有包装、装潢权的权益归属，与本案并无直接关联，本案应当依照商标法的相关规定进行审理。

综上，原告的诉讼请求有事实和法律依据。依照《中华人民共和国商标法》（2001修订）第三条、《中华人民共和国商标法实施条例》（2002）第三条、《中华人民共和国民事诉讼法》第一百一十九条的规定，判决如下：

确认原告广州王老吉大健康产业有限公司涉案使用“吉庆时分”字样的方式不侵犯被告王老吉有限公司的商标权。

本案案件受理费人民币1 000元，由被告王老吉有限公司负担。

如不服本判决，原告可在判决书送达之日起十五日内，被告可在判决书送达之日起三十日内，向本院递交上诉状，并按对方当事人的人数提出副本，上诉于广东省高级人民法院。

审　判　长　丁　丽

代理审判员　佘朝阳

代理审判员　茹艳飞

二〇一五年十一月十九日

本件与原本核对无异

书　记　员　付金芬

后记

三十而立　任重道远

今年是三环专利代理公司成立三十周年，也是温旭主编考上专利代理人，正式从事知识产权业务三十年，还是温旭律师自 1986 年参加律考取得律师资格，并从事法律业务三十年。无巧不成“书”，三个三十年，都可谓“三十而立”。因而《红罐之争：谁是凉茶领导者》一书的出版，也视为给三环公司、给本书主编“三十而立”最特别的礼物，并期望三环知识产权旗下的三环专利公司、三环汇华律师事务所、三环华旭商标公司、北京三环知识产权公司以及分布在全国各地的三十家公司与分公司，都能像中华老字号王老吉一样办成百年老店。根据公开数据统计，三环专利代理公司的专利代理量从2015年至今，在全国一千多家专利代理机构中名列前茅，总代理量位居全国前三。广东三环汇华律师事务所及主编本人代理了不少经典知识产权案件，其中有数十项被评为全国或省、市、行业十大或五十大经典案件。

本书由温旭主编整体构思，拟定书名及草拟全书提纲。温旭主编不仅自己亲自执笔撰写部分章节，还具体指导每位执笔者撰写，并予以修改和统稿。几位副主编除各自撰稿外，要么参与了整书的讨论与构思，要么负责的章节也较多，杜满清除负责撰写多章外，还具体协助主编处理了不少编务出版工作。参与本书撰写的作者均为本书的编委，前言及正文二十一章、尾声的执笔人分别为：前言及第一章温旭，第二章董咏宜，第三章温凯杰，第四章杜满清，第五章杨宇鹏，第六、第七章杜满清，第八章张满兴、李宪璋，第九章高劲松，第十章曾赟，第十一章杜满清，第十二章曾赟，第十三章谢姗珊，第十四章申元林，第十五章陈海金、王婷，第十六章曾赟，第十七章李亚强，第十八章肖宇扬，第十九章王琳、温旭，第二十章潘莹、温旭，第二十一章及尾声温旭。最后由主编修改、审核全书并定稿。参与执笔的作者有的主办代理了王老吉与加多宝系列案件，有的参与了调查取证或参与了案件讨论，广义而言，各执笔作者均为王老吉诉讼团队成员。其中作者王琳为本书绘制了大量的原创插图，作者李宪璋还是广州第一位取得大陆律师资格的台湾籍实习律师。各作者在撰写本书时都广收素材、不断完善、充实修改，力求写得更好。但其中不少是首次执笔写书，虽经主编及编辑反复修改，难免在文字及表达上仍有不足甚至欠妥之处，敬请同行、老师和读者们批评指正，并顺致谢意。

本书在撰写过程中的许多基础材料源于相关各级法院在网上公开的相应判决书，相关法院法官高水平的判决文书给本书作者带来了灵感，在此也一并表示感谢。另外还要感谢广药集团与王老吉大健康公司选择我们作为代理人，使我们有机会参与该案，并了解到一些律师手中没有的背景资料及珍贵的原始素材，丰富了本书的内容。同时也感谢众多媒体的关心与支持，给予作者不少有用的素材与信息。在此要特别感谢《中国红》的作者杨洪先生送了十几本《中国红》供我们参考，收获不少，且甚有帮助。还要特别感谢中国书法家协会会员、惠州市书法家协会副主席赵旋先生及温旭主编的华南师范大学陈诚钦老同学，为本书书名《红罐之争：谁是凉茶领导者》及结束诗《红冠之争》挥毫赐墨，并对本书部分文字作了提炼，为本书增辉不少。此外，同时要特别感谢众多专家、学者、记者等在各种媒介上包括报刊、书籍、网络、学术研讨会上对王老吉与加多宝系列诉争案发表的上千篇论文、评述及报道，尽管观点不一甚至针锋相对、各执一词，却大大丰盈了本书的素材来源，书中引用的不同观点，相互碰撞与争执，反而令本书更具有研究价值及参考性，使本书更全面客观、更具可读性。

值此，也特别感谢广东法学会知识产权研究会、广东知识经济促进会、广东营销学会、广东广告协会、全国及省市律协各位领导的关心与支持。特别值得一提的是中国首屈一指的专业出版社——知识产权出版社的领导及编辑对本书出版的重视、认真编辑、细心审阅批改，确保了本书出版的质量，对他们的辛勤付出表示特别的谢意。

最后要非常感谢三位在百忙中抽空为本书题序的德高望重的专家与老师，他们分别是中国社会科学院李顺德教授，北京大学陈美章教授，原北京高级法院知产庭副庭长知识产权大法官程永顺老师。三位大师的序言不仅是对作者的勉励，更是对知识产权法制的推进，其水平远在本书之上。另外十三位国内外著名专家董葆霖、刘江彬、宋柳平、徐建、张平、崔国斌、祝家镇、祝建军、关永宏、顾奇志、杨洪、庞玉娟、张利的评荐，也让本书增色不少。同时有北大教授朱启超前辈，以及朱妙春、庞正忠、李德成、马翔四位知识产权大律师的微信点评，更让本书熠熠生辉。他们从各个视角的评述，精彩各异，中肯客观，同样给予作者很大的鞭策与鼓励。尽管肯定较多、批评较少，但作者深知水平有限，难免有错漏之处，今后仍需不断改进和提高。深深感谢二十一位专家与老师的教诲与指点，其序及点评的八字小标题为主编依据专家的点评内容提炼而来，以方便读者阅读及理解。

磨砺卅载，铸就品牌，
三十而立，任重道远，
披荆斩棘，继往开来，
雄关漫道，再越高峰！

谨以此书献给为知识产权事业而奋斗的同仁智士。

本书全体作者
二〇一六年十月十七日